VBA mit Excel 2000 lernen

Die Lernen-Reihe

In der Lernen-Reihe des Addison-Wesley Verlages sind die folgenden Titel bereits erschienen bzw. in Vorbereitung:

André Willms
C-Programmierung lernen
432 Seiten, ISBN 3-8273-1405-4

André Willms
C++-Programmierung lernen
408 Seiten, ISBN 3-8273-1342-2

Dirk Abels
Visual Basic 6 lernen
425 Seiten, ISBN 3-8273-1371-6

Guido Lang, Andreas Bohne
Delphi 5 lernen
ca. 430 Seiten, ISBN 3-8273-1571-9

Judy Bishop
Java lernen
640 Seiten, ISBN 3-8273-1605-9

Michael Schilli
Perl lernen
ca. 400 Seiten, ISBN 3-8273-1650-9

René Martin
VBA mit Word 2000 lernen
412 Seiten, ISBN 3-8273-1550-6

René Martin
VBA mit Office 2000 lernen
576 Seiten, ISBN 3-8273-1549-2

Patrizia Sabrina Prudenzi, Dirk Walter
VBA mit Access 2000 lernen
ca. 450 Seiten, ISBN 3-8273-1573-5

Patrizia Sabrina Prudenzi
VBA mit Excel 97 lernen
288 Seiten, ISBN 3-8273-1228-0

Patrizia Sabrina Prudenzi

VBA mit Excel 2000 lernen

Einstieg in die Welt der Makroprogrammierung

ADDISON-WESLEY

An imprint of Pearson Education

München • Boston • San Francisco • Harlow, England
Don Mills, Ontario • Sydney • Mexico City
Madrid • Amsterdam

Die Deutsche Bibliothek – CIP-Einheitsaufnahme

Prudenzi, Patrizia Sabrina
VBA mit Excel 2000 lernen – Einstieg in die Welt der Makroprogrammierung
Patrizia Sabrina Prudenzi. – München : Addison-Wesley-Longman, 1999
ISBN 3-8273-1572-7
Buch.- 1999
CD-ROM.- 1999

Umwelthinweis:
Dieses Produkt wurde auf chlorfrei gebleichtem Papier gedruckt.
Die Einschrumpffolie – zum Schutz vor Verschmutzung – ist aus umweltverträglichem und recyclingfähigem PE-Material.

10 9 8 7 6 5 4 3

03 02 01

ISBN 3-8273-1572-7

Einbandgestaltung:	Barbara Thoben, Köln
Lektorat:	Christina Mosler, cmosler@pearson.de
Korrektorat:	Lisa Alexin, Bonn
Herstellung:	Anja Zygalakis, azygalakis@pearson.de
Satz:	mediaService, Siegen
Druck und Verarbeitung:	MediaPrint, Paderborn

Printed in Germany

I Inhaltsverzeichnis

B Beispielverzeichnis

Vorwort

Die Idee zu diesem Buch entstand im Rahmen einer Reihe von VBA-Schulungen für Anfänger. Mit Anfänger sind hier blutige Anfänger gemeint, also Leute die keinerlei Vorkenntnisse in der Programmierung haben. Ich suchte nach begleitendem Material für meine Kurse und mußte feststellen, daß es nichts Brauchbares gab. Die Bücher, die ich fand, waren für meine Zwecke ungeeignet, da in keinem von ihnen auf die speziellen Bedürfnisses eines Anfängers eingegangen wurde.

In Rahmen meiner schon mehrjährigen Tätigkeit als EDV-Kursleiterin an der Universität Mannheim und in verschiedenen privaten Unternehmen, habe ich oft die Erfahrung gemacht, daß manche Probleme, die einem Experten möglicherweise trivial erscheinen, einem Anfänger ungeheure Schwierigkeiten bereiten können.

Wissen wird in unserem Schulsystem Kindern auch schrittweise beigebracht. Kinder müssen in der Schule im Idealfall Konzepte verstehen und üben, damit später darauf aufgebaut werden kann. Dieses einfache Prinzip wird in den Erwachsenenbildung und insbesondere in der EDV-Schulung oft vergessen.

Gemäß dem Motto „weniger ist mehr" wurde in diesem Buch darauf geachtet, daß die Konzepte ohne große theoretische Akrobatik vorgestellt werden. Aus meiner Schulungserfahrung ist mir bekannt, daß ein Beispiel oder ein Bild sehr oft schneller und leichter zum Verständnis führen als umständlichen Vorträge oder Texte. Aus diesem Grund werden in diesem Buch alle Elemente der VBA-Programmierung anhand von Beispielen vorgestellt. Theoretisches wird nur im Hinblick auf den Praxisbezug eingeführt und erläutert. Dieses Konzept hat sich durch den Erfolg des gleichen Buches für die Versionen Excel 5, 7 und 97 bewahrt.

Inhaltübersicht

Das Buch ist eher Lehrbuch als Nachschlagwerk: Die einzelnen Kapitel bauen aufeinander auf und sollten auch hintereinander gelesen werden.

In *Kapitel 1* werden allgemeine Konzepte der Excel-Programmierung, Grundlagen der objekt- und ereignisorientierten Programmierung, sowie die Neuheiten der 2000er Version und die neue Online-Hilfe von Office vorgestellt.

In *Kapitel 2* werden die neue Entwicklungsumgebung, der Debugger und die Projektverwaltung zusammen mit den ersten Beispielen erläutert.

Kapitel 3 gibt anhand kleiner Beispielen einen systematischen und ausführlichen Überblick über die Syntax und die Besonderheiten der Sprache Visual Basic für Applikationen (VBA). Dieses Kapitel eignet sich auch als kleines Nachschlagewerk.

Kapitel 4 führt in die Welt der Objekte und Ereignisse ein: Die Bedeutung dieser zwei Konzepte, sowie die richtige Syntax und das gesamte Objektmodell von Excel werden dem Leser in kleinen, verständlichen Schritten und Beispielen beigebracht.

Die Aufzeichnung von Makros und ihre anschließende Änderungen werden in *Kapitel 5* ausführlich besprochen. In diesem Kapitel werden die ersten, richtigen „großen" Programme geschrieben.

Kapitel 6 erklärt die notwendige Elemente für die Programmierung von benutzerdefinierten Fenstern; für jedes Element eines Fensters wird ein abgeschlossenes Beispiel aus einer Standardanwendung gegeben. Außerdem wird erklärt, wie man Windows-Fenster in die eigenen Programme einbinden kann.

Kapitel 7 beschäftigt sich mit integrierten und benutzerdefinierten Menüleisten und Symbolleisten.

In *Kapitel 8* werden die Add-Ins vorgestellt, also das Verfahren, wie man sein eigenes Programm in eine ausführbare Datei umwandeln kann.

Kapitel 9 zeigt die Internet-Tauglichkeit von Excel 2000 mit und ohne Programmierung: Aus Excel-Tabellen lassen sich spielerisch HTML-Dateien erstellen.

In *Kapitel 10* wird die Automatisierung der anderen Office-Anwendungen erklärt und in die Praxis umgesetzt: WinWord, PowerPoint, Access und Outlook lassen sich auf ungeahnt einfache Art und Weise aus Excel steuern.

In jedem Abschnitt, im dem Listings vorkommen, finden Sie einen Hinweis auf die Online-Hilfe. Die Online-Hilfe ist ein sehr wichtiges Hilfsmittel bei der Programmierung, denn sie erspart einem das ständigen Blättern in Büchern ;-)).

In der unteren Tabelle folgt eine Übersicht der im Buch verwendeten Konventionen:

Elemente	Beispiel	Formatierung
Dateinamen mit oder ohne Pfad	PERSONL.XLS C:\EXCEL\XLSTART\PERSONL.XLS	Kapitälchen
Menüs:	ANSICHT | SYMBOLLEISTEN	Kapitälchen
Namen von Schaltflächen	ABBRECHEN	Kapitälchen
Eigene VBA-Wörter im Textfluß	Variable `Bereich`	LetterGothic
VBA-Schlüsselwörter im Text	*Initialize*-Ereignis	Kursiv
Zugriff über Tasten	[ALT]+[F11]	Tastenkappe
Fensternamen	Das Fenster ANPASSEN	Kapitälchen.
Online-Hilfe Hinweise	Online-Hilfe Hinweis: MeldungsDlg- bzw. MsgBox-Funktion	Immer am Ende des Abschnittes
Verweis auf die Begleit-CD	Kap3_97.XLS, Modul „Schleifen“	Die Mappennamen entsprechen den Kapitelnamen, in dem sie vorgestellt werden. „Kapitel3.XLS“ ist die Beispielmappe für Kapitel 3. Das Modul namens „Schleifen“ beinhaltet die entsprechenden Beispiele.

Danksagung

An dieser Stelle möchte ich einen besonderen Dank an alle Leser meiner vorherigen Excel-Werke „Einführung in die VBA-Programmierung mit Excel 5 und 7“ und „VBA mit Excel 97 lernen“ aussprechen, die mir über E-mail ihre Probleme mit der VBA-Programmierung mitgeteilt haben. Ich hoffe, ich war Ihnen mit meinen Tips hilfreich, so wie Sie es für mich waren: Durch Ihre Anregungen konnte ich das vorliegende Buch um einige praxisrelevante Beispiele erweitern und im allgemeinen verbessern. Wie üblich einen besonderen Dank dem Verlag und insbesondere meiner Lektorin Frau Christina Mosler für die freundschaftliche Zusammenarbeit.

Einen besonderen Dank vor allem auch an meinen Freund Dirk Walter, für sein Verständnis für die verpassten Wochenenden, seine Unterstützung und die wertvolle Hilfe bei der Entstehung dieses Buches.

Patrizia Sabrina Prudenzi — Mannheim, Oktober 1999

Über Anregungen, Eindrücke und Kritik von Ihnen würde ich mich sehr freuen:

info@addison-wesley.de

Die Begleit-CD

Auf der Begleit-CD finden Sie zwei Ordner:

- Buchdateien: Hier sind alle Beispiele des Buches in jeweils einer Mappe gespeichert. Die Mappe von Kapitel 3 heißt z.B. „Kapitel3.XLS“, von Kapitel 6 „Kapitel6.XLS etc. In einem Unterverzeichnis mit den Namen „Bilder“ finden Sie die Bilder, die in den Beispielen benutzt werden.
- CDZugabe: Hier finden Sie die originale Datei zu den RVBA-Konventionen auf Englisch, die in diesem Buch als Anhang zu finden ist. Außerdem befinden sich in diesem Ordner die Dateien für das Erstellen einer eigenen Online-Hilfe für eigene Programme. Alle Dateien wurden aus dem Internet-Server www.microsoft.com heruntergeladen - zusammen mit einigen HTML-Dateien des Servers.

Die Icons in diesem Buch

Um Ihnen die Orientierung in diesem Buch zu erleichtern, haben wir den Text in bestimmte Funktionsabschnitte gegliedert und diese durch entsprechende Symbole oder Icons gekennzeichnet. Folgende Icons finden Verwendung:

Beispiele helfen Ihnen, sich schneller und sicher im Feld der VBA-Programmierung zu orientieren. Sie werden darum mit diesem Icon gekennzeichnet.

Manches ist von besonderer Bedeutung und verdient darum auch, besonders hervorgehoben zu werden. Solche **Hinweise** sind sehr nützlich, sie bringen einen geschwinder ans Ziel.

Achtung, mit diesem Icon wird eine **Warnung** angezeigt. An der markierten Stelle sollten Sie besonders aufmerksam sein.

Nicht alles muß zwei- oder dreimal gesagt werden. Wo es sinnvoll ist, finden Sie einen **Verweis** auf andere Abschnitte, wo Sie sich weiter über einen Sachverhalt informieren können.

Manches geht ganz leicht. Wenn man nur weiß, wie. **Tips und Tricks** finden Sie in den Abschnitten, wo dieses Icon steht.

1 Einleitung in Visual-Basic for Applications

Excel ist ein sehr leistungsfähiges Programm, aber manchmal werden für spezielle Probleme maßgeschneiderte Lösungen benötigt, die nicht mit den Standardmitteln von Excel realisierbar sind. Solche Probleme können oft nur mit Hilfe eines Programms gelöst werden. Excel stellt dafür eine mächtige Programmiersprache zur Verfügung: die Sprache VBA (Visual Basic for Applications) in der aktuellen Version 6.0. VBA ist *objektorientiert* und *ereignisorientiert*. Diese zwei wichtigen Begriffe, einige allgemeine Konzepte sowie die Online-Hilfe von VBA werden in diesem Kapitel erklärt.

1.1 Programmierung in Excel: Was und Warum

Excel ist ein sehr bekanntes Tabellenkalkulationsprogramm, das sowohl im beruflichen als auch im privaten Bereich eingesetzt wird. Das Spektrum der Möglichkeiten, die Excel zur Verfügung stellt, reicht von der einfachen farbigen Formatierung einer Tabelle bis hin zur komplexen Datenanalyse oder Datenbankverwaltung.

Wozu ein eigenes Programm in einer Anwendung wie Excel? Die Antwort ist einfach: Mit einem eigenen Programm kommt man mühelos zu Ergebnissen, die man sonst nicht erreichen würde. Wenn zum Beispiel eine Sekretärin jede Woche immer gleich aufgebaute Tabellen mit den aktuellen Daten der Vertriebszahlen bekommt und daraus eine Reihe von Auswertungen und Diagrammen erstellen muß, freut sie sich wahrscheinlich sehr, wenn sie diese Arbeit von einem Programm erledigen lassen kann, und womöglich bei einer Tasse Kaffee dem Computer bei der Arbeit zuschauen kann.

Die Entwicklung der Makrosprache

Aus solchen und ähnlichen Bedürfnissen heraus entstand über die verschiedenen Excel-Versionen eine Programmiersprache, oder genauer gesagt eine Makrosprache. Bis einschließlich der Version 4 war sie die einzige Möglichkeit, eigene Programme unter Excel zu entwikkeln. Die damalige Makrosprache war im Vergleich zu den aktuellen Möglichkeiten ziemlich schwer zu erlernen und schwer zu lesen. Die Mittel, die zur Verfügung standen, waren primitiv und kompliziert anzuwenden. Sie bekam in der Version 5 eine weitere Sprache zur Seite gestellt, diese zweite Sprache ist Visual Basic for Applications, kurz VBA. Sie besteht aus einer Mischung von Excel-spezifischen Elementen (Tabellenblätter, Zellen, Funktionen etc.) und von Konstrukten der Programmiersprache Visual Basic (Stringbearbeitung, Fenstertechnik etc.). Dank dieser Struktur ist VBA eine strukturierte, modulare und moderne Sprache, die nicht nur für die klassische Excel-Anwendung geeignet ist, sondern auch das Erstellen von Masken und das Einbinden von weiteren Programmen (z.B. WinWord oder Access) bis hin zur multimedialen Anwendung (Sprachausgabe und das Abspielen von Video) erlaubt.

Die alte Makrosprache blieb in der Version 5 und 7 noch erhalten, d.h., in diesen 2 Versionen war es noch möglich, damit Programme aufzuzeichnen oder direkt zu programmieren. Microsoft hatte aber schon angekündigt, daß irgendwann die Makrosprache nicht mehr zur Verfügung stehen würde. Die Ankündigung wurde mit der Einführung von Microsoft Office 97 wahr gemacht: Schon in der 97er Version war es nicht mehr möglich, neue Makros (sog. XLM-Makros) aufzuzeichnen. Bestehende Makros können auch weiterhin in Excel 97 benutzt werden, sind aber nicht unbedingt fehlerfrei lauffähig, da in Excel einige Änderungen vorgenommen wurden. Gleiches gilt für die aktuelle Version.

Vielleicht ist die Ablösung der Makrosprache für manche Nostalgiker ein Verlust, aber diejenigen, die VBA lernen, werden die Vorteile und die Mächtigkeit dieser Sprache begreifen. VBA und die frühere Makrosprache stehen zueinander wie in etwa ein modernes Transportflugzeug und eine Schubkarre.

Was wird aus bestehenden Makros?

Viele Excel-Anwender, vor allem im betrieblichen Bereich, haben im Laufe der Jahre eine große Menge an XLM-Makros produziert. Diese Makros, falls sie noch überhaupt benötigt werden, sollten am besten in VBA konvertiert werden. Eine Konvertierung von XLM-Makros in VBA wird nicht automatisch von Excel vorgenommen. Die einzige Möglichkeit ist, sich zuerst in die Strukturen und Möglichkeiten der Sprache VBA einzuarbeiten, sich dann an die Arbeit zu machen und die Programme neu zu schreiben. Das mag zuerst wie eine Bestrafung erscheinen, aber man sollte eines bedenken: Seit der Zeit von Excel 4 hat sich die Windows-Welt erheblich verändert. Die XLM-Makros sind dieser Welt nicht mehr gewachsen, so daß ihr Verschwinden ruhig verschmerzt werden kann. Auch der häufige Einwand, daß die Ausführung von XLM-Makros viel schneller ist als die Ausführung von vergleichbaren VBA-Programmen, hat überhaupt kein Fundament, wenn ein schneller, richtig konfigurierter Rechner verwendet wird.

Das, was vielleicht als großer Nachteil erscheint, kann doch zum Vorteil werden: VBA ist leistungsfähiger und erlaubt eine bessere Programmierung und eine bessere Anpassung an die jeweiligen Bedürfnisse. Wenn man erst einmal die Mittel, die VBA dem Entwickler zur Verfügung stellt, kennengelernt hat, möchte man sie nicht mehr missen.

1.1.1 VBA 6.0 in Office 2000

Die Sprache VBA bestand schon immer zu einem Teil aus typischen BASIC-Befehlen, die für alle Programme gleich sind, und zum anderen Teil aus spezifischen Befehlen, die nur in der Umgebung der jeweiligen Programme gültig sind (z.B. Befehle für die Zellbearbeitung in Excel oder Befehle für die Layout-Formatierung in WinWord). Jedoch überwiegen die Gemeinsamkeiten: Hat man schon in einer der vier Anwendungen programmiert, so ist es seit der Version 97 von Office wegen der ähnlichen Entwicklungsumgebung und -philosophie leichter, dies auch in einer der anderen zu tun.

Neu in VBA

Die Neuerungen von Office 2000 in den jeweiligen Anwendungen sind nicht so spektakulär wie die Neuerungen in der Entwicklung. Die Version 97 von Office hatte als große Neuerung die Sprache VBA (Version 5) in allen Anwendungen von Office (WinWord, Access und PowerPoint) eingeführt. In Office 2000 verfügen auch Outlook und Frontpage über VBA, das heute in Version 6 vorliegt.

Die Einführung von VBA in allen anderen Anwendungen von Office schaffte schon in der Version 97 endlich eine einheitliche Plattform für die Programmierung in Office. In der aktuellen Version 2000 wird dieses Konzept noch weiter und stärker umgesetzt. So wurde unter anderem in Access endlich die gleiche Entwicklungsumgebung wie in den anderen Anwendungen eingeführt. Die Vorzüge dieser sehr guten Entwicklungsumgebung werden wir in Kapitel 2 unter die Lupe nehmen.

Die neue Möglichkeiten der Sprache VBA betreffen sowohl den Einsteiger als auch den professionellen Programmierer. Wir werden uns im folgenden nur mit den neuen Elementen beschäftigen, die für einen Einsteiger wichtig und relevant sind.

Ausblenden von Elementen und Abwärtskompatibilität

Bis jetzt wurden immer bei einem Versionswechsel in VBA einige Elemente entfernt oder „ausgeblendet". Ein ausgeblendetes Element konnte weiterhin benutzt werden, hatte aber schon einen Nachfolger. Die Programme aus der vorherigen Version sind dann „geduldet" worden, im Falle von ausgeblendeten Elementen, oder sie sind überhaupt nicht mehr ausführbar gewesen, wenn die Elemente nicht mehr existierten. Eine Neuigkeiten von Excel 2000, die wirklich benutzerfreundlich ist, ist daß diesmal keine Elemente entfernt oder ausgeblendet wurden! Das heißt, alle Anwendungen, die mit Excel 97 (zum großen Teil auch mit Excel 95) erstellt wurden, sind auch unter Excel 2000 lauffähig. Das ist die gute Nachricht. Die schlechte ist: Auch alle Makro-Viren von Excel 97 fühlen sich in Excel 2000 wohl!

Neue Objekte, Methoden, Ereignisse

VBA 6.0 erbt den gesamten Umfang von VBA 5 (aus Office 97) und fügt ein paar neue Elemente hinzu:

- neue Objekte
- neue Eigenschaften für einige „alte" Objekte
- neue Methoden für einige „alte" Objekte
- neue Ereignisse für einige „alte" Objekte

Eventuelle Umsteiger aus früheren Versionen können am besten die komplette Liste der Neuerungen aus der Online-Hilfe entnehmen (s. Online-Hilfe-Hinweis am Ende des Abschnittes). Objekte, Methoden, Eigenschaften und Ereignisse werden in diesem Buch in Kapitel 4 eingeführt. In den folgenden Kapiteln wird dann von der Kenntnissen aus Kapitel 4 Gebrauch gemacht. Eventuelle neue Elemente werden dann an Ort und Stelle erläutert.

Neue Funktionen

Der Sprachumfang von VBA wurde durch eine Reihe von neuen Funktionen und Möglichkeiten erweitert. Für die Formatierung von Zahlen und Datumswerten wurde eine Gruppe von neuen Funktionen eingeführt. So ist es jetzt z.B. möglich, durch eine leicht aufzurufende Funktion eine Zahl als Währung zu formatieren. Weitere Neuheiten betreffen die Bearbeitung von Datenfeldern und eine Menge neue Funktionen für die Bearbeitung von Zeichenketten. Alle diese Neuheiten werden in Kapitel 3, *Referenz von VBA*, zusammen mit dem „alten" Bestand, das Thema sein.

In Excel (sowie in WinWord, PowerPoint und Access) lassen sich benutzerdefinierte Dialogfenster programmieren. Bis jetzt war es so, daß die Fenster nur modal waren. Wenn sie geöffnet waren, war die gesamte Anwendung blockiert. In Office 2000 kann der Programmierer entscheiden, ob das eigene Fenster modal sein soll oder nicht. Benutzerdefinierte Dialogfenster und alle ihre Elemente werden ausführlich in Kapitel 6 behandelt.

Dialogfenster nicht mehr nur modal

Schon in Excel 97 war es möglich, aus Mappen Internet-Dokumente zu erstellen. Diese Fähigkeit von Excel (und der anderen Office-Anwendungen) wurde in der aktuellen Version weiter ausgebaut. Mit Excel und Access 2000 lassen sich sogar interaktive Seiten erstellen. Interaktive Excel-Seiten können wie eine Excel-Tabelle in einem Internet-Browser bearbeitet werden. Dieses Thema und die gesamte Internet-Tauglichkeit von Excel 2000 werden in Kapitel 9, *Excel und das World Wide Web*, vorgestellt.

Internet

Schon in Office 97 war es ohne große Probleme möglich, aus einer Anwendung heraus eine andere Anwendung des Office-Pakets zu starten und zu kontrollieren. Die Automatisierungsmöglichkeiten in Office 2000 wurden stark verbessert. Durch die direkte Anbindung des Outlook-Objektmodells ist es z.B. möglich, aus Excel (und anderen Anwendungen von Office) Outlook spielerisch zu steuern.

Automatisierung

Dem Thema Automatisierung wird ein ganzes Kapitel in diesem Buch gewidmet: In Kapitel 10 werden die Grundlagen der Automatisierung mit der COM-Technologie erläutert. Dort werden natürlich auch zahlreiche Beispiele für die Automatisierung von WinWord, PowerPoint, Access und Outlook angeboten. Das Thema Automatisierung ist nicht so komplex, daß es für einen Einsteiger nicht zumutbar wäre.

In Office 97 war der Virus-Schutz nur durch eine Warnmeldung beim Öffnen von Dokumenten, die Makros enthielten, realisiert. Die Anwendungen konnten aber nicht unterscheiden, ob es sich um ein eigenes Makro handelte oder nicht. In Office 2000 wurde dieses schon existierende Schutzkonzept gegen Viren durch die sog. digitale Signatur erweitert. Mit ihr können manche Dokumente als vertrauenswürdig eingestuft werden. Dann erscheint auch die nervige Warnung nicht mehr. Die Möglichkeiten und Grenzen dieses neuen Features werden in Kapitel 4 vorgestellt.

Virus-Schutz

Eine der gelungensten Neuheiten von Office 2000 ist aber zweifellos seine Online-Hilfe. Nach dem Fehlstart der Online-Hilfe in Office 97 (in der ersten Version am Anfang des Jahres 97) stürzten die jeweiligen Anwendungen schon beim Aufrufen der Online-Hilfe ab. Die Situa-

Neue Online-Hilfe

tion verbesserte sich mit einigen Service Packs, das Online-Hilfe-System blieb aber im allgemeinen unter dem Niveau der vorherigen Versionen. Die Suche nach Stichwörtern wurde z.B. zur wahren Geduldsprobe für jeden Anwender. Aber egal, das ist vorbei. Die neue Version der Online-Hilfe stellt wirklich ein sehr leistungsfähiges Hilfsmittel für Anwender und Entwickler dar. Wegen iher Wichtigkeit wird der Online-Hilfe in diesem Kapitel ein ganzer Abschnitt gewidmet.

Hinweis in eigener Sache

Der Leser wird am Ende fast jeden Abschnittes im ganzen Buch Hinweise für die Online-Hilfe finden. Die Idee dabei ist folgende: Das, was schon in der Online-Hilfe gut erklärt wird, muß nicht in diesem Buch noch einmal geschrieben werden. Wir wollen uns hier eher auf die Umsetzung in der Praxis konzentrieren und die angehenden Programmierer auf die Möglichkeiten und auch Tücken der Programmierung unter Excel 2000 hinweisen.

Online-Hilfe
Neue Funktionen für Microsoft Office-Entwickler

1.2 Besonderheiten von VBA-Programmen

VBA-Programme stellen wie alle Windows-Programme besondere Anforderungen an den Programmentwickler: Sie sind nämlich ereignis- und objektorientiert. Im folgenden wird kurz auf diese zwei Konzepte eingegangen. Erst in Kapitel 4, *Objekte und Ereignisse*, werden diese zwei Begriffe in ihrer vollen Bedeutung erläutert.

1.2.1 Ereignisorientierte Programmierung

Ereignisorientiert

Die meisten Anwendungen, die in Excel oder in den anderen Office-Programmen entwickelt werden, sind ereignisorientiert. Die Programme verfügen dann über ein oder mehrere Fenster (auch Dialog oder Maske genannt), über die der Anwender bestimmte Eingaben machen oder in denen er Präferenzen festlegen kann. Die Anwendung allein „macht" gar nichts, bis vom Anwender eine Aufforderung in Form eines Mausklicks oder einer Eingabe über die Tastatur erfolgt.

VBA-Konzept

Die VBA-Programmierung ist ereignisorientiert. Der Programmierer kann für irgendein Ereignis bestimmte Folgen festlegen, indem er für das Geschehen (wie z.B. das Klicken mit der Maus auf eine bestimmten Schaltfläche) einen kleinen Programmteil, „Prozedur" genannt, schreibt. Eine solche Prozedur kann dann andere Prozeduren oder Funktionen aufrufen. Wie dies tatsächlich realisiert wird, ist Thema dieses Buches.

Die Ereignisse sind in VBA sozusagen „vordefiniert“. Der Programmierer braucht nur zu entscheiden, welches Ereignis an einer bestimmten Stelle für sein Programm relevant ist (z.B. das Klicken auf eine Schaltfläche mit der Beschriftung ABBRECHEN soll das aktuelle Fenster schließen). VBA bietet auch die Möglichkeit, für Profi-Anwendungen selber Objekte und Ereignisse zu definieren. Dies würde aber den Rahmen dieser Einführung sprengen und wird in diesem Buch nicht behandelt. Mit anderen Worten gilt hier: Das Essen eines Marmeladenbrots vor dem Bildschirm während der Excel-Programmierung ist kein VBA-Ereignis und kann auch nicht zu einem VBA-Ereignis werden! Umgekehrt heißt es aber auch, daß nicht alle möglichen Ereignisse eine Folge haben müssen. Das Anklicken einer Schaltfläche kann ignoriert werden, wenn man dafür keine Prozedur vorgesehen hat.

1.2.2 Objektorientierte Programmierung

Objekt

Unter Objekt versteht man in der alltäglichen Sprache meistens etwas Gegenständliches, wie z.B. einen Tisch oder einen Bildschirm. Objekte können aber auch immaterielle Sachen sein, wie z.B. ein Begriff oder eine philosophische Idee. Egal was für eine Natur ein Objekt besitzt, alle Objekte haben eine Gemeinsamkeit: Sie sind definierbar, abgrenzbar und können durch ihre Attribute (oder Eigenschaften) beschrieben werden. Ein Tisch kann groß, schwer, schön oder häßlich sein. Eine Idee kann progressiv und liberal sein – oder auch nicht.

VBA ist, genau wie die Sprache Visual Basic und andere Programmiersprachen, objektorientiert, d.h., sie kennt Objekte und kann mit ihnen umgehen.

Nicht objektorientierter Ansatz

Die Programmierung ist keineswegs immer objektorientiert gewesen, und nicht alle gegenwärtig benutzten Computersprachen sind objektorientiert. Es gibt verschiedene andere Ansätze, die ganz andere Ziele verfolgen. Diese Ansätze haben eine gemeinsame Eigenschaft, die sie vom objektorientierten Gedanken unterscheiden: In ihnen wird streng zwischen dem eigentlichen Programmcode und den damit zu bearbeitenden Daten unterschieden. Die Programmbefehle führen nur Operationen auf den Daten aus. Daten können addiert, multipliziert, sortiert, ergänzt, in Gruppen aufgeteilt werden etc. Sie stehen dem Programm als Konstante oder Variable zur Verfügung oder werden aus einer programmexternen Quelle, z.B. aus einer Datenbank, bezogen. Dieses Konzept wird in Abbildung 1.1 schematisch dargestellt.

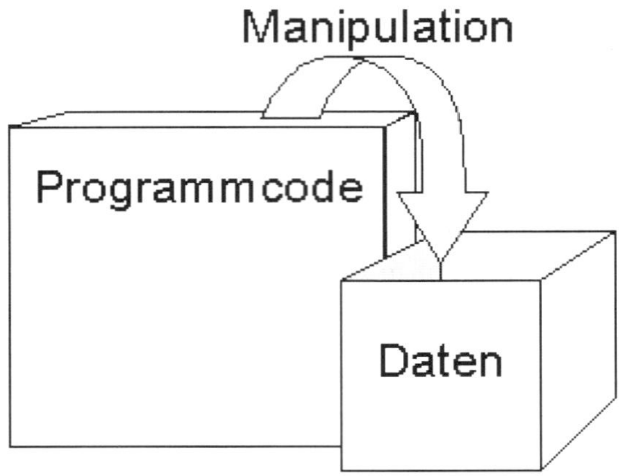

Abbildung 1.1: Nicht-objektorientierter Ansatz

Unter Daten kann man sich nun Zahlen oder Texte, z.B. Name und Vorname der Mitarbeiter aus einer Personalkartei, vorstellen.

Objektorientierter Ansatz

Im Gegensatz dazu werden bei objektorientierten Computersprachen Programmcode und Daten zu festen Einheiten, sogenannten „Objekten", zusammengefaßt. Ein Objekt besteht aus Daten (auch Attribute oder Eigenschaften genannt) und ganz bestimmten Programmbefehlen (auch Funktionen oder in VBA Methode genannt). Nur die zu einem Objekt gehörenden Programmbefehle können auf die Daten dieses Objekts zugreifen und diese ändern. Von „außen" ist kein Herankommen an diese Daten möglich (Kapselung). Eine graphische Darstellung des objektorientierten Ansatzes ist in Abbildung 1.2 zu sehen.

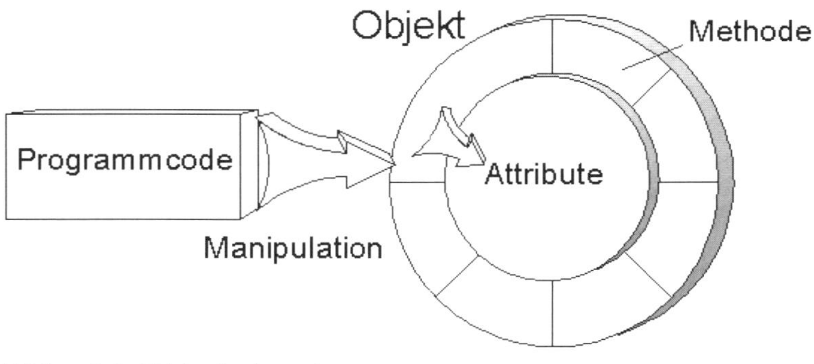

Abbildung 1.2: Objektorientierter Ansatz

Fast alle Elemente, die man in Excel finden kann, sind in VBA Objekte, die Eigenschaften besitzen und die über geeignete Methoden verfügen, um auf bestimmte Ereignisse reagieren zu können. Die Methoden dürfen nicht mit Ereignisprozeduren (z.B. die Prozedur zum Schließen eines Fensters, die an die Schaltfläche ABBRECHEN angekoppelt ist) verwechselt werden, sie sind Programmfunktionen, mit denen Objekte manipuliert werden. Dieser Unterschied wird im weiteren Verlauf des Buches deutlich werden.

Anhand eines kleinen Beispiels für Excel kann man vielleicht das Konzept eines Objektes in einer Programmiersprache besser verstehen:

- *Man möchte über VBA-Anweisungen einen Bereich eines Tabellenblattes markieren und daraufhin dem Hintergrund eine andere Farbe zuweisen.*

Objekt

Wir wollen z.B. den Bereich „A1: B2“ in dem Tabellenblatt „Tabelle1“ verwenden. Der Bereich kann im Programm einen symbolischen Namen bekommen, z.B. „Bereich1“, so daß man die Wiederholung des Ausdrucks „A1:B2“ vermeiden kann.

```
Dim Bereich1 As Range
Set Bereich1 = Worksheets("Tabelle1").Range("A1:B2")
```

Die erste Zeile des Listings deklariert ein Objekt vom Typ *Range*, das geeignet ist, einen Tabellenbereich darzustellen. Die zweite Zeile weist dem Objekt den Bereich „A1:B2“ des Tabellenblattes mit dem Namen „Tabelle1“ zu.

Methode

Das Markieren des Bereiches erfolgt über eine spezielle Anweisung, die nur zusammen mit einem Objekt oder einer Objektvariable, die den Bereich darstellt, anwendbar ist. Wenn der Bereich z.B. `Bereich1` genannt ist, würde die Anweisung so aussehen:

```
Bereich1.Select
```

Das Wort *Select* ist eine Methode, d.h. ein vordefiniertes kleines Programm, dessen Aufgabe die Aktivierung eines Objektes ist. In diesem Fall besteht die Aufgabe in der Markierung des Bereiches.

Eigenschaft

Die Farbe des Hintergrundes ist eine Eigenschaft des Bereiches als Objekt und kann nur über das Objekt angesprochen werden. Die Anweisung würde hier lauten:

```
Bereich1.Interior.ColorIndex = 8
```

Icon	Name und Bedeutung
	Optionen Mit diesem Icon kann eine Reihe von Einstellungen für die Online-Hilfe vorgenommen werden. Es öffnet das Menü von . Die ersten drei Einträge entsprechen den Schaltflächen **Ausblenden / Einblenden, Zurück** und **Vorwärts**. Der Eintrag STARTSEITE öffnet, genau wie in einem Internet-Browser, eine vordefinierte Seite. Die Seite wird unter dem Eintrag INTERNETOPTIONEN festgelegt (dazu mehr weiter unten). Der Eintrag ABBRECHEN schließt das Menü, AKTUALISIEREN liest wieder die Online-Seite.

Die große Neuheit ist, daß mit dem Online-Hilfe-Viewer auch Internet-Dokumente angezeigt werden können. Der Viewer ist ein ganz normaler HTML-Browser.

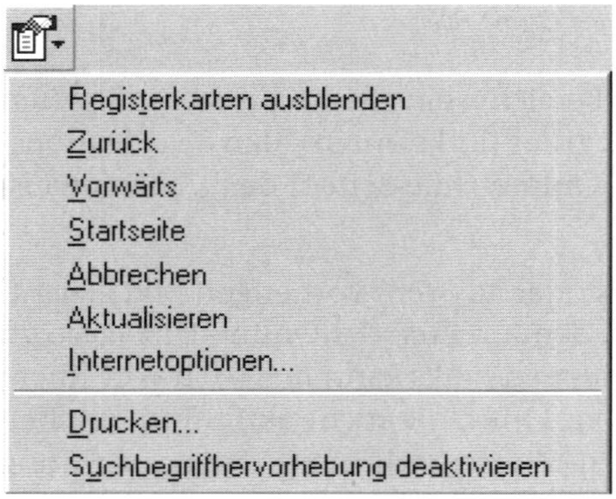

Abbildung 1.10: Das Menü der Schaltfläche Optionen der Online-Hilfe

Wenn man den Eintrag INTERNETOPTIONEN aus Abbildung 1.10 wählt, erscheint das Fenster aus Abbildung 1.11. Dort kann man eine Internet-Adresse für die Startseite angeben. Wer über eine ständige Anbindung an das Internet verfügt, kann hier z.B. Hilfe-Seiten von Microsoft angeben, die unter www.microsoft.com zu finden sind. Wenn in einer Firma ein lokaler Web-Server betrieben wird, ist natürlich auch möglich, eigene Seiten anzugeben. Für Benutzer, die übers Modem ins Internet kommen, ist diese Möglichkeit nicht unbedingt relevant.

Interessant: Wenn man die Schaltfläche LEERE SEITE wählt, wird als Startseite eine Hilfe zu dem neuen Online-Hilfe-System im Bereich Themenausschnitt gezeigt. Das Fenster INTERNETOPTIONEN der Online-Hilfe gehört eigentlich dem Internet-Explorer von Microsoft.

Das Wort *Interior* bezeichnet das Innere oder den Hintergrund eines Bereiches und ist als logisch untergeordnetes Objekt des Objekts `Bereich1` zu verstehen. Das Wort *ColorIndex* ist der Name eines der möglichen Attribute oder besser, eine Eigenschaft des Objektes *Interior*. Der Wert der Eigenschaft wird auf 8 gesetzt. Dies entspricht der Farbe Zyan.

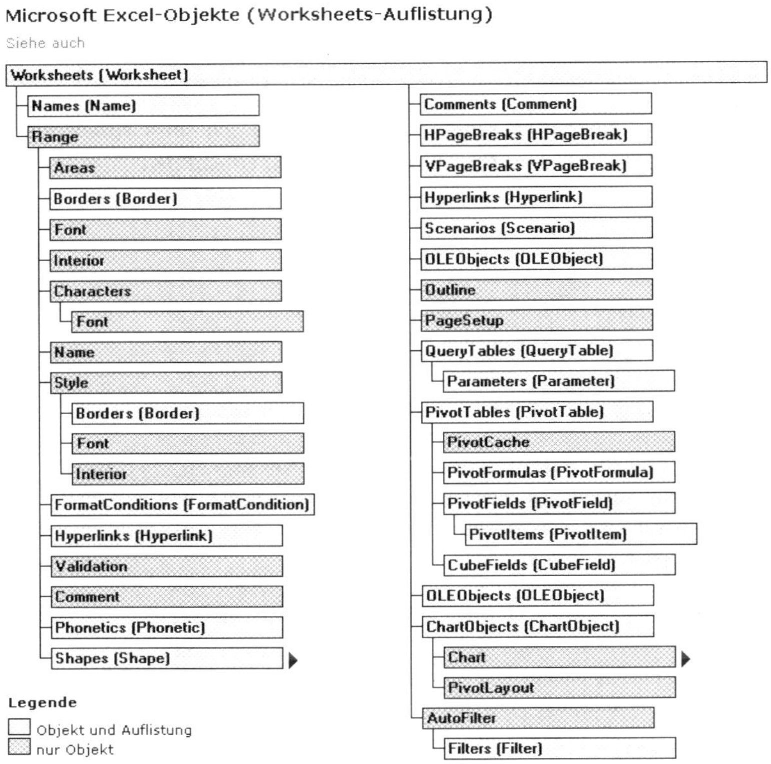

Abbildung 1.3: Die grafische Übersicht der Objekte in der VBA-Online-Hilfe

Objekte in Excel

Ein Objekt ist in VBA unter Excel z.B. eine Mappe, ein Tabellenblatt, eine Schaltfläche, ein Listenfeld in einem Fenster, ein Diagramm etc. In der VBA-Online-Hilfe ist eine grafische Übersicht über die Objekte und ihre Hierarchie zu finden. Ein Teil dieser Übersicht ist in Abbildung 1.3 zu sehen. Die Einzelheiten des Bildes werden erst nach der Lektüre von Kapitel 4 klar sein.

Hierarchie der Objekte

Aus der grafischen Übersicht ist bereits ersichtlich, daß die Objekte hierarchisch organisiert sind: Das oberste Objekt ist die Anwendung (*engl. Application*), die das Excel-Programm darstellt. Direkt darunter befinden sich die Objekte Arbeitsmappe (*engl. Workbook*), *AddIns* und viele andere. Das Objekt Arbeitsmappe beinhaltet wiederum die Objekte Tabellenblatt (*engl. Worksheet*), Diagrammblatt (*engl. Chart*) etc.

Um auf eines der unteren Objekte zugreifen zu können, muß in einem Programm der Name aller darüberstehenden Objekte genannt werden. Um Anweisungen nicht unnötig lang werden zu lassen, werden symbolische Namen benutzt. In dem vorherigen Beispiel war der Name „Bereich1" ein solcher. Die letzte Zeile des obigen Beispiels

```
Bereich1.Interior.ColorIndex = 8
```

würde ohne die Verwendung des Namens „Bereich1" so aussehen:

```
WorkSheets("Tabelle1").Range("A1:B2").Interior.ColorIndex = 8
```

Die Schreibweise der Objektbezüge mag auf den ersten Blick etwas komplex erscheinen, aber sie entspricht nur einer logischen Ordnung: Wegen der Vielzahl der einzelnen Elemente (Objekte), die in Excel vorhanden sind, muß es möglich sein, ein bestimmtes Element eindeutig anzusprechen. Zum Vergleich: Die Post braucht auch, um einen Brief richtig zustellen zu können, eine eindeutige Adresse mit Straße, Hausnummer, Postleitzahl, Stadt und eventuell Land. Aus Sicht der Post müssen die Menschen über ihre Adresse eindeutig identifizierbar sein.

Container- oder Auflistungsobjekte

Objekte, die andere Objekte in sich enthalten, werden auch *Container-Objekte* oder Auflistungsobjekte genannt. Solche Objekte stellen eine Gruppe von Objekten gleichen Typs dar.

Excel verfügt über eine Vielzahl von Container-Objekten. Eine Excel-Mappe beinhaltet z.B. Tabellenblätter, also ist sie das Container-Objekt für die einzelnen Tabellenblätter. Die Tabellenblätter werden wiederum auf zwei Arten betrachtet: als einzelne Blätter bzw. Objekte und als Menge, in diesem Fall als Menge aller Tabellenblätter in einer Mappe. Diese zwei Sichtweisen entsprechen auch zwei logisch verschiedenen Objekten, dem Auflistungsobjekt als Menge (z.B. das *Worksheets*-Objekt für die Auflistung der Tabellenblätter) und dem einzelnen Objekt als solches (z.B. das Objekt *Worksheet* für das einzelne Tabellenblatt). In der VBA-Syntax wird ein Auflistungsobjekt immer mit der englischen Mehrzahl des Objektnamens bezeichnet. Dieser Sachverhalt wird in Abbildung 1.3 dargestellt. Für alle Objekte, die über ein Auflistungsobjekt verfügen, werden die zwei Namen angegeben.

Der Umgang mit solchen Objekten wird in allen folgenden Kapiteln dieses Buches anhand zahlreicher Beispiele erläutert. Die Informationen über die Hierarchie der Objekte, ihre Eigenschaften und Methoden können jederzeit der VBA-Online-Hilfe entnommen werden, es muß also nichts auswendig gelernt werden. Die VBA-Online-Hilfe ist eine der wichtigsten Hilfsmittel überhaupt in der Excel-Programmierung und verdient eine besondere Aufmerksamkeit.

1.3 Die VBA-Online-Hilfe

Wegen der zentralen Rolle der VBA-Online-Hilfe für die Programmierung werden in den nächsten Kapiteln am Ende eines jeden Abschnittes, in dem neue VBA-Elemente vorgestellt werden, die Stichworte angegeben, unter denen die Informationen in der Online-Hilfe abrufbar sind. Das Ziel ist hier, den Einsteiger sofort an einen selbständigen Umgang mit dem Excel-Hilfsmittel zu gewöhnen. Sehr oft werden mir in Schulungen Fragen gestellt, die durch einen kurzen Blick in die Online-Hilfe beantwortet werden könnten.

VBA-Online-Hilfe

Die VBA-Online-Hilfe wird in der Regel bei einer normalen Installation nicht mit installiert. Sie kann während einer benutzerdefinierten Installation oder nachträglich hinzugefügt werden. Während der Installation befindet sich die VBA-Hilfe unter dem Eintrag „Office Tools“, wie in Abbildung 1.4 zu sehen ist.

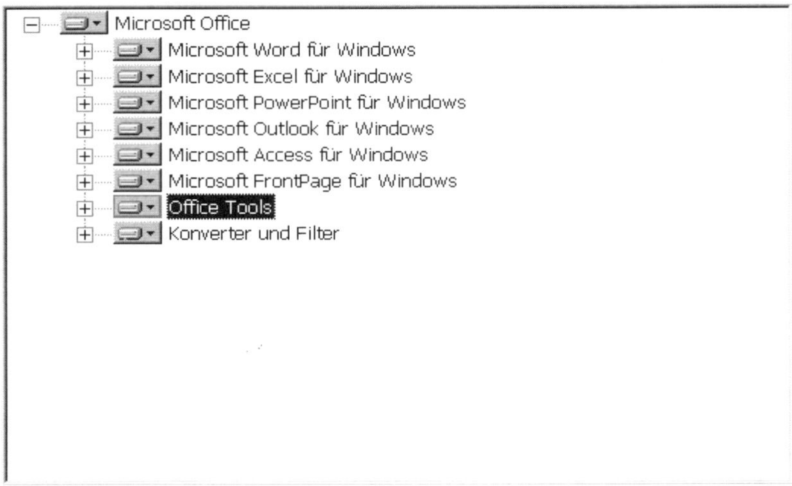

Abbildung 1.4: Das Installationsfenster für Office 2000

Nach einem Klick auf das „+"-Symbol neben dem Eintrag „Office Tools" öffnet sich ein weiterer Verzeichnisbaum, wie in Abbildung 1.5 sichtbar ist. Dort befindet sich ganz unten die Visual Basic-Hilfe.

Abbildung 1.5: Die VBA-Online-Hilfe

Die VBA-Online-Hilfe ist etwas anderes als die Excel-Online-Hilfe. Während in der „normalen" Excel-Hilfe nur Themen der Anwendung Excel als solche erklärt werden, beschäftigt sich die VBA-Online-Hilfe ausschließlich mit der Programmierung. Dort können alle für einen Programmierer relevante Themen nachgeschlagen werden, von der Syntax der einzelnen Sprachelemente bis hin zu Beispielen für die Automatisierung mit anderen Anwendungen. Für Einsteiger in VBA ist die Online-Hilfe völlig ausreichend. Erst ab einer gewissen Stufe oder für professionelle Programmierer benötigt man dann weitere Hilfsmittel von Microsoft, wie z.B. spezifische Handbücher, Dokumentationen aus dem Microsoft Developer Network etc.

VBA-Online-Hilfe aufrufen

Nachdem sichergestellt ist, daß die VBA-Hilfe installiert ist, kann man sie aufrufen. In der Regel ist die VBA-Hilfe nur aus der Entwicklungsumgebung und nicht aus der Anwendung verfügbar. Das heißt, um die VBA-Online-Hilfe zu erreichen, muß man sich in der Entwicklungsumgebung befinden. Das Gegenteil ist aber möglich: Aus der Entwicklungsumgebung kann man auch die Online-Hilfe für die Anwendung sehen. Das geht aus dem Kontextmenü des Office-Assistenten (Mausklick mit der rechten Maustaste auf den Assistenten selbst). Im Kontextmenü befindet sich nämlich der Eintrag OPTIONEN, der das Fenster aus Abbildung 1.6 öffnet. In diesem Fenster kann man nicht nur bestimmen, daß die Online-Hilfe der Anwendung auch während der Programmierung verfügbar sein soll, sondern man kann darin sogar den Office-Assistenten komplett ausschalten (über das Kontrollkästchen „Den Office-Assistenten verwenden"). Die Anwesenheit des Office-Assistenten wirkt sich auf die Online-Hilfe im allgemeinen aus: Wenn der Assistent aktiviert ist, muß der Einstieg in die Online-Hilfe über den Assistenten gehen, wie weiter unten erklärt wird. Wenn man ihn deaktiviert hat, kann man die Online-Hilfe direkt ohne Umwege erreichen. Der Office-Assistent wird in diesem Buch am Ende von Kapitel 4 behandelt (unter anderem wird dort auch erläutert, wie man ihn endgültig los wird ;-)). Im folgenden wird aber erläutert, wie man trotz Assistent an die Online-Hilfe kommen kann.

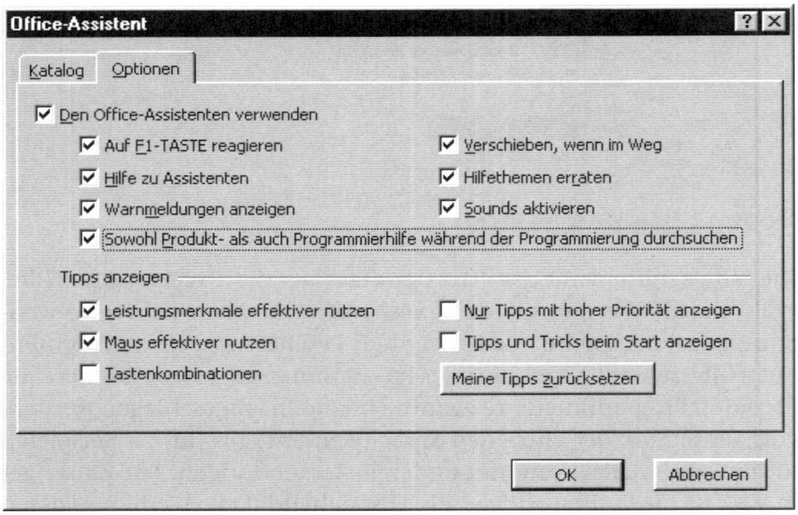

Abbildung 1.6: Das Fenster für die Optionen

Wenn man den Assistenten nicht komplett ausschalten will, erfolgt der erste Aufruf der Online-Hilfe während einer Sitzung zuerst über ihn. Wenn das Hilfe-Fenster geöffnet ist, spielt der Assistent keine Rolle mehr. Also müssen wir zuerst folgende Schritte einleiten:

1. Aus dem Menü EXTRAS wird der Eintrag MAKRO gewählt. Dieser Eintrag öffnet ein Untermenü, aus dem der Eintrag VISUAL BASIC EDITOR gewählt wird. Da in Office 2000 nicht immer alle Menüeinträge gezeigt werden, kann es sein, daß der Eintrag nicht sichtbar ist. Um den Eintrag zu sehen, muß dann auf die Pfeilknöpfen am unteren Rand des Untermenüs geklickt werden.

2. Die Ansicht wechselt jetzt von Excel in die Entwicklungsumgebung, die im nächsten Kapitel ausführlich behandelt wird. Die Online-Hilfe ist im allgemeinen unter dem Menü ?\MICROSOFT VISUAL BASIC HILFE erreichbar (oder man klickt doppelt auf den Office-Assistenten).
3. Danach wird der Office-Assistent aktiv. Wenn kein Office-Assistent vorhanden ist, wird das Fenster für die Online-Hilfe direkt geöffnet. Wenn der Assistent aktiv ist, wird der Anwender aufgefordert, eine Frage anzugeben. Um an die Online-Hilfe zu kommen, muß man dieser Aufforderung folgen. Wir geben z.B. den Text „Range" ein, wie in Abbildung 1.7 links gezeigt, klicken dann auf Suchen oder drücken die [↵]-Taste.

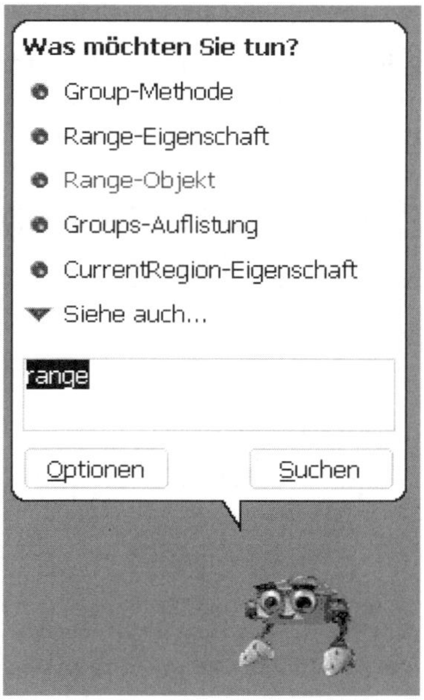

Abbildung 1.7: Der Office-Assistent öffnet den Weg zur Online-Hilfe

4. Sofort danach meldet sich der Assistent mit einer Reihe von Vorschlägen: Er zeigt alle Themen an, die mit dem Suchbegriff etwas gemeinsam haben, wie in Abbildung 1.7 rechts zu sehen ist. Wir klicken auf einen der Einträge, z.B. „Range-Objekt". Erst dann wird die richtige Online-Hilfe geöffnet. Die Sprechblase des Assistenten bleibt aber geöffnet und verdeckt zum Teil die Online-Hilfe. Um die Sprechblase zu entfernen, reicht es, einmal auf die Sprechblase selbst zu klikken und dann die Taste [ESC] zu drükken. Der Assistent bleibt erhalten, die Sprechblase geht zu.

Neues Format in Office 2000

Endlich sind wir am Ziel: Das Fenster der Online-Hilfe ist geöffnet. In Office 2000 wurde das Online-Hilfe-System geändert, die Hilfe-Dateien sind kompilierte HTML-Dateien. Dieses neue System hat Vorteile für Benutzer und Entwickler der Online-Hilfe. Die Benutzer verfügen jetzt über ein schnelles, leistungsfähiges Suchwerkzeug, die Entwickler können eigene Hilfe-Seiten in HTML-Format erstellen. Das dazu notwendige Werkzeug wird von Microsoft auf einer Web-Seite frei zur Verfügung gestellt (Adresse: s. Online-Hilfe-Hinweis am Ende des Abschnittes).

Nachdem das Online-Hilfe-Fenster geöffnet ist, kann man das Fenster der Online-Hilfe ganz einfach minimieren, um zu einem späteren Zeitpunkt noch einmal auf die Hilfe zugreifen zu können, ohne den Umweg über den Assistenten zu gehen.

Das Fenster hat beim ersten Aufruf meistens das Aussehen von Abbildung 1.8. Zuerst klicken wir auf die erste Schaltfläche ganz links im Fenster, um das Fenster selbst zu erweitern.

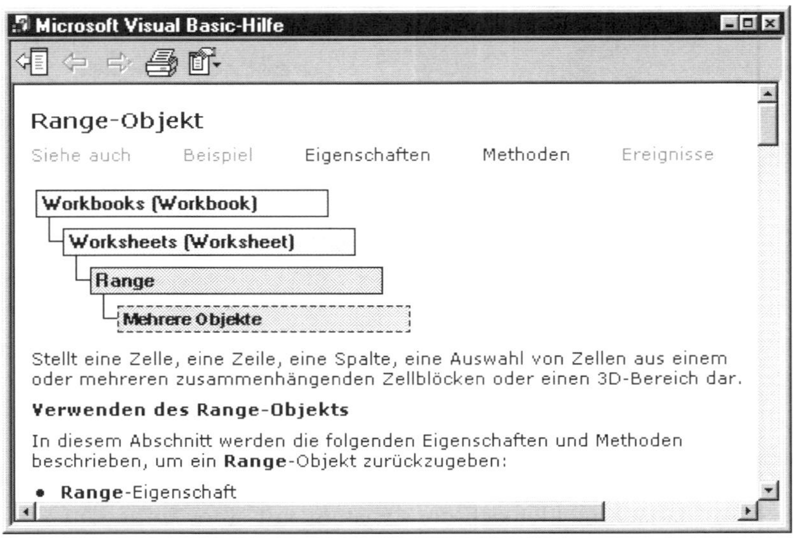

Abbildung 1.8: Das Fenster der Online-Hilfe beim ersten Aufruf über den Assistenten

Das neue Aussehen des Fensters kann in Abbildung 1.9 bewundert werden.

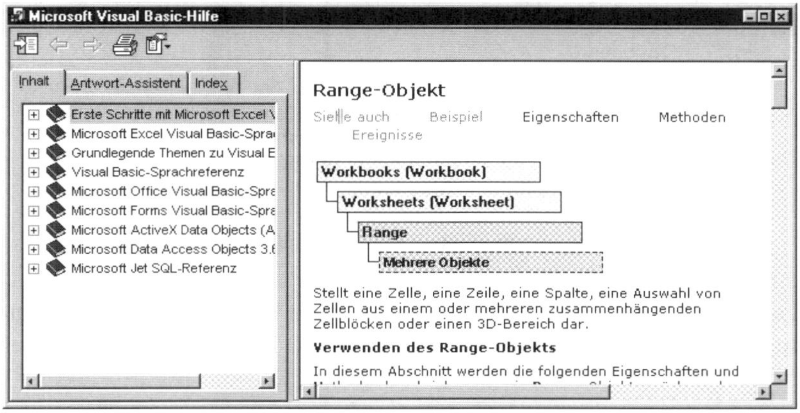

Abbildung 1.9: Das erweiterte Fenster der Online-Hilfe

Das Fenster verfügt über drei Bereiche: eine Symbolleiste (im oberen Bereich), einen Bereich mit Register (links unten), den „Navigationsausschnitt", die eigentlichen Online-Hilfe-Seiten, den „Themenausschnitt" (rechts unten).

Themenausschnitt

Was dieser Bereich darstellt, ist klar aus dem vorherigen Bild ersichtlich, da werden die Seiten mit den Inhalten der Online-Hilfe gezeigt. Über die in den Seiten vorhandenen Links kann man sich von einem Thema zum nächsten bewegen. Links, die nicht aktiv sind, erscheinen grau. Viele Seite verfügen über ein Link mit der Beschriftung „Beispiel": Es lohnt sich immer, einen Blick hineinzuwerfen!

Symbolleiste

Die Symbolleiste verfügt über fünf Schaltflächen, die in der folgenden Tabelle erläutert werden.

Icon	Name und Bedeutung
	Ausblenden / Einblenden Das Icon blendet den Navigationsausschnitt ein und aus, wie man aus und sehen kann.
	Zurück Wenn man in einer Online-Hilfe-Seite einen Link anklickt, wechselt man in eine weitere Seite. Mit diesem Icon kann man den Weg rückwärts gehen, wie in einem Internet-Browser.
	Vorwärts Dieses Icon ist das Gegenstück des vorherigen, wenn man sich rückwärts in den Seiten bewegt hat, kann man sich damit wieder vorwärts klicken.
	Drucken Die aktuelle Online-Hilfe-Seite, die in dem Themenausschnitt gezeigt wird, wird gedruckt.

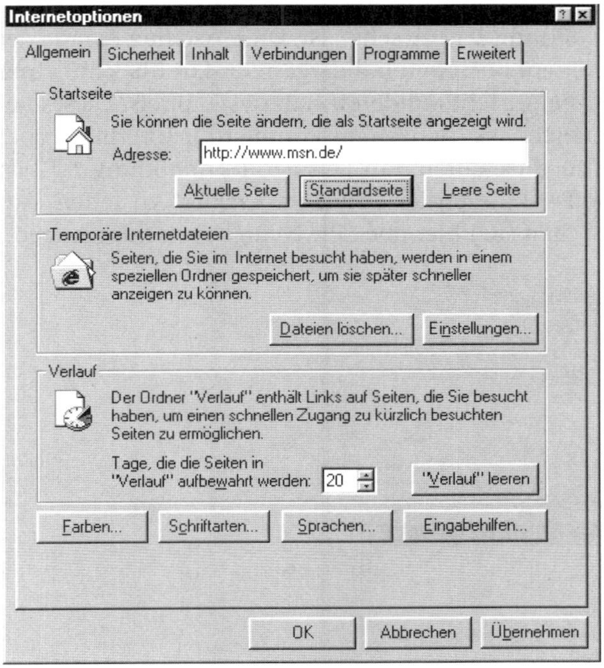

Abbildung 1.11: Die Internetoptionen der Online-Hilfe

Navigationsausschnitt

Das ist ein sehr interessanter Bereich der neuen Online-Hilfe. Der Bereich verfügt über drei Register: Register INHALT, Register ANTWORT-ASSISTENT und Register INDEX. Die drei Register werden im folgenden einzeln vorgestellt.

Abbildung 1.12: Das Register Inhalt des Navigationsausschnitts

Register Inhalt

Das Register INHALT zeigt den gesamten Verzeichnisbaum der Online-Hilfe an, wie in Abbildung 1.12 zu sehen ist. Die einzelnen Kapitel der Hilfe werden mit einem Buch-Symbol dargestellt. Ein Klick auf eines der Bücher öffnet die Ansicht auf den Inhalt des Kapitels. Dieses Register ist sehr nützlich, um sich einen kompletten Überblick über manche Themen zu verschaffen. Ein Beispiel: In Abbildung 1.12 ist der Eintrag „Neue Funktionen für Office-Entwickler" zu sehen. Auf einen Schlag kann man sich hier über alle Neuigkeiten informieren.

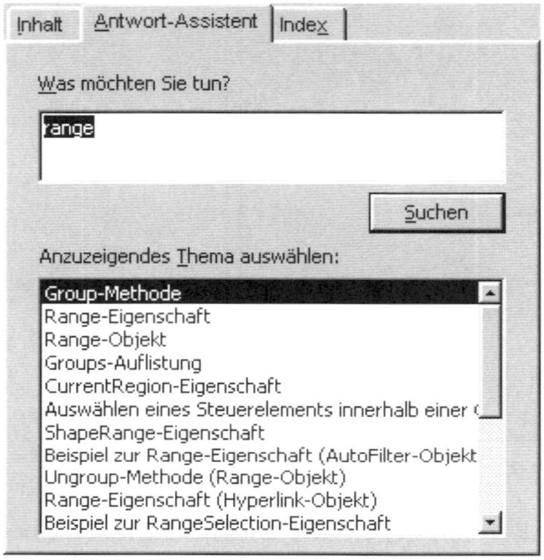

Abbildung 1.13: Das Register Antwort-Assistent des Navigationsausschnitts

Register Antwort-Assistent

Das Register ANTWORT-ASSISTENT erledigt die gleiche Arbeit wie der Office-Assistent; die Fragen des Anwenders werden hier entgegengenommen und die entsprechenden Hilfe-Themen werden angeboten. Abbildung 1.13 zeigt die Reaktion auf die Anfrage nach „Range". Um die Suche nach dem Begriff anzustoßen, kann entweder die vorhandene Schaltfläche SUCHEN benutzt werden oder die Eingabe des Suchbegriffs mit einem [↵] abgeschlossen werden.

Register Index

Das Register INDEX ist vielleicht das interessanteste der Register. In diesem Register kann man, wie man auch aus Abbildung 1.14 entnehmen kann, entweder selbst ein Schlüsselwort eingeben und danach mit SUCHEN oder mit [↵] die Suche starten, oder man kann ein Schlüsselwort aus der Liste im mittleren Bereich des Fensters auswählen.

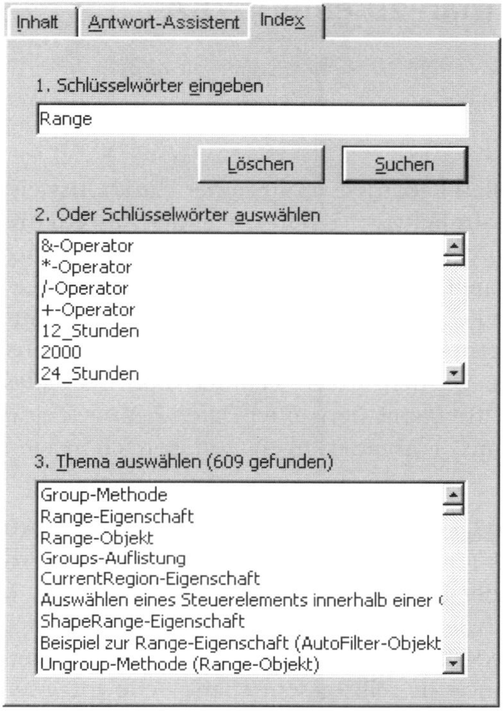

Abbildung 1.14: Das Register Index des Navigationsausschnitts

Die Liste der Schlüsselwörter ist sehr umfangreich. Für ein Stichwort wie „Range“ muß man sehr lange den Schieber rechts im Feld halten oder klicken, da die Liste alphabetisch geordnet ist. Schneller geht es wenn man den ersten Eintrag der Liste durch einen Klick markiert, dann wird der erste Buchstabe des Suchbegriffs über die Tastatur eingegeben, z.B. „r“. Sofort wird der erste Eintrag gezeigt, der mit diesem Buchstaben anfängt.

Online-Hilfe

Werkzeug und Workshop für die Erstellung eigener Online-HilfeSeiten ist unter der Internet-Adresse http://msdn.microsoft.com/workshop/author/htmlhelp zu finden.

1.4 Wie kommt man zu einem VBA-Programm?

Ein VBA-Programm kann auf zwei Arten entstehen:

Aufzeichnung
Excel besitzt einen speziellen Recorder, der in seiner Funktionsweise einem Kassettenrecorder ähnlich ist. Genauso wie der Kassettenrecorder wird der Excel-Recorder gestartet, um eine Folge von Aktionen des Anwenders aufzunehmen, und dann irgendwann gestoppt. Der Unterschied zwischen den Recordern besteht im Gegenstand der Aufnahme. Mit einem Kassettenrecorder kann man seine Karaoke-Kunst verewigen oder ähnliches. Mit dem Excel-Recorder kann man alles, was in Excel möglich ist (Öffen/Speichern einer Datei, Einfügen einer Funktion, eines Diagramms, Formatierungen von Bereichen etc.), aufnehmen.

Die Aufzeichnung von Programmen erfordert keinerlei Kenntnisse der Programmierung. Das Ergebnis einer Aufzeichnung ist ein Programm, aber der Anwender kommt damit nicht in Berührung. Er muß nämlich nur wissen, wie man es startet. Dieser Weg eignet sich für einfache, immer wiederkehrende Tätigkeiten. Aufgezeichnete Programmteile können auch in selbstgeschriebene Teile integriert werden. Sehr oft ist die Aufzeichnung für Anfänger der schnellste Weg, der richtigen Eigenschaft oder Methode für ein Objekt auf die Spur zu kommen. Das Aufzeichnen und das Umprogrammieren der Aufzeichnungen werden ausführlich in Kapitel 5 anhand von zwei in sich abgeschlossenen Beispielen gezeigt.

Programmierung
Manchmal ist die Aufzeichnung zur Lösung des gegebenen Problems nicht geeignet. Wenn man z.B. eine benutzerdefinierte Eingabemaske benötigt, muß diese definiert und programmiert werden. Auch aufgezeichnete Programme können umprogrammiert werden, um sie besser anzupassen. In diesem Fall wird der Programmtext direkt in einer speziellen Umgebung erstellt, die Entwicklungsumgebung. Die direkte Programmierung erfordert nicht nur Kenntnisse über die Excel-Objekte, sondern auch über allgemeine Konstrukte der Sprache Basic: Variablendefinitionen, Datentypen, Schleifen etc. Die Elemente der Sprache VBA werden in Kapitel 3 vorgestellt. Dieses Kapitel stellt das Grundlagenwissen für alle folgenden Kapitel dar. Dialogfenster sind in Kapitel 6 dran.

In den folgenden Kapiteln sowie in Excel und in seiner Online-Hilfe werden VBA-Programme oft „Makros“ genannt. Der Begriff „Makro“ ist historisch bedingt: Damit wurden eigentlich die Programme bezeichnet, die in der schon erwähnten Makrosprache geschrieben waren. Bis zu Excel 7 waren noch Verwechslungen möglich, da es noch erlaubt war, mit der Makrosprache neue Programme zu erstellen. Ab Excel 97 bezeichnet der Begriff „Makro“ nur eine Aufzeichnung mit dem Makro-Recorder. Aber eine Aufzeichnung ist auch ein VBA-Programm. Also man sollte die Begriffe als Synonym betrachten.

2 Die VBA-Entwicklungsumgebung

VBA-Programme werden in einer speziellen Umgebung geschrieben, der sog. Entwicklungsumgebung oder kurz *VBE* (*Visual Basic Editor*). Diese Entwicklungsumgebung ist identisch für alle Anwendungen des Office-Pakets (WinWord, Access, PowerPoint). Die Entwicklungsumgebung und die Hilfsmittel, die sie für die Programmierung zur Verfügung stellt, werden im folgenden vorgestellt. Das erworbene Wissen über die Entwicklungsumgebung und ihre Hilfsmittel werden in diesem Kapitel, zusammen mit allgemeinen Erläuterungen, anhand kleiner Beispiele sofort in die Praxis umgesetzt.

2.1 Die Entwicklungsumgebung VBE (Visual Basic Editor)

Die Entwicklungsumgebung ist eine von Excel getrennte Anwendung, sie wird aus Excel (oder einer der anderen Anwendungen von Office) aufgerufen, aber sie wird in einem eigenen Fenster ausgeführt.

Erster Aufruf

Die Entwicklungsumgebung wird aus der gewohnten Excel-Oberfläche heraus aufgerufen, ob eine Mappe geöffnet ist oder nicht. Der Aufruf kann auf mindestens zwei Arten erfolgen:

- aus dem Menü EXTRAS\MAKROS, Untermenü VISUAL BASIC-EDITOR
- mit der Tastenkombination: `Alt`+`F11`.

Nach dem Aufruf wird ein komplett neues Fenster geöffnet. Das ist auch in der Taskleiste von Windows 95/98/NT sichtbar: In der Leiste wird ein neues Symbol für die Entwicklungsumgebung eingeblendet.

Die Entwicklungsumgebung sieht meistens nach dem Aufruf so wie in Abbildung 2.1 aus.

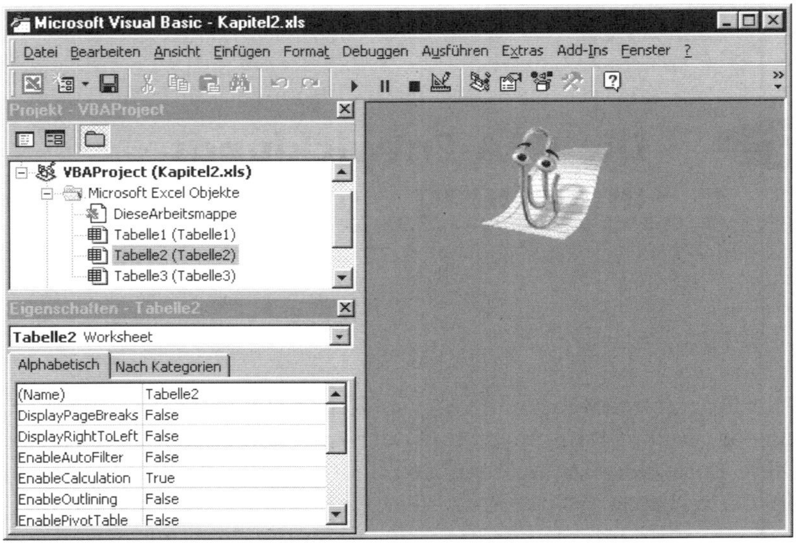

Abbildung 2.1: Das Fenster der Entwicklungsumgebung

Der Office-Assistent

In Abbildung 2.1 ist auch der Office-Assistent zu sehen. Falls der Assistent vorübergehend nicht vorhanden ist und man an Einsamkeit leidet, kann man ihn aus Excel über den Menüeintrag mit dem Fragezeichen, Untermenü OFFICE-ASSISTENTEN EINBLENDEN, einblenden. Wenn der Assistent nicht deaktiviert wurde, reicht auch ein Klick auf die Schaltfläche mit dem Fragezeichen in der Symbolleiste der Entwicklungsumgebung. Der Assistent erwartet dann eine Frage für die Online-Hilfe. Die Sprechblase kann mit der ESC-Taste aber geschlossen werden.

Quickinfo

Auch in dem VBE-Fenster, wie in der normalen Excel-Umgebung, stehen die QuickInfo-Felder für die Schaltflächen der Symbolleisten zur Verfügung. Die Quickinfo-Felder werden aktiviert, wenn der Cursor sich von unten den Schaltflächen nähert.

Die einzelne Bereiche und Elemente des Fensters der Entwicklungsumgebung werden im folgenden vorgestellt.

2.1.1 Der Projekt-Explorer

Das Konzept für den Projekt-Explorer wurde aus der Umgebung des professionellen Compilers für Visual Basic entnommen. Viele der modernen Programme bestehen nicht nur aus einem Text, in dem die Befehle in der jeweiligen Programmiersprache geschrieben sind, sondern vielmehr aus einer Gruppe von verschiedenartigen Elementen: aus Bildschirmmasken, die am Bildschirm angezeigt werden, aus Programmteilen, die nur für die Fenster und ihre Elemente zuständig sind, oder aus Programmteilen, die nicht auf die Fenster bezogen sind und eine allgemeine Gültigkeit besitzen (z.B. muß ein Programm zum Sortieren von Namen nicht an ein Bildschirmfenster angekoppelt werden) etc. Je nach der verwendeten Computersprache können noch weitere Elemente hinzukommen, z.B. Bibliotheken für Objekte, Definitionen für Klassen, etc. Wir werden diese Elemente im weiteren Verlauf des Buches kennenlernen.

Projekt

Alle verschiedenartigen Elemente, die im engen und weiteren Sinn zu einem Programm gehören, werden in einem Projekt zusammengefaßt. Schon in Excel 5 gab es für ein VBA-Programm eine Anzahl verschiedener Elemente: ein oder mehrere benutzerdefinierte Fenster, ein Modulblatt oder mehrere Modulblätter und vielleicht noch benutzerdefinierte Menü- oder Symbolleisten. Alle diese Elemente wurden zumeist in einer Mappe gespeichert, zusammen mit den eventuell vorhandenen Tabellenblättern. Bei größeren Anwendungen ist es schwer, den Überblick über alle Elemente zu behalten. Das Problem wird durch die Projektverwaltung gelöst: Alle Bestandteile eines Programms, egal welcher Art, werden von einem Projekt erfaßt und verwaltet.

Aufruf

Der Projekt-Explorer ist in Abbildung 2.2 zu sehen. Er belegt in der Regel den Bereich unter der Symbolleiste links oben in der Entwicklungsumgebung (vgl. mit Abbildung 2.1). Wenn er nicht vorhanden sein sollte, kann man ihn so aufrufen:

- über das Menü ANSICHT\PROJEKT-EXPLORER
- mit der Tastenkombination [STRG]+[R]
- über die entsprechende Schaltfläche **Projekt-Explorer** in der Symbolleiste.

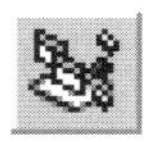

Der Explorer ist ein kleines, selbständiges Fenster in der Entwicklungsumgebung.

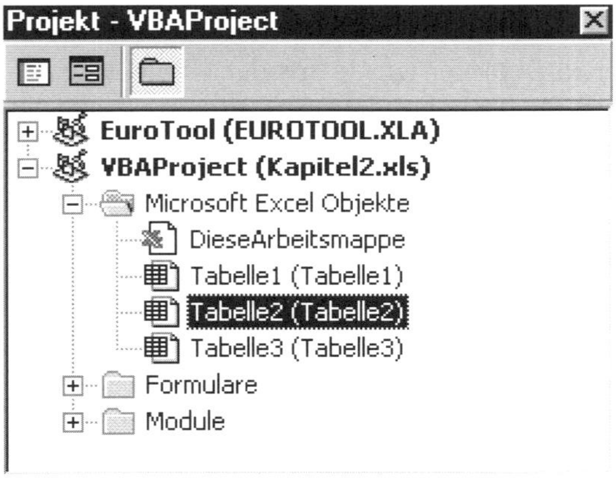

Abbildung 2.2: Der Projekt-Explorer

Sein Fenster besitzt eine eigene Titelleiste mit der Beschriftung PROJEKT-VBAPROJEKT, eine Symbolleiste mit drei Schaltflächen. Im unterem Bereich werden alle Elemente der Projekte der aktuell geöffneten Mappen sowie die Projekte aller geöffneten Add-Ins (in Abbildung 2.2 ist das Add-In EUROTOOL.XLA zu sehen) angezeigt.

Gliederung

Neben dem Namen des Projektes (z.B. „Kapitel2.XLS“) erscheint immer ein Gliederungssymbol: entweder ein „+“-Zeichen, wenn die unteren Ebenen gerade nicht angezeigt werden (Projekt EUROTOOL in Abbildung 2.2), oder ein „-“-Symbol, wenn die unteren Ebenen aufgeklappt sind (Projekt VBAPROJECT in Abbildung 2.2). Die Symbole haben eine Bedeutung: Ein „+“ zeigt an, daß die aktuelle Zeile eine Untergliederung besitzt, ein „-“ zeigt an, daß die aktuelle Zeile keine Untergliederung mehr hat. Ein Klick auf eines der Symbole klappt die untere Ebene auf oder zu, je nach aktuellem Zustand. Bei Add-Ins ist es in der Regel aber nicht möglich, die unteren Ebenen zu sehen, die Projekte werden normalerweise mit einem Paßwort gegen die Ansicht geschützt.

Inhalt des Projekt-Explorer

Bei einer vollständig geöffneten Gliederung, wie in Abbildung 2.2 für die Mappe KAPITEL2.XLS, ist schon ein hierarchischer Aufbau zu erkennen. An der ersten und obersten Stelle befindet sich das Projekt „Kapitel2.XLS“, sofort darunter der Ordner, in dem alle Excel-Objekte angezeigt werden, die aktuell im Projekt vorhanden sind. Es sind momentan nur vier, die Mappe selbst und die drei darin befindlichen Tabellenblätter. Sobald ein neues Objekt in die Mappe aufgenommen wird, z.B. ein benutzerdefiniertes Fenster oder ein Modul, erscheint dieses auch in der Auflistung des Projekt-Explorers.

Für alle gleichzeitig geöffneten Mappen wird ein getrenntes Projekt angelegt und im Projektfenster angezeigt.

Zweck

Der Zweck des Projekt-Explorers ist es, den Überblick über alle Elemente einer Mappe und das dazugehörige VBA-Programm zu gewährleisten, und das Wechseln vom Code eines Elements zum Code des nächsten Elements zu erleichtern. Diese letzte Funktion wird in Zusammenarbeit mit dem Code-Fenster realisiert, das im nächsten Abschnitt vorgestellt wird.

Die Symbolleiste des Projekt-Explorers besitzt nur drei Schaltflächen. Ihre Bedeutung wird im folgenden erläutert.

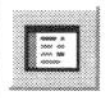

Die Schaltfläche **Code anzeigen** öffnet das Code-Fenster für das Objekt, das gerade in der Liste markiert ist.

Die Schaltfläche **Objekt anzeigen** wechselt zur Ansicht des in der Liste markierten Objekts. Wenn z.B. das Objekt „Tabelle2" markiert ist, dann wird die Ansicht zu der entsprechenden Tabelle der Mappe gewechselt.

Die Schaltfläche **Ordner wechseln** ändert die Anzeige der Objektstruktur: Mal werden die Objekte als Ordner dargestellt, mal werden die Inhalte der Ordner angezeigt (s. dazu Abbildung 2.3).

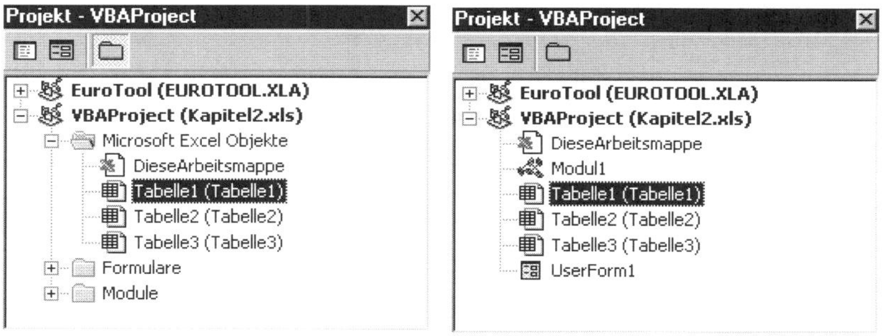

Abbildung 2.3: Die Wirkung der Schaltfläche „Ordner wechseln"

Aus dem Projekt-Explorer heraus können die Objekte ausgewählt werden, für die VBA-Anweisungen eingegeben werden sollen. Die Eingabe der VBA-Befehle erfolgt in einem gesonderten Code-Fenster, das in unserem Fall zuerst geöffnet werden muß.

2.1.2 Der Visual Basic-Editor

Editor

Das Code-Fenster ist ein Editor. Ein Editor ist ein Programm, oder in diesem Fall ein spezielles Fenster eines Programms, das dem Anwender die Eingabe von Texten oder Graphiken im Dialogmodus erlaubt. Es stellt verschiedene Hilfen, wie die Möglichkeit, Text oder Graphik zu kopieren, auszuschneiden, einzufügen, zu suchen, zu ersetzen etc. zur Verfügung. Der Visual Basic-Editor ist im VBE-Fenster integriert.

Das VBE-Fenster mit geöffnetem Editor (oder Code-Fenster) ist in Abbildung 2.4 dargestellt. Der Editor ist das neue Fenster rechts unten im Bild.

Ein Code-Fenster für jedes Objekt

Genau wie beim großen Bruder, dem Compiler Visual Basic, gibt es auch in VBA unter einem Editor-Fenster für jedes Objekt der Mappe. Im Projekt-Explorer aus Abbildung 2.4 war beim Öffnen das Objekt „DieseArbeitsmappe" markiert; d.h., das Editor-Fenster bezieht sich auf dieses Objekt, wie auch aus der Leiste des Fenster im Bild ersichtlich ist.

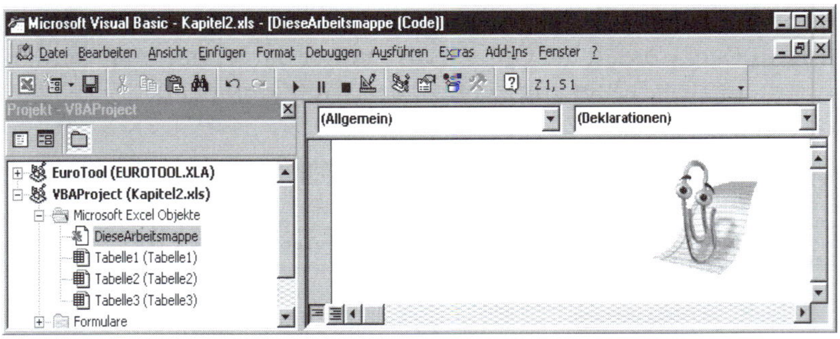

Abbildung 2.4: Die Entwicklungsumgebung mit geöffnetem Code-Fenster

Code-Fenster öffnen

Das Öffnen des Code-Fensters kann auf verschiedene Arten geschehen. Wichtig ist nur, daß das richtige Objekt im Projekt-Fenster markiert ist. Der Editor kann geöffnet werden:

- über den Menüpunkt ANSICHT\CODE
- über die Taste F7
- über die Schaltfläche **Code anzeigen** aus dem Projekt-Fenster (s. vorherigen Abschnitt)
- durch Doppelklicken auf den markierten Text „Diese Arbeitsmappe" im Projekt-Fenster

Nach dem Öffnen zeigt das neue Fenster einen noch leeren Bereich, in dem später die VBA-Anweisungen erscheinen werden, und eine Leiste mit zwei Listenfeldern, wie in Abbildung 2.5 zu sehen ist.

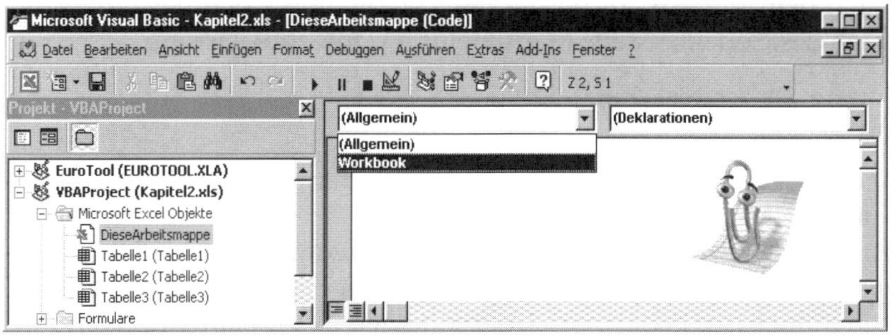

Abbildung 2.5: Das Code-Fenster mit geöffnetem Listenfeld „Objekt"

Die Objekt-Liste

Das linke Listenfeld (mit der Beschriftung „Allgemein") zeigt die Objekte, die sich innerhalb des Container-Objekts Mappe befinden. In Abbildung 2.5 hat die Liste nur einen Eintrag, nämlich den Namen der Mappe selber. Wenn der Eintrag „Workbook" gewählt wird, ändert sich der Inhalt des rechten Listenfeldes und des unteren Bereiches, wie in Abbildung 2.6 zu sehen ist.

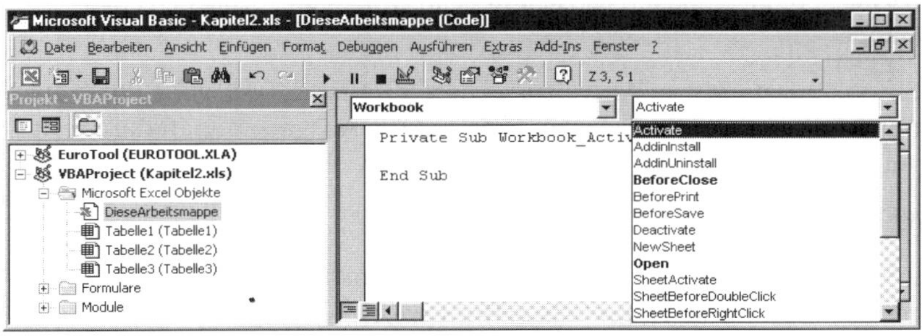

Abbildung 2.6: Das Code-Fenster mit geöffnetem Listenfeld „Prozedur"

Das rechte Listenfeld

Das rechte Listenfeld zeigt die Liste der Ereignisse, die für das jeweilige im linken Feld markierte Objekt programmiert werden können. Die Liste ist nicht für alle Objekte gleich: Verschiedene Objekte können auf verschiedene Ereignisse reagieren. Man kann sich leicht davon überzeugen, wenn man z.B. durch einen Doppelklick auf eine der Tabellen im Projekt-Fenster das Code-Fenster einer Tabelle öffnet: Die Liste der Ereignisse für eine Tabelle ist kürzer und enthält zum Teil andere Namen. Wenn im linken Feld kein Objekt markiert ist, also nur die geklammerte Beschriftung „Allgemein" sichtbar ist, zeigt das rechte Listenfeld die Liste der allgemeinen Prozeduren und Funktionen eines Moduls (wie wir es später sehen werden). Manche der Einträge des Listenfeldes erscheinen in Fettdruck, für diese Ereignisse wurden bereits Ereignisprozeduren geschrieben. Das werden wir jetzt auch üben.

Nach dem Klicken auf das Ereignis *Open* ändert sich der untere Bereich des Code-Fensters. Es erscheint das folgende Listing:

```
Private Sub Workbook_Open()
End Sub
```

Ereignisprozedur

Die Bedeutung der einzelnen Schlüsselwörter wird erst in Kapitel 3 erklärt. Im Moment reicht es zu wissen, daß es sich hier um den Kopf einer Ereignisprozedur handelt. Diese Prozedur reagiert auf das Ereignis „*Open*“, d.h., sie wird ausgeführt, wenn die Mappe geöffnet wird. Die Namen der Ereignisprozeduren folgen in VBA einer Konvention: Der Name setzt sich aus dem Objektnamen und dem Ereignisnamen zusammen, verbunden durch einen Unterstrich. Im unserem Fall haben wir für das Objekt „Mappe“ (*engl. Workbook*) und das Ereignis „Öffnen“ (*engl. Open*) den Namen „Workbook_Open“.

An dieser Stelle kann das erste VBA-Beispiel eingetippt werden: ein kleines Programm, das beim Öffnen und Schließen der Mappe eine Meldung am Bildschirm erscheinen läßt.

Beispiel 2.1: Meldung am Bildschirm beim Öffnen und Schließen einer Mappe

Eine der einfachsten Anweisungen in VBA ist die Ausgabe einer eigenen Meldung am Bildschirm. Hier soll die Ausgabe genau dann erfolgen, wenn die Mappe geöffnet wird. Die Anweisung lautet:

```
MsgBox "Hello User!"
```

und muß zwischen den schon im Editor vorhandenen Zeilen der Prozedur „Workbook_Open“ eingetippt werden. Für den Text „MsgBox“ braucht keine Rücksicht auf Klein- und Großschreibung genommen zu werden. Es handelt sich hierbei um ein Schlüsselwort, das vom Editor automatisch in die richtige Form umgewandelt wird. Der Text zwischen den Anführungszeichen dagegen ist kein Schlüsselwort, sondern ein reiner benutzerdefinierter Text. Hier muß man Großbuchstaben eingeben, wenn man Großbuchstaben sehen will.

Nach dem Tippen des Wortes „MsgBox“ und der Eingabe eines Leerzeichens erscheint ein Quickinfo-Feld im Editor, so wie es in Abbildung 2.7 zu sehen ist.

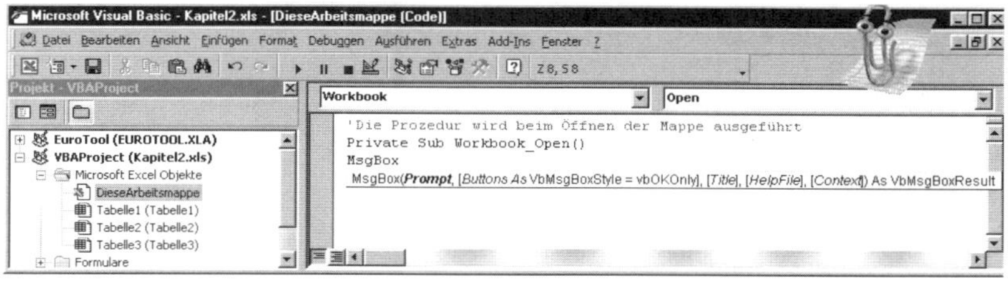

Abbildung 2.7: Die Eingabe-Hilfe für die richtige Syntax

Quickinfo bei der Eingabe

Es handelt sich hier um eines der Hilfsmittel der Entwicklungsumgebung: Bei der Eingabe von VBA-Schlüsselwörtern wird automatisch die komplette und richtige Schreibweise aus der Online-Hilfe angezeigt. Dieses Hilfsmittel wird auch „kontextsensitive Hilfe" genannt. Wir lassen uns von der Quickinfo nicht beeinflussen und tippen den Rest der Meldung ein.

Beispiel ausführen

Die Wirkung des Programms kann auch im VBE-Fenster beobachtet werden, ohne die Mappe zu schließen und wieder zu öffnen. Programme können auf verschiedenen Wegen ausgeführt werden:

- über den Menüpunkt AUSFÜHREN\SUB/USERFORM AUSFÜHREN
- über die Taste [F5]
- über die Schaltfläche **Sub/UserForm ausführen** aus Abbildung 2.8

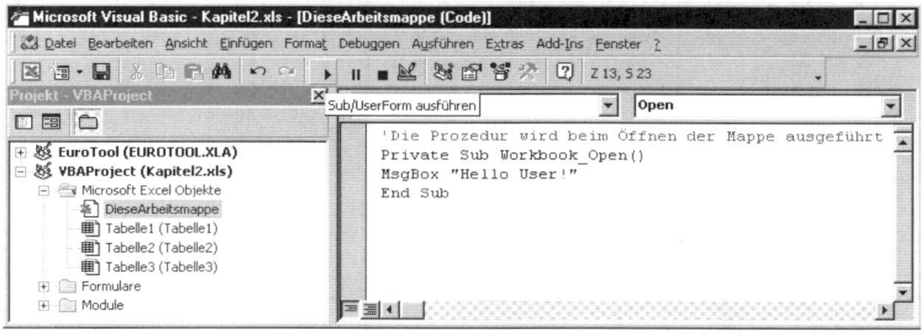

Abbildung 2.8: Die Schaltfläche zum Ausführen von Programmen

Egal welchen Weg man gewählt hat, die Wirkung ist immer die gleiche: Ein kleines Fenster erscheint am Bildschirm. Das Fenster ist in Abbildung 2.9 zu sehen. Es erscheint so lange am Bildschirm, bis die Schaltfläche OK angeklickt wird.

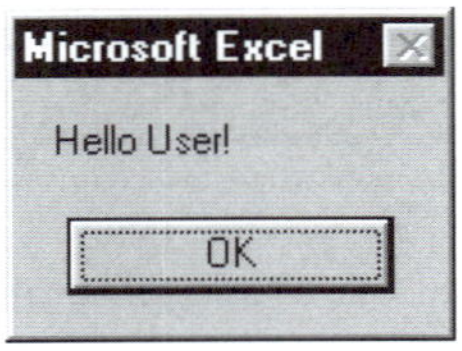

Abbildung 2.9: Die Meldung des Beispielprogramms beim Öffnen der Mappe

Jetzt kann die Mappe auch (gespeichert und) geschlossen werden. Beim nächsten Öffnen wird die Meldung „Hello User“ angezeigt.

Beim nächsten Öffnen der Mappe kann das Fenster aus Abbildung 2.10 erscheinen. Im Fenster wird vor möglichen Viren gewarnt. Leider ist es so, daß auch mit VBA Virenprogramme geschrieben werden können. Solche Programme werden meistens beim Öffnen einer Datei ausgeführt. Excel überwacht das Öffnen der Datei und meldet sich im allgemeinen, wenn die Mappe Programme enthält. Wenn es sich bei der zu öffnenden Datei um eine fremde Datei handelt, wäre es ratsam, die Schaltfläche MAKROS DEAKTIVIEREN anzuklicken. Die Virenprogramme können dann nicht aktiv werden. Weitere Hinweise zu Viren und Schutz davor werden in diesem Buch in Kapitel 4, Objekte und Ereignisse, vorgestellt.

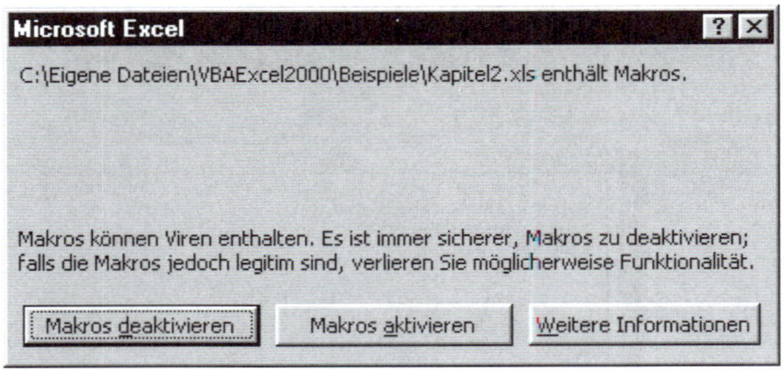

Abbildung 2.10: Das Virenschutz-Konzept von Microsoft

Wenn man beim Testen der eigenen Programme nicht ständig das Fenster aus Abbildung 2.10 sehen möchte, kann man die Option NIEDRIG für die Sicherheitsstufe im Menü EXTRAS\MAKRO\SICHERHEIT wählen. Die Standardeinstellung ist MITTEL und wird bei der Installation von Excel aktiviert. Man sollte aber die niedrigere Stufe nur wählen, nur wenn man mit eigenen Mappen arbeitet, die nicht ungeschützt in einem Netzlaufwerk liegen!

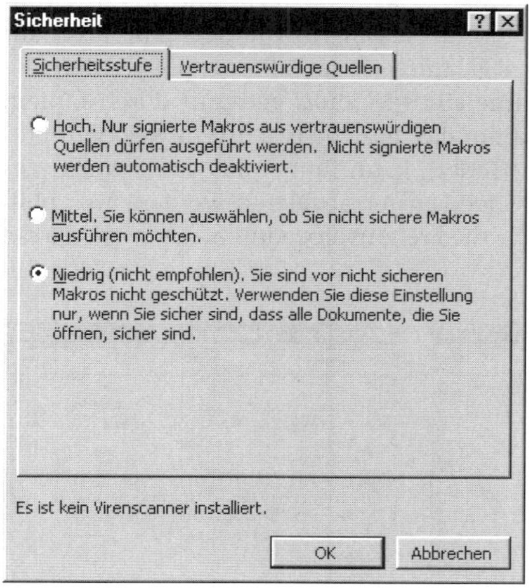

Abbildung 2.11: Der Virenschutz ist nicht mehr aktiv!

Meldung beim Schließen

Eine Prozedur, die beim Schließen der Mappe ausgeführt werden soll, reagiert auf das Ereignis *BeforeClose*. Dieses Ereignis muß aus dem rechten Listenfeld ausgewählt werden, damit der Editor den richtigen Prozedurkopf zeigt. Auch hier reicht es aus, eine Anweisung einzugeben, wie in Abbildung 2.12 gezeigt.

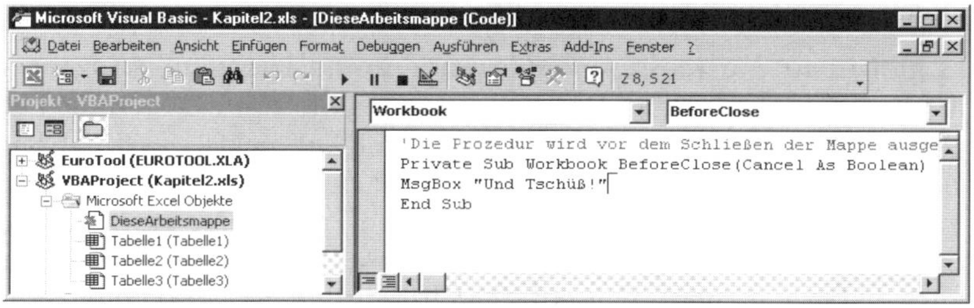

Abbildung 2.12: Die Ereignisprozedur für das Schließen der Mappe

Die zweite Prozedur kann nicht ganz einfach wie die erste im VBE-Fenster ausgeführt werden. Sie erwartet nämlich die Übergabe eines Parameters (den Ausdruck „Cancel As Boolean“, s. dazu in Kapitel 3, Abschnitt Unterprogrammtechnik). Die Meldung kann aber, wie erwartet, beim Schließen der Mappe angesehen werden.

Ansicht im Code-Fenster

Das Code-Fenster besitzt in der unteren, linken Ecke zwei kleine Schaltflächen, die eine Umschaltung zwischen zwei verschiedenen Ansichten erlauben. In Abbildung 2.13 werden die zwei Ansichten gezeigt: links die Ansicht „Prozeduransicht“, rechts die Ansicht „vollständige Modulansicht“. Im ersten Fall wird jeweils eine Prozedur bzw. ein Programm angezeigt. Im zweiten Fall dagegen werden alle Prozeduren bzw. Programme eines Moduls, getrennt durch Linien, angezeigt. Welches Programm das aktuelle ist (also in welchem Programm der Cursor sich befindet), kann immer aus dem Namen des rechten Listenfeldes im Code-Fenster abgelesen werden. In Abbildung 2.13 ist für beide Fälle die Ereignisprozedur `Workbook_Open` die aktuelle Prozedur.

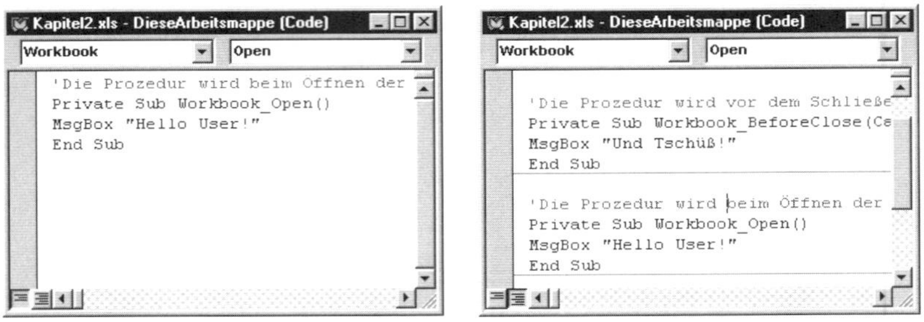

Abbildung 2.13: Verschiedene Ansichten des Code-Fensters

Klassenmodul

Die Prozeduren, die hier als kleines Beispiel verwendet werden, wurden alle in einem Klassenmodul geschrieben. Ein Klassenmodul ist ein Modul, das an einem Objekt angekoppelt ist. Alle Excel-Objekte, die im Projekt-Explorer angezeigt werden, besitzen ein solches Klassenmodul. Dort dürfen nur Programme geschrieben werden, die das Objekt betreffen.

Allgemeines Modul

Es gibt nicht nur Klassenmodule, sondern auch andere, sog. allgemeine Module oder Standardmodule oder ganz einfach Module. Ein allgemeines Modul ist ein Element eines VBA-Projekts, das nicht mit einem Tabellenblatt oder mit einer Mappe oder sonstigem Objekt in Verbindung steht. In einem Modul werden Programme geschrieben, die von verschiedenen Stellen eines Projekts aus aufgerufen werden können. Je nachdem, wie ein Modul definiert ist, sind seine Programme auch von anderen Projekten aus zugänglich. Ein Modul kann in die Entwicklungsumgebung auf zwei verschiedene Arten eingefügt werden:

- aus dem Menü EINFÜGEN\MODUL
- aus der Symbolleiste, wie in Abbildung 2.14 gezeigt

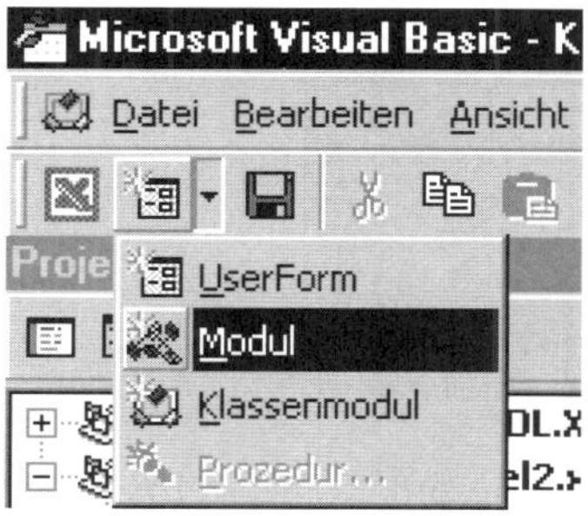

Abbildung 2.14: Ein allgemeines Modul aus der Symbolleiste einfügen

Nach dem Einfügen des Moduls ändert sich auch die Liste der Elemente des Projekts im Projekt-Explorer: Das Modul erscheint jetzt in der Liste, wie in Abbildung 2.15 zu sehen ist. Der Name des Moduls ist für das erste Modul „Modul1", für das zweite „Modul2" etc. Der Name kann im Eigenschaftenfenster (s. weiter unter) geändert werden. Die entsprechende Eigenschaft heißt dementsprechend „Name".

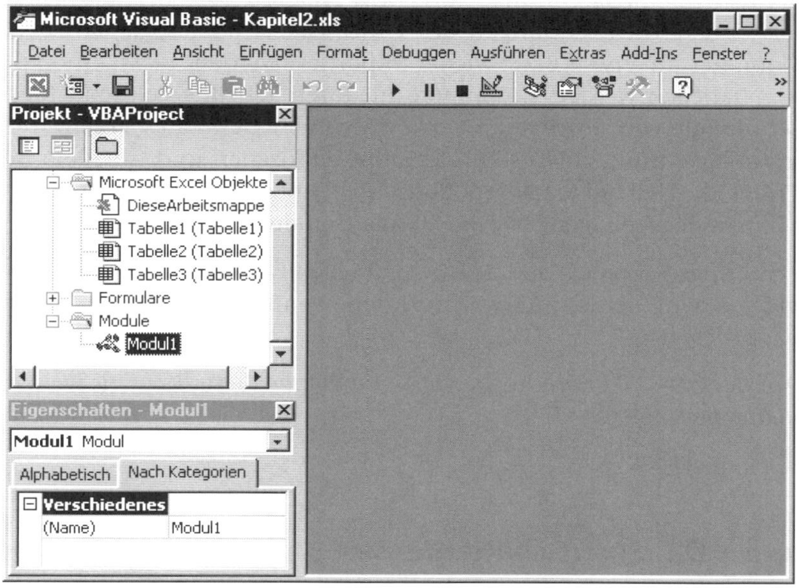

Abbildung 2.15: Das neue Modul im Projekt-Explorer

Ein allgemeines Modul sieht genauso aus wie das Klassenmodul einer Arbeitsmappe oder Tabelle. Im Unterschied dazu besitzt aber ein allgemeines Modul keine Liste von Objekten in seinem linken Listenfeld, wie in Abbildung 2.16 zu sehen ist.

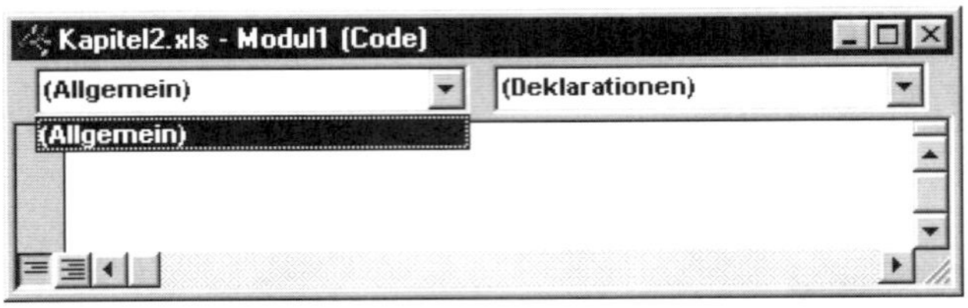

Abbildung 2.16: Ein allgemeines Modul hat keine Liste mit Objekten

Wir werden ein solches Modul schon in diesem Kapitel einsetzen, und der Unterschied zwischen Klassenmodulen und allgemeinen Modulen wird in den folgenden Kapiteln des Buches mehrmals zur Sprache kommen.

Allgemeine Module entfernen

Ein Standardmodul kann nur über das Menü DATEI\ENTFERNEN VON MODULX wieder entfernt werden (x steht für 1, 2 etc). Das betroffene Modul muß im Projekt-Explorer markiert sein. Bevor das Modul entfernt wird, fragt die Entwicklungsumgebung, ob es vor dem Entfernen exportiert werden soll. Ein exportiertes Modul wird als Text-Datei (Dateiformat *.BAS oder *.TXT) gespeichert und kann aus anderen Anwendungen des Office-Pakets oder sogar aus dem Compiler für Visual Basic wieder importiert werden. Klassenmodule von Tabellen werden zusammen mit ihren Tabellen gelöscht. Klassenmodule von Arbeitsmappen können nicht gelöscht werden, weil es in Excel unmöglich ist, eine Mappe zu löschen und trotzdem im Projekt zu bleiben! Klassenmodule von benutzerdefinierten Objekten können dagegen, genauso wie Standardmodule gelöscht werden.

Das Entfernen eines Moduls kann auf jeden Fall nicht mehr rückgängig gemacht werden: Alles ist verloren, wenn man das Modul nicht exportiert hat!

Auf der CD-ROM befinden sich für die Mappe dieses Kapitels weitere kleine Beispiele.

KAPITEL2.XLS

2.1.3 Das Eigenschaftenfenster

Die neue Entwicklungsumgebung besitzt neben dem Projekt-Explorer und dem Visual Basic-Editor ein drittes Element: das Eigenschaftenfenster.

Zweck

Objekte besitzen Attribute bzw. Eigenschaften und werden nur durch eine Änderung derselben verändert. Der Zweck des Eigenschaftenfensters ist es, die klare und übersichtliche Anzeige der aktuellen Einstellungen der Eigenschaften zu gewähren und die Möglichkeit anzubieten, diese Eigenschaften direkt zu ändern.

Das Eigenschaftenfenster öffnen

Das Eigenschaftenfenster ist in der Regel schon geöffnet, wenn man die Entwicklungsumgebung aufruft. Wenn dies nicht der Fall sein sollte, kann es auf zwei Arten aufgerufen werden:

- über das Menü ANSICHT\EIGENSCHAFTENFENSTER
- über die Taste [F4]
- über die Schaltfläche **Eigenschaftenfenster** in der Symbolleiste

Das neue Fenster öffnet sich normalerweise unten links in der Entwicklungsumgebung (s. auch „Das Fenster der Entwicklungsumgebung"). Das Eigenschaftenfenster selbst ist in Abbildung 2.17 zu sehen.

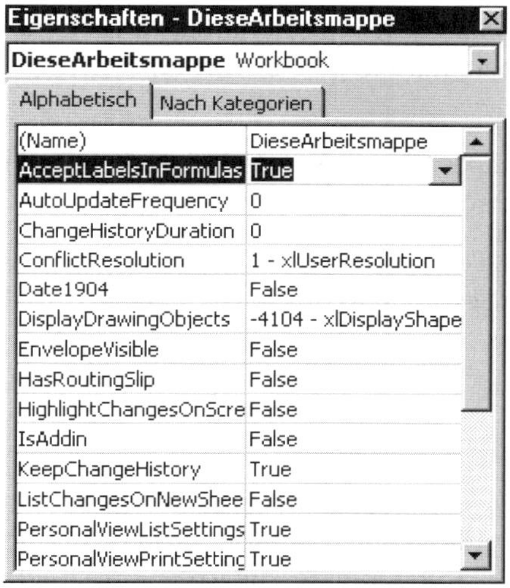

Abbildung 2.17: Das Eigenschaftenfenster

Auch hier, wie beim Code-Fenster, werden immer die Eigenschaften des Objekts angezeigt, das gerade im Projekt-Explorer markiert ist. In Abbildung 2.17 ist dies der Fall für das Objekt „DieseArbeitsmappe". Da jedes Objekt spezifische Eigenschaften besitzt, ändern sich die Menge und die Namen der Eigenschaften, wenn im Projekt-Explorer andere Objekte markiert werden.

Direkte Hilfe über [F1]

Jedes Objekt verfügt über eine verschiedene Anzahl und Art von Eigenschaften, wie wir auch in Kapitel 4, Objekte und Ereignisse, sehen werden. Es ist aus diesem Grund unmöglich, auf jede einzelne Eigenschaft einzugehen. Einen schnellen Überblick über die Bedeutung der einzelnen Eigenschaften bietet die Online-Hilfe. Es reicht ein

Klicken mit der Maus in die entsprechende Zeile des Eigenschaftenfensters und das Drücken auf die Taste [F1], um die richtige Seite der Online-Hilfe zu öffnen.

Ändern der Eigenschaften

Die Eigenschaften können auch direkt im Fenster geändert werden: Die Eigenschaft *AutoUpdateFrequency* legt z.B. fest, wie oft die automatische Speicherung erfolgt. Der Standardwert für diese Eigenschaft ist 0, d.h., die Mappe wird nur durch eine explizite Aufforderung des Anwenders gespeichert. Der Wert kann auf eine beliebige Zahl größer 0 gesetzt werden. Die zugrundeliegende Zeiteinheit ist Minuten.

Das Eigenschaftenfenster besitzt zwei Register, die eine unterschiedliche Darstellung der Eigenschaften erlauben:

- Das Register ALPHABETISCH listet alle Eigenschaften auf, nach ihren Namen aufsteigend sortiert.
- Das Register NACH KATEGORIEN listet die Eigenschaften in Gruppierungen auf. Im Fall einer Arbeitsmappe gibt es nur eine Gruppe, die Gruppe „Verschiedenes“.

Die wichtige Rolle des Eigenschaftenfensters entfaltet sich bei der Herstellung von benutzerdefinierten Dialogfenstern (s. Kapitel 6).

Um mehr Platz für das Explorer-Fenster zu haben, kann das Eigenschaftenfenster geschlossen und bei Bedarf immer wieder geöffnet werden.

2.1.4 Der Objektkatalog

Der Objektkatalog gibt es schon, wenn auch etwas primitiver, seit der Version 5 von Excel. Die Funktion des Objektkatalogs besteht hauptsächlich im Anzeigen aller verfügbaren Objekte, die in einem Projekt vorhanden sind, mit all ihren Eigenschaften, Methoden und programmierbaren Ereignissen. Der Objektkatalog ist nicht mit dem Projekt-Explorer zu verwechseln: Der Projekt-Explorer zeigt auch eine Übersicht über die im Projekt vorhandenen Objekte, aber mit dem Ziel, das Navigieren zwischen den Objekten und ihren Programmfenstern zu erleichtern. Der Inhalt des Code-Fensters paßt sich nämlich immer an das im Projekt-Explorer gerade markierte Objekt an.

Zweck

Der Objektkatalog zeigt dagegen die Gesamtheit der Excel-Objekte (und nicht nur die Excel-Objekte, wie wir in Kapitel 10, Die Automatisierung, erfahren werden!), mit sämtlichen Ereignissen und Eigenschaften sowie ihrer Hierarchie und die dazugehörigen Online-Hilfe-Seiten an. Darüber hinaus können Informationen zu weiteren Elementen, wie vordefinierten Konstanten, Klassen, Klassenbibliotheken etc., abgerufen werden. Für den Einsteiger in die VBA-Programmierung ist der Objektkatalog eine schnelle Hilfe, um etwas mehr über die Objekte zu erfahren. Es wäre unmöglich, die gesamte Funktionalität des Objektkatalogs in diesem Einführungskapitel auszuschöpfen. Im weiteren Verlauf des Buches werden immer wieder kontextbezogene Hinweise auf den Objektkatalog zu finden sein.

Aufruf

Der Objektkatalog wird wie üblich auf mehrere Arten aufgerufen:

- über das Menü ANSICHT\OBJEKTKATALOG
- über die Taste [F2]
- über die Schaltfläche **Objektkatalog** in der Symbolleiste der Entwicklungsumgebung

Das Fenster des Objektkatalogs ist in Abbildung 2.18 zu sehen.

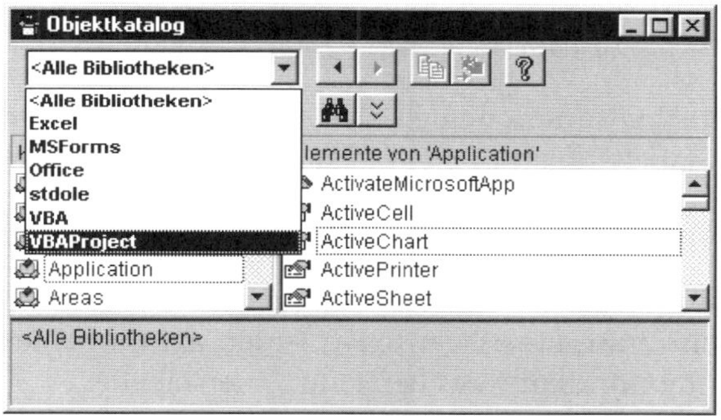

Abbildung 2.18: Der Objektkatalog

Das eigene Projekt im Objektkatalog

Der Objektkatalog besitzt ein Listenfeld, das beim Öffnen standardmäßig den Eintrag „<Alle Bibliotheken>" anzeigt. Um an die Objekte des eigenes Projekts zu gelangen, muß aus der Liste der Eintrag „VBA-Projekt" gewählt werden, wie in Abbildung 2.18 ersichtlich ist.

Danach zeigt das linke Feld des Objektkatalogs die gleichen Objekte wie der Projekt-Explorer. Der Unterschied zwischen dem Explorer und dem Katalog ist im rechten Feld des Katalogs zu sehen, sobald eines der Objekte, z.B. „Tabelle1", markiert wird. Im rechten Feld erscheint dann nämlich die Auflistung aller Eigenschaften und Methoden, die dem markierten Objekt gehören. Dieser Sachverhalt für das Objekt „Tabelle1" ist in Abbildung 2.19 zu sehen.

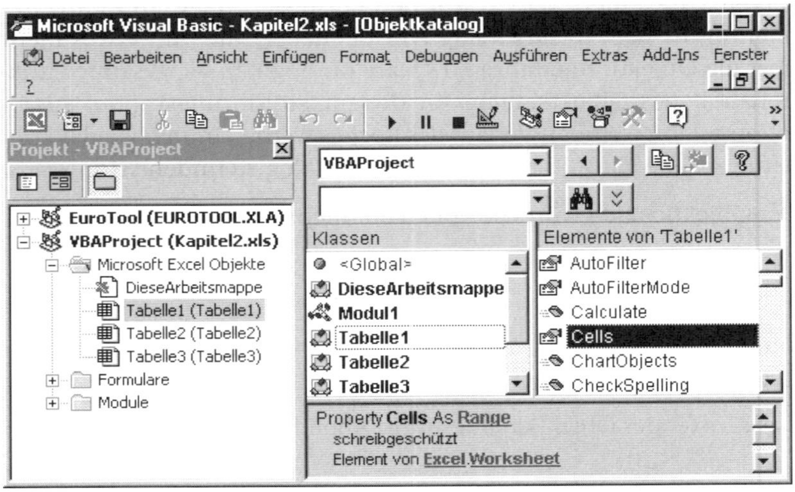

Abbildung 2.19: Der Objektkatalog mit den Objekten des eigenen Projekts

Die Elemente der Objekte unterscheiden sich durch ihre Symbole voneinander. Für das Tabellenblatt „Tabelle1" sind in Abbildung 2.19 nur einige der Methoden und Eigenschaften sichtbar. Außer den Eigenschaften und Methoden können andere Elemente, wie Konstanten oder Ereignisse, vorhanden sein. Ein Überblick:

Symbol für eine **Eigenschaft**. Eine Eigenschaft ist ein Attribut eines Objektes, z.B. die Hintergrundfarbe des Bereiches einer Tabelle.

Symbol für eine **Methode/Funktion**. Eine Methode ändert den Zustand eines Objektes. Ein nicht aktives Tabellenblatt wird z.B. durch die Methode *Activate* zum aktiven Blatt gemacht.

Symbol für ein **Ereignis**. Für bestimmte Ereignisse kann man mit einem Programm Folgen definieren. Wenn z.B. ein Tabellenblatt aktiviert wird, tritt das Ereignis „SheetActivate" ein. Ereignisse sind nicht mit Methoden zu verwechseln!

Symbol für das Element **Global**. Hier werden alle Eigenschaften, Methoden, Ereignisse etc. der aktuellen Kategorie alphabetisch angezeigt. In „Der Objektkatalog mit den Objekten des eigenen Projekts" wird gerade die Kategorie „VBAProjekt" angezeigt.

Symbol für eine **Klasse**. Eine Klasse ist eine vordefinierte oder benutzerdefinierte Objektdefinition. In Abbildung 2.19 ist dieses Symbol für die Arbeitsmappe und ihre Tabellenblätter zu sehen.

Symbol für eine **VBA-Konstante**. VBA-Konstanten sind Benennungen von numerischen Werten. Im allgemeinen wird bevorzugt ein

Wert in einem Programm mit einem symbolischen Namen benannt, anstatt konstante Zahlen zu schreiben. Der Name „MwSt“ ist z.B. aussagekräftiger als die Zahl 0,16.

Symbol für eine **Auflistung von VBA-Konstanten**.

Symbol für ein allgemeines **Modul**. Ein Modul ist eine besondere Stelle, in der sich Elemente mit allgemeiner Gültigkeit befinden. Diese Elemente können Programmteile (Prozeduren und/oder Funktionen) oder nur Konstantendefinitionen sein. Nur sichtbar, wenn der Objektkatalog die Elemente eines Projektes anzeigt.

Hilfe aus dem Objektkatalog

In Abbildung 2.19 ist z.B. die Eigenschaft *Cells* für das Objekt „Tabelle1“ markiert worden. Der untere Teil des Objektkatalogs zeigt einen kurzen Hilfstext zu der Eigenschaft *Cells*.

Hypertext

Der Hilfetext verfügt über drei Hypertexte (die Worte „Range“, „Excel“ und „Worksheet“). Ein Hypertext ist ein Wort oder ein Satz in einem Hilfetext, der durch eine Farbe (meistens grün) und/oder einen Unterstrich besonders markiert ist. Wenn ein Hypertext angeklickt wird, wird der entsprechende Hilfetext zum Thema geöffnet. Die Hilfe-Dateien sind meistens hierarchisch organisiert: Von einem Begriff aus kann man immer tiefer in die Hilfe-Struktur hinabsteigen, da sehr oft jede Hilfe-Seite wieder über Hypertexte verfügt.

Symbolleiste des Objektkatalogs

Der Objektkatalog besitzt eine eigene Symbolleiste. Die Schaltflächen der Symbolleiste werden im folgenden erläutert.

Nach dem Anklicken eines Objektes zeigt der Objektkatalog rechts in seinem Fenster die Eigenschaften und Methoden des Objektes. Diese Schaltfläche bringt den Überblick wieder zur **Ausgangssituation, bevor das Objekt markiert wurde**.

Diese Schaltfläche ist das Gegenstück zu der vorherigen, sie **markiert** die Elemente, deren Markierung gerade entfernt worden ist.

Der **Name** des markierten Elements, egal ob von Objekt, Eigenschaft oder Methode, wird in die **Zwischenablage kopiert**. Von dort aus kann er dann z.B. in einen Programmtext eingefügt werden. Diese Funktion ist sehr hilfreich bei komplexen und langen Namen.

Die Schaltfläche ist nur aktiv, wenn ein Objekt links in der Liste des Objektkatalogs markiert ist. Ein Klick zeigt dann das **Code-Fenster für das markierte Objekt**.

Die **Online-Hilfe-Seite** des geraden markierten Elements, egal ob von Objekt, Eigenschaft oder Methode, wird geöffnet.

Wenn diese Schaltfläche angeklickt wird, ohne daß im links davor stehenden Feld ein Suchbegriff eingegeben wird, erscheint eine Fehlermeldung. Die **Suchfunktion** erlaubt die direkte Eingabe von Namen von Objekten, Eigenschaften und Methoden. Man spart sich dabei das Klicken durch die Objektstruktur, um sich ein bestimmtes Element anzeigen zu lassen. Das Ergebnis der Suche für das Stichwort „cells" ist in Abbildung 2.20 gezeigt. Weiter kommt man dann mit der Schaltfläche mit dem Fragezeichen.

Diese Schaltfläche ist nur ein Schalter, sie zeigt die **Suchergebnisse** an oder versteckt sie wieder. Je nachdem, ob die Suchergebnisse angezeigt werden oder nicht, ändert sich das Aussehen dieser Schaltfläche, wie man auch Abbildung 2.20 entnehmen kann.

Ein Klicken auf die Schaltfläche mit dem Fragezeichen öffnet die Online-Hilfe-Seite des im Objektkatalog markierten Eintrags. Ausgehend von Abbildung 2.20 wird die Seite zu der Eigenschaft *Cells* angezeigt.

Das Drücken der Taste [F1] mit gleichzeitiger Markierung eines Elementes im Objektkatalog hat die gleiche Wirkung, wie das Verwenden der Schaltfläche mit dem Fragezeichen.

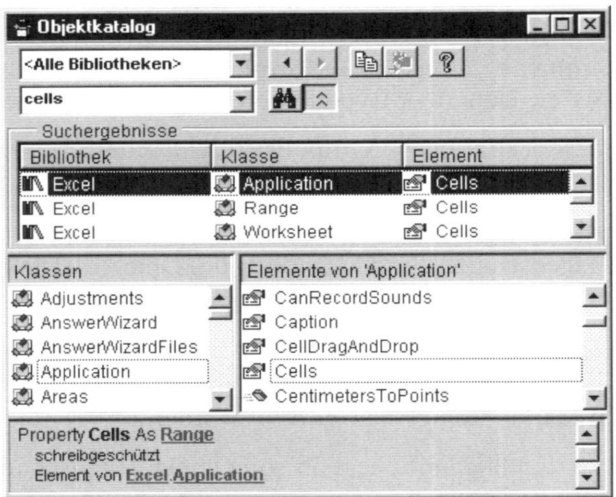

Abbildung 2.20: Das Ergebnis der Suche nach dem Stichwort „cells"

2.2 Die Hilfsmittel zum Testen von Programmen

Nur die Kenntnisse über die Elemente der Entwicklungsumgebung zu haben, reicht nicht aus, um Programme schreiben zu können. Wie man Programme schreiben kann, wird in allen folgenden Kapiteln des Buches erklärt. Bevor wir uns aber mit dem Schreiben der Programme beschäftigen, wollen wir uns noch einige der Hilfsmittel der Entwicklungsumgebung anschauen. Diese Hilfsmittel sind besonders nützlich bei der schwierigen Kunst, Fehler aus dem eigenen Programm zu entfernen.

Programme, egal in welcher Programmiersprache, können Fehler enthalten. Die möglichen Fehlerquellen sind unterschiedlich: Man spricht von syntaktischen und von logischen Fehlern.

Syntaktische Fehler

Syntaktische Fehler entstehen, wenn die Syntax der Programmiersprache, also die Regeln für die Bildung von Programmen, nicht eingehalten werden. Das falsche Schreiben eines Schlüsselworts ist z.B. ein Syntax-Fehler. Wenn man das Schlüsselwort *MsgBox* als *MesgBox* oder ähnliches schreibt, ist das Programm nicht lauffähig, da das andere, falsche Wort dem Interpreter/Compiler nicht bekannt ist.

Reaktion der Entwicklungsumgebung

Die Entwicklungsumgebung reagiert auf zwei verschiedene Arten auf syntaktische Fehler. Wenn man die Programm-Beispiele dieses Kapitels öffnet oder selber in einer Mappe eingibt, merkt man sofort, daß in VBA die Schlüsselwörter mal schwarz, mal blau erscheinen. Die eigentlichen Schlüsselwörter der Sprache VBA werden (meistens) blau im Editorfenster gezeigt. VBA-Funktionen sowie alle Namen von Prozeduren, Variablen etc. werden (meistens) schwarz gezeigt. Es gibt leider zahlreiche, nicht unbedingt nachvollziehbare Abweichungen von dieser Regel. Aber egal, die Reaktion der Entwicklungsumgebung auf syntaktische Fehler hängt mit der verwendeten Farbe des Begriffes zusammen:

- Wenn „blaue" Wörter falsch geschrieben werden, erscheint spätestens beim Verlassen der aktuellen Zeile die Zeile selbst rot markiert. Gleichzeitig wird eine Fehlermeldung am Bildschirm (s. Abbildung 2.21 links) angezeigt. Die Entwicklungsumgebung prüft für diese Worte die Syntax schon beim Verlassen der Zeile.
- Wenn „schwarze" Wörter falsch geschrieben werden, werden die Fehler erst entdeckt, wenn das Programm gestartet wird, also zur Laufzeit. Auch hier wird eine Fehlermeldung (s. Abbildung 2.21, rechts) angezeigt, und die fehlerhafte Programmzeile wird markiert.

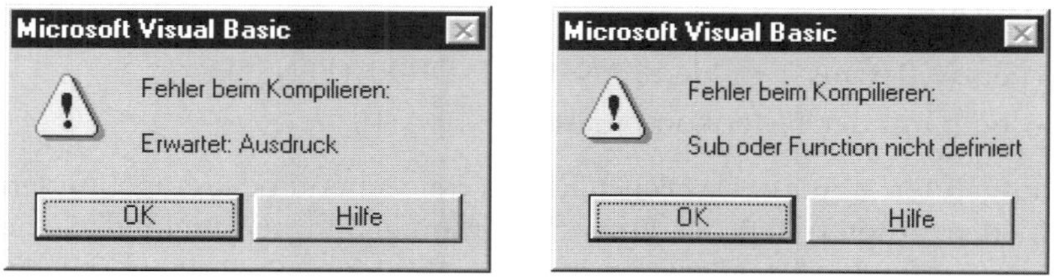

Abbildung 2.21: Die Reaktion der Entwicklungsumgebung auf Syntax-Fehler

Nachdem die Fehlermeldung mit einem Klick auf OK geschlossen werden, bleibt die Markierung der Zeile erhalten, in der der Fehler gefunden wurde: Entweder wird der Text rot angezeigt oder eine bestimmte Zeile wird gelb hinterlegt und gleichzeitig durch einen gelben Pfeil markiert. Manchmal treten beide Markierungsarten zusammen auf.

Entdecken von syntaktischen Fehlern

Ein syntaktischer Fehler läßt sich relativ schnell beheben: Spätestens wenn das Programm ausgeführt wird, erscheinen die entsprechenden Fehlermeldungen und die Markierungen. Meistens handelt sich um Tippfehler, oder es reicht ein Blick in die Online-Hilfe, um das Problem zu beheben. Nach dem Beenden eines Programmteils kann man die Kompilierung des Programmes veranlassen, um eventuelle Fehler sofort zu entdecken. Ein Programm kann sofort kompiliert werden, wenn man den Menüpunkt DEBUGGEN\KOMPILIEREN VON VBA-PROJEKT wählt. Unmittelbar vor jeder Ausführung kompiliert Excel selbst das Programm, aber bei einem größerem Programm ist es ratsam, es selbst des öfteren zwischendurch zu veranlassen, bevor das Programm zu einem unüberschaubaren Gebilde wird.

Logische Fehler

Logische Fehler liegen vor, wenn das Programm zwar syntaktisch korrekt ist, aber trotzdem nicht das tut, was es tun sollte. Diese Fehler entstehen meistens aus Denkfehlern des Programmierers.

Entdecken von logischen Fehlern

Diese Art von Fehlern sind etwas schwieriger zu entdecken als syntaktische. Der Compiler kann nur syntaktische Fehler entdecken. Die Entwicklungsumgebung bietet für diese Fälle Unterstützung in der Form von „Debugging“.

Debugger

Der Name „Debugger“ bezeichnet eine oder mehrere Testhilfen, die eingesetzt werden, um einen Blick in die inneren Abläufe eines Programms zu werfen.

VBA verfügt über einige solcher Testhilfen. Eine sehr wichtige Rolle spielen die Direkt-, Lokal- und Überwachungsfenster.

Das Direktfenster

Aufruf

Das Direktfenster kann

- entweder aus dem Menü ANSICHT\DIREKTFENSTER
- oder mit der Tastenkombination [STRG]+[G]

aufgerufen werden. Das Fenster kann frei stehend oder eingebunden in den unteren Teil der Entwicklungsumgebung erscheinen. Seine Leiste trägt den Titel DIREKTBEREICH. In Abbildung 2.22 ist ein frei stehendes Direktfenster zu sehen.

Abbildung 2.22: Das Direktfenster

Funktion

Das Direktfenster erlaubt das Ausführen von Prozeduren oder Funktionen, das Ansehen von Variablenwerten im Unterbrechungsmodus (s. unten) etc. Es ist das älteste Hilfsmittel der Entwicklungsumgebung, da es aus früheren Excel-Versionen „geerbt“ wurde.

Das Lokal-Fenster

Aufruf

Das Lokal-Fenster kann nur aus dem Menü ANSICHT\LOKAL-FENSTER aufgerufen werden. Es erscheint meistens am unteren Rand des Bildschirms, kann aber verschoben werden (mit der Maus die Titelleiste ziehen). In Abbildung 2.23 ist ein frei stehendes Lokal-Fenster zu sehen.

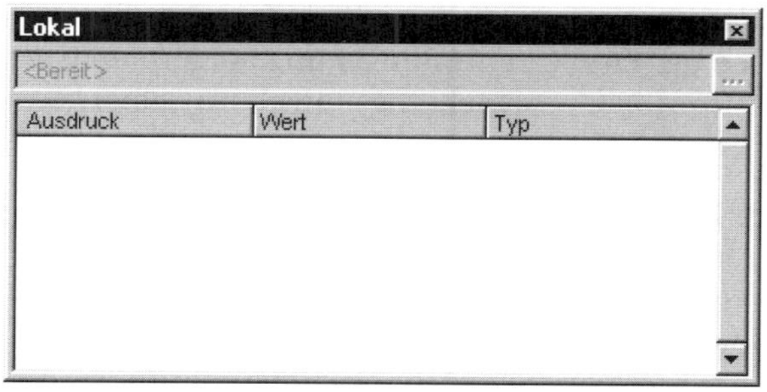

Abbildung 2.23: Das Lokal-Fenster

Funktion

Das Lokal-Fenster zeigt alle (lokal) deklarierten Variablen der aktuellen Prozedur oder Funktion und deren Werte im Unterbrechungsmodus an.

Das Überwachungsfenster

Aufruf

Auch dieses Fenster kann direkt nur über das Menü ANSICHT\ ÜBERWACHUNGSFENSTER aufgerufen werden. Es kann aber auch erscheinen, wenn sog. Überwachungsausdrücke definiert werden. Auch dieses Fenster kann, wie die beiden anderen, frei stehend oder am unteren Rand erscheinen. In Abbildung 2.24 wird auch von diesem Fenster die frei stehende Version gezeigt.

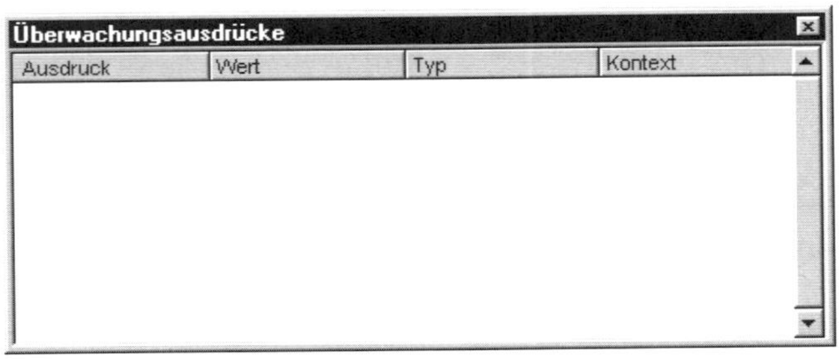

Abbildung 2.24: Das Überwachungsfenster

Funktion

Die Funktion des Überwachungsfensters ähnelt der des Lokal-Fensters: Die Anzeige aller deklarierten Variablen der aktuellen Prozedur oder Funktion und deren Werte im Unterbrechungsmodus. Der Unterschied zu dem Lokal-Fenster besteht darin, daß das Lokal-Fenster automatisch alle Werte der aktuellen Prozedur oder Funktion zeigt, während das Überwachungsfenster nur die Werte anzeigt, die vom Programmierer eigens dafür definiert worden sind.

Die Breite der Spalten im Lokal- und Überwachungsfenster kann, genau wie in einer Excel-Tabelle, mit der Maus geändert werden. Das Lokal-Fenster und das Überwachungsfenster können auch über zusätzliche Symbolleisten der Entwicklungsumgebung aufgerufen werden. Dies wird in Abschnitt 2.3, „Entwicklungsumgebung selber konfigurieren“, erläutert.

Die hier vorgestellten Hilfsmittel können nur anhand eines konkreten Beispiels richtig verstanden werden. Aus diesem Grund wird jetzt ein weiteres kleines Programm vorgestellt: Das Programm soll die aktuelle Mappe nach einer Rückfrage schließen. Für das Programm werden wir ein allgemeines Modul verwenden. Nach dem Einfügen des Moduls (zur Erinnerung, z.B. aus dem Menü EINFÜGEN\MODUL) werden die folgenden Anweisungen eingegeben.

Beispiel 2.2: Programm zum Schließen der aktuellen Mappe

```
Sub AktuelleMappeSchliessen()
Dim msg As String, titel As String, reply As Byte
titel = "Hallo User"
msg = "Soll die aktuelle Mappe geschlossen werden?"
reply = MsgBox(msg, vbYesNo, titel)
If reply = vbYes Then ActiveWorkbook.Close
End Sub
```

Der Programmtext wird direkt ins Modul geschrieben, und zwar genau in der Reihenfolge, wie er im Listing erscheint. Nachdem die erste Zeile angegeben worden ist, muß die [↵]-Taste gedrückt werden. VBA wechselt sofort in ein neues Fenster innerhalb des Moduls. Dort befinden sich nur die Anfangs- und Endzeile des neuen Programms (s. dazu Abbildung 2.25). Der Cursor blinkt schon zwischen den zwei Zeilen, die restlichen Zeilen werden nun zwischen *den schon vorhandenen Zeilen* eingegeben.

Abbildung 2.25: Das Modul wartet auf weitere Eingaben

Erläuterung zum Programm

Das Programm soll, wie schon erwähnt, die aktuelle Mappe nach einer Rückfrage schließen. Die Anweisungen im Listing bedeuten im einzelnen:

- ***Sub AktuelleMappeSchließen():*** Das Schlüsselwort *Sub* bezeichnet in VBA eine Prozedur. Der Text `AktuelleMappeSchliessen` ist der Name dieser Prozedur. Die zwei Klammern () werden vom Editor automatisch angehängt und müssen nicht eingegeben werden. Zwischen den Klammern können eventuelle Parameter deklariert werden (s. Kapitel 3, Abschnitt Unterprogrammtechnik). Im Moment wird kein Parameter gebraucht, daher bleiben sie leer.
- ***Dim msg As String, titel As String, reply As Byte:*** Diese Zeile deklariert 3 Variablen. Die Variablen `msg` und `titel` sind vom Typ *String*, d.h., sie sind Zeichenketten, die Variable `reply` ist numerisch und vom Typ *Byte* (s. Kapitel 3, Abschnitt Datentypen).
- ***titel = "Hallo User", msg = "Soll die aktuelle Mappe geschlossen werden?":*** Die zwei Variablen `titel` und `msg` bekommen zwei Texte zugewiesen. Texte werden in VBA zwischen zwei „" "“ - Zeichen geschrieben. Der Text der Variablen `titel` wird später in der

Titelleiste einer Meldung erscheinen, der Text von `msg` wird die Meldung selbst sein.

- ***reply = MsgBox(msg, vbYesNo, titel):*** Das Wort *MsgBox* wurde schon in anderen Beispielen dieses Kapitels verwendet, aber in einer anderen Form. *MsgBox* ist der Name einer Basic-Funktion, die auf zwei verschiedene Arten aufgerufen werden kann: Entweder in der vereinfachten Form *Msgbox "beliebiger Text"* oder wie hier angegeben. Der Funktion *MsgBox* werden in den runden Klammern drei Parameter übergeben: der Text für die Meldung (`msg`), die VBA-Konstante *vbYesNo* und der Text für die Titelleiste der Meldung (`titel`). Die Konstante *vbYesNo* legt fest, daß das Fenster der Meldung nur die Schaltflächen JA und NEIN besitzt. Der Anwender kann dann entweder die eine oder die andere Schaltfläche benutzen. VBA koppelt an jede Schaltfläche einen numerischen Wert: Die Schaltfläche JA liefert, wenn sie angeklickt wird, den Wert 6, die Schaltfläche NEIN den Wert 7. Dieser Wert wird der Variablen `reply` zugewiesen.
- ***If reply = vbYes Then ActiveWorkbook.Close:*** Hier wird nur ausgewertet, was der Anwender gewählt hat. Wenn er die Schaltfläche JA gewählt hat, wird die Mappe geschlossen. Falls sie noch nicht gespeichert war, fragt dann Excel automatisch, ob die Mappe zu speichern ist. Das Wort *vbYes* ist wieder eine VBA-Konstante. Statt dieses Wortes hätte hier auch die Zahl 6 geschrieben werden können (die Zahl 6 wird vom Klicken der Schaltfläche JA geliefert). Der Effekt wäre der gleiche gewesen, aber die Zahl 6 hat keine besondere Aussagekraft. Der Text *vbYes* läßt dagegen schon mehr ahnen, worum es sich hier handelt. Das ist auch die Existenzberechtigung der VBA-Konstanten: Sie wurden nur eingefügt, um zu vermeiden, daß in einem Programm nur Zahlenwerte erscheinen, deren Bedeutung nicht immer leicht nachzuvollziehen ist. Wenn der Anwender „Ja“ sagt, dann wird die Anweisung nach dem Schlüsselwort *Then* ausgeführt. Die Anweisung bezieht sich auf das Objekt Aktuelle Mappe (*ActiveWorkbook*) und wendet auf das Objekt die Methode *Close* an.

Vom Code-Fenster aus kann man ganz schnell auf die Online-Hilfe zugreifen. Die Online-Hilfe-Seite, z.B. für die Funktion *MsgBox* kann durch ein Klicken auf den Text *MsgBox*, um den Text zu markieren, und das Drücken der Taste `F1` aufgerufen werden.

Das Programm kann jetzt ausgeführt werden. Sofort erscheint die Meldung, die in Abbildung 2.26 zu sehen ist.

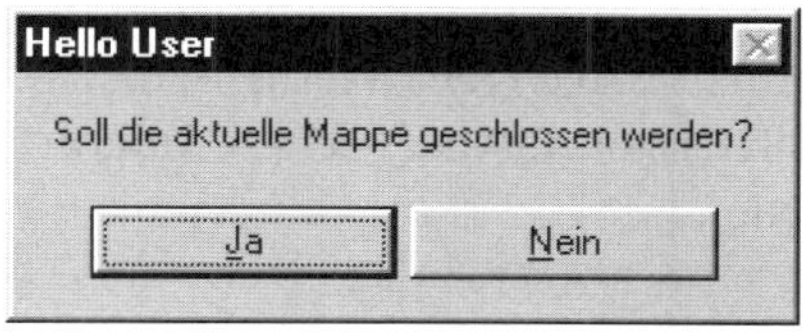

Abbildung 2.26: Die Meldung des Beispielprogramms

Jetzt kann das Programm mit dem Debugger analysiert werden. Im Programm sind keine Fehler enthalten, aber trotzdem wollen wir einen Blick in seine interne Funktion werfen.

Programm mit Debugger testen

Mit dem Direktfenster

Als erstes wollen wir das Direktfenster ausprobieren. Falls es nicht am Bildschirm sichtbar ist, soll es aufgerufen werden (ANSICHT\DIREKTFENSTER oder [Strg]+[G]). Zuerst soll die Prozedur über das Direktfenster ausgeführt werden: Der Name der Prozedur muß ins Fenster geschrieben oder hinein kopiert werden, wie in Abbildung 2.27 zu sehen ist.

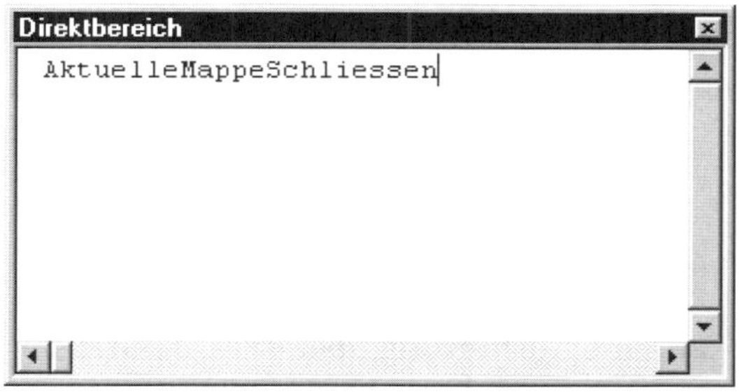

Abbildung 2.27: Das Programm über das Direktfenster ausführen

Nach dem Drucken der [↵]-Taste wird das Programm vollständig ausgeführt.

Diese Ausführung über das Direktfenster mag vielleicht keinen großen Sinn machen, da das Programm z.B. auch über die Taste [F5] ausführbar ist. Wie schon erwähnt, ist das Direktfenster ein Erbe aus der Vergangenheit, und seine relativ primitiven Mittel werden von den zwei anderen Fenstern völlig ersetzt und übertroffen. Nichtsdestotrotz spielt das Direktfenster ein wichtige Rolle, nur mit ihm können nämlich Prozeduren oder Funktionen ausgeführt werden, die Parameter besitzen. Dies wird an Ort und Stelle in Kapitel 3 gezeigt.

Das Objekt Debug

Manche Programmierer verwenden das Direktfenster zusammen mit dem Objekt *Debug*. Dieses Objekt sendet über seine Eigenschaft *Print*

Nachrichten an das Direktfenster. Man kann es z.B. benutzen, um Werte der Variablen eines Programms anzuzeigen. Wenn man z.B. den Wert der Variable `titel` des vorherigen Listings sehen möchte, reicht es aus, die folgende Anweisung

```
Debug.Print titel
```

nach der Zeile 3 des Listings einzufügen. Nach der Ausführung wird man im Direktfenster den Text „Hello User!" finden. Eine Alternative zu dieser Methode wäre die Verwendung der *MsgBox*-Funktion, deren Ausgabe direkt am Bildschirm erfolgt. Etwas weiter unten werden noch weitere, bequemere Möglichkeiten vorgestellt, um die Zwischenwerte der Variablen anzusehen!

Unterbrechungsmodus

Beim Testen von Programmen wird sehr oft im Unterbrechungsmodus gearbeitet: Das Programm wird nicht vollständig, sondern nur bis zu einem bestimmten Punkt ausgeführt und dann gestoppt. Wenn die Ausführung suspendiert ist, kann man sich alle Werte ansehen, die zu dem gegebenen Zeitpunkt die Variablen enthalten. Die Ausführung kann durch Setzen eines Haltepunkts gestoppt werden.

Haltepunkt setzen

Ein Haltepunkt wird in einer Zeile des Programms gesetzt, wenn der Cursor sich in dieser Zeile befindet und dann

- entweder der Menüpunkt DEBUGGEN\HALTEPUNKT EIN/AUS gewählt wird
- oder die Taste [F9] gedrückt wird.

In beiden Fällen wird die Zeile dann dunkelrot markiert. In unserem Beispiel kann z.B. in der Zeile mit der *If*-Anweisung ein Haltepunkt gesetzt werden. Danach kann die Ausführung über das Direktfenster (Cursor noch einmal hinter den Namen der Prozedur setzen und [↵] drücken) oder über die Taste [F5] wiederholt werden.

Werte der Variablen sehen

Jetzt können die Werte der Variablen auf eine ganz einfache Art eingesehen werden: Es reicht, wenn man mit der Maus über den Namen der Variablen im Programmtext fährt. Dann öffnet sich für jede Variable ein gelbes Textfeld, in dem Name und Wert angezeigt werden. Diese Situation ist in Abbildung 2.28 für die Variable `reply` zu sehen.

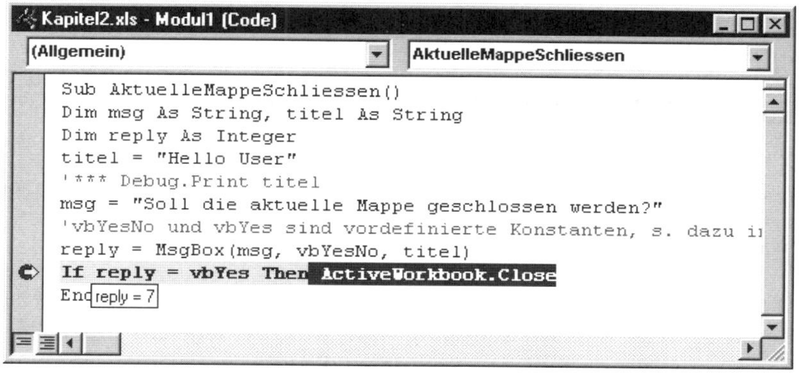

Abbildung 2.28: Die Anzeige der Variablenwerte im Unterbrechungsmodus

Die Zeile mit dem Haltepunkt ist jetzt zum Teil auch gelb markiert: Diese Markierung zeigt nur die nächste auszuführende Zeile an.

Eine andere Möglichkeit, den Wert einer Variablen anzuzeigen, ist im Direktfenster gegeben, vorausgesetzt, daß die Ausführung an einem Haltepunkt angehalten worden ist. Man muß im Fenster zuerst ein Fragezeichen, dann den Variablennamen eingeben und schließlich [↵] drücken. Für die Variable `Reply` würde es so aussehen:

`?reply` [↵]

Der Wert der Variablen, der Position des Haltepunkts im Programm entsprechend, wird auch dann im Direktfenster angezeigt, wie in Abbildung 2.29 zu sehen ist.

Abbildung 2.29: Die Anzeige der Variablenwerte im Direktfenster

Lokal-Fenster

Ein Blick in das Lokal-Fenster (falls es nicht geöffnet sein sollte, kann man es über das Menü ANSICHT öffnen) zeigt jetzt die Belegung aller Variablen der Prozedur an, wie in Abbildung 2.30 zu sehen ist. Um sich die Werte der Variablen im Lokal-Fenster ansehen zu können, muß natürlich ein Haltepunkt im Programm vorhanden sein. Wird das Fenster erst nach der kompletten Ausführung aufgerufen, kann nichts angezeigt werden, da die Variablen nach jeder Ausführung ihre Werte wieder verlieren (warum es so ist, wird in Kapitel 3 klar).

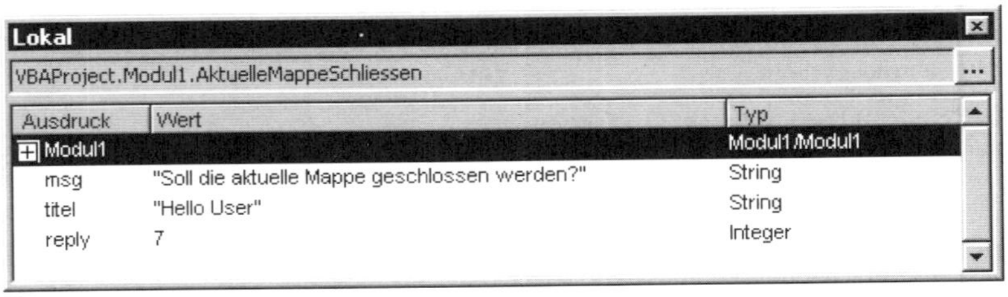

Abbildung 2.30: Das Lokal-Fenster mit den Variablenwerten

In unserem Fall gibt es nur drei Variablen, dementsprechend kurz ist die Liste. Wenn die Liste sehr lang wäre, wäre es vielleicht sinnvoller, das Überwachungsfenster statt des Lokal-Fensters einzuschalten. Dort kann man nämlich selber bestimmen, welche Werte angezeigt werden.

Überwachungsfenster

Die zu überwachenden Werte können auf verschiedene Arten ins Überwachungsfenster gelangen. Bei markiertem Variablennamen im Code-Fenster kann man wie im folgenden beschrieben vorgehen:

- Wenn das Überwachungsfenster geöffnet ist (Menü ANSICHT\ ÜBERWACHUNGSFENSTER), reicht es, nach dem Markieren eines Variablennamens im Code-Fenster, den Text mit der Maus auf das Überwachungsfenster zu ziehen
- Unabhängig davon, ob das Fenster geöffnet oder geschlossen ist, kann man nach der Markierung den Namen der Variablen entweder über das Menü TESTEN\ÜBERWACHUNG HINZUFÜGEN hinzufügen oder man wählt im Kontextmenü (mit der rechten Maustaste auf die markierte Variable klicken) den Punkt ÜBERWACHUNG HINZUFÜGEN. Das Überwachungsfenster wird gegebenenfalls geöffnet.

Das Überwachungsfenster mit zwei der Variablen ist in Abbildung 2.31 zu sehen. Zu diesem Zeitpunkt wurde das Programm nicht ausgeführt. Das ist aus den Texten der Spalten „Wert" und „Typ" des Fensters ersichtlich.

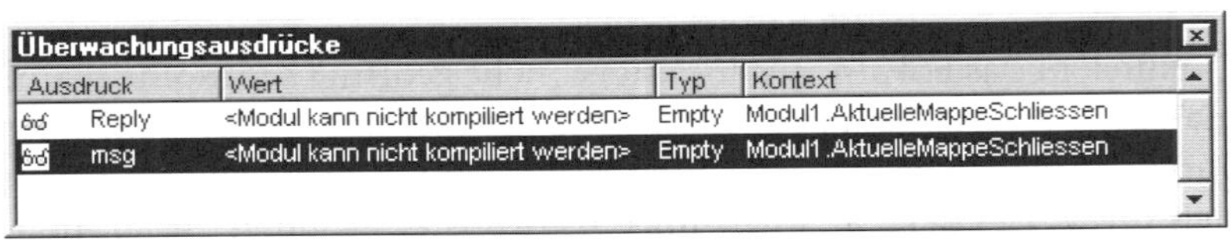

Abbildung 2.31: Das Überwachungsfenster

Nachdem wir uns die Werte der Variablen angesehen haben, kann die Ausführung fortgesetzt werden. Dies geschieht genauso wie bei der Ausführung des Programms:

Ausführung fortsetzen

- entweder aus dem Menü AUSFÜHREN\MAKRO AUSFÜHREN
- oder mit der Taste [F5]
- oder über die entsprechende Schaltfläche aus der Symbolleiste

In großen Programmen können auch mehrere Haltepunkte gesetzt werden, um die Ausführung in verschiedenen Phasen zu überprüfen. Bei der Suche nach logischen Fehlern ist die Kontrolle der Variablenwerte oft der einzige Weg, dem Fehler auf die Spur zu kommen.

Nach der Testphase eines Programms können die Haltepunkte wieder entfernt werden. Das kann man auf zwei Arten machen:

Haltepunkte entfernen

- Genauso wie das Einfügen: Man klickt eine Zeile an, in der sich ein Haltepunkt befindet, dann wird die Taste [F9] benutzt oder der Menüeintrag DEBUGGEN\HALTEPUNKT EIN/AUS.
- Wenn man mehrere Haltepunkte im Programmcode eingeführt hat, ist es einfacher, den Menüeintrag DEBUGGEN\ALLE HALTEPUNKTE LÖSCHEN oder die Tastenkombination [STRG]+[⇧]+[F9] zu verwenden.

Eine weitere sehr nützliche Möglichkeit ist die Ausführung des Programms im Einzelschritt-Modus: Das Programm wird dann Zeile für Zeile ausgeführt. Bei geöffnetem Lokal- oder Überwachungsfenster können dabei die Änderungen mit verfolgt werden. Die Ausführung im Einzelschritt-Modus wird

Ausführung im Einzelschritt

- über das Menü DEBUGGEN\EINZELSCHRITT
- oder mit der Taste [F8]

eingeleitet. Während der Ausführung im Einzelschritt wird die Zeile, die als nächste ausgeführt wird, im Modulfenster immer gelb markiert angezeigt.

Eine Alternative zu einem Haltepunkt ist die *Stop*-Anweisung: Das Schlüsselwort *stop* wird zwischen bestehenden Zeilen eines Programms geschrieben. Es hat die gleiche Wirkung wie ein Haltepunkt, die Ausführung wird angehalten. Der Nachteil dieser Anweisung ist, daß sie hinterher manuell gelöscht werden muß, während Haltepunkte aus einem Menü heraus entfernt werden können.

Stop-Anweisung

2.3 Entwicklungsumgebung selber konfigurieren

Die Entwicklungsumgebung von VBA kann in bestimmten Grenzen an den eigenen Geschmack und die eigenen Bedürfnisse angepaßt werden. Die graphische Oberfläche enthält noch einige Elemente, die erwähnenswert sind.

Symbolleiste zum Debuggen

Die Entwicklungsumgebung verfügt über eine zusätzliche Symbolleiste, in der alle für das Testen relevanten Schaltflächen zusammengefaßt worden sind. Die Symbolleiste DEBUGGEN, die in Abbildung 2.32 zu sehen ist, kann aus dem Menü ANSICHT\SYMBOLLEISTEN oder aus dem Kontextmenü der Symbolleiste ausgewählt werden.

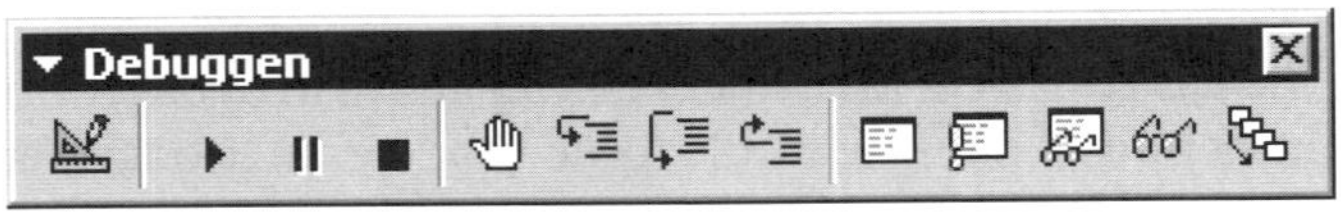

Abbildung 2.32: Die Symbolleiste DEBUGGEN

Die folgende Tabelle gibt einen Überblick über die Bedeutung der Schaltflächen dieser Symbolleiste.

Icon	Beschreibung
	**Entwurfsmodus** Diese Schaltfläche aktiviert bzw. deaktiviert den Entwurfsmodus von Objekten wie z.B. Schaltflächen.
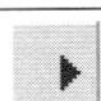	**Sub/UserForm ausführen** oder **Makro ausführen** Die Beschriftung dieser Schaltfläche hängt vom Element der Entwicklungsumgebung, das gerade aktiv ist ab. Wenn der Cursor in einem Klassenmodul eines Objektes oder auf einem benutzerdefinierten Dialogfeld ist, erscheint die erste Beschriftung als QuickInfo, Ist dagegen der Cursor in einem allgemeinen Modul, wird die zweite Beschriftung verwendet. Der Sinn ist in beiden Fällen klar: Das entsprechende Element wird gestartet.
	**Unterbrechen** Hält eine laufende Ausführung eines Programms an.
	**Beenden** Beendet eine Ausführung. Diese Schaltfläche sollte immer benutzt werden, wenn wegen eines Fehlers die Ausführung angehalten wird, um das Programm wirklich zu beenden. Man kann sie aber auch verwenden, wenn die Ausführung an einem Haltepunkt angehalten ist.
	**Haltepunkt ein/aus** Aus dem Namen wird schon klar, welche Aufgabe diese Schaltfläche erfüllt!

Icon	Beschreibung
	**Einzelschritt** Führt die nächste Anweisung aus. Programme können vollständig so abgearbeitet werden, oder man kann nur einige Schritte, z.B. nach einem Haltepunkt, im Einzelschritt ausführen.
	**Prozedurschritt** Diese Schaltfläche macht nur Sinn, wenn man ein Programm hat, das eines oder mehrere Unterprogramme aufruft. Wenn während einer Ausführung im Einzelschritt ein Unterprogramm aufgerufen wird, wird das Unterprogramm Zeile für Zeile ausgeführt. Wenn dies nicht notwendig ist, kann man das Unterprogramm „am Stück" mit dieser Schaltfläche abarbeiten.
	**Procedur abschließen** Nach einem Haltepunkt oder während einer Ausführung im Einzelschritt können die restlichen Anweisungen des aktuellen Programmes „am Stück" ausgeführt werden. Wenn man nur ein Hauptprogramm ohne Unterprogramme hat, kann man als Alternative die „normale" Ausführung, z.B. mit der F5-Taste, einsetzen.
	**Lokal-Fenster** Öffnet das Lokal-Fenster.
	**Direktfenster** Öffnet das Direktfenster.
	**Überwachungsfenster** Öffnet das Überwachungsfenster.
	**Aktuellen Wert anzeigen** Wenn eine Ausführung angehalten wird, kann diese Schaltfläche den aktuellen Wert einer im Quellcode markierten Variablen anzeigen. Während oder außerhalb einer Ausführung kann diese Schaltfläche auch benutzt werden, um Werte in das Überwachungsfenster einzufügen. Ein Klick auf die Schaltfläche HINZUFÜGEN fügt die aktuell markierte Variable dem Überwachungsfenster hinzu (siehe dazu Abbildung 2.33).
	**Aufrufeliste** Die Verwendung dieser Schaltfläche macht nur Sinn, wenn man mehrere Unterprogramme hat. Während die Ausführung angehalten ist, zeigt diese Schaltfläche in einem Fenster die Namen aller Programme an, die gerade suspendiert sind. Die Namen werden in der Reihenfolge ihres Aufrufs angezeigt.

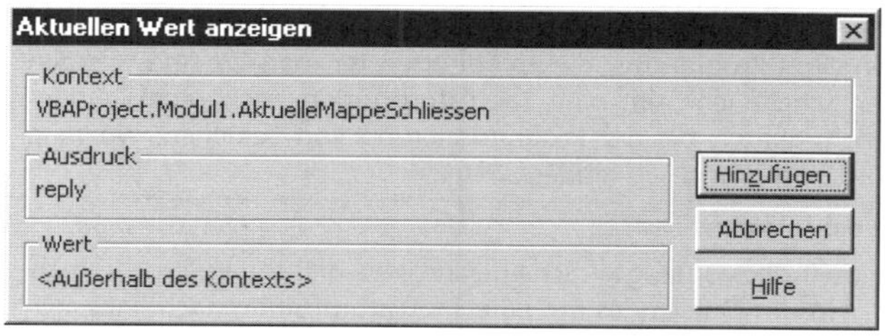

Abbildung 2.33: Das Fenster der Schaltfläche „Aktuellen Wert anzeigen"

Symbolleiste zum Bearbeiten vom Quellcode

Die Entwicklungsumgebung verfügt außerdem über eine Symbolleiste mit dem Namen BEARBEITEN, die sehr nützliche Hilfsmittel für das Schreiben und Bearbeiten von Quellcode zur Verfügung stellt. Die Symbolleiste selbst ist in Abbildung 2.34 zu sehen. Die untere Tabelle gibt dann Auskunft über die einzelnen Schaltflächen.

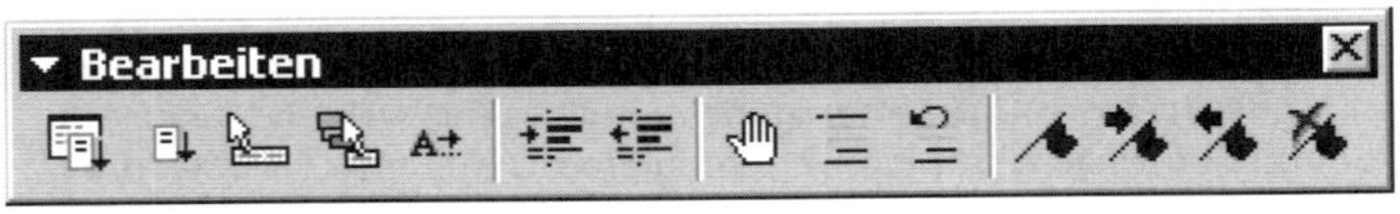

Abbildung 2.34: Die Symbolleiste Bearbeiten

Icon	Beschreibung
	**Eigenschaften/Methoden anzeigen** Während der Eingabe von Anweisungen mit Objekten werden über die kontextsensitive Hilfe Felder eine Liste der relevanten Eigenschaften und Methoden angezeigt. Diese Schaltfläche macht etwas ähnliches, sie zeigt für das aktuelle Objekt (Cursorposition ist relevant!) eine Liste mit Schlüsselwörtern an. Man kann dann das richtige Schlüsselwort mit den Pfeiltasten auswählen und mit der [SPACE]-Taste übernehmen. Es handelt sich also um eine Möglichkeit, kontextsensitive Hilfe auf Kommando zu bekommen. In der Regel wird alles von der kontextsensitiven Hilfe erledigt, aber manchmal erscheint sie nicht.
	**Konstanten anzeigen** Diese Schaltfläche hat eine ähnliche Aufgabe wie die vorherige, beschränkt sich aber auf die Liste der relevanten Konstanten.
	**QuickInfo** Auch hier wird die kontextsensitive Hilfe angeboten, diesmal aber für Syntax-Elemente von VBA-Funktionen, Variablen etc.
	**Parameterinfo** Kontextsensitive Hilfe für die Liste von Parametern von z.B. VBA-Funktionen.
	**Wort vervollständigen** Beim Schreiben von Schlüsselwörtern kann man nach einem oder mehreren Buchstaben über diese Schaltfläche das Schlüsselwort vervollständigen lassen: Eine Liste mit den zum Wortanfang passenden Begriffen wird geöffnet. Das Auswählen eines Wortes erfolgt wieder mit den Pfeiltasten, die Übernahme des Begriffes mit der [SPACE]-Taste.
	**Einzug vergrößern** Alle Zeilen eines Programms, die im Editorfenster markiert sind, werden mit dieser Schaltfläche um eine Tabulatorposition nach rechts eingerückt. Sehr praktisch bei der Programmierung von Schleifen, wo man immer eine Einrückung verwenden sollte.
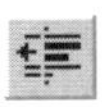	**Einzug verkleinern** Das Gegenteil der vorherigen Schaltfläche, mit dieser werden alle markierten Zeilen des Quellcodes um eine Tabulatorposition nach links ausgerückt.

Icon	Beschreibung
	**Haltepunkt ein/aus** In der aktuellen Zeile einen Haltepunkt setzen bzw. wieder entfernen.
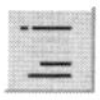	**Block auskommentieren** Alle Zeilen eines Programms, die im Editorfenster markiert sind, werden mit dieser Schaltfläche in Kommentare umgewandelt, vor jeder Zeile wird das Kommentarzeichen „'" (Hochkomma) gesetzt.
	**Auskommentierung des Blocks aufheben** Diese Schaltfläche macht aus markierten Kommentarzeilen wieder Programmzeilen, indem sie das Kommentarzeichen entfernt.
	**Lesezeichen setzen/zurücksetzen** Bei größeren Programmen ist es sehr nützlich, auf eine oder mehrere Zeilen ein Lesezeichen zu setzen, um die Stelle schnell wiederzufinden. Ein Lesezeichen erscheint als türkisfarbene Markierung links vor eine Zeile.
	**Nächstes Lesezeichen** Mit dieser Schaltfläche sollten alle Lesezeichen erreicht werden, die abwärts gesetzt sind. Excel nimmt es nicht so genau, so daß diese und die nächste Schaltfläche praktisch die gleiche Aufgabe erfüllen.
	**Vorheriges Lesezeichen** Mit dieser Schaltfläche sollten alle Lesezeichen erreicht werden, die vorwärts gesetzt sind. Excel nimmt es nicht so genau, so daß diese und die vorherige Schaltfläche praktisch das gleiche machen
	**Alle Lesezeichen löschen** Alle Lesezeichen entfernen.

Symbolleiste für Bildschirmmasken

Die Entwicklungsumgebung stellt auch eine Symbolleiste für die graphische Bearbeitung der Elemente von benutzerdefinierten Bildschirmmasken. Diese Symbolleiste heißt USERFORM und ist in Abbildung 2.35 zu sehen.

Abbildung 2.35: Die Symbolleiste USERFORM

Was die Schaltfläche ganz rechts in der Leiste macht, ist wohl offensichtlich: Sie vergrößert oder verkleinert die Ansicht eines Fensters, das gerade im Editor bearbeitet wird. Die restlichen Schaltflächen werden in den folgenden Tabellen erläutert. Alle Schaltflächen für die graphische Bearbeitung sind nur aktiv, wenn mindestens ein Element in einem Fenster markiert ist. Manche der Schaltflächen sind sogar nur aktiv, wenn mindestens zwei Elemente markiert sind. Man kann mehr als ein Element markieren, wenn man die [⇧]-Taste beim Klikken mit der Maus gedrückt hält. Bei manchen Tastaturen muß dafür die STRG-Taste verwendet werden.

Icon	Beschreibung
	**In den Vordergrund** Die markierten Elemente werden vor alle anderen Elemente des Fensters gesetzt.
	**In den Hintergrund** Die markierten Elemente werden hinter alle anderen Elemente des Fensters gesetzt.
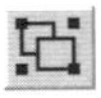	**Gruppieren** Die markierten Elemente (mindestens zwei!) werden zusammengebunden. Sie können danach z.B. alle zusammen verschoben werden.
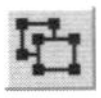	**Gruppierung aufheben** Entfernt eine vorhandene Gruppierung. Dies ist nötig, wenn man eines der Elemente allein bearbeiten möchte.
	**Ausrichten** Diese Schaltfläche öffnet ein Untermenü mit verschiedenen Möglichkeiten für die Ausrichtung von markierten Objekten (s. Abbildung 2.36, links).
	**Zentrieren** Diese Schaltfläche erlaubt das Zentrieren von markierten Elementen zueinander (für das Untermenü s. Abbildung 2.36, Mitte).
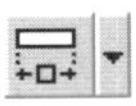	**Größe angleichen** Die Breite, die Höhe von markierten Elementen, oder beide Größen zusammen können angeglichen werden (für das Untermenü s. Abbildung 2.36, rechts).

Verweis Benutzerdefinierte Fenster oder Bildschirmmasken werden in Kapitel 6 des Buches ausführlich behandelt.

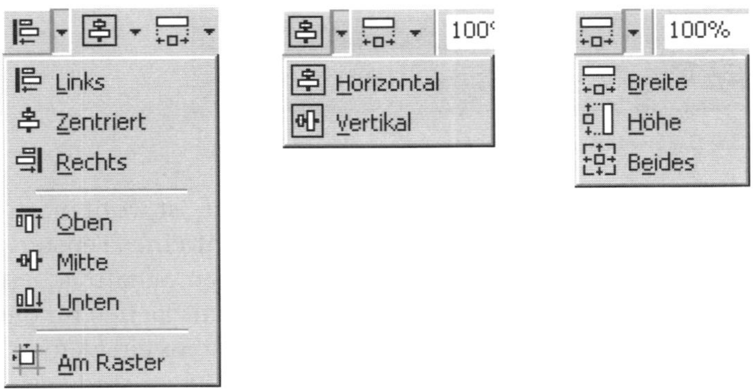

Abbildung 2.36: Die Untermenüs der letzten drei Schaltflächen der Tabellen

Die zusätzlichen Symbolleisten der Entwicklungsumgebung enthalten sehr nützliche Funktionalitäten. Wenn man alle Symbolleisten aktiviert, wird der Platz am Bildschirm eng. Man kann aber eine neue, benutzerdefinierte Symbolleiste generieren und auf diese dann nur die Schaltflächen aus den schon vorhandenen Symbolleisten einfügen, die man wirklich braucht. Benutzerdefinierte Symbolleisten werden in diesem Buch in Kapitel 7 behandelt.

EXTRAS\ OPTIONEN

Der VBA-Editor besitzt, wie die meisten anderen Microsoft-Programme, ein Optionsfenster. Aus dem Menü EXTRAS\OPTIONEN kann das entsprechende Fenster aufgerufen werden. Das Fenster besitzt vier Register. Der Inhalt des Registers EDITOR ist in Abbildung 2.37 zu sehen. Dort sind einige Kontrollkästchen zu finden, die das allgemeine Verhalten des Editors bestimmen, wie z.B. das Anzeigen von QuickInfo, die Schrittweise des Tabulators etc.

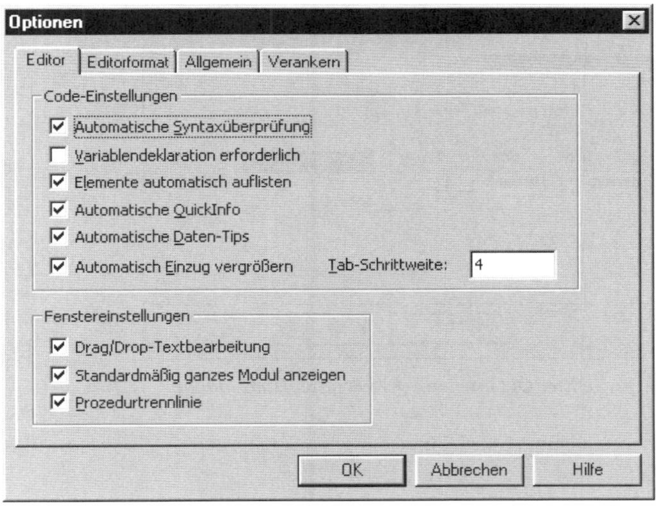

Abbildung 2.37: Das Fenster Optionen mit dem Register Editor

Im Register EDITORFORMAT können die Einstellungen für den Text im Code-Fenster gewählt werden: z.B. die Farbe der Markierung von Haltepunkten oder von Kommentaren (s. Abbildung 2.38). Kommentare sind z.B. grün, Syntaxfehler rot, einige Schlüsselwörter blau etc. Man sollte nicht unbedingt alle Farbmarkierungen ändern, weil dies ein ziemliches Durcheinander verursacht. Manchmal aber ist das Blau von den Schlüsselwörtern nicht von dem Schwarz von Funktionen oder eigenen Variablen zu unterscheiden. Dies hängt mit der Grafikkarte und Monitorauflösung zusammen. Dann ist es z.B. ratsam, für das Blau eine hellere und kräftigere Variante zu wählen.

Im Register ALLGEMEIN kann man Optionen für die Kompilierung, Fehlerbehandlung und die verschiedenen Einstellungen für benutzerdefinierte Dialoge auswählen. Im Register VERANKERN geht es um die Positionierung der verschiedenen Fenster der Entwicklungsumgebung, vom Projekt-Explorer bis hin zum Überwachungsfenster. Alle oder nur einige der Fenster können verankert werden. Ein verankertes Fenster wird beim Einfügen automatisch an ein anderes verankertes Fenster angebunden und ausgerichtet. Ein nicht verankertes Fenster kann dagegen frei auf dem Bildschirm verschoben werden und wird nicht von anderen Fenstern beeinflußt.

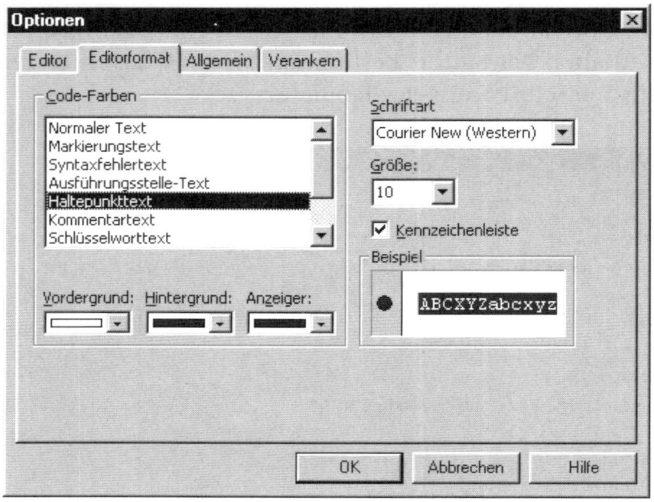

Abbildung 2.38: Das Fenster Optionen mit dem Register Editorformat

3 VBA-Referenz

Im vorherigen Kapitel wurde die Entwicklungsumgebung von Excel 2000 vorgestellt. Die Entwicklungsumgebung stellt das Werkzeug für die Programmierung zur Verfügung. Die Bausteine für die Programmierung und die Regeln für ihren Einsatz werden dagegen in diesem Kapitel vermittelt. Programmiersprachen besitzen, genau wie natürliche Sprachen, ein Regelwerk, auch Grammatik genannt. Nur wer dieses Regelwerk kennt, ist der Sprache mächtig.

Alle Beispiele, die hier vorgestellt werden, sind auf der beiliegenden CD-ROM zu finden. Die Programme werden hier in einer verkürzten Form angegeben. Auf der CD-ROM sind sie mit formatierten Bildschirmausgaben versehen. Dieses Kapitel kann außerdem als Nachschlagewerk für alle anderen Kapitel des Buches verwendet werden.

3.1 Lexikalische Konventionen

In diesem Abschnitt werden die Grundregeln der Syntax der Anweisungen erläutert.

3.1.1 Konventionen für Programmzeilen

Grundsätzlich gilt in VBA, wie seinerzeit in Basic, daß einer Programmzeile eine Anweisung entspricht. Eine Programmzeile benötigt keine Abgrenzer, also kein „;" oder „." wie in anderen Programmiersprachen üblich. Bei der Eingabe von Programmcode wird eine Zeile durch Drücken der Taste [↵] beendet.

```
i = i + 1
j = i
```

Die obigen zwei Zeilen stellen jeweils eine abgeschlossene Anweisung dar. Eine Programmzeile muß nicht unbedingt ganz links im Editorfenster geschrieben werden. Sie kann vielmehr an einer beliebigen Stelle der Zeile anfangen. Es hat sich aber unter Programmierern die Konvention durchgesetzt, Programmzeilen meistens am linken Rand anzufangen. Durch eine Einrückung nach rechts werden dann Schleifen oder Verzweigungen besonders hervorgehoben.

```
i = 1
For i = 1 To 5
MsgBox i
Next
```

3.1.2 Fortsetzung einer Anweisung auf die nächste Zeile

Manchmal sind einzelne Anweisungen länger als die Breite des Bildschirms. Um ein lästiges Verschieben der Bildschirmansicht nach rechts zu vermeiden, kann die Anweisung auf zwei oder mehrere Zeilen verteilt werden. Dies geschieht unter Verwendung einer speziellen Marke, die dem Compiler signalisiert, daß die Anweisung in der nächsten Zeile fortgesetzt wird. Die Marke besteht aus einem Leerzeichen und dem Zeichen „_“ (Unterstrich).

```
txt = "Chi troppo in alto sale, cade _
      sovente precipitevolissimevolmente! _
      (Italienisches Sprichwort)"
```

3.1.3 Mehrere Anweisungen in einer Zeile

Wenn einzelne Anweisungen sehr kurz sind, können sie in eine Zeile geschrieben werden, um die gesamte Länge des Programms zu verkürzen. Auch hier wird eine Marke benutzt. Wenn nach einer Anweisung ein „:“ (Doppelpunkt) und ein Leerzeichen geschrieben werden, kann eine weitere Anweisung in der gleichen Zeile Platz finden.

```
i = i + 1: j = i
```

Man sollte aber vermeiden, zu viele Anweisungen in einer Zeile zu schreiben, da dies auf Kosten der Übersichtlichkeit des Programms geht.

3.1.4 Kommentare

Kommentare sind Bemerkungen, die dem Programmcode vom Programmierer zu Dokumentationszwecken hinzugefügt werden. Sie bestehen aus beliebigen Texten, die eine beliebige Länge aufweisen können und sich an einer beliebigen Stelle des Quellcodes befinden können. Die einzige Voraussetzung für Kommentare ist das Verwenden eines speziellen Zeichens, aus dem der Compiler erkennen kann, daß es sich um einen Kommentar handelt. Kommentare werden bei der Ausführung des Programms ignoriert.

In VBA müssen Kommentare mit dem Zeichen „'" (Hochkomma) oder mit dem Wort *rem* gefolgt von einem Leerzeichen anfangen. Wenn ein Kommentar sich über mehrere Zeilen erstreckt, muß jede Zeile mit dem Zeichen „'" oder mit dem Wort *rem* anfangen. Es ist gleichgültig, welches Zeichen verwendet wird. Es gibt nur einen Unterschied zwischen den zwei Marken, wenn Kommentar und Anweisung in einer Zeile stehen, wie in dem folgenden Beispiel gezeigt wird: Dann muß vor dem Wort *rem* ein Doppelpunkt geschrieben werden, um die Anweisung davon abgrenzen.

' (Hochkomma)	REM
`'Ein Kommentar`	`Rem Ein Kommentar`
`'Das ist eine lange` `'Kommentarzeile`	`Rem Das ist eine lange` `Rem Kommentarzeile`
`i = 5  'Auch ein Kommentar`	`i = 5: Rem Auch ein Kommentar`

Die Verwendung des Hochkommas ist aus Gründen der besseren Lesbarkeit dem Schlüsselwort *Rem* vorzuziehen. In der Entwicklungsumgebung werden alle Kommentare grün angezeigt, aber bei Schwarzweiß-Ausdrucken von Quellcode sind Kommentare, die mit *Rem* eingeleitet werden, nicht mehr zu finden. Da auch das Zeichen Hochkomma sehr klein ist, wird empfohlen, nach dem Hochkomma ein paar Sonderzeichen einzufügen, wie z.B. „'***". Solche Zeichenketten sind auch auf Papierausdrucken immer noch sehr gut lesbar.

3.1.5 Namen

In einem Programm werden Variablen, Konstanten, Objekte, Prozeduren, Funktionen etc. benötigt. Alle diese Elemente müssen mit einem eindeutigen Namen benannt werden. Namen folgen in VBA bestimmten Regeln, egal welchem Element sie zugeordnet sind. Im folgenden wird eine Übersicht der Regeln für die Benennung gegeben.

- Ein Name darf kein in VBA oder in Excel reserviertes Wort sein. Wenn ein Programm oder ein Modul auch in den anderen Programmen des Office-Pakets Verwendung finden soll, sollte man auch nicht die dort jeweils reservierten Wörter verwenden. Die Liste der reservierten Wörter, auch Schlüsselwörter genannt, kann in der Online-Hilfe eingesehen werden. Wenn man aus Versehen doch ein reserviertes Wort verwendet, kann man mit einigen Fehlermeldungen oder instabilem Verhalten des Programms rechnen.
- Der Name kann aus Buchstaben (auch Umlauten), Zahlen oder Unterstrichen bestehen, muß aber mit einem Buchstaben beginnen und darf keine Leerzeichen enthalten. Nicht erlaubt sind außerdem Punkte (.), Ausrufezeichen (!) oder die Zeichen @, &, $, #.
- Der Name darf bis zu 255 Zeichen lang sein. Da die maximale Namenlänge ziemlich groß ist, sollte man diese Möglichkeit auch ausnutzen und den Elementen sinnvolle Namen geben. Der Name „Zinssatz" für eine Variable ist z.B. aussagekräftiger als der Name „i" oder „x". Groß- und Kleinschreibung spielen für VBA keine Rolle. Der Editor behält aber die bei der Deklaration benutzte Schreibweise bei: Wenn z.B. der Name einer Variablen mit einem Großbuchstaben anfängt, wandelt der Editor den ersten Buchstaben des Namens automatisch in einen großen um, wenn man ihn klein schreibt.
- Ein Name muß in seinem Gültigkeitsbereich eindeutig sein, d.h., es kann z.B. nicht zwei lokale Variablen mit dem gleichen Namen in einer Prozedur geben, aber sehr wohl in zwei verschiedenen Prozeduren (s. dazu 3.5 „Gültigkeitsbereich von Deklarationen").

Natürlich ist jedem Programmierer die Wahl von geeigneten Namen überlassen: Jeder kann die Elemente seines Programms, also Variablen, Konstanten, Prozeduren etc., so benennen, wie es ihm am sinnvollsten erscheint. Dies macht aber fremde Programme ziemlich schwierig zu entziffern. Aus diesem Grund strebt Microsoft nach der Einführung einer Konvention bis hin zu standardisierten Regeln für die Benennung von Elementen in VBA. Ein Vorschlag für eine solche Konvention ist die „Reddick-VBA (RVBA)-Namenskonvention". Die Reddick-VBA-Namenskonvention (Reddick ist der Name des unabhängigen Beraters, der die Konvention erarbeitet hat) legt Regeln fest, nach denen die Namen zu bilden sind. Eine Variable vom Typ *Single*, die z.B. für den Mehrwertsteuersatz gedacht ist, heißt nach der RVBA-Konvention z.B. „sngMwst". Die RVBA-Regeln werden in diesem Buch im Anhang angegeben.

Online-Hilfe
Namenskonventionen in Visual Basic

3.2 Variablen und Konstanten

In einem Programm werden Variablen und Konstanten benötigt. Sie werden mit einem bestimmten Datentyp deklariert und mit Hilfe von Operatoren zu Ausdrücken verknüpft. In diesem Kapitel werden die notwendigen Kenntnisse über Deklarationen, Datentypen, Typumwandlungen und Operatoren vermittelt.

3.2.1 Was sind Variablen

Eine Variable ist ein Ausdruck, der einen bestimmten Typ besitzt und einen Wert zugewiesen bekommen kann. Diese Zuweisung kann im Verlauf eines Programms einmal oder mehrmals stattfinden.

Was ist eine Variable?

Wenn der Begriff „Variable" Schwierigkeiten macht, kann vielleicht ein Beispiel aus Excel etwas weiterhelfen: In Excel kann jede Zelle einer Tabelle eine bestimmte Formatierung bekommen. Man kann eine Zelle als Zahl formatieren und dann ein bestimmtes Zahlenformat dafür bestimmen (mit oder ohne Komma oder Tausenderpunkt, als Währung etc.) oder sie als Text definieren, in diesem Fall kann man mit dieser Zelle keine Berechnungen ausführen. Die Formatierung kann auch schon vorgenommen werden, bevor in den Zellen überhaupt Werte oder Texte eingegeben werden.

Und so ähnlich funktioniert es mit den Variablen. Statt eine Zelle zu formatieren, wird ein Name vergeben, der einen Typ zugewiesen bekommt. Irgendwann bekommt dieser Name einen Wert und vielleicht später nochmals einen Wert. Man kann eine Variable als „virtuelle Zelle" ansehen, die zuerst durch die Deklaration zum „Leben erweckt" wird, durch den Typ eine Formatierung und zuletzt durch eine Zuweisung einen Inhalt bekommt.

Eine Variable muß, bevor sie benutzt werden kann, deklariert werden. Die Deklaration einer Variablen kann in VBA auf verschiedene Arten erfolgen. Bei der Deklaration wird der Variablen immer ein Name gegeben (s. Abschnitt 3.1.5 „Namen").

3.2.2 Variablendeklarationen

VBA und die anderen BASIC-Sprachen kennen viele Möglichkeiten, um eine Variable zu deklarieren. Welche Möglichkeit tatsächlich angewendet wird, hängt meistens von dem persönlichen Geschmack des Programmierers ab, wobei es wünschenswert wäre, sich an eine geordnete Programmierweise zu gewöhnen und nicht verschiedene Arten der Deklaration in einem Programm zu verwenden. Im folgenden wird ein Überblick über diese Möglichkeiten gegeben. Erläuterungen zu den Datentypen folgen weiter unten.

Ohne vorherige Deklaration, ohne Typspezifikation

Man schreibt an die Stelle, wo eine Variable im Programm gebraucht wird, einen Namen und weist ihr einen Wert zu, ohne sich um weitere Einzelheiten zu kümmern, wie in Beispiel 3.1 gezeigt wird.

Beispiel 3.1: Variable ohne Deklaration, ohne Typspezifikation

```
Sub KreisUmfang1()
Radius = 5
Umfang = Radius * 6.28
MsgBox Umfang
End Sub
```

Die Variablen sind hier `Radius` und `Umfang`. Dieser Weg ist einfach, hat aber einen Nachteil: Alle Variablen, die so deklariert werden, bekommen automatisch den Typ *Variant* zugewiesen (s. Abschnitt 3.3.1 „Der Datentyp Variant"), und das Programm wird mit zunehmender Länge unübersichtlicher, da man nie einen gesamten Überblick über die verschiedenen Variablen bekommen kann. Aus diesen Gründen sollte man sich diesen Stil nicht angewöhnen.

Mit vorheriger Deklaration, ohne Typspezifikation

Die Variablen werden explizit mit Hilfe der *Dim*-Anweisung deklariert.

Beispiel 3.2: Variable mit Deklaration, ohne Typspezifikation

```
Sub KreisUmfang2()
Dim Radius, Umfang
Radius = 5
Umfang = Radius * 6.28
MsgBox Umfang
End Sub
```

Diesmal werden die Variablen `Radius` und `Umfang` deklariert, aber auch hier wird der Typ *Variant* zugewiesen, weil kein weiterer Typ angegeben wurde. Das Programm ist aber schon etwas übersichtlicher als vorher, da die verwendeten Variablen am Anfang des Programmcodes stehen.

Mit Deklaration und Typspezifikation

In der *Dim*-Anweisung werden der Name und der Typ explizit angegeben.

Beispiel 3.3: Variable mit Deklaration und Typspezifikation

```
Sub KreisUmfang3()
Dim Radius as Integer, Umfang as Single
Radius = 5
Umfang = Radius * 6.28
MsgBox Umfang
End Sub
```

Diesmal werden die Variablen `Radius` und `Umfang` deklariert, und ihr Typ wird mit dem Schlüsselwort *Integer* (für eine ganze Zahl) bzw. *Single* (für eine reelle Zahl) spezifiziert. Dies entstand aus folgender Überlegung: Die ganze Zahl 5 wird mit der reellen Zahl 6,28 multipliziert und, wie aus der Schulmathematik bekannt, ist das Ergebnis eine reelle Zahl (in diesem Fall 31,4). Das muß schon bei der Deklaration der Variable `Umfang` berücksichtigt werden, wenn man `Umfang` als ganze Zahl angibt, laut das Ergebnis nur 31 statt 31,4.

Andere Schreibweisen

Die Deklaration mit der *Dim*-Anweisung ist die beste, man weiß auf einen Blick, wenn man den Programmtext anschaut, welche Variable und welche Datentypen benutzt werden. Die Schreibweise:

```
Dim Radius as Integer, Umfang as Single
```

ist äquivalent mit der Schreibweise:

```
Dim Radius as Integer
Dim Umfang as Single
```

Wenn beide Variablen den gleichen Typ hätten, z.B. den Typ *Integer*, würde die Deklaration wie im folgenden angegeben aussehen:

```
Dim Radius as Integer, Umfang as Integer
```

Der Datentyp muß also für jede Variable explizit angegeben werden. In Basic sind Kurzformen wie die folgende Zeile

```
Dim Radius, Umfang as Single
```

möglich, genau wie in anderen Programmiersprachen. Der Unterschied ist hier aber, daß in der obigen Zeile die Variable `Radius` den Typ *Variant* und nicht *Single* besitzt!

Stelle für die Dim-Anweisung

Egal ob man jeder Variable eine Zeile für die Deklaration spendiert oder nicht, eine Deklaration mit der *Dim*-Anweisung muß immer vor der Zeile gemacht werden, in der die Variable zum ersten Mal im Programm verwendet wird. Diese Stelle ist für lokale und globale Variablen unterschiedlich.

Lokale Variable

Lokale Variablen sind Variablen, die nur in den jeweiligen Prozeduren oder Funktionen verwendet werden können, in denen sie deklariert sind. Die *Dim*-Anweisung befindet sich dann in der Regel am *Anfang* der jeweiligen Prozedur oder Funktion.

Globale Variable

Globale Variablen dagegen können in *allen* Prozeduren oder Funktionen eines Moduls eingesetzt werden. Diese Variablen werden dann mit der *Dim*-Anweisung auf Modulebene deklariert (s. dazu 3.5 „Gültigkeitsbereich von Deklarationen“).

Achtung: Fehlermöglichkeit

Da in Basic die Möglichkeit besteht, Variablen ohne Deklaration zu verwenden, kann es passieren, daß beim Programmieren ungewollt neue Variablen definiert werden, z.B. durch einen Schreibfehler:

Beispiel 3.4: Fehlermöglichkeit ohne zwingende Deklaration

```
Sub KreisUmfang4()
Dim Radius As Integer, Umfang As Single
Radios = 5
Umfang = Radius * 6.28
MsgBox Umfang
End Sub
```

Der Name `Radios` ist offensichtlich ein Tippfehler. Dies kann aber vom Programm nicht erkannt werden, `Radios` wird als neue Variable vom Typ *Variant* interpretiert. Das Ergebnis der Berechnung aus dem obigen Beispiel ist die Zahl 0. Die Variable `Radios` wurde deklariert und als *Integer* spezifiziert, aber sie wurde nicht mit dem Wert 5 initiiert. VBA weist in diesem Fall den Wert 0 zu.

Deklaration erzwingen

Die Suche nach dem Fehler in der Prozedur `KreisUmfang4` geht wegen ihrer geringen Zeilenzahl schnell. Je größer aber ein Programm ist, desto aufwendiger und schwieriger wird die Suche nach der Fehlerquelle. Solche Probleme können vermieden werden, wenn man die Deklaration von Variablen erzwingt. Das Erzwingen der Deklarationen bewirkt, daß man eine Fehlermeldung vom Programm bekommt, wenn man einen solchen Fehler wie oben macht. Die Fehlermeldung von Excel erscheint aber erst bei der Ausführung der Prozedur und nicht bei der Eingabe.

Die Deklaration kann erzwungen werden, wenn man im allgemeinen Teil eines Moduls den folgenden Text eingibt:

```
Option Explicit
```

Excel löst dieses Problem auf eine einfache, aber effektive Art: Jedes Modul, egal ob es sich um ein allgemeines oder um ein Klassenmodul (z.B. von einer Bildschirmmaske) handelt, enthält in seinem allgemeinen Deklarationsteil die *Option Explicit*-Anweisung, wie man in Abbildung 3.1 sehen kann.

Abbildung 3.1: Die Anweisung „Option Explicit" auf Modulebene ist standardmäßig dabei

Diese Einstellung kann nach Wunsch geändert werden: Im Fenster OPTIONEN (Menü EXTRAS | OPTIONEN der Entwicklungsumgebung), Registerreiter MODUL, kann der Haken des Kontrollkästchens „Variablen-Deklaration erforderlich" (s. Abbildung 3.2) mit einem Klick entfernt werden. Wenn das Kontrollkästchen nicht gesetzt ist, muß die Anweisung *Option Explicit* vom Programmierer selbst in den allgemeinen Deklarationsteil eines Moduls geschrieben werden.

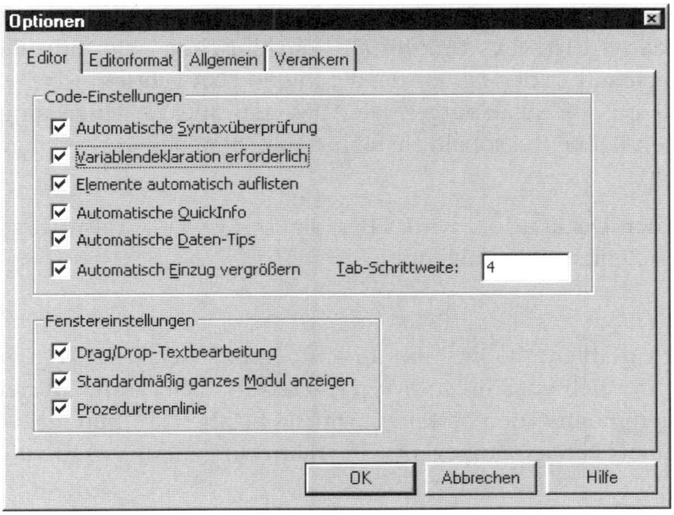

Abbildung 3.2: Das Fenster aus dem Menü EXTRAS | OPTIONEN

Ohne vorherige Deklaration, mit Typspezifikation

Hier werden spezielle Symbole für die Spezifikation benutzt, die sog. Typkennzeichen. Ein „%" ist z.B. eine Spezifikation für eine ganze Zahl, während ein Ausrufezeichen für eine reelle Zahl steht.

Beispiel 3.5: Variable mit Typkennzeichen deklarieren

```
Sub KreisUmfang5()
Radius% = 5
Umfang! = Radius% * 6.28
MsgBox Umfang!
End Sub
```

Jeder Datentyp besitzt ein solches Zeichen (für die komplette Liste s. 3.3, „Datentypen"). Die Methode ist praktisch, aber das Programm verliert wieder an Übersichtlichkeit. Außerdem muß eine Variable, die so deklariert wurde, immer mit dem entsprechenden Zeichen angegeben werden, sonst bringt Excel eine Fehlermeldung auf dem Bildschirm, sobald man versucht, das Programm zu starten.

Wenn die Anweisung *Option Explicit* im Modul gesetzt ist, darf diese Art der Deklaration nicht verwendet werden.

Über die DefXXX-Anweisung

Diese Möglichkeit ist sehr speziell und wird hier nur aus Vollständigkeitsgründen angegeben. In manchen Sprachen besteht die Möglichkeit, den Variablentyp zu definieren, bevor die Variable selbst überhaupt deklariert ist. Es funktioniert ein bißchen wie mit der Staatsbürgerschaft in den USA: Alle, die in den USA geboren werden, sind amerikanische Staatsbürger. Hier besitzen alle Variablen eines angegebenen Bereiches, sobald sie benutzt werden, den vorher angegebenen Typ.

Diese Art der Deklaration wird über die DefXXX-Anweisung gemacht. Eine Zeile wie die folgende

```
DefInt a - e
```

heißt: Alle Variablen, die im Modul nicht explizit deklariert werden und a, b, c, d, e heißen, sind vom Typ ganze Zahl. Die Namen dürfen nur aus einem Buchstaben bestehen. Die Buchstaben können mittels Bindestrich (als Bereich) angegeben oder einzeln genannt werden.

```
DefInt a - e
```

gleich wie

```
DefInt a, b, c, d, e
```

Die *DefXXX*-Anweisung wird nicht wie die *Dim*-Anweisung in eine Prozedur (am besten am Anfang) geschrieben, sondern stets auf Modulebene, d.h. in den allgemeinen Teil eines Moduls. In unserem Beispiel könnte es so wie in Abbildung 3.3 dargestellt aussehen.

Abbildung 3.3: Die DefXXX-Anweisung auf Modulebene

Das Programm würde sich dann entsprechend ändern.

Beispiel 3.6: Deklaration über DefXXX-Anweisung

```
Sub KreisUmfang6()
R = 5
U = R * 6.28
MsgBox U
End Sub
```

Die *DefXXX*-Anweisung kann nicht zusammen mit Option Explicit verwendet werden. Aus diesem Grund wurde die *Option Explicit*-Anweisung in Abbildung 3.3 in Kommentar umgeformt.

Gültigkeit

Eine Dim-Anweisung einer Prozedur oder Funktion für eine Variable mit dem gleichen Namen (z.B. hier R oder U) überschreibt die DefXXX-Anweisung im lokalen Bereich, d.h., die Variable hat dann in der Prozedur oder Funktion den Typ, der in der Dim-Anweisung festgelegt wird. Mit anderen Worten, auch wenn die DefXXX-Anweisung auf Modulebene erfolgt, ist die Gültigkeit der Variablen nicht global, sondern nur lokal (s. dazu die Prozedur `KreisUmfang7` im Modul „mdlDeklarationen“).

KAPITEL3.XLS, Modul „mdlDeklarationen“

3.2.3 Was sind Konstanten

Warum Konstanten

Manchmal wird in einem Programm ein Wert gebraucht, der sich während des gesamten Programmablaufs nie ändert. Wenn man z.B. Berechnungen von Mehrwertsteuerbeträgen ausführt, ist der Mehrwertsteuersatz ein konstanter Wert für alle möglichen denkbaren Berechnungen. In diesem Fall wäre es völlig überflüssig, die Mehrwertsteuer als Variable zu definieren; nach der Deklaration der Variable

Mehrwertsteuer würde nur einmal eine Wertzuweisung stattfinden. Auf der anderen Seite könnte man auch auf die Idee kommen, statt einer Variablen direkt einen numerischen Wert (hier die Zahl 0,16) zu verwenden. Dies würde natürlich funktionieren, hätte aber einen entscheidenden Nachteil: Wenn die Mehrwertsteuer sich ändert, müssen im Programm alle Stellen, wo die Mehrwertsteuer in einer Berechnung benutzt wird, geändert werden.

Dieses Problem kann mit Hilfe von Konstanten gelöst werden. Es gibt zwei Arten von Konstanten: Konstanten, die direkt vom Programmierer definiert werden, wie z.B. die Mehrwertsteuer, und Konstanten die in VBA schon definiert sind.

3.2.4 Benutzerdefinierte Konstanten

Benutzerdefinierte Konstanten können jedesmal eingesetzt werden, wenn ein Wert in einem Programm unverändert immer wieder eingesetzt wird. Der Vorteil einer Konstante gegenüber einer Variable ist der, daß eine Änderung des zugewiesenen Wertes nicht möglich ist. Wenn man an irgendeiner Stelle im Programm versucht, einer Konstanten einen neuen Wert zuzuweisen, bekommt man eine Fehlermeldung vom Compiler. Dies schützt gegen unbeabsichtigte Änderungen.

Stelle für die Deklaration

Bei der Konstantendeklaration verfährt man in der Regel genauso wie bei einer Variablendeklaration: Lokale Konstanten werden am Anfang einer Prozedur oder Funktion, globale Konstanten auf Modulebene deklariert. Bei der Deklaration kann wie für die Variablen der Typ (s. dazu auch Abschnitt 3.3, „Datentypen") der Konstanten angegeben werden.

Im folgenden Beispiel wird in einer Prozedur eine Konstante für die Mehrwertsteuer deklariert. Gleichzeitig wird ihr Typ spezifiziert und ihr ein Wert zugewiesen (*Single*, 0,16).

Beispiel 3.7: Deklaration einer Konstanten

```
Sub KonDeklaration()
Dim sngEpreis As Single, sngNpreis As Single
Const conMwst As Single = 0.16
sngNpreis = 99.99
sngEpreis = sngNpreis + sngNpreis * conMwst
End Sub
```

Wenn der Mehrwertsteuersatz sich ändern würde, wäre hier nur eine Korrektur notwendig, um das Programm zu aktualisieren.

Die Angabe des Typs bei der Deklaration ist optional: die Deklaration

```
Const conMwst as Single = 0.16
```

ist äquivalent mit der Deklaration

```
Const conMwst = 0.16
```

Wenn der Typ nicht angegeben wird, legt VBA einen Typ fest, der am besten zum zugewiesenen Wert paßt.

RVBA-Namenskonventionen

Der Kürzel für Konstanten nach der RVBA-Namenskonvention ist ein dem eigentlichen Namen vorangestelltes `con`, wie auch aus den obigen Beispielen zu entnehmen ist.

KAPITEL3.XLS, Modul „mdlDeklarationen"

3.2.5 Vordefinierte oder integrierte Konstanten

Vordefinierte oder integrierte Konstanten sind Werte, die im Umfang von VBA schon enthalten sind. Diese speziellen Werte werden aus praktischen Gründen heraus benannt, anstelle einer Zahl erscheint im Programm ein aussagekräftiger Name. Dies erleichtert die Lesbarkeit von Programmen.

Wenn für spezielle Werte vordefinierte Konstanten existieren, sollte man sie auch benutzen. Das wird auch in der Dokumentation für Entwickler von Microsoft empfohlen, es kann nämlich sein, daß von Version zu Version die numerischen Werte geändert werden. Microsoft versichert aber, daß die Namen der Konstanten beibehalten werden.

Vordefinierte Konstanten werden auf die gleiche Art eingesetzt wie die benutzerdefinierten Konstanten, mit dem Unterschied, daß sie nicht deklariert zu werden brauchen. Das einzige, was der Programmierer wissen muß, ist, welche Konstanten es gibt und wie sie heißen.

Hilfe von der Entwicklungsumgebung

Office 2000 macht es dem Programmierer leicht: Die Entwicklungsumgebung bietet während der Eingabe des Programmcodes an allen Stellen, an denen die Verwendung einer integrierten Konstanten sinnvoll wäre, eine Liste der Konstanten an. Man muß dann nur aus der Liste die geeignete Konstante auswählen.

Abbildung 3.4 zeigt, wie die Entwicklungsumgebung die Liste der VBA-Konstanten während der Eingabe anzeigt. Die Konstanten werden per Mausklick aus der Liste gewählt.

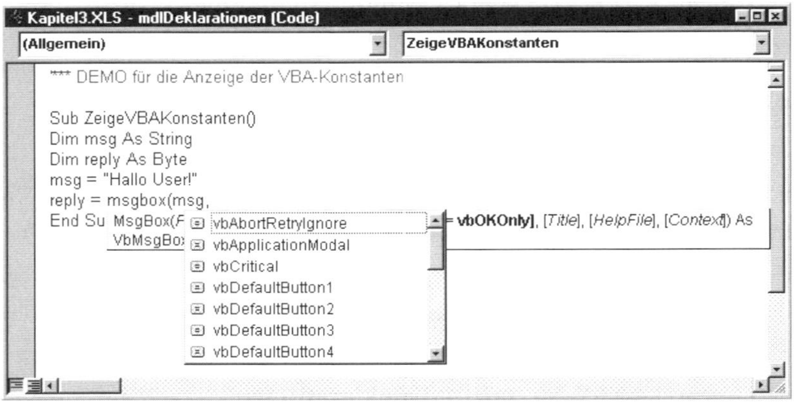

Abbildung 3.4: Die Liste der VBA-Konstanten für die Funktion „MsgBox"

Eine komplette Liste aller integrierten Konstanten kann dem Objektkatalog entnommen werden. Der Objektkatalog kann beim geöffneten Code-Fenster aus dem Menü ANSICHT | OBJEKTKATALOG, über die Taste [F2] oder über die entsprechende Schaltfläche aus der Symbolleiste aufgerufen werden (s. dazu auch Kapitel 2, „Die Entwicklungsumgebung", Abschnitt 2.1.4, „Der Objektkatalog").

Im Objektkatalog werden die Konstanten nicht einfach alphabetisch angezeigt, sondern gruppiert. Der Zugriff auf die Konstanten kann schnell mit der Suchfunktion des Objektkatalogs erfolgen; unter dem Stichwort „constant" werden alle Kategorien angezeigt, für die Konstanten definiert sind, wie in Abbildung 3.5 gezeigt wird.

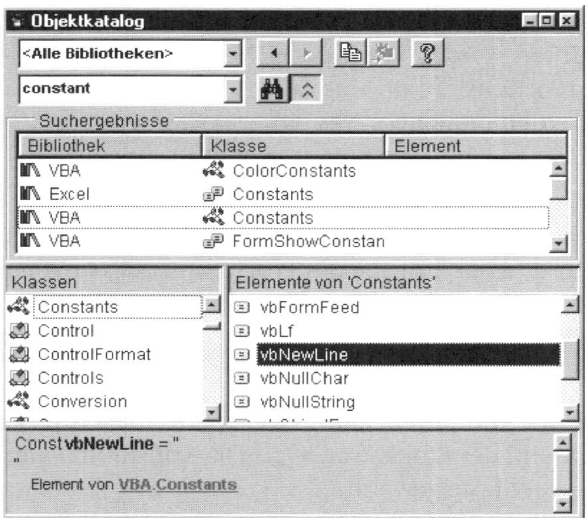

Abbildung 3.5: Der Objektkatalog mit dem Ergebnis der Suche nach Konstanten

Ein Klick auf die Kategorie „VBA Constants“ läßt alle Möglichkeiten für diese Gruppe erscheinen. Leider fehlen im Objektkatalog Beschreibungen für die Konstanten, so daß nur der Name der Konstanten einen Hinweis liefert, zu welchen Zwecken sie eingesetzt werden kann. Die Konstante *vbNewLine* wird z.B. für die Generierung von Zeilenumbrüchen eingesetzt.

In Kapitel 2, „Die VBA-Entwicklungsumgebung“, wurden unter dem Abschnitt 2.31, „Die Entwicklungsumgebung selber konfigurieren“ weitere Hilfsmittel (Kontextsensitive Hilfe) vorgestellt.

Online-Hilfe

- Variablendeklaration, Variablen- und Konstanten-Schlüsselwörter, Verwenden von Konstanten,
- Dim-Anweisung, DefTyp-Anweisung, Const-Anweisung

KAPITEL3.XLS, Modul „mdlDeklarationen“

3.3 Datentypen

Variablen, Konstanten und Rückgabewerte von Funktionen können von verschiedenem Typ sein: alphanumerisch, d.h., sie werden als Zeichenkette vom Computer interpretiert, oder numerisch, d.h., sie können für Berechnungen verwendet werden. Wenn sie numerisch sind, muß noch festgelegt werden, ob sie ganzzahlig oder reell sind und welche Wertebereiche sie umfassen. Der ganzzahlige Typ *Integer* umfaßt z.B. nur den Bereich von -32.768 bis +32.767. Dieser Bereich reicht noch nicht einmal aus, um die deutschen Postleitzahlen darzustellen, die sich bis zu dem (theoretischen) Wert von +99.999 ausdehnen. Für die Postleitzahlen muß dann der Typ *Long* eingesetzt werden, dessen Bereich dem Intervall -2.147.483.648 bis +2.147.483.647 entspricht.

Die Wahl eines Datentyps

Welcher Typ bevorzugt wird, hängt vom jeweiligen Programmkontext ab. Es ist jedoch wichtig zu wissen, daß verschiedene Datentypen auch verschiedenen Bedarf an Speicherplatz haben. Der Typ *Integer* braucht z.B. 2 Bytes an Speicherplatz, der Typ *Long* dagegen 4 Bytes (ein Byte besteht aus 8 Bit, d.h. acht mal einstellige Plätze, die mit 0 oder 1 intern belegt sind). Der Speicherplatz hängt nicht vom tatsächlich zugewiesenen Wert ab, sondern allein vom gewählten Typ. Die Zahl 10 braucht, wenn sie als *Integer* deklariert wird, nur 2 Bytes, aber als *Long* 4 Bytes! Deswegen sollte man nie auf die Idee kommen, allen numerischen Variablen eines Programms den größtmöglichen Bereich zuzuweisen, nur um auf Nummer sicher zu gehen. Man sollte immer versuchen, mit dem Speicherplatz sparsam umzugehen, vor allem bei größeren Programmen.

Numerische Datentypen verdienen eine besondere Aufmerksamkeit. Die Wahl eines Datentyps ist bei Zahlen nicht wegen des Speicherplatzbedarfs besonders wichtig, sondern wegen des Zahlenformats. Geldbeträge, wie z.B. in DM, werden in der Regel in Excel immer mit zwei Nachkommastellen angezeigt. Intern werden aber die Berechnungen mit 4 Nachkommastellen geführt und dann kaufmännisch gerundet. Der Datentyp *Currency* entspricht dem, was in Tabellenblättern als „Währungsformat" bekannt ist. *Currency* besitzt ein festes Format mit 4 Nachkommastellen und eine vordefinierte Rundung. Würde man für Geldbeträge den Datentyp *Double* nehmen, hätte man dann mit Problemen wie einer variablen Anzahl von Nachkommastellen und ungewissen Rundungen zu kämpfen.

Die folgende Tabelle gibt eine Übersicht über die Datentypen in VBA. Für jeden Typ wird neben dem (falls vorhandenen) Typkennzeichen, das bei einer Deklaration (s. „Variablendeklarationen") ohne die *Dim*-Anweisung benötigt wird (z.B. `Dim x as Integer` entspricht `x%`), der Wertebereich und der benötigte Speicherplatz angegeben.

Es wird dringend empfohlen, Variablen mit der *Dim*-Anweisung zu deklarieren und nicht die Typkennzeichen zu verwenden. Mit der Anweisung *Option Explicit* in einem Modul können die Typkennzeichen nur verwendet werden, wenn diese Anweisung entfernt wird. Sie werden hier trotzdem aus Vollständigkeitsgründen angegeben, da es immer noch sehr viele Programmierer gibt, die im Rahmen der BASIC-Tradition davon Gebrauch machen.

Datentyp	Typkennzeichen	Wertebereich	Speicherplatz
Byte		0 bis 255	1 Byte
Integer	%	-32.768 bis +32.767	2 Bytes
Long (lange Ganzzahl)	&	-2.147.483.648 bis 2.147.483.647	4 Bytes
Single (Gleitkommazahl mit einfacher Genauigkeit)	!	negative Zahlen: -3,402823E38 bis -1,401298E-45 positive Zahlen: 1,401298E-45 bis 3,402823E38	4 Bytes

Datentyp	Typkenn-zeichen	Wertebereich	Speicherplatz
Double (Gleitkommazahl mit doppelter Genauigkeit)	#	negative Zahlen: -1,79769313486232E308 bis -4,94065645841247E-324 positive Zahlen: 4,94065645841247E-324 bis 1,79769313486232E308	8 Bytes
Decimal (Nur als Variant-Untertyp)		+/- 79.228.162.514.264.337.593.543.950.335 ohne Dezimalzeichen; +/-7,9228162514264337593543950335 mit 28 Nachkommastellen; die kleinste Zahl ungleich Null ist +/-0,0000000000000000000000000001	14 Bytes
Currency (skalierte Ganzzahl)	@	-922.337.203.685.477,5808 bis 922.337.203.685.477,5807	8 Bytes
Boolean		true oder -1 false oder 0	2 Bytes
Date		1. Januar 100 bis 31. Dezember 9999 0:00:00 bis 23:59:59	8 Bytes
String (variable Länge)	$	0 bis ca. 2 Milliarden Zeichen	10 Bytes plus 1 Byte für jedes Zeichen
String (feste Länge)	$	1 bis ca. 65.400 Zeichen	1 Byte pro Zeichen
Object		Beliebiger Verweis auf ein Objekt vom Typ *Object*	4 Bytes
Variant (mit Zahlen)		Numerische Werte im Bereich des Datentyps Double	16 Bytes
Variant (mit Zeichen)		Wie bei String mit variabler Länge	22 Bytes plus 1 Byte für jedes Zeichen
Benutzerdefiniert (mit Type)		Der Bereich für jedes Element entspricht dem Bereich des zugehörigen Datentyps	Zahl der Bytes ist von Elementen abhängig

Im Anhang befindet sich die RVBA-Namenskonvention, die Regeln für die Benennung von Variablen enthält. Der Datentyp *Variant* und die benutzerdefinierten Datentypen werden jeweils in den eigenen Abschnitten besprochen, da es sich um spezielle Typen handelt. Der Datentyp *Object* wird in Kapitel 4, Objekte und Ereignisse, behandelt.

Online-Hilfe
Datentypen bzw. Datentypen (Zusammenfassung)

3.3.1 Der Datentyp Variant

Der Datentyp *Variant* ist ein ganz spezieller Typ in VBA: Alle Elemente, die nicht explizit mit einem anderen Typ initialisiert werden, werden automatisch als *Variant* interpretiert (s. auch „Variablendeklarationen"). Der Typ *Variant* kann natürlich auch mit einer expliziten Deklaration über die *Dim*-Anweisung zugewiesen werden.

Die Anwendungsgebiete für diesen Datentyp sind zahlreich:

- Als Rückgabewert für Funktionsaufrufe: Man kann eine Funktion implementieren, die verschiedene Datentypen zurückgeben kann. Der Rückgabewert wird, explizit oder implizit, als *Variant* deklariert und später in den richtigen Typ umgewandelt. Auf diese Art lassen sich wirklich „universelle" Funktionen implementieren, d.h. Funktionen, die nicht an einen Datentyp gebunden sind.
- Für die Verarbeitung von Rückgabewerten von Austauschoperationen mit anderen Programmen oder mit Datenbanken etc.
- Im Umgang mit Objekten (s. dazu Kapitel 4).

Die Besonderheit von *Variant* besteht darin, daß alle andere Datentypen (*Integer, Long, String* etc.) von ihm aufgenommen werden können. Der tatsächliche Typ einer *Variant*-Variablen wird bei der Zuweisung eines Wertes automatisch angepaßt.

Beispiel 3.8: Der Datentyp Variant

```
Sub Variant_testen()
Dim TestVar As Variant, msg As String
TestVar = „Hallo"
msg = TypeName(TestVar)
MsgBox msg: End Sub
```

Im obigen Listing wird einer *Variant*-Variablen ein Text zugewiesen. Die Funktion *TypeName* liefert den tatsächlichen internen Typ der *Variant*-Variable; dieser Typ ist in diesem Fall *String* und nicht *Variant*! Das Beispiel ist auf der beiliegenden CD-ROM etwas länger, der *Variant*-Variablen werden nacheinander mehrere Werte zugewiesen. Jedesmal nimmt die *Variant*-Variable den entsprechenden Typ an, wie die Bildschirmausgabe des Beispiels in Abbildung 3.6 zeigt.

Abbildung 3.6: Die Bildschirmausgabe des Beispielprogramms

Ein weiteres Beispiel für die hohe Flexibilität des Datentyps *Variant* ist das folgende:

Beispiel 3.9: Automatische Konvertierung bei Variant

```
Sub Variant_Konvertierung()
Dim TestVar As Variant
TestVar = „700"
MsgBox TypeName(TestVar)
TestVar = TestVar + 37
MsgBox TypeName(TestVar)
TestVar = „Boeing „ & TestVar
MsgBox TypeName(TestVar)
End Sub
```

Wegen der allgemeinen Anwendbarkeit des Datentyps *Variant* könnte man auf die Idee kommen, immer nur *Variant*-Variablen zu verwenden. Dies wäre aber eine sehr schlechte Idee, da der Speicheraufwand für *Variant* unter allen Datentypen der größte ist! Außerdem werden alle Zahlen, die einer *Variant*-Variablen zugewiesen werden, intern als *Double* behandelt, auch wenn sie ganzzahlig sind. Das hat zur Folge, daß Zahlen eine ungewisse Anzahl von Nachkommastellen besitzen und Rundungsfehler ausweisen können!

Weitere Besonderheit

Außer der schon erwähnten Flexibilität besitzt eine *Variant*-Variable noch eine weitere Besonderheit: Sie kann als einziger Datentyp drei spezielle Zustände annehmen, die im folgenden angegeben sind.

1. **Error:** Dieser Wert kann einer *Variant*-Variablen zugewiesen werden, wenn in einer Prozedur oder Funktion ein Fehler auftritt, der an einer anderen Stelle ausgewertet werden soll.
2. **Empty:** Eine *Variant*-Variable, die noch nicht initialisiert wurde, besitzt diesen Wert. Zum Vergleich: Eine deklarierte, aber noch nicht initialisierte Zahl hat den Wert 0, eine entsprechende Zeichenkette den Wert „“ (leere Zeichenkette).

3. **NULL:** Dies ist keine Null im mathematischen Sinne (also keine Zahl!). Der Wert NULL kann z.B. entstehen, wenn in einem Feld einer Datenbank keine Eingabe gemacht wird.

Typ von Variant

Beim Umgang mit diesem Datentyp ist es manchmal notwendig zu wissen, von welchem Typ eine *Variant*-Variable zu einem bestimmten Zeitpunkt ist. Die oben verwendete Funktion *TypeName* liefert nur den Namen des Typs. Es gibt weitere Funktionen, die eine *Variant*-Variable daraufhin überprüfen können, ob sie ein bestimmtes Format besitzt. Nach einer Eingabe am Bildschirm wäre es z.B. sinnvoll zu prüfen, ob die eingegebenen Zeichen tatsächlich Zahlen sind. Das Ergebnis dieser Prüfung kann „wahr" oder „falsch" sein, je nachdem, ob die Zeichen Zahlen sind oder nicht. Die folgende Tabelle gibt eine komplette Liste solcher Funktionen wieder.

Funktionsname	Überprüft
IsArray	Datenfeld
IsDate	Datum/Zeit
IsEmpty	Leer bzw. Empty
IsError	Fehler
IsMissing	Fehlende Parameter
IsNumeric	Zahl
IsNull	Ungültige Daten bzw. NULL-Wert
IsObject	Gültiges Objekt

Ein Beispiel für die Funktionen *IsEmpty* und *IsNull* wird unten gegeben. Mehr zu diesem Thema ist der Online-Hilfe zu entnehmen.

Beispiel 3.10: Variant auf NULL oder EMPTY hin überprüfen

```
1  Sub PrufeVariant()
2  Dim TestVar As Variant
3  MsgBox CStr(IsEmpty(TestVar))
4  TestVar = Null
5  CStr(IsEmpty(TestVar))
6  MsgBox CStr(IsNull(TestVar))
7   End Sub
```

In den **Zeilen 3, 4 und 5** wird eine Verschachtelung von Funktionen verwendet. Die Funktion *IsEmpty* bzw. *IsNull* prüft die *Variant*-Variable auf die entsprechenden Werte hin. Ihr Ergebnis ist dann entweder „wahr" oder „falsch". Die Funktion *CStr* konvertiert dann dieses Ergebnis in eine Zeichenkette (s. auch „Typumwandlung" weiter unten).

Die in der obigen Übersicht angegebenen Funktionen können nur feststellen, ob ein ganz bestimmter Typ vorliegt. Man kann also auf einen NULL-Wert hin prüfen, aber nur, wenn man einen NULL-Wert vermutet. Falls die Prüfroutine den Wert „falsch“ zurückgibt, hat man immer noch keine Information über den tatsächlichen Typ des Wertes. Es gibt aber auch die Möglichkeit, den aktuellen Typ zu bestimmen. Dies geschieht mit der Funktion *VarType*: Sie erhält die *Variant*-Variable, untersucht sie und gibt einen vordefinierten Wert zurück. Eine ähnliche Aufgabe erfüllt auch die schon vorgestellte Funktion *TypeName*. Der Unterschied zwischen den beiden Funktionen ist, daß:

Typ ermitteln

- **VarType** eine Zahl liefert, die auf den Typ einer Variablen hinweist (z.B. die Zahl 2 für eine ganze Zahl), während
- **TypeName** eine Zeichenfolge liefert, die Informationen über eine Variable enthält (z.B. den Text „Integer“ für eine ganze Zahl).

In der folgenden Tabelle sind die vordefinierten Rückgabewerte für die Funktion *VarType* aufgelistet. Auch die Konstantennamen, die in VBA den Datentypen zugeordnet sind, werden angegeben (s. auch Abschnitt „Vordefinierte oder integrierte Konstanten“).

Rückgabewert	Konstantenname	Typ
0	vbEmpty	Empty
1	vbNull	NULL
2	vbInteger	Integer
3	vbLong	Long
4	vbSingle	Single
5	vbDouble	Double
6	vbCurrency	Currency
7	vbDate	Date
8	vbString	String
9	vbObject	Object
10	vbError	Zahl vom Typ Fehler
11	vbBoolean	Boolean
12	vbVariant	Variant (nur für Felder)
13	vbDataObject	Datenzugriffsobjekt
14	vbDecimal	Decimal
17	vbByte	Byte-Wert
8192	vbArray	Datenfeld

Online-Hilfe

- Variant, Empty, NULL und die einzelnen IsXXX-Funktionen
- VarType-, TypeName-Funktion

KAPITEL3.XLS, Modul „mdlVariant“

3.3.2 Benutzerdefinierte Datentypen

In VBA können die schon existierenden Datentypen durch benutzerdefinierte Datentypen erweitert werden. Benutzerdefinierte Datentypen werden meistens zur Gruppierung von zusammengehörenden Elementen verwendet und können ein oder mehrere Elemente eines beliebigen Datentyps, eines Datenfeldtyps oder eines bereits bestehenden benutzerdefinierten Datentyps enthalten. Ein klassischer Anwendungsbereich für benutzerdefinierte Datentypen sind Datensätze einer Datenbank.

Die Definition eines solchen Datentyps erfolgt über die *Type*-Anweisung und muß stets auf Modulebene gemacht werden, d.h. im Deklarationsteil eines Moduls (s. dazu auch Kapitel 2, „Die VBA-Entwicklungsumgebung“). Mit Modulebene ist in diesem Fall der allgemeine Deklarationsteil eines allgemeinen Moduls gemeint. Excel erlaubt nicht die Deklaration von benutzerdefinierten Datentypen in einem Objekt- oder Klassenmodul, wie z.B. das Modul einer Bildschirmmaske.

Das folgende Listing enthält ein klassisches Beispiel für einen benutzerdefinierten Datentyp: Ein Datentyp, der alle Informationen über Mitarbeiter (Name, Vorname, Adresse etc.) speichern kann, wird zuerst definiert, dann einer Variablen zugewiesen und zuletzt mit Daten gefüllt.

Beispiel 3.11: Benutzerdefinierter Datentyp

```
'Typdefinition auf Modulebene!!!
Type PersonalStammDaten
   PersNr As Integer
   Nachname As String * 30
   Vorname As String * 20
   Adresse As String * 30
   PLZ As Long
   Ort As String * 20
   TelNr As String * 20
   EinstellDatum As Date
End Type
'Benutzerdefinierten Typ einsetzen
```

```
Private Sub BenDefTyp()
Dim PersSatz As PersonalStammDaten
PersSatz.PersNr = 17
PersSatz.Nachname = „Musterfrau"
PersSatz.Vorname = „Luise"
PersSatz.Adresse = „Waldgasse 31"
PersSatz.PLZ = 68156
PersSatz.Ort = „Mannheim"
PersSatz.TelNr = „0621-765432"
PersSatz.EinstellDatum = #1/3/96#
End Sub
```

Die Zeichenkette dieses Beispiels wurde als *String* mit fester Länge deklariert. Der Grund dafür ist sehr einfach: Man möchte die Länge des Inhalts auf eine maximale Länge einschränken. Wenn z.B. die Daten am Bildschirm eingegeben werden sollen, kann man auf diese Art eine gewisse Kontrolle über die Eingabe haben.

Datumtrennzeichen

Das Datum des Feldes „Einstellungsdatum" wird von je einem #-Zeichen eingeleitet und abgeschlossen. Die einzelnen Ziffern des Datums müssen außerdem mit dem Zeichen „/" voneinander getrennt werden. Die Zeichen #../../..# sind die einzigen Datumtrennzeichen, die von VBA verstanden werden.

Problem

Bei der Verwendung von Strings mit fester Länge entsteht bei der Ausgabe am Bildschirm das Problem, das im oberen Teil von Abbilddung 3.7 zu sehen ist. Die einzelnen Texte des benutzerdefinierten Datentyps werden mit ihrer tatsächlichen Länge gespeichert, auch wenn der eigentliche Text kürzer ist. Der Text „Musterfrau" z.B. ist insgesamt 10 Zeichen lang, wurde aber als *String* mit einer Länge von 30 Zeichen deklariert. Die nicht benötigten 20 Zeichen werden mit Leerzeichen gefüllt und am Bildschirm ausgegeben.

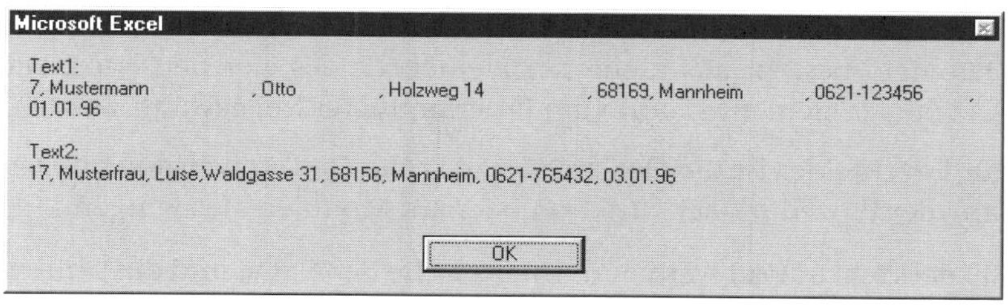

Abbildung 3.7: Ausgabe eines benutzerdefinierten Typs am Bildschirm, oben mit den Leerzeichen, unten, dank der Trim-Funktion, ohne Leerzeichen

Dieses Problem kann von einer speziellen Funktion behoben werden. Die Funktion *Trim* kann Leerzeichen aus einem String entfernen. Das folgende Listing zeigt die Syntax der Bildschirmausgabe unter Verwendung der *Trim*-Funktion.

Beispiel 3.12: Die Trim-Funktion

```
'Andere Anweisungen
msg = Trim(PersSatz.PersNr) & „, „ &_
      Trim(PersSatz.Nachname) & „, „ & _
      Trim(PersSatz.Vorname) & „," & _
      Trim(PersSatz.Adresse) & „, „ & _
      Trim(PersSatz.PLZ) & „, „ & _
      Trim(PersSatz.Ort) & „, „ & _
      Trim(PersSatz.TelNr) & „, „ &  _
      Trim(PersSatz.EinstellDatum)
MsgBox msg
'weitere Anweisungen
```

Die Anwendung der *Trim*-Funktion erzeugt die Ausgabe, die im unteren Teil vom letzten Bild zu sehen ist.

Eine Alternative zu benutzerdefinierten Datentypen, die einen ähnlichen Aufbau wie unser Personalsatz haben, sind Datenfelder. Sie erlauben einen einfachen und direkten Zugriff auf die einzelnen Elemente. Datenfelder werden im folgenden Abschnitt behandelt.

Online-Hilfe
Type-Anweisung, #-Zeichen, Trim-Funktion

KAPITEL3.XLS, Modul „mdlBenutzerTyp“

3.3.3 Datenfelder

Datenfelder sind das, was man auch Arrays oder Vektoren nennt. Ein Datenfeld besteht aus mehreren Elementen des gleichen Typs. Die Anzahl der Elemente kann vom Programmierer frei gewählt werden.

Für Datenfelder ist die Deklaration über die *Dim*-Anweisung am Anfang der Prozedur oder Funktion oder auf Modulebene zwingend.

Bei der Deklaration werden normalerweise der Name und die Dimension angegeben, wie im folgenden Beispiel gezeigt wird.

Beispiel 3.13: Datenfeld deklarieren und initialisieren

```
Sub Name_Wochentag()
Dim Woche(6) As String, i As Integer
Woche(0) = „Montag": Woche(1) = „Dienstag"
Woche(2) = „Mittwoch": Woche(3) = „Donnerstag"
Woche(4) = „Freitag": Woche(5) = „Samstag"
Woche(6) = „Sonntag"
For i = 0 To 6
    MsgBox Woche(i)
Next: End Sub
```

In diesem Beispiel wird ein Feld aus *7 Elementen* definiert. Die Numerierung der Plätze eines Datenfeldes fängt in Basic bei 0 an und nicht bei 1, wie in vielen anderen Sprachen. Die einzelnen Felder können direkt über ihre Platznumerierung angesprochen werden, wie bei der Zuweisung im obigen Listing zu sehen ist. Für die Ausgabe der Werte eines Datenfeldes eignet sich eine *For*-Schleife oder eine *ForEach*-Anweisung (s. 3.6, „Kontrollstrukturen“).

Benutzerdefinierte Indizes

Die Ordnungszahlen, die in einem Datenfeld an die Elemente angekoppelt sind, heißen Indizes. Die Indizes können auch frei gewählt werden. Für das Wochentag-Beispiel kann also auch folgendes gelten:

```
Dim Woche(-3 To 3) As String   'Indizes sind hier -3, -2, -1, 0, 1, 2, 3
```

Option Base

Eine weitere Möglichkeit, Indizes nach eigenem Geschmack zu definieren, bietet die *Option Base*-Anweisung. Diese Anweisung legt die erste gültige Zahl für die Indizes der Datenfelder eines Moduls fest. Wenn z.B. alle Datenfelder eines Moduls mit dem Index 1 statt mit 0 anfangen sollen, muß auf *Modulebene* die folgende Anweisung geschrieben werden:

```
Option Base 1
```

Matrizen

Felder können bekanntlich mehr als eine Dimension haben und damit zu mehrdimensionalen Matrizen werden. Auch wenn die Matrix vom Schulunterricht her noch in schlechter Erinnerung ist, so ist doch ihre Manipulation in der Programmierung wenig problematisch.

Beispiel 3.14: Datenfelder mit zwei Dimensionen

```
Sub Matrix()
Dim Matrix(2, 1) As Byte, i As Byte, j As Byte
For i = 0 To 2
    For j = 0 To 1
        Matrix(i, j) = i + j
    Next j
Next i
End Sub
```

Im obigen Listing wird ein Datenfeld als Matrix deklariert. Die Matrix hat drei Zeilen und zwei Spalten; ihren Elementen werden in den zwei verschachtelten *For*-Schleifen die Summe der Werte ihrer Indizes zugewiesen. Die Matrix würde, nach der Ausführung des Programms, wie folgt aussehen:

0, 0 0	*0, 1* 1
1, 0 1	*1, 1* 2
2, 0 2	*2, 1* 3

Das Zahlenpaar links oben in jeder Zelle stellt den Index der Zelle dar, die Zahl in der Mitte der Zelle den Wert der Zelle. Die Matrix kann natürlich auch am Bildschirm angezeigt werden (Listing für die formatierte Ausgabe s. CD-ROM).

Bei der Handhabung von Datenfeldern muß man sehr genau auf ihre Grenzen achten. Der Versuch, einen nicht existierenden Index anzusprechen, führt zu einem Programmfehler und dem Programmabbruch. Dies wird anhand des folgenden Beispiels demonstriert:

Beispiel 3.15: Indexfehler bei Datenfeldern

```
Sub IndexFehler()
Dim Feld(2) As Byte
Feld(0) = 0: Feld(1) = 1: Feld(2) = 2
Feld(3) = 3     '***Fehler!!!
End Sub
```

Die Ausführung dieses Beispiels erzeugt die Fehlermeldung „Laufzeitfehler '9'", die in Abbildung 3.8 zu sehen ist: „Index außerhalb des gültigen Bereichs".

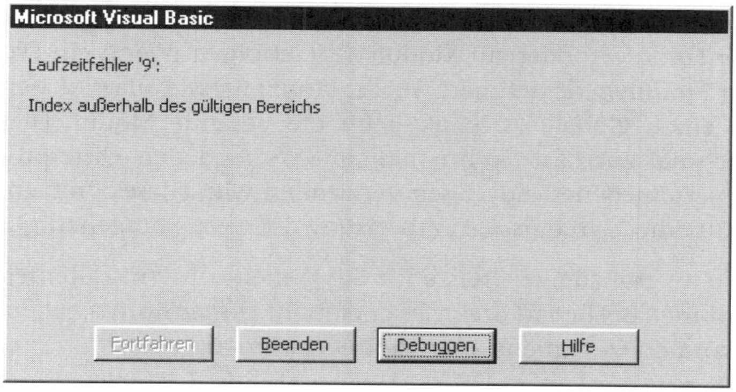

Abbildung 3.8: Zugriff auf den nicht existierenden Index eines Arrays

Solche Fehler treten häufig in Verbindung mit *For*-Schleifen auf. Die Numerierung der Indizes eines Datenfeldes fängt standardmäßig mit 0 an. Wenn man z.B. ein Feld mit fünf Plätzen definiert hat, reicht es aus, eine Anweisung wie die folgende zu schreiben,

```
For i = 1 To 5
```

statt

```
For i = 0 To 4
```

um in den Genuß der Fehlermeldung zu kommen. Ein solcher Fehler kann durch die persönliche Festlegung der Indizes oder mit Hilfe der *Option Base*-Anweisung, wie oben gezeigt, vermieden werden.

Initialisierung von Datenfeldern

Die Datenfelder werden nach der Deklaration von VBA automatisch ihrem Typ entsprechend initialisiert.

- Numerische Felder werden mit dem Wert 0 gefüllt.
- Variant-Felder werden mit „Empty" gefüllt.
- Zeichenketten ohne feste Länge werden mit einer leeren Zeichenkette („") gefüllt (`Dim Wort As String`)
- Zeichenketten mit fester Länge werden mit dem Zeichen „0" gefüllt (`Dim Wort As String*5`)

Zur Erinnerung:

Ein Datenfeld muß immer mit einer *Dim*-Anweisung am Anfang eines Programms deklariert werden!

Die Deklaration kann auf Unterprogrammebene (also in der Prozedur oder in der Funktion) oder auf Modulebene erfolgen. Wenn ein Datenfeld auf Modulebene definiert wurde, besitzt es, wie alle globalen Variablen, einen globalen Charakter für das gesamte Modul. Dies wird manchmal zur Last, wenn man in verschiedenen Unterprogrammen verschiedene Feldgrößen verwenden will. Dieses Problem läßt sich mit einer dynamischen Zuweisung der Größe umgehen.

Dimension

VBA setzt eine großzügige Grenze für die Dimension von Datenfeldern: Sie können bei Bedarf drei, vier oder mehr Dimensionen haben. Maximal können 60 Dimensionen definiert werden.

Dynamische Datenfelder

Wenn die benötigte Größe bei der Deklaration noch nicht bekannt ist, oder wenn das Feld allgemein gehalten werden soll, kann die Deklaration ohne Angabe der Größe erfolgen. Das wird später an der entsprechenden Programmstelle mit Hilfe einer *ReDim*-Anweisung nachgeholt. Man spricht dann von „dynamischen Datenfeldern". Die Deklaration des Datenfeldes erfolgt entweder auf Modulebene oder am Anfang einer Prozedur oder Funktion. Die *ReDim*-Anweisung definiert die Größe des Datenfeldes jedesmal neu. Im folgenden Beispiel wird ein Feld zweimal neu definiert: einmal mit einer Größe von vier Elementen, einmal mit einer Größe von fünf Elementen.

Beispiel 3.16: Dynamische Datenfelder mit ReDim

```
Sub DynFeld_ReDim()
Dim DynFeld() As Byte, i As Byte
ReDim DynFeld(3)
DynFeld(0) = 0: DynFeld(1) = 1
DynFeld(2) = 2: DynFeld(3) = 3
ReDim DynFeld(4)
End Sub
```

Das Beispiel beinhaltet auf der CD-ROM eine formatierte Ausgabe am Bildschirm, die in Abbildung 3.9 zu sehen ist.

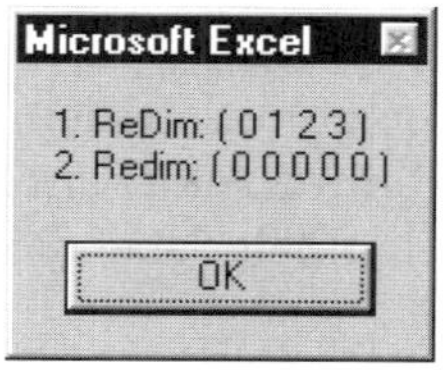

Abbildung 3.9: Die Meldung des Beispiels mit „ReDim" am Bildschirm

Wie aus dem Bild ersichtlich wird, bewirkt eine *ReDim*-Anweisung auf einem Datenfeld, daß das Feld, seinem Typ entsprechend, von VBA neu initialisiert wird.

Preserve

Wenn dieser Effekt aber nicht erwünscht ist, besteht durch den *Preserve*-Befehl die Möglichkeit, die Größe eines Feldes zu ändern, ohne die vorher zugewiesenen Inhalte zu verlieren. Mit *Preserve* kann die obere Grenze eines Datenfeldes verlegt und das Datenfeld somit vergrößert oder verkleinert werden. Die untere Grenze wird nicht von *Preserve* geändert. Bei einer Verkleinerung des Datenfeldes gehen natürlich die abgeschnittenen Elemente verloren. Bei einer Vergrößerung werden die neuen Elemente ihrem Typ entsprechend von VBA initialisiert.

Beispiel 3.17: Dynamische Datenfelder mit Preserve

```
Sub FeldPreserve()
Dim DynFeld() As Byte, i As Byte
ReDim DynFeld(2)
DynFeld(0) = 0: DynFeld(1) = 1: DynFeld(2) = 2
ReDim Preserve DynFeld(3)
End Sub
```

Die Wirkung des Befehls *Preserve* kann in der Bildschirmausgabe von Abbildung 3.10 angesehen werden: Die vorherigen Werte des Datenfeldes werden beibehalten und mit einem neuen Element erweitert.

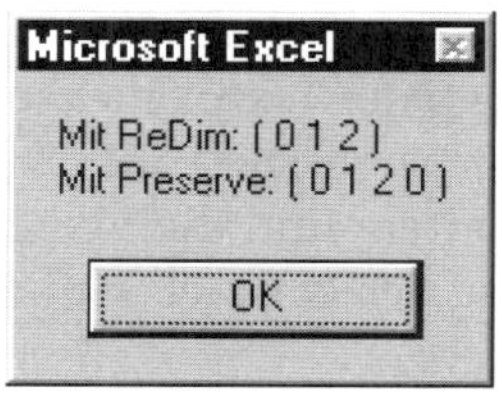

Abbildung 3.10: Die Meldung des Beispiels mit „Preserve" am Bildschirm

Die *ReDim*-Anweisung kann nur auf Unterprogrammebene, also in einer Prozedur oder Funktion, verwendet werden.

Datenfelder dynamisch löschen

Wenn ein Datenfeld nicht mehr gebraucht wird, ist es gut, es aus dem Speicher zu entfernen. Über die *Erase*-Anweisung können Felder entweder zurückgesetzt oder gelöscht werden. VBA behandelt dabei die Datenfelder je nach Typ unterschiedlich:

- alle Werte von statischen Datenfeldern werden – je nach Datentyp – auf 0, leere Zeichenfolge oder Empty gesetzt
- dynamische Datenfelder werden aus dem Speicher entfernt

Die Syntax der *Erase*-Anweisung ist sehr einfach: Um das Datenfeld des vorherigen Beispiels zu löschen, genügt es, die folgende Anweisung einzugeben:

```
Erase DynFeld
```

Datenfelder mit der Array-Funktion

Eine Möglichkeit, an Ort und Stelle ein Datenfeld zu benutzen, ohne es vorher deklariert zu haben, ist mit der *Array*-Funktion gegeben. Dieser Funktion werden die einzelnen Elemente übergeben. Die Funktion bildet dann daraus ein Datenfeld vom Typ *Variant()*.

Beispiel 3.18: Datenfelder mit Array-Funktion

```
Sub ArrayMitFunktion()
Dim i As Byte, msg As String
Dim Jahreszeit
Jahreszeit = Array("Winter", „Frühling", _
             „Sommer", „Herbst", 4)
For i = 0 To UBound(Jahreszeit)
    msg = msg & TypeName(Jahreszeit(i))
Next
msg = msg & LBound(Jahreszeit) & UBound(Jahreszeit) & _
      TypeName(Jahreszeit)
MsgBox msg: End Sub
```

Der Datentyp des Datenfeldes ist *Variant()*, der Typ der Textelemente dagegen *String*, die Ziffer 4 wird als *Integer* interpretiert. Die Funktionen *LBound* und *UBound* ermitteln jeweils die untere und die obere Grenze der Indizes des Datenfeldes. Die Meldung des Beispiels ist in Abbildung 3.11 zu sehen.

Untere Grenze ist immer 0

Bei der Verwendung der *Array*-Funktion ist die untere Grenze des Indizes 0. Dies ist immer der Fall, auch wenn man durch die Anweisung *Option Base* die Startzahl für die Numerierung des Indizes geändert hat.

Abbildung 3.11: Die Meldung des Beispiels mit der „Array-Funktion"

Neu in VBA 6.0: Datenfelder kopieren

In der aktuellen Version von VBA wurden ein paar neue Features für Datenfelder eingeführt. Eine der neuen Möglichkeiten ist, daß zwei Datenfelder jetzt direkt kopiert werden können. Das war bis zu der vorherigen Version von VBA nicht möglich, dort mußte jede Komponente eines Datenfeldes mit Hilfe einer *For*-Anweisung in die Komponente eines anderen Datenfeldes hineinkopiert werden.

Beispiel 3.19: Datenfelder kopieren

```
1   Sub Feld_kopieren()
2   Dim Feld1(3) As Byte, Feld2() As Byte
3   Dim i As Byte
4   Feld1(0) = 0: Feld1(1) = 1
5   Feld1(2) = 2: Feld1(3) = 3
6   Feld2() = Feld1()
7   For i = 0 To 3
8       MsgBox Feld2(i)
9   Next
10  End Sub
```

Das erste Feld `Feld1` wird deklariert und in den **Zeilen 4 und 5** mit Werten gefüllt. Das zweite Feld `Feld2` wird ohne Angabe der Dimension in **Zeile 2** deklariert, also als dynamisches Feld. In **Zeile 6** wird durch eine einfache Zuweisung der Inhalt von `Feld1` nach `Feld2` kopiert.

Neu in VBA 6.0: Datenfelder aus Zeichenketten mit der Split-Funktion

Eine weitere Neuigkeit der Version 6.0 von VBA ist die *Split*-Funktion. Mit ihr lassen sich Datenfelder aus Zeichenketten generieren, wie im folgenden Beispiel gezeigt wird. Man muß der *Split*-Funktion nur mitteilen, nach welchem Zeichen die Zeichenkette aufgeteilt werden soll.

Beispiel 3.20: Datenfelder mit Split-Funktion generieren

```
1   Sub SplitFunktion()
2   Dim astrFeld() As String, strText As String
3   Dim i As Byte
4   strText = "Das ist ein Test für die Funktion Split!"
5   astrFeld = Split(strText, " ")
6   For i = 0 To UBound(astrFeld)
7       MsgBox astrFeld(i)
8   Next
9   End Sub
```

In **Zeile 5** splittet die *Split*-Funktion die Zeichenkette `strText` nach jedem Leerzeichen auf. Die Dimension des Feldes steht erst nach seiner Fertigstellung fest und wird mit der schon vorgestellten Funktion *UBound* in **Zeile 6** ermittelt.

Neu in VBA 6.0: Zeichenketten aus Datenfeldern mit der Join-Funktion

Die *Join*-Funktion ist das Gegenstück zu der *Split*-Funktion; mit ihr lassen sich aus den Komponenten eines Datenfeldes Zeichenketten zusammensetzen.

Beispiel 3.21: Zeichenketten mit der Join-Funktion generieren

```
1   Sub JoinFunktion()
2   Dim Feld(3) As String, Dim strText As String
3   Feld(0) = "Element 0": Feld(1) = "Element 1"
4   Feld(2) = "Element 2": Feld(3) = "Element 3"
5   strText = Join(Feld, ", ")
6   MsgBox strText
7   End Sub
```

In **Zeile 5** wird die Komponente eines Datenfeldes zusammengesetzt. Als Trennzeichen für die Elemente in der Zeichenkette werden ein Komma und ein Leerzeichen der Funktion *Join* übergeben.

Neu in VBA 6.0: Zeichenfolge in Datenfeldern mit der Filter-Funktion suchen

Die Funktion *Filter* kann alle Komponenten eines Datenfeldes nach einer vorgegebenen Zeichenfolge durchsuchen. Wenn diese Funktion die gesuchte Zeichenfolge findet, kopiert sie das Element des Datenfeldes in ein dynamisches Datenfeld.

Beispiel 3.22: Zeichenfolge in einem Datenfeld suchen

```
1   Sub FilterFunktion()
2   Dim strFeld1(3) As String, strFeld2() As String
3   Dim i As Byte
4   strFeld1(0) = "Element 0 mit *": strFeld1(1) = "Element 1 mit #"
5   strFeld1(2) = "Element 2 mit #": strFeld1(3) = "Element 3 mit *"
6   strFeld2 = Filter(strFeld1, "*")
7   For i = 0 To UBound(strFeld2)
8       MsgBox strFeld2(i)
9   Next
10  End Sub
```

In **Zeile 6** wird die Funktion *Filter* auf die Suche nach dem Zeichen „*“ geschickt. Sie wird dann das 0. und 3. Element des Datenfeldes `strFeld1` in das Datenfeld `strFeld2` kopieren.

Online-Hilfe

- Deklarieren von Datenfeldern, Verwenden von Datenfeldern
- Preserve-Schlüsselwort, Array-Funktion, Erase-Anweisung, LBound- und UBound-Funktion
- Array, dann das Thema „Datenfeld-Schlüsselwörter (Zusammenfassung)”

KAPITEL3.XLS, Modul „mdlDatenfelder“

3.3.4 Typumwandlung

Manchmal ist es notwendig, eine Variable von einem Datentyp in einen anderen umzuwandeln. Solche Umwandlungen werden aus ganz besonderen Gründen ausgeführt, z.B. möchte man eine *Variant*-Variable in einen anderen Typ umwandeln, oder man deklariert eine Variable mit einem bestimmten Typ, dann muß man sie aber einer Funktion übergeben, die nur mit einem anderen Datentyp arbeiten kann etc. VBA erlaubt die Umwandlung einer Variablen, ohne daß die Deklaration der Variablen geändert werden muß.

Automatische Umwandlung

In manchen Fällen kann VBA selber solche Umwandlungen durchführen. Die Anpassung erfolgt z.B. automatisch bei mathematischen Ausdrücken, die verschiedene Typen verbinden; z.B. ergibt der Typ *Integer* multipliziert mit dem Typ *Long* den Typ *Long* (der größere gewinnt!). Das wird in dem unten angegebenen kleinen Programm gezeigt: Die Variable `Ergebnis` ist nicht vorher deklariert worden, daher besitzt sie den Typ *Variant*, bevor eine Zuweisung erfolgt. Die Funktion *TypeName* liefert, wie ihr Name schon vermuten läßt, den Typ der Variablen, die ihr übergeben wird.

Beispiel 3.23: Datentyp einer Variablen abfragen

```
Sub AutomatischUmwandeln()
Dim byteX As Byte, lngY As Long
Dim varErgebnis As Variant
byteX = 100
lngY = 200000
varErgebnis = byteX * lngY
MsgBox TypeName(varErgebnis)
End Sub
```

Der Versuch, eine größere Zahl automatisch in eine kleinere Zahl umwandeln zu lassen, schlägt fehl. Wenn man im obigen Programm die Zeile

```
byteX = lngY
```

einfügt, erscheint bei der Ausführung eine Fehlermeldung wegen Überlauf: die Variable `byteX` ist nämlich als *Byte* deklariert worden, während `lngY` eine Zahl vom Typ *Long* ist. Da `lngY` den Wert 200000 enthält und die maximale Kapazität von `byteX` der Wert 255 ist, findet keine Umwandlung statt. Wenn `lngY` den Wert 200 hätte, würde kein Fehler entstehen, da 200 im Wertebereich von Typ *Byte* liegt, aber `byteX` würde trotzdem nicht zum Typ *Long* umgewandelt werden.

Andere automatische Umwandlungen

Außer mathematischen Umwandlungen kann VBA auch andere Arten von Umwandlungen vornehmen, wie z.B. von Text nach Zahl und ähnliches. Das Ergebnis solcher automatischen Umwandlungen ist aber oft fehlerhaft, so daß es nicht empfehlenswert ist, VBA selber die Umwandlung zu überlassen.

Umwandlung über Funktionen

Die Umwandlung kann vom Programmierer selbst mittels spezieller Funktionen induziert werden. Es gibt eine große Anzahl an Funktionen, die Umwandlungen ausführen können. Manche dieser Funktionen können von einem Datentyp in den anderen konvertieren. Diese Funktionen sind die sog. Typumwandlungsfunktionen. Andere Funktionen können zwischen verschiedenen Systemen (z.B. von Dezimal nach Hexadezimal, ASCII nach Zeichenfolge etc.) konvertieren, manche andere arbeiten nur mit Datumswerten etc.

Im folgenden werden nur einige der wichtigen Funktionen behandelt; die restlichen können unter den am Ende des Abschnittes angegebenen Stichwörtern in der Online-Hilfe, zusammen mit zahlreichen Beispielen, nachgeschlagen werden.

Auf der CD-ROM befinden sich alle Beispiele dieses Abschnitts. Alles, was hier in den Tabellen angegeben wird, ist als Programm vorhanden. Die Ergebnisse der Funktionen können am Bildschirm angesehen werden.

Gleitkommazahl versus ganze Zahl

Eine reelle Zahl kann in eine ganze Zahl ohne Nachkommastelle transformiert werden. Die Funktionen *Int* und *Fix* entfernen die Nachkommastellen einer reellen Zahl und runden dabei. Der Unterschied zwischen den beiden liegt darin, wie die Rundung erfolgt. Im Bereich der positiven Zahlen runden sie immer ab, im Bereich der negativen Zahlen rundet die Funktion *Int* ab, die Funktion *Fix* dagegen rundet auf. Das Ergebnis ist eine Zahl vom Typ *Integer*. Die Funktion *CInt* dagegen rundet bis zum Wert 0,4 ab, ab dem Wert 0,5 rundet sie auf. Auch ihr Ergebnis ist eine Zahl vom Typ *Integer*.

Neue Funktion in VBA 6.0

Eine der Neuheiten dieser Office-Version ist die Funktion *Round*, sie kann wirklich kaufmännisch runden. Als zusätzliche Option kann sie auf eine bestimmte Anzahl von Nachkommastellen runden. Die Syntax dieser Funktion ist nämlich:

```
Round(Zahl oder Variable [,Anzahl an Nachkommastellen])
```

Wenn keine Zahl für die Nachkommastellen angegeben wird, wird der erste Parameter zu einer ganzen Zahl gerundet.

In der folgenden Tabelle ist eine Übersicht der Rundungsarten wiedergegeben.

Funktionsaufruf	Ergebnis
Int(-9.8)	-10
Int(9.8)	9
Int(-9.2)	-10
Int(9.2)	9
Fix(-9.8)	-9
Fix(9.8)	9
Fix(-9.2)	-9
Fix(9.2)	9
CInt(-9.4)	-9
CInt(9.4)	9
CInt(-9.5)	-10
CInt(9.5)	10
Round(-9.4)	-9

Funktionsaufruf	Ergebnis
Round(9.4)	9
Round(-9.5)	-10
Round(9.5)	10

Zahl versus Zeichenkette

Die Konvertierung einer ganzen Zahl in einen Text ist nicht besonders aufregend; die Zahl 15 wird dann als Text „15“ interpretiert. Interessanter wird die Angelegenheit, wenn man reelle Zahlen umwandeln möchte. Das Ergebnis ist unterschiedlich, je nach verwendeter Funktion: Die Funktion *Str* liefert einen Text mit Punkt als Trennzeichen, die Funktion *CStr* einen Text mit Komma.

Funktionsaufruf	Ergebnis
Str(15.5)	15.5
CStr(15.5)	15,5

Neben den Funktionen *Str* und *CStr* gibt es noch eine dritte, die Funktion *Chr*, die ganz besondere Dienste leistet. Sie kann nämlich eine übergebene Zahl als Zeichencode interpretieren und für die Zahl das entsprechende Zeichen zurückgeben. Praktische Anwendungen für diese Funktion sind oft Darstellungen von nicht druckbaren Zeichen, wie z.B. die Tasten [↵] oder [⇆].

Zeichenkette versus Zahl

Manchmal werden aus Gründen der Vereinfachung numerische Werte als Texte eingelesen (bei Bildschirmeingaben, als Ergebnis einer Datenbankabfrage, beim Lesen einer fremden Datei etc.). Diese Texte können dann später als Zahlen interpretiert werden.

Die für diese Art von Umwandlung vorgesehene Funktion heißt *Val*. Die untenstehende Tabelle enthält eine Auflistung der Rückgabewerte dieser Funktion. Wie man aus der Tabelle ersehen kann, kann die Funktion *Val* sogar Zeichenketten interpretieren, die Buchstaben enthalten, aber nur dann, wenn Ziffern sich am Anfang der Zeichenkette befinden. Der Typ der umgewandelten Zahl ist *Double*, außer wenn man die Zuweisungsvariable (in der Tabelle die Variable x) mit einem anderen numerischen Datentyp, z.B. *Integer*, deklariert hat.

Funktionsaufruf	Ergebnis
`x = Val("15")`	`x = 15      '(als Zahl)`
`x = Val("15.4")`	`x = 15,4`

Funktionsaufruf	Ergebnis
x = Val("4711 Köln")	x = 4711
x = Val("Köln 4711")	x = 0

Weitere Funktionen für die Umwandlung von einer Zeichenkette in eine Zahl sind die Funktionen, die unter der Überschrift „Umwandlungsfunktionen in Kurzübersicht" etwas weiter unten zu finden sind.

Eine besondere Funktion für die Umwandlung eines Zeiches in eine Zahl ist die Funktion *Asc*, die als Gegenstück der vorher vorgestellten Funktion *Chr* verstanden werden kann. Die Funktion *Asc* macht genau das Gegenteil von *Chr*: Man übergibt ihr einen Text (einen Buchstaben oder ein Wort, in diesem Fall wird nur der Anfangsbuchstabe ausgewertet), und sie liefert die Zahl, die im ASCII-Code dem Buchstaben entspricht.

Beispiel 3.24: ASCII-Wert eines Zeichens

```
Sub ASCII_Wert_Ausgeben()
Dim msg As String
msg = „Das Zeichen A hat den ASCII-Code „ & Asc("A")
MsgBox msg: End Sub
```

Verwendungszweck

Diese Funktion wird oft für die Analyse von Anwendereingaben oder von Texten in Dateien verwendet. Mit ihrer Hilfe kann exakt bestimmt werden, ob ein Zeichen ein Sonderzeichen, ein Buchstabe oder eine Ziffer ist. Man muß nur den Bereich der Zahl untersuchen, die Ziffern belegen z.B. im ASCII-Code den Bereich von 48 bis 57, die Großbuchstaben den Bereich 65 bis 90 etc.

Umwandlungsfunktionen in Kurzübersicht

Funktionsname	Beschreibung
Asc	liefert ASCII-Code
CBool	wandelt in Boolean um
CByte	wandelt in Byte um
CCur	wandelt in Währung um
CDate	wandelt in Datum/Zeit um
CDec	wandelt in Dezimal um
CDbl	wandelt in Doppelt um
Chr	liefert ein ASCII-Zeichen
CInt	wandelt in Integer um
CLng	wandelt in Long um

Funktionsname	Beschreibung
CSng	wandelt in Single um
CStr	wandelt in String um
CVar	wandelt in Variant um
CVErr	z.B. für Benutzerfehler-Code
Format	wandelt Ausdrücke um
Hex	wandelt eine Zahl in Hexadezimal um
Oct	wandelt eine Zahl in Oktaldezimal um
Str	wandelt in Zeichenkette um
Val	wandelt Zeichenkette in Zahlen um

Die Umwandlung von Zeichenketten in Zahlen oder in ein Datum kann zu Fehlermeldungen führen, wenn die Zeichenkette Buchstaben oder Sonderzeichen enthält. Der Aufruf

```
y = "15a"
x = CInt(y)
```

führt zu der Fehlermeldung von Abbildung 3.12. Die Zeichenkette „15a" kann nämlich wegen des Zeichens „a" nicht zu einer Zahl umgewandelt werden. Solche Fehler führen zu einem Programmabbruch. Dies kann verhindert werden, wenn die Zeichenkette vor der Übergabe an die Funktion *CInt* überprüft wird.

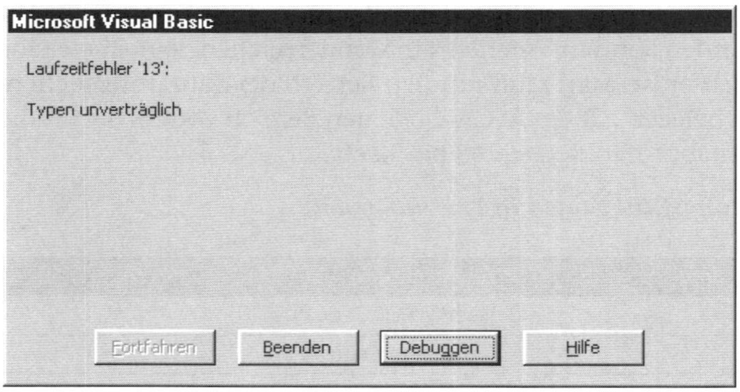

Abbildung 3.12: Meldung beim fehlerhaften Aufruf von CInt

Für die Überprüfung der Werte vor der Umwandlung können die Funktionen *IsNumeric* und *IsDate* verwendet werden, die schon im Zusammenhang mit dem Datentyp *Variant* (s. auch „Der Datentyp Variant") vorgestellt wurden.

Funktionsname	Beschreibung
IsDate	liefert „wahr", wenn der Parameter ein gültiges Datumsformat besitzt, sonst „falsch"
IsNumeric	liefert „wahr", wenn der Parameter ein gültiges Zahlenformat besitzt, sonst „falsch"

Für den Text „15a" des vorherigen Beispiels könnte der Programmabbruch durch den Fehler bei der Konvertierung wie im folgenden angegeben vermieden werden:

```
If IsNumeric(y) Then x = CInt(y)
```

Online-Hilfe

- Typ-Umwandlungsfunktionen, für die Umwandlung von einem Datentyp in einen anderen. Umwandlungsfunktionen, für alle Konvertierungsfunktionen, die in diesem Abschnitt vorgestellt sind.
- ASCII-Zeichensatz, für die Definition. Die eigentliche ASCII-Tabelle befindet sich unter den Einträgen „Zeichensatz (0 – 127)" und „Zeichensatz (128 – 255)" versteckt.

KAPITEL3.XLS, Modul „mdlTypumwandlung"

3.4 Operatoren

Ein Operator ist ein Symbol, das zur Durchführung mathematischer oder logischer Operationen, für den Vergleich mehrerer Elemente oder für ihre Verkettung verwendet wird. In VBA gibt es vier Gruppen von Operatoren, wie man der folgenden Tabelle entnehmen kann.

Arithmetische Operatoren	Arithmetische Operatoren
+	Addieren
-	Subtrahieren
*	Multiplizieren
/	Dividieren, mit Fließkommazahl als Ergebnis
\	Dividieren, mit ganzer Zahl als Ergebnis
^	Potenzieren (z.B. x^2)
Mod	Rest einer ganzzahligen Division

Vergleichsoperatoren	Vergleichsoperatoren
<	kleiner als
<=	kleiner gleich
=	gleich

Vergleichsoperatoren	Vergleichsoperatoren
>	größer als
>=	größer gleich
<>	ungleich
Is	Vergleich von Objekten
Like	Vergleich von Zeichenketten

Logische Operatoren	Logische Operatoren
AND	Logisches Und
OR	Logisches Oder
NOT	Logisches Nicht
XOR	Exklusives (entweder) Oder
EQV	Logische Äquivalenz
IMP	Logische Implikation

Verkettungsoperatoren	Verkettungsoperatoren
&	verkettet zwei Zeichenfolgen
+	kann wie „&" eingesetzt werden

Operatorvorrang

Variablen und Konstanten werden mit der Hilfe von Operatoren zu Ausdrücken verkettet. Ausdrücke können wiederum mittels Operatoren zueinander in Relation gesetzt werden. Bei den arithmetischen Operatoren gelten die von der Schulmathematik her bekannten Vorrangregeln: Division und Multiplikation gehen vor Addition und Subtraktion etc. Die folgende Tabelle enthält die Vorrangregeln für die verschiedenen Gruppen von Operatoren.

Vorrang	Arithmetisch	Vergleich	Logisch
1	Potenzierung (^)	gleich (=)	NOT
2	Negation (-)	ungleich (<>)	AND
3	Multiplikation und Division (*, /)	kleiner als (<)	OR
4	Ganzzahldivision (\)	größer als (>)	XOR
5	Restwert (Mod)	kleiner oder gleich (<=)	EQV
6	Addition und Subtraktion (+, -)	größer oder gleich (>=)	IMP
7	Zeichenverkettung (&)	ähnlich (Like)	
8		Is	

Je kleiner die Vorrangzahl, desto höher der Vorrang eines Operators. Operatoren mit gleichem Vorrang, z.B. Multiplikation und Division, werden in der Reihenfolge ihres Auftretens, also von links nach rechts, ausgewertet.

Vorrang ändern

Die von den Vorrangregeln vorgegebene Auswertungsreihenfolge kann mittels Klammerung nach Bedarf geändert werden. Klammern besitzen die höchste Priorität: Zuerst werden immer die Ausdrücke ausgewertet, die sich in Klammern befinden. Wenn mehrere Paare von verschachtelten Klammern vorhanden sind, werden sie von innen nach außen ausgewertet.

7 + 4 * 5 = 27	Multiplikation hat Vorrang vor Addition
(7 + 4)*5 = 55	Zuerst Ausdruck in Klammern, dann Multiplikation

3.4.1 Logische Operatoren

Logische Operatoren verdienen eine besondere Aufmerksamkeit, weil sie in einem Programm sehr oft in Bedingungen für Schleifen oder Verzweigungen eingesetzt werden. Ihre Handhabung ist auch schwieriger als die von arithmetischen Operatoren.

Besonderheit

Das Besondere an logischen Operatoren ist, daß sie als Ergebnis einen sog. „Wahrheitswert" liefern, also „Wahr" oder „Falsch".

Die Werte „Wahr" bzw. „Falsch" werden oft – wie in der Informatik üblich – auch als Ziffern 1 bzw. 0 dargestellt. Dies darf nicht mit dem Datentyp *Boolean* in VBA verwechselt werden (s. auch Abschnitt 3.3, Datentypen, in diesem Kapitel): Der Typ *Boolean* liefert in VBA (im Gegensatz zu vielen anderen Programmiersprachen) für „Wahr" die Zahl **-1** und für „Falsch" die Zahl **0**.

Der Wert 0 oder „Falsch" entsteht genau dann, wenn ein Ausdruck eine Bedingung nicht erfüllt. Wenn man z.B. die Menge der ganzen Zahlen zwischen 100 und 300 betrachtet, dann erfüllt die Zahl 73 nicht die Anforderung, im Bereich zwischen 100 und 300 zu liegen. Die Zahl 101 dagegen erfüllt sie. Dieser Sachverhalt kann auch wie folgt dargestellt werden:

Bedingung	Zahl = 73	Zahl = 101
Zahl soll im Bereich	Wegen	Wegen
>= 100 UND <= 300	73 < 100	100 < 101 < 300
liegen	„Falsch" (oder 0)	„Wahr" (oder 1)

Jeder logische Operator wertet Ausdrücke anders aus. Das Ergebnis einer Auswertung ist also von dem eingesetzten Operator abhängig. Im folgenden wird eine tabellarische Übersicht der logischen Operatoren und ihrer Ergebnisse gegeben. In der Tabelle werden die Symbole 0 und 1 als Synonym für wahr und falsch verstanden.

Operator	Ergebnis
Not (logische Negation)	
Not 0	1
Not 1	0
And (logische Konjunktion)	
0 And 0	0
0 And 1	0
1 And 0	0
1 And 1	1
Or (logische Disjunktion)	
0 Or 0	0
0 Or 1	1
1 Or 0	1
1 Or 1	1
Xor (logische Exklusion)	
0 Xor 0	0
0 Xor 1	1
1 Xor 0	1
1 Xor 1	0
Eqv (logische Äquivalenz)	
0 Eqv 0	1
0 Eqv 1	0
1 Eqv 0	0
1 Eqv 1	1
Imp (logische Implikation)	
0 Imp 0	1
0 Imp 1	1
1 Imp 0	0
1 Imp 1	1

Der richtige Umgang mit logischen Operatoren ist im allgemeinen sehr wichtig, nicht nur für die Programmierung, egal ob in VBA, C oder anderen Programmiersprachen, sondern auch im Umgang mit einer Datenbank: Bei der Gestaltung von Abfragen müssen sehr oft logische Operatoren eingesetzt werden. Ein logischer Fehler bei einer Abfrage ist sehr heimtückisch: Wenn kein Syntaxfehler vorliegt, werden meistens Ergebnisse geliefert, die aber logisch nicht richtig sind.

Der Fehler kann dann nur durch eine aufwendige, manuelle Überprüfung der Daten entdeckt werden. Ein paar Beispiele mit Zahlen illustrieren das Problem.

1. Man möchte alle deutschen Postleitzahlen, die mit der Zahl 6 anfangen, also den Bereich 60000 bis 69999. Diese Bedingung ist für alle x wahr, mit x ganzzahlig (und in VBA vom Typ *Long*), für die gilt:

   x >= 60000 UND x < 70000

   Die Bedingung fordert, daß alle x gleichzeitig größer gleich der unteren Grenze und kleiner als die obere Grenze sind. Das Ergebnis ist der Bereich zwischen 60000 und 69999.

2. Man möchte wieder alle deutschen Postleitzahlen, die mit der Zahl 6 anfangen. Diesmal wird die Bedingung aber so formuliert:

   x >= 60000 ODER x < 70000

   Was passiert hier? Alle x, die größer gleich der unteren Grenze sind, also 60000, 65000, aber auch 90000, erfüllen die Anforderung. Dazu kommen alle x, die kleiner als die obere Grenze sind, also 69999, 65000, 60000, aber auch 50000 gehören dazu. Das Ergebnis sind alle deutschen Postleitzahlen!

3. Man möchte alle deutschen Postleitzahlen außer denen, die mit der Zahl 6 anfangen, also nicht den Bereich von 60000 bis 69999. Diese Bedingung ist für alle x wahr, für die gilt:

   x < 60000 ODER x >=70000

   Die Bedingung fordert, daß nur die x, die kleiner als die untere Grenze sind, und (die Verwendung von „und" ist durch die tägliche Umgangssprache bedingt. Logisch richtig wäre „oder") alle x, die größer als die obere Grenze sind, in die Ergebnismenge aufgenommen werden. Die Bedingung liefert das gewünschte Ergebnis.

4. Man möchte wieder alle deutschen Postleitzahlen außer denen, die mit der Zahl 6 anfangen. Diesmal wird die Bedingung so formuliert:

   x < 60000 UND x >= 70000

   Bei der Auswertung dieser Bedingung versucht man, alle x zu berücksichtigen, die gleichzeitig kleiner als die untere Grenze und größer gleich der oberen Grenze sind. Da kein x dieser Art existiert, liefert diese Bedingung kein Ergebnis.

5. Für eine beliebige ganze Zahl *y* liefert die Bedingung:

   y > 3 UND y < 10 ODER y = 15

   den Wert „wahr“, wenn *y* einen der Werte der Menge {4, 5, 6, 7, 8, 9} annimmt oder wenn *y* den Wert 15 annimmt.

6. Wenn die obige Bedingung aber so formuliert wird:

   y > 3 UND y < 10 UND y = 15

   wird die Auswertung nie den Wert „wahr“ annehmen können, da kein *y* einen der Werte der Menge {4, 5, 6, 7, 8, 9} annehmen kann und gleichzeitig auch den Wert 15 besitzen kann.

7. Eine Klammerung der vorherigen Bedingung wie im folgenden angegeben

   y > 3 UND (y < 10 ODER y = 15)

   ändert den Ergebnisbereich nicht. Die Bedingung ist wahr, wenn *y* einen Wert aus der Menge {4, 5, 6, 7, 8, 9, 15} annimmt.

Online-Hilfe
Operatoren, dann „Operatoren (Zusammenfassung)“ oder „Operatoren-Schlüsselwörter (Zusammenfassung)“, Operatorvorrang

3.5 Gültigkeitsbereich von Deklarationen

Der Gültigkeitsbereich einer Deklaration bezeichnet die Stellen eines Programms, in denen eine Deklaration wirksam ist. Außerhalb des Gültigkeitsbereichs ist das deklarierte Element unbekannt. Eine Deklaration kann ganz allgemein als lokal oder als global bezeichnet werden.

Insgesamt gibt es in VBA drei verschiedene Ebenen für die Gültigkeitsbereiche, die im folgenden erklärt werden.

3.5.1 Lokale Gültigkeit

Alle Variablen und Konstanten, die in einer Prozedur oder Funktion deklariert sind, besitzen nur eine lokale Gültigkeit, d.h., ihr Wert ist nur dort verfügbar. Die lokale Gültigkeit von Variablen ist nicht von der Art der Deklaration abhängig: Es ist völlig irrelevant, ob die Variablen mit der *Dim*-Anweisung oder durch Symbole deklariert oder überhaupt nicht deklariert werden. Eine andere Prozedur oder Funktion, die auf die gleiche Variable (oder Konstante) zugreift, kann den zugewiesenen Wert nicht „sehen“.

Anhand eines Beispiels kann man diesen Sachverhalt besser verstehen. In einer Prozedur wird eine Variable deklariert, dann wird ihr ein Wert zugewiesen. In einer zweiten Prozedur wird die gleiche Variable deklariert, zumindest auf den ersten Blick.

Beispiel 3.25: Lokale Gültigkeit einer Deklaration

```
Sub Prozedur1()                ''***** Erste Prozedur *****
Dim Var1 As Byte
Var1 = 11
End Sub
Sub Prozedur2()               '****** Zweite Prozedur *****
Dim Var1 As Single
Var1 = 15.7
End Sub
```

Das hier vorgestellte Beispiel ist auf der CD-ROM etwas länger und verfügt über eine formatierte Ausgabe am Bildschirm. Die Ausgabe ist in Abbildung 3.13 wiedergegeben.

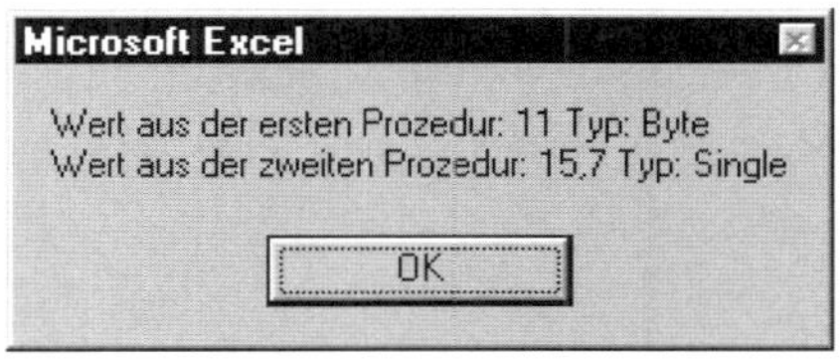

Abbildung 3.13: Die Ausgabe nach der Ausführung der zwei Prozeduren

Wie aus dem Bild ersichtlich ist, besitzt die Variable `Var1` in der zweiten Prozedur einen anderen Typ und Wert. Die Variable wird in der zweiten Prozedur neu deklariert. Auch wenn sie den gleichen Namen wie die Variable der ersten Prozedur trägt, handelt es sich hierbei um eine neue, ganz verschiedene Variable. Beide Variablen besitzen *lokale Gültigkeit*, sie existieren nur innerhalb der jeweiligen Grenzen ihrer Prozeduren. Dies erlaubt die Vergabe des gleichen Namens. Wenn beide Variablen den gleichen Gültigkeitsbereich hätten, würde VBA die Vergabe des gleichen Namens nicht erlauben!

Lebensdauer

Lokale Elemente existieren nur innerhalb der Grenze der Prozedur oder Funktion, in der sie deklariert sind. Nachdem die Ausführung beendet ist, werden ihre Werte aus dem Speicher entfernt. Wenn die Programme wieder ausgeführt werden, haben diese Elemente genau die gleichen Werte wie bei der vorherigen Ausführung: lediglich die Werte, die im Programm zugewiesen werden.

Statische Lebensdauer

Manchmal möchte man aber, daß die Werte von Variablen nach einer Ausführung nicht verlorengehen, um bei der nächsten Ausführung wieder benutzt zu werden. Dieser Effekt läßt sich mit Hilfe des Schlüsselworts *Static* erreichen: Die Werte einer *Static*-Variablen überleben die Beendigung einer Programmausführung und stehen bei der nächsten Ausführung zur Verfügung.

Beispiel 3.26: Statische, lokale Gültigkeit einer Deklaration

```
Sub Prozedur1a()
Static bytVar As Byte
bytVar = bytVar + 1
End Sub
```

Die Variable `bytVar` besitzt nach der ersten Ausführung der obigen Prozedur den Wert 1. Im zweiten Durchlauf ist der Wert 2, beim dritten 3 etc. Die Wirkung von fünf Ausführungen ist in Abbildung 3.14 zu sehen.

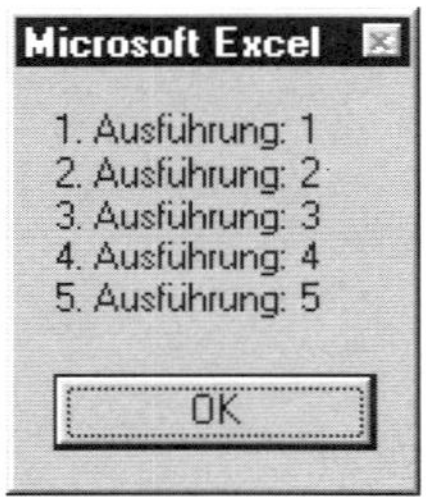

Abbildung 3.14: Die Werte der Static-Variable nach fünf Ausführungen des Beispielsprogramms

In der Testphase von Programmen ist es manchmal notwendig, die Werte von *Static*-Variablen zurücksetzen zu können. Wenn z.B. das obige Beispiel noch einmal ausgeführt wird, nimmt die Variable den Wert 6 an. Um dies zu unterbinden und wieder mit 1 anfangen zu können, muß die Variable auf ihren Startwert zurückgesetzt werden. Dies kann in der Entwicklungsumgebung mit dem Menüpunkt AUSFÜHREN | ZURÜCKSETZEN oder mit der Schaltfläche **Zurücksetzen** der Symbolleiste realisiert werden.

Auch ganze Prozeduren und Funktionen können als *Static* deklariert werden: Damit werden alle ihre lokalen Variablen zu *Static*-Variablen (s. auch Abschnitt 3.9, „Gültigkeitsbereich von Unterprogrammen").

Online-Hilfe

Dim-Anweisung, Static-Anweisung

KAPITEL3.XLS, Modul „mdlGueltigkeit"

3.5.2 Gültigkeit auf Modulebene

Variablen und Konstanten, die für alle Prozeduren und Funktionen eines Moduls gültig sein sollen, müssen auf Modulebene deklariert werden. Eine Deklaration auf Modulebene wird in den Deklarationsabschnitt eines Moduls eingetragen und in der Regel über die *Dim*-Anweisung realisiert. Der Wert einer auf Modulebene deklarierten Konstante kann in allen Prozeduren und Funktionen verwendet werden. Der Wert einer auf Modulebene deklarierten Variable kann dagegen in allen Prozeduren und Funktionen des Moduls eine Wertzuweisung bekommen, die dann auch für alle anderen Prozeduren und Funktionen „sichtbar" ist.

Der Effekt der Deklaration auf Modulebene kann in einem dem Beispiel des vorherigen Abschnitts ähnlichen Programm beobachtet werden. Eine Variable und eine Konstante werden auf Modulebene deklariert, wie in Abbildung 3.15 zu sehen ist.

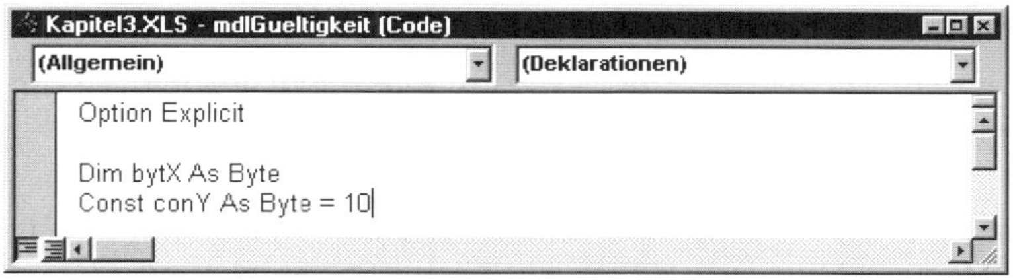

Abbildung 3.15: Eine Deklaration auf Modulebene

In einer ersten Prozedur bekommt die Variable einen Wert zugewiesen. Die zweite Prozedur addiert noch etwas zu diesem Wert hinzu, wie aus dem folgenden Listing zu entnehmen ist.

Beispiel 3.27: Deklaration auf Modulebene

```
Private Sub Prozedur3(msg As String)     '*** Erste Prozedur ***
bytX = conY + 3
End Sub
Private Sub Prozedur4(msg As String)     '*** Zweite Prozedur ***
bytX = bytX + conY
End Sub
```

Wenn man den Wert von `bytX` schnell nachrechnet, erwartet man den Wert 13 nach der Ausführung der ersten Prozedur und den Wert 23 nach der Ausführung der zweiten Prozedur, so wie es in Abbildung 3.16 zu sehen ist.

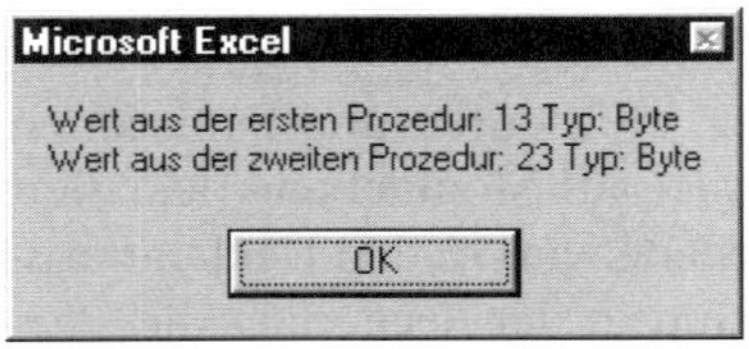

Abbildung 3.16: Die Ausgabe nach der Ausführung der zwei Prozeduren

Private Modulebene

Die Deklaration auf Modulebene wird auch als Deklaration auf privater Modulebene bezeichnet: Der Gültigkeitsbereich der Deklaration ist nur im privaten Bereich des Moduls wirksam, d.h. nur für die Prozeduren und Funktionen des Moduls. Die Schreibweise

```
Dim bytX As Byte
Const conY As Byte = 10
```

ist mit der Schreibweise

```
Private bytX As Byte
Private Const conY As Byte = 10
```

äquivalent. Die zweite Schreibweise drückt etwas deutlicher den Gültigkeitsbereich der Deklaration aus.

Bei der Deklaration von Variablen und Konstanten auf Modulebene gilt immer private Gültigkeit, d.h., die Deklaration ist nur innerhalb des Moduls gültig. Dies gilt für alle Arten von Modulen, also für die sog. Klassenmodule (in Excel z.B. das Modul einer Bildschirmmaske oder Tabelle) und für die allgemeinen Module (in Excel die Module, die nicht an ein bestimmtes Objekt, wie z.B. eine Tabelle, gebunden sind).

Das Gegenstück zu dem Schlüsselwort *Private* ist *Public*. Der Effekt dieses Schlüsselworts bei einer Deklaration ist das Thema des nächsten Abschnittes.

Online-Hilfe
Private-Anweisung, Modulebene

KAPITEL3.XLS, Modul „mdlGueltigkeit“

3.5.3 Öffentliche Gültigkeit

Variablen und Konstanten, die für alle Prozeduren und Funktionen aller Module eines Projekts gültig sein sollen, müssen auf der Modulebene eines allgemeinen Moduls mit dem vorangestellten Schlüsselwort *Public* deklariert werden. Die Syntax solcher Deklarationen ist sehr einfach:

Syntax

```
Public [Const] Elementname As Typ [= Wertzuweisung für Konstanten]
```

Public	Das Schlüsselwort *Public* macht das deklarierte Element für alle anderen Module zugänglich.
Const	Das Schlüsselwort *Const* muß nur benutzt werden, wenn das deklarierte Element eine Konstante ist. In diesem Fall darf auch der Wert angegeben werden. *ACHTUNG*: Eine Konstante, die eine öffentliche Gültigkeit haben soll, darf nur in einem allgemeinen Modul deklariert werden. Öffentliche Konstanten sind in Klassenmodulen nicht erlaubt.
Elementname	Name der Variablen oder Konstanten
Typ	Datentyp des Elements

Als Programmierer sollte man sehr sparsam mit öffentlichen Variablen umgehen. Nur Variablen, die wirklich eine Relevanz für das gesamte Projekt haben, sollten als öffentliche Variablen deklariert werden. In diesem Fall wäre es am besten, ein eigenes Modul nur für die Deklaration von öffentlichen Variablen und Konstanten zu verwenden. So kann man jederzeit und schnell nach der Deklarationen schauen. Je mehr öffentliche Variablen in einem Projekt existieren, desto unübersichtlicher wird das Projekt selbst. Da solche Variablen von allen Prozeduren oder Funktionen des Projektes aus geändert werden dürfen, ist es nicht auszuschließen, daß der Programmierer selbst irgendwann den Wert einer Variable unbeabsichtigt ändert. Diese Änderung wird an alle anderen Programmteile weitergegeben. Dieses Phänomen ist unter dem Namen „Seiteneffekte" bekannt und kann zur langwierigen Suche nach einem logischen Fehler in dem eigenen Programm führen, wie jeder Programmierer schon aus eigener leidiger Erfahrung weiß.

Option Private

Die *Public*-Anweisung wirkt sich nicht nur auf das gegenwärtige Projekt aus, sondern auf alle Host-Anwendungen, die Verweise über mehrere Projekte ermöglichen. Das heißt während der Ausführung des Programms können auch andere Anwendungen die öffentlichen Variablen „sehen". Wenn dies nicht gewünscht ist, muß auf Modulebene die folgende Anweisung eingetragen werden:

```
Option Private Module
```

Sie bewirkt, daß alle Elemente, die nicht *Private* sind, nur dem eigenen Projekt zur Verfügung stehen und nicht allen anderen Host-Anwendungen. Andere Module des Projekts können weiterhin auf die *Public*-Elemente zugreifen. In Abbildung 3.17 ist eine *Option Private*-Anweisung zu sehen. Die Variable `publicX` ist trotzdem *Public* für die anderen Module des Projekts (s. Beispiel `RufePublicXAuf` im Modul „mdlGueltigkeit").

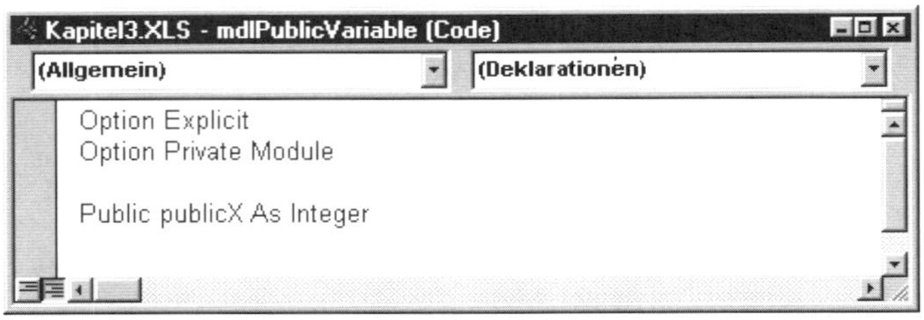

Abbildung 3.17: Die Anweisung Option Private Module und eine Public-Variable

Zusammenfassung

Die folgende Tabelle ist eine Zusammenfassung der Regeln für den Geltungsbereich von Variablen und Konstanten, die auf Modulebene deklariert werden.

Element	Geltungsbereich mit der Dim- bzw. Const-Anweisung	Geltungsbereich mit Public oder Private
Variablen im Deklarationsteil eines allgemeinen Moduls	Implizit *Private*, d.h., nur innerhalb des Moduls gültig	*Private* oder *Public*, je nach Angabe
Variablen im Deklarationsteil eines Klassenmoduls	Implizit *Private*, d.h., nur innerhalb des Moduls gültig	*Private* oder *Public*, je nach Angabe (Anm: *Public* nur für Eigenschaften von benutzerdefinierten Objekten möglich)
Konstanten im Deklarationsteil eines allgemeinen Moduls	Implizit *Private*, d.h., nur innerhalb des Moduls gültig	*Private* oder *Public*, je nach Angabe
Konstanten im Deklarationsteil eines Klassenmoduls	Implizit *Private*, d.h., nur innerhalb des Moduls gültig	Nur *Private* (*Public* ist nicht zulässig!)

Auch bei Prozeduren und Funktionen kann man zwischen privatem und öffentlichem Geltungsbereich (s. dazu Abschnitt 3.9, „Gültigkeitsbereich von Unterprogrammen").

Online-Hilfe

- Gültigkeitsbereich, Lebensdauer von Variablen
- Public-Anweisung, Option Private-Anweisung Modul, Klassenmodul

KAPITEL3.XLS, Module „mdlPublicVariable" und „mdlGueltigkeit"

3.6 Kontrollstrukturen

Mit Kontrollstrukturen bezeichnet man die Elemente einer Programmiersprache, die Verzweigungen oder Wiederholung von Anweisungen erlauben. Eine Abzweigung erlaubt das Fortsetzen eines Programms in Abhängigkeit einer oder mehrerer Bedingungen. Wiederholungen von Anweisungen können auch von Bedingungen abhängig gemacht werden, je nach Bedarf.

3.6.1 Verzweigungen

In allen Programmiersprachen ist es wichtig, bestimmte Aktionen von der Erfüllung einer Bedingung abhängig zu machen. Es handelt sich dabei um Konstrukte der Art:

Wenn A wahr ist, dann tue B, sonst tue C.

Die Sprachkonstrukte, die dies erlauben, sind die sog. Verzweigungen. In VBA und in anderen Programmiersprachen wird zwischen einfachen Verzweigungen, mit maximal zwei Möglichkeiten (*dann tue B, sonst tue C*), und mehrfachen Verzweigungen, in denen die Anzahl der Möglichkeiten größer als zwei ist (*dann tue B oder C oder D* etc.), unterschieden.

3.6.2 Die einfache Verzweigung If...Then...Else

Eine einfache Verzweigung besitzt nach der Abfrage der Bedingung maximal zwei mögliche Wege: *Wenn A wahr, dann B, sonst C. B* wird ausgeführt, wenn *A* wahr ist, d.h. umgekehrt, die Ausführung von *C* setzt voraus, daß *A* nicht wahr ist. Unter *A* kann man sich eine beliebige Bedingung, wie z.B. `x > 10` oder `y = „Hallo"`, vorstellen. Es ist nicht zwingend, die beiden Abzweigungen *dann...sonst...* zu belegen. Man kann auch einfache Verzweigungen wie die folgende benutzen:

Wenn A wahr ist, dann tue B, sonst tue gar nichts.

Wenn A wahr ist, dann tue gar nichts, sonst tue C.

In VBA wird eine einfache Verzweigung mit der *If...Then...Else*-Anweisung realisiert.

Syntax

Vereinfachte Syntax

```
If Bedingung Then [Anweisungen] [Else Anweisungen]
```

In der Regel verwendet man die vereinfachte Syntax mit nur jeweils einer Anweisung in der *Then*- und / oder *Else*-Abzweigung. Wenn mehr als eine Anweisung benutzt werden soll, müssen die einzelnen Anweisungen mit einem Doppelpunkt (s. 3.1.3, „Mehrere Anweisungen in einer Zeile") getrennt werden. Der Lesbarkeit wegen sollte man in diesem Fall aber die Blocksyntax vorziehen.

Blocksyntax	Blocksyntax mit Verschachtelung
`If Bedingung Then`	`If Bedingung Then`
`    [Anweisungen]`	`    [Anweisungen]`
`[Else`	`[ElseIf Bedingung Then`
`    [Anweisungen]]`	`    [Anweisungen]]`
`End If`	`[Else`
	`    [Anweisungen]]`
	`End If`

Die Einrückung nach rechts einiger Zeilen dient der besseren Lesbarkeit des Programms und ist dem VBA-Compiler gleichgültig.

Syntaxelement	Beschreibung
Bedingung	Die Angabe einer Bedingung ist stets erforderlich. Die Auswertung einer Bedingung ergibt entweder den Wert „Wahr" oder „Falsch". Wenn eine Bedingung den Wert NULL besitzt, wird der Wert „Falsch" angenommen. Eine Bedingung kann aus numerischen und / oder alphanumerischen Ausdrücken bestehen. Als Bedingung können folgende Elemente verwendet werden: ein einfacher Ausdruck: x = 10, txt = „Hund", y > 3 etc. ein zusammengesetzter Ausdruck: x < 100 AND x > 10 OR y > 3. Bei zusammengesetzten Ausdrücken werden logische Operatoren für die Verknüpfung von einfachen Ausdrücken verwendet. Dabei sollen unbedingt die Vorrangregeln der logischen Operatoren beachtet werden. Objektauswertungen mit Hilfe von **TypeOf**. *Objekt* **Is** *Typ*. Mit Hilfe dieser Konstruktion kann überprüft werden, ob ein gegebenes Objekt einen bestimmten Typ besitzt, z.B. ob ein Objekt eine Befehlsschaltfläche ist oder nicht (für Beispiel: s. Online-Hilfe-Hinweis).

Syntaxelement	Beschreibung
ElseIf	Dieser Teil ist optional und wird nur für eine Verschachtelung verwendet. Ein *ElseIf* darf nicht in einer *Else*-Abzweigung verwendet werden. Eine Alternative zu dem *ElseIf* wäre eine Verschachtelung mit einer weiteren *If...Then...Else*-Anweisung oder die Verwendung einer *Select Case*-Anweisung.

Im folgenden wird jeweils ein Beispiel für die Syntax der *If...Then...Else*-Anweisung gegeben.

Beispiel 3.28: Einfache Verzweigung IF mit einer Zeile

```
Sub EinfachesIF_einzeilig()
Dim txt As String
txt = „Hund"
If txt = „Hund" Then MsgBox „Wau!"
If txt = „Hund" Then MsgBox „Wau!" Else „Kein Hund!"
End Sub
```

Die obige Syntax kann nur für sehr einfache Auswertungen benutzt werden!

Beispiel 3.29: Einfache Verzweigung IF mit Blocksyntax

```
Sub EinfachesIF_Block()
Dim txt As String, msg As String
txt = "Hund"
If txt = "Katze" Then
    msg = "Das war eine Katze!"
    MsgBox msg
Else
    msg = "Das war keine Katze!"
    MsgBox msg
End If
```

In den *Then*- und *Else*-Abzweigungen können beliebig viele Anweisungen Platz finden.

Bei der Verwendung dieser Syntax verlangt VBA, daß nach dem Schlüsselwort *Then* ein Zeilenumbruch (mit [↵]) folgt! Nur Kommentare werden nach einem *Then* von VBA toleriert.

Beispiel 3.30: Verschachtelung von einfachen Verzweigungen mit ElseIf

```
Sub IF_mit_elseIF()
Dim txt As String, msg As String
txt = „Katze"
If txt = „Hund" Then
    msg = „Wau!"
ElseIf txt = „Esel" Then
    msg = „Iaaah!"
  Else
    msg = „Miau!"
End If
MsgBox msg: End Sub
```

Das obige Listing zeigt, wie es schon bei einer Verschachtelung schwieriger wird, den Überblick über den Ablauf zu behalten. Bei mehr als drei auszuwertenden Bedingungen sollte eine mehrfache statt einer einfachen Verzweigung verwendet werden. Mehrfache Verzweigungen werden im nächsten Abschnitt vorgestellt.

Online-Hilfe

- If...Then...Else-Anweisung, TypeOf, Operatorvorrang
- Verwenden von If...Then...Else-Anweisungen

KAPITEL3.XLS, Modul „mdlVerzweigung"

3.6.3 Die mehrfache Verzweigung Select Case

Wenn viele Bedingungen überprüft werden müssen, ist eine zu tiefe Verschachtelung von einfachen Verzweigungen etwas zu unübersichtlich und zu anfällig für logische Fehler. Außerdem erlaubt VBA nur eine gewisse Anzahl von Verschachtelungsebenen. Diese Anzahl sollte aber nicht erreicht werden: Für solche Fälle ist es besser, die dafür vorgesehene *Select Case*-Anweisung zu verwenden. Die Programme werden damit klarer, übersichtlicher und sind leichter nachvollziehbar.

Syntax

```
Select Case Ausdruck
[Case Ausdrucksliste
  [Anweisungen]] ...
[Case Else
  [Anweisungen]]
End Select
```

Syntaxelement	Beschreibung
Ausdruck	Immer erforderlich. Ein Ausdruck kann numerisch oder alphanumerisch sein.
Ausdrucksliste	Die Ausdrucksliste ist nur erforderlich, wenn der *Case*-Abschnitt verwendet wird. Für die Ausdrucksliste eines Ausdrucks namens X gibt es folgende Möglichkeiten:

Möglichkeit	Bedeutung
Case 11	X ist gleich 11
Case Y	X hat den gleichen Wert wie Y
Case 10, 11, 12	X ist gleich 10, 11 oder 12
Case 10, 11, Y	X ist gleich 10, 11 oder Y
Case 10 To 12	X ist gleich 10, 11 oder 12
Case Is > 10	X ist größer als 10
Case Else	Dieser Teil ist optional, besitzt aber eine sehr praktische Bedeutung. Wenn der Ausdruck keinen der Werte der Ausdrucksliste annimmt, können mit diesen beiden Schlüsselwörtern alle anderen Möglichkeiten abgedeckt werden.

Das folgende Beispiel ist nur eine Erweiterung der Beispiele des vorherigen Abschnitts:

Beispiel 3.31: Select Case-Anweisung

```
Sub SelectCase1()
Dim txt As String, msg As String
txt = „Huhn"
Select Case txt
    Case „Esel": msg = „Iaaah!"
    Case „Hund": msg = „Wau!"
    Case „Katze": msg = „Miau!"
    Case Else: msg = „Da fehlt doch was!"
End Select
MsgBox msg: End Sub
```

Die Schreibweise:

```
Case „Esel": msg = „Iaaah!"
```

ist äquivalent zu der Schreibweise:

```
Case „Esel"
msg = „Iaaah!"
```

Die erste Schreibweise ist nur etwas platzsparender als die zweite.

Während der Ausführung wird in den verschiedenen *Case*-Abzweigungen nach einem Wert gesucht, der dem Wert des Ausdrucks, in diesem Fall `txt`, entspricht. Wenn ein entsprechender Wert gefunden wird, werden die Anweisung oder Anweisungen, die dafür vorgesehen sind, ausgeführt.

In VBA wird bei einer *Select Case*-Anweisung nur die *Case*-Abzweigung ausgeführt, die dem Wert des Ausdrucks entspricht, und nicht alle folgenden Anweisungen aus den anderen *Case*-Abzweigungen, wie es z.B. in C der Fall ist. Wenn in keiner *Case*-Abzweigung ein entsprechender Wert gefunden werden kann, wird die Ausführung mit der ersten Anweisung nach *End Select* fortgesetzt.

Online-Hilfe
Select-Anweisung

KAPITEL3.XLS, Modul „mdlVerzweigung"

3.6.4 Schleifen

Schleifen erlauben eine Wiederholung einer oder mehrerer Anweisungen, entweder für eine feste Anzahl von Schritten (sukzessive oder unbedingte Schleife) oder in Abhängigkeit einer Bedingung (induktive oder bedingte Schleife). Bei der letzteren Schleife muß man zwischen zwei Vorgehensweisen unterscheiden: Die Bedingung, die das Terminieren der Schleife steuert, kann entweder vor dem Schleifenrumpf oder danach abgefragt werden.

In der Testphase von bedingten Schleifen kann man sehr leicht eine sog. endlose Schleife produzieren. Eine endlose Schleife ist eine Schleife, die nicht mehr aufhört zu laufen, da das Erreichen der Abbruchbedingung logisch unmöglich ist. In diesen Fällen kann das Programm mit Hilfe der Tasten [Esc] oder [Strg]+[Pause] angehalten werden!

3.6.5 Die unbedingte Schleife For...Next

Die *For...Next*-Anweisung ist eine unbedingte Schleife, da die Anzahl ihrer Wiederholungen nicht von einer Bedingung abhängig ist, sondern vom Programmierer festgelegt wird. Dafür werden nur eine Variable, die sog. *Laufvariable*, und ihr *Start-* und *Endwert* gebraucht.

Syntax

```
For Zähler = Startwert To Endwert [Step Schrittweite]
  [Anweisungen]
  [Exit For]
  [Anweisungen]
Next [Zähler]
```

Die Syntaxelemente der *For...Next*-Anweisung bedeuten im einzelnen:

Syntaxelement	Beschreibung
Zähler	Der Zähler stellt die Laufvariable dar und ist immer erforderlich. Der Typ des Zählers muß numerisch sein. Meistens werden hierfür ganzzahlige Datentypen verwendet, reelle Datentypen sind aber auch erlaubt. Nicht erlaubt dagegen sind boolesche Variablen oder Elemente von Datenfeldern.
Startwert Endwert	Ein numerischer Wert, der dem Typ des Zählers entspricht. Statt eines Wertes kann auch eine andere Variable oder eine Konstante verwendet werden, z.B. For i = x To 10 'Für x = 1, statt For i = 1 To 10 For i = 1 To y 'Für y = 10, statt For i= 1 To 10 Beide Werte sind immer erforderlich.
Schrittweite	Die Angabe der Schrittweite ist optional. Wenn keine Schrittweite angegeben wird, wird der Startwert automatisch um 1 erhöht, bis zum Erreichen des Endwertes. Die Angabe wird erforderlich, wenn man eine andere Schrittweite als 1 benötigt, also im Falle einer negativen oder reellen Schrittweite. Die folgende Schrittweite muß z.B. angegeben werden: For i = 100 To 0 Step -5 Die Laufvariable i nimmt hier die Werte 100, 95, 90, 85 etc.an.
Exit For	Die Schleife kann vor dem Erreichen des Endwertes mit dieser Anweisung verlassen werden. Die Anweisung kann überall im Schleifenrumpf stehen. Ihre Angabe ist aber optional. Ein vorzeitiger Abbruch einer Schleife ist meistens von einer Bedingung abhängig.

Das folgende Programm berechnet mit Hilfe der Funktion *Rnd* Zufallszahlen im Bereich zwischen 0 und 1. Die Zufallszahlen werden addiert. Die *For...Next*-Anweisung soll verlassen werden, wenn die Summe der Zufallszahlen größer als 1 wird.

Beispiel 3.32: For...Next-Anweisung mit vorzeitigem Abbruch

```
Sub ForMitExit()
Dim z As Double, kum As Double, Dim i As Byte
For i = 1 To 5
    z = Rnd
    kum = kum + z
    If kum > 1 Then Exit For
Next
End Sub
```

Online-Hilfe

For...Next-Anweisung, Rnd-Funktion

KAPITEL3.XLS, Modul „mdlSchleifen“

3.6.6 Die unbedingte Schleife For Each...Next

VBA kennt eine spezielle Form der *For*-Schleife: die *For Each...Next*-Anweisung. Sie wird nur für Datenfelder oder für Auflistungen von Objekten (s. dazu Kapitel 4) verwendet. Sie wird dann eingesetzt, wenn für alle Elemente eines Datenfeldes oder einer Auflistung immer die gleichen Anweisungen ausgeführt werden müssen.

Syntax

```
For Each Element In Gruppe
  [Anweisungen]
  [Exit For]
  [Anweisungen]
Next [Element]
```

Syntaxelement	Beschreibung
Element	Bei Datenfeldern ist Element eine Variable vom Typ Variant, bei Auflistungen eine Variable vom Typ Variant, eine allgemeine Objektvariable oder eine spezielle Objektvariable. Die Angabe ist stets erforderlich.
Gruppe	Der Name eines Datenfeldes oder einer Objektauflistung. Nicht zulässig sind Datenfelder mit benutzerdefinierten Datentypen, da eine *Variant*-Variable keinen benutzerdefinierten Datentyp enthalten kann. Auch die Angabe der Gruppe ist erforderlich.
Exit For	Die Schleife kann vor dem Erreichen des Endwertes mit dieser Anweisung verlassen werden. Die Anweisung kann überall im Schleifenrumpf stehen. Ihre Angabe ist aber optional. Ein vorzeitiger Abbruch einer Schleife ist meistens von einer Bedingung abhängig.

Die beiden folgenden Listings geben jeweils ein Beispiel für die Verwendung der *For Each...Next*-Anweisung mit Datenfeldern und Auflistungen.

Beispiel 3.33: For Each...Next-Anweisung mit Feldern

```
Sub TestForEach()
Dim feld(3) As String, Zitat As Variant
feld(0) = „Kein Mensch kann das beim andern sehen „
feld(1) = „und verstehen was er nicht selbst „
feld(2) = „erlebt hat. (Hermann Hesse)"
For Each Zitat In feld
    MsgBox Zitat
Next
End Sub
```

Das folgende Listing enthält eine Prozedur zum Anzeigen des Namens aller Blätter der aktiven Mappe.

Objekte und Auflistungen werden ausführlich in Kapitel 4 dieses Buches behandelt. Dort wird oft auch die *For Each... Next*-Anweisung verwendet.

Beispiel 3.34: For Each...Next-Anweisung mit Auflistungen von Objekten

```
Sub ZeigeTabellenname()
Dim Blatt As Variant
For Each Blatt In ActiveWorkbook.Sheets
    MsgBox Blatt.Name
Next
End Sub
```

Online-Hilfe
„For" eingeben, dann aus der Liste der Themen „For Each-Anweisung" wählen

KAPITEL3.XLS, Modul „mdlSchleifen"

3.6.7 Die bedingte Schleife While...Wend

Die *While...Wend*-Schleife ist eine bedingte oder induktive Schleife, weil der Schleifendurchlauf von der Prüfung einer Bedingung auf ihr Eintreffen hin abhängig ist. Die Prüfung der Bedingung findet vor dem Schleifenrumpf statt, d.h., die Anweisungen des Schleifenrumpfs werden nur ausgeführt, wenn die Prüfbedingung von Anfang an erfüllt ist. Dies muß schon vor dem ersten Lauf gelten. Falls nicht, wird die Schleife kein einziges Mal durchlaufen. Wie man der folgenden Syntax entnehmen kann, kann diese Schleife nicht vorzeitig durch eine *Exit*-Anweisung beendet werden!

Syntax

```
While Bedingung
  [Anweisungen]
Wend
```

Syntaxelement	Beschreibung
Bedingung	Die Bedingung ist immer erforderlich und besteht aus einem booleschen Ausdruck, dessen Auswertung nur *True* oder *False* ergibt. Als Bedingung können Auswertungen von numerischen Ausdrücken oder Zeichenketten eingesetzt werden. Wenn der Wert des Ausdrucks Null ist, wird *False* interpretiert.

Mehrere *While...Wend*-Schleifen können beliebig ineinander verschachtelt werden. Eine *Wend*-Anweisung bezieht sich dann immer auf die letzte *While*-Anweisung, die noch nicht mit einem *Wend* abgeschlossen wurde.

Das Listing zeigt ein einfaches Beispiel für eine *While...Wend*-Schleife: Eine Variable wird mit einem Startwert versehen, im Schleifenrumpf werden dann die Werte der Variablen addiert, und die Variable wird selbst immer um 1 verringert. Die Schleife wird so lange ausgeführt, bis die Variable gleich 0 ist.

Beispiel 3.35: While...Wend-Anweisung

```
Sub WhileWend()
Dim x As Byte, y As Byte
x = 5
While x > 0
    y = y + x
    x = x - 1
Wend
MsgBox x: End Sub
```

Die *While...Wend*-Schleife ist gegenüber der *Do...Loop*-Anweisung ziemlich inflexibel, da keine Möglichkeit eines vorzeitigen Abbruchs durch eine *Exit*-Anweisung existiert und die Bedingung nur am Anfang der Schleife geprüft werden kann. Aus diesem Grund wird eher die *Do...Loop*-Schleife als die *While...Wend*-Schleife eingesetzt. Die *While...Wend*-Schleife ist in VBA „älter" als die *Do Loop*-Schleife.

Online-Hilfe
While-Schleife

KAPITEL3.XLS, Modul „mdlSchleifen"

3.6.8 Die bedingte Schleife Do...Loop

Die *Do...Loop*-Anweisung ist etwas flexibler als die *While...Wend*-Anweisung. Die zu prüfende Bedingung kann sich wahlweise am Anfang oder am Ende des Schleifenrumpfs befinden. Der Durchlauf kann entweder, solange eine Bedingung den Wert „Wahr" hat, fortgesetzt oder beim Erreichen des Wertes „Wahr" abgebrochen werden. Aus diesen Möglichkeiten ergeben sich vier verschiedene Schleifen: je nachdem, ob die Bedingung am Anfang oder am Ende abgefragt wird, und je nachdem, ob die Bedingung vor der Schleife „Wahr" oder „Falsch" sein soll.

Do...Loop mit Bedingung vor dem Schleifenrumpf

Syntax

```
Do [{While | Until}] Bedingung]
  [Anweisungen]
  [Exit Do]
  [Anweisungen]
Loop
```

Do...Loop mit Bedingung nach dem Schleifenrumpf

```
Do
  [Anweisungen]
  [Exit Do]
  [Anweisungen]
Loop [{While | Until}] Bedingung]
```

Syntaxelement	Beschreibung
Bedingung	Die Bedingung ist immer erforderlich und besteht aus einem booleschen Ausdruck, dessen Auswertung nur *True* oder *False* ergibt. Als Bedingung können Auswertungen von numerischen Ausdrücken oder Zeichenketten eingesetzt werden. Wenn der Wert des Ausdrucks Null ist, wird *False* interpretiert.
Exit Do	Diese Anweisung erlaubt das vorzeitige Beenden des Schleifendurchlaufs und wird meistens in Abhängigkeit einer Bedingung verwendet.
While | Until	Das Zeichen „|" bedeutet, daß entweder das eine oder das andere Schlüsselwort benutzt werden kann, aber nicht beide. *While* kann auch im Sinne von „solange, während" interpretiert werden, also „solange oder während eine Bedingung wahr ist", wird die Schleife wiederholt. *Until* kann als „bis" verstanden werden, also „bis die Bedingung wahr wird", wird die Schleife wiederholt.

Im folgenden wird immer das gleiche Beispiel in den vier möglichen Varianten angegeben, um einen Vergleich der Varianten zu ermöglichen. Alle Schleifen brechen ab, wenn ihre Laufvariable den Wert 10 erreicht hat. Sie sind in ihrer Wirkung gleichwertig. Welcher man den Vorzug gibt, hängt von der jeweiligen Problemstellung ab.

Beispiel 3.36: Do While...Loop-Anweisung

```
Sub DoWhileLoop()
Dim i As Byte, msg As String
i = 1
Do While i < 10
    i = i + 1
    msg = msg & i & ,''
Loop
MsgBox msg: End Sub
```

Die Bedingung wird am Anfang der Schleife überprüft. Der Schleifenrumpf wird nur ausgeführt, wenn die Bedingung vor dem ersten Durchlauf den Wert „Wahr" besitzt.

Beispiel 3.37: Do Until...Loop-Anweisung

```
Sub DoUntilLoop()
Dim i As Byte, msg As String
i = 1
Do Until i = 10
    i = i + 1
    msg = msg & i & ,''
Loop
MsgBox msg: End Sub
```

Die Bedingung wird am Anfang der Schleife überprüft. Der Schleifenrumpf wird nur ausgeführt, wenn die Bedingung vor dem ersten Durchlauf den Wert „Falsch“ besitzt.

Beispiel 3.38: Do...Loop While-Anweisung:

```
Sub DoLoopWhile()
Dim i As Byte, msg As String
i = 1
Do
    i = i + 1
    msg = msg & i & ,''
Loop While i < 10
MsgBox msg: End Sub
```

Die Bedingung wird am Ende der Schleife überprüft, d.h., der Schleifenrumpf wird mindestens einmal durchlaufen. Die Bedingung muß dann nach dem ersten Durchlauf noch den Wert „Wahr“ besitzen, damit es weitergeht.

Beispiel 3.39: Do...Loop Until-Anweisung

```
Sub DoLoopUntil()
Dim i As Byte, msg As String
i = 1
Do
    i = i + 1
    msg = msg & i & ,''
Loop Until i = 10
MsgBox msg: End Sub
```

Die Bedingung wird am Ende der Schleife überprüft, d.h., der Schleifenrumpf wird mindestens einmal durchlaufen. Die Bedingung muß dann nach dem ersten Durchlauf noch den Wert „Falsch“ besitzen, damit es weitergeht.

Alle vier Schleifen erzeugen die gleiche Ausgabe am Bildschirm, die in Abbildung 3.18 zu sehen ist.

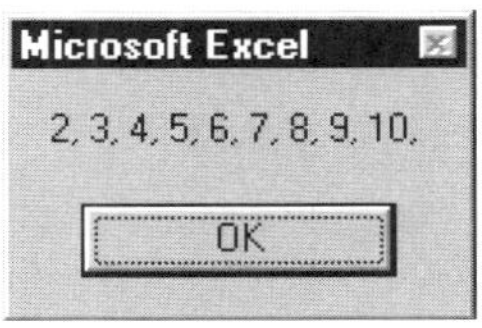

Abbildung 3.18: Die Meldung der vier verschiedenen Beispiele mit der Do...Loop-Anweisung

Online-Hilfe

- Do-Anweisung
- Verwenden von Do...Loop-Anweisungen

KAPITEL3.XLS, Modul „mdlSchleifen“

3.7 Die GoTo-Anweisung und die Fehlerbehandlung

Die Anweisung *GoTo* hat einen sehr schlechten Ruf: Ein Programmierer, der auf diese Anweisung nicht verzichten kann, gilt als kein besonders guter Programmierer. Mit ihr können innerhalb einer Prozedur oder Funktion die sog. „unbedingten Sprünge“ realisiert werden. Das Problem dabei ist, daß das Programm total unübersichtlich wird. Diese Anweisung ist ein übriggebliebenes Konstrukt aus der Zeit, in der die Programmiersprachen nicht so strukturiert waren wie heute, und nicht einmal Schleifen möglich waren. Durch Hin- und Herspringen im Programm wurden damals Schleifen simuliert. Solche Techniken sind noch heute in Programmiersprachen wie Assembler üblich, da solche Sprachen keine Schleifen besitzen.

Ein Beispiel dafür wird hier im folgenden gegeben: Eine Zahl mit dem Startwert 0 wird so lange um 1 erhöht, bis ihr Wert 5 ist. Dieser Algorithmus wird in Form einer *While*-Schleife und mittels *Goto*-Anweisungen dargestellt.

Beispiel 3.40: GoTo- versus While-Anweisung

```
Sub MitWhile()                        '***** While-Anweisung ****
Dim i As Byte
While i < 5
    i = i + 1
Wend
End Sub
Sub MitGoto()                         '***** GoTo-Anweisung *****
Dim i As Byte
Markel:
    If i = 5 Then GoTo marke2
    i = i + 1
    GoTo Markel
marke2:
End Sub
```

Labels

Die *GoTo*-Anweisung muß zusammen mit den sog. Marken oder Labels benutzt werden. Sie markieren das Sprungziel. In diesem Beispiel wurde für die Marken eine Extrazeile spendiert; dies ist aber nicht unbedingt notwendig. Die Marke und die folgende Anweisung können auch in eine Zeile geschrieben werden; Hauptsache, es wird nach der Marke ein Doppelpunkt eingegeben. Eine Marke kann eine beliebige Zeichenkette sein, sie muß nur eindeutig sein, d.h., der gleiche Name kann nicht in einer Prozedur oder Funktion zweimal vergeben werden. Für den Namen einer Marke gelten die gleichen Regeln wie für sonstige Namen in VBA (s. dazu Abschnitt 3.1.5, „Namen“).

Fehlerbehandlung

Im allgemeinen sollte man die *GoTo*-Anweisung heute nicht mehr verwenden. Es gibt aber einen Fall, der ihre Anwendung in Visual Basic rechtfertigt: die Fehlerbehandlung. Man kann sich beim Auftreten eines Fehlers in einer Prozedur oder Funktion vor einem Programmabbruch schützen, indem man ein Sprungziel definiert, das eine Fehlerbehandlungsroutine markiert. Bei einem Fehler wird dann nur diese Routine ausgeführt und nicht die Fehlerbehandlung des Systems.

Anhand eines Beispiel einer Division durch 0 wollen wir uns dies einmal ansehen.

Beispiel 3.41: Fehlerbehandlung mit der GoTo-Anweisung

```
1   Sub TestFehler()
2   Dim x As Byte, y As Byte
3   On Error GoTo TestError
4       x = 5
5       x = x / y:
6       MsgBox x
7   Exit Sub
8   TestError:
9       MsgBox „Division durch Null nicht zulässig!"
10      x = 1
11      Resume Next
12  End Sub
```

Da die Variable `y` nur deklariert, aber nicht explizit initialisiert wurde, hat sie den Wert 0. Bei der Teilung `x / y` entsteht ein sog. „Laufzeitfehler“. In der Zeile 3 wird festgelegt, daß eine benutzerdefinierte Fehlerbehandlung, die mit der Marke `TestError` anfängt, ausgeführt werden soll, falls ein Fehler auftritt. Die Fehlerbehandlung befindet sich im Listing in den Zeilen 8 bis 11. Im Fehlerfall wird eine Meldung „Division durch 0 nicht zulässig!“ am Bildschirm ausgegeben, dann der Wert der Variablen `x` auf 1 gesetzt. Das Programm wird mit der Zeile fortgesetzt, die unmittelbar auf die fehlerhafte Zeile folgt, also mit Zeile 6. Dies wird durch die Anweisung *Resume Next* in der Zeile 11 der Fehlerbehandlung ausgelöst. Die Anweisung *Exit Sub* in Zeile 7 ist sehr wichtig und unbedingt notwendig! Sie muß unmittelbar vor der Marke der Fehlerbehandlungsroutine stehen. Ohne diese Zeile würde die Fehlerroutine immer ausgeführt werden.

Programmabbruch

Was ohne die Fehlerroutine passieren würde, kann ganz einfach getestet werden, wenn man die Zeile 3 in eine Kommentarzeile umformt: Excel meldet einen Laufzeitfehler, der in Abbildung 3.19 zu sehen ist, und das Programm wird abgebrochen.

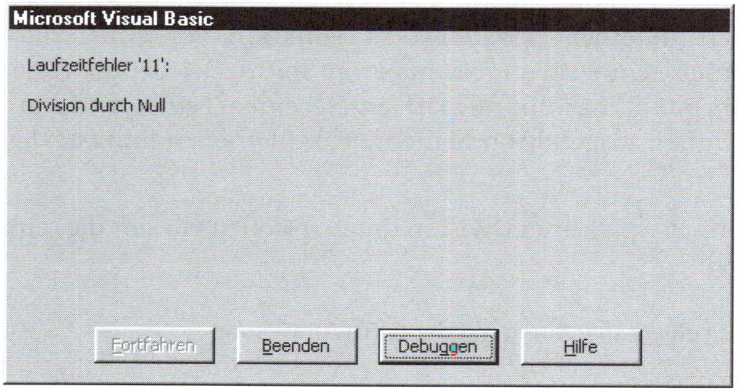

Abbildung 3.19: Fehlermeldung bei einer Division durch 0 ohne Fehlerbehandlungsroutine

Die benutzerdefinierte Fehlerbehandlung kann in einer der folgenden Syntaxen realisiert werden:

```
On Error GoTo Sprungmarke
On Error Resume Next
On Error GoTo 0
```

- `On Error`: Diese Anweisung wird normalerweise am Anfang einer Prozedur oder Funktion eingetragen, da sie die Fehler, die nach ihr im folgenden Code auftreten, abfangen kann. Die Bedeutung dieser Anweisung ist in etwa „Liebes Excel, wenn ein Fehler eintritt, dann führe bitte das aus, was in der Fehlerbehandlung steht, und nicht deinen Kram!“. Scherz bei Seite: Diese Anweisung ist nur für alle *danach* folgenden Anweisungen relevant, nicht für die *davor*. Man kann in einem Programm auch mehr als eine *On Error*-Anweisung verwenden. Man muß dann nur dafür sorgen, daß für jeden Fehler die entsprechende Behandlung ausgeführt wird. Diese Anweisung hat drei Varianten (also nach der Anweisung selber können noch folgende Spezifizierungen stehen):
  - `GoTo` *`Sprungmarke`*: Dieser Fall wurde im obigen Listing benutzt. Bei einem Fehler wird die angegebene Sprungmarke angesprungen, und die dortigen Anweisungen werden ausgeführt. Die Standardmeldung des Systems für den Fehler wird zurückgestellt. In der benutzerdefinierten Fehlerroutine kann – wie in unserem Beispiel – über die Anweisung `Resume Next` das Programm mit der Zeile fortgesetzt werden, die sich unmittelbar nach der fehlerhaften Zeile befindet. Diese Methode sollte nur

angewendet werden, wenn der Fehler abgefangen worden ist. In unserem Fall wurde die Variable `x` auf 1 gesetzt. Der Name der Marke kann frei gewählt werden, muß aber mit einem Buchstaben anfangen und mit einem Doppelpunkt aufhören (s. auch Abschnitt 3.1.5, „Namen"). Der Name muß im Modul eindeutig sein, Groß- und Kleinbuchstaben spielen dabei keine Rolle. Die Fehlerroutine muß sich in der gleichen Prozedur oder Funktion befinden, in der auch die *On Error*-Anweisung ist.

- `Resume Next`: Das Programm wird mit der Zeile fortgesetzt, die unmittelbar auf die Zeile folgt, die den Fehler verursacht hat. Das Programm wird dann weiter ausgeführt, als hätte es keinen Fehler gegeben. Diese Art von Fehlerbehandlung, ohne daß der Fehler abgefangen wird, ist gefährlich: Sie kann nur für ganz besondere Fälle angewendet werden, weil es zumeist besser ist, Fehler abzufangen und zu behandeln, anstatt sie zu ignorieren. Sie kann nur dort verwendet werden, wo es sicher ist, daß der Fehler keine weiteren Folgefehler verursacht. Mit größter Vorsicht zu genießen: Wenn die Fehler nicht behandelt werden und die Ausführung trotzdem fortgesetzt wird, kann das gesamte System instabil werden – bis hin zum Absturz.
- `Goto 0`: Diese Anweisung deaktiviert alle benutzerdefinierten Fehlerroutinen und läßt wieder die Systemmeldungen durch. Ihre Wirkung ist die gleiche, als würde man die Zeile der *On Error*-Anweisung als Kommentar umformen. Sie ist in der Testphase ganz nützlich: Wenn alle Fehler abgefangen werden und das Programm doch nicht das leistet, was man erwartet, können die Systemmeldungen manchmal eine Hilfe bei der Analyse des Programmverhaltens sein.

Was dann tatsächlich in der Fehlerbehandlungsroutine gemacht wird, ist Sache des Programmierers. Außer Fehlermeldungen kann man z.B. Variablen auf bestimmte Standardwerte setzen (z.B. das `x` von vorher auf 1) oder ähnliches.

Nicht alle Fehler können mit der *On Error*-Anweisung abgefangen werden. Eine komplette Liste der auffangbaren Fehler ist in der Online-Hilfe enthalten.

Fehlerquelle nicht eindeutig

In unserem einfachen Beispiel ist die Fehlerquelle eindeutig identifizierbar, und sie ist auch die einzige mögliche Fehlerquelle. In diesem Fall reicht unsere obige Fehlerbehandlungsroutine völlig aus. So schön einfach hat man es aber nicht immer: Sehr oft können mehrere Fehlerquellen gleichzeitig auftreten, so daß es notwendig ist, die Fehlerquellen zu identifizieren und getrennt zu behandeln.

Falls die Fehlerquelle nicht eindeutig ist, d.h., wenn im Programm mehrere Fehler unterschiedlicher Art auftreten können, ist es wichtig zu bestimmen, welcher Fehler den Aufruf der Fehlerbehandlungsroutine verursacht hat, um entsprechende Maßnahmen einzuleiten. Hilfe bekommt man von dem Objekt *Err*. Es handelt sich um ein in VBA integriertes Objekt, dessen Eigenschaften mit Informationen über den Fehler gefüllt werden, sobald ein Fehler auftritt. Die Fehlerbehandlungsroutine des vorherigen Beispiels kann wie im folgenden angegeben geändert werden:

Beispiel 3.42: Fehlerbehandlung mit dem Err-Objekt

```
'Vorherige Anweisungen wie oben
Exit Sub
TestError:
    msg = „Fehlernummer: „ & Err.Number
    msg = msg & „Fehlertext: „ & Err.Description
    msg = msg & „Fehlerquelle: „ & Err.Source
    MsgBox msg
    x = 1
    Err.Clear
    Resume Next
End Sub
```

Die Wirkung der obigen Fehlerbehandlungsroutine kann in Abbildung 3.20 beobachtet werden: Fehlernummer, Text und Quelle des Fehlers werden von dem *Err*-Objekt geliefert. VBA ordnet jedem Fehler eine Nummer, einen Standardtext etc. zu. Die Abfrage der Fehlerquelle (Eigenschaft *Source*) ist nur sinnvoll, wenn man mit mehreren Anwendungen gleichzeitig arbeitet

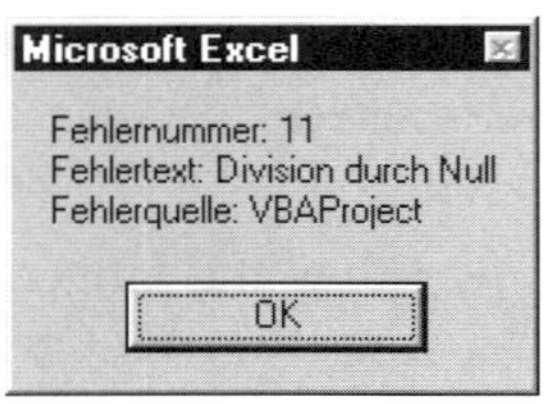

Abbildung 3.20: Die Fehlerbehandlungsroutine mit dem Err-Objekt

Die Methode *Clear* (Zeile 9 im Listing) kann alle Einstellungen des Objektes *Err* löschen. Der Fehler muß nach einer Behandlung entfernt werden. Dies passiert in der Regel automatisch bei

- jeder *On Error*-Anweisung
- allen *Resume*-Anweisungen
- dem Verlassen des Gültigkeitsbereiches mit dem Schlüsselwort *Exit*

Bei komplexeren Programmen oder bei Automatisierung scheint aber manchmal das System doch noch im Fehlerzustand zu sein, so daß die Anweisung *Err.Clear* doch gerechtfertigt ist. Doppelt genäht hält eben besser.

Ein einfaches Beispiel für eine benutzerdefinierte Fehlerbehandlung für mehrere Fehlerquellen wird im folgenden vorgestellt.

Beispiel 3.43: Benutzerdefinierte Funktion zur Fehlerbehandlung

```
Function ErrorHandler() As Byte
Dim msg As String
msg = Err.Description & vbNewLine
Select Case Err.Number
    Case 5, 16:
        ErrorHandler = 1
    Case Else:
        msg = msg & „Programm wird beendet!"
        ErrorHandler = 0
End Select
MsgBox msg
End Function
```

Die Funktion `ErrorHandler` gibt nur den zum Fehler entsprechenden Text aus. Ihr Rückgabewert wird in Abhängigkeit des Fehlers gesetzt: Für die Fehler mit der Nummer 5 oder 16 ist der Rückgabewert 1, sonst 0.

Fehler zu Testzwecken verursachen

Um die Funktion zu testen, muß man nicht warten, daß Fehler auftreten, sondern man kann Fehler induzieren. Dies kann mit Hilfe der *Raise*-Methode erreicht werden: Diese Methode braucht mindestens einen Parameter, nämlich eine beliebige Fehlernummer. Das folgende Listing zeigt eine Prozedur, die nur Fehler auslöst und die Funktion `ErrorHandler` aufruft.

Beispiel 3.44: Fehler zu Testzwecken simulieren

```
1   Private Sub MitHandler()
2   Dim byti As Byte
3   On Error GoTo ErrorMarke
4      Err.Raise (5)
5      Err.Raise (16)
6      Err.Raise (67)
7      Err.Raise (449)
8   Exit Sub
9   ErrorMarke:
10  byti = ErrorHandler()
11  If byti = 1 Then Resume Next Else End
12  End Sub
```

In diesem Programm werden nacheinander verschiedene Fehler verursacht. Bei jedem Fehler wird die Fehlerroutine aufgerufen. Dort folgt ein Aufruf der Funktion `ErrorHandler`. In Abhängigkeit des Rückgabewertes der Funktion wird dann entschieden, ob das Programm weiter ausgeführt wird oder ob es beendet wird. Dies wird in der **Zeile 11** mit einer *If*-Anweisung realisiert: Das Schlüsselwort *Resume* setzt die Ausführung fort, das Schlüsselwort *End* beendet das gesamte Programm. In unserem Fall wird das Programm nach dem Auftreten des dritten Fehlers (mit der Nummer 67) beendet.

Neben dem *Err*-Objekt existieren noch eine *Error*-Funktion und eine *Error*-Anweisung. Die Wirkung der *Error*-Funktion ist die gleiche, wie die der Eigenschaft *Description* des *Err*-Objektes; der Text zu einem Fehler wird geliefert. Man kann die Funktion verwenden, um Fehlermeldungen ohne einen vorhandenen Fehler anschauen zu können. Die *Error*-Anweisung hat dagegen die gleiche Wirkung wie die Methode *Raise* des *Err*-Objektes; sie kann einen Fehler induzieren. Sowohl die Funktion als auch die Anweisung *Error* stammen aus der Zeit, in der in VBA noch kein *Err*-Objekt definiert war.

Online-Hilfe

- GoTo-Anweisung
- On Error-Anweisung, Err-Objekt, Raise-Methode, Fehlercodes, Auffangbare Fehler
- Error-Funktion, Error-Anweisung

KAPITEL3.XLS, Modul „mdlError“

3.8 Unterprogrammtechnik

VBA-Programme bestehen aus einer Sammlung von Prozeduren und Funktionen, ohne daß ein spezielles Programm als Hauptteil für die Steuerung der einzelnen Komponenten dient. Die einzelnen Programme sind ereignisorientiert, d.h., sie werden durch das Auftreten eines bestimmten Ereignisses, wie z.B. ein Mausklick auf eine Schaltfläche, aufgerufen. Was Ereignisorientierung ist, wird in Kapitel 4 erläutert. An dieser Stelle werden Prozeduren und Funktionen, ihre Unterschiede und Gemeinsamkeiten sowie ihr Zusammenspiel vorgestellt.

Unterprogramme

Prozeduren und Funktionen sind selbständige Programmteile, die eine definierte Aufgabe ausführen. In diesem Sinne können sie als Unterprogramme angesehen werden, die sich eine komplexe Aufgabe teilen: z.B. liest ein Unterprogramm Werte ein, ein weiteres sortiert sie und ein letztes gibt sie am Bildschirm aus. Aus der Interaktion der Unterprogramme ergibt sich das gesamte Programm.

Man kann sich fragen, warum die Programme in Unterprogramme aufgeteilt werden und nicht „an einem Stück" geschrieben werden. Das Ziel der Unterteilung ist, die einzelnen Teile so selbständig und allgemein zu realisieren, daß eine weitere Verwendung in anderen Programmen möglich ist. Eine Prozedur zum Sortieren von Namen könnte z.B. in zwei verschiedene Programme eingebunden und von beiden benutzt werden.

Interaktion der Unterprogramme

Die Interaktion der Teile muß koordiniert werden. In diesem Kapitel wurde schon auf den „Gültigkeitsbereich von Deklarationen" eingegangen. Aus der Sicht eines Unterprogramms gibt es lokale und globale Variablen: Eine lokale Variable kann nur in dem Unterprogramm angesprochen werden, in dem sie deklariert ist. Globale Variablen sind dagegen für alle Unterprogramme des Moduls oder des Projekts zugänglich. Es gibt noch einen dritten, noch allgemeineren Weg: Wenn man nicht alle Variablen als global verwenden will, weil sie doch nicht so eine allgemeine Relevanz besitzen oder weil man sich vor unerwünschten Änderungen in den Werten schützen will, kann man Variablen von einem Unterprogramm in das nächste übergeben. Im folgenden Abschnitt gehen wir auf das sehr wichtige Thema der Übergabe und ihrer möglichen Varianten ein.

Die Übergabe von lokalen Variablen zwischen Unterprogrammen senkt den Bedarf an globalen Variablen und erhöht die Modularität der Programme. Ein Programm wird somit fast zu einer sog. *BlackBox*, d.h., ohne seinen internen Aufbau genau zu kennen, kann man es mit Daten beliefern und auf bestimmte Ergebnisse warten. Um eine

Sortierprozedur z.B. verwenden zu können, muß man nur wissen, welche Variablen als Parameter bei dem Aufruf erwartet werden. Wie dann intern die Prozedur aufgebaut ist, spielt an sich keine große Rolle mehr, wenn sie die gewünschten Ergebnisse liefert. Eine solche Prozedur könnte dann in mehr als nur einem Projekt oder sogar, wie in unserem Fall, auch in anderen Anwendungen des Office-Pakets Verwendung finden.

3.8.1 Call by Value, Call by Reference

Angenommen, Prozedur A riefe Prozedur B auf und übergäbe ihr dabei einige in A lokale Variablen. B kann die übergebenen Variablen nur auf zwei Arten benutzen:

- verwendet die Werte der Variablen, ohne sie für A zu verändern. Diese Art von Übergabe wird „Call by Value" oder auch „Wertparameter" genannt.
- verändert die Werte der Variablen und gibt sie an A verändert zurück. Diese Art von Übergabe wird „Call by Reference" oder auch „Referenzparameter" genannt.

Die Übergabe von Variablen (auch als Parameter bezeichnet) kann nicht mit jeder beliebigen Prozedur oder Funktion erfolgen: Nur diejenigen, die explizit dafür vorgesehen sind, können Empfänger einer Übergabe werden. Diese Unterprogramme unterscheiden sich schon optisch von den anderen, die Liste der möglichen Parameter wird in ihren ersten Zeilen von zwei Klammern umschlossen.

Beispiel:

```
Sub Irgendwas()'Keine Parameter
Sub Irgendwas(bytX als Byte)'Ein ganzzahliger Parameter
```

Die Art der Übergabe wird an der gleichen Stelle definiert; die Übergabe der Variable `bytX` hier oben ist vom Typ „Call by Reference", da nichts weiter angegeben worden ist. Es gibt zwei spezielle Schlüsselwörter, die festlegen, ob es sich um „Call by Value" oder „Call by Reference" handelt: *ByVal* und *ByRef*.

Allgemeine Annahme

Es wird immer „Call By Reference" angenommen, wenn keines der zwei Schlüsselwörter benutzt wird.

Call by Value

Der Kopf einer Prozedur mit „Call by Value"-Parametern sieht dann so aus, wie im folgenden angegeben:

```
Sub abc(ByVal bytX as Integer, ByVal sngY As Single)
```

Call by Reference

Der Kopf einer Prozedur mit „Call by Reference“-Parametern sieht dagegen entweder so:

```
Sub abc(ByRef bytX as Integer, ByRef sngY As Single)
```

oder so aus:

```
Sub abc(bytX as Integer, sngY As Single)
```

Die Schlüsselwörter *ByVal* und *ByRef* müssen für jeden Parameter wiederholt werden!

An dieser Stelle ein kleines Beispiel: Eine Prozedur ruft eine weitere Prozedur auf und übergibt ihr zwei Zahlen. Die Zahlen werden von der zweiten Prozedur vertauscht und dann zurückgegeben.

Beispiel 3.45: Call by Reference

```
1    Sub RufeSubMitRef()
2    Dim X As Byte, Y As Byte
3       X = 4
4       Y = 8
5       TauscheMitRef X, Y
6    End Sub
7    '***** Die Werte werden hier ausgetauscht *****
8    Sub TauscheMitRef(A As Byte, Y As Byte)
9    Dim C As Byte
10   C = A
11   A = Y
12   Y = C
13   End Sub
```

Die Prozedur `RufeSubMitRef` wird bis zu der Anweisung in Zeile 4 ausgeführt. Die Anweisung in Zeile 5 ist ein Prozeduraufruf für die Prozedur `TauscheMitRef` mit Übergabe der Parameter `X` und `Y`.

Im Prozedurkopf von `TauscheMitRef` werden die Parameter `X` und `Y` in ihrer Übergabereihenfolge an die Parameter `A` und `Y` weitergegeben. Die Namen der Parameter spielen keine Rolle; das `Y` von `TauscheMitRef` ist nicht das `Y` von `RufeSubMitRef`, sondern eine lokale Variable, die sofort nach dem Aufruf noch den gleichen Wert wie `Y` aus `RufeSubMitRef` besitzt. Mit Hilfe der (in `TauscheMitRef`) lokalen Variable `C` werden die zwei Werte untereinander vertauscht (sog. „Dreiecktausch“); danach hat `A` den Wert 8 und `Y` den Wert 4. Diese Werte werden in den Variablen `X` und `Y` von `RufeSubMitRef` nach der Beendigung von `TauscheMitRef` zurückgeschrieben. Graphisch kann man den Vorgang veranschaulichen, wie in Abbildung 3.21 dargestellt.

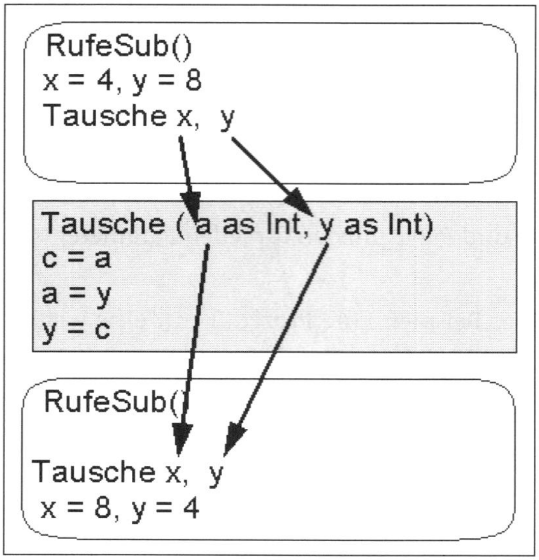

Abbildung 3.21: Call by Reference

Wenn man den Kopf von Tausche von dieser Version:

```
Sub Tausche(X As Byte, Y As Byte)
```

in diese Version abändern würde:

```
Sub Tausche(ByVal X As Byte, ByVal Y As Byte)
```

würde keine Vertauschung stattfinden. In `TauscheMitRef` selber werden immer noch die Werte miteinander vertauscht, aber beim Zurückschreiben können die ursprünglichen `X` und `Y` nicht geändert werden, da es sich um ein „Call By Value" handelt. Diese Möglichkeit ist in den Beispielen dieses Abschnitts auf der CD-ROM zu Testzwekken enthalten.

Die Regeln des „Call By Value" und „Call By Reference" gelten gleichermaßen für Prozeduren und Funktionen. In dem Beispiel wurden nur Prozeduren verwendet. Die Funktionen werden etwas weiter unten vorgestellt.

Reihenfolge der Parameter

In der Regel werden Parameter einem Unterprogramm in der gleichen Reihenfolge übergeben, wie sie in seinem Kopf deklariert sind. Dies ist aber nicht zwingend: Parameter können in VBA auch in einer anderen Reihenfolge als der Deklarationsreihenfolge übergeben werden, wenn die Parameter bei dem Aufruf namentlich benannt werden.

Wenn eine Prozedur wie im folgenden deklariert ist:

```
Sub TestParameter (strName As String, intZahl As Integer, datKauf As Date)
```

kann sie auf zwei Arten aufgerufen werden:

```
TestParameter "Excel", 2000, #25/5/97#
TestParameter bytZahl:=2000, datKauf:= #25/5/97#, strName:= "Excel"
```

Die Benennung von Parametern stellt in normalen Fällen eher einen Zusatzaufwand als eine Verbesserung dar. Nur in einem Fall ist ihre Verwendung auch gerechtfertigt: Wenn optionale Parameter benutzt werden.

Optionale Parameter

VBA erwartet beim Aufruf eines Unterprogramms die Übergabe von genau der gleichen Anzahl an Parametern, wie in der jeweiligen Prozedur oder Funktion deklariert sind, außer wenn man einen oder mehrere Parameter als optional vorgesehen hat. Optionale Parameter können auch nicht bei einem Aufruf übergeben werden. Auf diese Art lassen sich allgemeinere Programme schreiben.

Standardwert

Optionale Parameter haben noch einen weiteren Vorteil: Sie können mit einem Standardwert bei der Deklaration im Prozedur- oder Funktionskopf initialisiert werden. Wenn bei dem Aufruf keine Übergabe für sie erfolgt, werden die Standardwerte benutzt. Dieser Sachverhalt wird im nächsten Beispiel gezeigt:

Beispiel 3.46: Optionale Parameter einsetzen

```
1   Sub OptParameterTest(strProg As String, _
2   intZahl As Integer, datKauf As Date, _
3   Optional strVon As String = „Microsoft")
4   'Weitere Anweisungen, s. CD-ROM
5   MsgBox msg
6   End Sub
```

In der dritten Zeile des Listings wird ein optionaler Parameter definiert. Der Parameter bekommt auch einen Standardwert (den Text „Microsoft") zugewiesen. Die folgende Tabelle gibt einen Überblick über die verschiedenen Aufrufe und ihre Wirkung.

Aufruf	Ausgabe
OptParameterTest "Access", 2000, #5/15/1999#	Access 2000, 15.5.99, Microsoft
OptParameterTest "Excel", 2000, #5/15/1999#	Excel 2000, 15.5.99, Microsoft

Aufruf	Ausgabe
OptParameterTest "HotDog", 3, #1/11/1994#, „Sausage Software"	HotDog 3, 11.1.94, Sausage Software
OptParameterTest datKauf:=#5/16/1999#, strProg:="WinWord", intZahl:=2000	WinWord 2000, 16.5.99, Microsoft

Online-Hilfe

Aufrufen von Sub- oder Function-Prozeduren, Effizientes Übergeben von Argumenten, Benannte und optionale Argumente, Effizientes Übergeben von Argumenten

KAPITEL3.XLS, Modul „mdlUnterprogrammtechnik"

3.8.2 Prozeduren

Sub Eine Prozedur fängt in VBA mit dem Schlüsselwort *Sub* an. Eine Prozedur besteht aus Deklarationen von Variablen, aus Anweisungen, aus Schleifen etc., eingeschlossen zwischen den Schlüsselwörtern *Sub* und *End Sub*.

Die allgemeine Syntax für eine Prozedur lautet:

```
[Private | Public] [Static] Sub Name [(Liste der Parameter)]
  [Anweisungen]
  [Exit Sub]
  [Anweisungen]
End Sub
```

– `Private | Public`: Wenn keine dieser Optionen angegeben wird, gilt implizit *Public*, d.h., eine Prozedur kann von Unterprogrammen des gleichen Moduls oder anderer Module (also aus allen Modulen eines Projekts, egal ob Klassenmodule oder allgemeine Module) aufgerufen und benutzt werden, aber nur, wenn die Prozedur selbst in einem allgemeinen Modul geschrieben ist. Das Schlüsselwort *Private* schränkt den Wirkungsbereich eines Unterprogramms auf dem Modul ein, in dem es deklariert ist. Wenn eine Prozedur als *Public* gilt, kann sie sogar aus Modulen anderer Projekte aufgerufen werden, aber nur, wenn die Prozedur selbst in einem allgemeinen Modul geschrieben ist. Diese anderen Projekte können z.B. Anwendungen auf dem gleichen Host sein. Dies kann unterbunden werden, wenn das Modul mit der *Option Private*-Anweisung (s. Online-Hilfe) für die anderen Projekte gesperrt wird. Eine *Public*-Prozedur bleibt aber weiterhin für die Module des Projekts, in dem sie deklariert wurde, zugänglich.

- `Static`: Alle lokalen Variablen eines Unterprogramms behalten ihre Werte zwischen den Abläufen. Normalerweise werden die Werte von lokalen Variablen wieder auf 0 (bei Zahlen) oder auf „“ (bei Zeichenketten) zurückgesetzt, wenn der Ablauf beendet ist. Mit diesem Schlüsselwort bleiben die Werte erhalten und können beim nächsten Aufruf weiter verwendet werden (s. dazu Abschnitt 3.5, „Gültigkeitsbereich von Deklarationen“).
- `Name`: Der Name kann bis zu 255 Zeichen umfassen, muß mit einem Buchstaben (in der deutschen Programmversion auch mit Umlauten) anfangen, aber kann auch Ziffern und Unterstriche enthalten. Andere Zeichen sind nicht erlaubt (s. auch Abschnitt 3.1.5, „Namen“).
- `Liste und Art Parameter`: s. „Call by Value, Call by Reference“.
- `Exit Sub`: Diese Anweisung dient dem frühzeitigen Verlassen einer Prozedur. Sie ist unentbehrlich vor Marken, die Fehlerbehandlungsroutinen einleiten (s. dazu Abschnitt 3.7, „Die GoTo-Anweisung und die Fehlerbehandlung“).

In VBA kann man Prozeduren in zwei große Gruppen unterteilen: die Ereignisprozeduren und die allgemeine Prozeduren.

Ereignisprozeduren

Ereignisse dürfen nur mittels Prozeduren behandelt werden. Was Ereignisse sind und wie man mit ihnen umgeht, wird in Kapitel 4, Objekte und Ereignisse, behandelt. Im Kapitel 5, Programmierung von Dialogfenstern, werden wir uns auch intensiv mit Ereignisprozeduren beschäftigen.

Allgemeine Prozedur

In VBA können außer Ereignisprozeduren auch andere, allgemeine Prozeduren geschrieben werden, die nicht an Ereignisse gebunden sind. Solche Prozeduren werden für Zwecke eingesetzt, die unabhängig von irgendeinem Objekt sind, wie z.B. Sortieren von Daten, Importieren fremder Dateien etc. Allgemeine Module sind eigentlich nur Behälter für solche Prozeduren oder Funktionen, die dann aus jedem anderen Modul und Klassenmodul verwendet werden können (vorausgesetzt, die Deklaration erfolgt als *Public*). Prozeduren, die nicht an Ereignisse gekoppelt sind, können auf zwei Arten entstehen:

- Man tippt in einem Modulfenster den Prozedurkopf entweder in den allgemeinen Deklarationsteil (s. Abbildung 3.22, Prozedur `TestSub`) oder nach der letzten Zeile einer anderen Prozedur oder Funktion, also nach den Schlüsselwörtern *End Sub* oder *End Function* ein. Nach der Eingabe der ersten Zeile und dem Drücken der Taste [↵] stellt die Entwicklungsumgebung automatisch ein neues Fenster für die neue Prozedur zur Verfügung. In Abbildung 3.22 ist eine Prozedur nach dem allgemeinen Deklarationsteil eines Moduls zu sehen.

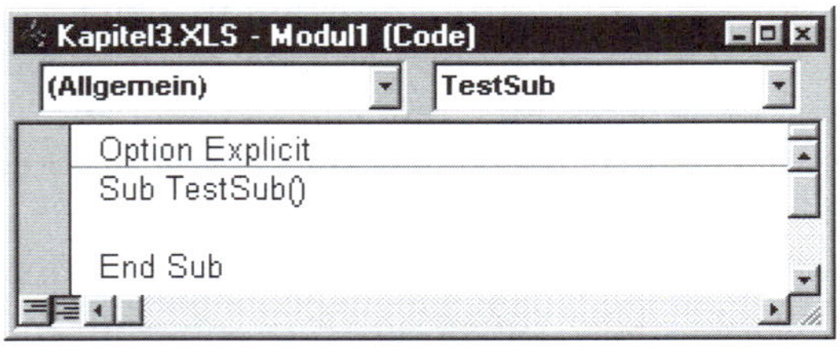

Abbildung 3.22: Der allgemeine Deklarationsteil eines Moduls

– Bei einem geöffneten Modulfenster steht in der Menüleiste der Eintrag EINFÜGEN | PROZEDUR, wie in Abbildung 3.23 zu sehen ist, zur Wahl.

Abbildung 3.23: Das Menü EINFÜGEN *beim geöffneten Modulfenster*

– Daraufhin erscheint das Fenster PROZEDUR EINFÜGEN, in dem der Name der neuen Prozedur sowie deren Typ und Gültigkeitsbereich angegeben werden, wie in Abbildung 3.24 zu sehen ist.

Wie man im Fenster PROZEDUR EINFÜGEN beobachten kann, bezeichnet VBA sowohl Prozeduren (*Sub*) als auch Funktionen (*Function*) als Prozedur. Neben *Sub* und *Function* gibt es auch die Möglichkeit, Prozeduren für Eigenschaften (*Property*-Prozeduren) zu erstellen. Diese speziellen Prozeduren ermöglichen die Definition und das Bearbeiten von Eigenschaften für benutzerdefinierte Objekte und werden in diesem Buch nicht behandelt.

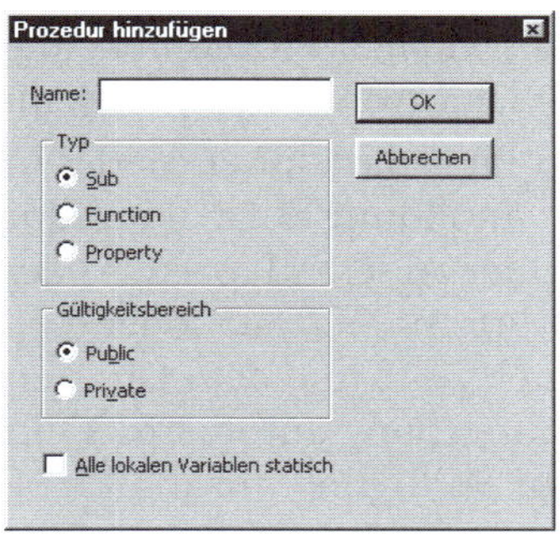

Abbildung 3.24: Eine neue Prozedur (oder Funktion) hinzufügen

Eine Prozedur wird durch den folgenden Ausdruck aufgerufen:

Aufruf einer Prozedur

```
Prozedurname [Parameter 1] [ ,Parameter 2] ... [ ,Parameter n]
```

Diese Zeile kann sich an einer beliebigen Stelle in einer anderen Prozedur oder Funktion befinden.

Die Anzahl der Parameter muß der Deklaration der aufzurufenden Prozedur entnommen werden. Die Parameter können auch als benannte Argumente oder als optionale Argumente übergeben werden (s. dazu auch 3.8.1, „Call by Value, Call by Reference").

Online-Hilfe
Sub-Anweisung, Option Private-Anweisung, Public, Private, Static

KAPITEL3.XLS, Modul „mdlUnterprogrammtechnik"

3.8.3 Funktionen

Funktionen sind, wie die Prozeduren, Programmteile, die so weit wie möglich selbständige Aufgaben lösen können. Sie unterscheiden sich dennoch von Prozeduren, und zwar wegen ihrer Fähigkeit, einen Rückgabewert zurückzuliefern.

Funktionen bereiten Probleme

Funktionen bereiten Einsteigern in der Programmierung oft so manche Verständnisschwierigkeiten. Die Tatsache, daß Funktionen einen Rückgabewert liefern, ist meistens auf den ersten Blick nicht so trivial, wie manche eingefleischten Programmierer glauben. VBA erlaubt die Programmierung eigener, benutzerdefinierter Funktionen und stellt vordefinierte Funktionen zur Verfügung. Diese vordefinierten Funktionen können in Excel sowohl innerhalb eines VBA-Programms als auch in Tabellenblättern eingesetzt werden.

Abbildung 3.25: Die Excel-Funktion „MITTELWERT" in Aktion

Excel-Funktionen

In Abbildung 3.25 ist eine der Excel-Funktionen zu sehen. Es handelt sich hier um die Funktion „Mittelwert", Sie berechnet für eine Parameterliste (hier der Bereich B3:B5) den mittleren Wert über allen Werten des Bereiches. Diese Funktion bekommt den Parameter B3:B5 übergeben, rechnet damit und liefert als Rückgabewert ihr Ergebnis, in diesem Fall den Wert 30, wie in Abbildung 3.26 zu sehen ist.

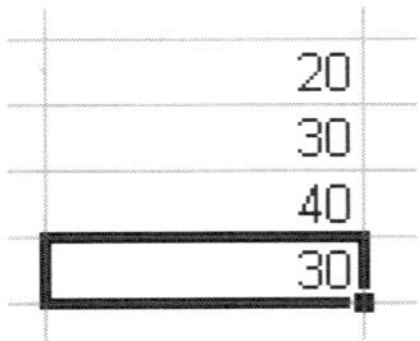

Abbildung 3.26: Der Rückgabewert der Funktion „MITTELWERT"

Von hier bis zu den VBA-Funktionen ist es nicht mehr weit. Sie werden durch eine spezielle Prozedur definiert, bekommen ihre eventuellen Übergabewerte, verarbeiten diese und liefern ihr Ergebnis zurück. In den vorherigen Abschnitten des Buches wurden schon einige Funktionen verwendet, z.B. die Funktion *MsgBox* oder *Mid*, oder einfach nur vorgestellt, z.B. die Umwandlungsfunktionen (s. Abschnitt 3.3.4, „Typumwandlung").

Aufruf einer Funktion

Egal welche Aufgabe eine Funktion erfüllt, die Syntax für den Aufruf ist für alle Funktionen gleich: Der Aufruf besteht aus einer Variablen mit dem passenden Typ, ein „="-Zeichen, rechts vom „="-Zeichen erscheint der Name der Funktion. Die Parameter, falls vorhanden, sind in runden Klammern eingeschlossen. Für die Funktion *MsgBox* sieht der Aufruf wie im folgenden aus:

```
Antwort = MsgBox(msg, vbYesNo, titel)
```

Die obige Syntax gilt auch für die Tabellenfunktionen von Excel, wie z.B. die Funktion Mittelwert. Der Unterschied zwischen den Tabellenfunktionen und den VBA-Funktionen ist, daß der Rückgabewert für eine Tabellenfunktion von einer Zelle übernommen wird, während der Rückgabewert der VBA-Funktionen einer Variablen zugewiesen wird.

In VBA (und in anderen Programmiersprachen auch) können die Funktionen in zwei Gruppen aufgeteilt werden: diejenigen, die im Sprachumfang enthalten sind, wie z.B. *MsgBox*, und diejenige, die vom Programmierer geschrieben werden. Beide Gruppen werden aber auf die gleiche Art aufgerufen. Im folgenden wird auf diese beiden Gruppen eingegangen.

3.8.4 Vordefinierte VBA-Funktionen

In anderen Abschnitten dieses Kapitels wurden schon einige vordefinierte Funktionen vorgestellt: die Funktionen zur Prüfung des Typs, zur Prüfung von Feldgrenzen oder die Funktionen zur Typumwandlung. VBA verfügt über eine riesige Anzahl an vordefinierten Funktionen, die für alle denkbaren Bereiche einsetzbar sind. Gute Kenntnisse der vordefinierten Funktionen erleichtern die Programmierungsarbeit ungemein.

Liste der Funktionen

Wenn man sich einen ersten Überblick verschaffen will, wird man in der Online-Hilfe fündig. Eine komplette Liste der VBA-Funktionen ist in der VBA-Online-Hilfe enthalten. Die Liste kann im Hilfefenster über den Registerreiter INHALT erreicht werden, wie in Abbildung 3.27 gezeigt. Der Eintrag „Funktionen" beinhaltet alle Funktionen in alphabetischer Reihenfolge.

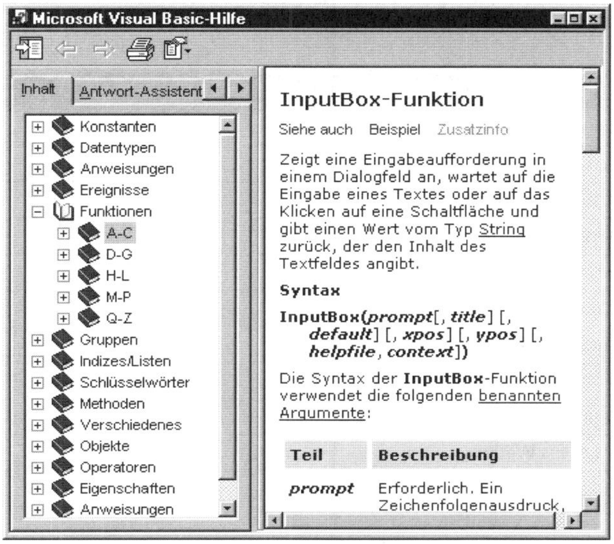

Abbildung 3.27: Die Liste der VBA-Funktionen in der Online-Hilfe

Es würde den Rahmen dieser Einführung in die Programmierung sprengen, für alle VBA-Funktionen ein Beispiel vorzustellen. Im folgenden werden einige Funktionen in tabellarischer Form nach Themenbereich kurz vorgestellt. Die Liste erhebt keinen Anspruch auf Vollständigkeit. Für jede Funktion werden der Name und eine kurze Beschreibung ihrer Aufgabe gegeben. Genaue Hinweise über die Syntax, Typ und eventuelle Parameter sowie konkrete Beispiele für jede Funktion sind in der Online-Hilfe enthalten. Für die Regeln und Bedeutung von Parameterübergabe s. Abschnitt 3.8.1 „Call by Value, Call by Reference“.

Die neuen Funktionen von VBA 6.0 sind in den folgenden Tabellen mit einem „(*)“ markiert.

Viele Funktionen können neben einem bestimmten Typ, meistens einen *Variant*-Typ, auch einen *String*-Typ zurückliefern. Damit der Rückgabewert vom Typ *String* ist, muß der Name der Funktion mit dem $-Zeichen erweitert werden (z.B. *Date* zu *Date$*). Welche Funktionen die Fähigkeit haben, auch einen *String*-Datentyp zurückzuliefern, kann den jeweiligen Seiten der Online-Hilfe entnommen werden. Wann die eine Variante der anderen vorzuziehen ist, hängt vom Kontext ab.

Mathematische Funktionen

Mathematische Funktionen erledigen, wie ihre Klasse schon vermuten läßt, mathematische Berechnungen, wie z.B. Sinus, Kosinus etc. Einige dieser Funktionen werden auch in Abschnitt 3.3.4, „Typumwandlung“, vorgestellt und kommentiert.

Name	Aufgabe
Abs	Absolutwert einer Zahl
Atn	Arkustangens einer Zahl
Cos	Kosinus eines Winkels
Exp	Exponential-Funktion mit Basis e
Fix	Ganzzahliger Anteil einer Zahl
Int	Ganzzahliger Anteil einer Zahl
Log	Natürlicher Logarithmus einer Zahl
Rnd	Berechnung einer Zufallszahl
Sgn	Vorzeichen einer Zahl
Sin	Sinus eines Winkels
Sqr	Quadratwurzel einer Zahl
Tan	Tangens eines Winkels

In der Online-Hilfe unter dem Thema „Abgeleitete mathematische Funktionen“ befinden sich die weiteren Funktionen, die sich aus diesen Grundtypen zusammensetzen, wie z.B.

```
Sekans(X) = 1 / Cos(X)
```

Datum und Uhrzeit

Name	Aufgabe
Date	Aktuelles Systemdatum
Now	Aktuelles Systemdatum mit Uhrzeit
Time	Aktuelle Systemzeit
DateAdd	Addition mit Datumswerten
DateDiff	Subtraktion mit Datumswerten
DatePart	Rückgabe eines Anteils eines Datums (z.B. nur der Monat)
Timer	Anzahl der seit Mitternacht vergangenen Sekunden
TimeSerial	Wandelt drei Zahlen (Stunde, Minuten, Sekunden) in einer Uhrzeit um
TimeValue	Wandelt eine Zeichenkette in einer Uhrzeit um
DateSerial	Wandelt drei Zahlen (Stunde, Minuten, Sekunden) in ein Datum um
DateValue	Wandelt eine Zeichenkette in ein Datum um
Day	Rückgabe der Tageszahl aus einem Datum
Month	Rückgabe der Monatszahl aus einem Datum
MonthName (*)	Rückgabe des Monatsnamens aus einem Datum
Year	Rückgabe der Jahreszahl aus einem Datum
Weekday	Rückgabe des Wochentags als Zahl (Achtung: So = 1, Mo = 2 etc.)
WeekDayName (*)	Rückgabe des Namens des Wochentages
CDate	Wandelt einen Ausdruck ins Datum um

Die Funktionen *Date* und *Time* besitzen jeweils ein Gegenstück als Anweisung: Während die Funktion *Date* bzw. *Time* das Systemdatum bzw. die Systemzeit abfragt, setzt die *Date*- bzw. *Time*-Anweisung dagegen das Systemdatum oder die Systemzeit auf einen gewünschten Wert.

Manipulation von Zeichenketten

Die Funktionen zur Bearbeitung und Manipulation von Zeichenketten sind eines der wichtigsten Hilfsmittel in VBA. Mit ihrer Hilfe können Zeichenketten nach bestimmten Zeichen untersucht oder geteilt werden, Leerzeichen entfernt werden etc.

Name	Aufgabe
Left	Liefert eine bestimmte Anzahl von Zeichen ab dem ersten (linken) Zeichen einer Zeichenkette
Right	Liefert eine bestimmte Anzahl von Zeichen von der rechten Seite (dem Ende) einer Zeichenkette
Mid	Liefert eine bestimmte Anzahl von Zeichen aus einer Zeichenkette, mit freier Wahl des ersten und letzen Zeichens
LTrim	Entfernt Leerzeichen vor dem ersten Buchstaben aus einer Zeichenkette

Name	Aufgabe
RTrim	Entfernt Leerzeichen nach dem letzten Buchstaben aus einer Zeichenkette
Trim	Macht die Arbeit von LTrim und RTrim gleichzeitig
InStr	Liefert die Position einer gesuchten Zeichenfolge innerhalb einer anderen Zeichenkette anfangend vom ersten Zeichen links
InStrRev (*)	Liefert die Position einer gesuchten Zeichenfolge innerhalb einer anderen Zeichenkette anfangend vom ersten Zeichen rechts (also vom Ende)
StrCmp	Vergleicht zwei Zeichenketten miteinander
StrReverse (*)	Kehrt die Reihenfolge der Zeichen einer Zeichenkette um
Space	Liefert eine Zeichenkette mit einer gewünschten Anzahl an Leerzeichen
String	Liefert eine Zeichenkette mit einer gewünschten Anzahl eines beliebigen Zeichens
Len	Liefert die Länge einer Zeichenkette
Str	Wandelt eine Zahl in einer Zeichenkette um
CStr	Wandelt einen Ausdruck in einer Zeichenkette um
Replace (*)	Ersetzt eine Zeichenfolge in einer anderen innerhalb einer Zeichenkette

Umwandlung

Die Funktionen für die Umwandlung erlauben die Konvertierung von Werten von einem Typ zu einem anderen oder von einer Darstellungsart zur nächsten. Einige dieser Funktionen wurden schon in Abschnitt „Typumwandlung“, mit Beispielen vorgestellt.

Name	Aufgabe
Chr	Liefert das Zeichen, das einer Zahl im ASCII-Code entspricht
Asc	Liefert den ASCII-Code eines Zeichens
Hex	Liefert den Hexadezimalwert einer Zahl
Oct	Liefert den Oktalwert einer Zahl d
LCase	Wandelt Buchstaben in Kleinbuchstaben um
UCase	Wandelt Buchstaben in Großbuchstaben um
Val	Liefert die Zahlen einer Zeichenkette
StrConv	Konvertiert eine Zeichenkette: Von Groß- in Kleinbuchstaben und umgekehrt, von ASCII in UniCode und umgekehrt etc.

Die Funktionen *Chr* und *Asc* wandeln Zeichen zwischen ihrer normalen und der ASCII-Darstellung um. Der **ASCII-Code** (American Standard Code for Information Interchange) dient der Darstellung aller im Computer verwendeten Zeichen.

ASCII-Code

Wenn man auf der Tastatur den Buchstaben „a" wählt, wird dieses „a" vom Rechner als eine Zahl interpretiert. Diese Zahl lautet für „a" 97 und für „A" 65. Das System, in dem Zahlendarstellungen aller Buchstaben, Ziffern und Sonderzeichen (z.B. *, –, % etc.) definiert sind, ist der ASCII-Code (bzw. EBCDIC-Code, von IBM zuerst für Großrechner verwendet. Für unsere Zwecke ist nur der ASCII-Code relevant).

Weitere Funktionen für Umwandlungen wurden in Abschnitt 3.3.4, „Typumwandlung", vorgestellt.

Dateien und Verzeichnisse

Über VBA können Dateien und Verzeichnisse erstellt, gelöscht und umbenannt werden. Unter Dateien sollen hier beliebige Dateien verstanden werden (z.B. *.TXT), nicht nur Office-Dokumente.

Name	Aufgabe
CurDir	Liefert den aktuellen Pfad zurück
Dir	Nicht zu verwechseln mit dem DOS-Befehl „Dir"! Sie liefert Namen von (normalen, versteckten etc.) Dateien und Verzeichnissen mit jeweiligen Laufwerken und kann auch mit Standarderweiterungen wie z.B. *.TXT arbeiten.
FileLen	Liefert die Länge einer Datei in Byte
FileDateTime	Liefert Datum und Uhrzeit der letzten Änderung oder Erstellung
GetAttr	Liefert Attribute einer Datei oder eines Verzeichnisses
FileAttr	Liefert den Zugriffsmodus einer geöffneten Datei
EOF	Liefert *True*, wenn das Dateiende erreicht ist

Zu diesen Funktionen existiert auch eine Reihe von Anweisungen, die Datei- und Verzeichnisbearbeitung ermöglichen: *ChDir* (Verzeichnis wechseln), *MkDir* (neues Verzeichnis erstellen), *RmDir* (Verzeichnis löschen), *Kill* (Dateien löschen), *SetAttr* (Attribute einer Datei setzen), *FileCopy* (Dateien kopieren), *Name* (Umbenennen von Dateien und Verzeichnissen), *Open* und *Close* (Öffnen und Schließen von Dateien) etc. In VBA 6.0 wurden außerdem zwei spezielle neue Objekte eingeführt, deren Aufgabe die Erleichterung des Zugriffs auf das Dateisystem bzw. des sequentiellen Zugriffs auf eine Datei ist. Das erste Objekt heißt *FileSystemObject*, das zweite *TextStream*. Der Leser wird auf die Online-Hilfe verwiesen.

Formatierung

Einige Funktionen haben nur eine Aufgabe: Sie formatieren die Parameter, die man ihnen übergibt. Das Ergebnis ist der gleiche Wert, der übergeben wurde, nur mit einem anderen Format. Man kann z.B. einen Datumswert mit einer zweistelligen Jahreszahl in eine vierstellige Jahreszahl konvertieren, oder den Namen des Wochentages aus einem Datum anzeigen.

Name	Aufgabe
Format	Liefert eine Menge von verschiedenen Formatierungen. Diese Funktion kann fast alles!
FormatCurrency (*)	Formatiert einen Ausdruck als Währung
FormatDateTime (*)	Formatiert einen Ausdruck in verschiedenen Datums- und Zeitformaten
FormatNumber (*)	Formatiert einen Ausdruck als Zahl
FormatPercent (*)	Formatiert einen Ausdruck als Prozentzahl

Diese Funktionen sind ungemein nützlich. In der Online-Hilfe sind für jede von ihnen die Listen der möglichen Parameter und meistens auch Beispiele zu finden. Ursprünglich gab es nur die Funktion *Format*, die über benutzerdefinierte Formate nach wie vor alles formatieren kann. Die neuen Funktionen von VBA sind aber leichter zu verwenden.

Verschiedenes

In diese Gruppe fallen einige einzelne Funktionen, die spezielle Aufgaben erfüllen.

Name	Aufgabe
Error	Liefert den Fehlertext zum aufgetretenen Fehler (s. auch „Die GoTo-Anweisung und die Fehlerbehandlung")
MsgBox	Erzeugt eine Meldung am Bildschirm
InputBox	Nimmt eine Eingabe am Bildschirm an
Filter (*)	Sucht in einem Array nach einer Zeichenfolge
Split (*)	Zerlegt eine Zeichenkette in einem Array
Join (*)	Setzt die einzelnen Felder eines Array zu einer Zeichenkette zusammen
Round (*)	Rundet eine Zahl kaufmännisch ab

Einige andere spezielle Funktionen wurden im Rahmen der Abschnitte 3.3.1, „Der Datentyp Variant", und 3.3.3, „Datenfelder", vorgestellt.

Online-Hilfe

- Schlüsselwörter nach Aufgabenbereichen, oder aus dem Register INHALT der Online-Hilfe der Eintrag „Indizes/Listen"
- Mathematische Funktionen, Abgeleitete mathematische Funktionen, Zeichenfolgenverarbeitung- Schlüsselwörter (Zusammenfassung), Verzeichnis- und Datei-Schlüsselwörter (Zusammenfassung), Umwandlung-Schlüsselwörter (Zusammenfassung)

3.8.5 Die Funktionen MsgBox und InputBox

Die Funktionen *MsgBox* und *InputBox* werden in VBA sehr oft eingesetzt. Da beide sehr wichtig sind, wird im folgenden auf beide etwas ausführlicher eingegangen.

Die Aufgabe der Funktion *MsgBox* ist, eine Meldung am Bildschirm erscheinen zu lassen und die Antwort des Benutzers entgegenzunehmen. Der Programmierer kann sogar wählen, ob und welche Schaltflächen in der Meldung sichtbar sind, z.B. nur eine OK- oder JA- und NEIN-Schaltfläche etc. Diese Funktion ist vielleicht die in VBA sowie in Visual Basic meist benutzte Funktion überhaupt. Sie kann auf zwei verschiedene Arten verwendet werden.

MsgBox in Kurzform

In Kurzform kann die *MsgBox*-Funktion für die Ausgabe von einfachen Meldungen verwendet werden, die keine spezifische Antwort des Anwenders erfordern. Das Ausgabefenster besitzt dann standardmäßig nur die OK-Schaltfläche.

Beispiel 3.47: MsgBox-Funktion in Kurzform mit Zeilenumbruch

```
Sub MsgKurz()
Dim msg As String
msg = " Das ist eine kurze Meldung" & vbNewLine & _
            "mit zwei Zeilen!"
MsgBox msg
MsgBox msg, vbInformation
MsgBox msg, vbInformation, "Hallo User!"
End Sub
```

Das obige Beispiel zeigt die *MsgBox*-Funktion in Kurzform mit drei Varianten. In allen drei Fällen wird ein Text am Bildschirm ausgegeben. Der Text ist hier mit einem Zeilenumbruch formatiert. Der Zeilenumbruch wird mit Hilfe der Konstanten *vbNewLine* realisiert.

Exkurs: Die Geschichte des Zeilenumbruchs

Ein Zeilenumbruch wird in der Regel über die Taste [↵] einer Tastatur generiert. Jede Taste einer Tastatur liefert dem Rechner eine feste, vordefinierte Codezahl zurück: „A“ hat z.B. den Wert 65, „B“ 66, „a“ 97 etc. Die Werte für die Zeichen sind in der Tabelle des ASCII-Zeichensatzes zu finden (s. auch in der Online-Hilfe). Das Zeichen [↵] stellt eine Ausnahme dar; die Taste [↵] ist nämlich die einzige Taste, die zwei Werte liefert. Als erstes wird der Code 10, dann der Code 13 generiert. Diese Besonderheit hat einen historischen Hintergrund: Als die ersten Computer gebaut wurden, gab es dafür keine spezielle Tastatur, sondern man verwendete die Tastaturen von Telefax-Maschinen. Diese Tastaturen waren einer mechanischen Schreibmaschine sehr ähnlich. Bei mechanischen Schreibmaschinen wird am

Ende jeder Zeile der lange Hebel von links nach rechts gedrückt, um den Schreibkopf an den Anfang einer neuen Zeile zu positionieren. Während dieser Bewegung dreht sich die Trommel nach hinten und zeigt schon die neue Zeile an. Das ist das Zeichen „New Line“ oder „Zeilenvorschub“, kodiert mit 10. Sofort danach wird die gesamte Trommel nach rechts geschoben. Das ist das Zeichen „Carriage Return“ oder „Wagenrücklaufzeichen“, kodiert mit 13. Diese zwei Zeichen werden auch einzeln benötigt, so daß man sie getrennt kodieren mußte. Als später richtige Computertastaturen verwendet wurden, war es zu aufwendig, die Kodierung von [↵] zu ändern, so daß man beide Zeichen heute auch mit einer Computertastatur generiert. In früheren Versionen von VBA gab es keine Konstante `vbNewLine`. Dann hat man mit der Funktion *chr()* die zwei Zeichen generiert; mit *chr(13) & chr(10)* kann man auch ein [↵] generieren. Interessant ist, daß nicht für alle Systeme das Absatzzeichen aus zwei Zeichen bestehen muß. Textdateien, die auf UNIX- oder LINUX-Systemen generiert werden, begnügen sich mit einem *New Line*-Zeichen. Auch Excel kann sogar solche Absatzzeichen verstehen, so daß der Import solcher Dateien in Excel nie Probleme bereitet. Access dagegen braucht beide Zeichen. Allein aus diesem Grund gibt es Probleme beim Import von Daten: Die Daten werden als eine einzige Zeile verstanden. Wenn die Datenmenge nicht zu groß ist, kann man in diesem Fall mit Hilfe einer Zwischenspeicherung in Excel die Absatzzeichen automatisch konvertieren lassen. Sonst muß man ein kleines Programm schreiben, um das zweite, fehlende Zeichen am Ende jeder Zeile einzufügen.

Zurück zu unserem Programm. Die Ausgaben der *MsgBox*-Funktion sind in Abbildung 3.28 zu sehen: links oben die Ausgabe von Zeile 5, in der Mitte die Ausgabe von Zeile 6, rechts unten die Ausgabe von Zeile 7. Die Konstante *vbInformation* zeigt das Bild mit dem Fragezeichen an. In der dritten Variante wird auch der Text „Hallo User“ für die Titelleiste übergeben. Die Meldung bleibt so lange am Bildschirm, bis auf die Schaltfläche OK geklickt wird.

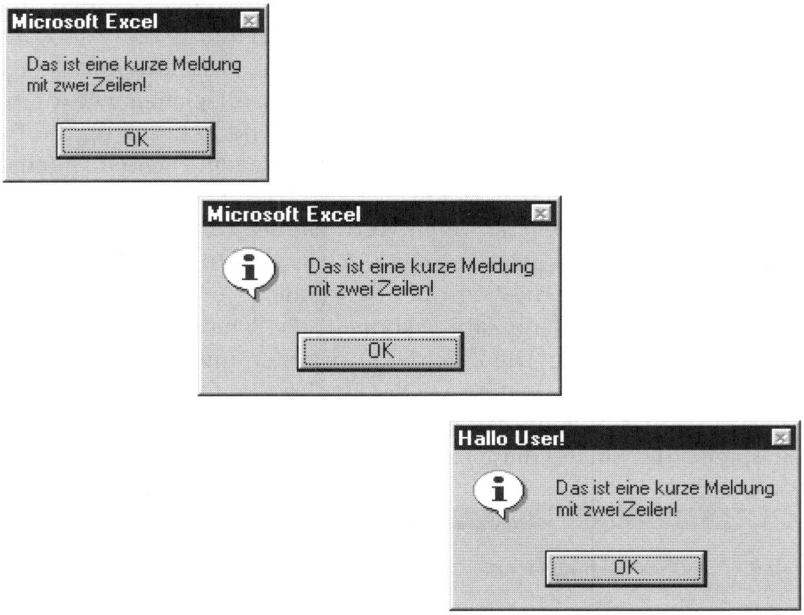

Abbildung 3.28: Die MsgBox-Funktion in ihrer Kurzform

MsgBox in langer Form

In ihrer längeren Form kann die *MsgBox*-Funktion nicht nur einen Text ausgeben, sondern auch einen Rückgabewert liefern. Als Rückgabewert wird die vom Anwender benutzte Schaltfläche geliefert. Das folgende Beispiel zeigt eine Meldung mit drei Schaltflächen am Bildschirm: JA, NEIN und ABBRECHEN. Darüber hinaus besitzt die Meldung auch ein Symbol und einen Titel für die Fensterleiste.

Beispiel 3.48: MsgBox-Funktion in langer Form

```
Sub MsgBoxLang()
Dim msg As String, titel As String, reply As Integer
titel = "Hallo User!"
msg = "Bitte auf eine Schaltfläche klicken!"
reply =MsgBox(msg, vbYesNoCancel+vbExclamation, titel)
Select Case reply
    Case 2  'Abbrechen
        msg = „Das war die Schaltfläche Abbrechen"
    Case 6  'Ja
        msg = „Das war die Schaltfläche Ja"
    Case 7  'Nein
        msg = „Das war die Schaltfläche Nein"
End Select
MsgBox msg
End Sub
```

In Zeile 5 wird die *MsgBox*-Funktion aufgerufen, und ihr werden drei Parameter übergeben: `msg`, der Text für die Meldung, die VBA-Konstanten *vbYesNoCancel* für die Schaltflächen JA, NEIN und ABBRECHEN und *vbExclamation* für das Symbol mit dem Ausrufzeichen, wie in Abbildung 3.29 zu sehen ist. Anschließend wird noch `titel` für die Titelleiste der Meldung übergeben. Die Übergabe von eigenen Hilfedateien ist auch möglich. Der Rückgabewert von *MsgBox* besteht in einer Zahl vom Typ *Integer*, deren Wert von der Variablen `reply` aufgenommen wird. Ab Zeile 6 reagiert das Programm über eine *Select-Case*-Anweisung auf die Wahl des Anwenders. Jede Schaltfläche in der Meldung ist an eine Zahl gekoppelt, die Schaltfläche JA an den Wert 6, NEIN an 7 etc. Die Liste der Konstanten und deren Werte für die Schaltflächen sowie die Liste der Symbole ist in der Online-Hilfe für diese Funktion komplett enthalten. Wir werden in den weiteren Beispielen des Buches diese Funktion sehr oft einsetzen.

Abbildung 3.29: Die MsgBox-Funktion mit drei Schaltflächen und einem Symbol

Die InputBox-Funktion

Das Gegenstück zu der *MsgBox*-Funktion ist die *InputBox*-Funktion: Sie nimmt eine Eingabe des Anwenders am Bildschirm entgegen. Diese Aufgabe wird in Excel meistens entweder direkt in Tabellen oder über benutzerdefinierte Dialogfenster erledigt, aber nichtsdestoweniger kann die *InputBox*-Funktion für einzelne Eingaben sinnvoll eingesetzt werden. In dem folgenden Beispiel wird diese Funktion für die Eingabe einer Zahl am Bildschirm verwendet. Das Eingabefenster soll so lange am Bildschirm erscheinen, bis eine Zahl zwischen 1 und 100 angegeben wird. Wenn Buchstaben oder andere Zeichen getippt werden, erscheint eine Fehlermeldung. Die Eingabe kann zu jedem Zeitpunkt durch Klicken auf die Schaltfläche ABBRECHEN abgebrochen werden.

Beispiel 3.49: Die Funktion InputBox

```
1   Sub InputBoxBsp()
2   Dim strZahl As String, bytZahl As Byte
3   Dim msg As String, titel As String
4   titel = ‚Eine Zahl eingeben‘
5   Do
6       msg = ‚Bitte eine ganze Zahl (1-100) eingeben: ‘
7       strZahl = InputBox(msg, titel)
8       If IsNumeric(strZahl) Then
9           If strZahl <= 100 And strZahl > 0 Then
10              bytZahl = CByte(strZahl)
11          Else
12              msg = ‚Die Zahl soll zw. 1 und 100 sein!‘:
13              MsgBox msg
14          End If
15      ElseIf strZahl <> ‚‘ Then
16          msg = ‚Nur Zahlen eingeben!‘: MsgBox msg
17      Else
18          Exit Sub
19       End If
20  Loop Until IsNumeric(strZahl) And _
21            bytZahl > 0 And bytZahl <= 100
22  End Sub
```

Nach dem Programmstart erscheint das Fenster von Abbildung 3.30 am Bildschirm. Der Titel und Text (Zeile 4 und Zeile 6) werden vom Programmierer festgelegt, die Schaltflächen sind vorgegeben. Die Funktion `InputBox` besitzt noch ein paar optionale Parameter, wie die Übergabe von Koordinaten für das Fenster oder eine Vorbelegung für das Eingabefeld (s. Online-Hilfe für die genaue Syntax).

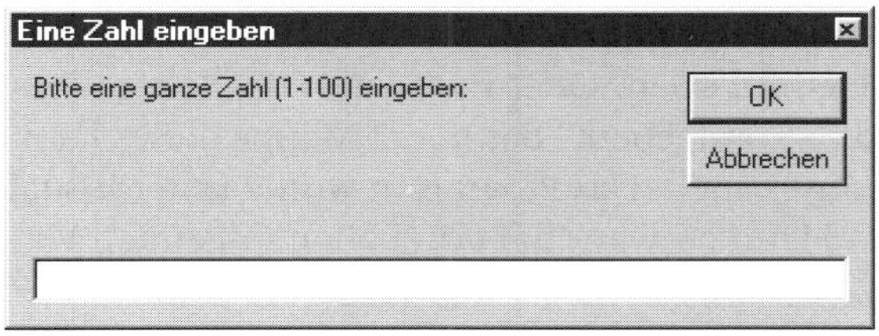

Abbildung 3.30: Das Eingabefenster des Beispielprogramms

Der Rückgabewert der Funktion wird der Variablen `strZahl` zugewiesen, die als String deklariert ist, die Funktion `InputBox` liefert nämlich einen String zurück. Der Inhalt des Strings entspricht der Eingabe des Anwenders, falls eine Eingabe stattgefunden hat, oder besteht aus einer leeren Zeichenkette, falls der Anwender nichts eingegeben oder die Schaltfläche ABBRECHEN geklickt hat.

Die Eingabe wird auf folgende Möglichkeiten überprüft:

Die Funktion `IsNumeric` prüft, ob die eingegebene Zeichenkette ein gültiges Zahlenformat besitzt. Wenn ja, wird überprüft, ob die Eingabe innerhalb der Grenzen 1 – 100 liegt. Wenn die Grenzen überschritten werden, erscheint eine Fehlermeldung, und die Eingabe kann wiederholt werden.

Wenn die Eingabe kein numerisches Format hat, können nur drei Möglichkeiten eintreten:

- Der Anwender hat mindestens einen Buchstaben oder ein Sonderzeichen getippt; die Variable strZahl ist dann nicht leer (<>""", Zeile 15). Eine Fehlermeldung erscheint.
- Der Anwender hat nichts eingegeben und die Schaltfläche OK geklickt: Die Variable strZahl ist ein leerer String. Die Prozedur wird mit der Anweisung `Exit Sub` beendet (Zeile 18).
- Der Anwender hat die Schaltfläche ABBRECHEN benutzt, unabhängig von der vorherigen Eingabe. Auch in diesem Fall wird die Prozedur beendet (Zeile 18).

Bemerkung

Das obige Programm ist stark vereinfacht. Wenn man wirklich das Problem der Eingabe einer Zahl lösen möchte, ist der Quellcode sehr viel länger und komplexer, da man nämlich auch folgende Gesichtspunkte berücksichtigen muß: Dürfen auch Zahlen mit Kommas angegeben werden oder nicht, der Bereich der Zahlen sollte flexibel sein (also nicht immer 1 bis 100). Man möchte einmal mit *Integer* und einmal mit *Double* oder sonstigen Datentypen arbeiten etc. Die Problemstellung ist in diesem Fall gar nicht so trivial, wie man zuerst vielleicht denkt. Wer es ausprobieren möchte, sollte sich sehr viel Zeit nehmen und sich in Geduld üben. Oder man kann das fertige Programm im Modul „mdlZahlEingeben“, das in der Mappe dieses Kapitels mitgeliefert wird, anschauen. Das Programm wurde unter Visual Basic 4.0 entwickelt und läuft einwandfrei unter allen folgenden Versionen des Compilers, sowie in Excel 5 (Englisches Modul), Excel 7 und Excel 97, alle Office-Anwendungen von Office 97 und 2000. Der Export von einer Anwendung in die nächste erfolgt durch Speicherung des Moduls als Text-Datei (*.BAS oder *.TXT) und Import ins neue Projekt.

Online-Hilfe
MsgBox-Funktion, InputBox-Funktion

KAPITEL3.XLS, Module „mdlBox“ und „mdlZahlEingeben“

3.8.6 Benutzerdefinierte VBA-Funktionen

Function

Benutzerdefinierte VBA-Funktionen sind alle Prozeduren, die mit dem Schlüsselwort `Function` anfangen. Benutzerdefinierte Funktionen sind *Sub*-Prozeduren sehr ähnlich. Sie unterscheiden sich voneinander nur im Rückgabewert und in der Unmöglichkeit, eine Funktion für die Programmierung eines Ereignisses einzusetzen. Sonst gilt: Alles, was für die *Sub*-Prozeduren gilt, gilt auch für `Function`-Prozeduren, insbesondere das Einfügen (s. 3.8.2, „Prozeduren") und die Ausdehnung des Gültigkeitsbereiches.

Die Syntax für benutzerdefinierte Funktionen in VBA lautet:

```
[Public | Private | Friend] [Static] Function Name [(Liste der
Parameter)] [As Typ]
  [Anweisungen]
  [Name = Ausdruck]
  [Exit Function]
  [Anweisungen]
  [Name = Ausdruck]
End Function
```

Für die einzelnen Syntaxelemente der Funktionen gelten die gleichen Regeln wie für die Prozeduren. Funktionen besitzen im Vergleich zu Prozeduren nur zwei zusätzliche Elemente, das Schlüsselwort *Friend* und den Typ der Funktion.

`Friend`: Dieses Schlüsselwort wird nur benötigt, wenn man selbst ein Objekt definiert. Benutzerdefinierte Objekte werden in den schon erwähnten Klassenmodulen definiert. Für diese Objekte müssen dann Methoden in Form von Funktionen definiert werden. Mit *Friend* darf die gegebene Funktion auch aus anderen Modulen heraus aufgerufen werden, jedoch nur innerhalb des Projektes. Dieses Schlüsselwort lockert die Kapselung des Objektes. Objekte werden in Kapitel 4 erklärt.

- `As` *`Typ`*: Der Rückgabewert der Funktion kann hiermit deklariert werden. Wenn diese Option nicht angegeben wird, liefert die Funktion einen *Variant*-Wert. Als Typ sind alle Datentypen bis auf *Decimal* erlaubt. Auch benutzerdefinierte Datentypen oder *Variant( )* sind gültig. Neu in VBA 6.0 ist, daß auch Datenfelder als Rückgabewerte von Funktionen akzeptiert werden. Ein Beispiel für eine Funktion mit einem Array als Rückgabewert wird weiter unten angegeben.
- `Name = Ausdruck`: Mit dieser Anweisung wird der Funktion ein Rückgabewert zugewiesen.

– `Exit Function`: Wie bei den Prozeduren kann die Ausführung einer Funktion frühzeitig, meistens in Abhängigkeit einer Bedingung, beendet werden. ***Achtung***: Vor der *Exit Function*-Anweisung muß der Rückgabewert der Funktion übergeben werden.

Eine Funktion wird durch eine Anweisung mit der folgenden Syntax aufgerufen:

```
Rückgabewert = Funktionsname( [Variable 1] [, Variable 2] ... [, Variable n])
```

Diese Zeile befindet sich an einer beliebigen Stelle einer anderen Prozedur oder Funktion.

Auf die Trennzeichen der Parameter achten: Während in Tabellenblättern die Parameter mit dem Zeichen „;" (Semikolon) getrennt werden, benötigt VBA-Programmcode dagegen ein Komma.

Als Beispiel für eine benutzerdefinierte Funktion wollen wir eine Funktion programmieren, die eine Durchschnittsgeschwindigkeit aus der Anzahl der Kilometer und der Zeitangabe berechnet. Die Zeitangabe für z.B. eineinhalb Stunden soll in der Form 1,30 erfolgen können.

Beispiel 3.50: Durchschnittsgeschwindigkeit berechnen

```
1   Function v_average(km As Double, zeit As Double)As Double
2   Dim intHour As Integer
3   Dim dblMin As Double
4   intHour = Fix(zeit)
5   dblMin = (zeit - intHour) * 100
6   dblMin = dblMin + intHour * 60
7   v_average = km / dblMin * 60
8   End Function
```

In **Zeile 1** des Listings werden der Name der Funktion und der Parameter festgelegt. Die Funktion `v_average` hat zwei Parameter vom Typ *Double*. Damit keine Fehler während der Ausführung entstehen, muß der Typ der Parameter beim Aufruf der Funktion auch vom Typ *Double* oder mindestens numerisch sein. Im Funktionsrumpf erfolgt dann die eigentliche Berechnung. In **Zeile 4** wird die Anzahl der Stunden aus der Zeitangabe extrahiert (z.B. Zeitangabe = 2,45, intHour = 2). In **Zeile 5** werden die Minuten vor das Komma gebracht (z.B. Zeitangabe = 2,45 – intHour = 2 ergibt 0,45 Minuten. Minuten * 100 ergibt dann 45 Minuten). In **Zeile 6** werden die Stunden in Minuten umgerechnet und mit den restlichen Minuten addiert. Anschließend erfolgt die Berechnung der Durchschnittsgeschwindigkeit.

Aufruf

Unsere Funktion wird natürlich irgendwie aufgerufen. Der Aufruf erfolgt in diesem Fall aus einer Prozedur (im Modul der Mappe vorhanden) mit der folgenden Anweisung:

```
dblKm_h = v_average(100, 5.5)
```

Die Variable `dblKm_h` ist vom Typ Double. Zu bemerken ist, daß die Zahl 5,5 mit einem Punkt übergeben werden muß. Das ist normal in VBA-Quellcode.

Die Funktion besitzt einen Rückgabewert vom Typ *Double*, dessen Wert eine nicht vorhersehbare variable Anzahl an Nachkommastellen haben kann. Um den Rückgabewert dieser Funktion stetig auf zwei Nachkommastellen zu formatieren, kann die Funktion *Format* eingesetzt werden, die schon etwas weiter oben im Kapitel kurz eingeführt wurde. In unserem Beispiel wurde ein benutzerdefiniertes Format für die Ausgabe am Bildschirm definiert:

```
msg = CStr(Format(dblKm_h, "#,##0.00")) & „ Km/h"
```

Das benutzerdefinierte Format ist der zweite Parameter der Funktion *Format*, also der Ausdruck „#,##0.00". Das #-Zeichen ist ein Platzhalter für eine eventuell vorhandene Zahl. Die Ziffer 0 steht für eine Zahl, die zwingend vorhanden sein muß. Bemerkenswert ist die Verwendung des Kommas für das Tausendertrennzeichen und des Punktes für das Komma.

In der Online-Hilfe sind für die *Format*-Funktion sowie für die andere neue Formatierungsfunktion, einige gute Seiten und Beispiele für verschiedene benutzerdefinierte Formate zu finden. Man muß nicht immer das Rad selbst neu erfinden!

Neu in VBA: Array als Rückgabewert einer Funktion

In dieser aktuellen Version 6.0 von VBA wurde endlich erlaubt, daß Funktionen Arrays als Rückgabewerte einsetzen können. Das erleichtert die Programmierungsarbeit um einiges: Wenn früher bei mehreren Rückgabewerten immer nur Parameter genommen werden konnten, kann man jetzt mehrere Rückgabewerte als Datenfeld „einpacken". Im folgenden wird ein kleines Beispiel für eine Funktion mit einem solchen Rückgabewert angegeben.

Beispiel 3.51: Datenfeld als Rückgabewert einer Funktion

```
Function GibArray(ByVal strText As String) As String()
Dim strHFeld() As String
strHFeld = Split(strText, " ")
GibArray = strHFeld
End Function
```

Die Funktion aus dem obigen Beispiel nimmt einen String als Parameter entgegen und macht daraus mit Hilfe der Funktion *Split* (auch eine der Neuheiten dieser VBA-Version) ein Datenfeld. Das Datenfeld wird dann als Rückgabewert der Funktion zurückgeliefert. *Split* teilt die Zeichenkette immer bei dem Zeichen, das als zweiter Parameter angegeben wird, in diesem Fall bei dem Zeichen *Space* (s. auch 3.3.3, „Datenfelder").

Online-Hilfe

- Function-Anweisung, Format-Funktion, IsNumeric-Funktion
- Benutzerdefinierte Datums- und Zeitformate (Format-Funktion), Benutzerdefinierte numerische Formate (Format-Funktion), Benutzerdefinierte Zeichenfolgeformate (Format-Funktion)

KAPITEL3.XLS, Modul „mdlBenutzerFunktion"

3.8.7 Benutzerdefinierte Funktionen für die Tabellenblätter

Excel verfügt über eine große Menge an Funktionen, die vom Anwender mit Unterstützung des Funktions-Assistenten eingesetzt werden. Weitere Funktionen werden mit Excel mitgeliefert und können als Add-Ins hinzugefügt werden.

Add-Ins werden in diesem Buch in Kapitel 8 erläutert. Dort wird auch angegeben, wie man schon mitgelieferte Add-Ins aktivieren kann.

Wenn diese Möglichkeiten nicht ausreichend sind, kann man selbst Funktionen für die Tabellenblätter schreiben, wenn man nicht auf kommerzielle Lösungen zurückgreifen will.

Das Schreiben eigener Funktionen für Tabellenblätter ist einfacher, als man denkt: Sobald eine Funktion, die nicht als *Private* definiert wird, in einem allgemeinen Excel-Modul geschrieben wird, wird die Funktion automatisch von Excel seinem Funktionsumfang hinzugefügt. Dies läßt sich mit einem Blick in den Funktions-Assistenten beweisen: Abbildung 3.31 zeigt die Funktionen der Mappe mit den Beispielen dieses Kapitels.

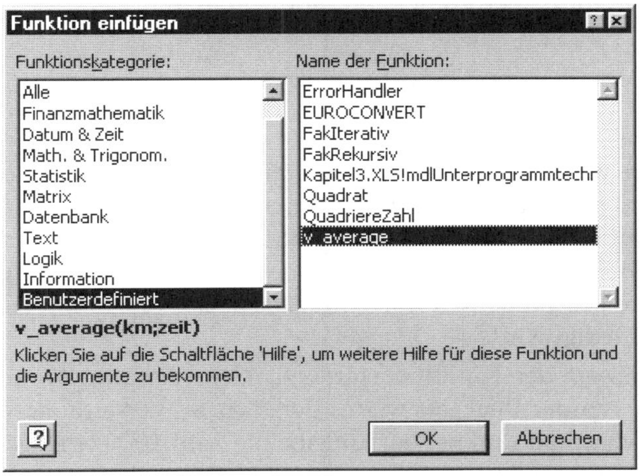

Abbildung 3.31: Der Funktions-Assistent mit den Funktionen dieses Kapitels

Automatisches Eintragen in den Funktions-Assistenten

Was ist passiert? Excel übernimmt (ab der Version 5) alles, was in einem Modul der Mappe als Funktion deklariert ist, in seinen Funktions-Assistenten und stellt es zur Verfügung. Das heißt jeder kann seine persönlichen Funktionen programmieren und in den Tabellen verwenden. Dieses Vergnügen ist aber mit etwas Vorsicht zu genießen; nicht immer funktioniert es reibungslos. Ein Problem ist, daß die Funktionen nur zur Verfügung stehen, wenn die Mappe, in der sie programmiert sind, geöffnet ist.

Verfügbarkeit der eigenen Funktionen

Dieses Problem kann mit Hilfe von externen Verweisen auf den Mappennamen (umständlich!), mit Hilfe der Mappe PERSONL.XLS (s. dazu Kapitel 5), oder mit benutzerdefinierten Add-Ins gelöst werden (s. dazu Kapitel 8).

Die Voraussetzungen für die automatische Übernahme der Funktionen im Funktions-Assistenten sind:

- Die Funktion muß in einem allgemeinen Modul geschrieben sein. Funktionen in Klassenmodulen von Tabellen oder sonstigen Objekten werden vom Funktions-Assistenten nicht angenommen.
- Die Funktion muß den Gültigkeitsbereich *Public* haben. Sobald eine Funktion als *Private* deklariert wird, verschwindet sie aus dem Funktions-Assistenten (s. dazu auch Abschnitt 3.9, „Gültigkeitsbereich von Unterprogrammen"). Die Umkehrung dieser Tatsache ist, wenn eine Funktion nicht im Funktions-Assistenten erscheinen soll, dann muß sie als *Private* deklariert werden.

Sobald eine benutzerdefinierte Funktion in dem Assistenten übernommen wird, kann man sie ganz normal benutzen, wie die schon vorhandene. Der Rückgabewert der Funktion wird dann in eine Zelle geschrieben.

Mögliche Probleme

Probleme mit eigenen Funktionen können in folgenden Fällen auftreten:

- Die Funktion wurde mit einer Ausgabe am Bildschirm (*MsgBox* oder *InputBox*) programmiert. Das geht nicht: Excel hängt sich irgendwann auf. Das Fenster des Funktions-Assistenten kollidiert mit der eigenen Ausgabe. Eigene Ausgabefenster am Bildschirm sind in diesem Fall auch nicht notwendig, da alles vom Funktions-Assistenten erledigt wird.
- Der Rückgabewert der Funktion wurde zu klein gewählt. Wenn man z.B. als Typ des Rückgabewertes den Typ *Byte* (Werte zw. 0 und 255) gewählt hat und bei der Eingabe die Zahl 1000 eingegeben hat (oder man klickt eine Zelle an, die diesen Wert beinhaltet), gibt es einen Überlauf. Man sollte hier nicht geizen: am besten immer nur *Long*, *Double*, *Currency* oder *Variant* nehmen. Funktionen, die Texte zurückliefern, sind natürlich auch möglich.

Wenn man bei einer Eingabe über den Assistenten falsche Werte angibt (z.B. einen Text statt eine Zahl für einen numerischen Parameter), verhält sich Excel, wie jedem Anwender schon bekannt. In Abbildung 3.32 ist die Reaktion von Excel auf eine Texteingabe für die Funktion `v_average` aus dem letzten Beispiel zu sehen. Excel macht keinen Unterschied zwischen „seinen Funktionen“ und den benutzerdefinierten Funktionen für die Tabellenblätter.

Abbildung 3.32: Fehlerhafte Eingabe bei der benutzerdefinierten Funktion v_average

Eigene Funktionen beschriften

In Excel 97 konnten benutzerdefinierte Funktionen einen Text zugewiesen bekommen, der dann als Erklärungstext im Funktions-Assistenten angezeigt wurde. In Abbildung 3.33 ist die Funktion `v_average` im Funktions-Assistenten von Excel 97 zu sehen. Im unterem Teil des Fensters ist der Text „Berechnet die Durchschnittsgeschwindigkeit“ sichtbar. In der Version 2000 klappt es mit der Beschriftung seltsamerweise nicht so ganz. Die Beschreibung kann angegeben werden, wird aber immer wieder von Excel „vergessen“.

Trotzdem wird der Leser auf Abschnitt 3.11.1, „Eigene Beschreibung für die Projekt-Elemente erstellen“, verwiesen. Wir hoffen auf die nächsten Service Packs und daß alles wieder gut wird!

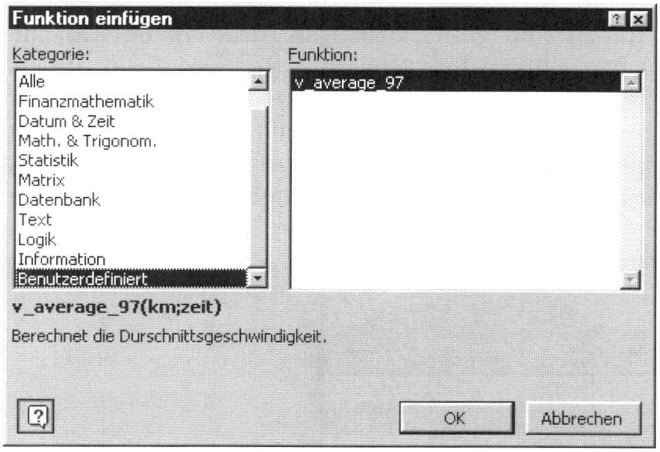

Abbildung 3.33: Die Funktion v_average in Excel 97

3.8.8 Tabellenfunktionen von Excel in VBA einsetzen

Im vorherigen Abschnitt wurde erläutert, wie man mit VBA Funktionen für Tabellenblätter schreiben kann. Es geht aber auch umgekehrt: Die Tabellenfunktionen von Excel können auch in VBA eingesetzt werden. Nicht alle Funktionen, die über den Funktions-Assistenten in Tabellen verwendet werden, dürfen auch in VBA eingesetzt werden. Die komplette Liste mit den erlaubten Funktionen befindet sich aber in der Online-Hilfe (s. Online-Hilfe-Hinweis am Ende des Abschnittes).

Tabellenfunktionen können in VBA auf zwei Arten eingesetzt werden: Man kann sie in VBA-Code aufrufen oder über VBA in ein Tabellenblatt einfügen. Dies entspricht dann einer manuellen Eingabe der Funktion in einer Tabelle.

Tabellenfunktionen in VBA aufrufen

Wenn man in VBA Tabellenfunktionen aufruft, will man in der Regel Berechnungen für gewisse Werte erhalten, die in einer Mappe schon vorhanden sind. Sobald man in VBA unter Excel auf Zellen oder Tabellen zugreifen will, sei es nur, um Werte daraus zu lesen, kommt man mit den Excel-Objekten in Berührung.

Objekte werden erst im nächsten Kapitel, Kapitel 4, ausführlich behandelt. Techniken, um Zugriffe auf Tabellen oder Zellen zu ermöglichen, werden dagegen ausgiebig in Kapitel 5 vorgestellt.

Da uns noch einiges an Wissen über Objekte fehlt, werden wir hier die Angelegenheit so einfach wie möglich halten. Im Moment ist es nur wichtig, die Syntax zu kennen, um die Tabellenfunktionen in VBA aufrufen zu können.

Tabellenfunktionen sind grundsätzlich als *Methoden* des Objektes *WorkSheetFunction* definiert (die Bedeutung dieser Aussage wird erst nach dem nächsten Kapitel klar). Dies kann auch anhand des Objektkatalogs nachvollzogen werden, wie in Abbildung 3.34 zu sehen ist. Das heißt praktisch, man kann die Funktionen nur über dieses Objekt oder über das übergeordnete Objekt *Application* aufrufen.

Abbildung 3.34: Das Objekt WorkSheetFunction im Objektkatalog

Das nächste Listing zeigt beispielhaft, wie aus einem Excel-Bereich (`Range("B2:B5")`) die Summe der Werte der Zellen über die Funktion `Summe` berechnet werden kann.

Beispiel 3.52: Tabellenfunktionen in VBA aufrufen

```
Sub TabFunktion_in_VBA()
Dim SummeA As Double
Workbooks("Kapitel3.XLS").Activate
ActiveWorkbook.Worksheets("Tabellenfunktionen").Select
'*** Komplette Referenz
SummeA = Application.WorksheetFunction.Sum(Range("b2:b5"))
'*** Nur mit dem Objekt Application
SummeA = Application.Sum(Range("b2:b5"))
'*** Nur mit dem Objekt WorksheetFunction
SummeA = WorksheetFunction.Sum(Range("b2:b5"))
End Sub
```

Die drei Anweisungen der Zeilen 6, 8 und 10 sind völlig gleichwertig. Warum das so ist, wird dem Leser in Kapitel 4 klar sein.

Wie man dem Listing entnehmen kann, werden in VBA die englischen Namen der Funktionen benutzt (z.B. *Sum* für *Summe*). Das ist nicht weiter schlimm, in der Liste der Tabellenfunktionen der Online-Hilfe sind sowohl die deutschen als auch die englischen Namen enthalten. Außerdem bietet Excel Unterstützung bei der Eingabe in Form von kontextsensitiver Hilfe, wie in Abbildung 3.35 zu sehen ist.

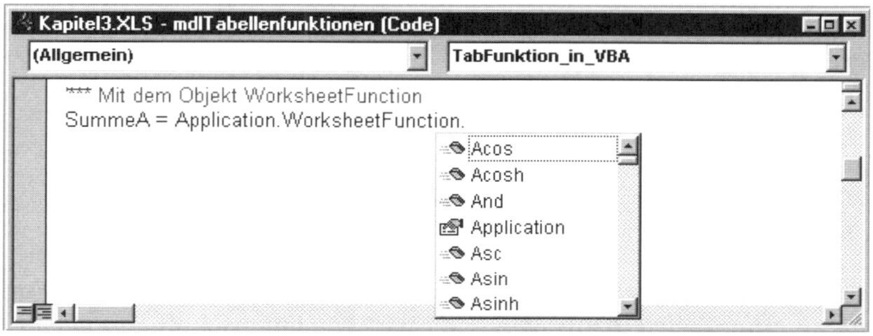

Abbildung 3.35: Die kontextsensitive Hilfe bietet die Liste der Tabellenfunktionen an

Mit VBA Tabellenfunktionen in Zellen einfügen

Tabellenfunktionen werden normalerweise direkt in ein Tabellenblatt eingegeben. Wenn man aber mit VBA Daten bearbeitet und analysiert, wäre es naheliegend, auch per VBA Funktionen für die Daten in die Zellen einer Tabelle zu schreiben.

Das Schreiben von Funktionen in einer Zelle läßt sich auch sehr gut mit dem Makrorecorder aufzeichnen. Solche Aufzeichnungen können dann als Basis für ein eigenes Programm verwendet werden. In Kapitel 5 werden Aufzeichnungen mit dem Makrorecorder sowie die Techniken für die Anpassung der Aufzeichnungen vorgestellt.

Im folgenden Listing werden die Anweisungen gezeigt, die notwendig sind, um Tabellenfunktionen in einer Zelle zu schreiben. Es werden drei Varianten vorgestellt: zuerst das Einfügen von Funktionen mit dem englischen Namen (z.B. *Sum* statt *Summe*), dann mit dem deutschen Namen, anschließend das Angeben einer Formel mit relativen Bezügen.

Beispiel 3.53: Tabellenfunktionen mit VBA in Zellen einfügen

```
1   Sub MitVBA_FunktionInTabelle()
2   Workbooks("Kapitel3.XLS").Activate
3   ActiveWorkbook.Worksheets("Tabellenfunktionen").Select
4   Range("B6").Formula = "=Sum(B2:B5)"
5   Range("B6").Select
6   Selection.AutoFill Destination:=Range("B6:D6"), Type:=xlFillDefault
7   Range("B7").FormulaLocal = "=Summe(B2:B5)"
8   Range("B7").Select
9   Selection.AutoFill Destination:=Range("B7:D7"), Type:=xlFillDefault
10  Range("B8").FormulaR1C1 = "=Sum(R[-6]C:R[-3]C)"
11  'Range("B8").Select
12  Selection.AutoFill Destination:= _
13                 Range(Cells(ActiveCell.Row, ActiveCell.Column), _
14                 Cells(ActiveCell.Row, ActiveCell.Column + 2)), _
15                 Type:=xlFillDefault
16  End Sub
```

In **Zeile 4** ist die Anweisung zu sehen, die notwendig ist, um eine Formel in einer Zelle einzutragen. Hier wird die Eigenschaft *Formula* des Objektes Range angesprochen. Diese Eigenschaft erwartet die englische Bezeichnung der Funktionen.

Die Syntax

```
"=Funktionsname(Excelbereich)"
```

muß strikt eingehalten werden! Wenn man z.B. nach dem " ein Leerzeichen einfügt, schreibt Excel die Funktion als Text in der Zelle. Das heißt nach dem Einfügen steht in der Zelle genau der Text, der in den Anführungszeichen übergeben wird.

Die Anweisungen in den **Zeilen 5 und 6** wurden mit dem Makrorecorder aufgezeichnet. Hier wird die Funktion aus der Zelle B6 in die Zellen C6 und D6 durch AutoAusfüllen übertragen. Die Anweisung in **Zeile 7** macht das gleiche, wie die Anweisung in Zeile 4, nur wird hier die Eigenschaft *FormulaLocal* verwendet. Diese Eigenschaft erlaubt die Übergabe der deutschen Namen für die Funktionen.

In **Zeile 10** wird die Eingabe der Funktion mittels Bezüge realisiert, die relativ zu dem Ausgangspunkt sind. In der Zelle B8 wird die Summe für den Bereich B2:B5 eingetragen. Hier wird die Eigenschaft *FormulaR1C1* verwendet. Dieser Eigenschaft entspricht die Z1S1-Bezugsart der Tabellenblätter. Nach dieser Bezugsart ist z.B. die Zelle C3 als „Z3S3“ (für 3. Zeile und 3. Spalte) dargestellt. Aus einer Zelle heraus kann man dann eine andere Zelle adressieren, indem man die Anzahl der Zeilen und Spalten relativ zum Ausgangspunkt dazu addiert oder subtrahiert. Die Anweisung in **Zeile 10** heißt als Satz „Füge die Summe in Zelle B8 ein. Die Summe wird für die Bereich 6 Zeilen bis 3 Zeilen oberhalb von B8 berechnet“. In den **Zeilen 12 bis 15** wird das AutoAusfüllen auch mit relativen Bezügen realisiert. Die Bedeutung solcher Anweisungen wird dem Leser erst nach der Lektüre von Kapitel 4 und 5 wirklich klar werden.

Online-Hilfe

- Verwenden von Microsoft Excel-Tabellenfunktionen in Visual Basic
- Liste der in Visual-Basic verfügbaren Tabellenfunktionen

Kapitel3.XLS, Modul „mdlTabellenfunktionen“

3.8.9 Unterprogramme mit dem Direktfenster testen

In diesen letzten Abschnitten haben wir uns intensiv mit Unterprogrammen und Parametern beschäftigt. Vielleicht hat schon mal jemand der Leser die hier vorgestellten Beispiele eingetippt oder aus der CD-ROM geöffnet und ausprobiert. Und vielleicht hat jemand auch gemerkt, daß man Unterprogramme mit Parametern nicht allein starten kann. Dies gilt sowohl für Prozeduren als auch für Funktionen: Wenn man z.B. den Cursor in ein solches Unterprogramm setzt und dann z.B. die Taste [F5] zum Starten der Ausführung benutzt, zeigt Excel ein Fenster mit den Namen der Programme der Mappen an, um daraus ein Programm auswählen zu lassen. In der Liste der angezeigten Programme fehlen aber alle Programme, die eine Übergabe von Parametern erwarten.

Programme mit Parametern

Was passiert hierbei? VBA betrachtet alle Programme, die Parameter erwarten, als nicht „eigenständige“ Programme, so daß man sie nicht direkt ausführen kann. Solche Programme können nur mittels Aufruf aus einem anderen Programm (*Sub* oder *Function* ist es egal) heraus gestartet werden. Das entspricht auch der semantischen Bedeutung dieser Programme, die nicht als „Hauptprogramm“ eingesetzt werden können. Nur, das kann beim Testen etwas lästig sein, man muß praktisch immer über ein weiteres Programm verfügen, um das Programm mit den Parametern aufrufen zu können. Aber dafür gibt es auch eine Lösung.

Direktfenster

In Kapitel 2 wurden die Hilfsmittel der Entwicklungsumgebung für das Testen von Programmen vorgestellt. Dort wurde auch das Hilfsmittel Direktfenster eingeführt und gleichzeitig auf diesen Abschnitt verwiesen.

Das Direktfenster ist das einzige Hilfsmittel der Entwicklungsumgebung, das imstande ist, Programme mit Parametern zu Testzwecken auszuführen. In Abbildung 3.36 ist das Direktfenster mit der Funktion `v_average` aus den vorherigen Abschnitten zu sehen. Der Rückgabewert der Funktion wird auch in das Direktfenster geschrieben (im Bild Wert 40).

Abbildung 3.36: Das Direktfenster mit einer benutzerdefinierten Funktion mit zwei Parametern

Diese Funktionalität des Direktfensters ist sehr nützlich. Die Syntax für den Aufruf eines Programms mit Parametern ist für Prozeduren und Funktionen unterschiedlich.

Funktion

Eine Funktion wird mit der folgenden Syntax aufgerufen:

```
?Funktionsname([Liste der Parameter])
```

Man sollte bei Funktionen immer die Liste der Parameter in runden Klammern einschließen!

Prozedur

Eine Prozedur wird mit der folgenden Syntax aufgerufen:

```
Prozedurname [Liste der Parameter]
```

Bei Prozeduren dürfen die Parameter nie in runden Klammern eingeschlossen werden!

Wenn mehr als ein Parameter vorhanden ist, werden in beiden Fällen Kommata als Trennzeichen für die einzelnen Werte verwendet. Die Parameter selbst können nur als Wert bzw. Konstante übergeben werden, da das Direktfenster keine Variablennamen kennt. Dabei sollen aber ein paar Regeln beachtet werden:

- *Numerische Werte* werden durch Ziffern dargestellt, Kommata sind als Punkt einzugeben. Tausendertrennzeichen werden nicht akzeptiert.
- *Zeichenketten* sind zwischen zwei Anführungszeichen einzuschließen, z.B. „Hallo“.
- *Datumswerte* sind mit dem Format #tt/mm/jj# zu übergeben.

Die Einhaltung dieser einfachen Regeln garantiert eine gute Zusammenarbeit mit dem Direktfenster.

3.9 Gültigkeitsbereich von Unterprogrammen

Wie Variablen und Konstanten besitzen auch Unterprogramme einen Gültigkeitsbereich. Innerhalb dieses Gültigkeitsbereichs können Prozeduren und Funktionen von anderen Prozeduren und Funktionen aufgerufen und verwendet werden. Außerhalb des Gültigkeitsbereichs sind Unterprogramme für andere Unterprogramme unbekannt. Auch für Unterprogramme kann man zwischen einer lokalen und einer globalen Gültigkeit unterscheiden. Einige der Regeln für den Gültigkeitsbereich von Unterprogrammen wurden in diesem Kapitel schon erläutert. Hier im folgenden wird eine abschließende Zusammenfassung angeboten.

3.9.1 Lokale Gültigkeit auf privater Modulebene

Alle Prozeduren und Funktionen eines Klassenmoduls oder allgemeinen Moduls besitzen lokale Gültigkeit, wenn sie explizit mit der *Private*-Anweisung deklariert werden. Private Unterprogramme können nur innerhalb ihres Moduls verwendet werden. Der Kopf eines solchen Unterprogramms sieht dann wie im folgenden angegeben aus:

```
Private Sub Prozedurname ([Liste der Parameter])
Private Function Funktionsname ([Liste der Parameter]) [As Typ]
```

Ereignisprozedur

Ereignisprozeduren befinden sich in den Klassenmodulen der jeweiligen Objekte. Excel fügt standardmäßig dem Kopf einer Ereignisprozedur die *Private*-Anweisung an, so daß ihr Gültigkeitsbereich stets auf ihr Klassenmodul beschränkt ist. Auch wenn man das Schlüsselwort *Private* aus dem Kopf der Prozedur entfernt, bleibt der Gültigkeitsbereich der Ereignisprozedur auf das Klassenmodul beschränkt (Kapselung).

In früheren Versionen von VBA war die Kapselung der Objekte nicht so strikt. Wenn man aus einer Ereignisprozedur das Wort *Private* entfernt hatte, konnte man die Prozedur aus anderen Modulen heraus aufrufen. Das konnte zu einigen Schwierigkeiten bei der Ausführung von Programmen aus früheren Versionen führen, wenn diese Aufrufe dieser Art verwendet haben.

Statische Unterprogramme

Unterprogramme können auch mit dem Schlüsselwort *Static* deklariert werden. Dieses Schlüsselwort kann auch nur für eine lokale Variable des Unterprogramms verwendet werden (s. Abschnitt „Lokale Gültigkeit"). Wenn eine Prozedur oder eine Funktion mit *Static* deklariert wird, dann bleiben alle Werte der *lokalen* Variablen zwischen verschiedenen Aufrufen erhalten. Wenn in der Prozedur oder Funktion andere, nicht lokale Variablen verwendet werden, werden diese von der Wirkung der *Static*-Anweisung nicht berührt.

3.9.2 Öffentliche Gültigkeit auf öffentlicher Modulebene

Unterprogramme, die aus allen anderen Modulen aufrufbar sein sollen, müssen nicht mit dem Schlüsselwort *Private* deklariert werden, oder sie müssen explizit mit dem Schlüsselwort *Public* deklariert werden. Diese Programme dürfen auch nicht in einem Klassenmodul geschrieben werden.

Annahme

Wenn weder *Private* noch *Public* angegeben wird, nimmt VBA bei Prozeduren und Funktionen immer *Public* an, wenn die Unterprogramme sich in einem allgemeinen Modul befinden. Prozeduren oder Funktionen eines Klassenmoduls sind immer *Private*.

Die Syntax für eine öffentliche Gültigkeit auf Modulebene ist dann entweder:

```
Public Sub Prozedurname ([Liste der Parameter])
Public Function Funktionsname ([Liste der Parameter]) [As Typ]
```

oder

```
Sub Prozedurname ([Liste der Parameter])
Function Funktionsname ([Liste der Parameter]) [As Typ]
```

Aufruf

Normalerweise werden die Prozeduren und die Funktionen über ihren Namen aufgerufen. Wenn für sie Parameter benötigt werden, müssen diese gemäß der Regel der Syntax für Prozeduren und Funktionen auch beim Aufruf übergeben werden. Die Syntax für solche Aufrufe sowohl für Prozeduren als auch für Funktionen wurde schon in diesem Kapitel vorgestellt, wird aber hier in Kurzform wiedergegeben (s. auch Abschnitt 3.8.9, „Unterprogramme mit dem Direktfenster testen"):

```
Prozedurname [Liste der Parameter]
Variablenname = Funktionsname ([Liste der Parameter])
```

Mögliche Namenskonflikte

Der Name des Moduls braucht nicht genannt zu werden. Das heißt aber auch, daß öffentliche Prozeduren oder Funktionen in verschiedenen Modulen nicht den gleichen Namen haben dürfen. Wenn aber das VBA-Projekt groß wird, ist es sehr schwer, den Überblick über alle schon vergebenen Namen zu bewahren. Die Entwicklungsumgebung erlaubt sogar die Vergabe des gleichen Namens für Prozeduren oder Funktionen, wenn diese sich in verschiedenen allgemeinen Modulen befinden und den Gültigkeitsbereich *Public* haben. Bei *Private* gibt es keine Probleme, die Bekanntheit des Namens bleibt im Modul eingeschlossen, in dem die Programmen sich befinden. Wenn aber die Prozedur oder Funktion aufgerufen werden soll, ergibt sich eine Fehlermeldung, wie in Abbildung 3.37 für ein Programm mit dem Namen „Makro2" zu sehen ist.

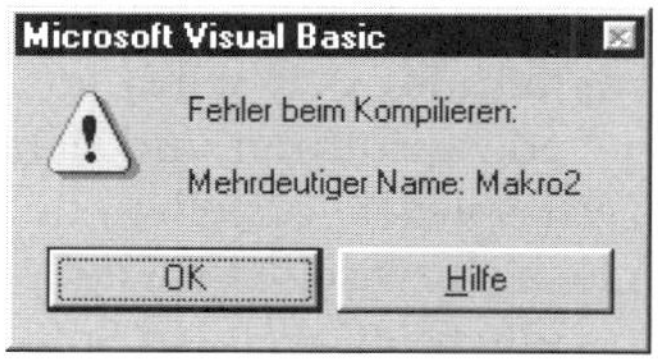

Abbildung 3.37: Der Name „Makro2" ist mehr als einmal vergeben worden

Es kann sogar sein, daß die eigenen Programme mit Namen aus Klassenbibliotheken kollidieren. Das beste in jedem Fall wäre, die Prozeduren oder Funktionen umzubenennen. Wenn dies aber mit zuviel Aufwand verbunden ist, kann man das Problem lösen, indem man den Namen des Moduls vor dem Namen des Programms angibt:

```
Modulname.Programmname ([Liste der Parameter])
```

Dann weiß Excel, welches Programm man verwenden möchte.

In den Abschnitten „Prozeduren", und „Funktionen", wurde schon die *Option Private Module*-Anweisung und ihre Wirkung auf die Gültigkeit vorgestellt.

Die folgende Tabelle ist eine Zusammenfassung der Regeln für den Geltungsbereich von Prozeduren und Funktionen.

Element	Geltungsbereich ohne Public oder Private	Geltungsbereich mit Public oder Private
Prozedur oder Funktion in einem allgemeinen Modul	Implizit *Public*, d.h., für alle anderen Module zugänglich	*Private* oder *Public*, je nach Angabe
Prozedur oder Funktion in einem Klassenmodul	Implizit *Private*, d.h., für alle anderen Module nicht zugänglich	Immer *Private*
Ereignisprozedur in einem Klassenmodul	Implizit *Private*, d.h., für alle anderen Module nicht zugänglich	Immer *Private*

3.10 Rekursion

Rekursion als Lösung spezieller Probleme

Die Rekursion ist eine spezielle Programmiertechnik, um ganz bestimmte Probleme zu lösen. Es gibt klassische algorithmische Probleme der Informatik, die mit Hilfe der Rekursion gelöst worden sind. In den vorherigen Abschnitten wurde häufig gezeigt, wie ein Unterprogramm ein weiteres Unterprogramm aufrufen kann. Ein rekursives Programm ruft statt eines anderen Programmes sich selbst auf. Wenn es das tut, wird es nochmals seinen Code ausführen und sich erneut aufrufen. Bildlich kann man sich zwei Spiegel vorstellen, die einander direkt gegenüber stehen: Wenn man sich zwischen sie stellt, sieht man sein eigenes reflektiertes Bild unendlich oft, weil ein Spiegel immer den anderen spiegelt und umgekehrt. Die Rekursion ist im Unterschied zu den Spiegeln endlich, das Aufrufen muß irgendwann beendet werden. Manchmal kann aber ein rekursives Programm, das einen Fehler enthält, wirklich unendlich werden. In diesem Fall bricht das System zusammen, weil der Bereich des Hauptspeichers, der dem Programm vom System zugewiesen wurde, überschritten wird.

Rekursion ist eine harte Nuß auch für Informatik-Studenten. Am besten kann man anhand eines Beispiels einen rekursiven Vorgang verstehen. Das klassische Beispiel dafür ist die Berechnung der Fakultät einer Zahl.

Sei n eine beliebige, ganze, positive Zahl. Die Fakultät von n ist dann wie folgt definiert:

```
Fakultät(n) = n*(n-1)*(n-2)*(n-3)*.....*2*1
```

Fakultät iterativ

Wenn man jetzt dafür ein Programm schreiben will, könnte man dies mit einer Schleife realisieren. Diese Art der Programmierung (also ohne Rekursion) wird *iterativ* genannt. Das Programm könnte z.B. folgendermaßen aussehen:

Beispiel 3.54: Fakultät iterativ

```
Function FakIterativ(ByVal n As Integer) As Double
Dim Ergebnis As Double
Ergebnis = 1
While n > 1
    Ergebnis = Ergebnis * n: n = n - 1
Wend
FakIterativ = Ergebnis
End Function
```

Hier wird nur die jeweilige iterative und rekursive Funktion angegeben. Auf der CD-ROM befindet sich eine weitere Prozedur, die Funktionen aufruft und ihre Ergebnisse anzeigt.

Die obige Funktion dürfte keine Probleme bereiten: Ihr wird eine Zahl `n` übergeben, deren Wert unverändert zurückgegeben wird (*Call by Value*). Solange die Zahl `n` > 1 ist, wird `n * (n - 1)` berechnet. Falls die Zahl `n` von Anfang an 1 ist, wird die Schleife nicht ausgeführt, und das Ergebnis der Fakultätsberechnung ist 1. Die Möglichkeit der Eingabe anderer Werte (Buchstaben, Sonderzeichen etc.) muß schon vor dem Aufruf der Funktion ausgeschlossen werden. Der Typ der Funktion wurde auf *Double* gesetzt, um Überlauffehler zu vermeiden. Wenn man den Typ *Long* wählte, würde schon eine Berechnung mit `n` = 15 zum Überlauf führen.

Und jetzt zum Vergleich die Funktion in rekursiver Form.

Fakultät rekursiv

Beispiel 3.55: Fakultät rekursiv

```
Function FakRekursiv(n As Integer) As Double
If n = 1 Then
    FakRekursiv = 1          '*** Rekursionsbasis
Else
    FakRekursiv = n * FakRekursiv(n - 1)
End If
End Function
```

Die Zahl n wird übergeben. Falls n=1 gilt, bekommt der Rückgabewert der Funktion den Wert 1, und damit ist der Ablauf beendet. Diese Anweisung wird auch *Rekursionsbasis* genannt, weil sie die rekursiven Aufrufe stoppt, wobei es keine Rolle spielt, ob n von Anfang an gleich 1 ist oder nach mehrmaliger Ausführung den Wert 1 erreicht. Wenn die Bedingung vor der Rekursionsbasis falsch formuliert ist und daher nie wahr werden kann, wird die Rekursion theoretisch unendlich, praktisch jedoch führt sie dann zum Zusammenbruch des Systems.

Wenn n > 1 gilt, wird der *Else*-Zweig des obigen Beispiels ausgeführt. Hier wird der Funktion der Wert von n zugewiesen, multipliziert mit dem Wert, der sich aus dem weiteren Aufruf derselben Funktion mit dem Parameter (n-1) ergibt. Dieser Prozeß wird so lange ausgeführt, bis n = 1 gilt. Graphisch kann man es so darstellen, wie in Abbildung 3.38 für n=4 zu sehen ist.

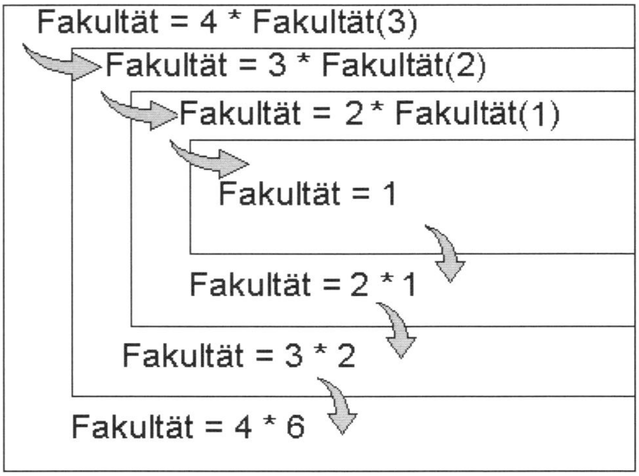

Abbildung 3.38: Der rekursive Ablauf der Fakultät für n = 4

Als praktische Regel sollte man sich merken: Alles, was iterativ programmiert werden kann, sollte auch iterativ formuliert werden. Die Rekursion verursacht intern einen sehr großen Verwaltungsaufwand, und dies birgt immer die Gefahr, das System zum Absturz zu bringen. Es gibt nur einige klassische Fälle, die traditionell rekursiv programmiert werden, wie z.B. Sortier- oder Suchalgorithmen (z.B. Quicksort oder Binäre Suche). Wer solche Algorithmen benötigt, sollte sich in der einschlägigen Informatik-Literatur informieren.

Online-Hilfe
Rekursion, dann Schreiben rekursiver Prozeduren

KAPITEL3.XLS, Modul „mdlRekursion"

3.11 Der Überblick über das eigene Projekt

Wenn man alle Beispiele dieses Kapitels in eine Excel-Mappe eingetippt hat und für jedes Thema ein eigenes Modul verwendet hat (dieses System wurde in der Mappe KAPITEL3.XLS dieses Kapitels verwendet), dann sieht man, wie man so schön sagt, den Wald vor lauter Bäumen nicht mehr, oder anders gesagt, man sieht nur einen Baum und man kann die anderen nicht mehr sehen.

Losung durch den Objektkatalog

Dieses Problem hängt mit der Struktur der Entwicklungsumgebung zusammen und kann mit vorgegebenen Hilfsmitteln behoben werden. In Kapitel 2 wurde der Objektkatalog vorgestellt. Dort wurden nur einige der Möglichkeiten gezeigt. Der Objektkatalog kann aber sinnvoll auch für die Verwaltung eigener, zu groß gewordener Projekte eingesetzt werden.

Nach dem Aufruf des Objektkatalogs über:

- das Menü ANSICHT\OBJEKTKATALOG
- die Taste [F2]
- die entsprechende Schaltfläche der Symbolleiste

öffnet sich ein neues Fenster in der Entwicklungsumgebung. Im Fenster wird standardmäßig die Kategorie <Alle Bibliotheken> angezeigt. Aus der Liste sollte man den Eintrag <VBA-Projekt> wählen, wie in Abbildung 3.39 gezeigt.

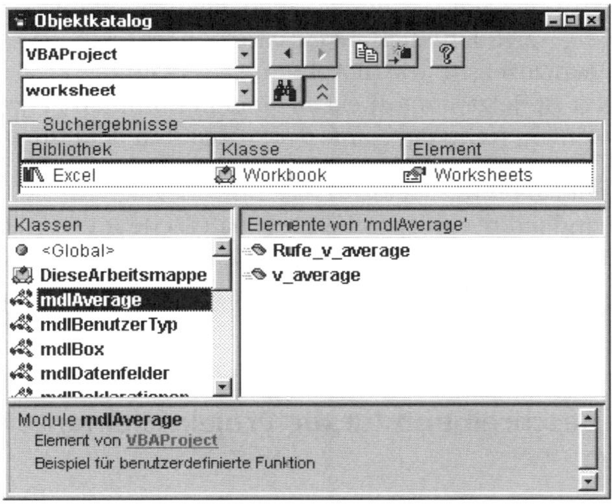

Abbildung 3.39: Der Objektkatalog zeigt den Inhalt des eigenen Projekts an

Falls mehrere Projekte (bzw. Mappen) in der Excel-Umgebung geöffnet sind, kann man durch einen Klick auf den entsprechenden Namen im Projekt-Explorer die Ansicht auf das gewünschte Projekt einstellen. Der Projekt-Explorer kann, falls nicht geöffnet, über:

- das Menü ANSICHT\PROJEKT-EXPLORER
- die Tastenkombination [Strg]+[R]
- die entsprechende Schaltfläche der Symbolleiste

geöffnet werden. Nach dem Öffnen zeigt der Explorer die Liste der momentan geöffneten Projekte (s. Abbildung 3.40). Die Markierung des Projektes in der Liste reicht aus, um seinen Inhalt im Objektkatalog anzeigen zu lassen.

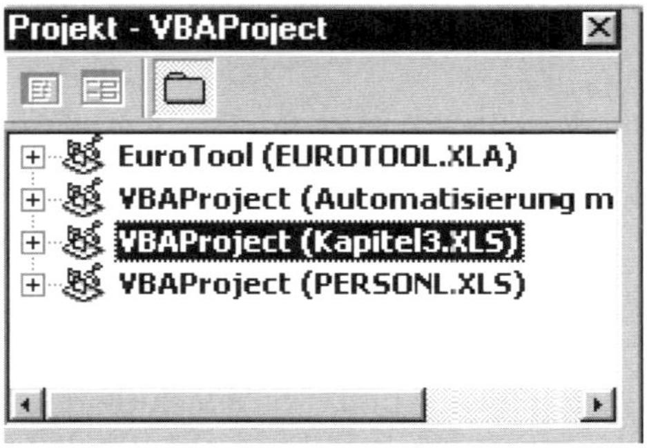

Abbildung 3.40: Der Projekt-Explorer mit der Liste der geöffneten Projekte

Im Objektkatalog werden alle Module, Tabellen, benutzerdefinierten Datentypen etc. angezeigt. Ein Klick auf ein Modul reicht, um die Liste der Prozeduren anzuzeigen, wie in Abbildung 3.39 für das Modul `mdlAverage` gezeigt ist. Jetzt kann direkt zu einer bestimmten Prozedur gesprungen werden, wenn der Name der Prozedur in der Liste

- mit der Maus doppelt angeklickt wird
- markiert wird und auf die entsprechende Schaltfläche im Objektkatalog geklickt wird.

Auf diese Art lassen sich alle Elemente des eigenen Projekts schnell überblicken und erreichen.

3.11.1 Eigene Beschreibung für die Projekt-Elemente erstellen

Über den Objektkatalog lassen sich die eigenen Programme auch beschreiben. In Abbildung 3.39 ist für das Modul `mdlAverage` der Text „Beispiel für benutzerdefinierte Funktion" im unteren Bereich zu sehen. Dieser Text könnte auch bei Bedarf etwas länger sein. Der Text kann über den Objektkatalog eingegeben werden. Dies wird so gemacht:

- Das Element, das Modul, die Prozedur oder die Funktion, je nachdem, was beschriftet werden soll, muß im Objektkatalog markiert werden.
- Auf dem markierten Element wird über die rechte Maustaste das Kontextmenü aufgerufen.
- Der Eintrag „Eigenschaften..." wird gewählt (s. Abbildung 3.41).

Abbildung 3.41: Das Kontextmenü im Objektkatalog

Ein neues Fenster wird dann geöffnet (s. Abbildung 3.42). Im Fenster kann im Feld *Beschreibung* ein beliebiger Text eingegeben werden. Die weiteren Felder, *Hilfedatei* und *Hilfekontext-ID*, können nur verwendet werden, wenn man für das eigene Projekt über eine eigene Windows-Hilfe-Datei verfügt. Solche Dateien müssen mit speziellen Programmen erstellt werden und werden in diesem Buch nicht behandelt.

Beschriftung auch im Funktions-Assistenten

Die so definierte Beschriftung erscheint nicht nur im Objektkatalog, sondern auch während der Eingabe im Funktions-Assistenten, wenn man benutzerdefinierte Funktionen für Tabellenblätter einsetzt.

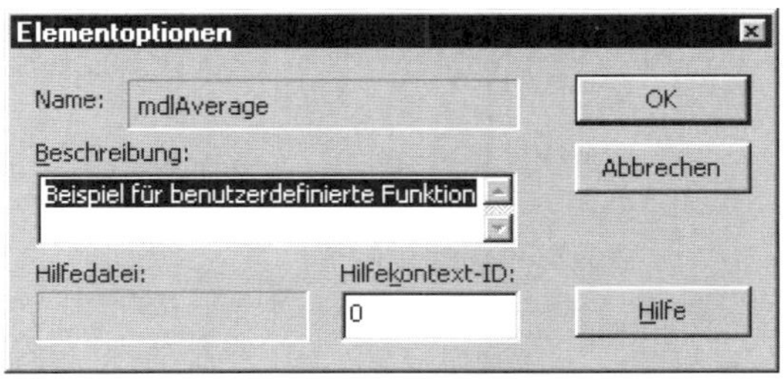

Abbildung 3.42: Elemente des Objektkatalogs beschriften

4 Objekte und Ereignisse

Um in Excel programmieren zu können, reichen die Kenntnisse über die Syntaxelemente von VBA (Variablen, Kontrollstrukturen, Funktionen etc.) aus dem vorherigen Kapitel nicht aus. Wie schon in der Einleitung angekündigt, ist VBA mehr als nur eine strukturierte Programmiersprache, sie ist nämlich auch eine objekt- und ereignisorientierte Programmiersprache. In diesem Kapitel werden zuerst Objekte im allgemeinen und insbesondere in VBA und Excel vorgestellt. Danach wird auf die Ereignisse und ihr Zwischenspiel mit den Excel-Objekten eingegangen. Am Ende des Kapitels wird das Thema „Makroviren" angesprochen.

Dieses Kapitel ist gewollt etwas theoretischer als die anderen dieses Buches. Das Verständnis über das Objektmodell und die Ereignisstruktur von Excel ist eine der Grundvoraussetzungen für einen VBA-Programmierer, so daß dieses Kapitel ein Schlüsselkapitel für das gesamte Buch darstellt. Das Wissen, das hier vermittelt wird, ist die Voraussetzung, um überhaupt in Excel programmieren zu können oder sogar um nur ein aufgezeichnetes Makro richtig zu verstehen.

4.1 Objekte, Eigenschaften und Methoden

Viele moderne Programmiersprachen sind „objektorientiert". Der Begriff „objektorientiert" bezeichnet die Fähigkeit einer Programmiersprache, Objekte zu definieren und zu manipulieren. Dies erklärt aber noch nicht, was ein Objekt ist.

In der alltägliche Sprache bezeichnet man mit dem Begriff „Objekt" meistens einen Gegenstand, der eine passive Rolle spielt. Der Begriff „Objekt" ist der Gegenpol zu dem Begriff „Subjekt": Ein Subjekt agiert auf ein Objekt, d. h. das Objekt wird vom Subjekt generiert, verändert, zerstört etc. Ein Schreiner ist zum Beispiel das Subjekt, das das Objekt „Tisch" erstellt. Dem Objekt Tisch wird nur eine passive

Rolle in dem Entstehungs- und Veränderungsprozeß zuerkannt. Diese Darstellung entspricht nicht einem Objekt in einer objektorientierten Programmiersprache.

Definition

Ein Objekt in einer Programmiersprache wird durch seine Eigenschaften und Methoden identifiziert und definiert. Für alle objektorientierten Programmiersprachen ist ein Objekt ein „Etwas", das über

Eigenschaften und **Methoden**

verfügt. Diese zwei Begriffe werden in den folgenden Abschnitten ausführlich erläutert.

4.1.1 Eigenschaften

Eine Eigenschaft ist ein Attribut oder noch einfacher und intuitiver, ein Etwas, das die Beschreibung des Objektes erlaubt. Dies kann auch anhand eines reellen Beispiels verdeutlicht werden: Angenommen, man möchte jemandem am Telefon einen neu eingekauften Tisch beschreiben, dann würde man solche Sätze verwenden:

Parallele in der reellen Welt

„Der Tisch ist aus Holz, oval, ca. 1,20 m hoch, hat 4 runde Beine, dunkelbraun, die Oberfläche der Platte ist poliert, sehr stabil und schwer..."

Die Person am Telefon kann sich anhand dieser Beschreibung eine konkrete Vorstellung des Objektes „Tisch" in diesem Fall machen. Die Begriffe, die den Tisch beschreiben, sind nur die Ausprägungen der Eigenschaften des Objektes „Tisch": „Material" (aus Holz), „Form" (oval), „Höhe" (1,20 m), „Anzahl der Beine" (4 Beine), „Farbe" (dunkelbraun) usw. Jeder Tisch dieser Welt besitzt die gleichen Eigenschaften, nur die Ausprägungen der Eigenschaften, also die konkreten Werte der Eigenschaften, können voneinander abweichen. Es gibt nämlich runde, quadratische, dreieckige, ovale, rechteckige Tische, es gibt Tische aus Holz, Plastik, Metall, Glas etc.

Klassen und Instanzen

Das Objekt „Tisch" als solches besitzt die Eigenschaften „Material", „Form", „Farbe" etc. Die reell existierenden Tische, also die ***Instanzen*** des Objektes „Tisch", besitzen alle diese Eigenschaften, nur mit unterschiedlichen Ausprägungen. Das Objekt „Tisch" als solches stellt die sogenannte ***Klasse*** dar, ist sozusagen der Grundtyp, aus dem die einzelnen Instanzen gestanzt werden. Die Instanzen der Klasse unterscheiden sich lediglich in der Ausprägung ihrer Eigenschaften.

Eigenschaften von Excel-Objekten

In Excel existiert eine große Menge an Objekten. Ihre tatsächliche Anzahl liegt bei ca. 200. In dieser Zahl sind auch ältere Objekte beinhaltet, deren Verwendung in der aktuellen Version des Programms nicht mehr empfohlen wird. Sie wurden nur aus Kompatibilitätsgründen von Excel 2000 übernommen, um ältere VBA-Programme (aus den Excel-Versionen 5, 7 und 97) lauffähig zu halten. Das Objektmodell von Excel wird etwas weiter unter vorgestellt. Zuerst aber ein kleines Beispiel aus der Excel-Anwendung für ein besseres Verständnis.

Jeder Excel-Anwender kennt die Tabellenblätter einer Mappe. Eine Beschreibung einer Tabellenblattes könnte in etwa so lauten:

„Ein Tabellenblatt besteht aus Zeilen und Spalten, die unterschiedliche Höhe und Breite haben können. Die Hintergrundfarbe ist normalerweise weiß, die Schrift ist meistens schwarz und der verwendete Font ist „Arial“. Die Zellen des Tabellenblattes können Texte, Zahlen oder Formeln beinhalten ...“

Schon in dieser einfachen Beschreibung werden einige Objekte und ihre Eigenschaften verwendet. Das Tabellenblatt ist ein Objekt (*Worksheet*), und seine Eigenschaften in dem obigen Satz sind die Spalten (*Columns*), Zeilen (*Rows*) und die Zellen (*Cells*). Die Zellen des Tabellenblattes sind für das Tabellenblatt selbst eine Eigenschaft, aber sie existieren auch „allein“ als Objekt. Das Objekt „Zelle“ (bzw. Bereich) besitzt die Eigenschaften Höhe (*Height*), Breite (*Width*), Inneres (*Interior*) und Font (*Font*). Das Inneres der Zelle und der Font sind wiederum selbständige Objekte, die jeweils die Eigenschaft Farbe (*Color* oder *Colorindex*) besitzen. Der Inhalt einer Zelle (*Formula* oder *FormulaR1C1*) ist eine Eigenschaft des Objektes „Zelle“ (bzw. Bereich). Schon hier merkt man, daß die Objekte hierarchisch organisiert sind. Diese Hierarchie wird ausführlich in Abschnitt 4.3, „Objekthierarchie“ vorgestellt.

Objekte „sehen“ im Objektkatalog

Eine Hilfe zum besseren Verständnis ist der Objektkatalog. Mit ihm kann man die Objekte, ihre Eigenschaften und Methoden tatsächlich sehen. In Abbildung 4.1 ist das Ergebnis der Suche nach dem Objekt „Worksheet“ zu sehen.

Abbildung 4.1: Der Objektkatalog mit dem Objekt Worksheet und seine Eigenschaft Cells

In dem unteren Feld des Objektkatalogs ist links die Liste der Objekte als Grundtyp, oder besser als Klassen, zu sehen. Rechts im Feld werden die zum links markierten Objekt gehörenden Eigenschaften, Methoden, oder Ereignisse angezeigt. Diese Elemente unterscheiden sich anhand ihrer Icons (für die Bedeutung der Icons s. Kapitel 2, Der Objektkatalog).

In dem unterem Bereich des Bildes ist immer ein erklärender Text eingeblendet, zum gerade markierten Element. In diesem Fall gehört der Text zu der Eigenschaft *Cells*: Die Eigenschaft *Cells* des Objektes *Worksheet* ist ein Objekt vom Typ *Range* (Bereich). Ein Klick auf das Wort *Range* zeigt dann die Elemente der Klasse *Range*, wie in Abbildung 4.2 zu sehen ist.

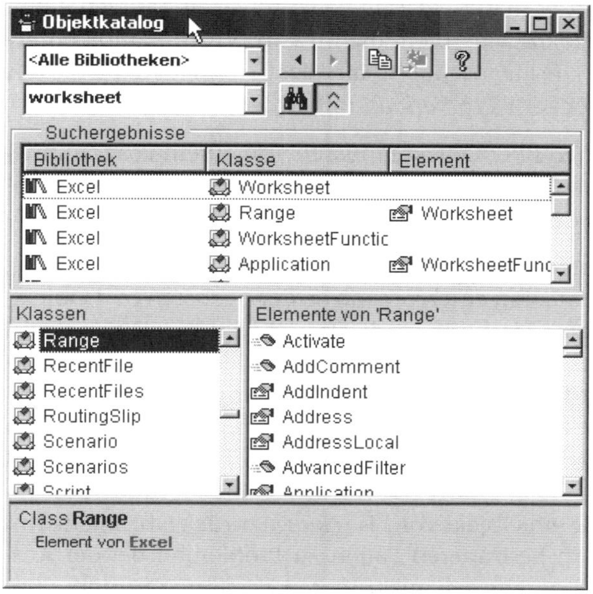

Abbildung 4.2: Der Objektkatalog mit dem Objekt Range

Veränderbarkeit der Eigenschaften

Eigenschaften von Objekten können in zwei große Gruppen aufgeteilt werden: Eigenschaften, deren Werte geändert werden können, und Eigenschaften, die nicht geändert werden dürfen.

Wenn man an das Objekt „Tisch" von oben denkt, läßt sich zum Beispiel die Eigenschaft „Material" unmöglich ändern: wenn der Tisch aus Holz ist, bleibt er eben aus Holz. Die Eigenschaft „Form" könnte dagegen mit Hilfe eine Säge schon geändert werden: so könnte unser ovaler Tisch zu einem rechteckigen werden. Auch die Farbe läßt sich durch Überpinseln ändern.

Diese Sachverhalte gelten auch für die Excel-Objekte: einige Eigenschaften lassen sich verändern, manche andere nicht. Die Eigenschaft *Columns* des Objektes *Worksheet* ist zum Beispiel eine nicht veränderbare Eigenschaft: Die Anzahl der Spalten eines Tabellenblattes kann nicht geändert werden, das weiß jeder Excel-Anwender. Die Eigenschaften *Height* und *Width* der Zellen dagegen lassen sich vom Anwender oder mit einer VBA-Anweisung beliebig setzen. Das Objekt *Worksheet* selbst besitzt zum Beispiel die Eigenschaft *Visible*, die für das Ausblenden bzw. Einblenden des Tabellenblattes verantwortlich ist. Diese Eigenschaft läßt sich in Excel über das Menü FENSTER\AUSBLENDEN bzw. FENSTER\EINLENDEN verändern. In VBA wird die Veränderung durch die Zuweisung der Werte *true* (einblenden) oder *false* (ausblenden) erreicht. Es handelt sich hier nämlich um eine Eigenschaft vom Typ *Boolean*. Eigenschaften besitzen einen Datentyp, genau wie die Variablen, die im vorherigen Kapitel eingeführt worden sind. Die Eigenschaft *Color* oder *Colorindex* des Objektes *Font* ist zum Beispiel vom Typ *Variant*, mit Untertyp *Long*.

Solche Informationen über Objekte müssen von einem Programmierer nicht auswendig gelernt werden. Sie stehen jederzeit in dem Objektkatalog oder in der Online-Hilfe zur Verfügung.

Hinweis für Umsteiger aus früheren Excel-Versionen: Es kann sein, daß manche Elemente von einer Version zu der nächsten mal Objekt, mal Eigenschaft, mal Methode sind. Das Objektmodell von Excel wurde ständig überarbeitet, so daß solche Änderungen leider notwendig waren. Ein Beispiel für diese Entwicklung ist das schon besprochene Element *Cells*: In Excel 2000 ist *Cells* eine Eigenschaft des Objektes *Worksheet*, selbst aber ein Objekt vom Typ *Range*. Gleiches gilt für Excel 97. In Excel 7 dagegen war *Cells* eine Methode des Objektes *Worksheet*, die ein Objekt vom Typ *Range* zurückgab. Solche Änderungen können in besonderen Fällen zu Problemen bei der Ausführung von VBA-Programmen aus früheren Versionen führen.

Online-Hilfe
Objekte, Eigenschaften, Methoden und Ereignisse

4.1.2 Methoden

Eine Methode ist eine Aktion, die das Objekt selbst ausführt, oder die mit/auf dem Objekt ausgeführt wird. Auch hier kann ein Beispiel das Verstehen dieses Konzeptes erleichtern. Wenn man wieder der Tisch von vorhin als Objekt betrachtet, kann man solche Sätze bilden:

Parallele in der reellen Welt

„Ein Tisch steht, auf einem Tisch werden Sachen abgestellt, also trägt er Gegenstände. Die Farbe eines Tisches kann durch Lackieren oder Streichen geändert werden. Die Höhe des Tisches kann durch Absägen der Beine geändert werden etc. ...“

In dem obigen Satz kommen einige der typischen Aktionen in Zusammenhang mit einem Tisch vor: stehen, ablegen, tragen, streichen, absägen etc. Alles Denkbare, was man mit einem Tisch machen kann (zur Not auch aus dem Fenster schmeißen), ist eine Methode für das Objekt „Tisch“. Auch hier gilt, wie im Fall der Eigenschaften, daß alle Tische dieser Welt die gleichen Methoden besitzen. Einige dieser Methoden werden zum Ändern von Eigenschaften benötigt: Zum Beispiel ändert die Methode „Streichen“ oder „Lackieren“ den Wert der Eigenschaft „Farbe“. Im allgemeinen, ändern Methoden den Zustand eines Objektes.

Die Methoden von Excel-Objekten sind auch Aktionen, die die Eigenschaften bzw. den Zustand der Objekte ändern. Es gibt sogar Eigenschaften, die nur über Methoden des Objektes geändert werden dürfen. Dies entspricht einer strikten Anwendung der Objektorientierung (sog. private Eigenschaften). Andere Eigenschaften dürfen dagegen direkt, also ohne Methode, geändert werden (sog. öffentliche Eigenschaften).

Methoden von Excel-Objekten

Eine Beschreibung von einigen Methoden für ein Tabellenblatt ist die folgende:

„Man kann eine Excel-Tabelle in einer Mappe zur aktuellen Tabelle machen, indem man auf ihr Register klickt und sie aktiviert. Wenn in der Tabelle ein Diagramm eingebettet ist, kann man das Diagramm durch einen Doppelklick aktivieren und bearbeiten."

In dem obigen Text werden die Methode „Aktivieren" (*Activate*) und die Methode „DiagrammObjekt" (*ChartObjects*) angesprochen. Die Methode *Activate*, angewendet auf eine Tabelle, macht die Tabelle zur aktuellen. Die Methode *Activate* auf ein Diagramm angewendet, machen das Objekt Diagramm auch zum aktuellen Objekt und ermöglicht seine Bearbeitung. Dieser Sachverhalt ist intuitiv klar. Die Methode *ChartObjects* dagegen ist nicht unmittelbar auf dem intuitiven Weg zu verstehen: *ChartObjects* ist eine Methode des Objektes *Worksheet*. Diese Methode ändert keine Eigenschaft von *Worksheet*, sondern liefert seinerseits ein Objekt zurück: in diesem Fall ein Objekt vom Typ *Chart*. Dies ermöglicht die Verwendung der Eigenschaften und Methoden des Objektes *Chart*.

Methoden in VBA

Methoden sind Funktionen oder Prozeduren, die für die eine Klasse definiert worden sind. Das heißt auch hier sind die Methoden der Excel-Objekte vorgegeben. Der VBA-Programmierer muß nur wissen, über welche Methoden ein Objekt verfügt. Wie schon im Falle der Eigenschaften kann man sich mit dem Objektkatalog weiterhelfen.

In Abbildung 4.3 ist die Methode *Activate* für das Objekt *Worksheet* zu sehen. Da die Methode selbst markiert ist, wird in dem unteren Teil des Fensters der dazugehörige Text eingeblendet.

Abbildung 4.3: Der Objektkatalog mit der Methode Activate des Objektes Worksheet

In diesem Fall ist die Methode ein *Sub*, also eine Prozedur. Diese Methode ändert nur den Zustand des Objektes von inaktiv zu aktiv und liefert sonst nichts zurück. Deswegen wird hier eine Prozedur eingesetzt. Im Vergleich dazu Abbildung 4.4: Dort ist die Methode *ChartObjects* zu sehen.

Abbildung 4.4: Der Objektkatalog mit der Methode ChartObjects des Objektes Worksheet

Die Methode *ChartObjects* ist eine Funktion und liefert einen Rückgabewert vom Typ *Object* zurück, wie aus der Deklarationszeile der Methode in Abbildung 4.4 ersichtlich ist. In der Deklarationszeile der Methode ist auch ein Parameter zu sehen: hier handelt sich um einen Parameter mit dem Namen „Index". Die Bedeutung dieses Namens wird erst im nächsten Abschnitt klar werden. Im Moment ist es nur wichtig zu wissen, daß es Methoden gibt, die eine Übergabe von Parameter erwarten. Die Anzahl der Parameter kann beliebig variieren. In Abbildung 4.5 ist die Methode *SaveAs* des Objekts *Worksheet* zu sehen: Diese Methode verlangt 9 Parameter, von denen aber nur der erste notwendig ist. Die Parameter, die in eckigen Klammen eingeschlossen sind, sind optionale Parameter.

Abbildung 4.5: Der Objektkatalog mit der Methode SaveAs des Objektes Worksheet

Für einen Neuling kann zu diesem Zeitpunkt diese Fülle an Neuigkeiten erschlagend wirken. Die Situation ist aber nicht so schlimm, wie es auf den ersten Blick erscheint: durch die Aufzeichnung von Makros läßt sich in Excel einiges vereinfachen. Aufzeichnungen von Makros werden im nächsten Kapitel behandelt. Dieses Kapitel vermittelt aber die Grundlagen für ein gutes Verständnis der aufgezeichneten Makros, so daß es nicht ratsam wäre, dieses Kapitel zu überspringen.

Online-Hilfe
Objekte, Eigenschaften, Methoden und Ereignisse

4.2 Auflistungsobjekte

Nach den Ausführungen der vorherigen Abschnitte können wir jetzt im allgemeinen behaupten, daß ein Objekt über seine Eigenschaften und Methoden definiert wird.

Nachdem klar ist, was Objekte sind, kommen wir zu einer Gruppe spezieller Objekte, die eine sehr wichtige Rolle in dem Objektmodell von Excel spielen. Der Name dieser Objekte ist „Auflistungsobjekte“, manchmal auch „Container-Objekte“ oder „Aufzählungsobjekte“ oder sogar „Objektauflistungen“ genannt.

Ein Objekt kommt selten allein...

Wie schon in diesem Kapitel erläutert, sind Objekte Instanzen einer Klasse: die Klasse ist die Urform des Objektes, d.h. in ihr ist die Definition des Objektes mit sämtlichen Eigenschaften und Methoden enthalten, das Objekt selbst ist eine „zum Leben erweckten Kopie“ der Klasse.

Es sollte klar sein, daß alle Kopien bzw. Instanzen einer Klasse über die gleichen Eigenschaften und Methoden verfügen. Die Unterscheidung der Instanzen der gleichen Klasse beschränkt sich auf die gerade aktuellen Ausprägungen der Attributwerte. Mit anderen Worten: zu einem gewissen Zeitpunkt existieren oft mehrere Instanzen oder mehrere Objekte gleiches Typs. Das heißt zu einem Zeitpunkt kann für eine gewisse Klasse eine ganze Menge von Objekten existieren. Man braucht nur an die Tabellenblätter einer Mappe zu denken: mindestens eine Tabelle ist immer vorhanden, in der Regel existiert aber mehr als eine. Die maximale Anzahl der Tabellenblätter ist für Excel 2000 auf 255 (!) gesetzt worden.

Auflistungsobjekt

In dem Microsoft-Objektmodell (also auch in den Objektmodellen der anderen Office-Anwendungen) wurden die Mengen von gleichen Objekten selbst zum Objekt gemacht. Ein Auflistungsobjekt ist ein spezielles Objekt, das für die Verwaltung der Menge der Objekte einer gegebenen Klasse verantwortlich ist: so kann ein solches Objekt unter anderem die Objekte der Klasse generieren und wieder entfernen, oder es „weiß“ immer, wie viele Objekten des gegebenen Typs zu einem aktuellen Zeitpunkt existieren und kann diese „ansprechen“. Hinzu können eventuelle weitere Fähigkeiten des Auflistungsobjekts kommen, die sich von Klasse zu Klasse unterscheiden können. Ein Auflistungsobjekt ist sozusagen die Mutter (oder Vater, wie man es will) der Objekte einer Klasse. Die „Kinderobjekte“ sind hierarchisch dem Auflistungsobjekt unterstellt.

Auflistungsobjekte in Excel

Auflistungsobjekte sind in dem Microsoft-Objektmodell ganz einfach zu erkennen: sie tragen den gleichen Namen wie ihre Kinderobjekte, aber als englische Mehrzahl. So heißt zum Beispiel das Auflistungsobjekt für die Tabellenblätter *Worksheets*, während seine Kinderobjekte *Worksheet* heißen.

Die Auflistungsobjekte besitzen andere Eigenschaften und Methoden als ihre Kinderobjekte. In Abbildung 4.6 ist das Auflistungsobjekt *Worksheets* mit seinen Eigenschaften und Methoden zu sehen.

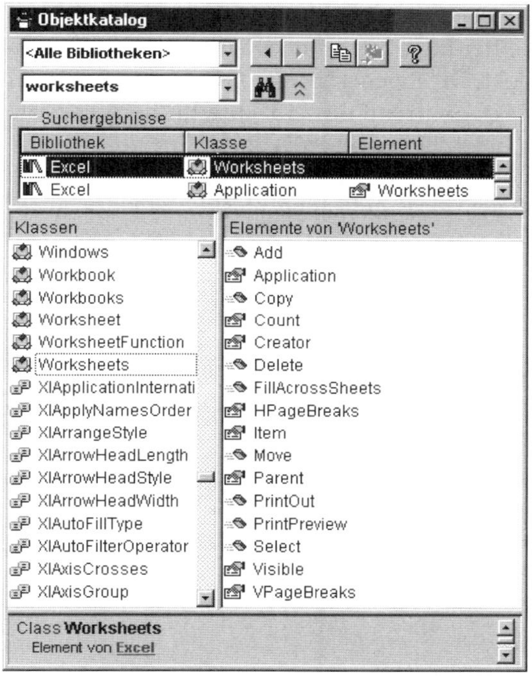

Abbildung 4.6: Der Objektkatalog mit dem Auflistungsobjekt Worksheets

Fast alle Auflistungsobjekte verfügen über die Eigenschaften *Count* und *Item*.

Count

Der Wert der Eigenschaft *Count* entspricht der Anzahl der Kinderobjekte, die zu einem gegebenen Zeitpunkt existieren. Das folgende kleine Programm zeigt, wie die Anzahl der Tabellenblätter einer Mappe über die Eigenschaft *Count* ermittelt wird.

Beispiel 4.1: Anzahl der Kinderobjekte mit Count

```
Sub AnzahlTabelleInMappe()
MsgBox Worksheets.Count
End Sub
```

Schreibweise

In dem obigen Beispiel wird die typische Schreibweise mit dem Punkt verwendet: Das Objekt, in diesem Fall *Worksheets*, wird als erste Stelle genannt, dann nach einem Punkt die Eigenschaft (oder Methode) des Objektes. Mehr zu der Schreibweise und allgemeinen Syntax von Objekten in Abschnitt 4.4, „Die richtige Syntax im Umgang mit Objekten".

Item

Mit der Eigenschaft *Item* eines Auflistungsobjekts wird auf eines der Kinderobjekte zugegriffen. Die Kinderobjekte einer Auflistung sind in einer aufsteigenden Reihenfolge geordnet: Es gibt ein erstes, zweites, drittes etc. Kinderobjekt. Die Eigenschaft *Item*, zusammen mit der Ordnungszahl (oder Index), greift auf das einzelne Kinderobjekt zu. Das wird anhand des nächsten Beispiel verdeutlicht.

Beispiel 4.2: Die Eigenschaft Item eines Auflistungsobjekts mit Index

```
Sub EigenschaftItem()
MsgBox Worksheets.Item(1).Name
End Sub
```

Das obige Programm zeigt am Bildschirm den Namen der ersten Tabelle der aktuellen Mappe. Wenn die erste Tabelle „Tabelle1" heißt, erscheint das Fenster von Abbildung 4.7.

Abbildung 4.7: Die Ausgabe des Programms

Der Ausdruck „`Worksheets.Item(1).Name`" ist eine Verschachtelung: zuerst wird das Auflistungsobjekt *Worksheets* aufgerufen, dann seine Eigenschaft *Item* mit dem Index 1. *Item* gibt ein Kinderobjekt von *Worksheets* zurück, und dieses Objekt ist vom Typ *Worksheet*, also ein Tabellenblatt. Die Eigenschaft *Name* ist nämlich eine Eigenschaft von *Worksheet* und nicht von *Worksheets*, wie auch in Abbildung 4.6 zu erkennen ist. Die Fähigkeit von *Item*, ein Kinderobjekt zurückzuliefern, ist aus dem Objektkatalog (s. Abbildung 4.8)

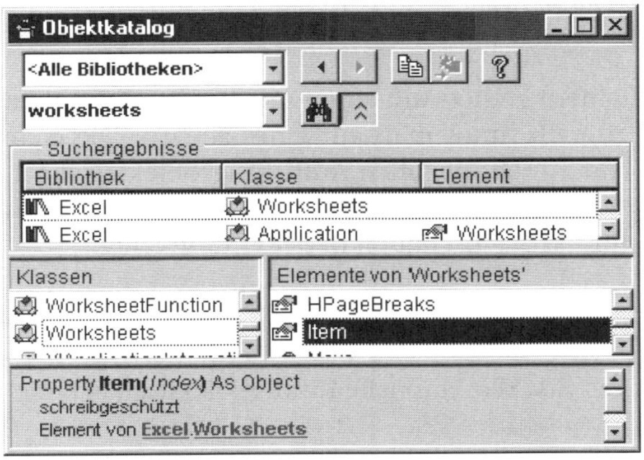

Abbildung 4.8: Der Objektkatalog mit der Eigenschaft Item

oder aus der Onlinehilfe (s. Abbildung 4.9) zu entnehmen.

Abbildung 4.9: Die Seite der Online-Hilfe für die Eigenschaft Item

Abbildung 4.9 enthält den Text „Gibt ein Objekt aus einer Auflistung oder einen mit einem Objekt verknüpften Text zurück". Das Zurückgeben von Texten wird von *Item* nur im Zusammenhang mit besonderen Objekten (z.B. mit dem Office-Assistenten) realisiert. Im allgemeinen kann *Item* auf ein Kinderobjekt nicht nur über einen Index, sondern auch über den Namen des Kinderobjektes zugreifen, wie im nächsten Beispiel zu sehen ist.

Beispiel 4.3: Die Eigenschaft Item eines Auflistungsobjekts mit Namen

```
Sub EigenschaftItemMitText()
MsgBox Worksheets.Item("Tabelle1").Name
'*** Oder, kürzer
MsgBox Worksheets("Tabelle1").Name
End Sub
```

Wie man im Beispiel 4.3 sieht, kann man im Quellcode sogar *Item* weglassen. Beide Anweisungen zeigen die gleiche Ausgabe wie das vorherige Beispiel. Mehr über die Syntax für den Zugriff auf Objekte ist in Abschnitt 4.4, „Die richtige Syntax im Umgang mit Objekten" zu finden.

Wenn man auf die Elemente einer Auflistung mit *Item* und mit dem numerischen Index zugreift, muß man auf eines achten: Die erste Zahl des Indexes ist leider nicht bei allen Auflistungsobjekten die 1, sondern manchmal die 0. Hier gibt es keine Regel, um diese Zahl zu bestimmen. Es hilft nur das Nachschauen in der Online-Hilfe.

Weitere häufige Eigenschaften oder Methoden

Neben *Item* und *Count* gibt es ein Paar Methoden, die sehr oft bei Auflistungsobjekten vorkommen:

- die Methode *Add* oder *AddNew*, um neue Kinderobjekte zu generieren,
- die Methode *Delete*, *Remove* oder *Close*, um Kinderobjekte aus der Auflistung zu entfernen.

Die anderen Eigenschaften oder Methoden variieren dagegen von Auflistungsobjekt zu Auflistungsobjekt und werden in diesem und in dem folgenden Kapitel nur in Zusammenhang mit den jeweiligen Objekten vorgestellt.

Objekte ohne Auflistung

Nicht alle Objekte in Excel besitzen ein Auflistungsobjekt. Manche Objekte sind sozusagen „Einzelkämpfer" und bilden keine Menge mit Gleichgesinnten. Wie weiß ein Programmierer, wann für ein Objekt eine Objektauflistung existiert und wann nicht? Praktisch mit einer Daumenregel: Wenn es zu einem gegebenen Zeitpunkt nicht möglich ist, daß zwei Objekte (bzw. Instanzen) vom gleichem Typ gleichzeitig existieren, dann gibt es mit 99%iger Wahrscheinlichkeit auch kein Auflistungsobjekt. Die Umkehrung dieser Regel ist: Wenn es möglich ist, daß gleichzeitig mehr als ein Objekt von einem Typ existiert, dann gibt mit 99%iger Wahrscheinlichkeit auch ein Auflistungsobjekt. Wenn man seinem Daumen nicht traut, kann man immer noch in der Online-Hilfe oder im Objektkatalog nachschauen. Für die früheren Version von Excel (oder von Office) war diese Daumenregel sehr beschränkt anwendbar: Das Objektmodell war noch nicht „ausgereift" und hatte häufig „Löcher". So hatten zum Beispiel einige Objekte, die oft als Menge vorkommen, kein Auflistungsobjekt. Aber das Objektmodell wird von Version zur Version verbessert, und wir sind zuversichtlich, daß irgendwann alles perfekt ist.

Ein Beispiel für ein Objekt ohne Auflistung ist der Office-Assistent: Zu einem gegebenen Zeitpunkt kann in einer Excel-Sitzung nur ein Assistent vorhanden sein. Aus diesem Grund ist ein Auflistungsobjekt auch nicht notwendig. Der Office-Assistent und seine besonderen Qualitäten (er hat durchaus seinen Nutzen, er kann mehr als nur nerven!) werden in Abschnitt 4.5, „Ein besonderes Objekt: Der Office-Assistent“ vorgestellt.

Ausnahmen

Etwas weiter oben in diesem Abschnitt wurde erklärt, daß Auflistungsobjekte immer an der englischen Mehrzahl des Namens eines Objektes erkennbar sind. Für diese Regel gibt es aber ein paar Ausnahmen.

In Italien gibt es ein Sprichwort: „Nachdem ein Gesetz gemacht ist, findet man sofort eine Ausnahmeregelung.“ So schlimm ist es in Excel nicht, aber auch hier gibt es ein paar Abweichungen. *Rows, Columns* und *Cells* sind zum Beispiel keine Auflistungsobjekte, auch wenn man dies von ihrem Namen her annehmen könnte, sondern Eigenschaften. Es gibt kein Kinderobjekt „cell“ oder „row“ oder „column“, das jeweils von *Cells, Rows* oder *Columns* angesprochen wird. Diese drei Eigenschaften liefern, wenn sie angewendet werden, sehr wohl ein Objekt, aber vom Typ *Range. Range* ist ein sehr mächtiges und sehr häufig verwendetes Objekt in Excel, das in vielen der weiteren Bespiele des Buches eingesetzt wird. Mit ihm ist es möglich, auf Zellen oder Bereiche von Tabellenblättern zugreifen zu können.

Online-Hilfe

Leider gibt es keine allgemeines Kapitel über die Auflistungen. Man kann aber nach einzelnen Auflistungsobjekten über ihren Namen suchen, wie z.B. Workbooks-Auflistung etc.

KAPITEL4.XLS, Modul „mdlObjektSyntax“

4.3 Objekthierarchie

Im vorherigen Abschnitt wurden Auflistungsobjekte und ihre Kinderobjekte vorgestellt. Die Beziehung zwischen den Auflistungsobjekten und ihren Kinderobjekten ist hierarchisch: Die Auflistungsobjekte sind den Kinderobjekten übergeordnet. Sie können nämlich ihre Kinderobjekte generieren, aufrufen, kontrollieren und sogar wieder löschen.

Eine schematische Darstellung der hierarchischen Beziehung ist in Abbildung 4.10 zu sehen.

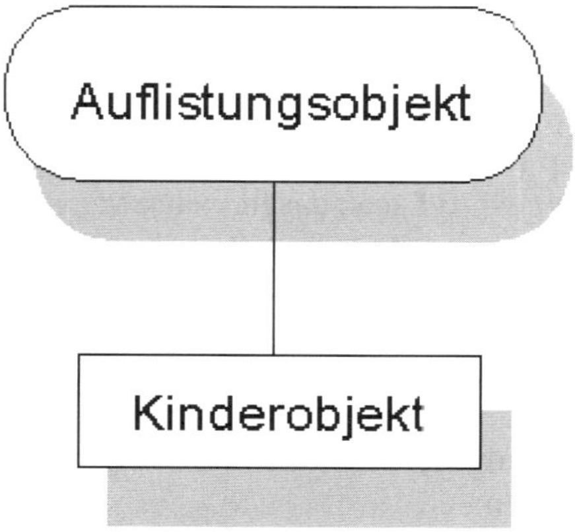

Abbildung 4.10: Die hierarchische Beziehung zwischen Auflistungs- und Kinderobjekt

Der hierarchische Aufbau ist nicht nur zwischen Auflistungs- und Kinderobjekten gegeben, sondern erstreckt sich über das gesamte Objektmodell von Excel. Alle Objekte sind darin enthalten.

Hierarchie schafft Ordnung

Wenn die Objekte nur so „nebeneinander" existieren würden, wäre der Umgang mit ihnen sehr kompliziert. Die Existenz einer Hierarchie vereinfacht das Verständnis des Objektmodells selbst. Die Ebenen sind auch intuitiv zu ermitteln: das oberste Objekt ist Excel selbst, als Anwendung (*Application*). Dann folgen, unter anderem, Mappen (*Workbooks* und *Workbook*), dann Blätter (*Worksheets* und *Worksheet*) usw.

Eine komplette Darstellung der Hierarchie ist, wie schon so oft, nur aus der Onlinehilfe zu entnehmen. In Abbildung 4.11 ist die oberste Ebene der Hierarchie zu sehen.

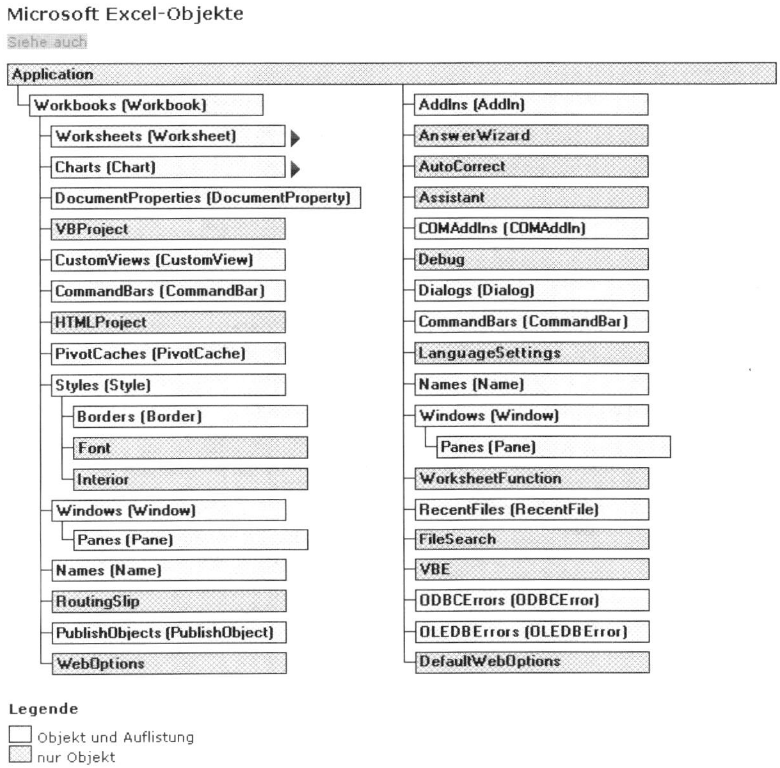

Abbildung 4.11: Die obere Ebene der Objekthierarchie in Excel

Das Bild stammt aus der Online-Hilfe von Excel und ist unter dem Stichwort „Microsoft Excel-Objekte“ zu finden. Die komplette Hierarchie ist zu groß für ein einziges Bild und wird mit Hilfe von Folgebildern (erreichbar durch die Pfeile im Bild) dargestellt. Das nächstes Bild zeigt die Teilhierarchie mit dem Objekt *Worksheets* an der Spitze. Auch hier sind Pfeile für Folgebilder vorhanden.

Aus den Bildern sind auch Objekte, die über keine Auflistung verfügen, gut zu erkennen.

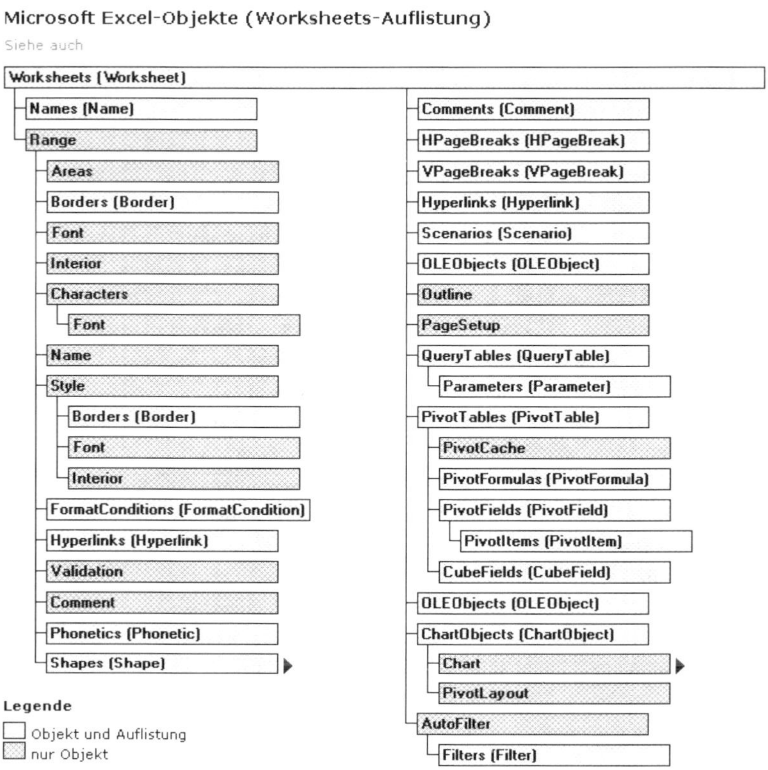

Abbildung 4.12: Ein weiterer Teil der Hierarchie in Excel

Hierarchie in VBA

Die Kenntnis der Hierarchie der Objekte ist für einen VBA-Programmierer von fundamentaler Wichtigkeit: Objekte können grundsätzlich nur über ihre Hierarchie angesprochen werden. Das heißt praktisch, wenn man per VBA irgendeine Operation auf einem Objekt ausführen will, muß man seine Hierarchie kennen und in einer Programmanweisung durchlaufen, um auf das Objekt zugreifen zu können. Dies kann anhand eines kleinen Beispieles verdeutlicht werden.

Beispiel 4.4: Eine Zelle im Tabellenblatt färben

```
1  Sub ZelleAnsprechen()
2  '*** Rot färben
3  Application.Workbooks("Kapitel4.xls").Worksheets("Tabelle1"). _
4  Range("a1").Interior.ColorIndex = 3
5  '*** oder auch blau färben
6  Application.Workbooks(1).Worksheets(1).Range("a2"). _
7  Interior.ColorIndex = 5
8  End Sub
```

Die **Zeilen 3** und **4** stellen den kompletten Pfad dar, um auf eine Zelle des Tabellenblattes „Tabelle1" der Mappe KAPITEL4.XLS zugreifen zu können. Die **Zeilen 6** und **7** stellen eine äquivalente Schreibweise dar, vorausgesetzt, die Mappe KAPITEL4.XLS ist wirklich die erste Mappe der Auflistung *Workbooks*.

Objektreferenz

Die lange Schreibweise der Anweisungen in dem obigen Beispiel stellt eine komplette Referenzierung des Objektes *Interior* dar. Beide Anweisungen ändern nur den Wert der Eigenschaft *ColorIndex* dieses Objektes. Ohne die Benennung der kompletten Referenz könnte Excel nicht wissen, um welches *Interior* von welchem Objektes sich handelt. Viele Objekte besitzen nämlich eine Eigenschaft *Interior*, die ein Objekt vom Typ *Interior* zurückliefert. Wegen dieser Vielzahl von einzelnen Objekten muß es Excel möglich sein, ein bestimmtes Element eindeutig anzusprechen.

Als Vergleich: Die Post braucht auch, um einen Brief richtig zustellen zu können, eine eindeutige Adresse mit Straße, Hausnummer, Postleitzahl und eventuell Land. Aus der Sicht der Post müssen die Menschen über ihre Adresse eindeutig identifizierbar sein. Die Schreibweise der Objektbezüge mag auf den ersten Blick komplex erscheinen, aber sie entspricht nur einer logischen Ordnung.

Übrigens: Die obige Schreibweise ist zum Glück nicht zwingend. Wir werden im nächsten Abschnitt ein paar „kürzere Wege" für die Referenzierung von Objekten kennenlernen, die sehr viel weniger Schreibarbeit erfordern und viel effektiver sind.

Online-Hilfe

Microsoft Excel-Objekte (Bild), Änderungen am Microsoft Excel 97-Objektmodell (für Umsteiger)

KAPITEL4.XLS, Modul „mdlObjektSyntax"

4.4 Die richtige Syntax im Umgang mit Objekten

Nach den Erläuterungen über Objekte, Auflistungsobjekte und Objekthierarchie ist jetzt der richtige Moment, sich Gedanken zu machen, wie man als Programmierer *am besten* in VBA mit Objekten umgeht. Objekte können, wie wir im folgenden sehen werden, auf verschiedene Arten in VBA verwendet werden. Eine falsche Wahl der VBA-Anweisungen bei Objektaufrufen kann jedoch sogar zu schlechten Laufzeiten eines Programms führen. Oder, noch häufiger und schmerzhafter, man steht vor akribischen Fehlermeldungen, die manchmal Stunden oder sogar Tage an Arbeit kosten.

Art der Aufruf

Objekte können in Excel, genauso wie in den anderen Office-Programmen, grundsätzlich auf zwei Arten aufgerufen werden:

- direkt durch eine Referenz auf das Objekt
- indirekt durch eine Objektvariable.

Beide Arten werden im folgenden erläutert und wie üblich durch kurze Beispiele verdeutlicht. Anschließend werden ein Fazit und ein paar Tips gegeben.

4.4.1 Der direkte Aufruf von Objekten

Unter dem direkten Aufruf eines Objektes versteht man das Ansprechen des Objektes über seinen Namen und, eventuell, seinen Platz in der Hierarchie. Alle Beispiele dieses Kapitels sind Aufrufe dieser Art: in keinem der kurzen hier vorgestellten Programme wurden nämlich Objektvariablen eingesetzt.

Expliziter Aufruf

Ein direkter Aufruf eines Objektes kann außerdem explizit oder implizit erfolgen, je nach Art der verwendeten Anweisung. Ein expliziter Aufruf liegt vor, wenn die Referenz auf das Objekt *vollständig* benannt wird. In diesem Fall wird der kompletten Weg über die Hierarchie angegeben, sowie alle notwendigen Eigenschaften oder Methoden und eventuelle Parameter. Die Syntax eines solchen Aufrufes kann symbolisch so dargestellt werden:

```
Ebene1.Ebene2. ... .EbeneN.Objektname.{Eigenschaft|Methode} [Parameter]
```

Die {}-Klammern bedeuten hier, daß nur eines der Elemente in den Klammern notwendig ist. Der senkrechte Strich | bedeutet, daß nur eines der Elemente zu wählen ist, also hier entweder Eigenschaft oder Methode. Die []-Klammern dagegen enthalten optionale Elemente, die nur eventuell vorhanden sein können.

Diese trockene Schreibweise läßt sich durch die folgende Anweisung „zum Leben erwecken“:

Beispiel 4.5: Expliziter Aufruf mit Namen

```
Sub DirekterAufrufMitNamen()
Application.Workbooks.Item("Kapitel4.xls").Works-
heets.Item("Tabelle1"). _
Range("a1").Interior.ColorIndex = 3
End Sub
```

In diesem Beispiel wird die gesamte Hierarchie von der Spitze aus (*Application*) bis zur Eigenschaft *ColorIndex* durchlaufen. Vom obersten Objekt *Application* wird die Eigenschaft *Workbooks* aufgerufen, die ein Objekt vom Typ *Workbooks* zurückliefert. Das Objekt *Workbooks* verfügt über die Eigenschaft *Item*, die ein Kinderobjekt vom Typ *Workbook* zurückgibt. Ein Objekt *Workbook* verfügt über eine Eigenschaft *Worksheets*, die ein Objekt vom Typ *Sheets* zurückliefert und so weiter und so fort.

Der ganze Weg läßt sich mühelos in dem Objektkatalog nachvollziehen, wenn man zuerst nach dem Stichwort *Application* sucht, dann die Eigenschaft *Workbooks* anklickt und anschließend, im unterem Teil des Fensters, auf das Wort „Workbooks“ in der Zeile „Property Workbooks As Workbooks“ klickt (vgl. Abbildung 4.13).

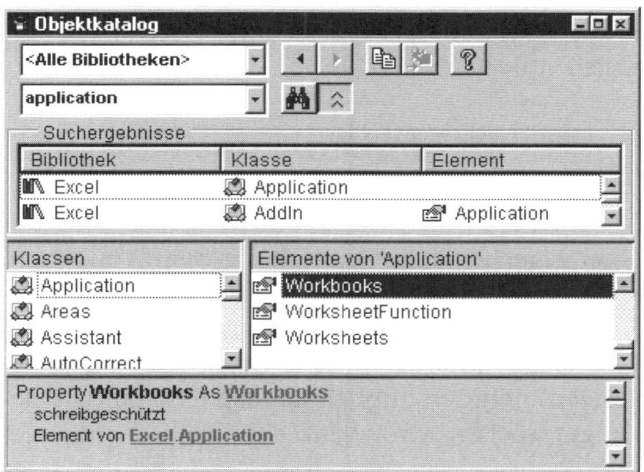

Abbildung 4.13: Mit dem Objektkatalog kann man in der Hierarchie navigieren

In Beispiel 4.5 werden die Kinderobjekte der jeweiligen Auflistungsobjekte durch ihren Namen angesprochen: Die Mappe KAPITEL4.XLS, das Tabellenblatt „Tabelle1“ sowie der Bereich „A1“. Wir haben schon im vorherigen Abschnitt gesehen, daß es auch anders geht:

man kann nämlich anstatt des Namens einen Index verwenden. Das vorherige Beispiel ändert sich dann wie folgt:

Beispiel 4.6: Expliziter Aufruf mit Index

```
Sub DirekterAufrufMitIndex()
Application.Workbooks.Item(1).Worksheets.Item(1). _
Range("a1").Interior.ColorIndex = 3
End Sub
```

Beispiel 4.5 und Beispiel 4.6 haben die gleiche Wirkung nur, wenn die Mappe KAPITEL4.XLS auch die erste Mappe des Auflistungsobjekts *Workbooks* ist. Während das erste Tabellenblatt einer Mappe immer die Mappe mit den Namen „Tabelle1" ist, ist die Reihenfolge der Mappen in dem Auflistungsobjekt der aktuellen Excel-Sitzung, die zeitliche Reihenfolge, wie die Mappen geöffnet worden sind. Die zuerst geöffnete Mappe ist die Mappe mit dem Index 1, die zweite hat den Index 2 usw.

Standardeigenschaft und Standardmethode

Wie schon in Beispiel 4.3 gezeigt, kann die Eigenschaft *Item* weggelassen werden. Die letzten zwei Beispiele ändern sich dann wie im folgenden angegeben.

Beispiel 4.7: Direkter Aufruf ohne Item

```
Sub DirekterAufrufOhneItem()
'*** Mit Namen
Application.Workbooks("Kapitel4.xls").Worksheets("Tabelle1"). _
Range("a1").Interior.ColorIndex = 6
'*** Mit Index
Application.Workbooks(1).Worksheets(1). _
Range("a1").Interior.ColorIndex = 7
End Sub
```

Das „Weglassen" einer Eigenschaft bzw. Methode ist nur möglich, wenn diese Eigenschaft bzw. Methode die Standardeigenschaft/ Standardmethode des Objektes ist. Fast alle Objekte des Objektmodells von Office besitzen solche Standardelemente. Excel (oder die anderen Office-Anwendungen) nehmen implizit an, daß das Standardelement des Objektes angesprochen wird, wenn eben kein Element genannt wird.

Man darf sich aber nicht zu früh freuen: Leider steht eigentlich nirgendwo geschrieben, welche Elemente die Standardelemente eines Objektes sind. In früheren Excel-Versionen gab es manchmal einen Hinweis in der Online-Hilfe. Die Hilfe von Excel 2000 beinhaltet solche Hinweise nicht.

Das Fehlen der Angabe über Standardelemente soll auch nicht als zu schmerzhaft empfunden werden. Man sollte eins bedenken: Wenn man immer die Objekte ohne explizite Angabe ihrer Standardelemente verwenden würde, wäre ein VBA-Programm ganz schön schwer zu lesen und nachzuvollziehen. Man müßte dann immer über die Standardelemente der Objekte Bescheid wissen, um Anweisungen verstehen zu können. Der Aufwand, solche Elemente explizit zu benennen, wird durch die leichtere Verständlichkeit des Programms kompensiert. Bei der Eigenschaft *Item* kann man schon eine Ausnahme machen: mit oder ohne *Item* ist es klar, was mit der Anweisung gemeint ist (vgl. Beispiel 4.5, Beispiel 4.6 und Beispiel 4.7). Gleiches gilt für ein Paar anderen Eigenschaften bei benutzerdefinierten Dialogen (s. Kapitel 6).

Schlechte Lesbarkeit

Kürzere Anweisungen können bzw. sollten also nicht über die Verwendung von Standardeigenschaften oder Standardmethoden realisiert werden. Es gibt dafür aber einen anderen Weg: die Verwendung der momentan „aktiven Objekte". Dies stellt gleichzeitig ein impliziter Aufruf eines Objektes dar.

Impliziter Aufruf

Ein „aktives Objekt" ist in Excel immer ein Objekt, das gerade an der obersten Ebene am Bildschirm ist. Zum Vergleich: Wenn das Ausgabefenster der *MsgBox*-Funktion am Bildschirm eingeblendet ist, ist dieses Fenster an der obersten Stelle am Bildschirm und blockiert sogar die gesamte Anwendung. In einer Excel-Sitzung ist die Mappe, die gerade bearbeitet wird, immer auch diejenige Mappe, die aktiv ist, egal wie viele Mappen sonst zu dem Zeitpunkt geöffnet sind. In der aktiven Mappe ist das Tabellenblatt, das am Bildschirm angezeigt wird, die aktive Tabelle, während alle andere Tabellen der Mappe nicht aktiv sind. Der Cursor befindet sich in Excel immer in irgendeiner Zelle der aktiven Tabelle. Diese Zelle ist die aktive Zelle der Tabelle. Wenn der Cursor gerade einen Bereich markiert, dann haben wir einen aktiven Bereich.

„Aktive Objekte"

Aktive Objekte haben in Excel eine spezielle Rolle: Für sie wurden extra Objekte in dem Excel-Objektmodell definiert, die einen direkteren Zugriff erlauben. Diese speziellen Objekte beinhalten oft in ihrem Namen den Text „`Active`". Die folgende Tabelle gibt einen kleinen Überblick auf einige Objekte dieser Art, die am häufigsten verwendet werden.

Objektname	Bedeutung
ActiveCell	Zelle der aktiven Tabelle, die gerade markiert ist.
ActiveChart	Diagramm, das durch einen Klick oder eine VBA-Anweisung aktiviert wurde. Das Diagramm kann in einem Tabellenblatt eingebettet oder ein Diagrammblatt sein.
ActivePrinter	Name des aktiven Druckers erfahren oder setzen.
ActiveSheet	Aktuelles Blatt, egal ob Tabelle oder Diagramm.
ActiveWindow	Aktives Fenster in Excel.
ActiveWorkbook	Mappe, die an der obersten Ebene am Bildschirm ist.
Assistant	Der Office-Assistent.
Cells	Liefert ein Objekt vom Typ *Range* zurück, das die angegebenen Zellen im aktiven Tabellenblatt darstellt.
Charts	Erlaubt den Zugriff auf alle Diagrammblätter der aktiven Mappe.
Range	Zugriff auf Zellen und Bereiche, sehr wichtiges Objekt in Excel!
Selection	Das passende Objekt zu dem markierten Objekt des aktiven Fensters wird zurückgeliefert. Wenn es Zellen sind, dann wird ein *Range*-Objekt zurückgegeben.
Sheets	Erlaubt den Zugriff auf alle Blätter der aktiven Mappe, egal ob Tabellen oder Diagramme.
ThisWorkbook	Zugriff auf die Mappe, die das Makro enthält, das gerade ausgeführt wird. Der Unterschied zu *ActiveWorkbook* ist, daß die Mappe nicht die aktuelle Mappe sein muß. Sehr nützlich bei Add-Ins.
Workbooks	Zugriff auf alle gerade geöffneten Mappen.
WorksheetFunction	Wendet eine der Excel-Funktionen auf einen angegebenen Bereich an.
Worksheets	Zugriff auf alle Tabellenblätter der aktiven Mappe

Da viele der Objekte der obigen Tabellen in den folgenden Beispielen dieses Buches häufig zum Einsatz kommen, wird an dieser Stelle auf eigene Beispiele verzichtet. Eine sehr gute Erklärung inklusive Beispiel für jedes dieser Objekte ist im Objektkatalog zu finden. Wenn man nach dem Objekt *Application* sucht, kann man alle Objekte der obigen Tabelle (und ein paar mehr) in der Liste wiederfinden. In Abbildung 4.14 sieht man als Beispiel die Eigenschaft *ActiveCell*, die ein Objekt vom Typ *Range* liefert. Wenn *ActiveCell* im rechten Teil des Fensters markiert wird, kann man über die Schaltfläche mit dem Fragezeichen des Objektkataloges die entsprechende Online-Hilfe-Seite direkt öffnen.

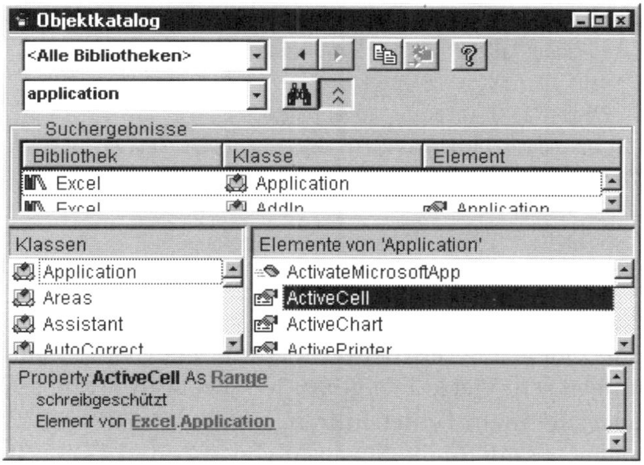

Abbildung 4.14: Die ActiveCell-Eigenschaft im Objektkatalog

Besonderheit

Das Besondere an allen diesen Objekten ist, daß sie alle über eine Eigenschaft des Objektes *Application* aufgerufen werden. Die Eigenschaften liefern ein Objekt des entsprechenden Typs zurück. Das Objekt *Application* braucht in den Anweisungen nicht explizit benannt zu werden: Diese Tatsache kürzt die entsprechende Anweisung um einiges, wie in dem nächsten Beispiel gezeigt wird. Wichtig ist, daß die „richtigen" Objekte aktiv sind, wenn solche Eigenschaften bzw. Objekte angewendet werden. Das Verwenden von *Range* auf einem aktiven Diagrammblatt führt zum Beispiel zu einem Fehler, da Diagrammblätter keine Zellen besitzen.

Im folgenden Beispiel wird jetzt eine Menge von möglichen Anweisungen angegeben, um auf eine Zelle zugreifen zu können. Alle Anweisungen ändern nur die Hintergrundfarbe der Zelle.

Beispiel 4.8: Kurze Anweisungen mit Objekten

```
Sub ImmerKuerzer()
'*** Komplette Referenz
Application.Workbooks.Item("Kapitel4.xls"). _
Worksheets.Item("Tabelle1"). _
Range("a1").Interior.ColorIndex = 1
'*** Ohne Item mit Namen
Application.Workbooks(1).Worksheets(1). _
Range("a2").Interior.ColorIndex = 2
'*** Ohne Application, also aktuelle Sitzung in Excel
Workbooks(1).Worksheets(1).Range("a3").Interior.ColorIndex = 3
'*** Mit ActiveWorkbook, also aktive Mappe
ActiveWorkbook.Worksheets(1).Range("a4").Interior.ColorIndex = 4
```

```
13 '*** Direkte Anwendung auf die erste Tabelle der aktiven Mappe
14 Worksheets(1).Range("a5").Interior.ColorIndex = 5
15 '*** Zugriff auf das aktive Blatt
16 ActiveSheet.Range("a6").Interior.ColorIndex = 6
17 '*** Direkte Anwendung in der aktiven Mappe, auf die aktive Tabelle
18 Range("a7").Interior.ColorIndex = 7
19 '*** Wie oben, aber in 2 Schritten
20 Range("a8").Select
21 Selection.Interior.ColorIndex = 8
22 End Sub
```

Wie man aus dem Quellcode des Beispiels entnehmen kann, sind jetzt die Anweisungen sehr viel kürzer geworden. Die Anweisung aus **Zeile 16** kann aber zu einem Fehler führen, wenn das aktive Blatt keine Tabelle ist. Gleiches gilt für die Anweisungen in **Zeile 18** und **20**. Das Problem läßt sich aber durch das Aktivieren des Objektes per VBA, wie in **Zeile 20** für die Zelle A8 gemacht wird, lösen. Mit der Methode *Select* läßt sich nämlich ein Objekt zum aktiven Objekt machen. Dieser Trick wird in vielen der folgenden Beispiele dieses Buches angewendet.

Online-Hilfe

Application-Objekt, dann Eigenschaften, oder aus dem Objektkatalog

KAPITEL4.XLS, Modul „mdlObjektSyntax"

4.4.2 Der indirekte Aufruf von Objekten

Ein indirekter Aufruf eines Objektes erfolgt, wenn das Objekt über eine Objektvariable aufgerufen wird. Eine Objektvariable ist eine Variable mit einem speziellen Datentyp, die in einer Zuweisung als Wert ein Objekt akzeptiert.

Allgemeiner Typ Object

Objektvariable ist aber nicht gleich Objektvariable. Man kann zwei Sorten solcher Variablen unterscheiden. Es gibt Variablen, die mit dem Typ *Object* deklariert werden, und Variablen, die mit einem spezifischen Typ aus dem Objektmodell von Excel deklariert werden, wie z.B. *Range*.

Bleiben wir zuerst einmal bei dem allgemeinen Typ *Object*. Eine Variable, die diesen Typ besitzt, akzeptiert als Wert irgendein Objekt des Excel-Objektmodeles, egal in welcher Hierarchiestufe es sich befindet. Das folgende Beispiel zeigt exemplarisch, wie man eine solche Variable deklariert und initialisiert.

Beispiel 4.9: Objektvariable vom Typ Object

```
Sub AllgemeinerTypObject()
Dim MeineZelle As Object
Set MeineZelle = Worksheets(1).Range("b1").Interior
MeineZelle.ColorIndex = 8
Set MeineZelle = Nothing
End Sub
```

Das obige Programm macht genau das gleiche wie alle vorherigen Beispiele dieses Kapitels: die Hintergrundfarbe einer Zelle wird auf einen Wert gesetzt.

Deklaration

Die allgemeine Syntax der Deklaration ist die gleiche wie für Variablen vom Typ *Integer* oder *String*:

```
Dim Variablename as Object
```

Wahlweise kann man anstatt des Datentyps *Object* auch *Variant* einsetzen, aber das kann in größeren Programmen zu etwas Verwirrung in der Lesbarkeit des Quellcode führen.

Definition

Egal ob die Variable als *Object* oder *Variant* definiert wird, die Wertzuweisung erfolgt über die *Set*-Anweisung. Die Syntax ist auch nicht so besonders schwierig:

```
Set Variablename = Objektreferenz | Nothing
```

Bedeutung einer Objektvariable

Das Schlüsselwort *Nothing* wird eingesetzt, um die Verbindung zwischen einem Objekt und einer Variablen aufzuheben. Das ist wegen der speziellen Bedeutung einer Objektvariablen notwendig. Variablen, die kein Objekt darstellen können, sind eigentlich nur Namen eines Abschnittes des Speichers. Wenn man eine Variable X vom Typ *Integer* deklariert und ihr anschließend zum Beispiel den Wert 10 zuweist, existiert danach im Speicher ein „Platz", dessen Inhalt die Zahl 10, und dessen Namen im Programm X ist. Objektvariablen dagegen kann man sich eher als Zeiger vorstellen: Bei der Deklaration wird ein Speicherplatz mit dem Variablennamen identifiziert. Dieser Speicherplatz besitzt bis zur Definition keinen definierbaren Inhalt. Nach der Definition beinhaltet der Speicherplatz die Adresse des Objektes, also einen Verweis auf den wirklichen Speicherplatz des Objektes. Wenn die Objektvariable im Programm nicht mehr benötigt wird, spricht nichts dagegen, diese Verbindung zu kappen. Die Verbindung wird sonst erst aufgehoben, wenn der Gültigkeitsbereich des Programms verlassen wird (also die entsprechende Prozedur oder Funktion verlassen wird) oder spätestens, wenn das gesamte Programm beendet wird. Bei mehreren Objektvariablen und großen Programmen können solche nicht mehr benötigten Verweise wertvolle Ressource buchstäblich verschwenden.

Gültigkeitsbereiche wurden in Kapitel 3 behandelt.

Vorteil und Nachteil

Der große Vorteil von solchen Objektvariablen ist zweifellos die kürzere und einfachere Syntax. Die Verwendung von Objektvariablen vom Typ *Object* oder sogar *Variant* hat aber einen Nachteil gegenüber dem Einsatz von spezifischen Objektdatentypen: die Laufzeiten der Programme verschlechtern sich, wenn man nur den Datentyp *Object* oder *Variant* einsetzt.

Frühe und späte Bindung

Der Grund der schlechteren Laufzeiten liegt in der sogenannten „Bindung“. Wenn eine Variable nur als *Object* deklariert wird, weiß VBA erst bei der *Set*-Anweisung, welches Objekt tatsächlich zugewiesen wird. Erst zu diesem Zeitpunkt kann dann VBA bei der Klassendefinition dieses Typs nach den dazugehörigen Eigenschaften und Methoden „schauen“. Das ist eine sogenannte „Späte Bindung“ (engl. *Late Binding*). Wenn dagegen ein Objekt von Anfang an mit dem entsprechenden Objektdatentyp deklariert wird, werden die nötigen Elemente vor dem Programmstart bereitgestellt. Das ist die „Frühe Bindung“ (engl. *Early Binding*). Das spart ganz einfach Zeit bei der Ausführung.

Spezifischer Objekttyp

Objektvariablen werden mit einem spezifischen Objekttyp deklariert, wenn man bei der Deklaration anstatt *Object* (oder *Variant*) sofort den richtigen Objekttyp angibt.

Das vorherige Beispiel ändert sich dann wie im folgenden angegeben:

Beispiel 4.10: Objektvariable von einem spezifischen Objekttyp

```
Sub SpezifischerObjektTyp()
Dim MeineZelle As Interior
Set MeineZelle = Worksheets(1).Range("b2").Interior
MeineZelle.ColorIndex = 3
Set MeineZelle = Nothing
End Sub
```

Als Objekttyp kommen alle möglichen Objekte des Objektmodells von Excel in Frage.

Online-Hilfe

- Erstellen von Objektvariablen
- Set-Anweisung, Nothing
- Gültigkeitsbereich, Lebensdauer von Variablen

KAPITEL4.XLS, Modul „mdlObjektSyntax“

4.4.3 Fazit und Tips

In den letzten Abschnitten haben wir gelernt, daß der richtige Umgang mit Objekten aus verschiedenen Gründen wichtig ist:

1. Mit geschickt gewählten Anweisungen läßt sich eine Menge Schreibarbeit sparen, da die Anweisungen kürzer werden.
2. Kürzere Anweisungen sind übersichtlicher und besser nachvollziehbar.
3. Die Laufzeit des Programms kann sogar gesteuert werden.

Als Einsteiger in die objektorientierte Programmierung unter Excel kann man jetzt aber leicht verwirrt sein. Eine berechtigte Frage wäre zum Beispiel, ob man die Objekte direkt oder indirekt aufzurufen hat.

Vorteil von Objektvariablen gegenüber den direkten Aufruf

Die Verwendung von Objektvariablen, also der indirekte Aufruf, ist im allgemeinen dem direkten Aufruf vorzuziehen, wenn man wiederholt auf das gleiche Objekt zugreift.

Graben wir mal unser Beispiel mit der Zelle von vorhin wieder aus und setzen wir mal noch eines darauf: Wir wollen jetzt nicht nur die Hintergrundfarbe ändern, sondern auch den Font, die Farbe und Größe des Fonts. Dann möchten wir die Zelle als Text formatieren und einen Text zuweisen.

Beispiel 4.11: Wiederholter, direkter Aufruf

```
Sub DirekterAufrufAufDieSpitzeGetrieben()
Worksheets(1).Range("D11").Interior.ColorIndex = 6
Worksheets(1).Range("D11").Font.Name = "Britannic Bold"
Worksheets(1).Range("D11").Font.Size = 12
Worksheets(1).Range("D11").Font.ColorIndex = 3
'*** Zelle als Text formatieren
Worksheets(1).Range("D11").NumberFormat = "@"
'*** Inhalt zuweisen
Worksheets(1).Range("D11").FormulaR1C1 = "Hallo Welt!"
End Sub
```

In Beispiel 4.11 werden alle vorher genannten Operationen auf die Zelle durch mehrfache direkte Aufrufe realisiert. Die Anweisungen in diesem Fall wären etwas kürzer geworden, wenn man die Zelle zuerst mit der Methode *Select* aktiviert hätte (`Worksheets(1).Range(„D11“).Select`) und dann immer wieder das *ActiveCell*-Objekt aufgerufen hätte (also `ActiveCell.Interior.ColorIndex = 6` etc.). Die obige Syntax ist nicht nur zu arbeitsintensiv, was die Schreibarbeit angeht, sondern auch langsamer auszuführen, als das Programm des Listing vom Beispiel 4.12.

Objektvariablen machen die Ausführung schneller

Im Beispiel 4.11 muß für jede Zeile die Referenzierung des Objektes von neuem aufgelöst werden: Excel muß in jeder Zeile zuerst nach der Definition des Objektes *Worksheets* schauen, dann nach der von *Range*, dann eventuell nach denen von *Interior* oder *Font*. Die Referenzierung von *Worksheets* und *Range* wird aber unnötigerweise für jede Zeile wiederholt. Das kostet ganz einfach Zeit. Im Beispiel 4.12 dagegen wird die Referenzierung von *Worksheets* und *Range* nur einmal im Programm vorgenommen, bei der Zuweisung der Objektvariable in **Zeile 3**.

Beispiel 4.12: Wiederholter Aufruf mit Objektvariable

```
1   Sub IndirekterAufrufIstHierBesser()
2   Dim z As Range
3   Set z = Worksheets(1).Range("D12")
4   z.Interior.ColorIndex = 6
5   z.Font.Name = "Britannic Bold"
6   z.Font.Size = 12
7   z.Font.ColorIndex = 3
8   z.NumberFormat = "@"
9   z.FormulaR1C1 = "Hallo Welt!"
10  End Sub
```

Die With-Anweisung

Eine Besserung in bezug auf die Schreibarbeit, die Ausführungszeit und Übersichtlichkeit kann auch mit Hilfe der *With*-Anweisung erreicht werden. Auch mit dieser Anweisung läßt sich die Anzahl der Objektreferenzen reduzieren, wie in Beispiel 4.13 zu sehen ist.

Beispiel 4.13: With-Anweisung mit Objekten

```
Sub WithBsp1()
With Worksheets(1).Range("d13")
    .Interior.ColorIndex = 6
    .Font.Name = "Britannic Bold"
    .Font.Size = 12
    .Font.ColorIndex = 3
    .NumberFormat = "@"
    .FormulaR1C1 = "Hallo Welt!"
End With
End Sub
```

Das Objekt wird nur einmal am Anfang des *With*-Blockes genannt. Alle Einweisungen innerhalb des Blockes werden dann auf das Objekt referenziert. Die Syntax der *With*-Anweisung ist simpel:

```
With {Objektreferenz | Objektvariable}
  [Anweisungen]
End With
```

Der Einsatz der *With*-Anweisung zusammen mit einer Objektvariable ist in dem folgenden Beispiel dargestellt.

Beispiel 4.14: With-Anweisung mit Objektvariable

```
Sub WithBsp2()
Dim z As Range
Set z = Worksheets(1).Range("d14")
With z
    .Interior.ColorIndex = 6
    .Font.Name = "Britannic Bold"
    .Font.Size = 12
    .Font.ColorIndex = 3
    .NumberFormat = "@"
    .FormulaR1C1 = "Hallo Welt!"
End With
End Sub
```

Die *With*-Anweisung stellt einen Block dar, aus dem nicht durch eine *Exit*- oder gar *GoTo*-Anweisung rein- oder rausgesprungen werden sollte. Hineinspringen ist nicht sinnvoll, da die Objektreferenz nur am Blockanfang realisiert wird. Das Herausspringen hinterläßt eine Objektreferenz, die erst beim Verlassen des Gültigkeitsbereiches wieder freigegeben wird.

Verschachtelung

Wenn es notwendig ist, können mehrere *With*-Anweisungen ineinander verschachtelt werden. Dies wird in dem folgenden Listing gezeigt: Das vorherige Beispiel wird noch einmal leicht modifiziert.

Beispiel 4.15: Verschachtelte With-Anweisung

```
Sub WithBsp3()
Dim z As Range
Set z = Worksheets(1).Range("d15")
With z
    .Interior.ColorIndex = 6
    With .Font
        .Name = "Britannic Bold"
```

```
            .Size = 12
            .ColorIndex = 3
        End With
        .NumberFormat = "@"
        .FormulaR1C1 = "Hallo Welt!"
    End With
    End Sub
```

Vergleich von Objektvariablen

Objektvariablen können untereinander auch verglichen werden: Dabei soll geprüft werden, ob die Variablen auf das gleiche Objekt zeigen. Der Vergleich wird mit Hilfe des *Is*-Operators realisiert. Die Syntax ist im folgenden gegeben:

Is-Operator

`Objektvariable1 Is Objektvariable2`

Das Ergebnis der Prüfung sollte der Wert *True* sein, wenn die zwei Variablen das gleiche Objekt referenzieren, sonst *False*.

Leider klappt es aber nicht so: VBA nimmt sich die Freiheit, das Ergebnis der Prüfung je nach Laune ausfallen zu lassen. Dies kann anhand des folgenden Beispiels demonstriert werden:

Beispiel 4.16: Warnung vor dem Is-Operator!

```
Sub IsOperator()
Dim w1 As Worksheet, w2 As Worksheet
Dim z1 As Range, z2 As Range
Set w1 = Worksheets(1)
Set w2 = Worksheets(1)
'*** Ergebnis ist True
MsgBox w1 Is w2
Set z1 = Worksheets(1).Range("a1")
Set z2 = Worksheets(1).Range("a1")
'*** Excel spinnt! Ergebnis ist False!
MsgBox z1 Is z2
'*** Das macht die Sache wieder gerade!
Set z2 = z1
MsgBox z1 Is z2
End Sub
```

Man kann an dieser Stelle nur empfehlen: Wenn man eine solche Prüfung braucht, sollte man zuerst explizit testen, ob die Prüfung für das gegebene Objekt korrekt ausgeführt wird.

Online-Hilfe

`With`-Anweisung, Verwenden von `With`-Anweisungen, `Is`-Operator

KAPITEL4.XLS, Modul „mdlObjektSyntax"

4.5 Ein besonderes Objekt: Der Office-Assistent

Es gibt ein Objekt in Office, das eine ziemliche umstrittene Rolle besitzt: der Office-Assistent. Manche Benutzer finden es lustig und unterhaltsam, manche andere würden es aus dem Bildschirm raus schießen, wenn der Bildschirm dabei keinen Schaden erleiden würde. Scherz beiseite, der Office-Assistent wurde mit Office 97 eingeführt und in der aktuellen Version beibehalten. Seine Macht ist sogar noch größer geworden: Wenn er aktiv ist, kontrolliert er den gesamten Zugang zur Online-Hilfe, und scheint noch mehr als in der vorherigen Version ein eigenes Leben zu führen.

Assistent ausschalten

Wer wirklich den Assistenten nicht ausstehen kann, kann ihn immer noch ausschalten.

1. Mit einem Klick mit der rechten Maustaste auf den Assistenten öffnet sich sein Kontextmenü.
2. Im Kontextmenü den Eintrag OPTIONEN wählen.
3. Im darauffolgenden Fenster OFFICE-ASSISTENT dann das Kontrollkästchen „Den Office-Assistenten verwenden" deaktivieren, wie in Abbildung 4.15 gezeigt ist.

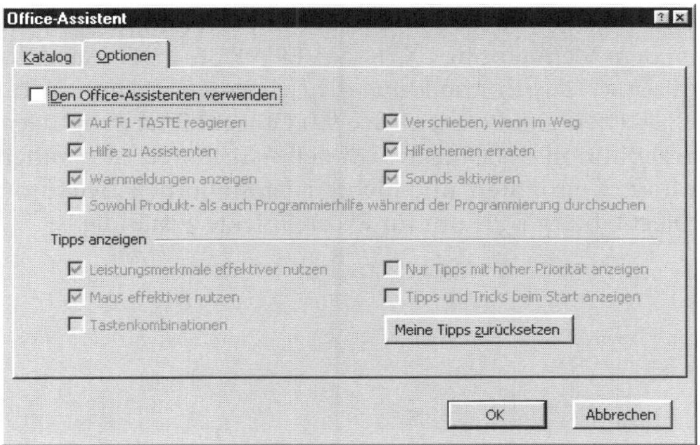

Abbildung 4.15: Den Office-Assistenten deaktivieren

Wer den Office-Assistenten dauerhaft ausschalten will, ist gut beraten, den Assistenten gar nicht zu installieren oder zu deinstallieren.

Wir wollen diesen Abschnitt dem Office-Assistenten widmen: nicht weil er ein unverzichtbares Objekt ist, sondern weil er einige ungeahnte Möglichkeiten anbietet. Abgesehen von seiner nervtötenden Art, sich zu melden, wenn es am wenigsten angebracht ist, kann man seine Fähigkeit, die Kommunikation mit dem Anwender locker zu gestalten, durchaus in VBA nutzen.

Die im folgenden aufgeführten Beispiele für den Office-Assistenten sind nur dann lauffähig, wenn

1. der Office-Assistent installiert ist,
2. eine spezielle Objektbibliothek eingebunden ist.

Falls bei der Ausführung der Beispiele die Fehlermeldung von Abbildung 4.16 erscheint, dann fehlt ein Verweis auf die richtige Bibliothek. Office besitzt mehrere Objektbibliotheken, die Definitionen von Objekten und Funktionen enthalten. Manchmal geht einer der Verweise „unterwegs" verloren.

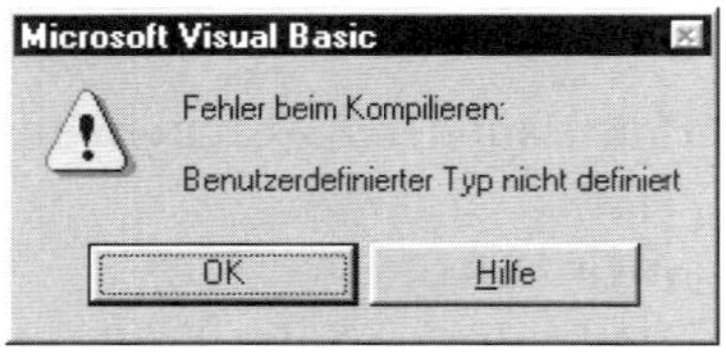

Abbildung 4.16: Mögliche Fehlermeldung bei der Ausführung

Das ist nicht weiter ein Problem: man kann den Verweis manuell wieder herstellen. Dies geht aber nur aus der Entwicklungsumgebung heraus, unter dem Menüeintrag EXTRAS\VERWEISE. Im Fenster VERWEISE - VBAPROJEKT, das in Abbildung 4.17 zu sehen ist, muß dann das Kontrollkästchen „Microsoft Office 9.0 Object Library" aktiviert werden. Die Definition des Objektes für den Assistenten ist nämlich in dieser Bibliothek enthalten, und nicht in der Bibliothek „Microsoft Excel 9.0 Object Library", die nur für Excel-Objekte zuständig ist.

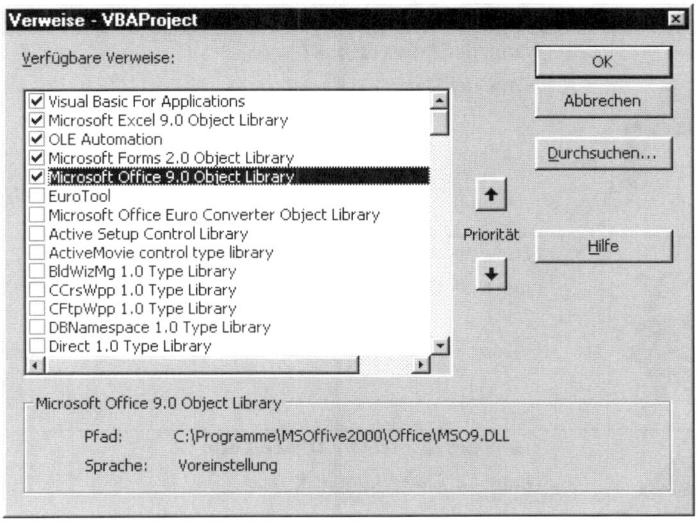

Abbildung 4.17: Das Fenster zum Editieren der Verweise auf die Objektbibliotheken

Die Dateien des Office-Assistenten befinden sich in einem Unterverzeichnis des Installationsverzeichnisses von Office 2000. Wenn z.B. das Office-Paket auf dem Laufwerk C: in Verzeichnis MSOFFICE2000 installiert ist, dann laut der Pfad:

C:\MSOFFICE2000\OFFICE

Die Assistenten sind Dateien mit der Endung „acs" (Character-Datei) und „acg" (Vorschau-Datei). Die folgende Tabelle gibt einen Überblick über die Assistenten von Office 2000.

Bild des Assistenten	Name und Datei
	Name des Assistenten: **Karl Klammer** Name der Datei: Clippit.acs, -.acg
	Name des Assistenten: **Hüpfer** Name der Datei: Dot.acs, -.acg

Bild des Assistenten	Name und Datei
	Name des Assistenten: **F1** Name der Datei: F1.acs, -acg
	Name des Assistenten: **Der Professor** Name der Datei: Genius.acs, -acg
	Name des Assistenten: **Office Logo** Name der Datei: Logo.acs, -acg
	Name des Assistenten: **Mutter Natur** Name der Datei: Mnature.acs, -acg
	Name des Assistenten: **Minki** Name der Datei: OffCat.acs, -acg
	Name des Assistenten: **Rocki** Name der Datei: Rocki.acs, -acg

Zuerst wollen wir lernen, wie man per VBA den Assistenten ansprechen und steuern kann. Das folgende Programm wechselt alle Assistenten nacheinander und läßt für jedes von ihnen eine Animation ablaufen. Jeder einzelne Assistent stellt sich außerdem dabei vor.

Beispiel 4.17: Den Office-Assistenten wechseln und animieren!

```
Sub AssistentAnimieren()
Dim i As Byte
Dim asNameField(7) As String, strHelp As String
Dim oAss As Assistant, oBal As Balloon
Dim bState As Boolean
On Error GoTo AssistentAnimieren_error
Set oAss = Assistant
strHelp = oAss.Filename
asNameField(0) = "Clippit.acs"
asNameField(1) = "OffCat.acs"
asNameField(2) = "Rocky.acs"
asNameField(3) = "Logo.acs"
asNameField(4) = "Dot.acs"
asNameField(5) = "MNature.acs"
asNameField(6) = "F1.acs"
asNameField(7) = "Genius.acs"
bState = oAss.On
If Not bState Then
    oAss.On = True
    oAss.Visible = True
End If
Set oBal = oAss.NewBalloon
For i = 0 To 7
    With oAss
        .Filename = asNameField(i)
        .Visible = True
        oBal.Text = "Hallo!" & vbNewLine & "Ich bin " & .Name
        oBal.Show
        .Animation = msoAnimationGreeting
    End With
Next
oAss.Filename = strHelp
oAss.Visible = bState
If bState Then
    oBal.Text = "Da bin ich wieder!"
    oBal.Show
End If
Exit Sub
AssistentAnimieren_error:
MsgBox "Ein Fehler ist aufgetreten!" & vbNewLine & Err.Description
Err.Clear
End Sub
```

In den ersten 5 Zeilen des Listings werden die Variablen deklariert. Für den Assistenten wird eine Objektvariable vom Typ *Assistant* deklariert (**Zeile 4**). Die Variable `oBal` vom Typ *Balloon* wird für die Sprechblase des Assistenten benötigt: Jeder Assistent stellt sich vor, und sein Text erscheint in einer Sprechblase, wie in Abbildung 4.18 zu sehen ist.

Abbildung 4.18: Karl stellt sich vor

In der **Zeile 6** leitet die Anweisung *On Error* die Fehlerbehandlung ein. Ein Fehler kann hier entstehen, wenn es z.B. nicht möglich ist, auf die Assistenten zuzugreifen. Dies wäre der Fall, wenn kein Assistent installiert wäre. Die eigentliche Routine für die Fehlerbehandlung befindet sich in den **Zeilen 39** bis **41**. Dabei wird nur ein Fenster am Bildschirm mit dem Fehlertext angezeigt, der Fehler wird dann durch die Methode *clear* entfernt, und das Programm wird beendet. Die Konstante *vbNewLine* generiert einen Zeilenumbruch im Meldungsfenster, dies entspricht dem Drücken der Taste [↵] bei einer Texteingabe.

Die Fehlerbehandlung wurde in Kapitel 3 ausführlich vorgestellt.

In der **Zeile 7** wird die Objektvariable mit dem Objekt Assistant referenziert. In **Zeile 8** wird in einer Hilfsvariablen der Name des aktuellen Assistenten vermerkt. Man möchte nach dem Durchlauf den ursprünglichen Assistenten wieder zurücksetzen. In den **Zeilen 9** bis **16** werden alle Namensdateien der Assistenten in einem Array vom Typ *String* zwischengespeichert. In **Zeile 17** wird der aktuelle Status des Assistenten vermerkt. Die Eigenschaft *On* besitzt den Wert *True*, wenn der Assistent aktiviert ist, *False* sonst. Wenn der Assistent nicht aktiviert war, wird dies nachgeholt (Zeile 19), und über die Eigenschaft *Visible* wird der Assistent auch sichtbar gemacht. Aktiviert und sichtbar sind zwei verschiedene Zustände des Assistenten: so kann er aktiv, aber nicht sichtbar sein, aber auf jeden Fall aktiv, wenn er sichtbar ist. In **Zeile 22** wird die Objektvariable `oBal` für die Sprechblase definiert.

Die **Zeilen 23 bis 31** sind die Anweisungen, die für jeden Assistenten wiederholt werden: Für jeden wird die richtige Datei an die Eigenschaft *Filename* zugewiesen (dies bewirkt das Wechseln von Assistenten zu Assistenten), dann wird der Inhalt der Sprechblase über ihre Eigenschaft *Text* zugewiesen. Die Sprechblase selbst wird mit der Methode *show* angezeigt, und der Assistent wird anschließend mit der Eigenschaft *Animation* animiert.

Am Schluß wird der ursprüngliche Assistent wieder zurückgeholt (**Zeile 32**), sein Zustand (aktiv / nicht aktiv) restauriert (**Zeile 33**), und falls der Assistent davor aktiv war, meldet er sich mit dem Text „Da bin ich wieder“ (**Zeile 35** und **36**).

Das obige Programm ist eine Spielerei, dient aber dem „Kennenlernen“. Im zweiten Beispiel mit dem Assistenten wollen wir ihn für einen sinnvollen Zweck einsetzten.

Assistent statt Dialogfenster

Die Idee ist folgende: Der Assistent kann in seiner Sprechblase auch Elemente wie Optionen oder Kontrollkästchen anzeigen und die Auswahl des Anwenders zurückliefern. Diese Fähigkeit kann benutzt werden, um einfache Anfragen an den Anwender zu stellen, ohne jedesmal dafür ein eigenes Dialogfenster programmieren zu müssen. Das macht das Leben des Programmierers wesentlich einfacher.

Im folgenden Beispiel soll nach dem Start eine neue Mappe erstellt werden. Die Tabellenblätter der Mappen sollen automatisch mit den Namen der 12 Monate oder der 7 Wochentage beschriftet werden. Bei der Auswahl der Wochentage kann der Anwender außerdem wählen, ob das Datum der Tage der aktuellen Woche auch in der Beschriftung der Blätter angezeigt werden soll.

Das Programm zeigt während des Ablaufs die Sprechblasen aus Abbildung 4.19.

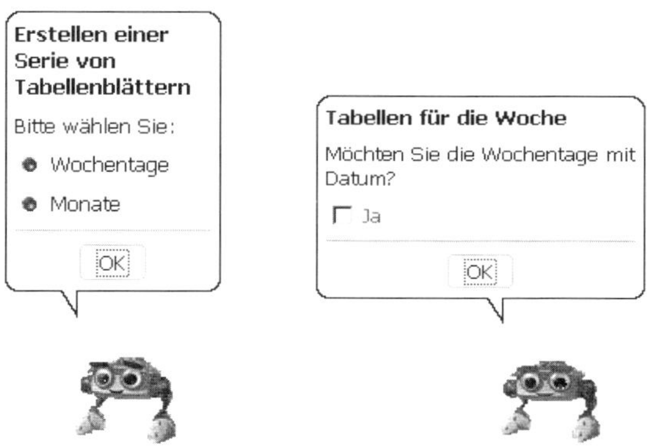

Abbildung 4.19: Die Sprechblasen des Assistenten mit Optionen und Kontrollkästchen

Und nun das Listing.

Beispiel 4.18: Sprechblase des Assistenten mit Optionen und Kontrollkästchen!

```
Sub NeueTabellenAlsSerie()
Dim oAss As Assistant, oBal As Balloon, oNewW As Workbook
Dim bState As Boolean, bYesDate As Boolean
Dim sReply As String, asTabName() As String
Dim bytW As Byte, bytTab As Byte, bytTotal As Byte, i As Byte
Set oAss = Assistant
bState = oAss.On
If Not bState Then
    oAss.On = True
    oAss.Visible = True
End If
Set oBal = oAss.NewBalloon
With oBal
    .Heading = "Erstellen einer Serie von Tabellenblättern"
    .Text = "Bitte wählen Sie:"
    .Labels(1).Text = "Wochentage"
    .Labels(2).Text = "Monate"
    sReply = .Show
End With
If sReply = -1 Then Exit Sub
Set oBal = Nothing
If sReply = 1 Then
     Set oBal = oAss.NewBalloon
     With oBal
        .Heading = "Tabellen für die Woche"
        .Text = "Möchten Sie die Wochentage mit Datum?"
        .CheckBoxes(1).Text = "{cf 249}Ja{cf 0}"
        .Show
    End With
End If
If oBal.CheckBoxes(1).Checked Then bYesDate = True
If sReply = 1 Then
        bytTotal = 7
        ReDim asTabName(bytTotal - 1)
        If Not bYesDate Then
            For i = 0 To 6
                 asTabName(i) = Left(CStr(WeekdayName( _
                  Weekday(Date - Weekday( _
                   Date) + i + 2), , vbSunday)), 2)
            Next
        Else
            For i = 0 To 6
```

```
43                   asTabName(i) = Left(CStr(WeekdayName( _
44                   Weekday(Date - Weekday(Date) + i + 2), , _
45                   vbSunday)), 2) & " " & CStr(Format((Date - _
46                   Weekday(Date) + i + 2), "dd.mm.yyyy"))
47              Next
48           End If
49  Else
50          bytTotal = 12
51          ReDim asTabName(bytTotal - 1)
52          For i = 0 To 11
53                   asTabName(i) = CStr(MonthName(i + 1))
54          Next
55  End If
56  bytTab = Application.SheetsInNewWorkbook
57  Application.SheetsInNewWorkbook = bytTotal
58  Workbooks.Add
59  Set oNewW = Workbooks(Workbooks.Count)
60  oNewW.Activate
61  Application.SheetsInNewWorkbook = bytTab
62  With oNewW
63      For i = 0 To bytTotal - 1
64          .Worksheets(i + 1).Name = asTabName(i)
65      Next
66  End With
67  End Sub
```

Nach der Deklaration aller Variablen (**Zeilen 2 bis 5**) werden ähnliche Anweisungen wie beim vorherigen Beispiel ausgeführt: Zuerst wird geprüft, ob der Assistent aktiv ist, sichtbar oder nicht dieser Zustand wird vermerkt, Objektvariablen werden initialisiert etc. (**Zeile 6 bis 12**).

In **Zeile 14** taucht ein neues Element auf: die Eigenschaft *Heading* den Sprechblase. Diese Eigenschaft stellt der Titel der Sprechblase dar. In den **Zeilen 16 bis 17** sehen wir die Anweisungen für die Optionsfelder: Die Optionen sind auch Objekte, die über eine eigene Auflistung verfügen. Die Eigenschaft *Labels* der Sprechblase liefert ein Objekt vom Typ *BallonLabels* zurück, das wiederum über eine Eigenschaft *Text* (für die Beschriftung der Option) verfügt. In Abbildung 4.20 ist die Hierarchie des Assistenten zu sehen: Ein Assistent besitzt eine Sprechblase (*Balloon*), die Kontrollkästchen oder Optionen beinhalten kann.

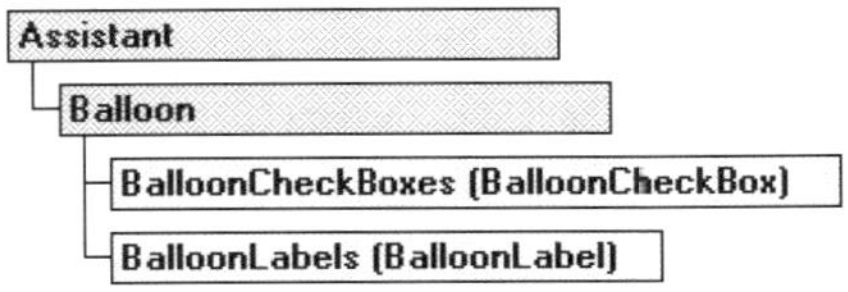

Abbildung 4.20: Die Hierarchie des Objektes Assistant

Interessant ist die Anweisung in der **Zeile 18**. Die Methode *show* zeigt die Sprechblase an und liefert einen Wert zurück, je nach Auswahl des Anwenders. Dieser Wert wird in der Variable `sReply` gespeichert. Wenn `sReply` den Wert -1 besitzt (**Zeile 20**), hat der Anwender nur die Schaltfläche OK in der Sprechblase angeklickt, ohne eine der Optionen zu wählen (s. links). In diesem Fall wird das Programm mit *Exit Sub* beendet. Wenn dagegen etwas gewählt worden ist, geht die Ausführung ab **Zeile 21** weiter. Zuerst wird aber die alte Sprechblase entfernt (**Zeile 21**). Wenn der Anwender die erste Option „Wochentage" gewählt hat, besitzt `sReply` den Wert 1, da es sich um die erste Option handelt (**Zeile 22**). Dann wird eine neue Sprechblase generiert (**Zeile 23**), und für diese werden Titel, Text und die Beschriftung des Kontrollkästchens gesetzt (**Zeile 28 bis 29**). Die Anweisungen in {}-Klammern in der **Zeile 27** färben der Text „Ja" des Kontrollkästchens in Rot.

Diesmal wird die Rückgabe der Methode *Show* nicht in einer Variablen gespeichert, da die Auswahl des Anwenders (also Wochentage mit oder ohne Datum) über den Zustand des Kontrollkästchens abgefragt werden kann. Wenn das Kästchen gesetzt ist, liefert seine Eigenschaft *Checked* den Wert *True*, *False* sonst (**Zeile 31**). Dies wird in der Variable `bYesDate` vermerkt.

Die Anweisungen der **Zeilen 32 bis 54** dienen nur der Vorbereitung für die Beschriftung der Tabellenblätter. Man verwendet hier ein dynamisches Array: der Array braucht nur 7 Plätze für die Wochentage (`sReply` = 1, erste Option), 12 für die Monate (`sReply` = 2, zweite Option). Zur Erinnerung: Die Indizierung eines Arrays in Basic beginnt standardmäßig mit 0.

Die entscheidenden Anweisungen für die Zusammensetzung der Beschriftungen sind in den **Zeilen 37/38, 42/45** und **52**. Die Monate machen keine Probleme. Jedem Monat ist eine Zahl zugeordnet: Januar ist 1, Februar ist 2 ect. Die Funktion *MonthName* kann aus der Zahl einen Namen machen, und genau das wird in der **Zeile 53** getan.

Die Probleme entstehen bei den Wochentagen: man kann die Texte direkt und sequentiell, als „Mo“, „Di“ ect. zuweisen. Oder man denkt sich einen kleinen Algorithmus aus, der eine solche Zuweisung über eine Schleife möglich macht. Wenn man ohne Datum arbeiten würde, wäre die direkte Zuweisung der Texte der einfachste Weg. Das Datum macht Probleme, weil immer die aktuelle Woche ausgegeben werden soll, egal an welchem Tag das Programm gestartet wird.

Wochentage in VBA

Um den Algorithmus zu verstehen, muß man zuerst das System von VBA für die Wochentage kennen. Dies funktioniert so: Jedem Wochentag ist eine Zahl zugeordnet, wie in der folgenden Tabelle angegeben ist.

Sonntag	Montag	Dienstag	Mittwoch	Donnerstag	Freitag	Samstag
1	2	3	4	5	6	7

Die Woche fängt nach dem amerikanischen System mit Sonntag an. Unser Programm wird aber die Woche mit Montag anfangen.

Die Überlegung ist die folgende: ausgehend vom aktuellen Tag (Funktion *Date*) kann man die Zahl des Wochentags abziehen (*Weekday*`(Date)`). Somit ist man *immer* am Ende der vorherigen Woche, also am letzten Samstag. Für Mittwoch, den 28.07.99, ist die Berechnung z.B.: 28. Juli - 4 (Tage) = Samstag, den 24.07.99. Jetzt muß man nur eine geeignete Zahl hinzuaddieren, um die gesamte aktuelle Woche durchlaufen zu können. Wenn man schon dabei ist, addiert man immer eine 2 dazu, um vom amerikanischen ins europäische System (also Wochenanfang ist Montag) zu kommen. In der folgenden Tabelle ist eine komplette Berechnung für den Tag 28.07.99 angegeben.

Date	28.07.99, Mittwoch
Date - Weekday(Date)	28.07.99 - 4 = 24.07.99, Samstag
Date - Weekday(Date) + i +2	28.07.99 - 4 + 0 + 2 = 26.07.99, Montag 28.07.99 - 4 + 1 + 2 = 27.07.99, Dienstag 28.07.99 - 4 + 2 + 2 = 28.07.99, Mittwoch 28.07.99 - 4 + 3 + 2 = 29.07.99, Donnerstag 28.07.99 - 4 + 4 + 2 = 30.07.99, Freitag 28.07.99 - 4 + 5 + 2 = 31.07.99, Samstag 28.07.99 - 4 + 6 + 2 = 26.07.99, Sonntag
Weekday(Date - Weekday(Date) + i +2), , vbSunday)	Liefert die jeweilige Zahl des Wochentages
WeekdayName(Weekday(Date - Weekday(Date) + i +2), , vbSunday))	Liefert den Text zu der Zahl

Das Gute an dieser Berechnung ist, daß sie immer funktioniert, egal mit welchem Tag sie gestartet wird.

Das Ergebnis der Berechnung wird dann explizit in *String* konvertiert (mit der Funktion *CStr* in **Zeile 37** und **43**). Von der Zeichenkette werden nur die ersten zwei Buchstaben genommen (Mo, Di etc.). Das wird mit der Funktion *Left* erreicht: sie extrahiert aus einer Zeichenkette die Anzahl der Zeichen, die mit dem zweiten Parameter übergeben wird, angefangen von links (s. **Zeile 37/39** und **43/46**).

In den **Zeilen 44/45** wird zusätzlich das Datum mit vierstelliger Jahreszahl über die Funktion *Format* der Beschriftung der Tabellenblätter hinzugefügt. Das Ergebnis aus den **Zeilen 42 bis 45** ist in Abbildung 4.21 zu sehen.

Abbildung 4.21: Tabellenblätter mit Datum für die aktuelle Woche

Zugriff auf Objekten

Ab der **Zeile 56** wird fast nur auf Objekte zugegriffen. In **Zeile 56** wird die Eigenschaft *SheetInNewWorkbook* der Anwendung Excel abgefragt. In dieser Eigenschaft wird die Anzahl der Blätter einer neuen Mappe festgehalten. Sie ist in der Excel-Anwendung unter dem Menüpunkt EXTRAS\OPTIONEN, Register „Allgemein" zu finden, wie in Abbildung 4.22 gezeigt ist.

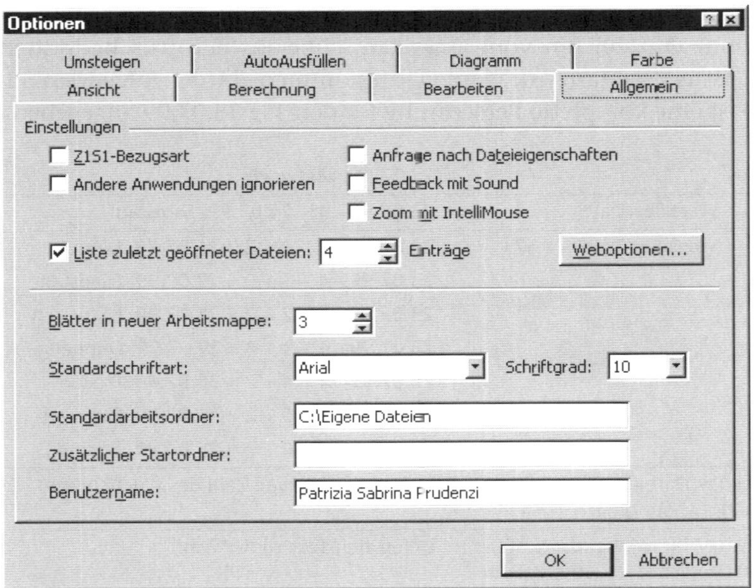

Abbildung 4.22: Hier wird die Anzahl der Tabellen in einer Mappe festgelegt

Die aktuelle Anzahl der Blätter wird in der Variable `BytTab` vermerkt, dann wird die Eigenschaft *SheetsInNewWorkbook* auf 7 oder 12 (`bytTotal` in **Zeile 57**) gesetzt. Danach wird in **Zeile 58** eine neue Mappe mit der Methode *Add* der Objektauflistung *Workbooks* mit der richtigen Anzahl an Blättern generiert. Die alte Anzahl wird dann in **Zeile 61** wieder zurückgeschrieben.

Nach dem Einführen der neuen Mappe werden alle Tabellenblätter der Auflistung *Worksheets* durchlaufen und umbenannt (**Zeile 62** bis **66**). Das Programm enthält außerdem auch eine Fehlerbehandlung wie das vorherige Beispiel (s. Modul).

Fazit

Der Office-Assistent kann durchaus sinnvolle Aufgaben erfüllen. In diesem Fall erspart er sogar die Erstellung eines benutzerdefinierten Dialogs, die sehr viel aufwendiger als das obige Programm wäre. Benutzerdefinierte Dialoge werden in Kapitel 6 das Thema sein.

Online-Hilfe

- Eigenschaften: Heading, Text (Objekt Balloon, BalloonLabel, BalloonChekBox) für die Färbung und sonstige Formatierung, SheetsInNewWorkbook, Checked, Labels, CheckBoxes
- Methode: Show
- Funktionen: Date, Weekday, WeekdayName, CStr, Left, Format, MonthName

KAPITEL4.XLS, Modul „mdlAssistent"

4.6 Ereignisse

Die Windows-Welt ist von Ereignissen bestimmt. Alle Programme, von den Anwendungen bis zum Betriebssystem Windows, arbeiten nicht selbständig, sondern reagieren auf die Hinweise des Benutzers. Nach dem Start von z.B. Windows oder Excel passiert so lange nichts, bis der Anwender auf eine Schaltfläche klickt, einen Menüpunkt wählt oder die Tastatur benutzt. Alle diese Tätigkeiten stellen Ereignisse dar, und erst nach ihrem Eintreten wird das jeweilige Programm wieder aktiv und führt eine bestimmte Aktion aus.

Stapelbetrieb

Vor gar nicht langer Zeit liefen Programme nur im Stapelbetrieb: Man gab alle Zeilen des Programms ein, danach startete man mit einem Befehl die Bearbeitung und wartete auf die Ergebnisse. Die Bearbeitung konnte nicht unterbrochen werden, um z.B. neue Werte für eine Berechnung einzugeben, und dann wieder fortgesetzt werden.

Natürlich spricht nichts dagegen, auch unter Windows Programme in einer dem Stapelbetrieb ähnlichen Form ablaufen zu lassen: Das

Programm muß dann so geschrieben werden, daß der gesamte Ablauf unabhängig von jeglichen Eingaben möglich ist. Ein solches Programm braucht keine Fenster, Eingabefelder etc. Alle benötigten Daten werden entweder im Programm selber als Konstanten übergeben oder aus Dateien gelesen. Diese Art der Verarbeitung ist sogar zu bevorzugen, wenn große Datenmengen bearbeitet werden müssen (wer hat schon die Geduld, z.B. tausend verschiedene Zahlen hintereinander am Bildschirm einzugeben?).

Ereignisorientiert

Die meisten Anwendungen, die unter Windows und speziell in den Office-Programmen entwickelt werden, sind jedoch ereignisorientiert. Die Programme verfügen dann oft über ein oder mehrere Fenster (auch Dialog oder Maske genannt), die den Anwendern bestimmte Eingaben erlauben. Ereignisorientierte Programme besitzen auch eine andere Struktur als sequentielle Programme: Anstelle einer Liste von Befehlen, die sehr oft in einem einzigen Text untergebracht sind, hat man hier eine Sammlung von Prozeduren, Ereignisprozeduren und Funktionen. Diese Elemente rufen sich oft untereinander auf, und manche von ihnen werden nur von Ereignissen gestartet.

VBA-Konzept in Excel

Die VBA-Programmierung ist ereignisorientiert. Der Programmierer kann für irgendein Ereignis bestimmte Folgen festlegen, indem er für das Geschehen (wie z.B. das Klicken mit der Maus auf eine bestimmte Schaltfläche) eine Ereignisprozedur schreibt. Eine solche Prozedur kann dann andere Prozeduren oder Funktionen aufrufen.

Ereignisse

Die Ereignisse sind in VBA sozusagen „vordefiniert“: Der Programmierer muß nur entscheiden, welches Ereignis an einer bestimmten Stelle für sein Programm relevant ist (z.B. soll das Klicken auf eine Schaltfläche ABBRECHEN das aktuelle Fenster schließen). Wenn der Programmierer für ein Ereignis keine Folge programmtechnisch vorsieht, bleibt das Eintreten des Ereignisses ohne Folge (außer, wenn es sich um Fehler handelt!). VBA bietet auch die Möglichkeit, für Profianwendungen selbst Objekte und Ereignisse zu definieren. (Dies würde aber den Rahmen dieser Einführung sprengen und wird hier nicht behandelt.)

Ereignisprozeduren

Ereignisse können nur mit Prozeduren programmiert werden, nicht mit Funktionen. Dieser Tatsache braucht keine weitere Aufmerksamkeit geschenkt zu werden, da die Entwicklungsumgebung selbst für das richtige sorgt. Wenn man nämlich eine Ereignisprozedur für ein bestimmtes Objekt schreiben will (z.B. ein Tabellenblatt, eine Arbeitsmappe, eine Schaltfläche in einem Tabellenblatt oder in einem benutzerdefinierten Dialogfeld), reicht es, einen Doppelklick auf das entsprechende Objekt im Projekt-Explorer (oder auf das Element in einem benutzerdefinierten Dialog) zu machen, um das Code-Fenster des Objektes zu öffnen. In Abbildung 4.23 ist der Kopf der Ereignisprozedur für das Ereignis *Open* einer Mappe zu sehen: wie man aus dem Schlüsselwort `Sub` merken kann, handelt sich hier um eine Prozedur. Das Schlüsselwort *Private* schränkt den Gültigkeitsbereich der Prozedur auf das aktuelle Klassenmodul ein. Somit wird die Kapselung des Objektes realisiert.

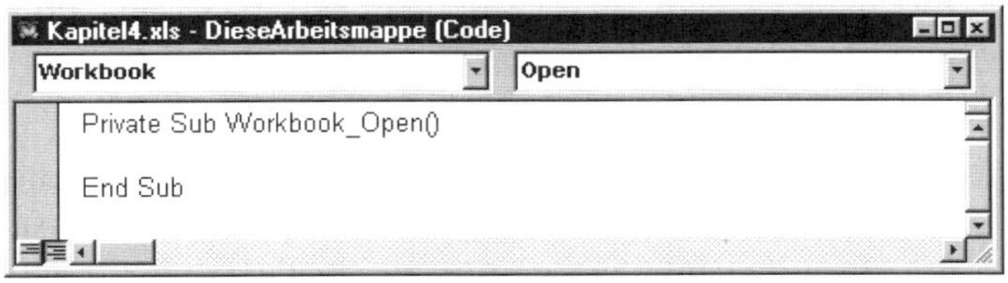

Abbildung 4.23: Der Kopf der Ereignisprozedur für das Ereignis Open einer Mappe

Standardereignis

Objekte können in der Regel auf mehr als ein Ereignis reagieren. Das Code-Fenster öffnet sich meistens mit der Prozedur für das Standardereignis. Mit Standardereignis ist hier das Ereignis gemeint, das typisch für ein Objekt ist. Eine Schaltfläche wird z.B. meistens angeklickt, um eine Wirkung hervorzurufen. Das Standardereignis der Schaltfläche ist das Ereignis *Click*. Das Standardereignis einer Mappe ist *Open*: Die Ereignisprozedur für dieses Ereignis wird automatisch geöffnet, wenn man in der Entwicklungsumgebung auf das Objekt „DieseArbeitsmappe" im Projekt-Explorer doppelklickt. Wenn man keine Prozedur für das Ereignis *Open* schreiben möchte, muß aus der Liste der Ereignisse, die für das betroffene Objekt zur Verfügung stehen, ein anderes Ereignis ausgewählt werden, wie in Abbildung 4.24 zu sehen ist.

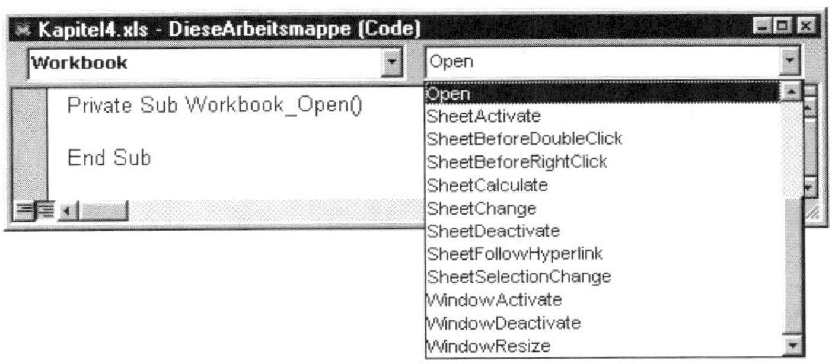

Abbildung 4.24: Die Liste der Ereignisse für eine Mappe

Wie viele und welche Ereignisse gibt es?

Wir haben schon in diesem Kapitel gesehen, daß jedes Objekt von Excel schon mit eigenen Eigenschaften und Methoden ausgestattet ist. Gleiches gilt für die Ereignisse: Die Fähigkeit der Objekte, auf Ereignisse reagieren zu können, ist schon vorgegeben. Jedes Objekt kann auf verschiedene Ereignisse reagieren, d.h. die Ereignisse können von Objekttyp zu Objekttyp unterschiedlich sein.

Die Liste der möglichen Ereignisse für einen Objekttyp läßt sich entweder aus einem Modulfenster (wie in Abbildung 4.24) oder aus der Online-Hilfe (s. Online-Hilfe-Hinweis dieses Abschnittes) ansehen.

Für die wichtigen Objekte *Workbook*, *Worksheet* und *Chart* verläuft die Programmierung der Ereignisse genau, wie im Bild oben zu sehen ist: Man öffnet im Modulfenster die entsprechende Prozedur, indem man ein Ereignis aus der Liste wählt. Manche Ereignisprozeduren besitzen auch ein oder mehrere Parameter. Genaue Informationen über die Bedeutung der Parameter sind stets in der Online-Hilfe für das jeweilige Ereignis zu finden.

Für benutzerdefinierte Dialogfenster und ihre Elemente (Schaltflächen, Listen, Eingabefelder) gilt das gleiche wie oben. Wir werden in Kapitel 6 sehen, daß die Ereignisprozeduren dieser Objekte auch auf diese einfache Art und Weise zu erstellen sind.

Wenn man für ein Ereignis eines Objektes eine Ereignisprozedur geschrieben hat, kann man die Prozedur auch aus dem Objektkatalog sehen. Wenn man als Bibliothek „VBAProjekt" wählt, dann das betroffene Objekt in der Liste markiert, kann man die selbsterstellten Ereignisprozeduren in der Liste rechts sehen, wie in Abbildung 4.25 gezeigt ist.

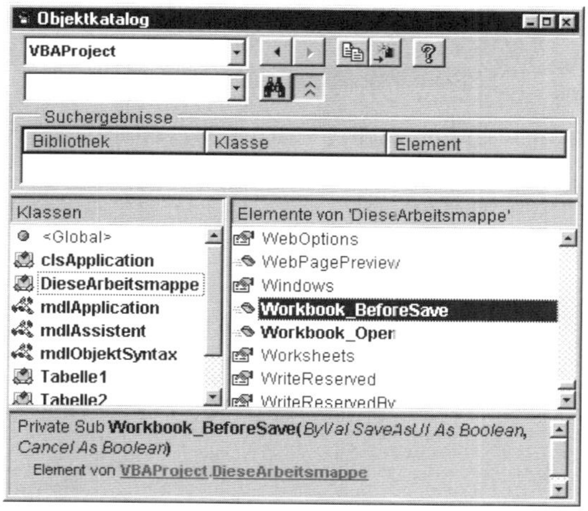

Abbildung 4.25: Benutzerdefinierte Ereignisprozedur im Objektkatalog

Für das Objekt *Application*, das höchste in der Objekthierarchie, ist eine spezielle Behandlung notwendig. Für dieses Objekt sind auch Ereignisse vorgesehen worden, aber man kann auf sie nicht ohne weiteres zugreifen. Die folgende Tabelle gibt einen Überblick über die Ereignisse des Objektes *Application*.

Besonderheit bei Application

Ereignisse des Objektes Application	
NewWorkbook	WindowResize
SheetActivate	WorkbookActivate
SheetBeforeDoubleClick	WorkbookAddinInstall
SheetBeforeRightClick	WorkbookAddinUninstall
SheetCalculate	WorkbookBeforeClose
SheetChange	WorkbookBeforePrint
SheetDeactivate	WorkbookBeforeSave
SheetFollowHyperlink	WorkbookDeactivate
SheetSelectionChange	WorkbookNewSheet
WindowActivate	WorkbookOpen
WindowDeactivate	

Das Besondere an diesen Ereignissen ist, daß sie nicht an ein bestimmtes Objekt gebunden sind, sondern daß sie für die gesamte Anwendung gültig sind. Jedes Tabellenblatt reagiert auf das Ereignis *Activate*: Wenn dafür eine Prozedur geschrieben wird, wird die Prozedur bei jeder Aktivierung dieses (und nur für dieses!) Blattes gestartet. Wenn dagegen für das Ereignis *SheetActivate* von *Application* eine Prozedur geschrieben wird, wird diese Prozedur immer bei der Aktivierung eines Blattes gestartet, egal ob es sich um eine Tabelle oder um ein Diagramm handelt.

Leider ist das Schreiben solcher allgemeingültigen Ereignisprozeduren etwas umständlich gemacht worden. Das Verfahren muß schrittweise eingeleitet werden.

1. Zuerst muß ein Klassenmodul (Achtung: kein allgemeines Modul!) eingefügt werden. Die geschieht über das Menü EINFÜGEN\KLASSENMODUL (oder aus der entsprechenden Schaltfläche der Symbolleiste).
2. In dem neuen Klassenmodul wird auf Modulebene folgende Deklaration gemacht:

   ```
   Public WithEvents App As Application
   ```

   Diese Zeile deklariert die Variable `App` vom Typ *Application*.

3. Danach wird aus der Objektliste des Klassenmoduls das Objekt `App` gewählt. Sofort stehen nun die Ereignisse aus der obigen Tabelle zur Verfügung. In Abbildung 4.26 ist das Klassenmodul mit einer Prozedur für das Ereignis *NewWorkbook* zu sehen.

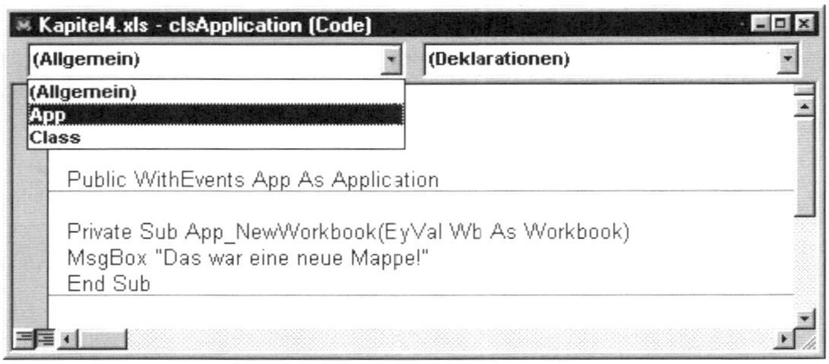

Abbildung 4.26: Definition einer Ereignisprozedur für das Objekt Application

Anschließend muß in einem Modul (nicht im Klassenmodul!) eine Variable auf Modulebene deklariert werden. Diese Variable wird dann mit Excel selbst initialisiert, wie Abbildung 4.27 zu sehen ist. Die Variable `AppBsp` bekommt als Typ den *Namen des Klassenmoduls*. In der Prozedur `AppObjektStart` wird die Variable an Excel selbst angebunden. Nach der Ausführung dieser Prozedur werden alle Ereignisprozeduren, die im Klassenmodul definiert sind, ausgeführt. Wenn man eine Prozedur für das Ereignis *NewWorkbook* geschrieben hat, wie Abbildung 4.26 gezeigt, dann wird bei jedem Öffnen einer neuen Mappe in Excel die Prozedur ausgeführt. Das gilt für die aktuelle Sitzung, so lange, bis der Variable der Wert *Nothing* zugewiesen wird (Prozedur `AppObjektEnde`, Abbildung 4.27) oder bis der Gültigkeitsbereich verlassen wird.

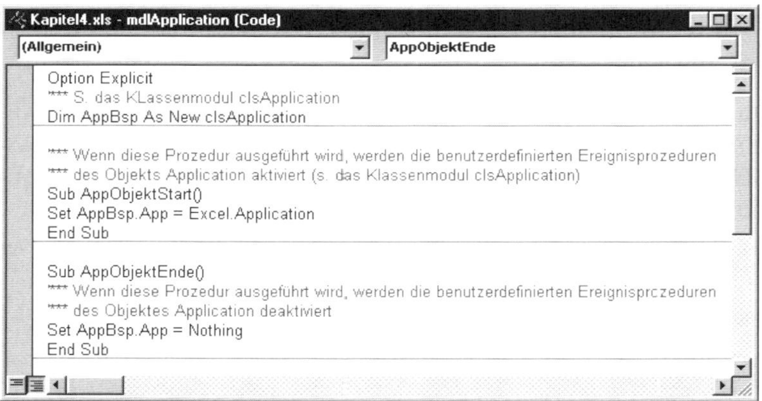

Abbildung 4.27: Die Ereignisse von Application verwenden

Also, das Verfahren ist etwas aufwendig, aber damit können in einer benutzerdefinierten Anwendung allgemeingültige Elemente eingebaut werden.

Ereignisse ausschalten

Mit VBA lassen sich die Folgen der Ereignisse der Objekte nicht nur nach Belieben programmieren, sondern sogar ausschalten, unabhängig davon, ob dafür Ereignisprozeduren existieren oder nicht. Man hat zum Beispiel für das Ereignis *BeforeSave* einer Mappe eine Meldung programmiert. Das Ereignis *BeforeSave* wird unmittelbar vor dem Speichern des dazugehörigen Objekts ausgelöst. In diesem Fall wird eine Meldung am Bildschirm ausgegeben, unmittelbar vor der Speicherung der Mappe. Die Ausführung wird immer gestartet, egal ob die Speicherung manuell aus der Excel-Umgebung (also z.B. mit DATEI\SPEICHERN) oder mit einer VBA- Anweisung (z.B. `ActiveWorkbook.Save`) initiiert wird. Will man verhindern, daß das Ereignis und seine Prozedur ausgeführt werden, dann muß man so vorgehen, wie in folgendem Listing gezeigt.

Beispiel 4.19: Ereignisse ausschalten!

```
1  Sub SpeichereAktuelleMappeOhneBeforeSave()
2  Application.EnableEvents = False
3  ActiveWorkbook.Save
4  Application.EnableEvents = True
5  End Sub
```

Die Eigenschaft *EnableEvents* des Objektes *Application* kann alle Ereignisse in Excel ein- oder ausschalten. Wenn die Ereignisse ausgeschaltet sind, kann keine Ereignisprozedur mehr ausgeführt werden. In dem obigen Programm werden zunächst die Ereignisse vollständig ausgeschaltet (**Zeile 2**), dann wird die Mappe gespeichert, anschließend werden die Ereignisse wieder aktiviert. Der Zweck hierbei besteht darin, benutzerdefinierte Ereignisprozeduren, die sonst ausgeführt werden, aus irgendeinen Grund nicht anzustoßen.

Auf diese Art und Weise erhält ein VBA-Programmierer die volle Kontrolle über den Ablauf und kann sogar das Eintreten von Ereignissen steuern.

Online-Hilfe

- Verwenden von Ereignissen mit Microsoft Excel-Objekten, Ereignisse des Worksheet-Objekts, Ereignisse für Workbook-Objekte, Ereignisse des Chart-Objekts, Steuerelement- und Dialogfelderereignisse
- Ereignisse des Application-Objekts, Verwenden von Ereignissen mit dem Application-Objekt

– EnableEvents-Eigenschaft

KAPITEL4.XLS, Modul „mdlApplication", Klassenmodul „clsApplication"

4.6.1 Viren mit und in Excel

Ein mit der ereignisorientierten Programmierung in Office eng verbundenes Thema ist leider das Problem mit den Viren. Viren sind spezielle Programme, deren Zweck nur die Zerstörung von Daten oder von Systemkomponenten, bis hin zu Schaden an der Hardware ist. Für Laien ist meistens unverständlich, warum mehr oder weniger begabte Programmierer eine Menge ihrer Zeit mit der Erstellung von Viren verbringen wollen. Schließlich haben diese Programmierer keinen direkten Vorteil aus der Verbreitung von Virusprogrammen. Die Gründe für den Aufwand können sehr unterschiedlich sein: Geltungsbedürfnis, der Wunsch, das eigene Machtgefühl auf Teufel kommt raus durchzusetzen, bis hin zum Racheakt eines schikanierten Mitarbeiters. In einem engen Marktsegment könnte auch die Konkurrenz auf die Idee kommen, etwas Sand in das Getriebe anderer Firmen zu streuen. Egal aus welcher Motivation heraus, die Wirkung ist überall die gleiche: Die betroffenen Firmen oder privaten Anwender müssen sehr viel Zeit und Mittel investieren, um die Viren und ihre Folgen loszuwerden. Manchmal gehen dabei Daten unwiderruflich verloren.

Makroviren

Seit einigen Jahren bestehen mehr als 40% (Tendenz steigend!) aller Virusprogramme aus den sog. „Makroviren". Diese Viren werden mit VBA meistens unter WinWord und Excel geschrieben. Viren sind natürlich auch unter Access denkbar, da auch Access über VBA verfügt. Zum Glück werden aber Datenbanken nicht so oft ausgetauscht wie WinWord- oder Excel-Dateien, so daß hier die Gefahr eher geringer ist. Seit Office 97 ist VBA auch in PowerPoint und Outlook integriert, so daß auch von diesen Anwendungen Virengefahr ausgehen kann.

Wenn sich noch vor fünf bis sieben Jahren Viren hauptsächlich über infizierte Disketten verbreitet haben, so ist heute das Internet der größte „Highway". Die meisten solcher Viren werden per E-Mail als Dateianlagen verschickt. Weitere werden mit Software vom Anwender heruntergeladen. Es ist aber schon vorgekommen, daß Hersteller bei der Auslieferung ihrer Software „blinde Passagiere" auf ihren CD-ROMs mit auf die Reise geschickt haben. Eine solche Panne ist sogar Microsoft vor einigen Jahren unterlaufen.

Makroviren werden meistens als Ereignisprozedur des Ereignisses `Open` geschrieben, sowohl in Excel als auch in WinWord. Eine perversere Variante wird beim Ereignis *BeforeClose* angesiedelt. Es passiert so lange nichts, bis man die Mappe oder das Dokument schließt. Wenn man einen Blick in die Ereignisliste einer Mappe wirft, dann wird man mindestens 20 weitere, verschiedene Möglichkeiten für das Starten eines Virus finden: beim Drucken, beim Berechnen, beim Speichern etc.

Gefahr meistens beim Öffnen

Man sollte auch nicht glauben, daß VBA keinen Schaden anrichten kann. Die Sprache VBA ist ein sehr mächtiges Werkzeug, das imstande ist, über eine DOSshell alle möglichen Befehle auszuführen (zum Beispiel „Format C:"). Befehle für die Bearbeitung von Dateien gehören auch zum Sprachumfang von VBA: Man kann damit ungestört den Inhalt von Dateien ändern oder ganze Dateien löschen. Ein solches Virus war in der ersten Hälfte des Jahres 1999 als Add-In getarnt im Umlauf.

In Excel 2000, wie schon für seinen Vorgänger Excel 97, wurde ein Virenschutz eingebaut. Jedesmal, wenn eine Mappe geöffnet wird, prüft Excel nach, ob VBA-Programme darin enthalten sind. Wenn ja, erscheint die Meldung aus Abbildung 4.28 am Bildschirm. Das ist normalerweise die Standardeinstellung nach der Installation von Excel.

Virenschutz in Excel

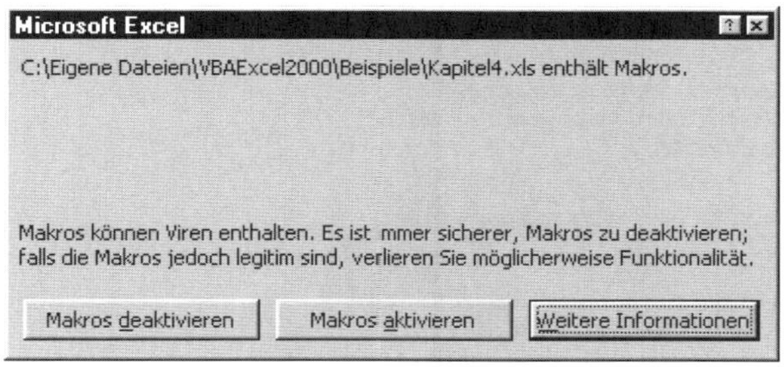

Abbildung 4.28: Warnung in Excel

Wenn man 110% sicher ist, daß es sich nicht um Viren handelt, dann kann man getrost auf die Schaltfläche MAKRO AKTIVIEREN klicken. Das kann man nur in dem Fall sein, wenn man die Mappe schon kennt, und wenn sie nicht ungeschützt auf einem freigegebenen Netzlaufwerk liegt. Sonst ist es immer ratsam, zuerst die Schaltfläche MAKRO DEAKTIVIEREN zu wählen. Das verhindert das Ausführen aller in den Mappen befindlichen Programme. Nach dem Öffnen kann man sich dann über die Entwicklungsumgebung über die Programme kundig machen. Alles, was nicht offen liegt, sollte sofort verworfen werden, außer wenn man genaue Auskunft über die Makros bekommen kann.

VBA-Projekte können nämlich mittels Paßwort für die Anzeige gesperrt werden (mehr dazu in dem Kapitel über die Add-Ins am Ende dieses Buches). Aber das Sehen der Anweisungen schützt noch nicht. Die Anweisungen müssen auf jeden Fall analysiert werden, um die gesamte Wirkung nachvollziehen zu können. Der Quellcode des Melissa-Virus (auch ein VBA-Virus!), der so vielen Schaden angerichtet hat, lag auch frei zugänglich. Die einzelnen Anweisungen des Melissa-Virus wirken zum Beispiel ziemlich harmlos: Das Adreßbuch von Outlook wird nach Adressen gefragt, und für jede Adresse wird eine E-Mail verschickt. Die gesamte Wirkung dieses Vorgehens ist aber der sog. Schneeballeffekt: in einem firmeninternen Netz würde jeder jedem E-Mails schicken und jeder von jedem welche bekommen, bis der E-Mail-Server den Geist aufgibt!

Neuer Virenschutz in Excel 2000

Die Warnung beim Öffnen einer Mappe wurde von Microsoft schon in der vorherigen Office-Version eingeführt. In der neuen, aktuellen 2000-er Version wurde noch ein weiteres Element hinzugefügt: eine frei wählbare Sicherheitsstufe und die digitale Signatur.

Sicherheitsstufe

Ein Anwender hat in Excel 2000 die Möglichkeit, über das Menü EXTRAS\MAKROS\SICHERHEIT... in Excel das Fenster SICHERHEIT von Abbildung 4.29 aufzurufen.

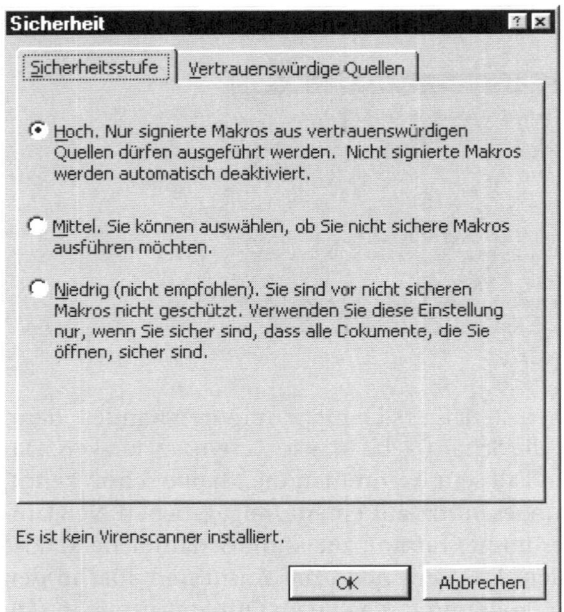

Abbildung 4.29: Sicherheitsstufe einstellen

Im Fenster wird dann eine der drei Stufen gewählt. Die Stufen bedeuten konkret:

- **Hoch**: Nur Makros, die über eine digitale Signatur (s. weiter unten) verfügen und aus einer Quelle stammen, die explizit als vertrauenswürdig eingestuft ist, dürfen ausgeführt werden. Nicht signierte Makros werden automatisch deaktiviert, während die Mappe geöffnet wird. Haken an der Geschichte: Das setzt ein blindes Vertrauen voraus, daß die Quelle selbst nicht von Viren befallen ist oder daß kein Virus die digitale Signatur manipuliert hat.
- **Mittel**: Es wird eine Warnung beim Öffnen einer Mappe angezeigt. Die Warnung ist in Abbildung 4.28 zu sehen und wurde oben erklärt. Das ist meistens die Standardeinstellung nach der Installation von Excel.
- **Niedrig**: Alle Mappen oder Add-Ins werden ohne Warnung geöffnet, und alle Makros werden aktiviert. Das setzt ein starkes Vertrauen voraus und wird auch von Microsoft nicht empfohlen.

Auf den ersten Blick kann man denken, daß man alles im Griff hat. Leider ist es aber nicht so. Zuerst gehen wir aber zu der digitalen Signatur.

Digitale Signatur

Die digitale Signatur ist eine Art Unterschrift, die vom Entwickler für das VBA-Projekt (nicht für die Mappe!) hinterlassen wird. Eine digitale Signatur wird von einer speziellen Institution gegen Antrag offiziell vergeben. Diese Signatur und eine als vertrauenswürdig definierte Quelle sollten zusammen für die Sicherheit sorgen. Man braucht dann nur eine Liste der vertrauenswürdigen Quellen zu definieren, um diese Sicherheit zu genießen. Dieses Konzept könnte aufgehen, wenn hier Microsoft nicht einen Hebel gesetzt hätte: Der Schutz mit digitalen Signaturen ist nur möglich, wenn man auch Internet Explorer 4.0 oder höher besitzt!

Diese unglaubliche Zumutung ist auch im Klartext in der Online-Hilfe zu lesen.

Zitat aus der Online-Hilfe:

„**Anmerkung**: Digitale Signaturen funktionieren nur auf Computern, auf denen Microsoft Internet Explorer, Version 4.0 oder höher, installiert ist. Wenn Sie eine Arbeitsmappe, die Makros enthält (signiert oder unsigniert), auf einem Computer ohne Internet Explorer, Version 4.0 oder höher, öffnen, wird ein Standarddialogfeld zu Makroviren angezeigt, in dem Sie auswählen können, ob Makros vor dem Öffnen der Arbeitsmappe aktiviert oder deaktiviert werden sollen."

(Quelle: Online-Hilfe von Excel 2000, Stichwort „Signieren von Makroprojekten")

Was nun?

Wenn man nicht den Internet Explorer 4.0 oder höher hat, wird man hierbei bestraft. Diese Tatsache ist ein regelrechter Eingriff in die freie Wahl der eigenen Konfiguration. Nicht jeder Anwender will sich den Sicherheitslücken der Internet Explorer ausliefern. Hinzu kommt, daß in vielen Unternehmen die Mitarbeiter gar nicht über irgendeinen Internet-Browser verfügen, weil sie keinen Anschluß ans Internet haben.

Man kann sich aber auch ohne Internet Explorer schützen, wenn man vorsichtig ist. Die Autorin selbst lebt auch ohne Internet Explorer und fühlt sich ganz gut dabei. Die digitale Signatur würde sowieso, wie oben schon erwähnt, nicht vor Quellen schützen, die selbst von Viren befallen sind, oder vor kniffligen Viren, die sich selbst eine andere Signatur verpassen, nachdem sie die Liste der vertrauenswürdigen Quellen gescannt haben.

Schutz durch Wissen

Der Schutz kann nur wirksam sein, wenn man die Quelle der Gefahr kennt.

Also, wenn man keine digitale Signatur und hohe Sicherheitsstufe einsetzen kann (mangels Willen, seinen PC mit dem Internet Explorer 4.0 oder höher zu teilen), dann bleibt nur die mittlere Sicherheit als Bastion gegen den Rest der Welt. Dann muß man sich auf die Meldung beim Öffnen der Mappen verlassen, die in Abbildung 4.28 gezeigt wird. Dieses System funktioniert zu 80% gut. Es bleibt aber ein Restrisiko.

Problem: Meldung vom Virus wird ausgeschaltet

In der Vergangenheit sind schon Virusprogramme aufgetaucht, die als erstes die Warnmeldung ausgeschaltet haben. Es ist denkbar, daß dieses Spielchen auch in der aktuellen 2000er Version weiter möglich ist.

Problem: Persönliche Makroarbeitsmappe

Ein weiteres Risiko, auf das man trifft, ist die persönliche Arbeitsmappe PERSON.XLS. Ein Anwender hat beim Aufzeichnen von Makros die Möglichkeit, eine solche Mappe anzulegen. In dieser Mappe können dann alle Makros gespeichert werden, die eine globale Relevanz in Excel haben. Die Mappe wird bei jedem Start von Excel auch geöffnet (damit die Makros zur Verfügung stehen) und ausgeblendet.

Diese Mappe und ihre Funktion werden in Kapitel 5, Aufzeichnung und Manipulation von Makros, ausführlich behandelt.

Excel behandelt diese Mappe immer als vertrauenswürdig, d.h. die Mappe wird ohne jegliche Warnung geöffnet. Es ist denkbar, daß durch eine Infizierung dieser Mappe den Viren das Tor geöffnet wird. Es sind schon ein paar Viren aufgetaucht, die diesen Weg genommen haben, um Schaden anzurichten. Man kann die Mappe schützen, aber die Mappe kann auch ganz einfach komplett ausgetauscht werden, wenn sie an einer vom Netzwerk zugänglichen Stelle gespeichert ist.

Problem: Add-Ins

Viren können sich auch über Add-Ins verbreiten. Egal ob es um Add-Ins handelt, die schon in Excel mitgelieferten werden, oder um benutzerdefinierte Add-Ins: Alle installierten Add-Ins gelten für Excel immer als vertrauenswürdig. Beim Öffnen von Add-Ins wird keine Warnmeldung von Excel ausgegeben. Wenn ein Add-In manipuliert wird, kann es ungestört seine Arbeit in Hintergrund verrichten.

Add-Ins werden im letzten Kapitel dieses Buches behandelt.

Man kann zwar Excel dazu bringen, nicht allem blind zu vertrauen: In Abbildung 4.30 ist das Fenster SICHERHEIT aus EXTRAS\MAKROS\SICHERHEIT zu sehen. Dort kann man die Vertrauensseligkeit von Excel etwas bremsen, aber, wenn Viren sogar die Warnmeldung von Excel ausschalten können, warum sollten sie diese Einstellung nicht zurücksetzen können?

Abbildung 4.30: Add-Ins und Vorlagen als Sicherheitsrisiko

Auch hier, wie im Fall der persönlichen Makroarbeitsmappe, ist eine Manipulation oder Austausch der Add-Ins möglich. Dies läßt sich nur auf der Ebene der Benutzerrechte im Betriebssystem verhindern, aber nicht über Excel!

Fazit

Diese Probleme sind nur einige der Probleme, die zur Zeit bekannt sind. Es ist nicht auszuschließen, daß weitere Gefahrenquellen auftauchen. Jeden Tag werden neue Viren programmiert und in Umlauf gebracht, und ihre Programmierer kennen sich meistens besser aus in der Materie als diejenigen, die sich schützen müssen.

SHIFT-Taste nutzlos

Manche raten als Schutz das Drücken der [⇧]-Taste beim Öffnen einer Datei. Dies verhindert nur das Ausführen der Ereignisprozedur für das Ereignis *Open*. Wir haben aber gesehen, daß ein Virus aus vielen anderen Ereignissen heraus gestartet werden kann. Hinzu kommt, daß mittels geschickter Anweisungen ein Dokument dazu gebracht werden kann, das Drücken der [⇧]-Taste zu ignorieren. Das Drükken dieser Taste bietet keinen Schutz!

Gegenmittel

Beim Virenproblem hilft nur ein guter Virenscanner, der auch imstande ist, Makroviren zu erkennen, und sonst eine gute, gesunde Portion Mißtrauen. Da die meisten Viren als Anlage einer E-Mail ankommen, wäre es angebracht, keine Anlage gedankenlos durch einen Doppelklick zu öffnen, egal was in der Betreffzeile oder im Begleittext steht. Im Zweifelsfall sollte eine E-Mail sofort gelöscht werden, wenn man nicht den Sender anrufen und nach einer Bestätigung oder weiteren Informationen fragen kann. Das hilft nicht nur gegen Excel-Viren, sondern im allgemeinen gegen Viren über E-Mail. Sogar wenn die E-Mail aus einer bekannten Adresse kommt, sollte man vorsichtig sein: Der Sender könnte von Viren befallen sein, ohne es zu wissen, oder die Senderadresse könnte mit Absicht verfälscht sein. Es gibt eigentlich kein Mittel gegen Viren: auch der beste Virenscanner dieser Welt kann nur die Viren erkennen, die schon bekannt sind. Neue Viren werden am Anfang auch nicht von Scannern erfaßt und breiten sich aus. Erst wenn die Viren bekannt und erfaßt sind, können sie mit Erfolg bekämpft werden.

Also bleibt wirklich nur das Mißtrauen. Das ganze kann sich vielleicht nach Paranoia anhören, aber man muß eines bedenken: Welcher normale Mensch würde etwas essen, das auf der Straße liegt oder von einem völlig unbekannten Menschen ganz einfach angeboten wird, egal ob es schmuddelig aussieht oder nicht?

Online-Hilfe

Signieren von Makroprojekten, Informationen zum Schützen von Arbeitsmappen vor Viren

5 Aufzeichnung und Manipulation von Makros

In diesem Kapitel werden wir einen der Bausteine der Excel-Programmierung kennenlernen: die Aufzeichnung von Makros. Das ist nämlich die einfachste Möglichkeit, ein VBA-Programm zu erstellen. Der Name Makro ist etwas unpassend, bis zu der Version 4.0 konnte man in Excel nur in der sog. Makrosprache programmieren. Die Erstellung neuer Programme in der Makrosprache wird in Excel 2000, wie schon in Excel 97, nicht mehr unterstützt. Ein VBA-Programm ist kein Makro in diesem Sinne, aber man hat diesen Namen beibehalten. Die Aufzeichnung kann, auch wenn man schon VBA-Profi ist, immer eine nützliche Möglichkeit sein, Programmteile zu erstellen. Wir werden sehen, wie das aufgezeichnete Makro anschließend umprogrammiert werden kann, um es zu verallgemeinern.

5.1 Makros aufzeichnen

Aufzeichnen muß genau so verstanden werden, wie das Aufzeichnen von Musik mittels eines Kassettenrecorders. In Excel existiert ein „Recorder“, der imstande ist, alles, was in Excel vom Anwender gemacht wird (z.B. Öffnen oder Schließen einer Mappe, Formatieren einer Tabelle oder Zelle etc.), zu protokollieren und auf Abruf wiederzugeben. Alle Aktionen, die vom Makro vermerkt werden, werden direkt in VBA umgesetzt. Ein aufgezeichnetes Makro wiederholt immer die gleichen Tätigkeiten. In diesem Abschnitt wird schrittweise gezeigt, wie man ein Makro aufnimmt.

Man möchte ein Diagramm aus einer Tabelle erstellen. Das Erstellen des Diagramms soll aufgezeichnet werden, um jederzeit wieder abrufbar zu sein. Die Ausführung des Makros produziert immer wieder das gleiche Diagramm aus der gleichen Tabelle. Erst eine Umprogrammierung, eine Modifizierung der Aufzeichnung und das Hinzufügen von neuen Prozeduren wandelt das Makro in ein allgemein einsetzbares Programm um.

Ein Diagramm braucht zuerst eine Tabelle mit Daten. Eine solche Tabelle kann z.B. wie die folgende aussehen:

	A	B	C	D	E
1			*Umsatz*		
2		*1.Quartal*	*2.Quartal*	*3.Quartal*	*4.Quartal*
3	1990	789	323	1230	321
4	1991	212	878	345	435
5	1992	645	324	675	510
6	1993	33	199	456	768
7	1994	455	32	987	231
8	1995	65	543	879	308
9	1996	546	334	812	89
10	1997	1027	125	745	130
11	1998	1508	67	678	356
12	1999	1989	233	611	896
13					

Abbildung 5.1: Die Tabelle mit den Beispieldaten

1. Die Tabelle soll am besten in einer neuen, leeren Arbeitsmappe Platz finden. Danach werden die hier unten angegebenen Arbeitsschritte ausgeführt:
2. Die Tabelle wird markiert (der Titel „Umsatz" sollte weggelassen werden).

Bevor man mit dem Erstellen des Diagramms anfängt, muß die Aufzeichnung des Makros gestartet werden. Dies kann aus dem Menü EXTRAS\MAKRO\ AUFZEICHNEN... geschehen oder aus der Symbolleiste *Visual Basic* über die Schaltfläche MAKRO AUFZEICHNEN. Wenn die *Visual Basic*-Leiste nicht vorhanden ist, kann man sie über das Menü ANSICHT\SYMBOLLEISTEN... oder über das Kontextmenü der Symbolleiste (mit der rechten Maustaste auf die vorhandenen Symbolleisten klicken) auf den Bildschirm holen.

3. Sofort nach dem Starten der Aufzeichnung erscheint das Dialogfenster MAKRO AUFZEICHNEN, das in Abbildung 5.2 zu sehen ist.

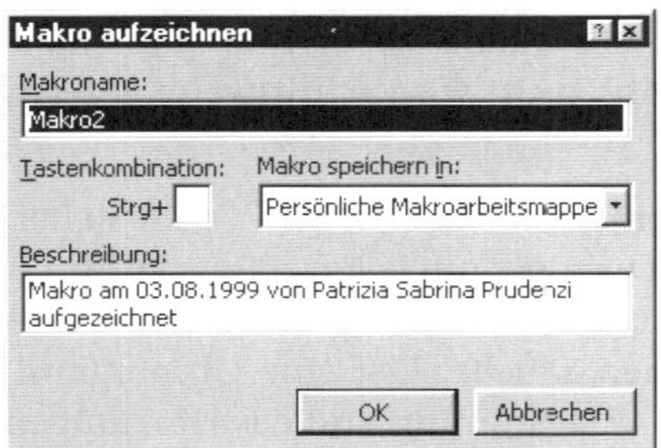

Abbildung 5.2: Das Aufzeichnungsfenster

Makro benennen

Als Makroname wird immer das Wort „Makrox“ vorgeschlagen, wobei x für eine fortlaufende Zahl steht (erstes Makro: Makro1, zweites Makro: Makro2 etc. innerhalb einer Sitzung). Der Standard-Name kann problemlos mit einem etwas passenderen Namen, wie z.B. „DiagrammErstellen“, überschrieben werden. Für den Namen können alle Buchstaben, Ziffern und das Zeichen „_“ benutzt werden. Alles andere, inklusive Leerzeichen, erzeugt eine Fehlermeldung und wird nicht angenommen. Der Name des Makros ist der Name einer Prozedur, wie man nach der Auszeichnung in der Entwicklungsumgebung feststellen kann.

Tastenkombination

Im Makro-Fenster kann man für das Makro sofort eine Tastenkombination bestimmen. Wie man aus „Das Aufzeichnungsfenster“ sehen kann, ist die Auswahl eingeschränkt: nur die Kombination der Taste `Strg` mit einer anderen Taste ist erlaubt. Das ist etwas unglücklich gewählt: Wenn man zufälligerweise eine Tastenkombination wählt, die schon von Excel belegt ist, dann gibt es Konflikte bei der Ausführung des Makros, und meistens wird das Makro dann nicht ausgeführt. Excel belegt selber schon einige der Tastenkombinationen mit der Taste `Strg`: im Menü DATEI und BEARBEITEN kann man eine Liste von einigen dieser Tastenkombinationen sehen (z.B. `Strg`+`C` für Kopieren etc.). Wenn man dagegen eine Tastenkombination wählt, die schon einem anderen Makro zugewiesen ist, bekommt man eine Mitteilung des Office-Assistenten.

Tastenkombinationen können für ein Makro über den Umweg einer Symbolleiste oder Menüs zugewiesen werden. Mehr dazu in dem Kapitel über Symbolleisten und Menüs.

Makro speichern

Excel will vor der Aufzeichnung wissen, wo das Makro gespeichert werden soll. Es gilt die Regel: Ein Makro (oder ein VBA-Programm) steht normalerweise nur in der Mappe zur Verfügung, in der es gespeichert ist. Dies kann natürlich zum Nachteil werden, aber es gibt Mittel und Wege, um diesen Nachteil zu umgehen (s. weiter unten in diesem Kapitel). Für die Speicherung stehen im Feld „Makro speichern in“ des Fensters drei Möglichkeiten zur Wahl:

– „**Persönliche Makro-Arbeitsmappe**“: Bei der ersten Aufzeichnung wird eine Extra-Mappe mit dem Name PERSONL.XLS generiert. Danach greift Excel immer auf diese Mappe zurück. Sie ist etwas Besonderes. Erstens befindet sie sich in dem speziellen Unterverzeichnis XLSTART, zweitens wird sie automatisch bei jedem Excel-Start geöffnet, d.h. die Makros oder die Programme aus dieser Mappe stehen immer zur Verfügung (s. dazu 5.6, „Die Mappe Personl.XLS“).

- „**Diese Arbeitsmappe**“: Das Makro wird in der aktuellen Mappe gespeichert und steht nur dort zur Verfügung, d.h. kann nur ausgeführt werden, wenn die Arbeitsmappe geöffnet wird. Um diesen Nachteil zu umgehen, kann das Makro z.B. einer Schaltfläche in der Symbolleiste zugewiesen werden (s. dazu das entsprechende Kapitel).
- „**Neue Arbeitsmappe**“: Excel öffnet eine neue Mappe und fügt den Makrotext als neues Modul hinzu.

Für unsere Zwecke reicht es hier, wenn man die Option „Diese Arbeitsmappe“ wählt. Das Makro kann nachträglich in die Mappe PERSONL.XLS importiert werden.

Beschreibung

Das Feld für die Beschreibung kann nach Wunsch auch überschrieben werden. Standardmäßig erscheinen hier immer das Datum und der Name, der bei der Installation von Excel eingegeben wurde. Diese Angaben sind später in der Aufzeichnung als Kommentar wiederzufinden.

Jetzt muß nur noch die Schaltfläche OK angeklickt werden, um die Aufzeichnung zu starten.

4. Excel ist ab diesem Moment im Aufzeichnungsmodus; in der Statuszeile ist der Text „Bereit Aufzeich.“ zu sehen. Alles, was man ab jetzt macht, wird protokolliert. In der Regel erscheint am Bildschirm eine neue Symbolleiste mit zwei Schaltflächen. Die erste Schaltfläche links ist für das Beenden der Aufzeichnung zuständig. Die zweite Schaltfläche aktiviert, wenn sie angeklickt wird, die Aufzeichnung mit relativem Verweis. Wenn der relative Verweis aktiv ist, merkt sich VBA bei der Aufzeichnung die Bewegungen aus einer Zelle aus, in der sich momentan der Cursor befindet, bis zu den nächsten Zellen. Ohne relativen Verweis wird nur ein Bereich gemerkt. Dieser Unterschied ist in etwa wie der Unterschied zwischen europäischen Adressen, die nur eine Angabe über Straßennamen, Hausnummer, Postleitzahl und Ort benötigen, und z.B. manchen Systemen, wo die Adresse aus einer Wegbeschreibung von einem bestimmten festen Punkt ausgeht (z.B. vom Hauptbahnhof gerade aus, dann die dritte Straße links, nochmal geradeaus, nach zwei Straßen dann kommt das Haus des Spenglers). Manchmal funktioniert es aber nicht, und die Symbolleiste ist nicht zu sehen. In diesem Fall kann die Aufzeichnung entweder über die *Visual Basic*-Leiste, falls sie vorhanden ist (dort steht diese Schaltfläche auch zur Verfügung), oder über den Excel-Menüpunkt EXTRAS\MAKRO\AUFZEICHNUNG BEENDEN beendet werden. Die Symbolleiste ist in Abbildung 5.3 zu sehen.

Abbildung 5.3: Die Symbolleiste „Aufzeichnung beenden"

5. Nach dem Start der Aufzeichnung wird auf die übliche Art ein Diagramm definiert. In unserem Beispiel wurde ein Diagramm mit 3D-Balken auf einen getrennten Blatt mit der Unterstützung des Diagramm-Assistenten erstellt. Nach der Fertigstellung des Diagramms wird die Aufzeichnung des Makros beendet.

Die Symbolleiste für die Aufzeichnung läßt sich sogar persönlich gestalten. Über den kleinen Pfeil links oben öffnen sich das Untermenüs von Abbildung 5.4, das eine Auswahl der Schaltfläche der Leiste erlaubt. Die Haken links neben der Einträgen bedeuten, daß der Eintrag angezeigt wird. Ein Klick auf den Haken entfernt der Eintrag aus der Liste.

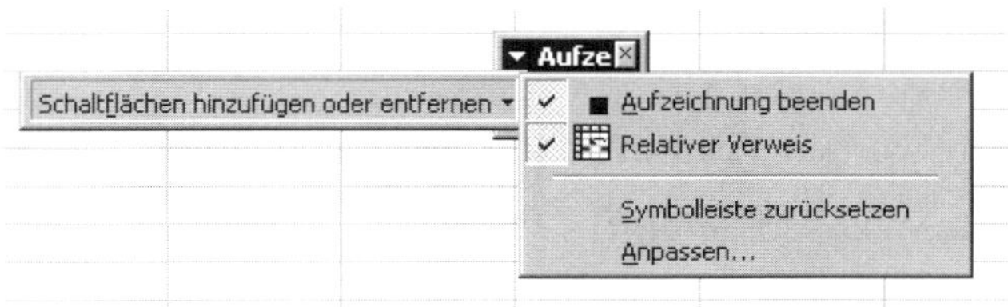

Abbildung 5.4: Symbolleiste selber gestalten

Das Makro ist jetzt aufgezeichnet und beliebig oft ausführbar. Der Text des Makros kann in der VBA-Entwicklungsumgebung (Aufruf: `Alt`+`F11`) angesehen werden. Im Projekt-Explorer (Aufruf: `Strg`+`R`) erscheint ein Modulsymbol mit dem Namen „Modul1". Ein Doppelklick auf den Modulnamen im Projekt-Explorer reicht, um das Code-Fenster mit dem aufgezeichneten Makro zu öffnen. Der Quellcode des Makros ist im folgenden Listing wiedergegeben.

Beispiel 5.1: Ausgezeichnetes Makro

```
Sub DiagrammErstellen()
    Charts.Add
    ActiveChart.ChartType = xl3DColumn
    ActiveChart.SetSourceData _
       Source:=Sheets("Tabelle1").Range("A2:E12"), _
       PlotBy:=xlColumns
    ActiveChart.Location Where:=xlLocationAsNewSheet
    With ActiveChart
        .HasTitle = True
        .ChartTitle.Characters.Text = "Erster Test"
```

```
11              .Axes(xlCategory).HasTitle = True
12              .Axes(xlCategory).AxisTitle.Characters.Text = "Jahr"
13              .Axes(xlSeries).HasTitle = True
14              .Axes(xlSeries).AxisTitle.Characters.Text = "Zeit"
15              .Axes(xlValue).HasTitle = True
16              .Axes(xlValue).AxisTitle.Characters.Text = "DM"
17          End With
18      End Sub
```

Ein Blick auf **Zeile 5** verrät, daß Excel bei einer Aufzeichnung Tabellen und Bereiche über das Auflistungsobjekt `Sheets` und das Objekt `Range` anspricht. Sowohl das Tabellenblatt „Tabelle1" als auch der Bereich „A2:E12" werden explizit benannt. Die Wirkung dieser expliziten Nennung ist, daß bei jeder Wiederholung des Makros immer wieder das gleiche Diagramm aus den gleichen Tabellen und Bereichen erstellt wird. Die Aufgabe ist nun, dies zu ändern, so daß bei jedem Start des Makros andere Tabellen und Bereiche als Quellen möglich sind. Dies sollte am besten durch eine Eingabe des Anwenders erfolgen.

Auflistungsobjekte wurden ausführlich in Kapitel 4 erläutert.

Und jetzt wird das Makro ausgeführt!

5.2 Makro ausführen

Ein Makro kann auf zwei verschiedene Arten direkt ausgeführt werden:

- Wie alle vorherigen Bespiele direkt aus dem Code-Fenster über das Menü AUSFÜHREN\SUB/USERFORM AUSFÜHREN, durch die Schaltfläche **Ausführen** der Symbolleiste oder mit der Taste [F5].
- Aus der Excelmappe heraus, über das Menü EXTRAS\MAKRO..., wird das Fenster von Abbildung 5.5 angezeigt. Im Fenster werden alle Makros aufgelistet, die sich in den gerade geöffneten Mappen befinden. Der Name des Makros wird in der Liste markiert, und danach wird die Schaltfläche AUSFÜHREN angeklickt.

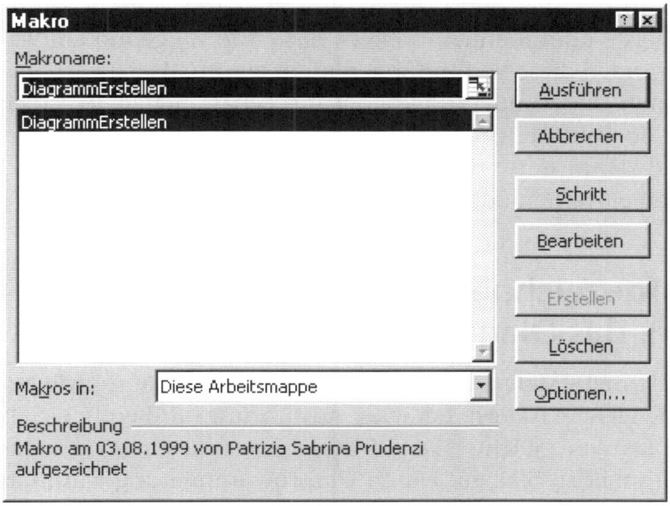

Abbildung 5.5: Das Fenster EXTRAS\MAKRO

In beiden Fällen wird das Makro gestartet: ein neues Diagrammblatt wird eingefügt. Falls Probleme auftreten, ist wahrscheinlich bei der Aufzeichnung etwas zuviel oder zuwenig aufgenommen worden. Am einfachsten ist es dann, wenn über das Fenster aus dem Menü EXTRAS\MAKRO... das Makro gelöscht und noch einmal aufgenommen wird. Auf dem Begleitmedium befindet sich für alle Fälle auch eine Kopie des aufgezeichneten Makros.

Die direkte Ausführung über das Fenster aus dem Menü EXTRAS\MAKROS ist nicht so elegant. Das Wechseln in die Entwicklungsumgebung oder das Wählen des Makronamens aus der Liste der vorhandenen Makros wird sogar zur Last, wenn man schon viele Makros hat. Bequemer geht es, wenn das Makro an einer Schaltfläche oder an ein Menü angebunden wird. Diese Methoden werden später in diesem Buch vorgestellt.

KAPITEL5.XLS, Modul „mdlAufzeichnung“

5.3 Makros löschen

Das Löschen eines Makros geht schnell: aus dem Menü EXTRAS\MAKROS wird der Punkt MAKROS gewählt. Es erscheint das Fenster MAKRO, in dem die Liste aller verfügbaren Makros zu sehen ist. Es reicht dann das Markieren des Namens in der Liste und das Klicken auf die Schaltfläche LÖSCHEN im Fenster. Nach einer Rückfrage für die Bestätigung des Löschens wird das Makro entfernt.

Probleme

Die Makros sind schnell gelöscht. Wenn sie aber an Schaltflächen in der Symbolleiste oder Menüeinträge (s. dazu Kap. 7) gebunden waren, verschwinden diese Verbindungen nicht automatisch. Nach wie vor erscheinen die Menüeinträge oder die Schaltflächen in Excel. Wenn man sie wählt, entsteht dann eine Fehlermeldung. Die Alternativen sind dann: entweder benutzerdefinierte Menüpunkte und Schaltflächen entfernen oder sie mit anderen Makros verbinden.

5.4 Aufgezeichnetes Makro umprogrammieren: das Diagramm-Beispiel

Das Makro verallgemeinern

Das aufgezeichnete Makro oder besser, das VBA-Programm, wiederholt stets die gleiche Aktion: bei jeder Ausführung wird ein gleiches Diagramm aus den gleichen Daten berechnet und eingefügt. Das muß nicht immer so bleiben. Durch Umprogrammierung kann das Makro zu einem allgemeinen Programm werden. Man könnte das Programm z.B. so verändern, daß es nach dem Start die Eingabe eines Tabellenblattes und Tabellenbereiches erlaubt. Das Diagramm würde dann für die jeweils gewählte Tabelle eingefügt werden. Die Umprogrammierung könnte außerdem so verfeinert werden, daß auch die Eingabe von einem Titel und Achsen-Beschriftungen nach Wunsch möglich wären. Der Vorteil eines solchen Programms wäre die Erstellung eines immer gleich bleibenden Diagramm-Layouts auf der Basis von beliebigen Daten, ohne jedesmal den Diagramm-Assistenten aufrufen zu müssen mit dem Risiko, doch anschließend ein anderes Layout zu verwenden. Dies ist oft ein Problem bei Firmen, die für Dokumentations- und Präsentationszwecke die Verwendung bestimmter Layouts von den Mitarbeitern wünschen: der Freilauf der persönlichen Kreativität produziert meistens umstrittene Ergebnisse und Ärger im Betrieb.

Im folgenden wird die Aufzeichnung schrittweise geändert: Drei Prozeduren, eine für die Angabe des Tabellenblattes, eine für die Eingabe des Tabellenbereichs und eine für die zusätzlichen Beschriftungen, werden komplett neu geschrieben. Anschließend wird die Aufzeichnung um die neuen Prozeduren ergänzt. Die neuen Programmteile bestehen nur aus Elementen, die bis jetzt schon vorgestellt worden sind. Insbesondere werden alle Eingabe- und Ausgabeoperationen mittels der schon verwendeten Elemente *MsgBox* und *InputBox* realisiert. Für *InputBox* werden wir eine Variante kennenlernen, die das Markieren eines Tabellenbereiches mittels Maus erlaubt.

In Kapitel 6 wird ein Steuerelement namens *Referenzfeld* vorgestellt, das speziell für die Eingabe von Zellenbezügen gedacht ist. Mit seiner

Hilfe können wirklich professionelle Ergebnisse erzielt werden. Die Eingabe der Zellenbezüge wird dann über ein benutzerdefiniertes Dialogfeld erledigt und nicht über *InputBox*.

5.4.1 Programm für die Wahl eines Tabellenblattes

Als erstes soll eine Funktion geschrieben werden, die nach dem Programmstart die Angabe eines Tabellenblattes erlaubt. Nach der Eingabe eines Namens wird zuerst geprüft, ob überhaupt eine Tabelle in der Mappe existiert, die einen solchen Namen hat. Diese Funktion erlaubt dann das Erstellen eines Diagramms für Daten, die sich nicht im aktuellen Blatt befinden: Der Anwender kann nämlich den Namen einer Tabelle der aktiven Mappe eingeben.

Das Listing für die erste Funktion wird im folgenden gezeigt und kommentiert. Diese Funktion sowie alle folgenden sollten am besten in ein neues Modul der Mappe der Aufzeichnung getippt werden. Dies erhöht die Übersichtlichkeit des Programms.

Beispiel 5.2: Tabellenname mit InputBox eingeben

```
Private Function TabelleEingeben() As String
Dim strHelp As String, msg As String
Dim oTabelle As Worksheet
Dim bNameOK As Boolean
msg = "Bitte den Namen einer Tabelle eingeben:" & vbNewLine & _
          "(Achtung: Gross- und Kleinschreibung beachten!)"
strHelp = InputBox(msg, "Diagramm erstellen")
If strHelp = "" Then Exit Function
For Each oTabelle In ActiveWorkbook.Worksheets
      If oTabelle.Name = strHelp Then bNameOK = True
Next oTabelle
If bNameOK Then
    TabelleEingeben = strHelp
    Worksheets(strHelp).Select
Else
    msg = "Eine Tabelle mit dem Namen '" & strHelp & _
               "' existiert nicht!" & vbNewLine & _
               "Das Programm wird beendet!"
    MsgBox msg, vbInformation
End If
End Function
```

Bemerkung: warum eine Funktion

Hier wurde bewußt eine Funktion statt einer Prozedur gewählt. Im Programm wird der Anwender zu einer Eingabe aufgefordert, die für den weiteren Verlauf notwendig ist. Da es sich nur um eine Eingabe handelt, ist es naheliegend, die Eingabe als Rückgabewert der Funktion zu gestalten. Wenn man eine Prozedur verwenden würde, müßte man entweder globale Variablen oder Parameter verwenden, um den Wert an das Hauptprogramm zurückzuliefern. Globale Variablen hätten einen Nachteil, wenn man das obige Programm in einem anderen Modul (oder Projekt) wiederverwenden wollte: Man müßte dann nicht nur das Programm, sondern auch alle globalen Deklarationen in das neue Projekt mit kopieren. Das wäre, als würde man in Urlaub fahren, und anstatt das Gepäck in einem Koffer zu verstauen, würde man eine Menge kleiner Taschen benutzen. Das macht die Sache umständlich und unübersichtlich. Der Einsatz von Parametern (egal ob mit einer Funktion oder Prozedur) wäre am geeignetsten, wenn man vom Programm die Rückgabe von mehreren, womöglich noch voneinander unterschiedlichen Werten erwarten würde.

Die Anweisungen im einzelnen:

- **Zeile 3 und 4:** Variable `oTabelle` wird mit dem Objektdatentyp *Worksheet* deklariert. Sie wird benutzt, um die Objektauflistung der Tabellenblätter der Mappe zu untersuchen. Die Variable `bNameOK` ist eine nur Hilfsvariable.
- **Zeile 5 und 6:** In dem Text der *InputBox*-Funktion wird der Anwender auf die Groß- und Kleinschreibung aufmerksam gemacht. Der Name „tabelle1" ist nämlich nicht mit dem Namen „Tabelle1" gleich!
- **Zeile 8:** Wenn der Anwender gar nichts eingibt oder die Schaltfläche ABBRECHEN klickt, liefert die *InputBox*-Funktion einen leeren String zurück. In diesem Fall wird die Ausführung unterbrochen. Die Funktion liefert dann ihrerseits auch einen leeren String zurück (Standard Initialwert für Strings).
- **Zeilen 9 und 11:** Über die *For Each*-Anweisung ist es möglich, Auflistungsobjekte zu durchlaufen. Diese Anweisung hat folgende Syntax:

```
For Each {Objektvariable | Variantvariable} In {Objektauflistung | Datenfeld}
  [Anweisungen]
  [Exit For]
  [Anweisungen]
Next [{Objektvariable | Variantvariable}]
```

Nach *For Each* ist der Name einer Variable notwendig, die entweder den allgemeinen Datentyp *Object* oder einen spezifischen Objekttyp besitzt (hier *Worksheet*) oder ein *Variant* ist. Wir haben schon im vorherigen Kapitel gesehen, welche Auswirkungen der Typ der Variablen auf die Ausführungszeiten haben kann. Die Anweisungen werden auf alle Elemente einer Auflistung oder eines Datenfelds angewendet.

Hier wurde bewußt die Auflistung der Tabellenblätter der aktiven Mappe `ActiveWorkbook.Worksheets` gewählt. In unserem Fall wird innerhalb des *For Each*-Blockes nur der vom Anwender eingegebene Text mit den Namen der Tabellenblätter verglichen. Wenn der Name existiert, wird dies in der Hilfsvariable `bNameOK` vermerkt. Dies ist notwendig, um Fehler im Hauptprogramm zu vermeiden: später muß auf das Tabellenblatt zugegriffen werden, um Daten herauszulesen. Wenn die Tabelle nicht existiert, bricht das Programm einfach ab und zeigt eine Fehlermeldung.

- **Zeile 12 bis 14:** Wenn die Hilfsvariable `bNameOK` den Wert *True* besitzt, wird der Rückgabewert der Funktion gleich der Eingabe gesetzt, und die Tabelle wird über die Methode *Select* angezeigt. Wenn die Tabelle nicht existiert, entsteht in Zeile 14 ein Fehler!
- **Zeile 16 bis 19:** Wenn die Variable `bNameOK` den Wert *False* hat, heißt das, daß die Tabelle mit dem eingegebenen Namen nicht existiert. Es wird dann eine kurze Meldung gezeigt. Die Funktion liefert in diesem Fall ihren Initialwert „“ (leeres String) zurück.

Die Kategorie der aktiven Objekte wurden in Kapitel 4 ausführlich vorgestellt.

Online-Hilfe

- Worksheets-Objekt. Schneller geht es durch Anklicken der Schlüsselwörter im Code-Fenster und Drücken von [F1].
- Select-Methode, For Each-Anweisung

KAPITEL5.XLS, Modul „mdlDiagrammErstellen“

5.4.2 Programm für die Eingabe eines Tabellenbereiches

Mit Hilfe einer zusätzlichen Funktion wird ein Bereich der Tabelle angegeben. Für die Eingabe wird *InputBox* verwendet, diesmal aber nicht als Funktion, sondern als Methode.

Beispiel 5.3: Bereich mit InputBox eingeben

```
Private Function BereichEingeben() As String
Dim msg As String
Dim oRange As Range
On Error GoTo BereichEingeben_error
msg = "Bitte einen Bereich markieren:"
```

```
6    Set oRange = Application.InputBox(msg, _
7              "Diagramm erstellen", , , , , , 8)
8    oRange.Select
9    If oRange.Rows.Count < 2 Or oRange.Columns.Count < 2 Then
10      msg = "Der angegebene Bereich ist zu klein" & _
11              " für ein Diagramm!" & vbNewLine & _
12              "Das Programm wird beendet!"
13      MsgBox msg, vbInformation
14   Else
15       BereichEingeben = ActiveWindow.RangeSelection.Address
16   End If
17   Exit Function
18   BereichEingeben_error:
19   Err.Clear
20   End Function
```

- **Zeile 3:** Ein Tabellenbereich ist ein Objekt vom Typ *Range*, das eine oder mehrere Zellen darstellen kann. Eine Variable mit diesem Typ kann nur mit einem gültigen Zellenbezug, wie z. B. „A1:E12“ gefüllt werden. Die Variable `oRange` speichert hier den vom Anwender gewünschten Bereich.
- **Zeile 6:** Hier wird nicht die schon bekannte *InputBox*-Funktion, sondern die *InputBox*-Methode verwendet. Die *InputBox*-Methode ist eine Methode des Objektes *Application*. Auch die Methode, genau wie die Funktion, zeigt ein Eingabefenster am Bildschirm an. Der Unterschied zur Funktion ist aber, daß die Methode über einen zusätzlichen Parameter verfügt. Dieser Parameter hat in Zeile 6 den Wert 8 und stellt der Typ der Eingabe dar, die dem Anwender erlaubt wird. Die komplette Liste der möglichen Werte ist in der Online-Hilfe enthalten. Der Wert 8 steht für einen Bereich, somit kann der Anwender über die *InputBox*-Methode einen Bereich durch eine Markierung mit der Maus eingeben. Der Rückgabewert ist ein Objekt vom Typ *Range*. Wenn der Anwender aber auf die Schaltfläche ABBRECHEN des Eingabefensters klickt, wird der Wert *False*, also ein boolescher Wert, zurückgegeben. Dann entsteht in Zeile 6 ein Fehler, da eine Variable vom Typ *Range* nicht den Wert *False* annehmen kann. Aus diesem Grund braucht diese Funktion eine Fehlerbehandlung, dabei wird nur der Fehler mit der Methode *Clear* gelöscht. Wenn der Anwender eine nicht zulässige Eingabe macht (z.B. einen Text), dann meldet sich Excel selbst mit einer entsprechenden Fehlermeldung. Die Eingabe wird nicht akzeptiert. Die Fehlerroutine greift nur durch, wenn die Schaltfläche ABBRECHEN verwendet würde.

- **Zeile 8 bis 12:** Wenn die Ausführung diese Zeilen erreicht, ist kein Fehler aufgetreten, und folglich ist die Eingabe ein gültiger Bereich. Es bleibt nur ein Problem: für ein Diagramm werden mindestens 4 Zellen gebraucht, ansonsten fügt Excel ein leeres Diagramm ein. Mit Hilfe der *Rows-* und *Columns*-Eigenschaften werden die Zeilen und Spalten des Bereiches `oRange` angesprochen. Die *Count*-Eigenschaft liefert dann die Anzahl der Zellen pro Spalte und Zeile.
- **Zeile 14:** Wenn die Eingabe ein Bereich mit der notwendigen Größe ist, dann werden seine Koordinaten als Rückgabewert der Funktion zurückgeliefert. Der Bereich wurde in **Zeile 7** mit der *Select*-Methode markiert. Die Eigenschaft *RangeSelection* des Objektes *ActiveWindow* kann die Adresse eines markierten Bereiches liefern. Wenn z.B. der Bereich „A1:E12" markiert ist, liefert diese Eigenschaft die Adresse „$A$1:$E$12" zurück.

Die Fehlerbehandlung wurde in Kapitel 3 vorgestellt

Das Eingabefenster der Prozedur ist in Abbildung 5.6 zu sehen.

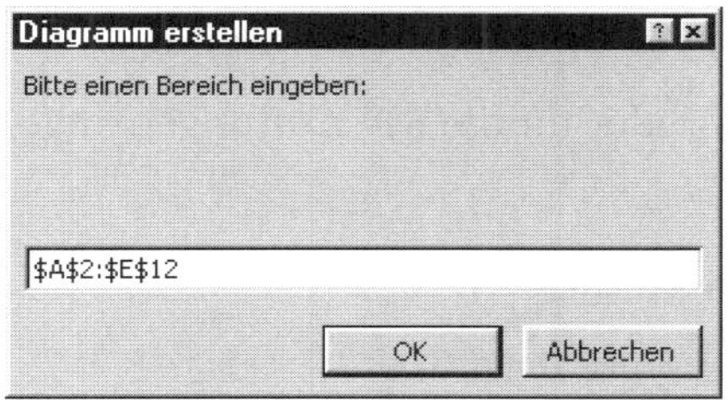

Abbildung 5.6: Die Eingabe des Bereiches

Online-Hilfe

- Objekte: Range, ActiveWindow
- Eigenschaften: Range, Count, RangeSelection
- Methoden: InputBox, Select, Clear

KAPITEL5.XLS, Modul „mdlDiagrammErstellen"

5.4.3 Programm für die Beschriftungen

Ein Diagramm wird in Excel normalerweise mit Hilfe des Diagramm-Assistenten erstellt. In einem der Schritte wird dort die Möglichkeit angeboten, einen Titel und / oder Achsen-Beschriftungen anzugeben. Dies kann auch später problemlos nachgeholt werden. Diese Prozedur soll etwas Ähnliches leisten: sie fragt zuerst, ob die zusätzlichen Beschriftungen hinzugefügt werden sollen. Der Anwender kann zwischen JA, NEIN und ABBRECHEN wählen, wie in Abbildung 5.7 zu sehen ist.

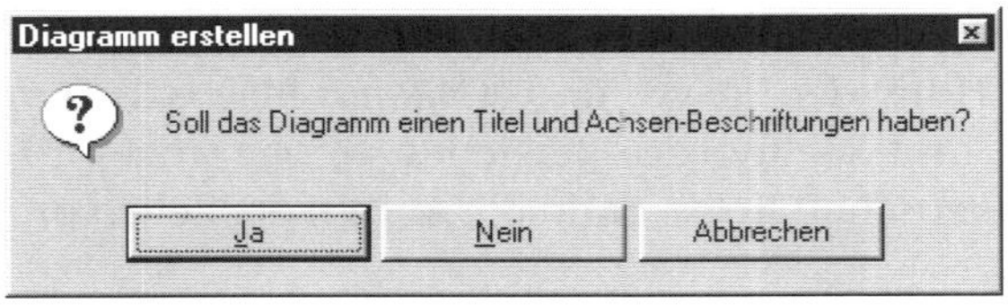

Abbildung 5.7: Das erste Fenster für die Beschriftungen

Wenn JA gewählt wird, folgen 4 weitere kleine Fenster für die Eingabe von Titel, X-, Y- und Z-Achsen-Beschriftung (es handelt sich um ein 3-D-Diagramm), wobei nicht alle Angaben zwingend notwendig sind. Wenn nichts eingegeben wird, werden jeweils leere Strings als Beschriftung verwendet. Die weiteren Fenster sind mit Hilfe der Standardfunktion *InputBox* realisiert. Das Eingabefeld kann leer gelassen werden, oder man kann die Eingabe abbrechen. Dies hat keine Wirkung auf die Fortsetzung des Programms. Bei einem NEIN für die Beschriftungen wird das Diagramm ohne Textzusätze erstellt. Ein ABBRECHEN für die Beschriftungen bricht das gesamte Programm ab.

Im folgenden Listing wird die Prozedur für die Beschriftungen angegeben.

Beispiel 5.4: Beschriftungen mit InputBox eingeben

```
Private Function BeschriftungenEingeben(x_titel As String, _
     y_titel As String, z_titel As String, diag_titel As String) _
             As Boolean
Dim bytReply As Byte, msg As String
msg = "Soll das Diagramm einen Titel und Achsen-Beschriftungen _
 haben?"
bytReply = MsgBox(msg, vbQuestion + vbYesNoCancel, _
                  "Diagramm erstellen")
Select Case bytReply
    Case vbYes:
        msg = "Bitte den Titel eingeben:"
        diag_titel = InputBox(msg, "Diagramm erstellen")
        msg = "Bitte den Text für die X-Achse eingeben:"
        x_titel = InputBox(msg, "Diagramm erstellen")
        msg = "Bitte den Text für die Y-Achse eingeben:"
        y_titel = InputBox(msg, "Diagramm erstellen")
        msg = "Bitte den Text für die Z-Achse eingeben:"
        z_titel = InputBox(msg, "Diagramm erstellen")
        BeschriftungenEingeben = True
    Case vbNo:
```

```
21            BeschriftungenEingeben = True
22        Case vbCancel:
23            BeschriftungenEingeben = False
24    End Select
25    End Function
```

Dieses Programm liefert die Eingabe des Anwenders als Parameter (*Call By Reference*) zurück. Der Rückgabewert vom Typ *Boolean* der Funktion teilt dem Hauptprogramm die Reaktion des Anwenders mit: *False* heißt, die Schaltfläche ABBRECHEN wurde geklickt, also das gesamte Programm wird beendet (Zeile 22). Sonst besitzt die Funktion immer den Wert *True*, egal ob Beschriftungen erwünscht sind oder nicht.

Funktionen, Prozeduren und Parameter wurden in Kapitel 3 eingeführt und erläutert.

Neu ist hier:

- **Zeile 7:** Die VBA-Konstante *vbYesNoCancel* erscheint zum erstenmal in diesem Buch. Diese VBA-Konstante wurde schon in Kapitel 3 erwähnt. Die hier benutzte Konstante läßt drei Schaltflächen in dem Fenster der *MsgBox*-Funktion erscheinen. Die Schaltflächen sind, wie der Name der Konstanten schon verrät, JA, NEIN und ABBRECHEN. Wegen der drei Schaltflächen sind die möglichen Rückgabewerte der Funktion *MsgBox* auch drei, nämlich die Werte 2 für ABBRECHEN, 6 für JA und 7 für NEIN. Um dies zu berücksichtigen, wird der Rückgabewert mittels einer *Select*-Anweisung (Zeile 9) ausgewertet.
- **Ab Zeile 9:** In der *Select Case*-Anweisung wird, zuerst überprüft, welche Schaltfläche der Anwender benutzt hat. Wenn JA gewählt wird werden die Eingabefenster für die Texte nacheinander angezeigt, auch wenn zwischendurch bei einer Beschriftung auf ABBRECHEN geklickt wird. Man möchte die Möglichkeit haben, die Eingabe einer Beschriftung abzubrechen, aber trotzdem die andere anzugeben. Im Fall von NEIN wird das Diagramm ohne Beschriftungen erstellt. Wenn ABBRECHEN gewählt worden ist, wird das ganze Programm abgebrochen.

KAPITEL5.XLS, Modul „mdlDiagrammErstellen"

5.4.4 Neue Prozeduren und Aufzeichnung zusammenfügen

Nachdem alle einzelnen neuen Unterprogramme erstellt sind, können sie in der alten Aufzeichnung eingebunden werden. Diese wird nun auch etwas geändert, die Ausführung wird von Rückgabewerten der Funktionen abhängig gemacht, und alles, was vorher Textkonstante (z.B. der Tabellenname in der Aufzeichnung) war, wird jetzt mit einer Variablen ersetzt.

Die vorher aufgezeichnete Prozedur kann kopiert und in Code-Fenster eingefügt werden, man braucht dann nur die zusätzlichen Zeilen einzugeben. Vor dem Einfügen sollte aber der neue Prozedurkopf eingegeben werden. Die Eingabe erfolgt entweder auf Modulebene oder nach der *End Sub*-Anweisung einer anderen Prozedur.

Beispiel 5.5: Aufzeichnung des Diagrammprogramms umprogrammieren

```
Sub DiagrammErstellenMitVBA()
Dim strTabelle As String, strRange As String
Dim strX As String, strY As String, strZ As String, strTitel$
Dim bTexte As Boolean
strTabelle = TabelleEingeben()
If strTabelle = "" Then Exit Sub
strRange = BereichEingeben()
If strRange = "" Then Exit Sub
Texte = BeschriftungenEingeben(strX, strY, strZ, strTitel)
If Not bTexte Then Exit Sub
Charts.Add
    ActiveChart.ChartType = xl3DColumn
    ActiveChart.SetSourceData Source:=Sheets(strTabelle). _
                    Range(strRange), PlotBy:=xlColumns
    ActiveChart.Location Where:=xlLocationAsNewSheet
    With ActiveChart
        .HasTitle = True
        .ChartTitle.Characters.Text = strTitel
        .Axes(xlCategory).HasTitle = True
        .Axes(xlCategory).AxisTitle.Characters.Text = strX
        .Axes(xlSeries).HasTitle = True
        .Axes(xlSeries).AxisTitle.Characters.Text = strZ
        .Axes(xlValue).HasTitle = True
        .Axes(xlValue).AxisTitle.Characters.Text = strY
    End With
End Sub
```

Die Anweisungen im einzelnen:

- **Zeilen 5 bis 10:** Hier werden nacheinander die drei vorher erstellten Funktionen für die Eingaben des Tabellenblattes, des Bereiches und der Beschriftungen aufgerufen. Nach jedem Aufruf wird der Rückgabewert der Funktion geprüft, um eventuell die Ausführung des gesamten Programms abzuschließen. Die Werte für die Beschriftungen werden mittels dreier Parameter über die Funktion `BeschriftungenEingeben` dem obigen Hauptprogramm übergeben.
- In den **Zeilen 13 und 14** wurden die aufgezeichneten Anweisungen geändert: Der Name der Tabelle ist jetzt in der Variable `strTabelle`, der Bereich in der Variable `strRange` enthalten (vgl. mit der Aufzeichnung in Abbildung 5.1).
- In den **Zeilen 20, 22 und 24** wurden die Texte für die Beschriftungen durch die lokalen Variablen `strX`, `strZ` und `strY` ersetzt. Wenn der Anwender keine Beschriftungen eingibt, beinhalten die Variablen leere Strings, die aber problemlos zugewiesen werden können.

Für die einzelnen Anweisungen der Aufzeichnung kann die Online-Hilfe über die Taste `F1` aufgerufen werden, wenn der Cursor sich in dem entsprechenden Text befindet. Die Prozedur `DiagrammErstellenMitVBA` ist die erste Prozedur, die ausgeführt werden soll, da sie alle anderen aufruft. Wenn man möchte, kann sie anstelle der Aufzeichnung an einer Schaltfläche oder an einen Menüeintrag eingebunden werden.

Das Programm besitzt durch die zusätzlichen Unterprogramme jetzt allgemeine Gültigkeit.

Die *With*-Anweisung wurde schon in Kapitel 4 vorgestellt.

KAPITEL5.XLS, Modul „mdlDiagrammErstellen“

5.5 In mehreren Schritten aufzeichnen und umprogrammieren: Das Spezialfilter-Beispiel

Das erste Beispiel dieses Kapitels besteht aus einer Aufzeichnung und drei zusätzlichen Programmen, die vollständig per Hand geschrieben wurden. Oft muß man in Excel einen anderen Weg gehen, es gibt Probleme, deren Lösung durch mehrere Aufzeichnungen erreicht werden kann. Das eigentliche Problem ist danach nur die Zusammenführung der Aufzeichnungen, so daß alle Teile anschließend ein komplettes Programm bilden. Genau dieser Weg wird im folgenden durch ein Beispiel gezeigt. Das hier gewählte Beispiel stützt sich auf eine Excel-Funktionalität, die am wenigsten bekannt ist, wie die Autorin in unzähligen Schulungsstunden mit großer Überraschung feststellen konnte: die Spezialfilterung. Im folgenden wird zuerst kurz erklärt, wie man eine Spezialfilterung aufbaut. Die Leser, die diese Funktionalität schon kennen, können direkt zum ersten Listing gehen.

Spezialfilterung

Die Spezialfilterung bietet einem Excel-Anweder die Möglichkeit, Daten abzufragen, wie es eigentlich nur in einer Datenbank der Fall ist. Die Autofilterung von Excel blendet nur gewisse Zeilen der Daten aus, sie führt also eine vertikale Selektion der Daten durch. Wenn man auch gewisse Spalten in der Ergebnismenge entfernen will, muß man dies dann manuell machen. Das kann natürlich aufwendig sein, wenn die Daten auf sehr viele Spalten verteilt sind. Oder man verwendet die Spezialfilterung: Diese Filterung kann sowohl Zeilen als auch Spalten nicht nur ausblenden, sondern auch die Ergebnisse der Filterung an eine andere Stelle kopieren. Aber es ist nicht alles Gold, was glänzt, auch hier gibt es einen Haken. Die Ergebnisse dürfen nur in das Blatt kopiert werden, in dem auch die Daten sind, und nicht in ein neues, getrenntes Blatt. Dies schränkt die Verwendbarkeit der Spezialfilterung erheblich ein. Dem Anwender bleibt dann nichts anderes übrig, als die von der Filterung kopierten Daten manuell in ein neues Blatt oder eine neue Mappe zu kopieren und sie dort weiter zu analysieren.

Wir wollen der Spezialfilterung „unter die Arme greifen": Das, was sie nicht kann, also das Kopieren der Daten in eine neue Tabelle, wird mit VBA realisiert. Wenn wir schon dabei sind, werden wir die so kopierten Daten auch mit einer Pivot-Tabelle analysieren und in einem im Blatt eingebetteten Diagramm darstellen. Die Notwendigkeit, aus einer Excel-Tabelle Daten auf diese Art und Weise zu selektieren und zu analysieren, kommt oft im Controlling-Bereich oder in der Qualitätssicherung vor.

Bemerkung

Das Diagramm-Beispiel der vorherigen Abschnitte ist ein Programm, das eine allgemeine Gültigkeit für die gesamte Excel-Anwendung hat. Man kann das Beispiel in jeder Mappe ausführen, unabhängig von den Daten. Das Spezialfilterungs-Beispiel, das hier im folgenden vorgestellt wird, besitzt dagegen keine allgemeine Gültigkeit für die gesamte Anwendung, weil die Programme eine gewisse Abhängigkeit zur Datenstruktur aufweisen. Das heißt, das Programm kann ohne Änderungen nur für Daten ausgeführt werden, die ähnlich aufgebaut sind. Auf der anderen Seite werden in diesem Beispiel einige der typischen Kunstgriffe der Programmierung unter Excel gezeigt, wie zum Beispiel das Selektieren von Bereichen, Lesen von Werten aus Zellen etc.

Online-Hilfe

Autofilter, Spezialfilter (in der Excel-Anwendung beide unter dem Menü DATEN\FILTER zu finden)

5.5.1 Spezialfilter aufbauen, aufzeichnen und ändern

In unserem Beispiel verwenden wir Daten, die von irgendeinem Aufzeichnungsgerät einer Produktionssteuerungsmaschine geliefert werden. Jedesmal, wenn ein fertiges Stück die Fertigungsstraße verläßt, wird es maschinell erfaßt; für jedes Stück wird die Uhrzeit, der Typ, die Produktionsmaschine und ein Maß vermerkt. Die Daten des Beispiels sind anonymisiert und stark vereinfacht (in Wirklichkeit sind mehr Informationen als nur vier notwendig).

Annahme

Wir gehen auch von der Annahme aus, daß die Excel-Tabelle, in der die Daten gespeichert sind, ständig sequentiell erweitert wird. Wir müssen also berücksichtigen, daß der Datenbestand ständig anwächst. Ein Ausschnitt aus den Daten ist in Abbildung 5.8 zu sehen.

	A	B	C	D
1	*Uhrzeit*	*Typ*	*Maß*	*Maschine*
2	10:00	a	12,45	M3
3	10:01	a	12,34	M4
4	10:02	a	12,22	M3
5	10:03	b	7,36	M4
6	10:04	c	9,11	M2
7	10:05	c	9,99	M2
8	10:06	c	9,45	M2
9	10:07	c	9,72	M1
10	10:08	c	9,62	M4
11	10:09	d	5,87	M1
12	10:10	d	5,33	M1
13	10:11	d	5,52	M2

Abbildung 5.8: Die Daten für das Spezialfilter-Bespiel

Natürlich könnte man diese Daten auch mit Hilfe einer Pivot-Tabelle analysieren. Unser Ziel ist aber, eine Analyse der Daten ohne eine Verknüpfung zu den Daten selbst zu erstellen. Man möchte immer einen Ausschnitt aus dem aktuellen Bestand als Bericht haben. Dafür brauchen wir immer einen Auszug aus den Daten, der in einer anderen Tabelle Platz finden soll.

Aufbau des Spezialfilters

Ein Spezialfilter braucht eine gewisse Vorbereitung, damit er überhaupt funktionieren kann. Zuerst muß entschieden werden, nach welchen Kriterien die Daten gefiltert werden sollen. Hier wird ganz willkürlich der Typ und die Maschine genommen. Man möchte z.B. alle Datensätze für den Typ a, oder alle Datensätze für den Typ d und Maschine M2, oder nur die Daten der Maschine M3 sehen. Danach muß bestimmt werden, welche Spalten der Daten uns interessieren. Auch hier bestimmen wir ganz einfach, daß wir nur die Spalten Typ, Maß und Maschine nehmen. Die Spalte Uhrzeit ist für uns im Moment uninteressant.

Die Suchkriterien und der Ausgabebereich müssen in dem Blatt, in dem die Daten sind, eingetragen werden, wie in Abbildung 5.9 zu sehen ist. Das wird am besten in dem rechten Teil des Blattes erledigt, und nicht unterhalb der Daten (sie wachsen in unserem Beispiel nach unten sequentiell).

Bei der Positionierung der Suchkriterien und des Ausgabebereichs soll mindestens eine Spalte (oder eine Zeile, je nach Aufbau) als Abstand zu den Daten leer gelassen werden. Die Spezialfilterung ist eine sehr alte Funktionalität von Excel, und sie ist sonst nicht imstande, Daten von Suchkriterien und Ausgabebereich auseinander zu halten Die Texte „Suchkriterien“ und „Ausgabebereich“, die in Abbildung 5.9 zu sehen sind, sind nur Erläuterungen und für die Spezialfilterung völlig irrelevant. Die Namen der Spalten für die Suchkriterien (Typ und Maschine) und für den Ausgabebereich (Typ, Maß und Maschine) dagegen gehören zu der Definition der Spezialfilterung und müssen eingegeben werden. Excel wird während der Filterung die Spaltennamen mit den Texten der Suchkriterien und des Ausgabebereichs vergleichen.

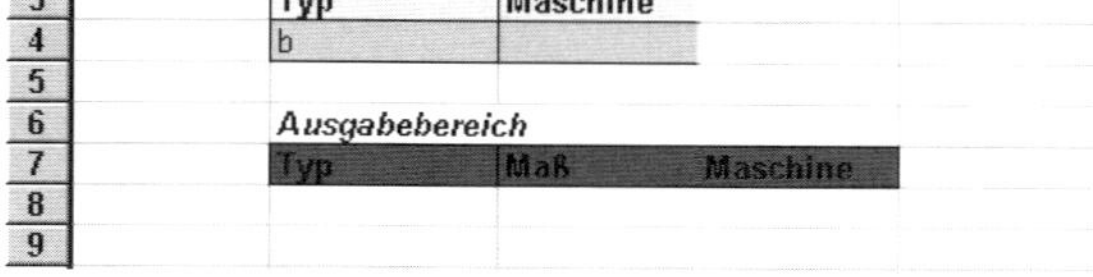

Abbildung 5.9: Die Suchkriterien und der Ausgabereich für die Filterung

Die Suchkriterien werden hier in der Zelle unmittelbar unter dem Text „Typ“ und unter dem Text „Maschine“ eingegeben. Die Definition aus Abbildung 5.9 filtert alle Datensätze, dessen Typ der Typ b ist.

Nach diesen ersten Vorbereitungen kann die eigentliche Spezialfilterung gestartet werden.

Beim ersten Aufruf der Spezialfilterung sollte man den Cursor in eine (nur eine!) Zelle der Daten setzen. Das erspart das Markieren des Datenbereiches für die Filterung, da Excel dann automatisch den gesamte Datenbereich markiert.

Wir starten zuerst den Makro-Recorder, um alles zu protokollieren, dann fahren wir mit der Filterung fort. Die Spezialfilterung wird aus dem Menü DATEN\FILTER\SPEZIALFILTER aufgerufen. Das Fenster für die Definition des Filters ist in Abbildung 5.10 zu sehen. Im Fenster Spezialfilter muß zuerst die Option „An eine andere Stelle kopieren“ angeklickt werden. Der Listenbereich wird von Excel in der Regel automatisch ermittelt (wenn man den Cursor in die Daten gesetzt hatte), der Kriterienbereich wird durch Markierung angezeigt. Dabei müssen sowohl die Zellen mit den Texten als auch die Zellen mit den Suchkriterien angegeben werden (vgl. mit Abbildung 5.9). Im Feld „Kopieren nach“ werden nur die Zellen mit den Texten des Ausgabebereiches und, sehr wichtig, keine leere Zeile darunter angegeben!

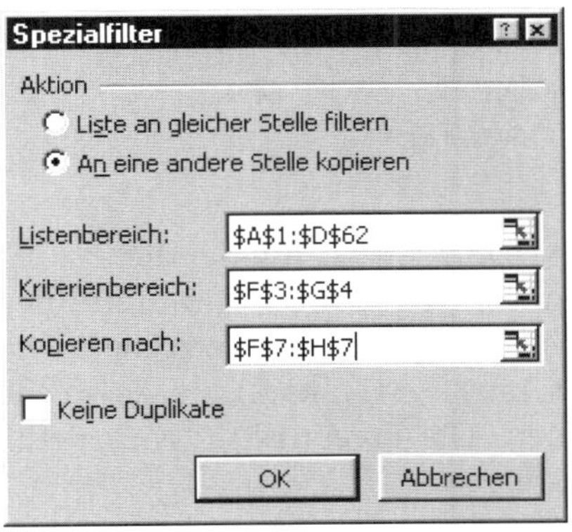

Abbildung 5.10: Das Fenster für die Definition des Spezialfilters

Nach der Eingabe wird die Schaltfläche OK angeklickt. Dann müßte unter den Zeilen mit den Spaltennamen des Ausgabebereiches die Liste der gefilterten Daten zu sehen sein. Sofort danach kann die Aufzeichnung des Makros gestoppt werden. In unserem Fall sollte die Liste aus Abbildung 5.11 zu sehen sein.

	F	G	H
	Suchkriterien		
	Typ	Maschine	
	b		
	Ausgabebereich		
	Typ	Maß	Maschine
	b	7,36	M4
	b	7,29	M4
	b	7,72	M3
	b	7,33	M4
	b	7,59	M1
	b	7,49	M1
	b	7,39	M1
	b	7,53	M3
	b	7,92	M4
	b	7,33	M1
	b	7,88	M2
	b	7,62	M3
	b	7,12	M2
	b	7,99	M1

Abbildung 5.11: Die gefilterten Daten

Ein Blick in die Entwicklungsumgebung zeigt uns die Aufzeichnung des folgenden Listings.

Beispiel 5.6: Aufzeichnung für die Spezialfilterung

```
Sub DatenFilter()
Range("A1:D62").AdvancedFilter _
Action:=xlFilterCopy, CriteriaRange:=Range( "F3:G4"), _
CopyToRange:=Range("F7:H7"), Unique:=False
End Sub
```

Der Datenbereich ist als Bereich „A1:D62" im Listing deutlich zu erkennen. Die Suchkriterien sind im Bereich „F3:G4", während der Ausgabebereich im Bereich „F7:H7" liegt. Wenn man jetzt die Suchkriterien ändert (z.B. Typ = a, Maschine = M1), kann die Aufzeichnung problemlos ausgeführt werden. Die Ergebnisliste wird dann eben mit den neuen Daten überschrieben.

Problem

Wenn die Daten nicht sequentiell nach unten wachsen würden, könnte die Aufzeichnung so bleiben, da sich der Datenbereich immer noch in „A1:D62" befinden würde. Schon das Einfügen einer zusätzlichen Zeile ändert aber den Datenbereich zu „A1:D63", wir müssen jetzt also die Aufzeichnung so ändern, daß beim jedem Start der komplette Datenbereich berücksichtigt wird.

Umprogrammieren

Die Aufzeichnung wird so wie im folgenden Listing angegeben geändert.

Beispiel 5.7: Aufzeichnung für die Spezialfilterung umprogrammieren

```
1   Sub DatenFilter()
2   ActiveSheet.Range("A1").Select
3   ActiveCell.CurrentRegion.Select
4   Selection.AdvancedFilter _
5      Action:=xlFilterCopy, CriteriaRange:=Range("F3:G4"), _
6      CopyToRange:=Range("F7:H7"), Unique:=False
7   End Sub
```

- **Zeile 2:** Über das aktive Blatt wird die linke, obere Zelle der Daten markiert. Wir werden später das Programm über eine Schaltfläche aus dem Blatt heraus starten, so daß die Tabelle immer aktiv sein wird.
- **Zeile 3:** Die Daten fangen in der ersten Zeile und ersten Spalte an (Zelle A1). Die Zelle A1 des Tabellenblattes wurde mit der Methode *Select* aktiviert. Dies entspricht einer explizit Markierung mit der Maus. Dann wird auf dem nicht leeren Bereich (*CurrentRegion*), der sich um die aktivierte Zelle (*ActiveCell*) befindet, wieder mit der Methode *Select* zugegriffen. Über die Eigenschaft *CurrentRegion* werden alle Zeilen des Datenbereiches eingeschlossen, egal wie viele neue Zeilen dem Datenbereich hinzugefügt worden sind.
- **Zeile 4:** Der Datenbereich ist jetzt markiert, also kann man auf ihn mit der Eigenschaft *Selection* zugreifen, um die Filterung durchzuführen.

Alle Aufzeichnungen sind in den Listings auf dem Begleitmedium als Kommentar enthalten.

Online-Hilfe

- Range-Objekt, ActiveCell-Objekt
- CurrentRegion-Eigenschaft, Selection-Eigenschaft
- Select-Methode

KAPITEL5.XLS, Modul „mdlSpezialfilter"

5.5.2 Gefilterte Daten in eine neue Tabelle kopieren

Im vorherigen Abschnitt wurde die Aufzeichnung so verändert, daß es möglich ist, die Filterung auf einen ständig wachsenden Datenbestand durchzuführen, ohne jedesmal die Filterung neu definieren zu müssen. Eine definierte Spezialfilterung wird nämlich von Excel so „eingefroren", wie sie definiert ist, also werden keine Aktualisierungen der Bereiche automatisch durchgeführt.

Aufgabe Jetzt fehlt aber das Kernstück unseres Programms: Wir möchten nicht nur die Daten filtern, sondern sie sofort in eine neue Tabelle kopieren. Diese Tabelle möchten wir dann auch umbenennen, sie soll in dem Namen die Suchkriterien wiedergeben, nach denen die Daten gefiltert worden sind, und das Datum des Tages. Wenn z.B. die Filterung für den Typ a und Maschine M3 ausgeführt worden ist, soll das Tabellenblatt den Namen „Typ a; Maschine M3; 07.08.99“ tragen. Da Excel nicht erlaubt, zwei Tabellenblätter mit dem gleichen Namen in einer Mappe zu halten, wollen wir dies auch berücksichtigen. Dies wäre der Fall, wenn man an dem gleichen Tag die gleiche Filterung ausführen würde. Der Versuch, den gleichen Namen einer weiteren Tabelle zu vergeben, würde folglich zu einem Fehler führen. Man hat hierbei nur zwei Alternativen: Entweder man fängt den Fehler mit einer Fehlerbehandlung ab, oder, etwas eleganter, man durchsucht zuerst die Menge der Tabellenblätter nach dem jeweiligen Namen. Wir werden den zweiten Weg einschlagen.

Aufzeichnung Zuerst werden wir eine neue Aufzeichnung starten, um das Kopieren und Einfügen der Daten in einem neuen Blatt zu protokollieren. Die einzelnen Schritte hierbei sind:

1. Aus der Tabelle mit den Daten wird eine neue Aufzeichnung über EXTRAS\MAKRO\AUFZEICHNEN gestartet.
2. Die zuvor gefilterten Daten werden inklusive Bezeichnungen markiert, dann kopiert. Der Kopiervorgang kann über Menü, Kontextmenü, Schaltfläche der Symbolleiste oder Tastenkombination (STRG+C) erfolgen.
3. Über das Menü EINFÜGEN\TABELLENBLATT wird eine neue Tabelle eingefügt. Der Cursor steht dann automatisch in der Zelle „A1“.
4. Die Daten werden über Menü, Kontextmenü, Schaltfläche der Symbolleiste oder Tastenkombination (STRG+V) eingefügt.
5. Die neue Tabelle wird umbenannt (nur um die für diesen Vorgang notwendigen Anweisungen zu protokollieren).
6. Anschließend drücken wir die ESC-Taste: Excel markiert kopierte Bereiche mit einem Laufrahmen. Solange dieser Rahmen aktiv ist, sind die Daten in der Zwischenablage und können weiter eingefügt werden. Die ESC-Taste beendet diesen Kopiermodus. Danach wird die Aufzeichnung beendet.

Die so gewonnene Aufzeichnung ist in folgendem Listing wiedergegeben.

Beispiel 5.8: Aufzeichnung für das Kopieren der gefilterten Daten

```
1  Sub GefilterteDatenBearbeiten()
2  Range("F7:H12").Select
3  Selection.Copy
4  Sheets.Add
5  ActiveSheet.Paste
6  Sheets("Tabelle4").Select
7  Sheets("Tabelle4").Name = "Neuer Name"
8  Application.CutCopyMode = False
9  End Sub
```

Auch in dieser Aufzeichnung, wie in der vorherigen aus Abbildung 5.6, arbeitet Excel mit festen Bezügen auf die Bereiche oder Blätter. So ist der zu kopierende Bereich „F7:H12“, das neue Tabellenblatt heißt „Tabelle4“, und der neue Name ist „Neuer Name“. Wenn man versuchen würde, die Aufzeichnung erneut auszuführen, würde das Programm mit einer Fehlermeldung in **Zeile 6** abstürzen, da die Tabelle mit dem Namen „Tabelle4“ nicht mehr existiert. Wir sind also auf jeden Fall gezwungen, die Aufzeichnung zu ändern.

Bemerkung

Wir werden zuerst die Aufzeichnung so ändern, daß sie auf jeden Fall die gefilterten Daten kopiert und einfügt. Das Problem, ob die gleiche Auswertung an dem gleichen Tag schon ausgeführt wurde, werden wir danach lösen.

Die modifizierte Aufzeichnung ist im nächsten Listing zu sehen.

Beispiel 5.9: Aufzeichnung für das Kopieren der gefilterten Daten umprogrammieren

```
1  Private Sub GefilterteDatenBearbeiten( _
2              ByVal KopierenAb As String, TabNameNeu As String)
3  Range(KopierenAb).CurrentRegion.Select
4  Selection.Copy
5  Sheets.Add
6  ActiveSheet.Select
7  ActiveSheet.Paste
8  ActiveSheet.Name = TabNameNeu
9  Application.CutCopyMode = False
10 End Sub
```

– **Zeile 1 und 2:** Die Aufzeichnung hat den Zusatz *Private* bekommen, weil diese Prozedur ein Unterprogramm des Programms des vorherigen Abschnitts ist und keine projektglobale Gültigkeit benötigt. Der Parameter `KopierenAb` enthält den Namen der linken, oberen Zelle der gefilterten Daten. Der Parameter `TabNameNeu`, wie der Text schon vermuten läßt, enthält den Namen der neuen Tabellen. Die Werte beider Parameter werden vom Hauptprogramm ermittelt. Wir werden dies in den nächsten Abschnitten erledigen.

- **Zeile 3 und 4:** Das ist der gleiche Trick wie vorher. Ausgehend aus der linken, oberen Ecke des Bereiches (`KopierenAb`), wird über *CurrentRegion* der nicht leere, umliegende Bereich ermittelt und markiert. Danach wird die Markierung über die Eigenschaft *Selection* kopiert.
- **Zeile 5, 6 und 7:** Hier wird zuerst ein neues Blatt eingefügt (Methode *Add*), und die Daten werden eingefügt. Jedes neue Blatt ist automatisch aktiv in Excel. Also kann man auf das Blatt mit *ActiveSheet* zugreifen.
- **Zeile 9:** Diese Anweisung entspricht dem Drücken der [ESC]-Taste. Damit wird der Laufrahmen des kopierten Bereiches deaktiviert.

Die obige Prozedur leistet jetzt das Gewünschte. Egal wie groß der Bereich der gefilterten Daten ist, der Anfang des Ausgabebereiches ist immer gleich. Von dort ausgehend wird dann immer die komplette, gefilterte Liste übernommen.

Online-Hilfe

Add-Methode, Name-Eigenschaft, CutCopyMode-Eigenschaft

KAPITEL5.XLS, Modul „mdlSpezialfilter“

5.5.3 Aufzeichnungen durch die Ermittlung der aktuellen Suchkriterien erweitern

Das Programm braucht jetzt ein Unterprogramm für die Ermittlung der aktuellen Suchkriterien. Anhand dieser wird dann der Name des neuen Tabellenblattes zusammengesetzt. Erst dann ist es möglich, die Mappe nach dem gleichen Tabellenblattnamen zu durchsuchen.

Die Suchkriterien der Filterung sollen in den Namen der Tabellenblätter erscheinen, wie in Abbildung 5.12 gezeigt wird. Wenn nur eines der Suchkriterien angegeben wird, wird für das zweite ein „-„ verwendet.

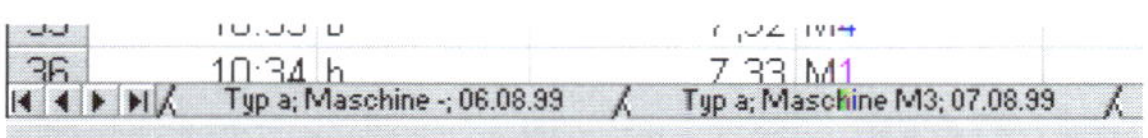

Abbildung 5.12: Die Namen der Tabellenblätter mit den gefilterten Daten

Um diese Namen zusammenstellen zu können, müssen zuerst die Suchkriterien gelesen werden. Dies wird mit Hilfe einer Funktion realisiert, die anschließend den zusammengestellten Namen des Tabellenblattes zurückgibt.

Beispiel 5.10: Zellen mit Suchkriterien auslesen

```
1   Private Function NeuerNameErmitteln(ByVal KriterienAb As String) _
2                                                          As String
3   Dim strTyp As String, strMaschine As String
4   Range(KriterienAb).Select
5   ActiveCell.Offset(1, 0).Select
6   If ActiveCell.Formula <> "" Then strTyp = ActiveCell.Formula _
7                                             Else strTyp = "-"
8   ActiveCell.Offset(0, 1).Select
9   If ActiveCell.Formula <> "" Then strMaschine = ActiveCell. _
10                                  Formula Else strMaschine = "-"
11  NeuerNameErmitteln = "Typ " & strTyp & "; Maschine " & _
12                                   strMaschine & "; " & CStr(Date)
13  End Function
```

- **Zeile 1 und 2:** Die Funktion wird mit den Koordinaten des Bereiches (`KriterienAb`) für die Suchkriterien aufgerufen und liefert den neuen Namen für das Tabellenblatt als `String` zurück.
- **Zeile 5:** In der Zeile davor wurde die linke, obere Ecke der Suchkriterien markiert. Diese Zelle ist momentan die aktive Zelle. In ihr ist in unserem Fall der Text „Typ" enthalten (vgl. mit Abbildung 5.9). Die eigentlichen Suchkriterien befinden sich eine Zeile darunter. Mit der *Offset*-Eigenschaft des *Range*-Objektes kann man von einer Zelle in eine andere gehen. In der Anweisung von **Zeile 5** geht der Cursor eine Zeile nach unten und markiert die untere Zelle (Methode *Select*). Die Syntax der Eigenschaft *Offset* ist hier angegeben:

```
{Objektname | Objektvariable}.Offset(Anzahl Zeilen, Anzahl Spalten)
```

Die *Offset*-Eigenschaft ist eine Eigenschaft des *Range*-Objektes, d.h. sowohl das Objekt als auch die Objektvariable, die in der obigen Syntax angegeben sind, müssen den Typ *Range* besitzen. In den Klammern wird dann die gewünschte Anzahl der Zeilen und / oder Spalten angegeben. In Abbildung 5.13 ist eine schematische Darstellung der Möglichkeiten der *Offset*-Eigenschaft abgebildet. Der Punkt zwischen den Pfeilen ist der Ausgangspunkt.

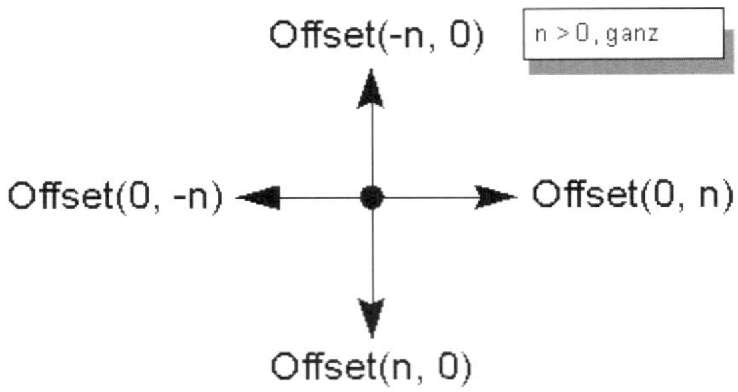

Abbildung 5.13: Die Bewegungen mit der Offset-Eigenschaft

- **Zeilen 6 bis 10:** Der Inhalt der neuen, aktiven Zelle wird überprüft. Wenn ein Suchkriterium (z.B. Typ = a) vorhanden ist, wird dieses in der Variable `strTyp` eingelesen. Wenn dagegen die Zelle leer ist, wird ein „-„ der Variable zugewiesen. Danach wird die Markierung eine Zelle nach rechts verschoben (**Zeile 8**). Auch diese Zelle wird geprüft, diesmal aber für das Suchkriterium „Maschine".
- **Zeile 11 und 12:** Der Rückgabewert der Funktion wird aus mehreren Teilzeichenketten zusammengesetzt.

Die Funktion `NeuerNameErmitteln` wird vom Programm `DatenFilter` mit einer Zeile wie der folgenden aufgerufen:

```
strTabName = NeuerNameErmitteln("F3")
```

Die Zelle „F3" ist die linke, obere Ecke des Bereiches der Suchkriterien. Die Variable `strTabName` enthält nach dem Aufruf den Namen der neuen Tabelle, in der die gefilterten Daten Platz finden sollen.

Da das obige Programm den zu kopierenden Bereich mit der Eigenschaft *CurrentRegion* ermittelt, darf die Beschriftung „Ausgabebereich" (vgl. Abbildung 5.9 und Abbildung 5.11) nicht direkt an die Beschriftungen der Spalten des Ausgabebereichs angrenzen. Die *CurrentRegion*-Eigenschaft würde nämlich auch die Zeile mit dem Text „Ausgabebereich" in der zu kopierenden Region mit einbeziehen. Dieser Text ist aber für unsere Zwecke nicht notwendig und kann sogar zu Problemen bei der Erstellung der Pivot-Tabelle führen (s. 5.5.4, „Die Erstellung einer Pivot-Tabelle aufzeichnen und umprogrammieren").

Nach der Ermittlung der Suchkriterien soll die Mappe nach einem Blatt durchsucht werden, das diesen Namen schon besitzt. Dann muß die Auswertung nicht wiederholt werden. Das Durchsuchen einer Mappe nach einem bestimmten Tabellenblatt wurde schon bei dem Diagramm-Beispiel weiter oben in diesem Kapitel behandelt.

Das Programm dazu wird in dem unteren Listing ohne Kommentare für die einzelnen Anweisungen angegeben.

Beispiel 5.11: Tabellenblatt in der Mappe suchen

```
Private Function AuswertungNichtVorhanden( _
                              ByVal strTabName As String) As Boolean
Dim oTabName As Worksheet
Dim msg As String, bytReply As Byte
Dim ControlTab As Boolean
For Each oTabName In ActiveWorkbook.Worksheets
    If oTabName.Name = strTabName Then
        msg = "Diese Auswertung wurde heute schon gemacht!" & _
        vbNewLine & "Möchten Sie die Tabelle sehen?"
        bytReply = MsgBox(msg, vbInformation + vbYesNo)
        If bytReply = vbYes Then Sheets(strTabName).Select
        ControlTab = True
        Exit For
    End If
Next oTabName
If Not ControlTab Then AuswertungNichtVorhanden = True
End Function
```

Das Auflistungsobjekt der Tabellenblätter wird durchsucht. Wenn kein Blatt den Namen des Parameters `strTabName` besitzt, dann liefert die Funktion den Wert *True* zurück. Wenn dagegen ein Blatt mit dem Namen gefunden wird, wird der Anwender zuerst gefragt, ob er die Auswertung sehen möchte. Unabhängig von der Antwort des Anwenders liefert dann die Funktion den Wert *False* zurück, und die Auswertung wird nicht noch einmal erstellt. Wenn man doch die gleiche Auswertung haben will, muß die schon bestehende Tabelle mit den Auswertungsdaten gelöscht oder umbenannt werden. Dann erlaubt das Programm eine erneute Auswertung.

Das komplett modifizierte Hauptprogramm wird am Ende des Beispiels gezeigt.

Online-Hilfe

Eigenschaften: Offset, Formula

Kapitel5.XLS, Modul „mdlSpezialfilter“

5.5.4 Die Erstellung einer Pivot-Tabelle aufzeichnen und umprogrammieren

Durch unser Programm haben wir den Nachteil der Spezialfilterung behoben. Das Programm führt die Filterung aus und fügt die gefilterten Daten in eine neue Tabelle ein. Da wir schon beim Programmieren sind, erweitern wir das Programm noch ein bißchen, nach dem Einfügen der Daten soll daraus eine Pivot-Tabelle erstellt werden.

Aufzeichnung

Sofort nach dem Einfügen der kopierten Daten, sind die Daten selbst noch markiert. Das ist dann der richtige Zeitpunkt, um eine neue Aufzeichnung zu starten. Sobald die Symbolleiste der Aufzeichnung sichtbar ist, werden folgende Schritte ausgeführt:

1. Über das Menü DATEN\PIVOTTABLE- UND PIVOTCHART-BERICHT wird der Assistent für die Pivot-Tabellen aufgerufen. Wenn die Datenquelle schon markiert ist, werden ihre Koordinaten vom Assistenten übernommen. Als Typ der Datenquelle wird dann auch sofort die Excel-Liste erkannt. Im ersten Schritt des Assistenten ist es in dieser Excel-Version möglich, eine Pivot-Tabelle zusammen mit einem Diagramm (PivotChart) zu erstellen. Wir werden aber hier den „alten" Weg gehen und nur eine Pivot-Tabelle erstellen. Wir möchten nämlich die Pivot-Tabelle und das Diagramm rechts neben den kopierten Daten einfügen, alles in einem Tabellenblatt. Der Assistent erstellt auch eine Pivot-Tabelle und ein Diagramm, aber während die Pivot-Tabelle in dem gleichen Blatt der Daten eingefügt werden darf, wird das Diagramm immer als getrenntes Blatt erstellt.
2. Im Schritt 2 des Assistenten wird nur der Bereich der Datenquelle angezeigt (bzw. eingegeben, wenn die Daten vorher nicht schon markiert waren).
3. Im Schritt 3 wird als Stelle für die neue Pivot-Tabelle das bestehende Blatt angegeben, dann wird irgendeine Zelle markiert. Diese Zelle wird die linke, obere Ecke der Pivot-Tabelle sein.
4. Beim Schritt 3 des Assistenten gibt es die Schaltfläche LAYOUT. Wenn man diese Schaltfläche anklickt, erscheint das Fenster aus Abbildung 5.14. Hier werden die Felder für die Pivot-Tabelle durch Ziehen der Feldnamen auf die richtigen Bereiche des Bildes definiert.

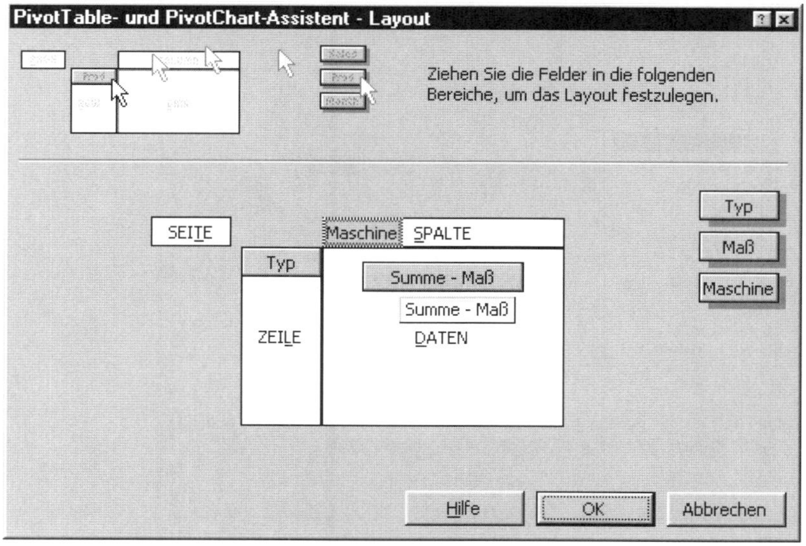

Abbildung 5.14: Die Definition der Felder der Pivot-Tabelle

5. Excel nimmt für den Datenbereich der Pivot-Tabelle automatisch die Funktion Summe. Das kann aber durch einen Doppelklick auf die Schaltfläche SUMME-MAß geändert werden. Es erscheint das Fenster aus Abbildung 5.15. Dort nehmen wir als Funktion den Mittelwert und klicken anschließend auf die Schaltfläche ZAHLEN.

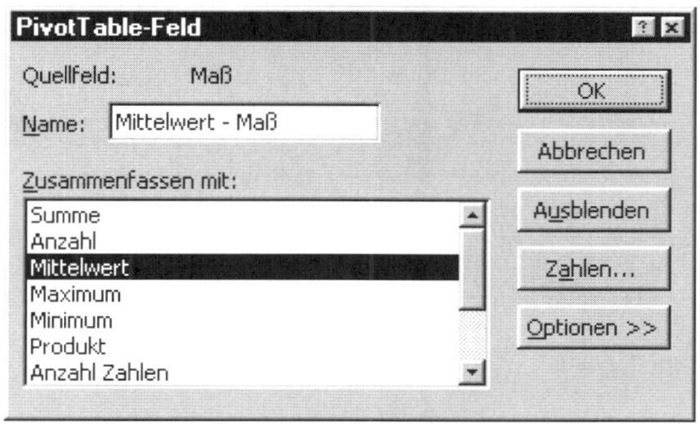

Abbildung 5.15: Ändern der Funktion für den Datenbereich der Pivot-Tabelle

6. Da wir bei einer Aufzeichnung sind, machen wir die Sache ordentlich. Das Ergebnis der Funktion Mittelwert ist in der Regel ein Haufen unformatierter Zahlen, mit unterschiedlicher Anzahl an Nachkommastellen. Das können wir hier schon verhindern. Die Schaltfläche ZAHLEN öffnet das bekannte Excel-Fenster für die Formatierung, die in Abbildung 5.16 zu sehen ist. Dort wird die Anzahl der Nachkommastellen z. B. auf 4 festgelegt.

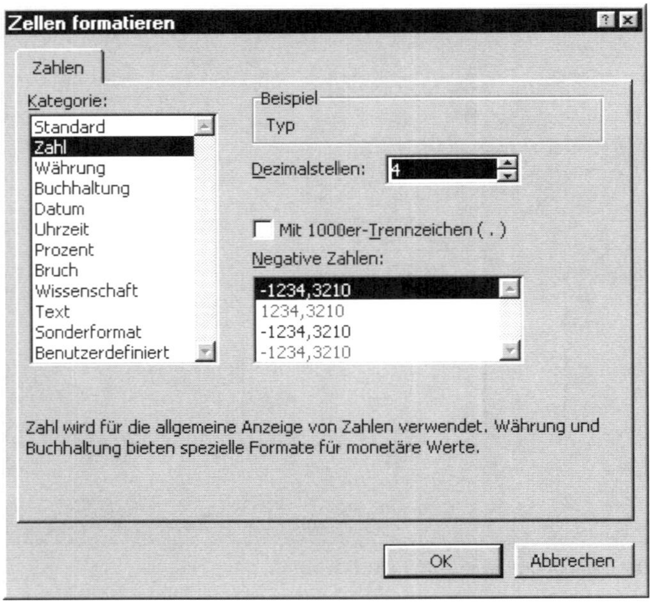

Abbildung 5.16: Die Zahlen der Pivot-Tabelle formatieren

7. Danach werden alle Fenster, inklusive Schritt 3 des Assistenten, mit OK quittiert, und die Pivot-Tabelle wird eingefügt. Die Aufzeichnung kann nun beendet werden.

Für das Suchkriterium Typ = a wird die Pivot-Tabelle aus Abbildung 5.17 erstellt.

E	F	G	H	I	J
Mittelwert - Maß	Maschine				
Typ	M1	M2	M3	M4	Gesamtergebnis
a	12,5167	12,5450	12,5520	12,5133	12,5338
Gesamtergebnis	12,5167	12,5450	12,5520	12,5133	12,5338

Abbildung 5.17: Das Ergebnis für Typ = a

Und jetzt ein Blick in die Aufzeichnung.

Beispiel 5.12: Erstellung einer Pivot-Tabelle aufzeichnen

```
1   Sub PivotTabelleErstellen()
2   ActiveWorkbook.PivotCaches.Add(SourceType:=xlDatabase, _
3      SourceData:=  "Tabelle3!R1C1:R14C3").CreatePivotTable _
4      TableDestination:=Range("E2"), TableName:="PivotTable1"
5   ActiveSheet.PivotTables("PivotTable1").SmallGrid = False
6   ActiveSheet.PivotTables("PivotTable1").AddFields _
7      RowFields:="Typ", ColumnFields:="Maschine"
8   With ActiveSheet.PivotTables("PivotTable1").PivotFields("Maß")
9           .Orientation = xlDataField
10          .Caption = "Mittelwert - Maß"
11          .Function = xlAverage
12          .NumberFormat = "0,0000"
13  End With
14  End Sub
```

In **Zeile 3** ist der Parameter *SourceData* sichtbar: in ihm wird die Datenquelle als Bezug festgelegt. Excel braucht für die Pivot-Tabelle den Namen des Blattes (hier Tabelle3), dann den Bereich. Die Schreibweise für den Bereich ist vielleicht etwas seltsam, aber nicht so komplex, wie man auf den ersten Blick glauben kann.

Z1S1-Bezugsart

Der Bereich „R1C1:R14C3" heißt übersetzt „Row 1 und Column 1 bis Row 14 und Column 3", also A1:C14. Diese Schreibweise heißt in Excel „Z1S1-Bezugsart" und wird mit Vorliebe bei der Aufzeichnung von Pivot-Tabellen verwendet, aus welchem Grund auch immer. Manchmal wird auch für den Parameter *TableDestination* diese Bezugsart genommen. Dann wäre E2 als „R2C5" vermerkt.

Wir werden dies in unserer Umprogrammierung ändern müssen.

In **Zeile 4** ist der Parameter *TableName* zu sehen. Pivot-Tabellen sind auch Objekte und müssen einen Namen haben. Die Benennung erfolgt nach dem alten Excel-System, „Element1", „Element2",... (also PivotTable1, PivotTable2 etc.). Wir müssen in unserem Programm die Pivot-Tabelle umbenennen, da Excel den Namen einer Pivot-Tabelle nur einmal vergibt (in einer Mappe dürfen auch nicht zwei Blatter „Tabelle1" heißen!).

In **Zeilen 6 und 7** werden die Kriterien für die Zeilen und Spalten der Pivot-Tabelle festgelegt. In **Zeile 11** ist die Funktion für den Datenbereich zu erkennen.

In den **Zeile 12** ist die Formatierung der Zahlen mit der Eigenschaft *NumberFormat* wiedergegeben. Wenn man die Aufzeichnung ohne Änderungen wieder ausführt, interpretiert Excel diese Formatierung als Einfügen des Tausender-Trennzeichens und macht aus der Zahl

12,56 die Zahl 0.013. Das ist etwas ungeschickt, kann aber geändert werden. Man muß nur das Komma in Anweisung 12 durch einen Punkt ersetzen. Dann wird aus der Zahl 12,56 auch die Zahl 12,5600. Unergründliche Excel-Abgründe!

Das folgende Listing zeigt die modifizierte Aufzeichnung.

Beispiel 5.13: Aufzeichnung der Pivot-Tabelle umprogrammieren

```
1   Sub PivotTabelleErstellen(ByVal PivotTableAb As String)
2   Dim PivotQuelle As String
3   Dim PivotTabName As String
4   PivotQuelle = ActiveSheet.Name & "!" _
5                     & ActiveWindow.RangeSelection.Address
6   PivotTabName = "PivotTable" & ActiveSheet.Name
7   ActiveWorkbook.PivotCaches.Add(SourceType:=xlDatabase, _
8      SourceData:= PivotQuelle).CreatePivotTable _
9      TableDestination:=Range(PivotTableAb), TableName:=PivotTabName
10  ActiveSheet.PivotTables(PivotTabName).AddFields _
11     RowFields:="Typ", ColumnFields:="Maschine"
12  With ActiveSheet.PivotTables(PivotTabName).PivotFields("Maß")
13          .Orientation = xlDataField
14          .Caption = "Mittelwert - Maß"
15          .Function = xlAverage
16          .NumberFormat = "0.0000"
17  End With
18  End Sub
```

- **Zeile 1:** Der Parameter `PivotTableAb` enthält die Koordinate für die linke, obere Ecke der Pivot-Tabelle. Der Wert des Parameters wird dann in **Zeile 9** für *TableDestination* eingesetzt. Der Vorteil dieses Systems ist: Wenn man die Struktur der Auswertung ändern will, muß nur das Hauptprogramm geändert werden, während die weiteren Prozeduren gleich bleiben. So kann z.B. die Pivot-Tabelle in E5 oder in G13 anfangen; nur der Wert des Parameters beim Aufruf ändert sich.
- **Zeile 2 und 3:** Die Variable `PivotQuelle` wird den Bezug auf die Datenquelle enthalten. Die Variable `PivotTabName` löst das Problem der eindeutigen Benennung der Pivot-Tabelle.
- **Zeile 4 und 5:** Die Variable `PivotQuelle` wird mit dem Bezug auf die Datenquelle gefüllt. Der Bezug setzt sich aus dem Namen der aktiven Tabelle (das Tabellenblatt ist beim Einfügen der Daten aktiviert worden), einem Ausrufzeichen und der Adresse der aktuellen Markierung zusammen. Die Eigenschaft *RangeSelection* des Objektes *ActiveWindow* kann die Adresse eines markierten Bereiches liefern. Wenn z.B. der Bereich „A1:E12“ markiert ist, liefert diese

Eigenschaft die Adresse „$A$1:$E$12" zurück. Diese absolute Bezugsart wird auch als Quelle für Pivot-Tabellen akzeptiert. Der Bereich, aus dem die Pivot-Tabelle entstehen soll, wird beim Einfügen der gefilterten Daten markiert.

- **Zeile 6:** Die Variable `PivotTabName` speichert den neuen Namen der Pivot-Tabelle. Der Name setzt sich zusammen aus dem Text „PivotTable" und dem Namen des aktuellen Tabellenblattes.

Der Rest der Aufzeichnung wurde nur minimal geändert: In **Zeile 8** wurde für den Parameter *SourceData* die Variable `PivotQuelle` eingetragen, in **den Zeilen 9, 10 und 12** wurde die Variable `PivotTabName` eingesetzt. In **Zeile 16** wurde das Komma durch den Punkt ersetzt.

Das obige Programm enthält auf dem Begleitmedium zusätzlich eine Fehlerbehandlung. Wenn man als Suchkriterien Werte angibt, die nicht in den Daten enthalten sind, ist die Liste der gefilterten Daten leer. Daraus kann natürlich keine Pivot-Tabelle generiert werden. Diese Tatsache wird mit der Fehlerbehandlung abgefangen.

Online-Hilfe

- Objekte: Window, ActiveWindow
- Eigenschaften: RangeSelection

Kapitel5.XLS, Modul „mdlSpezialfilter"

5.5.5 Die Erstellung eines eingebetteten Diagramms aus der Pivot-Tabelle

Nach dem Einfügen der Pivot-Tabelle wollen wir daraus ein Diagramm erstellen. Das Problem ist, daß diese Excel-Version zu schlau ist. Sobald man als Quelle für ein Diagramm eine Pivot-Tabelle angibt, erstellt es sofort ein Diagramm als neues Blatt. Man hat keine Möglichkeit, einzugreifen. Das Problem läßt sich nur per Programm beheben.

Aufzeichnung

Die Aufzeichnung ist sehr einfach: Man markiert am besten die Pivot-Tabelle, ohne die Zeilen mit den Gesamtergebnissen für Zeilen und Spalten, wie in Abbildung 5.18 zu sehen ist. Es kann sein, daß die Markierung mit der Maus etwas schwierig ist: Excel markiert die gesamte Pivot-Tabelle oder verschiebt Elemente.

In diesem Fall kann man die Markierung mit Hilfe der Tasten ohne Maus realisieren. Man klickt die linke, obere Zelle an, dann wird die [⇧]-Taste gedrückt gehalten und gleichzeitig werden die Pfeil-Tasten benutzt. Der Pfeil nach rechts markiert eine Zelle nach rechts in der gleichen Zeile, der Pfeil nach unten markiert die gleiche Anzahl der schon markierten Zellen, aber in der unteren Zeile, der Pfeil nach links verringert die Markierung um eine Spalte, der Pfeil nach oben verringert die Markierung um eine Zeile.

Nach der Markierung wird die Aufzeichnung gestartet. Um das Diagramm zu erstellen, klickt man am einfachsten auf die Schaltfläche „Diagramm" der Symbolleiste (oder man wählt das Menü EINFÜGEN\DIAGRAMM). Sofort fügt Excel ein Diagramm als neues Blatt ein. Die Aufzeichnung kann beendet werden.

Mittelwert - Maß	Maschine				
Typ	M1	M2	M3	M4	Gesamtergebnis
b	7,5580	7,5000	7,6233	7,4750	7,5400
Gesamtergebnis	7,5580	7,5000	7,6233	7,4750	7,5400

Abbildung 5.18: Die Markierung der Pivot-Tabelle

Excel hat dann folgende Anweisungen aufgezeichnet:

Beispiel 5.14: Aufzeichnung für das Diagramm

```
1  Charts.Add
2  ActiveChart.SetSourceData _
3      Source:=Sheets("Typ b; Maschine -; 08.08.99").Range ("E5:I7")
4  ActiveChart.Location Where:=xlLocationAsNewSheet
```

Die Anweisungen sollten verständlich sein, da wir das Thema „Diagramm" schon weiter oben in diesem Kapitel behandelt haben.

Eingebettetes Diagramm

Excel läßt sich aber dazu überlisten, doch aus einer Pivot-Tabelle ein eingebettetes Diagramm zu erstellen. Dazu reicht es, die **Zeile 4** des Listings durch folgende Zeile zu ersetzen.

```
ActiveChart.Location Where:=xlLocationAsObject, Name:= Tabellenblattname
```

Die obige Syntax für das eingebettete Diagramm wurde nicht aus der Online-Hilfe entnommen, sondern man hat ein Diagramm für eine normale Tabelle, also keine Pivot-Tabelle, erstellt und den Vorgang dabei aufgezeichnet. Dann läßt sich nämlich die Möglichkeit „eingebettetes Diagramm" auswählen.

Etwas komplexer ist das Problem der Markierung der Datenquelle des Diagramms. Wir können hier nicht allein mit der Eigenschaft *CurrentRegion* arbeiten, da sonst die komplette Pivot-Tabelle markiert wird. Die Gesamtergebnisse der Spalten und Zeilen machen in einem Diagramm keinen Sinn. Dieses Problem läßt sich mit etwas Aufwand auch beheben, wie man aus den umprogrammierten Makros des untenstehenden Listings sehen kann.

Beispiel 5.15: Ein eingebettetes Diagramm aus einer Pivot-Tabelle erstellen

```
1   Sub EingebettetesDiagrammErstellen(ByVal PivotTableAb As String)
2   Dim AktBlattName As String, DiagDatenBereich As String
3   Dim lZeilen As Long, lSpalten As Long
4   AktBlattName = ActiveSheet.Name
5   Range(PivotTableAb).Select
6   lZeilen = ActiveCell.CurrentRegion.Rows.Count
7   lSpalten = ActiveCell.CurrentRegion.Columns.Count
8   Range(Cells(ActiveCell.Row, ActiveCell.Column), _
9      Cells(ActiveCell.Row + lZeilen - 2, _
10     ActiveCell.Column + lSpalten - 2)).Select
11  DiagDatenBereich = ActiveWindow.RangeSelection.Address
12  Charts.Add
13  ActiveChart.ChartType = xlColumnClustered
14  ActiveChart.SetSourceData Source:=Sheets(AktBlattName). _
15     Range(DiagDatenBereich), PlotBy:=xlRows
16  ActiveChart.Location Where:=xlLocationAsObject, _
17  Name:=AktBlattName
18  ActiveChart.ChartArea.Select
19  ActiveSheet.Shapes(1).IncrementLeft 12.75
20  ActiveSheet.Shapes(1).IncrementTop 94.5
21  End Sub
```

- **Zeile 1:** Der Parameter `PivotTableAb` enthält die Koordinaten der linken, oberen Ecke der Pivot-Tabelle, die im Hauptprogramm bekannt sein müssen. Diese Zelle wird in **Zeile 5** markiert.
- **Zeile 6 und 7:** Hier ist etwas Neues benutzt worden. Nach der Markierung der linken, oberen Ecke der Pivot-Tabelle, ist die Zelle über *ActiveCell* erreichbar. Ausgehend aus dieser Zelle wird für den umliegenden Bereich (also die Pivot-Tabelle selbst) über die *CurrentRegion*-Eigenschaft die Anzahl der Zeilen und Spalten des Bereiches ermittelt. Die Eigenschaft *Count* liefert eine Zahl vom Typ *Long* zurück.
- **Zeile 8, 9 und 10:** Hier wird die zweite Syntax der Eigenschaft *Range* eingesetzt. Aus der Online-Hilfe kann man folgende Syntax entnehmen:

Syntax 1

Ausdruck.Range(*Cell1*)

Syntax 2

```
Ausdruck.Range(Cell1, Cell2)
```

In unserem Fall wird auf die Zellen mit der Eigenschaft *Cells* zugegriffen. Die Syntax der Eigenschaft *Cells* ist die folgende:

```
Cells(Zeilenindex, Spaltenindex)
```

Der Zeilenindex bzw. Spaltenindex der aktuellen Zelle wird mit `ActiveCell.Row` bzw. `ActiveCell.Column` ermittelt. Dies ergibt die linke, obere Ecke für die Markierung. Die untere, rechte Ecke ergibt sich aus der Addition der Anzahl der Zeilen und Spalten minus jeweils 2. Wenn z.B. die Pivot-Tabelle in E2 anfängt und in J5 aufhört, hat die Pivot-Tabelle 4 Zeilen und 6 Spalten. Die linke, obere Ecke ist durch *Cells*(2,5), die untere, rechte Ecke durch *Cells*(4, 9) gegeben, da wir außerdem die Zeile und die Spalte der Gesamtergebnisse nicht einschließen wollen, d.h. *Cells*(2 + 4 -2, 5 + 6 -2). Genau dieser Bereich wird dann markiert.

– **Zeile 11:** Die Koordinaten des Quellenbereichs für das Diagramm werden jetzt über die Eigenschaft *RangeSelection* des Objektes *ActiveWindow* ermittelt.

Der Rest des Programms ist Routine: Der Name des Blattes wird mit der Variablen `AktBlattName` ersetzt, der Bezug auf den Bereich mit der Variable `DiagDatenBereich`. Die Anweisungen aus den **Zeilen 17 bis 19** wurden aufgezeichnez als das eingebettete Diagramm fertig war. Damit wird das Diagramm richtig im Blatt positioniert.

Online-Hilfe

Eigenschaften: Rows, Columns, Count, Cells

Kapitel5.XLS, Modul „mdlSpezialfilter"

5.5.6 Das fertige Hauptprogramm mit einer Schaltfläche im Tabellenblatt aufrufen

Jetzt haben wir alle Bestandteile für unser Programm. Alle Unterprogramme sind fertig und müssen nur an das Hauptprogramm angebunden werden. Dies wird im folgenden Listing gemacht.

Beispiel 5.16: Das endgültige Hauptprogramm für die Spezialfilterung

```
1   Sub DatenFilter()
2   Dim strTabName As String
3   Dim bTabNichtVorhanden As Boolean
4   Const DatenBereichLinksOben As String = "A1"
5   Const Suchkriterien As String = "F3:G4"
6   Const Ausgabebereich As String = "F8:H8"
7   Const KopieAb As String = "F8"
8   Const KriterienAb As String = "F3"
9   Const PivotAb As String = "E5"
10  strTabName = NeuerNameErmitteln(KriterienAb)
11  bTabNichtVorhanden = AuswertungNichtVorhanden(strTabName)
12  If Not bTabNichtVorhanden Then Exit Sub
13  Set oTabBlatt = Worksheets("Spezialfilterdaten")
14  oTabBlatt.Range(DatenBereichLinksOben).Select
15  ActiveCell.CurrentRegion.Select
16  Selection.AdvancedFilter _
17     Action:=xlFilterCopy, CriteriaRange:=Range(Suchkriterien), _
18     CopyToRange:=Range(Ausgabebereich), Unique:=False
19  GefilterteDatenBearbeiten KopieAb, strTabName
20  PivotTabelleErstellen PivotAb
21  EingebettetesDiagrammErstellen PivotAb
22  End Sub
```

Im Hauptprogramm werden zuerst die Suchkriterien ermittelt (**Zeile 10**). Aus den Suchkriterien wird der Name eines Tabellenblattes zusammengestellt. Danach wird die Mappe nach einer Tabelle mit diesem Namen durchsucht (**Zeile 11**). Wenn die Tabelle mit der Auswertung schon vorhanden ist, wird das Programm verlassen (**Zeile 12**). Wenn nicht, geht die Ausführung ab **Zeile 13** weiter. Dann werden die Daten nach den Suchkriterien gefiltert und in ein neues Blatt eingeführt (**Zeile 19**). Anschließend werden die Pivot-Tabelle und das Diagramm erstellt (**Zeile 20 und 21**).

Nur das endgültige Hauptprogramm enthält alle direkten Zellenbezüge auf die verschiedenen Bereiche. Wenn etwas an diesen Bezügen geändert werden soll, muß dies nur hier im Hauptprogramm geschehen. Die Unterprogramme sind von Änderungen nicht berührt, weil sie die notwendigen Koordinaten nur als Parameter bekommen. Für die Koordinaten der Bereichen wurden hier Konstanten definiert. Eine Änderung der Koordinaten erfordert nur eine Änderung der Werte der Konstanten.

Aufruf

Nach der Fertigstellung des Programms bleibt nun die Frage, wie das Programm aufzurufen ist. Während das erste Beispiel des Kapitels, das Diagramm-Programm, eine eher globale Relevanz für Excel hat (man kann das Programm in jeder Mappe verwenden), hat das Beispiel für den Spezialfilter nur innerhalb der Mappe, in der die Daten auch gespeichert sind, eine Bedeutung. Solche Programme werden dann am besten mit einer Schaltfläche innerhalb des Tabellenblattes aufgerufen.

Schalfläche einfügen

Im folgenden werden die Schritte für das Einfügen einer Schaltfläche und das Anbinden des Programms erläutert:

1. In Excel wird aus dem Menü ANSICHT\SYMBOLLEISTEN oder aus dem Kontextmenü der Symbolleisten zuerst die Symbolleiste „Steuerelement-Toolbox" aktiviert. Die Symbolleiste ist in Abbildung 5.19 zu sehen.

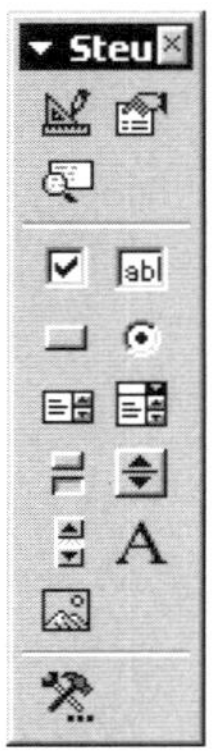

Abbildung 5.19: Die Symbolleiste „Steuerelement-Toolbox" von Excel

2. In der Symbolleiste wird die Schaltfläche „Befehlsschaltfläche" angeklickt. Wenn man dann den Mauszeiger auf das Tabellenblatt bewegt, nimmt der Cursor die Form eines Fadenkreuzes an.

3. An einer beliebigen Stelle des Tabellenblattes kann jetzt die linke Maustaste gedrückt und gehalten werden: man zeichnet ein Rechteck. Sobald man die Taste losläßt, erscheint eine Schaltfläche mit der Beschriftung COMMANDBUTTON1 (oder 2 oder 3). Die Schaltfläche ist durch weiße Rechtecke markiert, wie man in Abbildung 5.20 sehen kann. Gleichzeitig ist die Schaltfläche „Entwurfmodus" der Symbolleiste (erste Schaltfläche mit Dreieck,

Lineal und Bleistift, links) eingedrückt: Solange diese Schaltfläche eingedrückt ist, kann die Befehlsschaltfläche bearbeitet werden.

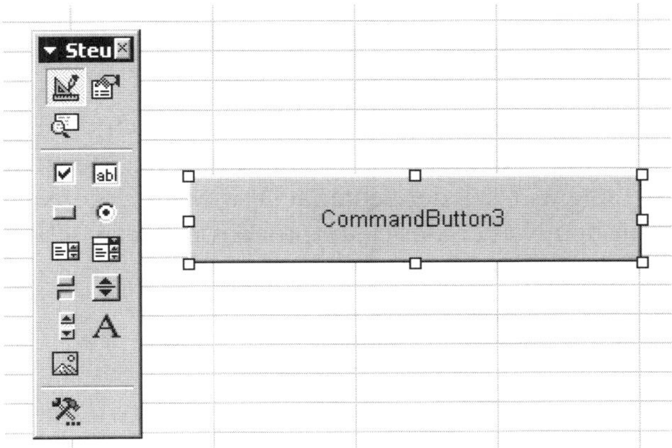

Abbildung 5.20: Die Schaltfläche im Entwurfmodus

4. Um die Befehlsschaltfläche formatieren zu können, muß das Fenster EIGENSCHAFTEN geöffnet werden. Dies kann entweder aus der Symbolleiste „Steuerlement-Toolbox“ (Schaltfläche mit der Hand auf dem Blatt) oder aus dem Kontextmenü der Befehlsschaltfläche gemacht werden. Die Beschriftung der Befehlsschaltfläche ist bei der Eigenschaft *Caption* zu suchen. Die Farbe für den Text ist unter der Eigenschaft *ForeColor*, die Hintergrundfarbe unter der Eigenschaft *BackColor* festzulegen.

Abbildung 5.21: Das Fenster Eigenschaften der Befehlsschaltfläche

5. Nach den Layout-Formatierungen können wir jetzt die Befehlsschaltfläche an das Hauptprogramm anbinden. Dies geht entweder mit einem Klick auf die Schaltfläche „Code anzeigen" der Steuerelement-Toolbox oder, noch schneller, mit einem Doppelklick auf die Befehlsschaltfläche.

6. Es öffnet sich das Klassenmodul der Tabelle, auf der sich die Befehlsschaltfläche befindet. Die Anfangs- und Endzeile der Ereignisprozedur für das Ereignis *Click* der Schalfläche werden angezeigt. Man muß jetzt nur den Namen des Hauptprogramms dazwischen eintippen, wie in Abbildung 5.22 zu sehen ist.

Abbildung 5.22: Die Ereignisprozedur der Befehlsschaltfläche

7. Danach kann das Modulfenster geschlossen werden. Man wechselt dann wieder in Excel. Um die Befehlsschaltfläche zu aktivieren, muß zuerst der Entwurfmodus beendet werden (über die entsprechende Schaltfläche in der Symbolleiste „Steuerelement-Toolbox".

Schalflächen werden in Kapitel 6, „Programmierung von Bildschirmmasken" ausführlich behandelt.

Online-Hilfe

Const-Anweisung

KAPITEL5.XLS, Modul „mdlSpezialfilter"

5.6 Die Mappe Personl.XLS

XLSTART

Es gibt verschiedene Techniken, um ein Makro oder ganz einfach ein VBA-Programm in einer Mappe aufzurufen. Manche dieser Techniken erlauben den Aufruf eines Programms aus allen Mappen heraus, manche andere nur in der Mappe, in der das Programm gespeichert ist. Es gibt aber eine weitere Lösung, die schon erwähnt worden ist: die Speicherung der Programme in der Mappe PERSONL.XLS. Die Mappe PERSONL.XLS ist eine besondere Mappe in Excel. Sie befindet sich in dem speziellen Unterverzeichnis XLSTART. Während in früheren Excel-Versionen das Verzeichnis XLSTART ein Unterverzeichnis des Office-Verzeichnisses war, befindet sich in Office 2000 XLSTART unter dem Windows-Hauptverzeichnis. Wenn das Windows-Verzeichnis auf C: ist und „Windows" heißt, lautet dann der Pfad C:\WINDOWS\ANWENDUNGSDATEN\MICROSOFT\EXCEL\XLSTART. Alle Dateien, die sich in ihm befinden, werden von Excel bei jedem Start automatisch geöffnet. Das heißt, alle darin enthaltenen Makros stehen dann auch immer zur Verfügung.

Wenn die Dateien Makros enthalten, werden die Dateien ohne Warnung geöffnet, da Excel die Mappen aus diesem Verzeichnis als vertrauenswürdig behandelt. Das eröffnet Makro-Viren ungeahnte Möglichkeiten, und es gab schon ein paar davon, die sich diese Eigenschaft zu nutze gemacht haben.

Das Thema Viren wurde schon am Ende von Kapitel 4 behandelt.

Für die eigenen Makros kann man natürlich auch dieses Verzeichnis verwenden. Man könnte auch mehrere Programmdateien im Verzeichnis XLSTART ablegen. Aber man hätte dadurch den Nachteil, daß wahrscheinlich ständig eine beträchtliche Menge Dateien in Excel geöffnet wäre.

Die Datei PERSONL.XLS wird von Excel automatisch generiert, wenn man bei einer Aufzeichnung im Feld „Makro speichern in" den Eintrag PERSÖNLICHE MAKRO-ARBEITSMAPPE wählt, wie in Abbildung 5.23 gezeigt.

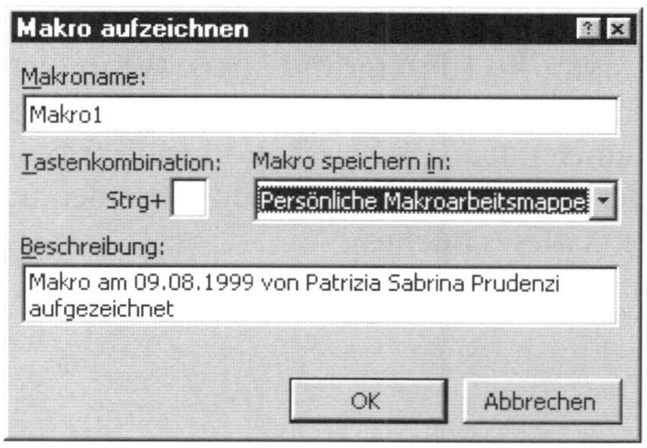

Abbildung 5.23: Das Makro wird in der Mappe PERSONL.XLS *gespeichert*

In der Regel wird die Mappe PERSONL.XLS nur als Speicherstelle für Programme verwendet. Nicht nur aufgezeichnete Makros können in ihr gespeichert werden, sondern man kann auch direkt in ihr Programme eintippen oder Programme in sie kopieren bzw. verschieben.

Vorteil

Der Vorteil der Verwendung der Mappe PERSONL.XLS ist, daß nur eine Mappe im Hintergrund immer geöffnet ist. Die Mappe wird außerdem von Excel automatisch ausgeblendet, d.h. sie wird geöffnet, ist aber nicht sichtbar. Sie kann aber jederzeit wieder eingeblendet werden. Das geht über das Menü FENSTER, wie in Abbildung 5.24 zu sehen ist.

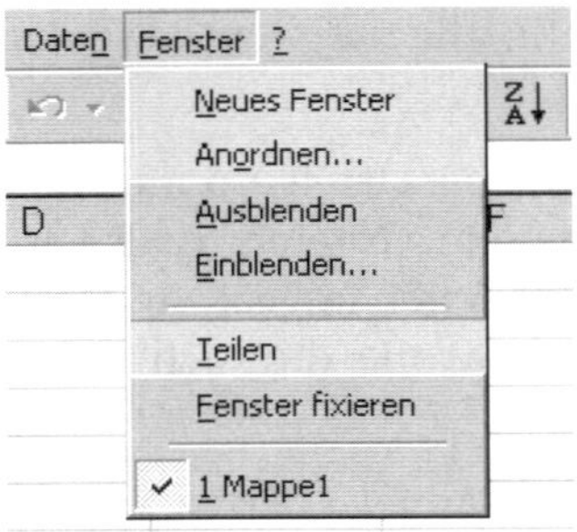

Abbildung 5.24: Eine Mappe einblenden bzw. ausblenden

Das Ausblenden der Mappe wird auch aus diesem Menü erledigt. Man muß nur eins beachten: Excel blendet immer die Mappe aus, die gerade am Bildschirm aktuell ist!

Nachteil bei Netzinstallationen

Die Verwendung der Makroarbeitsmappe ist manchmal ein Problem, wenn Excel nicht für den Einzelplatz, sondern im Netz installiert ist, oder wenn mehrere Anwender sich das Verzeichnis XLSTART teilen. Dann bekommt jeder Anwender die gleiche Mappe PERSONL.XLS. Das kann zu Problemen führen, wenn alle Anwender Schreibrechte auf das Verzeichnis haben und die Anzahl ihrer Makros ständig steigt. Dann hat jeder immer alle Makros im Hintergrund offen. Wenn dies nicht gewünscht ist, kann man nur eins empfehlen: die Sperrung des XLSTART-Verzeichnisses. In einer solchen Konstellation wäre es besser, eigene Symbolleisten, oder Menüs oder Add-Ins zu verwenden (s. dazu das entsprechende Kapitel dieses Buches).

5.6.1 Projektelemente in Personl.XLS verschieben oder kopieren

VBA-Programme, die nicht von vornherein in die Mappe PERSONL.XLS geschrieben worden sind, können nachträglich hinein kopiert oder verschoben werden. Im allgemeinen gilt, die Elemente eines Projekts können zwischen verschiedenen Mappen verschoben oder kopiert werden. Das Kopieren oder Verschieben von Elementen der Excel-Umgebung (also Tabellen, Diagrammen etc.) unterscheidet sich von dem Kopieren oder Verschieben von Elementen der Entwicklungsumgebung (Module, Dialogfelder etc.). Nur die Voraussetzung für das Kopieren oder Verschieben ist die gleiche: Alle beteiligten Mappen müssen in Excel geöffnet sein.

Elemente der Excel-Umgebung

Elemente der Excel-Umgebung müssen zuerst markiert werden (mehrfache Markierung von Blättern durch Halten der Taste STRG und Klicken mit der Maus ist auch möglich). Danach wird der Menüpunkt BEARBEITEN\BLATT VERSCHIEBEN/KOPIEREN... gewählt. Es öffnet sich das Fenster BLATT VERSCHIEBEN/KOPIEREN, das in Abbildung 5.25 zu sehen ist. Im Fenster kann über das Feld „Zur Mappe" der Name der Zielmappe gewählt werden, im Feld „Einfügen vor" kann dann die genaue Position der Blätter in der neuen Mappe angegeben werden. Ganz unten im Fenster befindet sich das Kontrollkästchen „Kopie erstellen", das standardmäßig nicht aktiv ist. Nur wenn es durch Anklicken gesetzt wird, werden markierte Blätter kopiert, ansonsten werden sie verschoben.

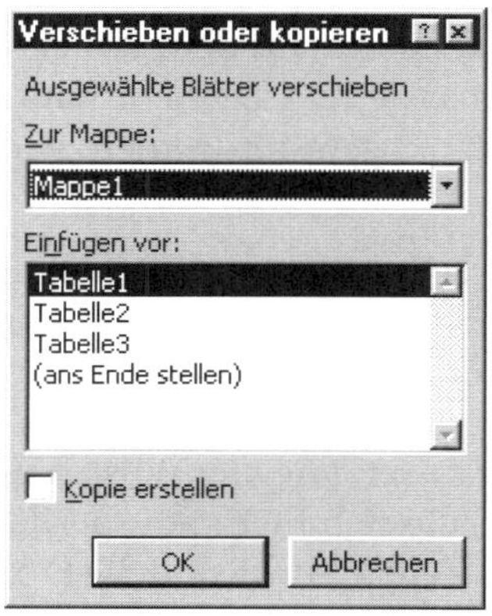

Abbildung 5.25: Das Fenster aus BEARBEITEN\BLATT VERSCHIEBEN/KOPIEREN

Auf diese Art können nachträglich Blätter einer beliebigen Arbeitsmappe in PERSONL.XLS oder in einer anderen Mappe hinzugefügt werden.

Elemente der Entwicklungs-umgebung

Elemente der Entwicklungsumgebung, wie Module oder Dialogblätter, können nicht wie oben erklärt von einer Mappe zur nächsten gebracht werden. Sie müssen aus der Entwicklungsumgebung heraus kopiert bzw. verschoben werden. Auch in diesem Fall müssen die verschiedenen Mappen geöffnet sein. Alles wird dann aus dem Projekt-Explorer heraus erledigt. Die zu kopierenden Elemente werden im Explorer markiert (s. Abbildung 5.26) und mit gedrückter linker Maustaste in das Zielprojekt gezogen.

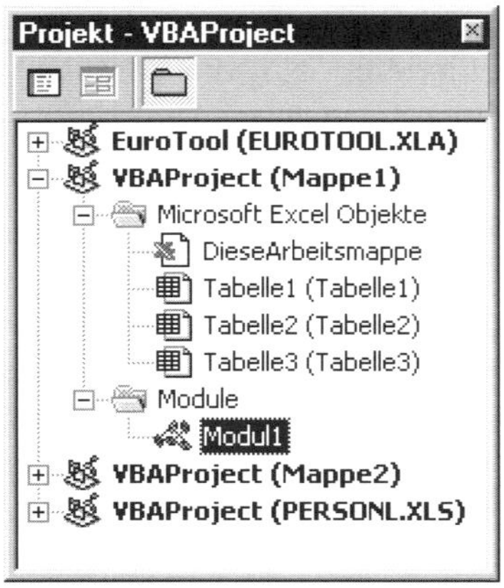

Abbildung 5.26: Kopieren im Projekt

Leider lassen sich die Elemente auf diese Art nur kopieren, nicht verschieben. Die kopierten Elemente müssen dann, falls man sie tatsächlich verschieben möchte, aus der Quellen-Mappe entfernt werden. Das Entfernen von Elementen kann auch nur aus dem Projekt-Explorer heraus ausgeführt werden; bei markiertem Element kann der Menüeintrag DATEI\ENTFERNEN VON .... gewählt werden, wie in Abbildung 5.27 zu sehen ist.

Exportieren

Nach der Auswahl dieses Eintrages fragt Excel, ob das entsprechende Element exportiert werden soll. Der Export von Elementen ist dafür gedacht, um Module oder Dialogblätter mit anderen Anwendungen auszutauschen. Man kann z.B. ein exportiertes Excel-Modul in WinWord importieren und verwenden. Die Voraussetzung hierfür ist, daß das Modul allgemeine Prozeduren enthält, die sich nicht auf spezifische Elemente von Excel beziehen, wie z.B. Zellen, sonst sind die Programme in der anderen Anwendung nicht lauffähig. Für den Export eignen sich eher allgemeine Funktionen, die unabhängig von der Umgebung verwendet werden können. Die Module werden als Textdatei mit der Erweiterung *.BAS gespeichert. Diese Dateien werden dann aus der anderen Anwendung aus dem Menü DATEI\DATEI IMPORTIEREN der Entwicklungsumgebung in ein Projekt eingebunden.

Gleiches gilt für Bildschirmmasken, auch diese können als Datei mit der Erweiterung *.FRM in einer anderen Office-Anwendung exportiert oder importiert werden. Dabei wird sowohl die Maske als auch das dazugehörige Klassenmodul exportiert. Wenn die VBA-Programme wirklich einen allgemeinen Charakter haben, können Module und Masken sogar nach dem Visual Basic Compiler und umgekehrt exportiert werden.

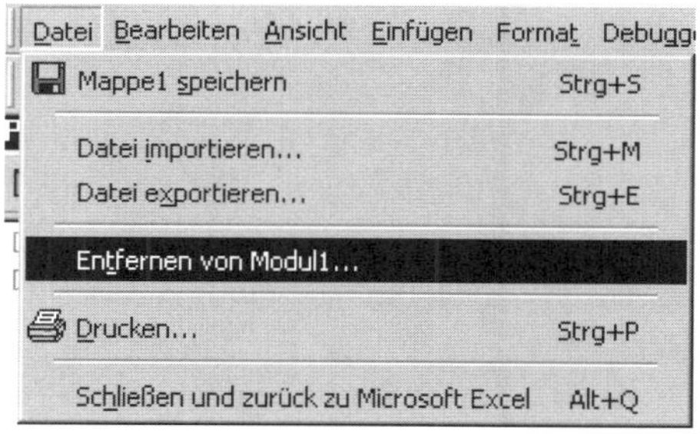

Abbildung 5.27: Entfernen von Projekt-Elementen

6 Programmierung von Dialogfenstern

Einer der Gründe für die Beliebtheit der Sprache Visual Basic ist die Möglichkeit, auf einfache Art benutzerdefinierte Dialogfenster oder Bildschirmmasken zu erstellen. Auch VBA besitzt diese Fähigkeit und wir werden in diesem Kapitel sehen, wie wirklich einfach es ist. Wir werden unsere Entdeckungsreise zuerst mit den Mittel beginnen, die von der Entwicklungsumgebung für diese Art der Programmierung zur Verfügung gestellt werden. Danach werden wir uns die einzelnen Elemente (Schaltflächen, Listen etc.) eines Fensters vornehmen: jedes von ihnen wird anhand eines in sich geschlossenes Beispiels vorgestellt. Da VBA auch imstande ist, die Fenster von Windows zu benutzen (wie z.B. das Fenster zum Speichern oder Öffnen einer Datei), wird zuerst im folgenden auf diese Möglichkeit eingegangen.

6.1 Integrierte Dialogfenster

Die Standard-Fenster in Windows

Dialogfelder sind eines der Standardelemente jedes Windows-Programms: egal ob in der Version 3.1x, 95 oder NT, überall kommuniziert der Anwender mit Windows über Fenster. Es gibt Fenster zum Öffnen und Schließen von Dateien, zum Einstellen der Bildschirmfarben oder der Mausgeschwindigkeit etc. Jedem Windows-Anwender fällt irgendwann auf, daß es bestimmte Fenster gibt, die immer gleich aussehen, egal aus welcher Anwendung heraus man sie aufruft. Das Fenster zum Speichern einer Datei ist z.B. immer gleich, in Excel wie auch in Win-Word und in den meisten anderen Programmen, die unter Windows laufen. Diese Fenster sind irgendwo in Windows definiert: die Programme greifen nur auf sie zurück. Solche Fenster heißen in VBA „integrierte Dialogfelder" und können auch aus einem VBA-Programm angesprochen werden.

Die schon in den vorherigen Kapiteln vorgestellten Funktionen *MsgBox* und *InputBox* gehören auch in die Kategorie der integrierten Dialogfelder. Sie sind für die Standardeingabe und -ausgabe zuständig. Außer diesen zwei schon bekannten Elementen gibt es noch eine ganze Menge weiterer: ihre Anzahl liegt bei etwa 200. Ihre Integration in das eigene Programm geschieht auf eine sehr einfache Art: im folgenden Listing wird als Beispiel der Dialog für das Öffnen einer Datei aufgerufen.

Beispiel 6.1: Standard-Fenster zum Öffnen einer Datei

```
Sub DateiÖffnen()
    Application.Dialogs(xlDialogOpen).Show
End Sub
```

Das Objekt *Dialogs*, hier im Listing als Eigenschaft von *Application.*, kann auf die integrierten Dialogfenster von Windows zugreifen. Welches Fenster aufgerufen wird, wird über die Konstante als Parameter übergeben: in diesem Fall ist es die Konstante *xlDialogOpen*. Die Anwendung der *Show*-Methode erlaubt anschließend das Erscheinen des Fensters am Bildschirm. Nachdem der Dialog geöffnet ist, kann man wie üblich eine Datei zum Öffnen auswählen. Da in dem Moment Windows die Kontrolle hat, wird die Datei dann auch tatsächlich geöffnet. Alle integrierten Dialoge behalten, wenn sie auf dieser Art aufgerufen werden, ihre Funktionalität.

Für jeden Typ von Dialogfeld gibt es auch optionale Parameter, die beim Aufruf übergeben werden können. Das obige Beispiel könnte z.B. auf das Anzeigen von nur Text-Dateien eingeschränkt werden, wie hier angegeben.

Beispiel 6.2: Nur *.TXT Dateien öffnen

```
Sub TextDateiÖffnen()
    Application.Dialogs(xlDialogOpen).Show ("*.TXT")
End Sub
```

Online-Hilfe

Informationen über alle möglichen Dialogfelder und ihre Parameter können aus der Online-Hilfe entnommen werden.

Objektkatalog

Eine weitere Quelle für Informationen über die integrierten Dialogfelder ist der Objektkatalog. Nach seinem Aufruf kann das Stichwort „Dialog“ oder besser, das Stichwort „xlDialog“, wie in Abbildung 6.1 zu sehen ist, eingegeben werden. Das Problem dabei ist, daß manche Dialoge Parameter erfordern, und dies ist aus dem Objektkatalog nicht sichtbar. Eine komplette Liste der Parameter für jedes Dialogfeld befindet sich aber in der Online-Hilfe (s. Online-Hilfe Hinweis am Ende dieses Abschnittes).

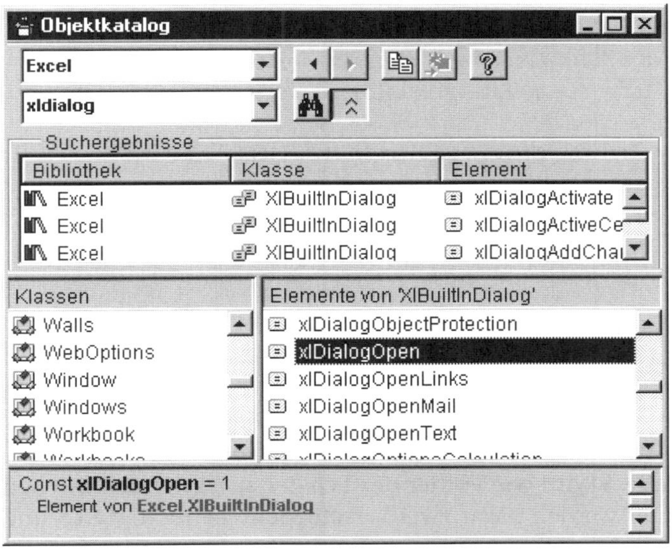

Abbildung 6.1: Der Objektkatalog mit der Liste der integrierten Dialogfelder

Alternative Methode

Eine alternative Methode zu den oben vorgestellten Möglichkeiten, aber nur für das Öffnen oder Speichern von Dateien, nicht für alle Möglichkeiten von integrierten Dialogen, ist die Verwendung von zwei speziellen Methoden des Objekts *Application*: die Methode *GetOpenFilename* und die Methode *GetSaveAsFilename.*

Diese zwei Methoden zeigen auch das Windows-Fenster zum Öffnen oder Speichern einer Datei, aber hier werden die Dateien weder geöffnet noch gespeichert. Die Methoden liefern dann als String nur die Auswahl des Anwenders zurück, also praktisch den Namen der Datei mit sämtlichen Pfaden. Der Programmierer muß dann mit VBA-Befehlen dafür sorgen, daß die Dateien tatsächlich geöffnet oder gespeichert werden. Dieser Weg ist zu empfehlen, wenn man vor dem Öffnen oder Speichern noch etwas anderes per Programm erledigen möchte. Das eigene Programm hat dann die gesamte Zeit über die Kontrolle über das Geschehen.

Unten ein Beispiel für diese zwei Methoden.

Beispiel 6.3: Dateien öffnen und schließen über Application

```
1   Sub IntDialogeMitApplication()
2   Dim strText As String, strFilter As String, wahl As String
3   '*** Öffnen von Excel oder Text-Dateien
4   strText = "Eine Excel-Mappe oder eine Textdatei öffnen"
5   strFilter = "Excel-Dateien (*.XLS), *.xls,Textdateien (*.txt), _
6                                                  *.txt"""
7   wahl = Application.GetOpenFilename(strFilter, 1, strText)
8   MsgBox wahl
9   '*** Speichern eine Datei als Excel-Mappe oder als Textdatei
10  strText = "Eine Excel-Mappe oder eine Textdatei speichern"
11  wahl = Application.GetSaveAsFilename("Testname", strFilter, _
12                                                   1, strText)
13  MsgBox wahl
14  End Sub
```

Die Variable `strText` wird für den Text der Titelleiste des Fensters verwendet, die Variable `strFilter` für die Angabe der relevanten Dateitypen. In **Zeile 5** wird wie vorher der Typ der zu öffnenden Dateien festgelegt: hier werden sogar zwei verschiedene benutzt, *.XLS und *.TXT. In Zeile 7 wird die Methode *GetOpenFilename* aufgerufen. Als Übergabe werden die vorher festgelegten Texte angegeben. Die Zahl 1 heißt, daß von den zwei Dateitypen der erste als Standard genommen werden soll (also *.XLS). Die Wahl des Anwenders wird in der Variable `wahl` zurück geschrieben.

Der Aufruf der Methode *GetSaveAsFilename* in Zeile 11 funktioniert nach dem gleichen Schema. Diese Methode besitzt noch einen weiteren Parameter: der Namen der zu speichernden Datei (hier „Testname“), der als Vorschlag im Fenster eingeblendet wird, wie man auch aus Abbildung 6.2 sehen kann. Im Bild ist auch der Text „Testname“ zu sehen.

Wenn der Anwender in einem der zwei Fenster die Schaltfläche ABBRECHEN benutzt, liefern beide Methoden den Wert *False* zurück.

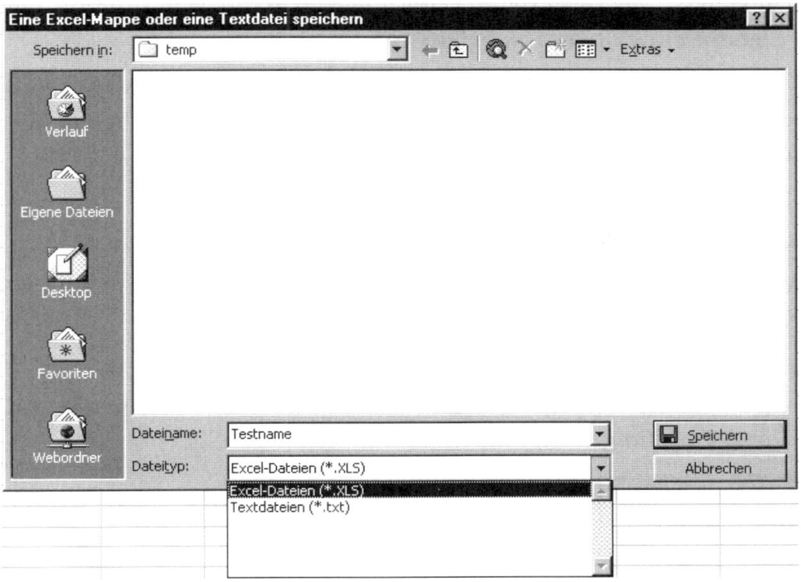

Abbildung 6.2: Das Fenster zum Speichern von Dateien

Online-Hilfe

- Dialog, dann Dialogs-Objekt (Auflistung): in der entsprechenden Seite befindet sich ein Link zu „Liste der integrierten Dialogfeldargumente“. Dort befindet sich die komplette Liste der integrierten Dialogfelder mit den erforderlichen Parametern.
- Dialogs-Auflistungsobjekt, GetOpenFilename-Methode, GetSaveAsFilename-Methode

Kapitel6.XLS, Modul „IntegrierteDialogfelder

6.2 Benutzerdefinierte Dialogfenster

Zweck

Benutzerdefinierte Dialoge sind Fenster, die über Standardelemente wie Schaltflächen, Optionen, Listen etc. verfügen können. Ihre Funktion ist die Steuerung eines VBA-Programms in Interaktion mit dem Benutzer. Sie werden nur dort gebraucht, wo das direkte Einwirken des Anwenders auf den Programmablauf erwünscht ist. Wenn ein VBA-Programm z.B. nur eine Reihe von Berechnungen ausführen und dann die Ergebnisse liefern soll, könnte dieses Programm auch ohne einen eigenen Dialog auskommen. Angenommen aber, die Berechnungen seien von mehreren Auswahlmöglichkeiten abhängig, z.B. müßte der Benutzer einen Wert aus einer Liste auswählen oder den Pfad für die Ablage einer Datei angeben, dann ist es sinnvoll, das Programm mit einem Dialogfenster auszustatten.

VBA besitzt ein speziellen, dafür vorgesehenen Editor, der den Entwurf der Dialoge weitgehend grafisch ermöglicht. In diesem Abschnitt werden wir erste Bekanntschaft mit diesem Editor machen.

6.2.1 Einen benutzerdefinierten Dialog erstellen

Einfügen eines Dialogs

Als erstes brauchen wir ein Dialogfenster. Ein Dialog kann in ein Projekt auf zwei Arten eingefügt werden:

- über das Menü EINFÜGEN\USERFORM
- über die entsprechende Schaltfläche in der Symbolleiste der Entwicklungsumgebung, wie in Abbildung 6.3 gezeigt:

Abbildung 6.3: Das Einfügen eines benutzerdefinierten Dialogs

Nach dem Einfügen erscheinen ein neues Objekt mit dem Namen „UserForm1" in der Liste des Projekt-Explorers und eine graue Fläche rechts in der Entwicklungsumgebung sowie ein neues Dialogfeld, wie in Abbildung 6.4 gezeigt.

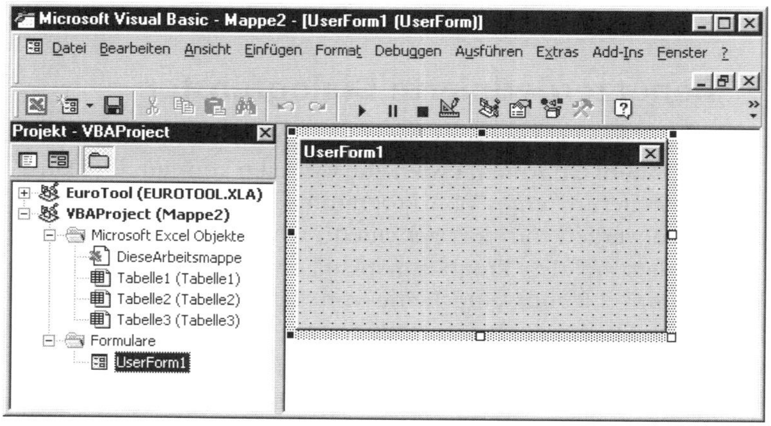

Abbildung 6.4: Das neue Dialogfeld

Größe ändern

Direkt nach dem Einfügen ist das Objekt noch markiert: an jeder Ecke und in der Mitte jeder Seite befinden sich rechteckige Markierungen. Wenn der Cursor über die Rechtecke bewegt wird, nimmt er die Form eines Doppelpfeils an: dann reicht das Drücken der linken Maustaste und das Ziehen in die gewünschte Richtung, um die Größe des Dialogfeldes zu ändern. Dieses System funktioniert mit allen Elementen eines Fensters.

Das neue Dialogfeld ist leer: Alle Elemente (Schaltflächen, Listen Kontrollkästchen etc.) müssen jetzt noch hinzugefügt werden. Diese Elemente, auch *Steuerelemente* oder *Werkzeugsammlung* genannt, befinden sich in einer getrennten Symbolleiste, die meistens zusammen mit dem Dialogfeld in die Entwicklungsumgebung angezeigt wird.

Werkzeugsammlung aufrufen

Manchmal wird aber die Werkzeugsammlung nicht automatisch angezeigt. Sie muß dann manuell aufgerufen werden. Dies ist, wie üblich, auf mehr als eine Art möglich:

- über das Menü ANSICHT\WERKZEUGSAMMLUNG
- über die Schaltfläche **Werkzeugsammlung** in der Symbolleiste

Die **Werkzeugsammlung** besteht aus einem kleinen Fenster mit mehreren Symbolen, wie in Abbildung 6.5 zu sehen ist.

Abbildung 6.5: Die Werkzeugsammlung

Jedes Symbol der Werkzeugsammlung ist ein Steuerelement, das in einem benutzerdefinierten Dialog eingefügt werden kann. Die Werkzeugsammlung besteht aus 16 Elementen, kann aber durchaus erweitert werden (durch OCX-Dateien oder ActiveX-Elemente, aber dieses Thema wird in diesem Buch nicht behandelt). Die Elemente bedeuten im einzelnen:

Objekte auswählen: Dies ist das einzige Element, mit dem kein Steuerelement erstellt wird. Es wird lediglich dazu benutzt, andere Objekte in einem Dialog auszuwählen, zu verschieben oder ihre Größe zu ändern.

Bezeichnungsfeld (*Label*): Für Texte im Dialogfeld.

Textfeld (*TextBox*) : Für die Eingabe oder Änderung von Werten.

Kombinationsfeld (*ComboBox*): Dieses Element besteht aus einem Textfeld, in das Werte eingegeben werden können, und aus einer aufklappbaren Liste, in der Werte ausgewählt werden können.

Listenfeld (*ListBox*): Eine Liste, in der ein Eintrag auszuwählen ist.

Kontrollkästchen (*ChekBox*): Ein Kästchen, das durch einen Mausklick gesetzt werden kann.

Optionsfeld (*OptionBox*): Eine Option kann - wie das Kontrollkästchen - per Mausklick gesetzt werden. Der Unterschied zwischen den beiden Elementen ist der, daß in der Regel aus einer Optionengruppe nur eine Option gewählt werden kann.

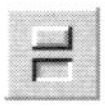

Umschaltfeld (*ToggleButton*): Funktioniert wie ein Schalter und kennt wie ein Schalter nur zwei Zustände, nähmlich Ein und Aus. Seine Funktionalität entspricht einem Kontrollkästchen.

Rahmen (*Frame*): Er wird nur zum Gruppieren von anderen Elementen, z.B. von Optionsfeldern, benutzt. Ein Rahmen allein hat keine Funktion.

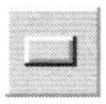

Befehlsschaltfläche (*CommandButton*): An eine Schaltfläche ist immer die Ausführung von Befehlen geknüpft.

Register (*TabStrip*): Kann Register für ein Dialogfeld definieren.

Multiseiten (*MultiPage*): Dieses Element kann mehrere Seiten für das Dialogfeld definieren. Ein Dialog mit mehreren Seiten ist z.B. das Fenster OPTIONEN aus dem Menü EXTRAS.

Bildlaufleiste (*ScrollBar*): Sie ermöglicht eine vertikale oder horizontale Bewegung des Fensterinhalts.

Drehfeld (*SpinButton*): Es wird meistens für das Erhöhen oder Vermindern von Werten benutzt.

Anzeige (*Image*): Dient zum Anzeigen eines Bildes in einem Dialogfeld.

Referenzfeld (*RefEdit*): Dieses Element erlaubt die Eingabe von Bereichen einer Tabelle durch Anzeige mit der Maus, wie z.B. bei dem Funktions-Assistenten.

Wir möchten jetzt einen einfachen, benutzerdefinierten Dialog mit einer Schaltfläche erstellen. Die Schaltfläche soll auf einen Mausklick mit einer Meldung reagieren. Der erste Schritt ist die Einführung der Schaltfläche in den Dialog:

- In der Werkzeugsammlung das Symbol für die Befehlsschaltfläche anklicken.
- Den Cursor auf den Dialog bringen. Der Cursor nimmt die Form eines Fadenkreuzes an.
- Jetzt muß der Umriß der Schaltfläche gezeichnet werden: man positioniert den Cursor am besten in die (spätere) linke, obere Ecke, man drückt die linke Maustaste und zieht nach unten, rechts. Es entsteht ein Umriß. Sobald man die linke Maustaste losläßt, erscheint eine Schaltfläche, wie in Abbildung 6.6 zu sehen ist.

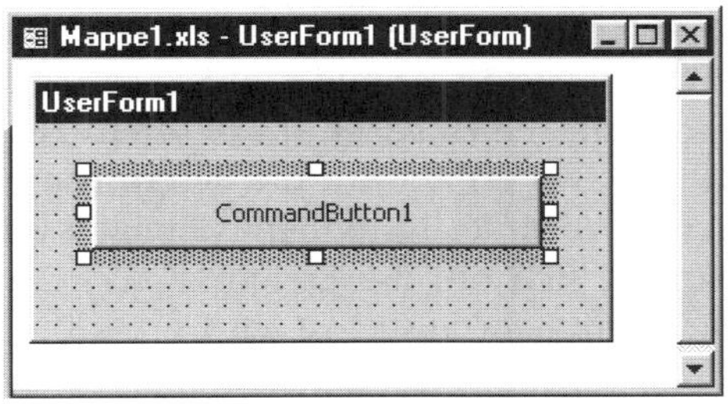

Abbildung 6.6: Die neue Schaltfläche im benutzerdefinierten Dialog

Beschriftung ändern

Die neue Schaltfläche trägt die Standardbezeichnung „CommandButton1". Dieser Text kann geändert werden. Die Änderung erfolgt entweder durch Doppelklicken auf den Text (manchmal öffnet sich aber dabei das Code-Fenster, wenn man zu nahe an die Ränder klickt!) oder im Eigenschaftsfenster. Abbildung 6.7 zeigt das Eigenschaftenfenster für unsere Befehlsschaltfläche (ein Klick auf die Schaltfläche stellt den Bezug dazu im Eigenschaftenfenster her): Die Eigenschaft *Caption* stellt den Text der Schaltfläche dar. Statt „CommandButton1" kann hier z.B. der Text „Klick mich!" eingegeben werden. Wenn man will, kann man ein bißchen mit den Eigenschaften experimentieren. Ein Klick auf das Register NACH KATEGORIEN listet die Eigenschaften gruppiert nach Zusammengehörigkeit auf. In der Gruppe DARSTELLUNG kann man z.B. Farben ändern, in der Gruppe POSITION können Größe und Position geändert werden etc.

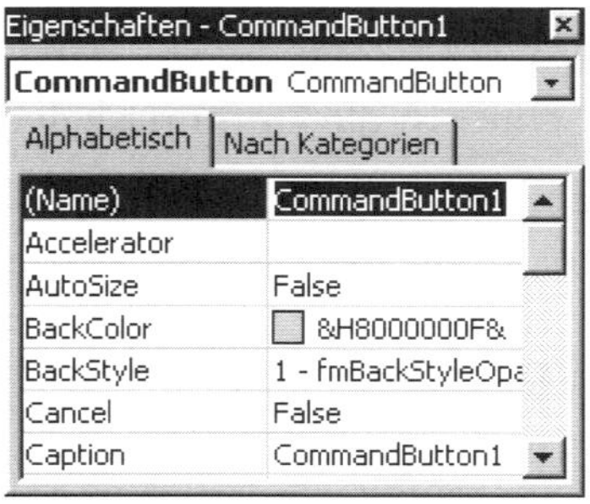

Abbildung 6.7: Das Eigenschaftenfenster der neuen Befehlsschaltfläche

Code einfügen

Nach der Schönheitsoperation wird der Code hinzugefügt: Wie schon erwähnt, reicht ein Doppelklick auf die Ränder der entsprechenden Schaltfläche, um das Code-Fenster zu öffnen (die Alternative dazu wäre das Menü ANSICHT\CODE oder die Taste [F7]). Das Fenster öffnet sich standardmäßig wie in Abbildung 6.8 gezeigt: Links oben ist der Name der Schaltfläche zu sehen (in unserem Fall nach wie vor „CommandButton1“, wir haben nur die Beschriftung der Schaltfläche geändert!), rechts wird der Name eines Ereignisses angezeigt. In unserem Fall handelt sich um das Ereignis *Click*, das durch einen Mausklick auf die Schaltfläche ausgelöst wird.

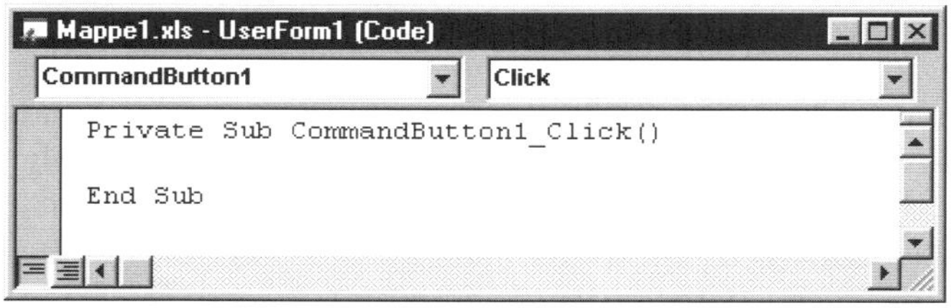

Abbildung 6.8: Das Code-Fenster für die neue Schaltfläche

Im unteren Bereich des neuen Fensters kann jetzt der Text eines Programms geschrieben werden. Die Anfangs- und Endzeilen sind schon vorhanden. Man braucht jetzt nur noch eine Zeile, z.B. eine wie die folgende einzugeben:

```
MsgBox "Ich bin eine Befehlsschaltfläche!"
```

Dialog testen

Der benutzerdefinierte Dialog kann sofort ausgeführt werden:

- entweder aus dem Menü AUSFÜHREN\SUB/USERFORM AUSFÜHREN,
- oder mit der Taste [F5],
- oder mit einem Klick auf die entsprechende Schaltfläche in der Symbolleiste.

Die Ausführung des Dialogs findet in der Excel-Mappe statt. Es erscheint das Fenster mit der Schaltfläche KLICK MICH!, das auch in Abbildung 6.9 zu sehen ist. Das Klicken auf die Schaltfläche läßt das Ausgabefenster der Funktion *MsgBox* erscheinen.

Abbildung 6.9: Das benutzerdefinierte Dialogfenster mit einer Schaltfläche

Dialog schließen

Ein Klick auf die Schaltfläche OK vom *MsgBox*-Fenster schließt die Meldung. Der benutzerdefinierte Dialog ist aber im Hintergrund noch offen: Er kann über die Schaltfläche (die mit dem X-Symbol) des Fensters rechts oben auch ganz einfach geschlossen werden.

6.2.2 Dialogfenster und ihre Elemente editieren

Nach einer kurzer Einführung in die Programmierung von benutzerdefinierten Dialogen werden wir jetzt mehr Einzelheiten über die vorher verwendeten Elemente erfahren. Zuerst befassen wir uns mit dem Layout des Dialogfeldes. Für das Dialogfeld selbst läßt sich nicht nur die Größe ändern, sondern auch die Hintergrundfarbe des Feldes oder der Texte. Der Schlüssel zu allen weiteren benutzerdefinierten Änderungen ist das Eigenschaftenfenster (Menü ANSICHT\EIGENSCHAFTENFENSTER oder [F4]). Das Eigenschaftenfenster öffnet sich normalerweise mit dem Register ALPHABETISCH. Für unsere Zwecke ist aber der Registerreiter NACH KATEGORIEN besser geeignet, da dort die Eigenschaften gruppiert erscheinen.

Farben ändern

Im Eigenschaftenfenster können alle Farbeinstellungen vorgenommen werden. Die Hintergrundfarbe des Dialogfeldes läßt sich aus der Eigenschaft *BackColor* ändern. Wenn man den Cursor in der Zeile dieser Eigenschaft positioniert, läßt sich eine Liste aufklappen, wie sie in Abbildung 6.10 zu sehen ist. Die Liste besitzt zwei Register: Im Register SYSTEM werden die Windows-Standardfarben angeboten, im Register *Palette* lassen sich beliebige Farben auswählen. Ein Klick auf eine der Farben reicht aus, um die Farbe auszuwählen. Die weiteren Farben, die für das Dialogfeld eingestellt werden können, sind in der Gruppe ***Darstellung*** zu finden: *BorderColor* für den Rahmen (der Rahmen ist nur sichtbar, wenn die Eigenschaft *BorderStyle* auf 1 gesetzt ist) und *ForeColor* für die Farben der Texte im Dialogfeld.

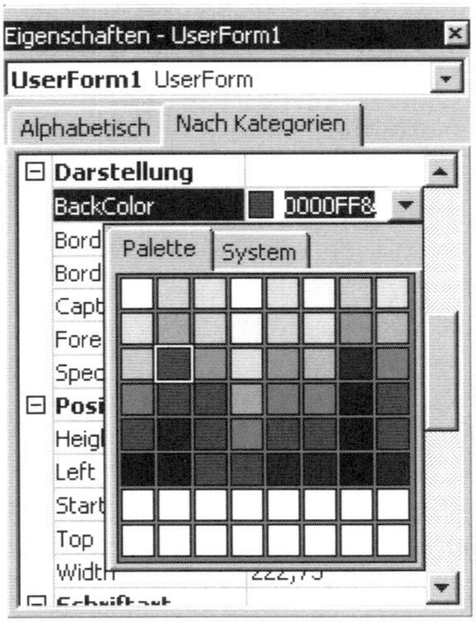

Abbildung 6.10: Volle Farbauswahl mit der Palette.

Weitere interessante Einstellungen sind z.B. *Caption* für den Dialogtitel und *SpecialEffect* für die Art der Darstellung: mehr oder weniger flach oder hervorgehoben. Die Schriftart und die Schriftgröße werden aus der Eigenschaft *Font* in der Gruppe ***Schriftart*** eingestellt: ein Klick in der Zeile der Eigenschaft läßt eine kleine Schaltfläche mit drei Punkten erscheinen, wie man in Abbildung 6.11 sehen kann. Die Schaltfläche öffnet das Standardfenster von Windows für die Schrifteinstellung.

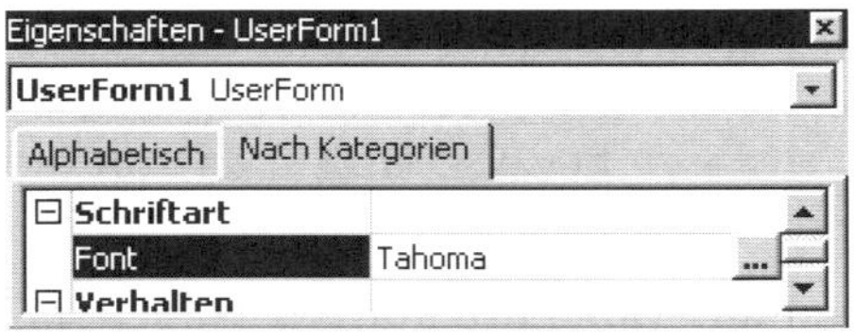

Abbildung 6.11: Schriftart und Schriftgröße ändern

Hilfe für die Eigenschaften

Zu allen Eigenschaften gibt es eine Online-Hilfe-Seite, die meistens sehr ausführliche Erklärungen zu jeder Variante einer Eigenschaft gibt. Die Online-Hilfe kann hier ganz einfach aufgerufen werden: ein Klick auf den Eigenschaftsnamen und das Drücken der F1-Taste sind ausreichend.

Name des Dialogfeldes

Der Name des Dialogfeldes ist sehr wichtig: wenn man über VBA-Anweisungen auf das Dialogfeld zugreifen will, wäre es angebracht, einen sinnvollen Namen zu vergeben. Die Dialogfelder werden nach dem Excel-System immer *UserForm1*, *UserForm2* etc. benannt. Wenn man in einem Projekt mehrere Dialogfelder hat, bekommt man irgendwann ein Chaos. Der Name des Dialogfeldes verbirgt sich hinter der Eigenschaft *Name* in der Gruppe ***Verschiedenes*** (im Register ALPHABETISCH kommt der Name an erster Stelle). Auch für Dialogfelder und für alle Steuerelemente existieren Namenskonventionen. Für Dialoge ist die Konvention der Präfix „frm". Die Konventionen für die Steuerelemente werden in den jeweiligen Abschnitten angegeben. Ein Gesamtüberblick über die Konventionen ist im Anhang des Buches zu finden.

Die Vergabe von Namen sollte am besten vor dem Hinzufügen von Programmcode durchgeführt werden! Wenn Programmcode schon bei der Namensänderung des Elementes vorhanden ist, wird die Verbindung zwischen Element und Programm gekappt! Man kann diese Verbindung natürlich nachträglich wieder herstellen, aber man sollte sich von Anfang an eine geordnete Arbeitsweise gewöhnen.

Position des Dialogfeldes

Die Position am Bildschirm, in der ein Dialogfeld zur Laufzeit erscheint, kann mit der Eigenschaft *StartUpPosition* in der Gruppe ***Position*** bestimmt werden.

Neuheit in VBA 6: nicht modale Dialoge

Die große Neuheit von dieser Office-Version ist die Möglichkeit, benutzerdefinierte Dialogfenster als nicht modal einzusetzen. Ein modaler Dialog blockiert die Anwendung, in der er angezeigt wird. In unserem Fall kann man nicht auf die Schaltfläche oder Menüs von Excel zugreifen, solange der Dialog geöffnet ist. Das mag für viele Anwendungen in Ordnung sein, aber manchmal muß ein Dialogfenster geöffnet bleiben, während der Anwender etwas anderes tut, um später noch einmal benutzt zu werden. Das ist ab dieser Version möglich: Die Eigenschaft *ShowModal* eines Dialogs zeigt einen Dialog als exklusiv, wenn sie den Wert *True* besitzt, und als nicht exklusiv, wenn sie den Wert *False* besitzt.

Ein Dialog zum Testen

Die Steuerelemente werden in Abschnitt „Die Steuerelemente im einzelnen" vorgestellt, da ihre Programmierung verschiedene Fertigkeiten erfordert. Trotzdem kann jetzt anhand eines Beispiels gezeigt werden, wie ein benutzerdefinierter Dialog erstellt und lauffähig gemacht wird.

Der erste Schritt ist, eine beliebige Anzahl von Steuerelementen in einem Dialogfeld einzufügen. Die Steuerelemente können dabei editiert werden: Größe, Farbe, Position, Beschriftungen etc. Ein solcher Dialog könnte so aussehen wie in Abbildung 6.12:

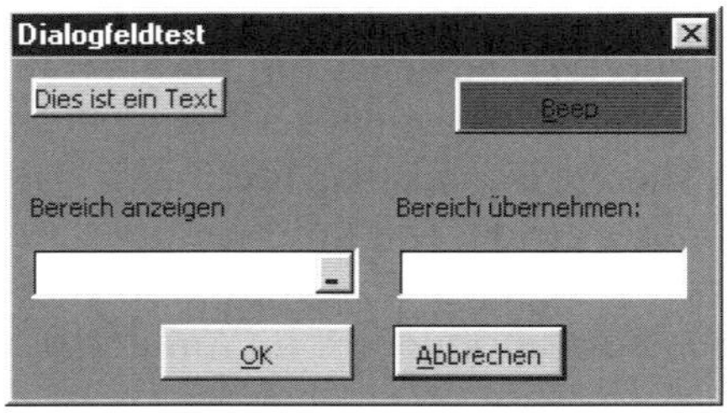

Abbildung 6.12: Ein Beispiel zum Testen von Dialogen

Der Beispieldialog besitzt verschiedene Elemente:

- Drei **Bezeichnungsfelder** für Beschriftungen. Das Bezeichnungsfeld mit dem Text „Dies ist ein Text“ erscheint im Relief: die Eigenschaft *SpecialEffect* in der Gruppe ***Darstellung*** wurde auf 1 gesetzt. Ihre Beschriftung (Eigenschaft *Caption*) wird per Programm geändert: Sobald man mit der Maus einen Bereich einer Tabelle angezeigt hat, ändert sich der Text.
- Ein **Referenzfeld** zur Angabe von Zellenbezügen in Tabellenblättern. Das Referenzfeld ist das linke Eingabefeld im Fenster. Zur Laufzeit zeigt es die vom Anwender markierten Bereiche an. Ein Referenzfeld befindet sich z.B. auch in dem Funktions-Assistenten, für die Eingabe von Bezügen. In unserem Beispiel werden die markierten Bereiche vom Textfeld übernommen, sobald man das Referenzfeld verläßt (Ereignis Exit vom Referenzfeld).
- Ein **Textfeld** wird in der Regel für die Eingabe von Texten oder Zahlen verwendet. Hier wird es nur als Ausgabe für das Referenzfeld verwendet.

Drei **Befehlsschaltflächen**. Die erste oben trägt die Beschriftung BEEP. Beim Klicken ertönt dann ein Signalton aus dem PC-Lautsprecher. Dies wird durch die *Beep*-Anweisung realisiert. Nach dem Einfügen der Schaltfläche wurde das Code-Fenster (am schnellsten geht es bei einem markierten Element mit der Taste F7) geöffnet und zwischen den Anfangs- und Endzeilen der Ereignisprozedur das Schlüsselwort „Beep“ eingegeben. Die zwei weiteren Schaltflächen sind etwas wichtiger. Sie tragen die Beschriftungen OK und ABBRECHEN und werden jeweils „OKButton“ und „CancelButton“ genannt. Beide schließen das Dialogfeld. In diesem Beispiel passiert nichts weiter, aber in einem wirklichen Programm möchte man in der Regel erfahren, mit welchen Schaltflächen der Dialog geschlossen wurde, um den weiteren Ablauf zu bestimmen. Im folgenden werden die Listings der Prozeduren des *Click*-Ereignisses für beide Schaltflächen angegeben.

Beispiel 6.4: Eine OK- und eine Abbrechen-Schaltfläche

```
Private Sub OKButton_Click()
Me.Tag = "OK"
Me.Hide             '*** Oder Unload Me
End Sub
Private Sub CancelButton_Click()
Me.Tag = "cancel"
Me.Hide             '*** Oder Unload Me
End Sub
```

Die Anweisungen bedeuten im einzelnen:

- ***Me:*** Dieses Schlüsselwort ist eine Referenz auf das Dialogfeld-Objekt. Die Form „*Me*" ist eine kurze Schreibweise, die anstelle des Namens des Dialogfeldes verwendet werden kann. Das ist einer der kürzesten Wege für den Zugriff auf Objekte, die eine komplette Referenz überflüssig machen, wie z.B. das Zugreifen auf ein aktuell aktives Objekt (s. Kapitel 4 und 5).
- ***Tag:*** Die Eigenschaft *Tag* speichert Informationen von einem Objekt. Hier handelt es sich um das Objekt Dialogfeld. Je nach benutzter Schaltfläche wird eine verschiedene Zeichenkette vermerkt. Dies kann im Programm abgefragt werden und für den weiteren Verlauf des Programms entscheidend sein.
- ***Hide:*** Die *Hide*-Methode blendet ein Objekt aus, ohne es aus dem Hauptspeicher zu entladen. Wenn ein Objekt ausgeblendet ist, wird es vom Bildschirm entfernt, bleibt aber dem Programm weiterhin zur Verfügung. Die *Hide*-Methode setzt nämlich nur die *Visible*-Eigenschaft auf *False* zurück. Diese Methode macht nur dann Sinn, wenn man das Objekt in der Kommunikation mit anderen Prozessen einsetzt (z.B. für dynamischen Datenaustausch). Für unsere Zwecke bedeutet diese Methode, mit Kanonen auf Spatzen zu schießen. Solange das Programm nur in Excel Relevanz hat, ist es vielleicht etwas besser, eine Anweisung zu verwenden, die das Dialogfeld vollständig aus dem Speicher entlädt. Diese Anweisung wurde im obigen Listing als Kommentar gegeben: ***Unload Me***. Die *Unload*-Anweisung lädt ein Objekt aus dem Speicher aus und gibt den belegten Speicher wieder frei. Natürlich steht das Objekt dann anderen Prozessen nicht zur Verfügung, aber die *Hide*-Methode sollte nur dort eingesetzt werden, wo es Sinn macht.

Bis Excel 7 hatten alle Dialogfelder standardmäßig die Schaltflächen OK und ABBRECHEN auf ihrer Oberfläche. Jetzt muß der Programmierer selbst für das Einfügen und die Definition der Funktionalität dieser Schaltflächen sorgen. Diese beiden Schaltflächen werden in fast allen Dialogen gebraucht. Aus diesen Gründen verdienen sie eine besondere Aufmerksamkeit.

OK-Schaltfläche

Ein Klick auf die Schaltfläche OK soll einen bestimmten Vorgang ausführen (z.B. das Öffnen einer Datei, das Zurückschreiben von Daten in eine Tabelle etc.) und eventuell das Fenster am Bildschirm schließen. Eine OK-Schaltfläche reagiert in der Regel auf das Ereignis *Click* mit der Ausführung bestimmter Aktionen. Was konkret ausgeführt wird, ist natürlich von Fall zu Fall verschieden. Im Abschnitt „Die Steuerelemente im einzelnen" werden für jedes Steuerelement Beispiele vorgestellt: Dort kann jede OK-Schaltfläche verschiedene Aufgaben erfüllen. Eine andere Möglichkeit wäre, daß die OK-Schaltfläche nichts ausführt, das Dialogfeld schließt und nur einen Rückgabewert in Form eines *Tag* liefert, wie im obigen Listing.

Abbrechen-Schaltfläche

Ein Klick auf die Schaltfläche ABBRECHEN dagegen soll auf jeden Fall zumindest das Fenster schließen. Auch hier kann dem Programm ein Rückgabewert als *Tag* zurückgegeben werden.

Die Funktionalität dieser beiden wichtigen Schaltflächen wird nicht nur aus dem Programmcode bestimmt, sondern auch aus bestimmten Eigenschaften. Im Eigenschaftsfenster sind unter der Gruppe ***Verhalten*** und ***Verschiedenes*** die Eigenschaften zu finden, die in Abbildung 6.13 zu sehen sind.

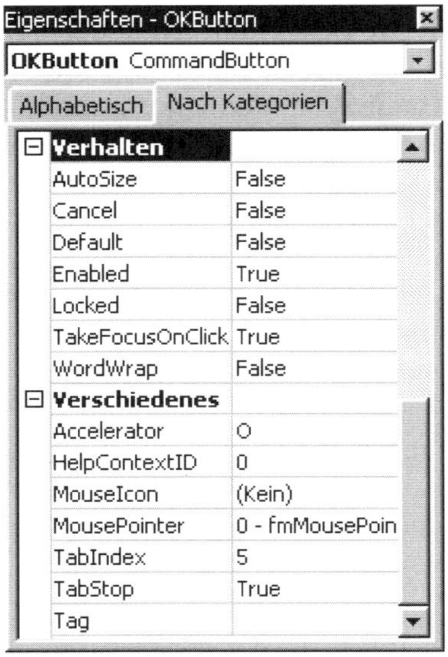

Abbildung 6.13: Die wichtigsten Eigenschaften für die Schaltflächen OK und ABBRECHEN

Im folgenden werden nur die Eigenschaften erläutert, die für die Schaltfläche OK und ABBRECHEN wichtig sind. Eine Erläuterung für die anderen Eigenschaften kann wie üblich in der Online-Hilfe gesucht werden. Ein Klick auf den Eigenschaftsnamen und das Drücken der [F1]-Taste kann die entsprechende Seite der Online-Hilfe öffnen.

Aus der Gruppe Verhalten...

Cancel

Eine Schaltfläche eines Dialogfeldes, deren *Cancel*-Eigenschaft auf *True* gesetzt ist, besitzt die gleiche Wirkung wie das Drücken der Taste [ESC]: alle Einstellungen werden rückgängig gemacht und das Fenster wird geschlossen. Nur für eine Schaltfläche in einem Dialogfeld darf diese Eigenschaft gesetzt werden.

Default

Die *Default*-Eigenschaft legt fest, welche Schaltfläche als Standard in einem Fenster definiert ist. Eine solche Schaltfläche wird dann durch das Drücken der [Return]-Taste aktiviert, vorausgesetzt keine weitere Befehlsschaltfläche im Fenster besitzt in dem Moment den Fokus. Auch diese Eigenschaft kann nur für eine der Schaltflächen definiert werden. Wenn die Schaltfläche ABBRECHEN die *Default*-Schaltfläche ist, wird das Fenster durch das Drücken der [Return]-Taste geschlossen und alle Änderungen gehen verloren.

Enabled

Wenn für ein Objekt die Eigenschaft *Enabled* auf *False* gesetzt wird, erscheint das Objekt dann grau im Fenster und kann nicht mit der Maus angeklickt werden. Diese Eigenschaft kann ein Objekt aktivieren und deaktivieren.

Aus der Gruppe verschiedenes

Accelerator

Diese Eigenschaft ist für die Zugrifftaste der Elemente verantwortlich. Die drei Schaltflächen unseres Beispiels haben jeweils einen unterstrichenen Buchstaben, wie man in Abbildung 6.14 sehen kann.

Abbildung 6.14: Die drei Schaltflächen des Beispiels

Die Schaltfläche BEEP kann z.B. auch mit der Tastenkombination [Alt]+[B] angesprochen werden. Sie verhält sich dann genauso, als wäre sie angeklickt worden. Für ihre *Accelerator*-Eigenschaft wurde ganz einfach der Buchstabe „B“ gewählt.

TabIndex

Die Eigenschaft *TabIndex* legt fest, in welcher Reihenfolge die Steuerelemente eines Dialogs über die [Tab]-Taste angesprochen werden können. Diese Eigenschaft ist nicht nur für Befehlsschaltflächen wichtig.

Reihenfolge der Elemente

Die Elemente werden normalerweise in der Reihenfolge notiert, in der sie eingefügt wurden. Dies kann über die Eigenschaft *TabIndex* geändert werden. Das erste Element bekommt den Wert 0, das zweite den Wert 1 usw. Wenn man beim Eintragen der Zahl einen Index vergibt, der schon belegt ist, numeriert VBA das andere Element neu. Das erste Element der Reihenfolge hat beim Öffnen des Dialogs den Fokus: Wenn es sich um ein Element handelt, das eine Benutzereingabe annehmen kann, blinkt der Cursor im Inneren.

Die Aktivierreihenfolge eines Dialogfeldes kann auch auf einen anderen Weg als über die Eigenschaft *TabIndex* definiert werden: wenn in der Entwicklungsumgebung das Dialogfeld selbst (also nicht eines seiner Steuerelemente) angeklickt wird, kann

- entweder über das Menü ANSICHT\AKTIVIERREIHENFOLGE,
- oder aus dem Kontextmenü des Dialogfeldes über den Eintrag AKTIVIERREIHENFOLGE

das entsprechende Fenster geöffnet werden, das auch in Abbildung 6.15 zu sehen ist. Das gerade im Fenster markierte Element kann über die Schaltflächen NACH OBEN bzw. NACH UNTEN etwas höher bzw. tiefer in der Skala eingestuft werden.

Ein Bezeichnungsfeld (im Bild *Label1* bis *3*) kann nicht „aktiviert" werden, da es nicht fähig ist, eine Eingabe zu ermöglichen. Der Fokus geht dann statt auf das Bezeichnungsfeld, auf das nächste Element der Skala, das eine Eingabe oder Interaktion ermöglicht. In unserem Fall bekommt das Referenzfeld den Fokus, nicht das Element *Label1*. Beschriftungen und Eingabefelder wechseln sich immer in der Aktivierreihenfolge ab. Der Trick dabei ist folgender: In der Regel werden für die Beschriftungen Zugriffstasten (über die *Accelerator*-Eigenschaft) definiert. Wenn man die Maske über Zugriffstasten benutzt, gibt eine Beschriftung den Fokus an das Element nach ihr in der Reihenfolge. Das erlaubt das Navigieren in der Maske mit den [Tab]- Taste in der Reihenfolge der Aktivierreihenfolge, und einen freien Zugriff auf die Elemente über die Zugriffstasten (s. dazu auch das Beispiel in „Das Bezeichnungsfeld (Label)").

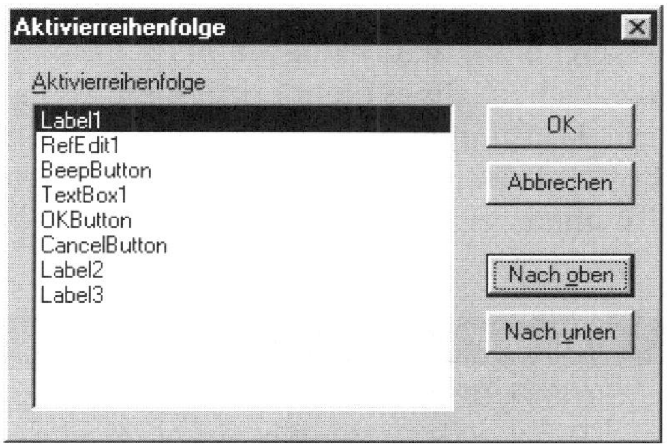

Abbildung 6.15: Das Fenster Aktivierreihenfolge

QuickInfo für die Steuerelemente

Die Steuerelemente verfügen über eine weitere, nützliche Eigenschaft: Die Eigenschaft *ControlTipText*. Man weist ihr einen Text zu und dieser Text wird dann als QuickInfo angezeigt, wenn man zur Laufzeit mit der Maus über das Steuerelement im Fenster fährt, so wie man es aus vielen Windows-Anwendungen gewohnt ist.

Dialog Testen

In der Entwurfsphase kann man immer zwischendurch das Dialogfeld testen, auch wenn überhaupt noch keine Programmzeile geschrieben worden ist. Dies erlaubt eine bessere Kontrolle des Layouts und der Aktivierreihenfolgen. Der Dialog kann wie eine Prozedur aus dem Menü AUSFÜHREN oder über die F5-Taste ausgeführt werden. Solange keine Schaltflächen für das Schließen des Dialogs implementiert sind, wird das Fenster über die Schließ-Schaltfläche von Windows rechts oben im Fenster geschlossen.

6.2.3 Dialogfenster über ein Programm steuern

Dialogfelder werden normalerweise in Programme integriert. Ein Dialogfeld kann von einem Programm aus angezeigt oder wieder zurückgenommen werden, seine Elemente können aktiviert oder deaktiviert werden, weitere Dialoge können dem ersten folgen etc. Man kann sogar einen Dialog und alle seine Elemente vollständig per Programm erzeugen.

Referenz

Die Syntax für die Anzeige eines benutzerdefinierten Dialogfeldes lautet:

```
Objekt.Show [Parameter für Modal]
```

Im Unterschied zu den integrierten Dialogfeldern (s. Abschnitt „Integrierte Dialogfenster“) wird hier das Objekt *Application* nicht benötigt: für die Anzeige reicht das Dialogfeld und die Verwendung der Methode *Show*.

Als Objekt muß der Name eines Dialogfeldes des Projekts eingegeben werden. Die Methode *Show* zeigt dann den Dialog am Bildschirm an und lädt das Projekt in den Speicher, falls es nicht geladen ist. Als Parameter können nur die zwei Konstanten oder ihre entsprechenden Werte angegeben werden, die in der folgenden Tabelle angegeben sind. Wenn man keinen Parameter angibt, wird stillschweigend *vbModal* angenommen.

Konstante	Wert	Bedeutung
vbModal	1	Dialog blockiert Excel, solange er geöffnet ist.
vbModless	0	Dialog blockiert Excel nicht.

Wir wollen jetzt aber unseren vorher erstellten Dialog aus einem Programm heraus anzeigen lassen und, nachdem es geschlossen worden ist, auch noch genau wissen, welche Schaltfläche der Anwender benutzt hat. Dies wird mit den wenigen Zeilen des folgenden Listings realisiert.

Beispiel 6.5: Dialog anzeigen und gedrückte Schaltfläche merken

```
Sub DialogtestZeigen()
Dialogtest.Show
If Dialogtest.Tag = "OK" Then
    msg = "Das war ein OK!"
Else
    msg = "Das war ein Abbrechen!"
End If
MsgBox msg: End Sub
```

Das Programm beschränkt sich auf das Anzeigen des Dialogfeldes und auf das Abfragen des Wertes der Eigenschaft *Tag*. Dieser Wert muß natürlich beim Klicken auf die entsprechende Schaltfläche gesetzt werden (s. dazu das Listing von Beispiel 6.4). Anschließend wird ein Text am Bildschirm ausgegeben.

Dialog ausblenden

Ein Dialog wird meistens über die Schaltfläche OK oder ABBRECHEN wieder geschlossen. Man kann ihn aber auch über eine Anweisung wieder verschwinden lassen. Das Entfernen eines Dialogs vom Bildschirm kann entweder über die schon erwähnte *Hide*-Methode oder die *Unload*-Anweisung erfolgen, wie im vorherigen Abschnitt (s. dazu „Dialogfenster und ihre Elemente editieren“) schon erklärt wurde. Für Dialogfelder kann man die Reflexivform *Me* verwenden (also `Unload Me`).

`Objekt.Hide` oder

`Unload Objekt`

Online-Hilfe

Show- bzw. Hide-Methode, Load- bzw. Unload-Anweisung

Kapitel6.XLS, Modul „Anzeigen“, Prozedur „DialogtestZeigen“, Formular „Dialogtest“

6.3 Die Steuerelemente im einzelnen

In diesem Abschnitt werden die Steuerelemente einzeln vorgestellt. Für jedes programmierbare Steuerelement (nicht alle können programmiert werden!) wird ein in sich abgeschlossenes Beispiel gegeben, um auf die Besonderheiten eines jeden Elements eingehen zu können.

Dialogfelder und Tabellenblätter

Manche Steuerelemente können in Tabellenblätter und Dialogfelder eingefügt werden. Diese Elemente können ganz einfach aus der jeweiligen Symbolleiste ermittelt werden: in Excel heißt die Leiste der Steuerelemente *Steuerelement*-Toolbox, in VBA *Werkzeugsammlung*. Beide sind in Abbildung 6.16 zu sehen.

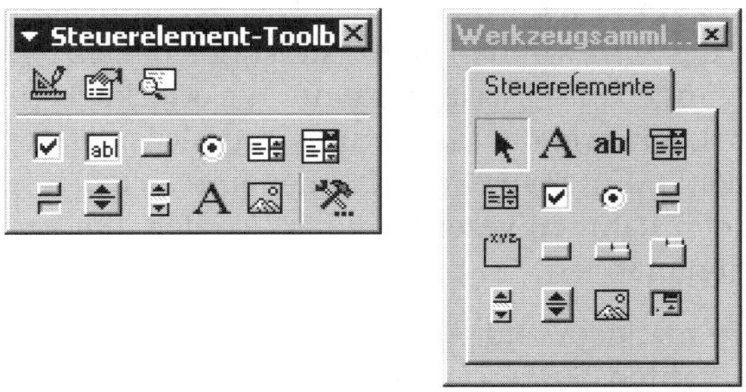

Abbildung 6.16: Die Leisten mit den Steuerelementen in Excel, links, und in VBA, rechts

Controls-Auflistung

Die Steuerelemente eines Dialoges verfügen über eine eigene Auflistung mit dem Namen *Controls*. Jedes Steuerelement ist für sich allein ein Objekt eines gegebenen Typs. Alle Steuerelemente einer Bildschirmmaske können aber über die *Controls*-Auflistung gegebenenfalls direkt angesprochen werden (man kann z.B. alle Elemente deaktivieren etc.).

In den Beispielen werden nur Eigenschaften und Methoden der Steuerelemente behandelt, soweit sie in den jeweiligen Programmen relevant sind. Eine komplette Liste für jedes Element ist der Online-Hilfe zu entnehmen. Für jedes Steuerelement werden auch die jeweils typische Eigenschaft und das Ereignis immer am Anfang des Abschnittes angegeben (z.B. ist das typische Ereignis für eine Schaltfläche das Klicken, nicht das Doppelklicken).

Die CD-ROM

Alle Beispiele für die Steuerelemente sind auf der CD-ROM zu finden. Am Ende jedes Abschnitts wird ein Hinweis auf den Dialognamen gegeben, in dem Programme und Dialogfelder zu finden sind. Die Prozeduren, die an Steuerelemente gekoppelt sind, können in der Entwicklungsumgebung durch Markieren des Steuerelementes und Drücken der Taste [F7] angesehen werden. Die Mappe dieses Kapitels verfügt außerdem über eine eigene Symbolleiste, die eine bequeme Ausführung der Beispiele ermöglicht. Benutzerdefinierte Symbolleisten werden im Kapitel 7 vorgestellt.

6.3.1 Objekte auswählen

Das ist kein richtiges Steuerelement: seine Funktion ist das Markieren, Verschieben, und Editieren der anderen Steuerelemente. Sobald man ein Element in ein Dialogfeld eingefügt hat (also der Zeichenmodus beendet ist), wird automatisch dieses Element aktiviert.

Markierung

Interessant ist dabei die Möglichkeit der Mehrfachmarkierung: mehrere Elemente im Dialogfeld können bei gedrückter [⇧]-Taste oder [Strg]-Taste mit der Maus angeklickt und markiert werden. Der Unterschied zwischen den zwei Tasten ist folgender: Die [⇧]-Taste markiert auch alle Objekte, die sich zwischen dem ersten und dem letzten angeklickten Objekt befinden, die [Strg]-Taste nur die angeklickten Objekte. Ein ähnlicher Effekt wie die Markierung mit der [⇧]-Taste kann auch erzielt werden, wenn man einen Rahmen um die Objekte zeichnet: sobald man den Rahmen gezeichnet hat, werden alle Elemente in seinem Inneren markiert.

Objekte ausrichten

Wenn mehrere Objekte markiert sind, können für sie einige Eigenschaften im Eigenschaftenfenster gesetzt werden (z.B. alle Darstellungseigenschaften), oder die Objekte können aneinander ausgerichtet werden. Seit Excel 97 gibt es endlich Unterstützung für die Ausrichtung der Steuerelemente in Dialogfeldern: Im Menü FORMAT wird man fündig, wie man in Abbildung 6.17 sehen kann.

Die Einträge des Menüs FORMAT sind in Abhängigkeit mit den markierten Elementen im Dialogfeld aktiv.

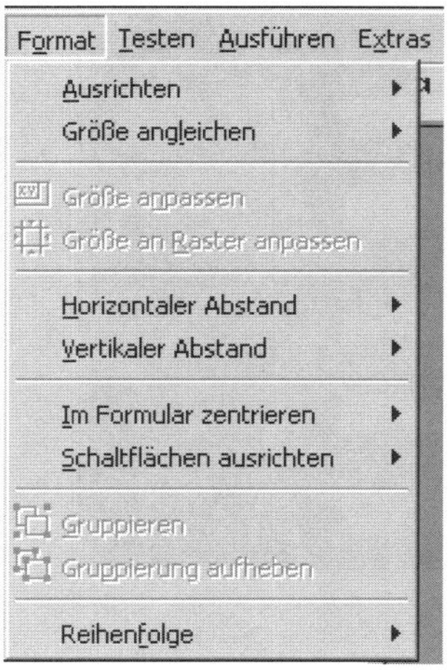

Abbildung 6.17: Die Gestaltungsmöglichkeiten für Steuerelemente

6.3.2 Das Bezeichnungsfeld (Label)

Standardeigenschaft	Standardereignis	Präfix
Caption	Click	lbl

Das Bezeichnungsfeld wird zur Anzeige von Text in einem Dialogfeld oder in einer Tabelle verwendet. Nach dem Einfügen des Elements wird der Text durch Doppelklicken auf das Element selbst oder in der Eigenschaft *Caption* des Eigenschaftsfensters eingegeben.

Aufgabe: Anzeige von Text

Ein Bezeichnungsfeld ist kein passives Element, wie man vielleicht im ersten Moment glaubt. Dafür können Zugriffstasten definiert werden, die den Fokus auf das nächste Element in der Reihenfolge setzen können und es kann auf verschiedene Ereignisse reagieren.

Das folgende Beispiel zeigt, wie ein Textfeld aktiviert und deaktiviert wird. Aktivierung und Deaktivierung erfolgen über das Klicken auf ein Bezeichnungsfeld, nicht mit einer Befehlsschaltfläche. Das Beispielprogramm zeigt das Fenster aus Abbildung 6.18 an. In der Maske können Vorname, Nachname, Adresse und Telefon eingegeben werden. Zwischen dem 1. und dem 2. Nachnamen befindet sich ein Bezeichnungsfeld mit dem Text „und“. Der Text und das Eingabefeld für den zweiten Nachnamen sind inaktiv. Ein Klick auf den Text „und“ aktiviert die Felder für die Eingabe des zweiten Nachnamens. Ein weiterer Klick setzt alles wieder zurück. Alle Bezeichnungsfelder verfügen über Zugriffstasten. Die Zugriffstasten werden über die Eigenschaft *Accelerator* im Eigenschaftsfenster definiert (z.B. für den Vornamen wurde der Buchstabe „V“ eingetragen).

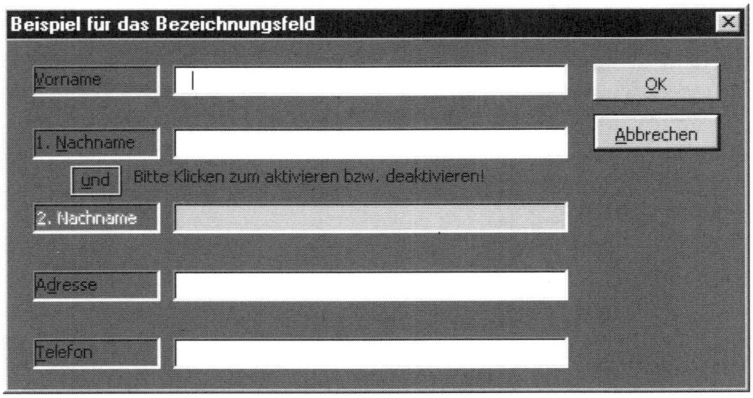

Abbildung 6.18: Aktivierung durch ein Bezeichnungsfeld

Beim Klicken der Schaltfläche OK werden gerade gemachte Eingaben am Bildschirm angezeigt und alle Eingabefelder wieder gelöscht. Die Schaltfläche ABBRECHEN besitzt die *Default*-Eigenschaft und schließt das Fenster. Wie man Eingaben von Dialogfeldern in Tabellen zurückschreibt, wird im Beispiel für das Kontrollkästchen gezeigt (s. 6.3.6, „Das Kontrollkästchen (CheckBox)").

Der Code für das Bezeichnungsfeld „und" wird im folgenden Listing wiedergeben.

Beispiel 6.6: Aktivierung von Elementen über ein Bezeichnungsfeld

```
Private Sub Label6_Click()
With NNText2
    .Enabled = Not .Enabled
End With
With Nachname2
    .Enabled = Not .Enabled
End With
If Nachname2.Enabled Then
    Nachname2.BackColor = RGB(255, 255, 255)
    Nachname2.SetFocus
Else
    Nachname2.BackColor = RGB(135, 135, 135)
End If
End Sub
```

Die Anweisungen bedeuten im einzelnen:

- **Zeile 1 bis 7:** Über die *With*-Anweisung wird hier die *Enabled*-Eigenschaft des Textes und des Eingabefelds manipuliert. Ganz egal, wie der Ausgangszustand ist, die Eigenschaft wird auf ihr Gegenteil gesetzt. Somit funktioniert das Bezeichnungsfeld „und“ wie ein Schalter.
- **Ab Zeile 8:** Wenn die Felder aktiv sind, soll der Hintergrund des Eingabefelds weiß erscheinen und den Fokus bekommen, damit der Cursor im Feld blinkt. Wenn die Felder dagegen inaktiv sind, soll der Hintergrund grau sein. Die Farben werden mit der Funktion *RGB* gesetzt: ihr werden drei Parameter übergeben, je einer für die Farben Rot, Grün und Blau. Die Funktion *RGB* wird später in anderen Beispielen dieses Kapitels (Bildlaufleiste, Multiseiten) noch einmal benutzt.

Das Programm will demonstrieren, wie auch ohne Befehlsschaltfläche einfache Schalteroperationen realisiert werden können. Es kann mit Routinen erweitert werden, die für die Angabe von Tabellenblättern und Bereichen sowie für das Zurückschreiben in Tabellen verantwortlich sind.

Online-Hilfe

- Bezeichnungsfeld-Steuerelement (Label)
- Enabled-Eigenschaft, BackColor-Eigenschaft, RGB-Funktion, SetFocus-Methode

KAPITEL6.XLS, Formular „BezeichnungsfeldDialog“

6.3.3 Das Textfeld (TextBox)

Standardeigenschaft	Standardereignis	Präfix
Value, Text	Change	txt

ab|

Aufgabe: Eingabe erlauben

Das Textfeld ist eines der wichtigsten und am häufigsten verwendeten Steuerelemente. Es kann Eingaben des Anwenders entgegennehmen und Daten verschiedener Natur anzeigen. Im Beispiel des vorherigen Abschnitts wurden Textfelder für die Eingabe der Personendaten eingesetzt. Textfelder können an Datenquellen gebunden werden, wie z.B. Zellen von Tabellen (Eigenschaft *ControlSource*, Gruppe ***Daten***). Dann zeigt das Textfeld den Inhalt der Datenquelle an, und wenn im Textfeld der Inhalt geändert wird, ändert sich auch die dazugehörige Datenquelle. Der Verweis auf eine Zelle muß dann in der Form

```
Tabellenname!Zelle
```

erfolgen (z.B. Tabelle1!a1).

Das Textfeld kann auch mehrzeilige Eingaben annehmen (Eigenschaft *MultiLine* in der Gruppe ***Verhalten***) und Bildlaufleisten besitzen (Eigenschaft *ScrollBars* in der Gruppe ***Bildlauf***). Die Eigenschaft *PasswordChar* in der Gruppe ***Darstellung*** erlaubt das Benutzen des Textfelds für die Eingabe von Paßwörtern. Wenn man in der Eigenschaft z.B. das Zeichen „*" eingibt, wird alles, was der Anwender im Dialogmodus für ein Paßwort eingibt, als „*" am Bildschirm dargestellt.

Keine Überprüfung der Eingabe

Leider gibt es mit Excel 97 und 2000 einen Verlust bei diesem Steuerelement: bis zu Excel 7 konnte man für das Textfeld bestimmen, welche Art von Eingaben erlaubt waren, ob z.B. nur Zahlen einzugeben waren. Die Eingaben wurden dann von Excel auf ihre Richtigkeit hin überprüft. Diese Möglichkeit wird ab Excel 97 nicht mehr angeboten: Solche Überprüfungen müssen vom Programmierer selbst definiert werden. Ein Beispiel für eine Überprüfung wird in dem folgenden Programm gezeigt.

Probleme bei Prüfung der numerischen Eingabe in VBA

Die Prüfung, ob eine Eingabe numerisch ist, ist keineswegs eine triviale Angelegenheit. Wir haben schon im Kapitel 3 für die InputBox-Funktion ein ähnliches Problem behandelt. Der Leser wurde dort auf eine komplette Lösung auf dem Begleitmedium verwiesen: der Quellcode dieser Lösung ist zu lang, um in diesem Buch publiziert zu werden. Wir haben hier das gleiche Problem, diesmal aber mit einem Textfeld. Da Excel ein Tabellenkalkulationsprogramm ist, hat man in Excel oft mit Zahlen zu tun, so daß dieses Problem häufig auftaucht. VBA verfügt über die schon vorgestellte Funktion *IsNumeric*: Diese Funktion prüft, ob der übergebene Parameter eine Zahl ist. Leider prüft sie nicht so genau:

- ***IsNumeric*** akzeptiert die Eingabe eines Punktes. Dieser Punkt wird dann aber von VBA als Tausendertrennzeichen verstanden. Die Zahl 2.3 wird z.B. als 23 interpretiert.
- ***IsNumeric*** akzeptiert sogar mehr als einen Punkt. Eine Zahl 2.3.3.3.3.3 wird nicht beanstandet.
- ***IsNumeric*** akzeptiert auch eine gewisse Anzahl an Kommas, bevor sie merkt, daß etwas nicht stimmt.

Die Funktion *IsNumeric* eignet sich ausgezeichnet dafür, alle andere Zeichen außer Ziffern, Kommas und Punkte zu entdecken. Aus diesem Grund kann man die Funktion schon einsetzen, der Programmierer muß ihr aber etwas nachhelfen, wie im folgenden Beispiel gezeigt wird.

In unserem Beispiel möchten wir die Eingabe von Zahlen am Bildschirm erlauben. Wir möchten auch reelle Zahlen einlesen (wenn man nur ganze Zahlen möchte, muß der Quellcode leicht verändert, und die Kommas genau wie Punkte behandelt werden). Nur die Eingabe eines Kommas ist erlaubt: wenn mehr als ein Komma eingegeben wird, wird eine Fehlermeldung ausgegeben und der gesamte Inhalt des Textfeldes wird gelöscht (hart aber effektiv!). Die Eingabe von Punkten ist nicht zugelassen: auch hier wird nach einer Fehlermeldung der Inhalt des Textfeldes gelöscht. Wenn andere Zeichen, z.b. Ziffern, Kommas oder Punkte, eingegeben werden, wird eine Fehlermeldung ausgegeben und die nur die fremden Zeichen werden dann vom Eingabefeld entfernt. Die Ziffern und ggf. das Komma bleiben.

Die Prüfung der Eingabe wird beim Ereignis *Change* des Textfeldes vorgenommen. Dieses Ereignis wir von jeder Änderung im Textfeld ausgelöst, egal ob man etwas Neues eingegeben oder etwas gelöscht hat.

Wenn die Eingabe stimmt, wird die Zahl in der Spalte A einer Tabelle (hier wurde ganz einfach die erste Tabelle der Mappe genommen) zurückgeschrieben. Das Programm gibt den Dialog von Abbildung 6.19 aus. Die Eigenschaft *Default* wurde hier für die Schaltfläche OK gesetzt: Die Eingabe kann somit mit der [↵]-Taste terminiert werden. Dies aktiviert gleichzeitig die OK-Schaltfläche und führt ihre Ereignisprozedur aus. Das Dialogfeld kann nur mit der Schaltfläche ABBRECHEN geschlossen werden. Die Schaltfläche OK prüft in diesem Fall den Bereich der Zahl ab. Dies wurde hier aus Vereinfachungsgründen so gewählt, es ist natürlich nicht zwingend notwendig.

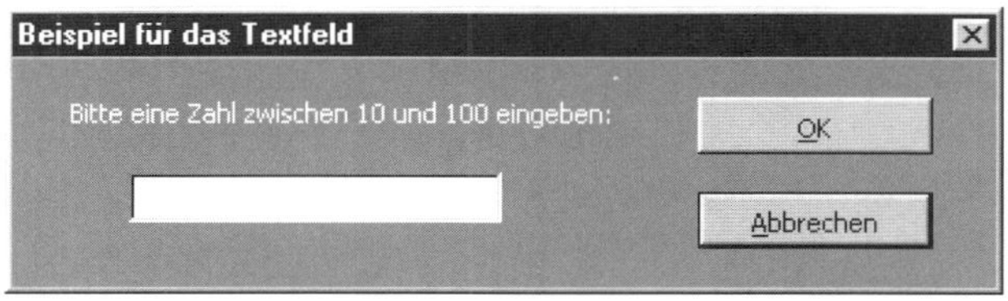

Abbildung 6.19: Der Dialog des Beispielsprogramms

Das Programm benötigt nur zwei Prozeduren und eine Funktion. Die Ereignisprozedur des Textfeldes ruft, wenn das Textfeld nicht leer ist (der Anwender gibt vielleicht ein Zeichen ein und löscht es dann wieder), die Funktion für die Prüfung der Eingabe auf. Diese Funktion liefert dann den alten Inhalt zurück, wenn alles in Ordnung ist, oder entfernt alle Sonderzeichen, oder sie liefert einen leeren String, wenn der Inhalt des Textfelds gelöscht wird. Die Ereignisprozedur des

Schaltfläche OK prüft dann der Bereich und schreibt die Zahl in eine Zelle. Diese zweite Prozedur könnte auch wahlweise in dem Ereignis *AfterUpdate* des Textfelds programmiert werden. Das Ereignis *AfterUpdate* wird sofort ausgelöst, wenn der Fokus das Textfeld verläßt. Dies ist hier der Fall, wenn nach der Eingabe die Schaltfläche OK angeklickt werden soll, damit die Zahl in die Tabelle zurückgeschrieben wird.

Nur Zahlen eingeben

Zuerst wird die Prozedur für das Textfeld vorgestellt:

Beispiel 6.7: Prüfung für eine numerische Eingabe starten

```
1    Private Sub TextBox1_Change()
2    If TextBox1.Value = "" Then Exit Sub
3    TextBox1.Value = MyIsNumeric(TextBox1.Value)
4    End Sub
```

Kürzer geht es wohl nicht: in Zeile 2 wird auf die Eigenschaft *Value* des Textfeldes zugegriffen. Wenn das Textfeld leer ist, wird die Ausführung mit Exit Sub beendet. Sonst wird die Funktion `MyIsNumeric` aufgerufen (sie befindet sich in einem allgemeinen Modul, so daß sie für das gesamte Projekt erreichbar ist). Der Rückgabewert der Funktion wird immer ins Textfeld zurückgeschrieben.

Und nun die Funktion `MyIsNumeric`.

Beispiel 6.8: Allgemeine Funktion zur Prüfung von numerischen Eingaben

```
Function MyIsNumeric(strEingabe As String) As String
Dim bytKomma As Byte, i As Byte
Dim strHelp As String, char As String
For i = 1 To Len(strEingabe)
    char = Mid$(strEingabe, i, 1)
    If char = "." Then
        MsgBox "Die Eingabe von Punkten ist nicht zulässig!"
        MyIsNumeric = ""
        Exit Function
    End If
Next
For i = 1 To Len(strEingabe)
  char = Mid$(strEingabe, i, 1)
  If char = "," Then bytKomma = bytKomma + 1
   If bytKomma > 1 Then    '*** also beim zweiten Komma
     MsgBox "Die Eingabe von mehr als einem Komma" &_
                         "ist nicht zulässig!"
     MyIsNumeric = ""
```

```
19        Exit Function
20      End If
21    Next
22    If Not IsNumeric(strEingabe) Then
23      MsgBox "Bitte nur Zahlen eingeben!"
24      For i = 1 To Len(strEingabe)
25        char = Mid$(strEingabe, i, 1)
26        If IsNumeric(char) Or (char = "," And bytKomma = 1) Then _
27                                            strHelp = strHelp & char
28      Next
29      MyIsNumeric = strHelp
30    Else
31      MyIsNumeric = strEingabe
32    End If
33    End Function
```

Die Funktion bekommt den Inhalt des Textfeldes als Parameter und liefert einen String zurück.

- **Zeile 4 bis 11**: Hier werden die Punkte geprüft. Mit einer *For*-Anweisung wird die Zeichenkette zeichenweise bearbeitet. Die Funktion *Len* liefert die Anzahl der Zeichen in der Zeichenkette (z.B. „abc" hat Länge 3). Die Funktion *Mid$* in Zeile 5 liefert jeweils ein Zeichen aus der Zeichenkette: das Zeichen in der Position i mit Länge 1 (s. auch Online Hilfe Mid-Funktion). Wenn das Zeichen ein Punkt ist, wird eine Meldung ausgegeben, dann der Rückgabewert der Funktion `MyIsNumeric` auf „" gesetzt. Die Ausführung ist dann beendet.
- **Zeile 12 bis 21**: Jetzt geht es um die Kommas. Die Ausführung erreicht diesen Block nur, wenn keine Punkte vorhanden sind. Auch hier wird die Zeichenkette zeichenweise abgearbeitet. Wir möchten aber die Eingabe eines Kommas erlauben, daher wird die Anzahl der Kommas in der Variable `bytKomma` vermerkt. Wenn mehr als ein Komma vorhanden ist, wird nach der Meldung genau wie im Fall eines Punktes verfahren.
- **Zeile 22 bis 29**: Wenn die Ausführung diese Zeilen erreicht, dann sind Punkte und Kommas in Ordnung. Hier wird folgender Trick verwendet: Die Zeichenkette wird wieder zeichenweise abgearbeitet und jedesmal, wenn ein gültiges Zeichen (also ein Ziffer und höchstens ein Komma) gefunden wird, wird dieses in der Hilfsvariable `strHelp` hinzugefügt. Alle anderen Zeichen werden nicht übertragen. Der Inhalt der Hilfsvariablen wird dann in Zeile 28 als Rückgabewert der Funktion verwendet.
- **Zeile 31**: Wenn diese Anweisung ausgeführt wird, gab es weder Probleme mit Punkten noch mit Kommas noch mit anderen Zei-

chen. Die Funktion liefert dann den alten Wert des Parameters, die Eingabe war also von vornherein in Ordnung.

Intervall überprüfen und sequentiell schreiben

Die zweite Prozedur wird beim Klicken auf die Schaltfläche OK ausgeführt: zu diesem Zeitpunkt steht fest, daß die Eingabe entweder numerisch ist oder überhaupt nicht stattgefunden hat. Für numerische Eingaben müssen aber noch die Grenzen überprüft werden.

Beispiel 6.9: Intervallgrenzen prüfen und sequentiell in eine Tabelle schreiben

```
1   Private Sub OKButton_Click()
2   Static Zeilenr As Byte
3   Dim EZahl As Double, nr As String, Bezug As String
4   If TextBox1.Value <> "" Then
5       EZahl = CDbl(TextBox1.Value)
6   Else
7       MsgBox "Bitte eine Zahl eingeben! "
8       TextBox1.SetFocus
9       Exit Sub
10  End If
11  If EZahl < 10 Then
12      MsgBox "Die Zahl ist zu klein!"
13  ElseIf EZahl > 100 Then
14      MsgBox "Die Zahl ist zu groß!"
15  Else      '*** Zahl ist OK
16      Zeilenr = Zeilenr + 1
17      Worksheets("Tabelle1").Activate
18      Bezug = "A" & CStr(Zeilenr)
19      Range(Bezug).Select
20      ActiveCell.FormulaR1C1 = EZahl
21  End If
22  TextBox1.Value = ""
23  TextBox1.SetFocus
24  End Sub
```

Die Anweisungen bedeuten im einzelnen:

- **Zeile 2:** Die Variable `Zeilenr` wurde mit dem Zusatz *Static* deklariert. Direkt nach der Deklaration wird diese Variable von VBA mit dem Wert 0 initiiert. Im Listing wird sie (**Zeile 16**) immer um 1 erhöht. Die Prozedur wird bei jedem Klick auf die Schaltfläche OK ausgeführt. Wenn `Zeilenr` nicht *Static* wäre, würde ihr Wert bei jeder Ausführung mit 0 initialisiert werden. Am Ende der Prozedur hätte sie dann den Wert 1 erreicht. Wir möchten aber, daß die Variable zwischen den Aufrufen ihren Wert behält: Also hat sie am Ende des ersten Aufrufs den Wert 1, und am Anfang des zweiten hat sie immer noch den Wert 1. Zu diesem Wert wird noch eine 1 addiert; der Wert 2 wird beim nächsten Aufruf beibehalten etc. bis man das Programm beendet. Die Variable `Zeilnr` wird für das Zurückschreiben der Werte in der Tabelle benötigt. Die Werte sollen in eine Spalte (A1, A2, A3 etc.) geschrieben werden, und die Variable `Zeilenr` stellt eben die Zeilenerhöhung dar. Eine Alternative wäre die Verwendung der schon vorgestellten Methode *OffSet*. Dies wird im dem Beispiel für das Kontrollkästchen etwas weiter in unten diesem Abschnitt gemacht.

- **Zeile 4 bis 10:** Wenn die Eingabe nicht leer ist, wird die Zeichenkette des Textfelds in eine numerische Variablen konvertiert. Dies wird mit der Funktion *CDbl* realisiert: Die Zeichenkette wird in das größte numerische Format konvertiert, um Überlauffehler zu vermeiden. Als Alternative könnte man eine benutzerdefinierte Fehlerbehandlung mit der *On Error*-Anweisung schreiben (s. dazu Kap. 3). Wenn nichts eingegeben wurde, dann erscheint eine Meldung. und die Prozedur wird mit *Exit Sub* terminiert.
- **Zeile 16 bis 20:** Wenn das Programm diese Stelle erreicht hat, war die Eingabe numerisch und lag in den richtigen Grenzen. Jetzt wird zuerst die Variable `Zeilenr` erhöht. Sofort danach wird das Tabellenblatt „Tabelle1" aktiviert. Die Methode *Activate* wird auf das Auflistungs-Objekt *Worksheets* angewendet. In **Zeile 18** wird dann die Koordinate der Zelle zusammengebastelt: Die Spalte A wird bei jeder Ausführung mit einer neuen Zahl in einer Zeichenkette zusammengebracht. In **Zeile 19** wird über das Objekt *Range* und die Methode *Select* die entsprechende Zelle aktiviert: Der Cursor wird in diese Zelle positioniert. Danach wird in die Zelle der Eingabewert zurückgeschrieben.

Online-Hilfe

Textfeld-Steuerelement (Textbox), Static

KAPITEL6.XLS, Formular „TextfeldDialog", Modul „mdlMyIsNumeric"

6.3.4 Der Rahmen (Frame)

Standardeigenschaft	Standardereignis	Präfix
Caption	Click	fra

Aufgabe: Eher dekorativ

Ein Rahmen ist ein Umriß mit einer Beschriftung, der andere Elemente umschließt. Seine Beschriftung, die Eigenschaft *Caption*, kann natürlich überschrieben werden.

Dieses Element hat alleine keine große Bedeutung für die Programmierung. Erst zusammen mit anderen Steuerelementen in seinem Inneren gewinnt es an Wichtigkeit. Meistens ist seine Funktion eher dekorativ: Die Zusammengehörigkeit der Elemente, die sich in seinem Inneren befinden wird durch den Rahmen stärker betont.

Aber mit Optionsfeldern...

Der Rahmen hat im Zusammenhang mit Optionsfeldern eine spezielle Rolle. Wenn in einem Dialogfeld mehrere Optionsfelder vorhanden sind, kann nur eines von ihnen gesetzt werden. Das Klicken auf ein weiteres Optionsfeld setzt die Markierung eines bereits gesetzten Optionsfelds wieder zurück. Wenn sich aber Optionsfelder in verschiedenen Rahmen befinden, kann für jede Gruppe ein Optionsfeld aktiv sein.

Auf ein spezielles Beispiel für den Rahmen wird an dieser Stelle verzichtet. In Abschnitt 6.3.8 „Das Umschaltfeld (ToggleButton)“, werden Optionsfelder vorgestellt. Dort wird auch das Steuerelement Rahmen in seiner typischen Rolle eingesetzt.

Online-Hilfe

Rahmen-Steuerelement (Frame)

6.3.5 Die Befehlsschaltfläche (CommandButton)

Standardeigenschaft	Standardereignis	Präfix
Value	Click	cmd

Aufgabe: Ausführen von Prozeduren

Befehlsschaltflächen sind in jedem Dialogfeld vorhanden, mindestens als OK- und ABBRECHEN-Schaltflächen, wie schon am Anfang dieses Kapitels erwähnt. Beliebig viele andere Befehlsschaltflächen können natürlich hinzugefügt werden.

Ereignisse

Schaltflächen werden meistens so programmiert, daß sie auf das Ereignis *Click* reagieren, egal ob sie sich in einem Tabellenblatt oder Dialogfeld befinden. Das Klicken löst in beiden Fällen das Ausführen der zugewiesenen Prozedur aus. Schaltflächen können auf sehr viel mehr Ereignisse als nur das *Click*-Ereignis reagieren, aber diese Möglichkeit wird meistens nicht benutzt.

Eigenschaften

Für Schaltflächen setzt man meistens die Eigenschaft *Caption* für die Beschriftung und *Accelerator* für die Zugriffstaste. Die Eigenschaft *Value*, die als Standardeigenschaft der Befehlsschaltflächen betrachtet wird, hat immer den Wert *False*, außer wenn die Schaltfläche angeklickt wird. Sobald die Eigenschaft *Value* den Wert *True* besitzt, wird die Prozedur für das Ereignis *Click* ausgeführt. Dies kann auch über ein Programm realisiert werden: D.h. man muß nicht unbedingt eine Schaltfläche anklicken, um ihre Prozedur ausführen zu können. Dies könnte für komplexe Programme ausgenutzt werden: statt viele Schaltflächen anzuklicken, kann man dann eine verwenden, die alle anderen aktiviert.

Da Befehlsschaltflächen in jedem Dialogfeld aller anderen Beispiele dieses Buches vorkommen, wird hier auf ein aufwendiges Beispiel verzichtet und nur ein kurzes Programm in Zusammenhang mit der Eigenschaft *Value* vorgestellt. Das Programm gibt das Fenster aus Abbildung 6.20 am Bildschirm aus.

Abbildung 6.20: Eine Schaltfläche aktiviert zwei weitere

Ein Klick auf die Schaltfläche HALLO bzw. HI erzeugt die Ausgabe der entsprechenden Texte am Bildschirm. Die Schaltfläche AKTIVIERE „HALLO“ UND „HI“ setzt nur die *Value*-Eigenschaft der zwei weiteren auf *True*. Der Effekt ist identisch mit einem Klicken auf die jeweiligen Schaltflächen: Zwei Meldungen erscheinen nacheinander am Bildschirm. Der Code für die Prozedur der Schaltflächen wird hier im folgenden angegeben.

Beispiel 6.10: Schaltfläche mit einer Anweisung aktivieren

```
Private Sub CommandButton1_Click()
CommandButton2.Value = True
CommandButton3.Value = True
End Sub
```

Alle Steuerelemente, deren Standardeigenschaft die Eigenschaft *Value* mit *Boolean* ist, können über das Setzen der Eigenschaft auf den Wert *True*, per Programm, gesetzt werden. Das Setzen der Eigenschaft *Value* auf *True* entspricht in diesem Fall das Anklicken des Steuerelementes mit der Maus.

Online-Hilfe

Befehlsschaltfläche-Steuerelement (CommandButton)

KAPITEL6.XLS, Formular „BefehlsschaltflächeDialog"

6.3.6 Das Kontrollkästchen (CheckBox)

Standardeigenschaft	Standardereignis	Präfix
Value	Click	chk

Aufgabe: Ein/Aus-Schalter

Kontrollkästchen sind in vielen Windows-Fenstern vorhanden: z.B. im Fenster EXTRAS\OPTIONEN, Registerreiter ANSICHT von Excel stehen für die Fensteroptionen eine Reihe von Kontrollkästchen zur Auswahl. Ein Klick in dem rechteckigen Feld aktiviert oder deaktiviert die entsprechende Auswahl.

Kontrollkästchen werden meistens dort eingesetzt, wo man die Auswahl von einer oder mehreren Zusatzoptionen erlauben will. Im Unterschied zu Optionsfeldern können gleichzeitig mehrere Kontrollkästchen aktiv sein, auch wenn sie in einem Gruppenfeld eingeschlossen sind.

Besonderheit

Kontrollkästchen können eigentlich drei Zustände annehmen, wie auch in Abbildung 6.21 zu sehen ist:

- **Nicht aktiviert**: das Feld des Kontrollkästchens ist leer und weiß. Dies entspricht dem Zustand Falsch oder *False*, d.h. das Element wurde absichtlich deaktiviert.
- **Aktiviert**: Im weißem Feld ist ein Haken zu sehen. Dies entspricht dem Zustand Wahr oder *True*, d.h. das Element wurde gesetzt.
- **Abgeblendet**: Das Feld erscheint grau schattiert und mit einem grauen Haken. Dieser dritte Zustand entspricht dem Wert NULL und kann im Dialogfeld nur erreicht werden, wenn die Eigenschaft *TripleState* des Kontrollkästchens auf *True* gesetzt ist. Unabhängig von der Einstellung der Eigenschaft kann ein Kontrollkästchen diesen Zustand immer erreichen, wenn aus einem Programm heraus der Wert NULL zugewiesen wird.

Abbildung 6.21: Die drei möglichen Zustände eines Kontrollkästchens

Im folgenden wird ein Beispiel für das Kontrollkästchen angegeben. Es soll eine Einkaufsliste erstellt werden. Über ein Dialogfeld sollen Artikelbezeichnung, Preis und Anzahl eingegeben werden, wie man aus Abbildung 6.22 ersehen kann.

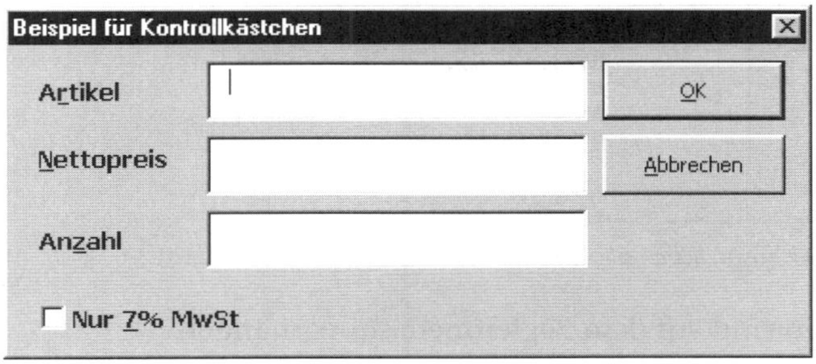

Abbildung 6.22: Das Fenster des Beispielsprogramms für das Kontrollkästchen

Bei jedem Klicken auf die Schaltfläche OK werden die Eingaben in einer Tabelle, die beim Programmstart neu eingefügt wird, zurückgeschrieben. Für jeden Artikel wird auch der Bruttopreis (Preis + MwSt.) und der Gesamtpreis (Bruttopreis * Anzahl) berechnet. Für die Mehrwertsteuer wird immer 16% angenommen, außer wenn der Anwender im Dialogfeld das Kontrollkästchen „Nur 7% Mwst" wählt. Ein Auszug aus der per Programm erzeugten Tabelle ist in Abbildung 6.23 zu sehen.

	A	B	C	D	E	F
1	Artikel	Preis	Anzahl	Brutto	Gesamt	MwSt
2	Stuhl	77,00 DM	12	89,32 DM	1.071,84 DM	16,00%
3	Tisch	100,00 DM	1	107,00 DM	107,00 DM	7,00%
4						
5						

Abbildung 6.23: Die Tabelle des Beispielsprogramms

Besonderheiten

Da das Dialogfeld mehr als eine Eingabe erlauben soll, muß es so lange, wie der Anwender es wünscht, geöffnet bleiben. Aus diesem Grund kann das Dialogfeld nur über die Schaltfläche ABBRECHEN geschlossen werden. Für die Schaltfläche OK wurde die Eigenschaft *Default* gesetzt, damit die Schaltfläche von der [↵]-Taste aktiviert wird: es ist bequemer, die Eingabe mit der [↵]-Taste abzuschließen, als mit der Maus auf die Schaltfläche OK klicken zu müssen.

Die Eingabewerte des Preises und der Anzahl müssen numerisch sein, d.h. das Programm muß die Eingaben des Anwenders darauf hin überprüfen. Dafür wurde die Funktion aus Abbildung 6.8 benutzt: sie wird bei jedem *Change*-Ereignis der Textfelder aufgerufen (s. das Beispiel für das Steuerelement Textfeld).

Dieses Beispiel, obwohl es nicht so besonders komplex ist, umfaßt schon eine Reihe von Prozeduren und sogar eine Funktion. Das Klassenmodul des Dialogfeldes ist in Abbildung 6.24 zu sehen:

Abbildung 6.24: Die zusätzlichen allgemeinen Prozeduren im Klassenmodul

Alle Prozeduren sind auf dem Begleitmedium vorhanden.

Prozedur InitDialog

Die Prozedur `InitDialog` wird bei jedem Klick auf die Schaltfläche OK aufgerufen: sie löscht alle Eingabefelder und setzt den Fokus in das Feld „Artikel".

Prozedur Tabellenkopf

Die Prozedur `Tabellenkopf` fügt eine neue Tabelle in die aktuelle Mappe ein, dann generiert sie die Beschriftungen (s. Abbildung 6.24) und formatiert die letzte Spalte als Prozent. Wenn sie beendet ist, bleibt der Cursor in der Zelle A2 der neuen Tabelle stehen. Von dort aus werden dann die Daten in die Tabelle eingetragen. Die Prozedur wurde als Makro aufgenommen und kann auf der Begleit-CD angesehen werden.

Funktion mwst

Die Funktion `mwst` wird im folgenden Listing angegeben:

Beispiel 6.11: Zugriff auf ein Kontrollkästchen

```
Function MWST() As Single
If Me.chkMWST7.Value = True Then
    MWST = 0.07
Else
    MWST = 0.16
End If
End Function
```

Das Kontrollkästchen heißt `chkMWST7`. In der Funktion wird nur überprüft, ob das Kontrollkästchen angeklickt worden ist. Wenn dies der Fall ist, besitzt seine Eigenschaft *Value* den Wert *True*. Entsprechend dem Wert des Kontrollkästchens wird dann der Rückgabewert der Funktion gesetzt.

In Tabelle zurückschreiben

Die eingegebenen Daten werden beim Klicken der Schaltfläche OK zurückgeschrieben. Sofort nach dem Klicken von OK wird geprüft, ob die Textfelder tatsächlich ausgefüllt sind. Wenn ja, werden ihre Werte in Zellen geschrieben. In der entsprechenden Prozedur wird dann der Cursor von Zelle zu Zelle bewegt. Im folgenden wird nur ein Auszug aus der Prozedur *OKButton_Click* angegeben, um die Anweisungen der Cursor-Bewegungen im Tabellenblatt zu zeigen. Die schon im Kapitel 5 benutzten Methode *Offset* und Eigenschaft *Formula* kommen hier wieder zum Einsatz.

Beispiel 6.12: Cursor von Zelle zu Zelle bewegen und Inhalte schreiben

```
ActiveCell.Offset(0, 1).Activate
ActiveCell.Formula = Anzahl.Value
```

Das folgende Steuerelement, das Umschaltfeld, kann anstelle eines Kontrollkästchens verwendet werden.

Online-Hilfe

Kontrollkästchen-Steuerelement (CheckBox), TripleState-Eigenschaft

KAPITEL6.XLS, Formular „KontrollkästchenDialog

6.3.7 Das Umschaltfeld (ToggleButton)

Standardeigenschaft	Standardereignis	Präfix
Value	Click	tgl

Aufgabe: Ein/Aus-Schalter

Das Steuerelement Umschaltfeld ist ein Hybride zwischen einer Befehlsschaltfläche und einem Kontrollkästchen: es wird angeklickt wie eine Befehlsschaltfläche, bleibt aber gesetzt wie ein Kontrollkästchen. Seine Funktion entspricht auch vollkommen der Funktion des Kontrollkästchens: das Setzen von Zusätzen in einem Dialogfeld oder Tabellenblatt.

Ähnlich zu einem Kontrollkästchen

Auch das Umschaltfeld kann, genauso wie das Kontrollkästchen, drei Zustände annehmen: **aktiviert**, **nicht aktiviert** und **abgeblendet**, wie man auch in Abbildung 6.25 sehen kann. Die drei Zuständen entsprechen auch hier den Werten *True*, *False* und NULL. Der Zustand NULL kann im Dialogfeld durch Klicken nur erreicht werden, wenn die Eigenschaft *TripleState* auf *True* gesetzt ist. Per Programm läßt sich dagegen immer der Wert NULL setzen (s. auch „Das Kontrollkästchen (CheckBox)").

Abbildung 6.25: Die drei möglichen Zustände des Umschaltfeldes

Das Umschaltfeld kann an allen Stellen eingesetzt werden, wo sonst ein Kontrollkästchen verwendet wird. Kontrollkästchen wären vorzuziehen, wenn der Platz in einem Tabellenblatt oder Dialogfeld etwas eingeschränkt ist, oder wenn eine Reihe von zusätzlichen Auswahlmöglichkeiten vorgegeben wird. Ansonsten ist die Wahl zwischen einem Umschaltfeld oder einem Kontrollkästchen eher Geschmackssache.

Um die Ähnlichkeit zwischen Kontrollkästchen und Umschaltfeld zu zeigen, wurde das Beispiel für das Kontrollkästchen aus dem vorherigen Abschnitt (Abschnitt 6.3.6, „Das Kontrollkästchen (CheckBox)") nur etwas an das Umschaltfeld angepaßt. Das neue Dialogfeld ist in Abbildung 6.26 zu sehen.

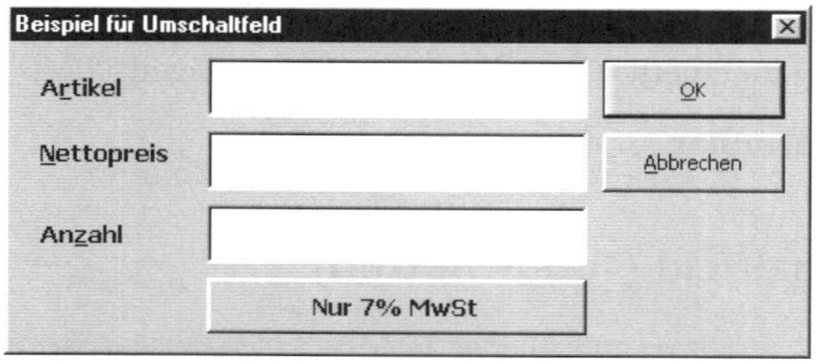

Abbildung 6.26: Das Fenster des Beispielsprogramms für das Umschaltfeld

Das Dialogfeld des Kontrollkästchens wurde in den Projekt-Explorer kopiert und umbenannt (dies geht leider nicht direkt: im Projekt-Explorer wurde zuerst das Dialogfeld mit der Maus auf eine neue Mappe gezogen, dort umbenannt, dann wieder in die ursprüngliche Mappe zurück kopiert). Anschließend wurde das Kontrollkästchen im Dialog gelöscht und an seiner Stelle wurde das Umschaltfeld eingefügt. Danach waren nur noch kleine Anpassungen nötig – wegen des anderen Namens des Umschaltfeldes.

Online-Hilfe

Umschaltfeld-Steuerelement (ToggleButton)

KAPITEL6.XLS, Formular „UmschaltfeldDialog"

6.3.8 Das Optionsfeld (OptionButton)

Standardeigenschaft	Standardereignis	Präfix
Value	Click	opt

Optionsfelder sind eng mit den Kontrollkästchen oder Umschaltfeldern verwandt. Sie funktionieren auf ähnliche Weise: ein Klick kann sie aktivieren oder deaktivieren. Sie agieren also auch wie ein Schalter.

Aufgabe: Eine Option aus einer Gruppe auswählen

Unterschied zu Kontrollkästchen und Umschaltfeldern

Im Unterschied zu Kontrollkästchen und Umschaltfeldern können Optionsfelder nicht drei Zustände annehmen, sondern nur zwei.

- **Nicht aktiviert:** Das Feld des Optionsfelds ist leer und weiß. Dies entspricht dem Wert *False*, d.h. das Element wurde absichtlich deaktiviert.
- **Aktiviert:** In dem runden Feld ist ein schwarzer Punkt zu sehen. Dies entspricht dem Zustand *True*, d.h. das Element wurde gesetzt.

Optionsfelder besitzen im Eigenschaftsfenster auch die Eigenschaft *TripleState*, genauso wie die Kontrollkästchen und die Umschaltflächen, aber das Setzen der Eigenschaft auf *True* hat keine Auswirkung auf das Optionsfeld. Die Anzahl seiner Zustände bleibt auf zwei beschränkt.

Besonderheit

Ein weiterer Unterschied zu den Kontrollkästchen oder Umschaltfeldern ist, daß mehrere Optionsfelder nicht gleichzeitig aktiv sein können, außer sie gehören zu verschiedenen Gruppierungen. Eine Gruppierung der Optionsfelder wird mit Hilfe des Steuerelements *Rahmen* (s. Abschnitt 6.3.4, „Der Rahmen (Frame)") erreicht, oder ohne Rahmen mit Hilfe der Eigenschaft *GroupName*. Die Verwendung der Eigenschaft *GroupName* ist eine Alternative zu dem Rahmen: Die Optionsfelder sind dann nicht in einem Umriß eingeschlossen, gehören aber trotzdem zusammen und schließen sich gegenseitig aus. Die Eigenschaft *GroupName* wird gesetzt, indem für alle Optionsfelder einer Gruppe der gleiche Name vergeben wird.

Im folgenden wird ein kleines Programm vorgestellt, das mit 9 Optionsfeldern arbeitet. Das Dialogfeld des Beispiels ist in Abbildung 6.27 zu sehen. Das Programm berechnet nacheinander für den gleichen

Bereich verschiedene Funktionen. Jedesmal wird nur eine neue Ausgabezelle gewählt und, wenn man will, eine neue Funktion. Beim Klicken auf die Schaltfläche OK wird die Funktion in die Ausgabezelle eingetragen, genauso wie mit dem Funktionsassistenten von Excel. Das Ziel des Programms ist, für einen gleich bleibenden Bereich, das wiederholte Aufrufen des Funktions-Assistenten zu ersparen.

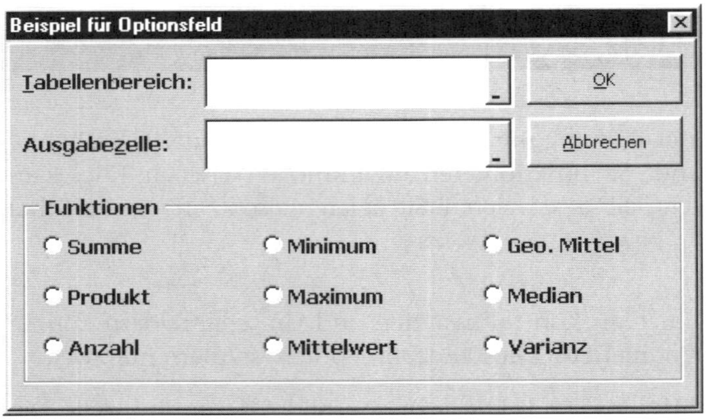

Abbildung 6.27: Das Dialogfeld des Beispielsprogramms für das Optionsfeld

Die Funktion *Summe* ist als Standardfunktion immer markiert, wenn das Dialogfeld gestartet wird (s. Beispiel 6.13). Beim Klicken auf einen Funktionsnamen wird eine globale Variable auf einen bestimmten Wert gesetzt. Dieser Wert wird dann in der Ereignis-Prozedur der Schaltfläche OK abgefragt, um die richtige Funktion auszuwählen. Die Anwendung wird erst beendet, wenn die Schaltfläche ABBRECHEN gewählt wird. In diesem Beispiel wird ein neues Element verwendet: das Steuerelement Referenzfeld. Dieses Element ist ein spezielles Eingabefeld, das die Eingabe eines Bereiches durch eine Markierung mit der Maus ermöglicht (s. dazu Abschnitt 6.3.9, „Das Referenzfeld (RefEdit)“).

Option beim Start setzen

Vor dem Anzeigen des Dialogfeldes wird die Option für die Summe aktiviert. Dies geschieht in der Ereignisprozedur des Ereignisses *Initialize* des Objekts *UserForm*.

Beispiel 6.13: Aktivierung eines Optionsfeldes

```
Private Sub UserForm_Initialize()
OptSum.Value = True
OptNr = 1
End Sub
```

Man bemerke, daß Kontrollkästchen und Umschaltfläche genau auf die gleiche Art, nämlich über die Eigenschaft *Value*, initialisiert und gesetzt werden. Die Variable `OptNr` wurde auf Modulebene deklariert.

Wiederholung

Das Setzen der Eigenschaft *Value* entspricht dem Anklicken des Steuerelementes mit der Maus!

Welche Option wurde gewählt?

Um festzustellen, welche Option vom Anwender gesetzt wurde, kann man hier verschiedene Wege nehmen: über eine Ausgabezelle (Eigenschaft *ControlSource* der Optionsfelder), deren Wert dann abgefragt wird, oder, am einfachsten, man setzt bei jedem Klick auf eine Option einen bestimmten Wert in der globalen Variable `OptNr`. Für jedes Optionsfeld wurde eine kleine Prozedur geschrieben. Unten ist die Prozedur für die Funktion „Minimum" wiedergeben.

Beispiel 6.14: Wert für ein Optionsfeld setzen

```
Private Sub OptMin_Click()
OptNr = 4
End Sub
```

Der Wert der Variable `OptNr` wird beim Klicken der Schaltfläche Ok mittels einer *Select Case*-Anweisung überprüft, und erst dann werden die Funktionen berechnet. Das folgende Listing ist nur ein Auszug aus der Ereignisprozedur für die Schaltfläche Ok.

Beispiel 6.15: Ermittlung eines gesetzten Optionsfeldes

```
1  '*** Vorherige Anweisungen, s. Quellcode
2  strBereich = setBereich(TBereich.Value)
3  Select Case OptNr
4    Case 1
5      ActiveCell.Formula="=SUM(" & strBereich & ")"
6    Case 2
7      ActiveCell.Formula="=PRODUCT(" & strBereich & ")"
8  '*** Folgende Anweisungen, s. Quellcode
9  End Select
```

In dem obigen Listing tauchen ein paar neue Elemente auf:

- **Zeile 2:** Die lokale Variable ist vom Typ String und speichert die vom Anwender im Tabellenblatt mit der Maus angezeigten Bereiche. Der vom Anwender markierte Bereich ist in der Eigenschaft Value des Referenzfeldes namens TBereich zu finden. Damit auch eine Markierung von mehreren, nicht zusammenhängenden Bereichen möglich wird, muß der Bereich aus dem Referenzfeld etwas umgeformt werden. Die Umformung wird mit der benutzerdefinierten Funktion setBereich (s. nächsten Abschnitt, das Referenzfeld) realisiert.

– **Zeile 5:** Hier wird eine Funktion als solche in eine Zelle geschrieben. Die Wirkung ist identisch mit der Anwendung des Funktions-Assistenten. Diese Technik wurde schon in Kapitel 3, bei der benutzerdefinierten Funktionen vorgestellt.

Besonderheit bei mehrfacher Markierung

Die Anzeige des Bereiches aus dem die Funktionen berechnet werden, erfolgt mit einem Referenzfeld. Das Referenzfeld wird im nächsten Abschnitt vorgestellt. Hier will man nur auf eine Besonderheit aufmerksam machen: Wenn man in einem Referenzfeld einen mehrfach Bereich anzeigt (mit gedrückter `Strg`-Taste lassen sich mehrere, nicht zusammenhängende Bereiche markieren), werden die einzelnen Bereiche mit einem „;"-Zeichen getrennt. Dies führt aber entweder zu einer Fehlermeldung, oder zum Programmabbruch ohne irgendeine Fehlermeldung. Das Problem ist, daß in der Excel-Umgebung als Trennzeichen Semikolons verwendet werden, während VBA Kommas verlangt. Um dieses Problem zu lösen, kann der Bereich des Referenzfeldes etwas geändert werden. Es reicht, wenn das „;"-Zeichen mit einem Komma ersetzt wird. Genau diese Aufgabe hat die benutzerdefinierte Funktion `setBereich`, die im folgenden Abschnitt vorgestellt wird, und die in einigen anderen Beispielen dieses Kapitels eingesetzt wird.

Online-Hilfe

Optionsfeld-Steuerelement (OptionButton)

KAPITEL6.XLS, Formular „OptionsfeldDialog", Modul „mdlSetBereich"

6.3.9 Das Referenzfeld (RefEdit)

Standardeigenschaft	Standardereignis	Präfix
Value	Change	rfd

Aufgabe: Eingabe von Bereichen

Das Referenzfeld wurde erst in der Version 97 von Office eingeführt und ist ein sehr nützliches Steuerelement für eigene Excel-Anwendungen. In Excel wird oft ein Bereich einer Tabelle mittels Markierung mit der Maus übergeben. Ein typisches Beispiel dafür ist der Funktions-Assistent: Die Angabe des Bereiches, aus dem Funktionswerte ausgerechnet werden, erfolgt meistens durch Markierung. Statt der Markierung, können natürlich auch die Koordinaten des Bereiches eingegeben werden (z.B. A2:C7). Sogar das Eingabefeld des Funktions-Assistenten in Excel 97 und 2000 ist ein Referenzfeld.

Größe ändert sich automatisch

Die Handhabung des Referenzfeldes per Programm ist genau die gleiche wie für das Textfeld: die zwei Elemente besitzen die gleichen Standardeigenschaften und Standardereignisse. Nur zur Laufzeit unterscheiden sich die zwei Elemente voneinander. Charakteristisch für das Referenzfeld ist seine Fähigkeit, das gesamte Fenster zu minimieren, um eine bessere Sicht des Hintergrunds zu erlauben. In Abbildung 6.28 sind die zwei Ansichten eines Fensters mit einem Referenzfeld wiedergeben: links in normalem Zustand, rechts in minimiertem Zustand. Das Fenster wird minimiert bzw. wiedergeherstellt, wenn man auf die Schaltfläche rechts im Referenzfeld klickt. Es handelt sich hierbei um einen Schalter.

Abbildung 6.28: Das Refenzfeld in einem normalen (links) und in einem minimierten (rechts) Fenster

Mehrfache Markierung

Ein Referenzfeld kann auch mehrere Bereiche gleichzeitig aufnehmen. Um dies zu erreichen, muß wie bei jeder mehrfachen Markierung bei der Anzeige mit der Maus die [Strg]-Taste gedrückt werden. In Abbildung 6.29 ist ein Referenzfeld mit einer mehrfachen Markierung zu sehen.

Abbildung 6.29: Ein Referenzfeld mit mehrfacher Markierung

Zu bemerken ist, daß die einzelnen Bereiche durch das Zeichen „;“ getrennt werden. Dies führt zu Problemen, wenn die Bezüge in VBA ausgewertet werden, weil VBA nämlich Kommas als Trennzeichen verwendet. Microsoft löst das Problem auf eine sehr unverständliche Art und Weise (durch Änderungen in der Systemsteuerung). Da solche Änderungen alle Anwendungen betreffen, ist es besser, lokal die Semikolons durch Kommas zu ersetzen, wie im folgenden Listing gezeigt wird.

Beispiel 6.16: Semikolons durch Kommas ersetzen

```
Function SetBereich(ByVal strBereich As String) As String
SetBereich = Replace(strBereich, ";", ",")
End Function
```

Hier wird der Quellcode der schon im vorherigen Abschnitt verwendeten Funktion `SetBereich` aufgegriffen. Dank der neuen, schon im Kapitel 3 vorgestellten Funktion *Replace* ist es ein Kinderspiel, die Ersetzung durchzuführen.

Interessierte Leser finden im Modul `mdlSetBereich` auf der CD-ROM die gleiche Funktion für Excel 97. Die Funktion heißt dann `SetBereich97`.

Das Referenzfeld ist in VBA eigentlich sehr einfach zu benutzen: Da der Anwender Bereiche durch Markierungen eingibt, müssen die Bereiche selbst nicht auf ihre Gültigkeit hin geprüft werden. Das Problem mit den Trennzeichen läßt sich auch schnell lösen, wie wir bereits gesehen haben. Es gibt nur noch einen kleinen Schönheitsfehler, der vielleicht etwas stören kann: nach der Markierung eines oder mehrerer Bereiche zeigt Excel einen Laufrahmen um die markierten Bereiche. Wenn aber im Dialogfeld mehrere Steuerelemente vorhanden sind, geht beim Wechseln zum nächsten Steuerelement die Markierung in der Tabelle verloren. Die Adressen der vom Anwender eingegebenen Bereiche bleiben im Referenzfeld markiert erhalten. Manchmal möchte man aber, daß auch die Markierung für den Anwender sichtbar bleibt. Es ist vielleicht für den Anwender angenehmer, wenn er die Markierung im Hintergrund sieht. Dies kann anhand weniger VBA-Befehle erreicht werden.

Beispiel 6.17: Angezeigte Bereiche von Referenzfelder explizit markieren

```
1   Private Sub RefEdit1_Change()
2   Dim strBereich As String
3   If Me.RefEdit1.Value = "" Then Exit Sub
4   strBereich = SetBereich(Me.RefEdit1.Value)
5   Range(strBereich).Select
6   End Sub
```

Die Prozedur wird bei jeder Änderung im Referenzfeld ausgeführt (Ereignis *Change*). Wenn das Feld leer ist (der Anwender hat die vorherige Eingabe gelöscht), dann passiert nichts (Zeile 3). Sonst wird die benutzerdefinierte Funktion `SetBereich` aufgerufen, um eventuelle Semikolons durch Kommas zu ersetzen, anschließend wird alles mit der Methode *Select* markiert.

Die Anzahl der vom Anwender markierten Bereiche läßt sich über die *Areas*-Eigenschaft festlegen. Die *Areas*-Eigenschaft wird in dem Beispiel für das Steuerelement Multiseite verwendet (s. den entsprechenden Abschnitt in diesem Kapitel).

Eine der Neuheiten von Office 2000 ist die schon erwähnte Eigenschaft *ShowModal* für Dialogfenster: Wenn diese Eigenschaft auf den Wert *False* gesetzt wird, blockiert das benutzerdefinierte Dialogfenster Excel nicht, d.h. das Fenster kann geöffnet bleiben und der Anwender kann ganz normal weiter mit Excel arbeiten. Das funktioniert sehr gut mit den anderen Steuerelementen, aber sobald ein Referenzfeld im Dialog ist, wird Excel von der eigenen Maske dermaßen stark blockiert, daß es nicht mehr möglich ist, die Maske selbst zu schließen. Man muß dann Excel mit der Brute-Force Methode über die Task-Fenster (mit den Tastenkombination `Strg`+`Alt`+`Entf` aufrufen) beenden. Ist das ein Bug oder wurde nur etwas vergessen?

Online-Hilfe

RefEdit-Steuerelement

KAPITEL6.XLS, Formular „ReferenzfeldDialog", Modul „mdlSetBereich"

6.3.10 Das Listenfeld (ListBox)

Standardeigenschaft	Standardereignis	Präfix
Value	Click	lst

Aufgabe: Auswahl von Einträgen aus einer Liste

Das Listenfeld kann in Dialog- und Tabellenblätter eingefügt werden und es bietet die Möglichkeit, aus einer Liste einen oder mehrere Einträge auszuwählen. Das Listenfeld ist dem Kombinationsfeld (s. Abschnitt 6.3.11, „Das Kombinationsfeld (ComboBox)") in Funktionsweise und Behandlung sehr ähnlich. Beide erlauben dem Anwender das Auswählen von Einträgen aus einer Liste. Lediglich optisch unterscheiden sie sich voneinander: das Listenfeld ist ein rechteckiges Feld, in dem eine Auflistung zu sehen ist. Wenn die Liste länger als das Feld ist, erscheint automatisch eine Bildlaufleiste am rechten Rand des Feldes (s. Abbildung 6.30). Das Kombinationsfeld dagegen sieht aus wie ein Textfeld, das bei Bedarf mit einem Klick aufgeklappt werden kann. Die Wahl zwischen den beiden ist eher vom Geschmack des Anwenders oder vom Platz auf dem Dialogfeld bestimmt als von anderen Gründen. Wegen dieser Ähnlichkeit wird für diese beiden Elemente das gleiche Beispiel vorgestellt: es wird jedesmal nur an die jeweiligen Gegebenheiten des Elementes angepaßt.

Was genau ein Listenfeld ist, kann aus Abbildung 6.30 entnommen werden. Das Bild zeigt das Dialogfeld des Beispiels in diesem Abschnitt: Aus einer Liste italienischen Spezialitäten kann man seine Wahl treffen.

Abbildung 6.30: Das Dialogfeld des Beispiels für das Listenfeld

Liste aus einer Tabelle

Die Einträge der Liste können aus einer Tabelle stammen oder per Programm hinzugefügt werden. Wenn die Einträge aus einer Tabelle stammen, wird der Bezug zur Tabelle in der Eigenschaft *RowSource* des Listenfeldes eingetragen (z.B. „Tabelle1!A1:A5"). Ein gutes Beispiel für diese Art der Einbindung ist in der Online-Hilfe die *RowSource*-Eigenschaft. Wenn die Liste aus einer Tabelle kommt, wird sie meistens nicht geändert, d.h. der Anwender kann nur unter den gegebenen Möglichkeiten wählen, ohne Einträge verändern zu können.

Liste per Programm

Schwieriger wird es, wenn die Liste, die dynamisch sein soll, per Programm erzeugt und verwaltet wird. Die Liste muß beim Öffnen des Dialogfeldes erzeugt werden. Der Ursprung der Liste kann natürlich wieder eine Tabelle sein: Die Werte werden aber nur ausgelesen und in die Liste eingefügt. Diese Methode ist vorzuziehen, wenn die Liste bearbeitet werden soll. Wenn der Dialog geschlossen wird, werden die Werte in eine Tabelle zurückgeschrieben.

Art der Auswahl

Je nach Einstellung des Listenfeldes können ein oder mehrere Einträge gewählt werden: dies hängt von dem aktuellen Wert der Eigenschaft *MultiSelect* ab. Die Eigenschaft kann für immer in das Eigenschaftsfenster gesetzt werden, oder, wie in unserem Beispiel weiter unten, dynamisch während der Laufzeit. Die Eigenschaft *Multiselect* kann folgende Werte annehmen:

- **Einfache Auswahl:** Nur ein Eintrag aus der Liste kann gewählt werden. Eine erneute Wahl löscht die Markierung aus der vorherigen Wahl. Der Vorteil ist hier die Möglichkeit der Ausgabe in eine Zelle und im allgemeinen eine einfachere Programmierung des Listenfeldes, über seine Standardeigenschaft *Value* und das standardereignis *Click*. Die Eigenschaft *Multiselect* wird auf 0 oder *fmMultiSelectSingle* (VBA-Konstante) gesetzt.
- **Mehrfache Auswahl:** Die Markierungen verschiedener, auch nicht zusammenhängender Einträge sind erlaubt und die Regel. Ein Klick auf einen Eintrag reicht aus, um ihn auszuwählen. Die

Markierung weiterer Elemente löscht die vorherigen Markierungen nicht. Um die Markierung von einem Eintrag zu entfernen, muß noch einmal auf den Eintrag geklickt werden. Die Eigenschaft *Multiselect* wird auf 1 oder *fmMultiSelectMulti* (VBA-Konstante) gesetzt.

- **Erweiterte Auswahl:** Wie bei einer einfachen Auswahl löscht eine erneute Wahl die Markierung der vorherigen Wahl. Bei gedrückter [STRG]-Taste können aber verschiedene, auch nicht zusammenhängende Einträge gewählt werden. Markierungen werden dann durch erneute Auswahl entfernt, wie bei einer mehrfachen Auswahl. Bei gedrückter [⇧]-Taste können Bereiche gewählt werden: Ein Klick z.B. auf den ersten und den vierten Eintrag markiert auch die dazwischen liegenden Elemente. Diese Möglichkeit wird eingesetzt, wenn eine einfache Wahl die Regel sein soll, aber die Ausnahme von einer mehrfachen Wahl auch erlaubt sein darf. Das gleiche Prinzip ist im Windows-Explorer zu finden. Die Eigenschaft *Multiselect* wird auf 1 oder *fmMultiSelectExtended* (VBA-Konstante) gesetzt.

Das Dialogfeld unseres Beispiels ist in Abbildung 6.30 zu sehen. Nach dem Start wird eine Liste angezeigt. Über die drei Schaltflächen EINFACH, MEHRFACH und ERWEITERT kann die Art der Auswahl in der Liste bestimmt werden. In den jeweiligen Prozeduren (Ereignis *Click*) wird immer nur die Eigenschaft *MultiSelect* des Listenfelds gesetzt. Die Schaltfläche ANZEIGEN listet die Einträge, die vom Anwender in der Liste markiert worden sind auf. Über die Schaltfläche LÖSCHEN können beliebig viele Einträge aus der Liste gelöscht werden. Die Schaltfläche HINZUFÜGEN aktiviert das darunter stehende Eingabefeld, in dem ein Text eingegeben werden kann. Der Text wird dann über die Schaltfläche mit dem Pfeil in die Liste eingetragen.

Liste aus der Tabelle auslesen

Die Liste wird mit einer allgemeinen Prozedur namens `ListeBilden` gefüllt, die beim Laden des Dialogs (Ereignis *Initialize*) ausgeführt wird. Die Liste wird aus einer Tabelle gelesen, ohne daß die Tabelle über die Eigenschaft *RowSource* verknüpft wird. Zur Laufzeit können die Einträge beliebig geändert werden. Nach dem Klicken auf ABBRECHEN werden die Einträge in die Tabelle zurückgeschrieben. Das Zurückschreiben wird auch von einer allgemeinen Prozedur namens `ListeInTabelleZurück` erledigt.

In der Prozedur `ListeBilden` befinden sich als Kommentar auch die zwei andere Arten, Liste zu füllen: ohne Verknüpfung, nur per Programm und mit einer fester Verknüpfung an eine Tabelle.

Das folgende Listing zeigt die Prozedur zum Bilden der Liste. Die Liste wird aus der Tabelle „Tabelle1“, Spalte A entnommen. Um die Sache etwas allgemeiner zu machen, werden die Inhalte aller Zellen genommen, bis eine leere Zelle in der Spalte auftaucht.

Beispiel 6.18: Einträge einer Liste aus einer Tabelle ohne Verknüpfung auslesen

```
1 Sub ListeBilden()
2 ActiveWorkbook.Sheets("Tabelle1").Range("A1").Select
3 Do Until ActiveCell.Formula = ""
4     Listbox1.AddItem ActiveCell.Formula
5     ActiveCell.Offset(1, 0).Select
6 Loop
7 End Sub
```

Die Anweisungen bedeuten im einzelnen:

- **Zeile 2:** Die Liste mit den Einträgen befindet sich in Tabelle1 der aktuellen Mappe. Sie fängt in der Zelle A1 an. Diese Zelle wird markiert.
- **Zeile 3 bis 6:** Die Schleife wird solange wiederholt, bis eine der Zellen in der Spalte leer ist. Der Inhalt der Zelle wird mit der *Formular*-Eigenschaft überprüft. In Zeile 4 wird über die *AddItem*-Methode dem Listenfeld ein Eintrag zugewiesen. In Zeile 5 wird nur die nächste Zelle nach unten gewählt.

Auswahl ermitteln

Nach dem Start des Dialogfeldes ist es wichtig zu wissen, welche Einträge der Anwender gewählt hat. Da in unserem Beispiel mehrfache und erweiterte Auswahl auch möglich ist, muß diese Möglichkeit immer berücksichtigt werden. Im folgenden wird nur ein Auszug aus der Prozedur der Schaltfläche ANZEIGEN vorgestellt.

Beispiel 6.19: Markierte Einträge in einem Listenfeld ermitteln

```
1 Private Sub ShowButton_Click()
2 Dim i As Byte
3 '*** Andere Anweisungen, s. Quellcode
4 If Listbox1.ListCount > 0 Then
5   For i = 0 To Listbox1.ListCount - 1
6     If Listbox1.Selected(i) Then
7       MsgBox Listbox1.List(i)
8 '*** Andere Anweisungen, s. Quellcode
9 End Sub
```

Die Anweisungen bedeuten im einzelnen:

- **Zeile 4:** Die *ListCount*-Eigenschaft beinhaltet die gesamte Anzahl der Einträge des Listenfeldes. Wenn die Liste keine Einträge enthält, wird die Zahl 0 zurückgegeben. Diese Eigenschaft kann nur abgefragt, nicht jedoch gesetzt werden.

- **Zeile 5:** Die Variable `i` wird mit 0 initialisiert, weil die Numerierung der Listeneinträge, genau wie bei Datenfeldern, mit 0 anfängt. **Achtung**: Wenn es z.B. 5 Einträge sind, geht ihr Index von 0 bis 4.
- **Zeile 6 und 7:** Die Eigenschaft *Selected* besitzt den Wert *True*, wenn der Eintrag in der Liste vom Anwender markiert worden ist, sonst *False*. Die *List*-Eigenschaft gibt den Text des markierten Eintrages zurück.

Die obige Prozedur ist auf der CD-ROM etwas länger und erzeugt die formatierte Ausgabe von Abbildung 6.31. Diese Ausgabe am Bildschirm hat nur Demonstrationszwecke. Die gewählten Einträge werden natürlich in einem „wirklichen" Programm anders bearbeitet.

Abbildung 6.31: Die Ausgabe der Schaltfläche ANZEIGEN

Hinzufügen

Das Hinzufügen neuer Einträge wird auch über die *AddItem*-Methode realisiert: Ein neuer Eintrag wird immer am Ende der Liste angehängt. Die entsprechende Anweisung lautet:

```
Listbox1.AddItem EingabeBox.Value
```

Nach der Methode *AddItem* wird hier der Wert des Textfeldes namens `EingabeBox` übergeben (s. Prozedur für das *Click*-Ereignis der Schaltfläche mit dem Pfeil im Dialogfeld).

Löschen

Das Löschen der Einträge ist etwas komplexer. In diesem Beispiel hat man die Möglichkeit, gleichzeitig mehrere markierte Einträge zu löschen. Das folgende Listing zeigt die Prozedur der Schaltfläche LÖSCHEN an. Beim Klicken auf die Schaltfläche werden alle Einträge, die nicht markiert sind, in ein Datenfeld kopiert. Danach wird die gesamte Liste gelöscht und aus den im Datenfeld kopierten Einträgen wieder aufgebaut.

Es gibt auch andere Möglichkeiten für das Löschen, die hier vorgestellte ist nur eine von vielen. In unserem Fall wird ein dynamisches Array verwendet, um die Einträge, die nicht gelöscht werden, zu speichern. Nur Einträge, die markiert sind, werden auch gelöscht. Die nicht markierten Einträge werden in dem dynamischen Array zwischen gespeichert. Danach wird die gesamte Liste des Listenfeldes gelöscht und anschließend werden die Einträge vom dynamischen Array ins Listenfeld zurückgeschrieben.

Beispiel 6.20: Löschen von Einträgen aus einem Listenfeld

```
1   Private Sub DelButton_Click()
2   Dim i As Byte, n As Byte, merke() As String
3   If Listbox1.ListCount > 0 Then
4     n = Listbox1.ListCount - 1
5     ReDim merke(n)
6     For i = 0 To Listbox1.ListCount - 1
7      If Not Listbox1.Selected(i) Then _
8         merke(i) = Listbox1.List(i)
9     Next i
10    Listbox1.Clear
11    For i = 0 To n
12      If merke(i) <> "" Then Listbox1.AddItem merke(i)
13    Next i
14  Else
15      MsgBox "Die Liste ist leer!"
16  End If
17  End Sub
```

Die Anweisungen bedeuten im einzelnen:

- **Zeile 6 bis 9:** Alle Einträge, die beim Klicken auf die Schaltfläche Löschen nicht markiert waren, werden in das Datenfeld `merke()` kopiert. Die Dimension des Datenfeldes wird mit der Anweisung *Redim* dynamisch bestimmt (**Zeile 5**).
- **Zeile 10**: Nach dem das Kopieren beendet ist, wird die gesamte Liste im Listenfeld mit der Methode *Clear* gelöscht. Eine Alternative wäre das Löschen einzelner Einträge mit der Methode *RemoveItem*.
- **Zeile 12:** Die Liste wird mit der Methode *AddItem* wieder aufgebaut. Eventuell vorhandene, leere Einträge werden nicht ins Listenfeld geschrieben.

Liste in Tabelle zurückschreiben

Wenn der Anwender das Dialogfeld schließt, wird in unserem Beispiel die komplette Liste in die Tabelle zurückgeschrieben. Wenn die Liste im Dialogfeld nicht geändert werden darf, ist dies nicht notwendig. Aber da in unserem Fall Änderungen in der Liste zugelassen sind, muß auch die Liste in der Tabelle aktualisiert werden. Hier wurde eine einfache Lösung gewählt: Die Liste wird *immer* in die Tabelle zurück geschrieben, egal ob Änderungen stattgefunden haben oder nicht.

Die alte Liste wird ganz einfach überschrieben. Wenn die neue Liste gleich oder länger ist als die alte, läuft alles problemlos. Probleme können hier entstehen, wenn die neue Liste kürzer ist als die alte, weil dann am Ende der neuen Liste einige alte Einträge übrig bleiben. Dieses Problem wird in dem folgenden Listing gelöst.

Beispiel 6.21: Liste in einer Tabelle zurückschreiben

```
1   Sub ListeInTabelleZurück()
2   ActiveWorkbook.Sheets("Tabelle1").Range("A1").Select
3   For i = 0 To Listbox1.ListCount - 1
4      ActiveCell.Formula = Listbox1.List(i)
5      ActiveCell.Offset(1, 0).Select
6   Next i
7   Do Until ActiveCell.Formula = ""
8       ActiveCell.Formula = ""
9       ActiveCell.Offset(1, 0).Select
10  Loop
11  End Sub
```

Die Anweisungen bedeuten im einzelnen:

- **Zeile 3 bis 6:** Hier wird genau das Gegenteil gemacht, als beim Start eines Dialog. Wenn vorher die Zellen ausgelesen worden sind, werden jetzt neue Inhalte zurück geschrieben.
- **Zeile 7 bis 10:** An dieser Stelle ist die Liste des Listenfelds schon zurückgeschrieben worden. Jetzt geht es nur darum, zu überprüfen, ob die Zellen unter der neuen Liste noch alte Einträge haben. Die Zelle nach dem letzten Eintrag wird untersucht: Wenn sie leer ist, dann passiert nichts. Wenn sie nicht leer ist, wird gelöscht. Das Löschen der Zelle wird bis zu der ersten leeren Zelle fortgesetzt.

Online-Hilfe

- Listenfeld-Steuerelement (ListBox)
- Eigenschaften: MultiSelect, RowSource, ListCount, List, Selected
- Methoden: AddItem, RemoveItem, Clear

KAPITEL6.XLS, Formular „ListenfeldDialog"

6.3.11 Das Kombinationsfeld (ComboBox)

Standardeigenschaft	Standardereignis	Präfix
Value, Text	Click	cbo

Aufgabe: Auswahl von Einträgen aus einer Liste und Eingabe

Das Kombinationsfeld unterscheidet sich optisch etwas von einem Listenfeld: Es sieht aus wie ein Textfeld mit einer kleinen Schaltfläche rechts, auf der ein Pfeilkopf zu sehen ist. Ein Klick auf diese Schaltfläche öffnet eine Liste, aus der ein Eintrag gewählt werden kann. Wenn die Liste länger als der zur Verfügung stehende Platz ist, erscheint automatisch eine vertikale Bildlaufleiste. Die Anzahl der anzuzeigenden Einträge kann in der Eigenschaft *ListRows* bestimmt werden.

Unterschied und Gemeinsamkeit zum Listenfeld

Im Unterschied zum Listenfeld ist bei dem Kombinationsfeld weder eine mehrfache noch eine erweiterte Auswahl möglich. Dafür gibt es eine Menge Ähnlichkeiten: beide Elemente können sowohl in Dialog- als auch in Tabellenblätter eingefügt werden, die Programmierung eines Kombinationsfeldes ähnelt der des Listenfeldes mit einfacher Auswahl sehr. Die Werte der Liste werden auf die gleiche Art und Weise wie beim Listenfeld hinzugefügt: entweder aus einer Tabelle oder direkt über Anweisungen.

Eingabe des Anwenders möglich

Die größte Unterschied zum Listenfeld ist, daß das Kombinationsfeld die Eingabe von Werten erlaubt. Im vorherigen Abschnitt wurde die Liste des Listenfelds über ein externes Textfeld erweitert. Das Kombinationsfeld braucht diesen Umweg nicht: Es besteht eigentlich aus einem Listen- und aus einem Textfeld.

Als Beispiel für das Kombinationsfeld wird hier das gleiche Programm verwendet, das schon beim Listenfeld vorgestellt wurde. Der Zweck ist, die Gemeinsamkeiten und Unterschiede zu betonen. In Abbildung 6.32 ist das Dialogfeld des Beispiels, diesmal mit einem Kombinationsfeld, zu sehen.

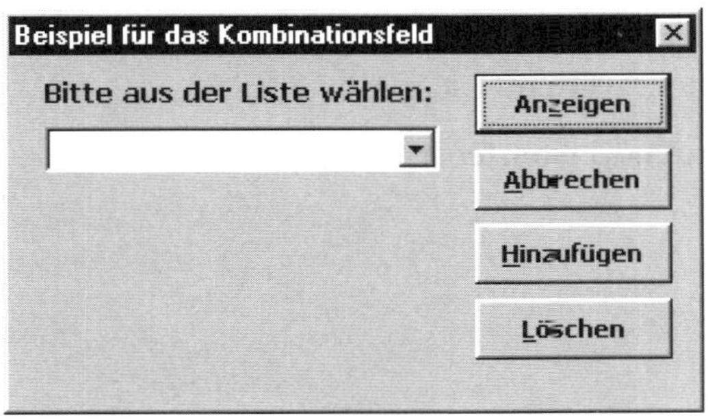

Abbildung 6.32: Das Dialogfeld des Beispielsprogramms

Die Liste des Kombinationsfeldes wird in diesem Beispiel nach dem gleichen System wie im vorherigen Programm gebildet: Die Werte werden ohne Verknüpfung der Tabelle aus einer Tabelle ausgelesen. Beim Schließen des Dialogfeldes wird die Liste dann in die Tabelle zurückgeschrieben (s. dazu die entsprechenden Listings des vorherigen Abschnittes).

Auswahl ermitteln

Die Programmierung des Kombinationsfeldes unterscheidet sich vom Listenfeld lediglich bei der Erfassung der Wahl des Anwenders: Wenn ein Eintrag in der Liste durch einen Klick gewählt wird, geht die Liste zu und der Eintrag erscheint im Textfeld des Kombinationsfelds. Man muß dann nur die Eigenschaft *Value* oder *Text* des Kombinationsfeldes abfragen, wie im folgenden Listing zu sehen ist.

Beispiel 6.22: Auswahl bei einem Kombinationsfeld ermitteln

```
Private Sub ShowButton_Click()
If ComboBox1.ListCount > 0 Then
  If ComboBox1.Text <> "" Then MsgBox ComboBox1.Value
Else
  MsgBox "Die Liste ist leer!"
End If
End Sub
```

Diese Prozedur ist sehr viel einfacher als die entsprechende für das Listenfeld (s. Beispiel 6.19), da hier keine mehrfache oder erweiterte Markierung möglich ist.

Hinzufügen

Das Hinzufügen eines neuen Eintrags ist relativ einfach: Man klickt das Textfeld an, löscht den aktuellen Inhalt und tippt einen neuen ein. Der Eintrag wird auch, wie beim Listenfeld, über die Eigenschaft *AddItem* realisiert. Die Anweisung für das Hinzufügen lautet:

```
ComboBox1.AddItem ComboBox1.Text
```

In der Ereignisprozedur der Schaltfläche HINZUFÜGEN des Dialogfeldes unseres Beispiels wurde auch eine Überprüfung eingebaut: bevor ein neuer Eintrag hinzugefügt wird, wird überprüft, ob ein gleicher Eintrag schon vorhanden ist (s. Quellcode auf der CD-ROM).

Löschen

Das Löschen ist denkbar einfach, da jedesmal nur ein Eintrag markiert sein kann. Die Ereignisprozedur der Schaltfläche LÖSCHEN wird im folgenden angegeben.

Beispiel 6.23: Eintrag aus einem Kombinationsfeld löschen

```
1   Private Sub DelButton_Click()
2   If ComboBox1.ListCount > 0 Then
3       If ComboBox1.Text <> "" Then
4           ComboBox1.RemoveItem (EintragNr)
5           ComboBox1.Text = ""
6       Else
7           MsgBox "Es wurde keinen Eintrag gewählt!"
8       End If
9   Else
10      MsgBox "Die Liste ist leer!"
11  End If
12  End Sub
```

Die Anweisungen bedeuten in einzelnen:

Zeile 2 bis 5: Das Löschen findet nur statt, wenn die Liste der Einträge nicht leer ist, und wenn ein Element mit einem Klick aus der Liste ausgewählt worden ist. Die Variable EintragNr ist für das Klassenmodul global und wird jedesmal gesetzt, wenn der Anwender einen Eintrag wählt oder neu hinzufügt. Das Löschen wird mit der Methode *RemoveItem* realisiert. Nach dem Löschen aus der Liste wird der Text des Textfeldes gelöscht.

Listen- oder Kombinationsfeld?

Wegen der großen Ähnlichkeit zwischen Kombinationsfeld und Listenfeld mit einfacher Auswahl ist es an sich egal, welcher der beiden Elemente in einem Dialogfeld verwendet wird. Ein Entscheidungskriterium wäre z.B. der im Dialogfeld zur Verfügung stehende Platz: Ein Kombinationsfeld braucht weniger Platz als ein Listenfeld.

Online-Hilfe

Kombinationsfeld-Steuerelement (ComboBox), ListRows-Eigenschaft, Value-Eigenschaft

KAPITEL6.XLS, Formular „KombinationsfeldDialog“

6.3.12 Die Bildlaufleiste (ScrollBar)

Standardeigenschaft	Standardereignis	Präfix
Value	Change	Hsb (Horizontal), Vsb (Vertikal)

Aufgabe: Verschieben der Ansicht in Fenstern und indirekte Eingabe von Werten

Bildlaufleisten sind unter Windows in fast allen Programmfenstern vorhanden: Sie erlauben das Durchblättern des Bildschirmausschnitts in horizontaler und vertikaler Richtung. Jede Mappe in Excel verfügt über dieses Element, das auch selbst in anderen Steuerelementen manchmal erscheint: Listenfelder und Kombinationsfelder bekommen automatisch eine Bildlaufleiste, wenn die Liste ihrer Einträge zu lang für ihr Fenster ist. Sehr oft wird eine Bildlaufleiste auch „Rollbalken“ genannt.

Wertebereich

Die Bildlaufleiste kann in VBA programmiert werden. Sie ist an einen Wertebereich, der sich meistens zwischen -32767 und +32767 bewegt, gekoppelt. Der maximale Bereich entspricht dem des Datentyps *Long*. Die Bereichsgrenzen werden in den Eigenschaften *Min* und *Max* festgelegt. Jede Position des Schiebers auf der Bildlaufleiste entspricht einem bestimmten Wert in dem Intervall. Der Schieber kann über einen Klick auf die Schaltflächen mit den Pfeilen an den beiden Enden der Bildlaufleiste bewegt werden, oder mit einem Klick direkt auf die Bildlaufleiste vor oder nach dem Schieber selbst.

Schrittweite

Diese zwei verschiedenen Stellen für das Klicken entsprechen auch einer unterschiedlichen Schrittweite des Schiebers. Die Schrittweite wird im ersten Fall (Klick auf die Pfeilsymbole) über die Eigenschaft *SmallChange*, in dem zweiten Fall über die Eigenschaft *LargeChange* bestimmt.

Wie einige andere Elemente kann auch die Bildlaufleiste mit einer Zelle verknüpft werden (Eigenschaft *ControlSource*). Die Zelle würde bei jeder Änderung den aktuellen Wert anzeigen. Die Verwendung einer Ausgabezelle ist praktisch, wenn die Bildlaufleiste in einer Tabelle eingesetzt wird. Wenn sie sich dagegen in einem Dialogfeld befindet, kann ein Textfeld für die Ausgabe eingesetzt werden.

Bildlaufleisten sind nicht gerade ein sehr häufiges Steuerelement in benutzerdefinierten Dialogfeldern. Eine witzige Möglichkeit für die Verwendung von Bildlaufleisten wird im folgenden Programm gezeigt. Man möchte Bereiche markieren können und für diese Bereichen Farben im Dialogfeld mischen. Die Farben können dann wahlweise dem Hintergrund oder dem Text zugewiesen werden. Das Programm macht eigentlich genau das, was schon die Farben- und die Schriftfarben-Palette von Excel kann. Es erlaubt aber darüber hinaus das Mischen der Farben, so daß andere als die üblichen Palettenfarben entstehen können. In Abbildung 6.33 ist das Dialogfeld des Beispielsprogramms zu sehen.

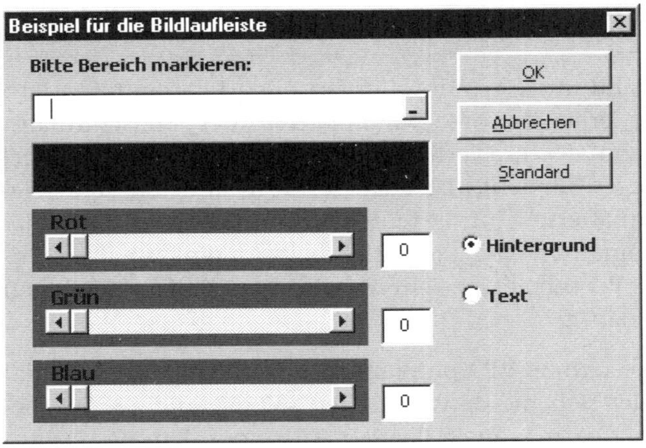

Abbildung 6.33: Das Dialogfeld des Beispielsprogramms für die Bildlaufleiste

Nach dem Programmstart wird zuerst ein Bereich mit der Maus angezeigt. Der Bereich kann zusammenhängend sein oder aus getrennten Teilen bestehen. Man kann auch Bereiche aus verschiedenen Tabellenblättern bearbeiten. Nach der Anzeige der Bereiche können die Farben über die drei Bildlaufleisten gemischt werden. Rechts von den Bildlaufleisten werden in drei Textfeldern immer die aktuellen Werte der jeweiligen Leisten angezeigt. Über die drei Bildlaufleisten wurde ein Textfeld als Vorschau für die Farben eingesetzt. Das Textfeld wurde für die Eingabe gesperrt (Eigenschaft *Locked* auf *True* setzten). Beim Starten wird immer das Optionsfeld für den Hintergrund aktiviert. Nach einem Klick auf die Schaltfläche OK wird die aktuelle Farbe entweder dem Hintergrund oder dem Text zugewiesen. Die Schaltfläche STANDARD setzt für den markierten Bereich die Farbwerte auf den Excel-Standard zurück (keine Farbe für den Hintergrund, Schriftfarbe Schwarz). Das Fenster bleibt nach einer Zuweisung von Farben offen, um die Bearbeitung weiterer Bereiche zu ermöglichen. Das Programm wird mit einem Klick auf die Schaltfläche ABBRECHEN beendet.

Werte der Bildlaufleiste

Die Werte für die Bildlaufleisten wurden über die Eigenschaften *Min* (0), *Max* (255), *LargeChange* (15) und *SmallChange*(5) bestimmt. Die Änderung der Werte geschieht automatisch bei jeder Bewegung des Schiebers. Im folgenden Listing ist die Prozedur für die Bildlaufleiste der roten Farbe wiedergeben.

Beispiel 6.24: Werte einer Bildlaufleiste abfragen

```
Private Sub RotScrollBar_Change()
rot = RotScrollBar.Value
setAnzeige
End Sub
```

Für jede Farbe wurde eine für das Dialogfeld (Modul) globale Variable definiert. In diesem Fall wird der Wert für die rote Farbe der Variable `Rot` zugewiesen. Der aktuelle Wert der Bildlaufleiste ist in der Eigenschaft *Value* gespeichert. Danach wird die allgemeine Prozedur `setAnzeige` aufgerufen, die im nächsten Listing zu sehen ist.

Beispiel 6.25: Textfelder als Anzeige für Bildlaufleisten verwenden

```
Sub setAnzeige()
Anzeigebox.BackColor = RGB(rot, gruen, blau)
Rotbox.Value = rot
Gruenbox.Value = gruen
Blaubox.Value = blau
End Sub
```

Der Name `Anzeigebox` wurde dem Textfeld für die Farbenvorschau gegeben. Die Hintergrundfarbe des Textfelds wird über die *RGB*-Funktion geändert. Die Werte der Variablen `rot`, `gruen`, `blau` werden bei jeder Änderung der Bildlaufleisten zugewiesen. `Rot-`, `Gruen-` und `Blaubox` bezeichnen die jeweiligen Textfelder, die den numerischen Wert der Bildlaufleisten ausgeben.

Hintergrund oder Text färben

Beim Klicken auf die Schaltfläche OK wird die folgende Prozedur ausgeführt.

Beispiel 6.26: Hintergrund und Text eines Bereiches färben

```
Private Sub OKButton_Click()
'Andere Anweisungen, s. Quellcode
strBereich = setBereich(Me.RefEdit1.Value)
If Me.OptHinterg.Value Then
  Range(strBereich).Interior.Color = RGB(rot, gruen, blau)
Else
  Range(strBereich).Font.Color = RGB(rot, gruen, blau)
End If
Me.RefEdit1.SetFocus
End Sub
```

Die Prozedur für die Schaltfläche OK überprüft, wie üblich, ob der Anwender überhaupt eine Eingabe gemacht hat (s. Quellcode). Wenn ja, dann werden die obigen Anweisungen ausgeführt:

- **Zeile 3:** Der mit der Maus angezeigte Bereich ist in der Eigenschaft *Value* des Referenzfeldes zu finden. Die schon bekannte benutzerdefinierte Funktion `setBereich` wandelt nur die Semikolons in Kommas um (s. Abschnitt 6.3.9, „Das Referenzfeld (RefEdit)").
- **Zeile 4 bis 8:** In Abhängigkeit der gesetzten Option wird entweder der Hintergrund oder der Text des Bereiches gefärbt. Die Farben werden auch hier mit der RGB-Funktion zugewiesen.

Standardfarbe wiederherstellen

Die Schaltfläche STANDARD setzt sämtliche Farben des markierten Bereiches zurück. Die Prozedur dafür ist in folgendem Listing wiedergegeben und ähnelt sehr der Prozedur für die Schaltfläche OK.

Beispiel 6.27: Farbe des Hintergrunds und Textes eines Bereiches zurücksetzen

```
Private Sub DefaultButton_Click()
'*** Andere Anweisungen, s. Quellcode
strBereich = setBereich(Me.RefEdit1.Value)
If OptHinterg.Value Then
  Range(strBereich).Interior.ColorIndex=xlColorIndexNone
Else
  Range(strBereich).Font.ColorIndex=xlColorIndexAutomatic
End If
Me.RefEdit1.SetFocus
End Sub
```

Die anderen Anweisungen prüfen auch hier, ob überhaupt ein Bereich markiert wurde. Die Prozedur ist fast identisch mit der vorherigen, mit dem Unterschied der Eigenschaft *ColorIndex* statt *Color*. Die Farbe wird auch nicht über die *RGB*-Funktion zugewiesen, sondern mit Hilfe von zwei VBA-Konstanten, *xlColorIndexNone* und *xlColorIndexAutomatic*.

Online-Hilfe

- Bildlaufleiste-Steuerelement (ScrollBar)
- Eigenschaften: Min, Max, LargeChange, SmallChange, Value, ColorIndex, Color
- Interior-Objekt, Font-Objekt

KAPITEL6.XLS, Formular „BildlaufleisteDialog"

6.3.13 Das Drehfeld (SpinButton)

Standardeigenschaft	Standardereignis	Präfix
Value	Change	spn

Aufgabe: Ändern eines Wertes

Ein Drehfeld besteht aus zwei kleinen Schaltflächen; Jede der beiden hat als Symbol einen Pfeilkopf, der jeweils nach oben und nach unten gerichtet ist. Das Klicken auf eine der Schaltflächen erhöht bzw. verringert den internen Wert des Drehfeldes um den Betrag, der in der Eigenschaft *SmallChange* festgelegt ist. Ein Drehfeld ist meistens von einem Textfeld begleitet, das seinen aktuellen Wert anzeigt. Ein solches Drehfeld befindet sich z.B. in WinWord oder in Excel in dem Fenster des Menüs DATEI\DRUCKEN und wird dort für die Festlegung der Anzahl der zu druckenden Kopien verwendet.

Das Drehfeld arbeitet ähnlich wie die Bildlaufleiste und ist eine vereinfachte Version davon: Es besitzt wie die Bildlaufleiste einen Wertebereich, dessen Ausdehnung dem *Long* Datentyp entspricht. Der empfohlene Wertbereich liegt auch hier zwischen -32767 und +32767, kann aber auch andere Grenzen besitzen. Im Unterschied zur Bildlaufleiste kann das Drehfeld nicht auf zwei verschiedenen Arten gesetzt werden, da es keinen Schieber besitzt. Deswegen verfügt es auch nicht über die Eigenschaft *LargeChange*.

Ausgabe der Werte

Der Wert des Drehfeldes kann entweder in einer Zelle (Eigenschaft *ControlSource*), oder, wie oben schon erwähnt, mit Hilfe eines Textfeldes angezeigt werden. Die Ausgabe in einer Zelle erfolgt automatisch, die in ein Textfeld muß dagegen vom Programmierer geregelt werden. Für das Drehfeld wird im folgenden ein Beispiel vorgestellt, das die Verwendung eines Bearbeitungsfeldes für die Anzeige vorsieht.

Wir möchten uns einen kleinen Kalender erstellen: Nach dem Start soll immer das aktuelle Datum, mit der Angabe des Wochentags, angezeigt werden. Über ein Drehfeld soll das Datum um einen Tag erhöht bzw. verringert werden. Das Dialogfeld des Programms ist in Abbildung 6.34 zu sehen.

Abbildung 6.34: Das Dialogfeld des Beispielsprogramms für das Drehfeld

Die Schaltfläche HEUTE setzt das Datum wieder auf den aktuellen Tag zurück. Die Eigenschaft *ShowModal* des Dialogfensters wurde auf *False* gesetzt: so kann das kleine Dialog am Bildschirm geöffnet bleiben, während der Anwender mit Excel weiter arbeitet.

Exkurs: Das Datumsystem von Excel und das Drehfeld

Bevor das Programm in seinen Einzelheiten analysiert wird, muß ein kleiner Exkurs in das Datumssystem von Excel gemacht werden. Excel verwendet intern für Datumswerte eine numerische Darstellung, d.h. jedem Datum entspricht ein bestimmter Wert eines Bereiches. Der Bereich für Excel 2000 wird in der folgende Tabelle wiedergeben:

System	Anfang	Ende
1900	1. Januar 1900 = 1	31. Dezember 9999 = 2958465
1904	2. Januar 1904 = 1	31. Dezember 9999 = 2957003

Die zwei verschiedenen Datumssysteme können aus dem Menü EXTRAS\OPTIONEN, Register Berechnung eingestellt werden. Das 1904-System wurde von Microsoft ursprünglich für die Macintosh-Version von Excel eingeführt. Dieses System hat gegenüber dem Standard-System einen Vorteil: es kann negative Zeitwerte anzeigen. Sehr oft benutzt man Excel für Zeitberechnungen aller Art, z.B. von Arbeitsstunden. Wenn eine kleinere Stundenzahl von einer größeren abgezogen wird, ergibt sich dann ein negativer Betrag an Stunden. Das Standard-Datumssystem von Excel zeigt dann nur eine Reihe von Doppelkreuzen in der Zelle an. Das 1904-System dagegen zeigt eine negative Stundenzahl an, wie man auch in Abbildung 6.35 sehen kann.

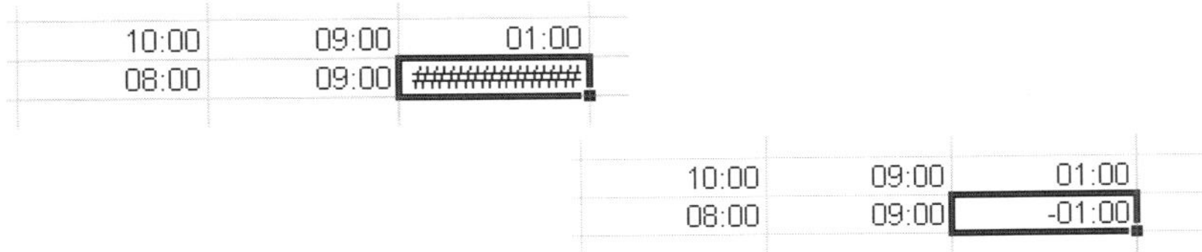

Abbildung 6.35: Das Standard-System (links) und das 1904-System (rechts) für das Datum

Die numerischen Werte für die Grenze des Datumsbereichs sind hier übrigens nicht per Hand berechnet worden, sondern sie können direkt von Excel angezeigt werden: Man muß nur das Anfangs- und Enddatum des verwendeten Bereichs in zwei Zellen schreiben, dann formatiert man die Zellen als Zahl. Excel zeigt dann den internen Wert, der dem Datum entspricht. Umgekehrt geht es auch: Man kann eine Zahl in eine Zelle schreiben und sie dann als Datum formatieren, um das Datum, das der Zahl entspricht, zu sehen. Wer nicht überzeugt ist, daß Excel nur Datumswerte der angegebenen Bereiche bearbeiten kann, sollte probieren, in einer Zelle ein Datum außerhalb des Bereiches anzugeben (z.B. 31.12.1899 oder 1.1.10000). Excel nimmt dann die Eingabe als Text, nicht als Datum, an.

Die Grenze des Datumsbereiches von Excel werden in den *Min*- und *Max*-Eigenschaften des Drehfeldes eingetragen. Die Eigenschaft *SmallChange*, die für die Schrittweite zuständig ist, ist auf 1 gesetzt.

Drehfeld auf aktuelles Datum setzen

Die erste Prozedur, die vorgestellt wird, ist die Prozedur zum Setzen der Werte des Drehfeldes, des Textfeldes und des Textes unterhalb des Textfeldes.

Beispiel 6.28: Setzen eines Drehfeldes und dazugehöriges Textfeldes

```
1  Sub SetValue(ByVal datum As Date)
2  Me.TextBox1.Value = Format(datum, "dd. mmmm yyyy")
3  Me.Label1.Caption = WeekdayName(Weekday(datum), , vbSunday)
4  Me.SpinButton1.Value = CLng(datum)
5  End Sub
```

Die Anweisungen bedeuten im einzelnen:

- **Zeile 1:** Die Prozedur hat einen Call by Value (s. Kap. 3, Unterprogrammtechnik) Parameter. Sie wird aus verschiedenen Stellen aufgerufen. Jedesmal wird ein Datum übergeben. Die Prozedur wird beim Starten des Programmes (Ereignis Initialize des UserForm), beim Klicken der Schaltfläche Heute und beim Ändern des Drehfeldes aufgerufen.
- **Zeile 2:** Das Textfeld zeigt das Datum in der Form „tt-mmmm-jjjj" an (also z.B. 24. Dezember 1999). Dies wird über die Funktion *Format* realisiert. Diese Funktion formatiert den ihr übergebenen ersten Parameter so, wie es in ihrem zweiten Parameter festgehalten ist.
- **Zeile 3:** Der Wochentag wird als Eigenschaft *Caption* eines Bezeichnungsfeldes angezeigt. Um dies zu erreichen, sind zwei Funktionen notwendig. Aus dem übergebenen Datum wird der Wochentag mit der Funktion *Weekday* extrahiert. Das Ergebnis ist eine Zahl, die an einen Wochentag gebunden ist. Sonntag hat den Wert 1, Montag 2, usw., bis Samstag mit 7. Diese Zahl wird dann über die neue Funktion *WeekdayName* in einen Text umgewandelt. Der Parameter *vbSunday* legt den Anfang der Woche fest.
- **Zeile 4:** Natürlich müssen die Ausgabefelder mit dem Drehfeld synchronisiert werden. Die Eigenschaft *Value* des Drehfeldes bekommt das Datum als Zahl vom Typ *Long* zugewiesen.

In der Prozedur auf der CD-ROM sind als Kommentar auch die Anweisungen für die Version 97 von Excel angegeben.

Heutiges Datum

Die obige Prozedur vereinfacht die Programmierung der restlichen Elemente sehr. Die folgende Prozedur, die Ereignisprozedur der Schaltfläche HEUTE, besteht nur aus einer Zeile.

Beispiel 6.29: Datum über Systemdatum setzen

```
Private Sub ToDayButton_Click()
SetValue (Date)
End Sub
```

Die Funktion *Date* gibt das Systemdatum zurück. Sie wird hier als Parameter für die Prozedur `SetValue` verwendet, d.h. die Steuerelemente im Dialogfeld werden mit dem aktuellen Datum aktualisiert. Der gleiche Aufruf erfolgt in der Ereignisprozedur *Initialize* des Dialogfeldes.

Wert des Drehfeldes

Die Prozedur des Ereignisses *Change* des Drehfeldes ist auch sehr einfach, wie man dem folgenden Listing entnehmen kann.

Beispiel 6.30: Wert eines Drehfeld ablesen

```
Private Sub SpinButton1_Change()
SetValue (CDate(Me.SpinButton1.Value))
End Sub
```

Der einzige Unterschied zu der vorherigen Prozedur ist der Parameter der Prozedur `SetValue`. Der aktuelle Wert des Drehfeldes wird aus der Eigenschaft *Value* ausgelesen, dann mit der Funktion *CDate* in ein Datum umgewandelt und weiter gegeben.

Online-Hilfe

Drehfeld-Steuerelement (SpinButton), „Tips zur Eingabe von Datums- und Zeitangaben“

KAPITEL6.XLS, Formular „DrehfeldDialog“

6.3.14 Multiseiten (MultiPage)

Standardeigenschaft	Standardereignis	Präfix
Value	Change	mlp

Aufgabe: Im Fenster blättern

Das Multiseiten-Steuerelement ist relativ neu: Es wurde in Office 97 eingefügt. Multiseiten-Elemente werden schon lange in Windows-Programmen verwendet; z.B bestehen. alle Fenster aus den Menüs

EXTRAS\OPTIONEN von Office-Programmen aus diesem Element. Die Multiseiten sind praktisch mehrere Fensteroberflächen, die über ein Register erreichbar sind. Jede Seite verfügt über verschiedene, logisch zusammengehörige Steuerelemente. Die Multiseiten erlauben eine übersichtliche Verteilung von logisch zusammengehörenden Steuerelementen auf mehreren Seiten eines Dialogfeldes.

Seiten editieren

Die Multiseite besitzt nach dem Einfügen in ein Dialogfeld standardmäßig zwei Registerblätter, *Page1* und *Page2*. Man kann aber mehre Register hinzufügen: Dies geht am schnellsten über das Kontextmenü der Multiseiten, das in Abbildung 6.36 zu sehen ist. Das Kontextmenü erlaubt das Hinzufügen weiterer Seiten, das Löschen vorhandener Seiten, sowie das Umbenennen und Ändern der Reihenfolge.

Anzahl der Elemente

Eine Multiseite besteht aus mehreren Objekten: aus dem Element Multiseite selbst als *Container*-Objekt und aus allen seinen Seiten. Die Seiten besitzen ein Auflistungsobjekt. Die Multiseite aus Abbildung 6.36 besteht z.B. aus den Objekten *MultiPage1, Page1, Page2* und *Page3*. Diese Tatsache muß für die Einstellung der Eigenschaften berücksichtigt werden. Die Eigenschaften jeder Seite können voneinander unabhängig eingestellt werden: z.B. kann über die Eigenschaft *TransitionPeriod* die Zeit für den Übergang von einer Seite zur nächsten festgelegt werden, oder über die Eigenschaft *TransitionEffect* der Übergangseffekt beim Seitenwechsel definiert werden (von rechts, von unten etc.).

Seitenindex

Die Seiten sind mit einem Index durchnumeriert und wie üblich in Basic, fängt die Numerierung der Seiten mit der Zahl 0 an. Dieser Wert kann über die Eigenschaft *Value* abgefragt werden (s. folgendes Beispiel).

Abbildung 6.36: Multiseiten über das Kontextmenü editieren

Seitenwechseln

Das Wechseln der Seiten muß nicht programmiert werden: Es geschieht automatisch, sobald der Anwender auf eines der Register geklickt hat. Wie man in Abbildung 6.36 beobachten kann, können auch für die Seiten Zugriffstasten (hier [Alt]+[1] etc.) über die Eigenschaft *Accelerator* definiert werden.

Für den Programmierer ist es wichtig zu wissen, welche Seite gerade aktiv ist (um z.B. den Fokus auf ein Steuerelement zu setzen) und eventuell, wie man von einer Seite zu der nächsten per Programm wechseln kann. Dies wird anhand eines Beispiels gezeigt.

In betrieblichen Anwendungen hat man oft große Tabellen mit Zahlen. Man hätte dann gern, daß sich z.B. das Minimum und das Maximum der Zeilen (oder Spalten) farbig vom Rest unterscheiden würde. Natürlich wäre es am bequemsten, wenn man dies gleichzeitig für verschiedene, getrennte Bereiche haben könnte. Eine Lösung wäre natürlich, über den Funktions-Assistenten in einer Zelle das Minimum oder Maximum der Zeilen eintragen zu lassen, aber wir wollen hier keine Formel im Blatt haben, sondern nur den Wert selbst farbig markieren. Vielleicht müssen die Excel-Tabellen danach von anderen Programmen oder sogar Systemen verwendet werden, so daß es nicht möglich ist, Formeln in die Blättern einzutragen. Farbige Markierungen machen eigentlich nie Probleme. Diese Aufgabe können wir z.B. über ein kleines Programm lösen: das Programm zeigt ein Fenster mit zwei Seiten an. Auf der ersten Seite wird der Bereich mit einem Referenzfeld angegeben, und die Funktion, Minimum oder Maximum, ausgewählt. Auf der zweiten Seite wird die Farbe ausgesucht. Die zwei Seiten des Dialogfeldes sind in Abbildung 6.37 zu sehen.

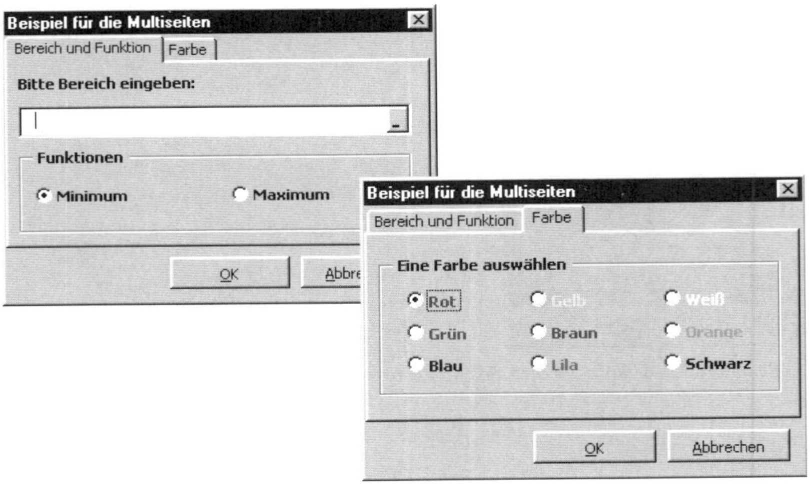

Abbildung 6.37: Die zwei Seiten des Dialogfeldes des Beispielsprogramms

Die Eingabe des Bereiches erfolgt, wie schon erwähnt, über ein Referenzfeld. Auf der gleichen Seite wird dann die Funktion gewählt. Standardmäßig ist die Funktion Minimum gesetzt. In der zweiten Seite kann eine Farbe ausgesucht werden. Wenn keine ausgewählt wird, wird immer Rot genommen. Die Optionen werden mit dem Ereignis *Initialize* des Dialogfeldes beim Starten gesetzt.

Das folgende Listing zeigt die Prozedur für die Schaltfläche OK.

Aktive Seite ermitteln

Beispiel 6.31: Auf Seiten von Multiseiten zugreifen

```
1   Private Sub OKButton_Click()
2   Dim pagenr As Byte, strBereich As String
3   If Me.RefEdit1.Value = "" Then
4       MsgBox "Bitte Bereich markieren!"
5       pagenr = Me.MultiPage1.Value
6       If pagenr = 1 Then Me.MultiPage1.Value = pagenr - 1
7       Me.RefEdit1.SetFocus
8       Exit Sub
9   End If
10  strBereich = setBereich(RefEdit1.Value)
11  SetColor Range(strBereich), FktNr, rot, gruen, blau
12  End Sub
```

Die Anweisungen bedeuten im einzelnen:

- **Zeile 3 bis 7:** Wenn der Anwender keinen Bereich markiert hat und die Schaltfläche OK anklickt, erscheint die Aufforderung, einen Bereich anzugeben. Danach will man den Fokus im Referenzfeld setzen, um die Eingabe sofort zu ermöglichen. Da aber das Fenster zwei Seiten hat, kann man nicht sicher sein, daß die erste Seite, in der sich das Referenzfeld befindet, auch aktiv ist. Wenn nämlich die zweite Seite aktiv ist, würde die Anwendung der Methode *SetFocus* auf das Referenzfeld zu einem Programmabbruch führen. Über die Eigenschaft *Value* wird festgestellt, welche Seite gerade aktiv ist. Da hier nur zwei Seiten vorhanden sind, kann der Wert nur 0 oder 1 sein. Wenn der Wert 1 ist, wird über die Eigenschaft *Value* das Seitenwechseln induziert, indem man die Eigenschaft um 1 verringert.
- **Zeile 10, 11:** Wenn die Ausführung diese Zeile erreicht, ist schon vom Anwender ein Bereich angegeben worden. Die benutzerdefinierte Funktion `setBereich` setzt nur die Trennzeichen „;" des Referenzfeldes in Kommas um. Diese Angelegenheit wurde schon beim Optionsfeld (s. Abschnitt 6.3.8, „Das Optionsfeld (OptionButton)"), Referenzfeld (s. Abschnitt 6.3.9, „Das Referenzfeld (RefEdit)") und bei der Bildlaufleiste (s. Abschnitt 6.3.12, „Die

Bildlaufleiste (ScrollBar)") diskutiert. Die Prozedur `SetColor` ist eine modul-allgemeine Prozedur, um die tatsächliche Färbung der Zellen zu erledigen. Sie bekommt den markierten Bereich als Objekt übergeben, die gewählte Funktion (1 für MIN, 2 für MAX, s. Ereignis *Click* der Optionsfelder der Funktionen), und die Farbwerte als drei getrennte Variablen. (s. Ereignis *Click* der Optionsfelder für die Farben)

Durchlaufen des Bereiches

In dem nächsten Listing wird die Prozedur `SetColor` vorgestellt.

Beispiel 6.32: Markierte, getrennte Bereiche zeilenweise durchlaufen

```
1   Sub SetColor(Bereich As Range, Fkt As Integer, _
2          rot As Integer, gruen As Integer, blau As Integer)
3   Dim Zeilen As Byte, Spalten As Byte, A As Byte
4   Dim i As Byte, j As Byte, r As Byte, Zeilfkt As Double
5   A = Bereich.Areas.Count
6   For i = 1 To A
7     Zeilen = Bereich.Areas(i).Rows.Count
8     Spalten = Bereich.Areas(i).Columns.Count
9     For j = 1 To Zeilen
10      If Fkt = 1 Then
11       Zeilfkt = Application.Min(Bereich.Areas(i).Rows(j))
12      Else
13       Zeilfkt = Application.Max(Bereich.Areas(i).Rows(j))
14      End If
15      For r = 1 To Spalten
16        If Bereich.Areas(i).Rows(j).Columns(r).Value =_
17            Zeilfkt Then
18           Bereich.Areas(i).Rows(j).Columns(r).Font.Color_
19            = RGB(rot, gruen, blau)
20        End If
21      Next r
22    Next j
23  Next i
24  End Sub
```

Die Anweisungen bedeuten im einzelnen:

- **Zeile 1, 2:** Die Prozedur `SetColor` braucht eine Menge Parameter. In `Bereich` wird der vom Anwender markierte Bereich übergeben. In `Fkt` wird die Nummer der gesetzten Option, 1 für MIN, 2 für MAX, übernommen. Die anderen drei Parameter stellen die Farbwerte dar: z.B. wird die Farbe Rot durch das Tupel 255, 0, 0 dargestellt.

- **Zeile 5:** In dieser Zeile wird über die Eigenschaft *Count* genau nachgezählt, wie viele getrennte Bereiche der Anwender markiert hat. Wenn nur ein zusammenhängender Bereich angegeben wird, ist die Anzahl der Bereiche 1, auch wenn der Bereich sich über mehrere Zellen erstreckt (z.B. A2:F8). Die Eigenschaft *Areas* stellt die Gruppe der markierten Bereiche dar.
- **Zeile 7, 8:** Über die *For*-Anweisung aus Zeile 6 werden jetzt die Bereiche einzeln durchlaufen. Für jeden von ihnen muß die Anzahl der Zeilen und Spalten ermittelt werden. Dies wird für die Eigenschaften *Rows* und *Columns* wieder über die Eigenschaft *Count* realisiert.
- **Zeile 11, 13:** In Abhängigkeit von der gewählten Funktion wird hier entweder das Minimum oder das Maximum jeder Zeile eines Bereiches errechnet. Die hier verwendete Schreibweise *Application.Min* bzw. *Application.Max* wurde schon in Kapitel 3 bei den benutzerdefinierten Funktionen vorgestellt: Man wendet hierbei Tabellenfunktionen von Excel in VBA an.
- **Zeilen 16 bis 19:** Die jeweiligen Min- oder Max-Werte stehen hier schon fest. Jetzt wird in jeder Zeile die Schrift der Zelle gefärbt, deren Wert dem Minimum oder Maximum entspricht.

Die obige Prozedur ist eine der klassischen Anwendungen für die Excel-Programmierung, in der oft markierte Bereiche durchlaufen werden müssen. Die Eingabe über das Referenzfeld erleichtert die Ermittlung der Bereiche und macht die Markierung (über die *Select*-Methode) derselben überflüssig.

Online-Hilfe

- Multiseiten-Steuerelement (MultiPage)
- Eigenschaften: Count, Areas, Rows, Columns

KAPITEL6.XLS, Formular „MultiseitenDialog", Modul „mdlSetBereich"

6.3.15 Das Register (TabStrip)

Standardeigenschaft	Standardereignis	Präfix
Value	Change	tabs

Auch das Register-Steuerelement ist, genau wie die Multiseiten (s. vorherigen Abschnitt), das Referenzfeld und die Anzeige erst in Office 97 eingeführt worden. Wegen seiner äußerlichen Ähnlichkeit mit dem Multiseiten-Steuerelement kann es mit diesem verwechselt wer-

Aufgabe: Verschiedene Ansichten erlauben

den. Die Funktionen der beiden Steuerelemente unterscheiden sich jedoch grundsätzlich voneinander.

Unterschied zu Multiseiten

Ein Multiseiten-Steuerelement stellt praktisch so viele verschiedene Bildschirmmasken zur Verfügung, wie die Anzahl seiner Seiten. Jede Maske verfügt über eigene, unterschiedliche Steuerelemente. Die Steuerelemente einer Multiseite könnten auch in einer einzigen, großen Maske Platz haben. Die Wahl einer Multiseite hängt meistens von dem am Bildschirm zur Verfügung stehenden Platz ab. Ein Register dagegen, obwohl es wie die Multiseiten über Registerreiter verfügt, ist und bleibt eine einzige Maske. Die anderen Steuerelemente, die in ihm plaziert werden, sind immer zu sehen, egal welchen Registerreiter man anklickt. Dem Programmierer wird hier die Aufgabe gestellt, für die Änderung des Inhalts der Steuerelemente beim Wechseln des Registerreiters zu sorgen.

Elemente des Registers

Nach dem Einfügen eines Registers in ein Dialogfeld erscheinen standardmäßig zwei Registerreiter, *Tab1* und *Tab2*. Genau wie bei den Multiseiten können hier zusätzliche Registerreiter hinzugefügt werden. Über das Kontextmenü des Registers geht es am schnellsten, wie man in Abbildung 6.38 sehen kann.

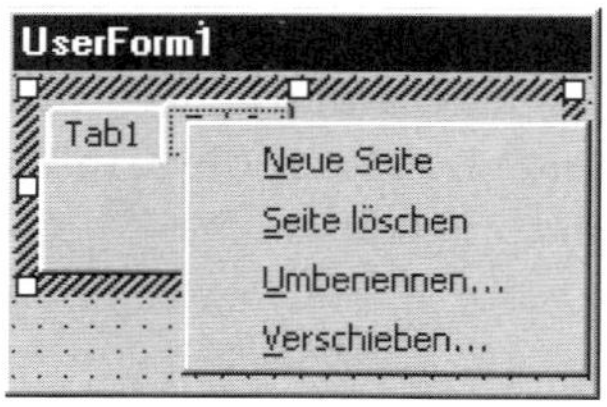

Abbildung 6.38: Register über das Kontextmenü editieren

Das Register besteht wie die Multiseite aus mehreren Objekten, und zwar einem *TabStrip*-Objekt und aus mehreren *Tab*-Objekten. Das Objekt *TabStrip* ist ein Container für die *Tab*-Objekte, die aber auch als *Tabs*-Auflistung betrachtet werden können. Im Unterschied zu den Multiseiten erfolgen die Zugriffe auf die verschiedenen Reiter jedoch nicht über das Eigenschaftenfenster, sondern nur über ein Programm. Auch das Benennen der Blätter kann nicht über das Eigenschaftenfenster erfolgen, sondern nur durch den Eintrag UMBENENNEN des Kontextmenüs. In Abbildung 6.39 ist das Fenster für das Umbenennen der Reiter abgebildet. Dort kann nicht nur derText, sondern auch die Zugriffstaste und die Quickinfo definiert werden.

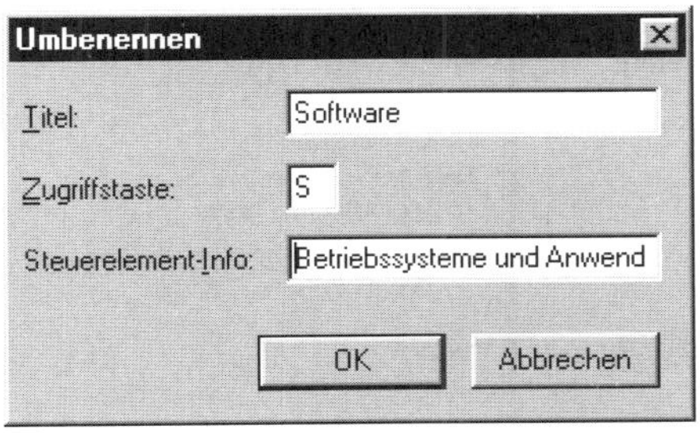

Abbildung 6.39: Editieren der einzelnen Tab-Objekten

Stil des Registers

Über die Eigenschaft *Style* kann das Aussehen der Registerblätter geändert werden. Sie können als Registerblätter angezeigt werden (Wert 0), oder als Schaltflächen (Wert 1) oder überhaupt nicht sichtbar sein (Wert 2), wie auch in Abbildung 6.40 gezeigt wird (von links nach rechts).

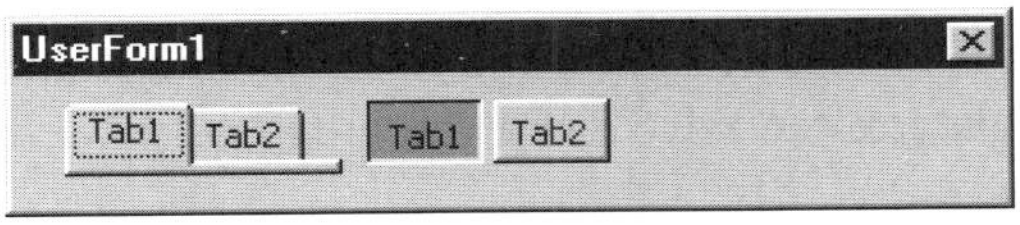

Abbildung 6.40: Die verschiedenen Absichten eines Register-Steuerelements

Numerierung der Register

Die einzelnen Elemente eines Registers sind durchnumeriert, und die Numerierung fängt wie üblich bei 0 an. Der Wert wird auch hier im Programm über die Eigenschaft *Value* abgefragt (s. das folgende Beispiel). Dieser Wert wird aber auch im Eigenschaftenfenster angezeigt, unter der Eigenschaft *Value*, bei den jeweiligen aktivierten Tab-Objekten.

Seitenwechseln

Das Wechseln von *Tab-* zu *Tab*-Objekt geschieht auch hier, wie bei der Multiseite, automatisch: nämlich beim Klicken auf das nächste Tab-Objekt oder per Zugriffstaste, wenn sie definiert worden ist. Was dann im Fenster geschieht, muß vollständig vom Programmierer geregelt werden.

Manchmal hat man lange Listen von Daten, die sukzessive ergänzt werden. Vielleicht werden die Daten wie eine Art Kassenbuch gepflegt: jeden Tag kommen neue dazu, mit dem Ergebnis, daß man nach einer Weile keinen Überblick mehr hat. Für solche Probleme werden in Excel erfolgreich Pivot-Tabellen eingesetzt, aber wir möchten hier eine einfache, programmierte Lösung anbieten. Als Datenbasis dient eine Tabelle, in der z.B. die persönliche Ausgabe für den privaten PC eingetragen werden. Ein Auszug dieser Tabelle ist in Abbildung 6.41 zu sehen.

	A	B	C	D	E
1	**Artikel**	**Preis**	**Menge**	**Datum**	**Gruppe**
2	Diskette	9,99 DM	1	02.03.95	Zubehör
3	Papier	4,95 DM	1	05.03.95	Zubehör
4	Mauspad	5,00 DM	1	05.04.95	Zubehör
5	Grafikkarte	165,00 DM	1	07.04.95	Hardware
6	Maus	29,90 DM	1	05.08.95	Zubehör
7	Papier	12,95 DM	1	22.08.95	Zubehör

Abbildung 6.41: Die Datenbasis des Beispiels für das Register

Wir möchten jetzt ein Dialogfeld aufrufen können, in dem die Daten summiert nach ihrer Gruppenzugehörigkeit angezeigt werden, z.B. die Summe aller Ausgaben der Gruppe „Zubehör“. Um die Sache noch bequemer zu machen, wollen wir natürlich auch die Gesamtsumme sehen und uns nicht um die Länge der Liste kümmern müssen, d.h. das Programm soll jedesmal selber die Länge der Liste ermitteln. Die *Voraussetzung* ist natürlich eine lückenlose Liste, mit einem ähnlichen Aufbau wie in Abbildung 6.41.

Das Dialogfeld des Programmes ist in Abbildung 6.42 zu sehen. Ein Klick auf die anderen Registerreiter zeigt dann die entsprechenden anderen Summen an.

Abbildung 6.42: Das Dialogfeld des Programmes für das Register

Tabellenblatt festlegen

Unsere Liste befindet sich in der gleichen Mappe des Programmes in einem Tabellenblatt namens „Tabelle3“. Um die Anweisungen im Programm kürzer zu machen, und um sicher zu sein, daß das Programm auf die richtige Liste zugreift, wurden im allgemeinen Teil des *UserForm*-Moduls folgende Variablen deklariert:

```
Private oBlatt As Object
Private Endzeile As Long
```

Die Variable `oBlatt` soll der Bezug zu dem Tabellenblatt sein, `Endzeile` ist die Zeilennummer der letzten belegten Zeile der Liste.

In der *Initialize*-Prozedur des *UserForm* wird mit folgenden Anweisungen das Tabellenblatt zugewiesen und aktiviert:

```
Set oBlatt = ThisWorkbook.Sheets("Tabelle3")
oBlatt.Activate
```

Die Methode *Activate* wechselt automatisch die Ansicht zu dem angegebenen Blatt, hier „Tabelle3". Statt dieser festen Zuweisung eines Blattes, könnte man ein Dialogfeld mit einem Referenzfeld für die Eingabe des Tabellenblattes verwenden (s. Abschnitt 6.3.9, „Das Referenzfeld (RefEdit)").

Listenlänge ermitteln

Im folgenden wird die Prozedur vorgestellt, die für die Feststellung der Listenlängen verantwortlich ist.

Beispiel 6.33: Listenlänge der belegten Zellen in einer Tabelle ermitteln

```
Sub ListeErmitteln()
oBlatt.Range("a1").Select
Do Until ActiveCell.Formula = ""
    ActiveCell.Offset(1, 0).Select
Loop
Endzeile = ActiveCell.Row - 1
oBlatt.Range("a1").Select
End Sub
```

Die Tabelle wird Zeilenweise aus der Zelle A1 durchlaufen. Wenn die erste leere Zelle gefunden wird, wird die Zeilennummer dieser Zelle über ihre Eigenschaft *Row* abgefragt. Das Objekt *ActiveCell* und die Methode *Offset* wurden in diesem Buch schon an zahlreichen anderen Stellen verwendet und erläutert.

Eine ähnliche Prozedur wurde beim Listenfeld und Kombinationsfeld für das Zurückschreiben der Liste in einer Tabelle verwendet (s. Abschnitt 6.3.10, „Das Listenfeld (ListBox)" und Abschnitt 6.3.11, „Das Kombinationsfeld (ComboBox)"). Die Prozedur `Listeermitteln` wird beim Starten des Programms ausgeführt (s. Ereignis *Initialize* der *UserForm*).

Aktiver Registerreiter ermitteln

Nach dem Programmstart wird standardmäßig der Registerreiter GESAMT angezeigt. Das Anzeigen oder Setzen der Reiter, oder der *Tab*-Objekte, wird über die Eigenschaft *Value* realisiert. Zum Setzen der Eigenschaft wird der Index des Objektes verwendet, wie man aus folgendem Listing sehen kann. Zur Erinnerung: die Numerierung des Indexes fängt mit 0 an.

Beispiel 6.34: Markierte Tab eines Tabstrip-Element ermitteln

```
1   Private Sub TabStrip1_Change()
2   Dim i As Byte, reg As String
3   i = Me.TabStrip1.Value
4   Select Case i
5   Case 0: reg = "Hardware"
6   Case 1: reg = "Software"
7   Case 2: reg = "Zubehör"
8   Case 3: reg = "Gesamt"
9   End Select
10  Me.TextBox1.Value = FormatCurrency(Ausgaben(reg))
11  End Sub
```

Die Anweisungen bedeuten im einzelnen:

- **Zeile 3:** die Variable `i` bekommt die Indexnummer des aktuell aktiven Registerreiters zugewiesen. Die Eigenschaft *Value* speichert die Indexnummer des Registerreiters. Beim Start des Programms wird die Eigenschaft *Value* mit dem Wert 3 initialisiert (s. Ereignis *Initialize* des *UserForm*), damit immer der Registerreiter GESAMT angezeigt wird.
- **Zeile 4 bis 8:** Unser *TabStrip*-Steuerelement besitzt 4 Tab-Objekte, also geht der Index von 0 bis 3. In Abhängigkeit des Indexwertes wird eine Zeichenkette gesetzt.
- **Zeile 10:** Das Ausgabefeld im Fenster ist ein für die Eingabe gesperrtes Textfeld (Eigenschaft *Locked* auf *True*). Es zeigt den Rückgabewert der benutzerdefinierten Funktion `Ausgaben`, formatiert über die neue Funktion *FormatCurrency*. Im Quellcode dieser Prozedur ist auch die entsprechende Anweisung für Excel 97 angegeben. Excel 97 kennt nämlich keine *FormatCurrency*-Funktion.

Summe berechnen

Die obige Prozedur ermittelt nur, welcher Registerreiter gerade aktiv ist, setzt eine entsprechende Zeichenkette und ruft eine Funktion auf, um die Summe der Beträge zu berechnen. Diese Funktion wird im nächsten Listing angegeben.

Beispiel 6.35: Partielle und gesamte Summe in einer Liste

```
Private Function Ausgaben(reg As String) As Currency
Dim i As Integer, Laufsum As Currency
Dim gruppe As String, preis As String, menge As String
For i = 2 To Endzeile
  preis = "B" & i
  menge = "C" & i
  If reg = "Gesamt" Then
```

```
8         Laufsum = Laufsum + oBlatt.Range(preis).Value _
9                   * oBlatt.Range(menge).Value
10      Else
11        gruppe = "E" & i
12        If Blatt.Range(gruppe).Formula = reg Then
13           Laufsum = Laufsum + Blatt.Range(preis).Value_
14                     * Blatt.Range(menge).Value
15          End If
16        End If
17    Next i
18    Ausgaben = Laufsum
19    End Function
```

Die Anweisungen bedeuten im einzelnen:

- **Zeile 1:** Die Funktion `Ausgaben` bekommt als Parameter den Namen des aktiven Registerreiters. Ihr Rückgabewert ist vom Typ *Currency,* da es sich hier um DM-Beträge handelt.
- **Zeile 4, 5, 6:** Die Liste wird von der zweite Zeile aus bis zu der letzen durchlaufen. In der ersten Zeilen befinden sich die Namen der Spalten (s. Abbildung 6.41). Die Preise der Artikel befinden sich in Spalte B der Tabelle, die gekaufte Menge in Spalte C. Diese zwei Spalten werden in den Variablen `preis` und `menge` vermerkt, zusammen mit der Zeilennumerierung.
- **Zeile 7 bis 9:** Wenn der Registerreiter GESAMT aktiv ist, muß die gesamte Summe über die Liste der Artikel berechnet werden. Genau dies wird in den Zeilen 8 und 9 gemacht: Die Variable `Laufsum`, die nach der Deklaration den Wert 0 besitzt, speichert für jeden Artikel Preis mal Menge. Der numerische Wert der Zellen wird hier über die Eigenschaft *Value* zurückgegeben.
- **Zeile 11 bis 14:** Der *Else*-Abzweig wird ausführt, wenn andere Registerreiter als GESAMT aktiv sind. In diesem Fall muß in der Spalte „Gruppe" der Tabelle (s. Abbildung 6.41) immer überprüft werden, ob der Artikel zu der entsprechenden Gruppe gehört. Wenn ja, wird Preis mal Menge berechnet und kumuliert.

Es sollte klar sein, daß dieses Programm dem entsprechenden Tabellenblatt angepaßt ist. Eine allgemeine Lösung wäre ein Programm, bei dem zuerst die Angabe des Tabellenblatts z.B. über ein Referenzfeld notwendig wäre. Danach müßte das Programm die Benennungen der Spalten untersuchen und sie als Beschriftung für die Registerreiter verwenden. Der Rest könnte dann aus diesem Beispiel übernommen und angepaßt werden.

Online-Hilfe

Register-Steuerelement (TabStrip), Tabs-Auflistung, Tab-Objekt

KAPITEL6.XLS, Formular „RegisterDialog"

6.3.16 Die Anzeige (Image)

Standardeigenschaft	Standardereignis	Präfix
Picture	Click	img

Aufgabe: Anzeige von Grafik

Das Steuerelement Anzeige erlaubt das Einbinden von Grafiken in Dialogfelder. Grafiken haben nicht nur dekorative Zwecke, sondern dienen durchaus praktischen Zielen: z.B. das Logo der Firma, die Bilder der Mitarbeiter in einer Personaldatei oder von Waren bei einem Versandhaus etc.

Das Steuerelement Anzeige zeigt die Bilder nur an, es ermöglicht nicht die Bearbeitung der Bilder. Dafür müssen spezielle Grafikprogramme verwendet werden.

Bild verbinden

Nach dem Einfügen werden die Eigenschaften der Anzeige gesetzt. Die Bilder werden über die Eigenschaft *Picture* im Eigenschaftsfenster eingebunden: Nach dem Klicken auf die Eigenschaft im Eigenschaftenfenster erscheint eine kleine Schaltfläche mit drei Punkten, wie in Abbildung 6.43 zu sehen ist. Ein Klick auf die Schaltfläche öffnet ein Fenster für die Angabe der Bilddatei.

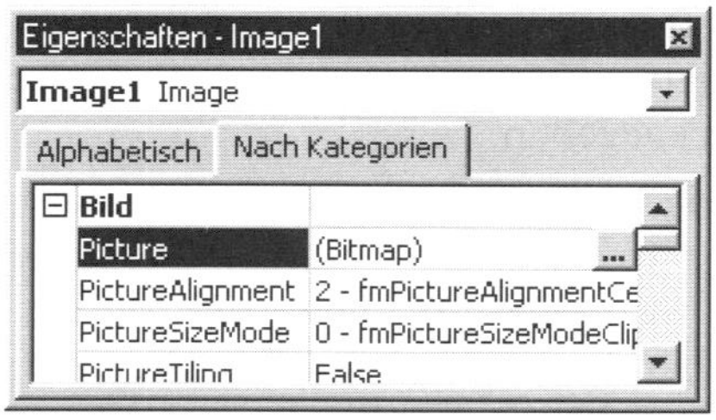

Abbildung 6.43: Ein Bild einbinden

Bild-Format

Das Steuerelement Anzeige ist nicht so wählerisch bei den Bild-Formaten. Es akzeptiert folgende Formate:

*.BMP	*.GIF
*.CUR	*.ICO
*.DIB	*.JPG
*.EMF	*.WMF

Über die Eigenschaft *PictureAlignment* kann die Position des Bildes (oben rechts oder links, zentriert etc.) im Steuerelement definiert werden, falls der Umriß der Anzeige größer als das Bild selbst ist. Über die Eigenschaft *PictureSizeMode* können die Größe des Umrisses und des Bildes aufeinander angepaßt werden. Die Eigenschaft *PictureTiling* erlaubt das Bild als Kachel innerhalb des Steuerelements Anzeige zu verwenden, vorausgesetzt das Bild ist kleiner als der Umriß des Steuerelements.

Auch Dialogfelder, Rahmen und Pages-Objekte besitzen die Eigenschaften *Picture* und *PictureTiling*. Somit lassen sich auch die Hintergründe dieser Elemente beliebig gestalten.

Die Anzeige reagiert auch auf eine beschränkte Anzahl von Ereignissen, so daß auch für Bilder Prozeduren geschrieben werden können. An dieser Stelle wird auf ein Programm für die Anzeige verzichtet und nur ein Dialogfeld angezeigt, in dem mit Bilder etwas übertrieben wurde, wie in Abbildung 6.44 zu sehen ist.

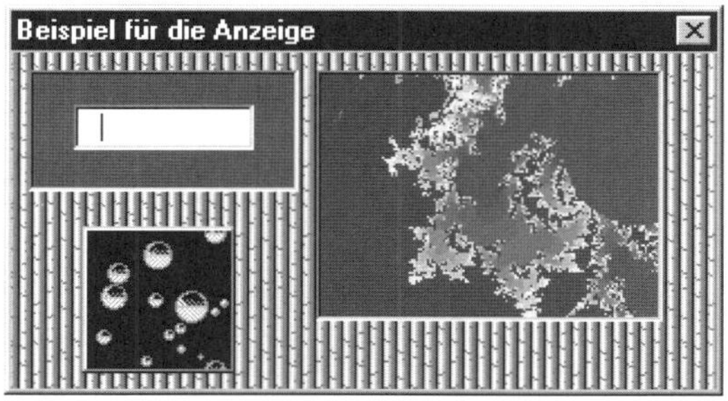

Abbildung 6.44: Eine etwas übertriebene Gestaltung eines Dialogfeldes

Oben links im Dialogfeld wurde eine Anzeige als farbiger Hintergrund für ein Textfeld verwendet (Eigenschaft *BackColor* der Anzeige). Das große Bild rechts im Feld wurde mit einem speziellen Programm (Fraktal) errechnet und als *.GIF gespeichert. Das kleine Bild untern im Feld ist eine BMP-Datei. Die Erhöhungs- oder Versenkungseffekte der Bilder wurden über die Eigenschaft *SpecialEffect* der

Anzeige realisiert. Dem Dialogfeld selbst wurde ein Bild als Kachel zugewiesen.

Die drei Bilddateien befinden sich auch auf der CD-ROM.

Online-Hilfe

Anzeige-Steuerelement (Image), PictureTiling-Eigenschaft

KAPITEL6.XLS, Formular UserForm „AnzeigeDialog", Bilddateien „fract.GIF", „Kugel.BMP", „Strohmatte.BMP"

7 Symbolleisten, Menüs, Schaltflächen und Tastenkombinationen

Eigene Programme können bequem und elegant über Schaltflächen, Symbolleisten, Menüs und Tastenkombinationen ausgeführt werden. Jeder Anwender von Windows-Programmen kennt und benutzt diese Hilfsmittel, die nicht mehr von der grafischen Oberfläche der Programme weg zu denken sind. Die verschiedenen Programme des Office-Pakets verfügen jeweils über mehrere Symbolleisten und Menüs, die je nach aktiver Umgebung, ausgetauscht werden. Die VBA-Entwicklungsumgebung besitzt z.B. eigene Menüs und Symbolleisten, die nur angezeigt werden, wenn man in die Entwicklungsumgebung wechselt. Die Anzahl der tatsächlich zur Verfügung stehenden Möglichkeiten übersteigt die Anzahl der Symbolleisten und Menüs, die standardmäßig angezeigt werden. In diesem Kapitel werden solche Möglichkeiten vorgestellt. Darüber hinaus wird auch gezeigt, wie man eigene Symbolleisten und Menüs erstellen kann, um seine eigenen Programme auszuführen.

7.1 Schaltflächen und Symbolleisten

In den vorherigen Kapitel wurden einige kleine Programme vorgestellt. Die Programme wurden meistens zu Testzwecken aus der Entwicklungsumgebung heraus gestartet. Eine alternative Methode, Programme zu starten, ist, ein Programm aus der Liste der vorhandenen Makros im Fenster MAKRO auszuwählen, wie auch in Abbildung 7.1 zu sehen ist.

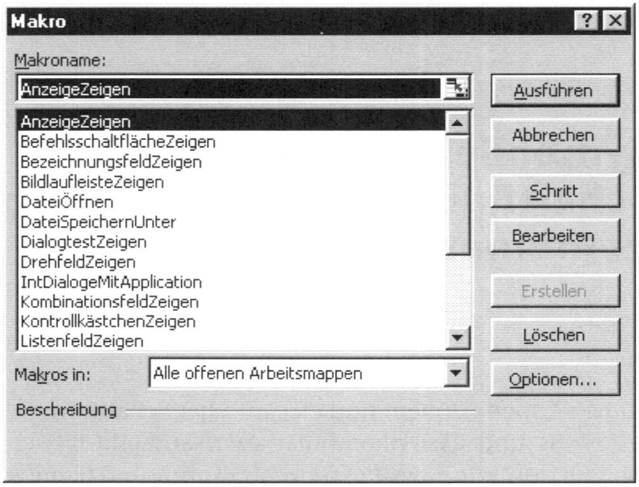

Abbildung 7.1: Das Fenster Makro aus dem Menü EXTRAS\MAKROS

Über die Schaltfläche AUSFÜHREN des Fensters kann dann ein Programm ausgeführt werden. Das Fenster wird über das Menü EXTRAS\MAKROS aus der Excel-Umgebung heraus aufgerufen.

Diese Art der Ausführung hat natürlich erhebliche Nachteile: Man muß entweder immer die Entwicklungsumgebung oder das Fenster EXTRAS\MAKRO aufrufen, um das eigene Programm auszuführen. Wenn viele Makros oder Programme vorhanden sind, hat man außerdem das Vergnügen, aus der Menge der vorhandene Makros das richtige heraussuchen zu müssen. Ein solches Verfahren ist umständlich und den meisten Anwendern nicht zumutbar, und eignet sich nur zum Testen eines Programms. Wesentlich bequemer ist die Verwendung von Schaltflächen in Symbolleisten oder in Tabellenblättern.

Symbolleiste: immer ausführbar

Eine Schaltfläche in einer Symbolleiste ist nicht nur einfach zu benutzen, sie bietet außerdem noch einen weiteren Vorteil: Auch wenn das VBA-Programm in einer Mappe gespeichert ist, die zu dem aktuellen Zeitpunkt geschlossen ist, kann es trotzdem ausgeführt werden. Wegen der Lokalität der Makros (ein Makro steht nur in der Mappe zur Verfügung, in der es gespeichert ist, außer bei der speziellen Mappe PERSONL.XLS, s. dazu Kapitel 5) mußte man bisher die entsprechende Mappe öffnen, um ein Makro ausführen zu können. Wenn aber ein Makro an eine Schaltfläche in der Symbolleiste angebunden wird, wird die Mappe von Excel geöffnet, sobald man die Schaltfläche anklickt.

Tabellenblatt: nur lokale Relevanz

Eine Schaltfläche in einem Tabellenblatt dagegen bietet sich nur für Programme an, die nur innerhalb der Mappe, in der sie gespeichert sind, auszuführen sind. Es sollte klar sein, daß, wenn eine Mappe geschlossen ist, es nicht möglich ist, auf Elemente zuzugreifen, die sich in ihren Tabellenblättern befinden. Im Kapitel 5 wurde schon gezeigt, wie man eine solche Schaltfläche in eine Tabelle einfügt und an ein Programm anbindet. Nichtsdestotrotz wird in diesem Kapitel eine kleine Wiederholung des Verfahrens angeboten.

7.1.1 Die Symbolleisten von Excel

Excel besitzt verschiedene Symbolleisten. In der Regel sind die Leisten *Standard* und *Format* aktiv. Außer diesen beiden gibt es noch eine Anzahl anderer. Die weiteren Leisten können über das Menü ANSICHT\SYMBOLLEISTEN aktiviert werden. Die Liste der Symbolleisten ist in Abbildung 7.2 zu sehen: Die aktiven Leisten sind mit einer Markierung links vor dem Namen versehen. Ein Klick mit der linken Maustaste auf einen der Namen aktiviert bzw. deaktiviert die entsprechende Leiste.

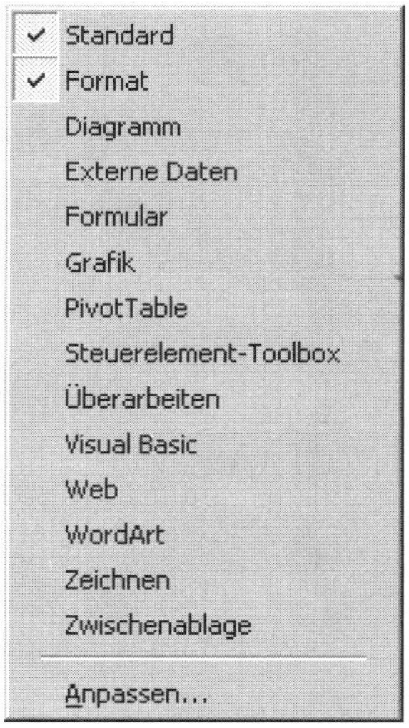

Abbildung 7.2: Die Liste der Excel-Symbolleisten aus ANSICHT\SYMBOLLEISTEN

Auch für die Symbolleisten gibt es ein Kontextmenü: Ein Klick mit der rechten Maustaste auf die vorhandenen Leisten zeigt das Kontextmenü der Symbolleisten, das in Excel genauso aussieht wie die Liste aus dem Menü ANSICHT\SYMBOLLEISTEN aus Abbildung 7.2.

Das Fenster ANPASSEN

Der letzte Eintrag des Menüs oder Kontextmenüs der Symbolleisten heißt ANPASSEN. Er ist der Schlüssel, um zu weiteren Schaltflächen und Symbolleisten zu kommen. Der letzte Eintrag öffnet das Fenster ANPASSEN, das in Abbildung 7.3 zu sehen ist. Dieses Fenster verfügt über drei Registerreiter: SYMBOLLEISTE, BEFEHLE und OPTIONEN. Im ersten Register erscheint immer die Liste der verfügbaren Symbolleisten. Von hier aus können vorhandene Symbolleisten mit einem Klick auf die entsprechenden Kontrollkästchen aktiviert werden, oder neue, benutzerdefinierte Symbolleiste erstellt werden (s. 7.1.2, „Benutzerdefinierte Symbolleisten in Excel").

Symbolleisten erweitern

Außerdem ist im Fenster ANPASSEN noch eine weitere Möglichkeit gegeben: Die Funktionalität der vorhandenen Symbolleisten (und Menüs!) kann durch Hinzufügen weiterer Schaltflächen (oder Menüeinträge) beliebig erweitert werden.

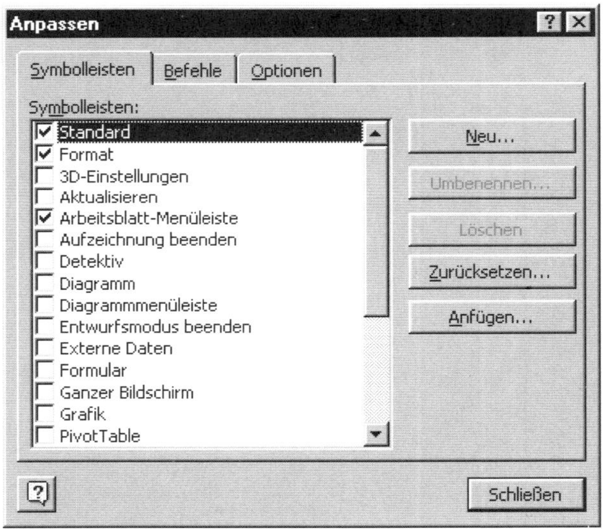

Abbildung 7.3: Das Fenster Anpassen

Als Beispiel wollen wir hier die Standard-Symbolleiste in Excel mit einer Schaltfläche für das Schließen der Mappe erweitern. Die Aktion „Schließen" befindet sich standardmäßig im Menü DATEI\SCHLIEßEN.

Die Erweiterung vorhandener Symbolleisten (oder Menüs) wird folgendermaßen realisiert:

1. Zuerst muß das Fenster ANPASSEN am Bildschirm geöffnet werden (Menü ANSICHT\SYMBOLLEISTEN oder Kontextmenü der Symbolleisten, Eintrag ANPASSEN).

2. Im Fenster ANPASSEN ist als nächstes der Registerreiter BEFEHLE zu aktivieren. Dort erscheint dann die Liste der Excel-Menüs und ihre Unterbefehle, die zum Teil seit Excel 97 auch die Symbole der Symbolleisten anzeigen. In Abbildung 7.4 ist der Inhalt des Registers BEFEHLE mit markiertem Eintrag „Datei" zu sehen. Rechts im Bild sieht man die Einträge, die sich hinter diesem Begriff verbergen.

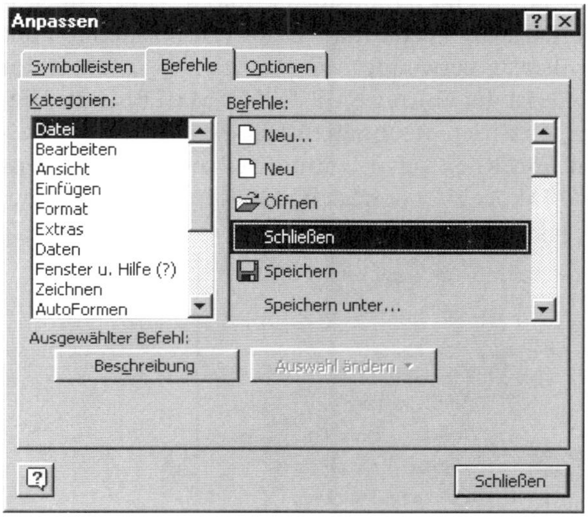

Abbildung 7.4: Der Inhalt des Registerreiters „Befehle"

Für unsere Zwecke brauchen wir den Eintrag „Schließen": Dieser Befehl schließt nämlich die aktuelle Mappe, wenn er gewählt wird. Der Eintrag „Schließen" wird jetzt mit der linken Maustaste angeklickt und bei gedrückter Maustaste auf die Symbolleisten gezogen. Die Einfügestelle kann beliebig gewählt werden. Sie wird mit einem kleinen, senkrechten Balken markiert. Eine gute Stelle für die neue Schaltfläche wäre der Platz in der Standard-Symbolleiste nach der SPEICHERN-Schaltfläche, wie in Abbildung 7.5 zu sehen ist. Die neue Schaltfläche trägt noch eine Beschriftung statt eines Symbols, dies kann aber geändert werden.

Abbildung 7.5: Die neue, noch nicht bearbeitete Schaltfläche in der Symbolleiste Standard

Wir möchten jetzt aber ein Symbol statt eines Textes für die neue Schaltfläche haben. Auch dies kann aus dem Fenster ANPASSEN heraus erfolgen. Das Fenster verfügt über zwei weitere Schaltflächen, BE-

SCHREIBUNG und AUSWAHL ÄNDERN (s. Abbildung 7.4). Die Schaltfläche BESCHREIBUNG öffnet ein Quickinfo-Feld, das allgemeine Informationen über die gerade markierte Schaltfläche anzeigt. Die Schaltfläche AUSWAHL ÄNDERN dagegen öffnet ein weiteres Menü, das in Abbildung 7.6 zu sehen ist. Der Eintrag NAME zeigt den Namen der Schaltfläche, inklusive Zugriffstaste: vor dem Buchstaben c ist das Zeichen „&" zu sehen. Dieses Zeichen hat die gleiche Funktion wie die Eigenschaft *Accelerator* im Eigenschaftenfenster (s. Kap.6): Der ihm folgende Buchstabe im Namen der Schaltfläche kann zusammen mit der `Alt`-Taste als Zugriffstaste verwendet werden (hier: `Alt`+`c`). Im unteren Teil des Menüs ist der Eintrag NUR TEXT (IMMER) aktiv. Dieser Eintrag bestimmt, ob unsere neue Schaltfläche einen Text statt eines Symbols anzeigt. Ein Klick auf den unmittelbar darüberstehenden Eintrag STANDARD korrigiert den Sachverhalt in unserem Sinne.

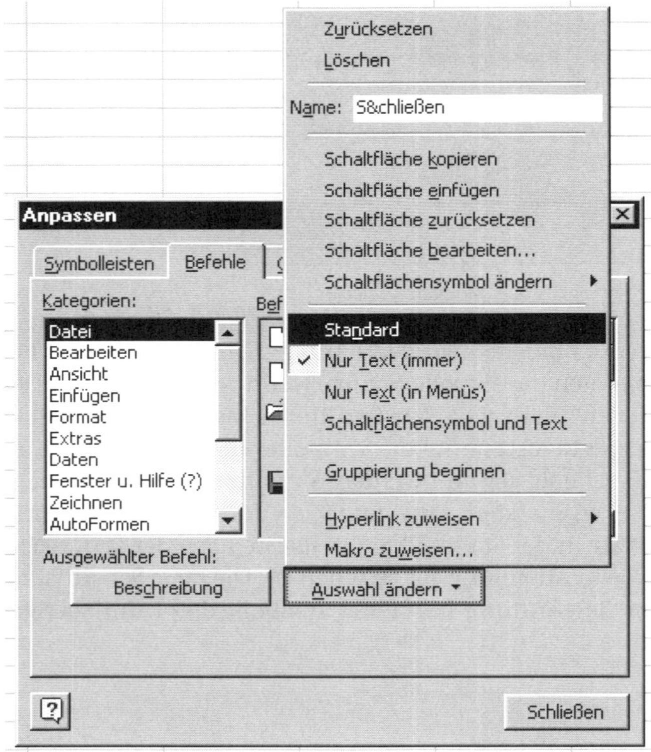

Abbildung 7.6: Das Menü aus der Schaltfläche AUSWAHL ÄNDERN

Jetzt besitzt die neue Schaltfläche das Symbol, das in Abbildung 7.7 zu sehen ist. Solche Erweiterungen der bestehenden Symbolleisten können für alle Symbolleisten von Excel definiert werden. Es ist sogar zu empfehlen, einen Blick in die weiteren Möglichkeiten des Registers BEFEHLE des Fensters ANPASSEN zu werfen: Man wird sicherlich einige nützliche und versteckten Funktionalitäten von Excel entdekken! Symbolleisten können außerdem nicht nur um weitere Excel-Funktionalitäten, sondern auch um eigene Programme erweitert werden (s. 7.1.2, „Benutzerdefinierte Symbolleisten in Excel").

Abbildung 7.7: Die neue, jetzt bearbeitete Schaltfläche in der Symbolleiste Standard

Änderungen der Symbolleisten zurücksetzen

Alle Änderungen an einer der vordefinierten Excel-Symbolleisten können - falls gewünscht - zurückgenommen werden. Auch das Zurücksetzen wird aus dem Fenster ANPASSEN (aus dem Menü ANSICHT\SYMBOLLEISTEN oder dem Kontextmenü der Symbolleisten, Eintrag ANPASSEN) ausgeführt. Im Registerreiter SYMBOLLEISTEN (s. Abbildung 7.3) muß dann nur die entsprechende Symbolleiste markiert werden (in diesem Fall die Symbolleiste STANDARD). Danach reicht es, auf die Schaltfläche ZURÜCKSETZEN zu klikken, und nach einer Rückfrage des Office-Assistenten werden alle Änderungen der Symbolleisten rückgängig gemacht.

7.1.2 Benutzerdefinierte Symbolleisten in Excel

Im letzten Abschnitt wurde erklärt, wie man die Symbolleisten von Excel erweitern kann. Die Erweiterung erfolgte mit zusätzlichen Excel-Befehlen, die standardmäßig nicht aktiv sind. In diesem Abschnitt dagegen wird erklärt, wie man die Symbolleisten von Excel um eigene Programme erweitern oder wie man ganz neue Symbolleisten erstellen kann.

Fenster ANPASSEN

Der erste Schritt für die Erstellung von Schaltflächen für die eigenen Programme ist das Öffnen des Fensters ANPASSEN (Menü ANSICHT\SYMBOLLEISTEN oder Kontextmenü der Symbolleisten, Eintrag ANPASSEN). Dies gilt sowohl für Schaltflächen, die eine vorhandene Excel-Symbolleiste erweitern, als auch für Schaltflächen, die für eine neue, benutzerdefinierte Symbolleiste bestimmt sind.

Abgesehen von der Erstellung einer benutzerdefinierten Symbolleiste ist die Vorgehensweise für das Einfügen der Schaltfläche und die Anbindung an eigene Programme in beiden Fällen identisch. Aus diesem Grund wird im folgenden zuerst die Erstellung einer neuen Symbolleiste erklärt. Das Einfügen der Schaltfläche bezieht sich hier dann auf die benutzerdefinierte Symbolleiste. Dies kann aber ohne Probleme auch auf eine Excel-Symbolleiste übertragen werden. Bei einer großen Anzahl eigener Schaltflächen ist aber, aufgrund einer bessere Übersichtlichkeit, die Erstellung einer benutzerdefinierten Symbolleiste einer Erweiterung der bestehenden vorzuziehen. Dies nur.

Neue Symbolleiste erstellen

Das Fenster ANPASSEN verfügt im Register SYMBOLLEISTEN über die Schaltfläche NEU (s. Abbildung 7.3). Ein Klick auf diese Schaltfläche öffnet das kleine Fenster aus Abbildung 7.8, in dem der Name der neuen Symbolleiste einzugeben ist. Wie üblich wird als Name der Name des Elements mit einer fortlaufenden Zahl vorgeschlagen, in diesem Fall „Benutzerdefiniert 1“. Dieser Name kann mit einem beliebigen Text überschrieben werden. Wir wählen hier z.B. den Text „Meine Programme“.

Abbildung 7.8: Der Name für eine benutzerdefinierte Symbolleiste bestimmen

Sobald das Fenster für die Benennung der neuen Symbolleiste geschlossen ist, erscheint eine kleine, noch leere Symbolleiste am Bildschirm, wie sie in Abbildung 7.9 zu sehen ist. Jetzt können Schaltflächen, die eigene Programme steuern sollen, der Symbolleiste zugewiesen werden.

Abbildung 7.9: Die neue, leere benutzerdefinierte Symbolleiste

Im Register BEFEHLE des Fensters ANPASSEN steht der Eintrag „Makros“ zur Verfügung. Unten diesem Eintrag ist z.B. in WinWord die Liste der vorhandenen Makros zu finden. Aus der Liste kann man eines der Makros mit der Maus direkt auf eine Symbolleiste (oder ein Menü) ziehen, um es dort einzufügen. Der gleiche Eintrag zeigt aber in Excel zwei weitere beliebige Einträge, wie in Abbildung 7.10 zu sehen ist. Aus diesem Grund kann man in Excel genausogut irgendeine andere Schaltfläche des Feldes „Befehle“ nehmen, da die eingefügte Schaltfläche sowieso vollständig editiert werden muß. Alles muß per Hand hinzugefügt werden: vom Bild der Schaltfläche bis hin zum Programm. Die zwei Elemente aus dem Eintrag „Makros“ können natürlich auch für neues Menüs bzw. Schaltflächen verwendet werden. Ihre Verarbeitung unterscheidet sich jedoch im wesentlichen nicht von der Verarbeitung, die im folgenden vorgestellt wird. Die fehlende Liste der Namen der Makros im Fenster ANPASSEN ist vielleicht auf die verschiedenen Entwicklungsteams zurückzuführen, die bei Microsoft an den verschiedenen Anwendungen arbeiten. Es wäre auf jedem Fall interessant zu wissen, wieso ein gleicher Vorgang in verschiedenen Office-Anwendungen unterschiedlich gelöst wird.

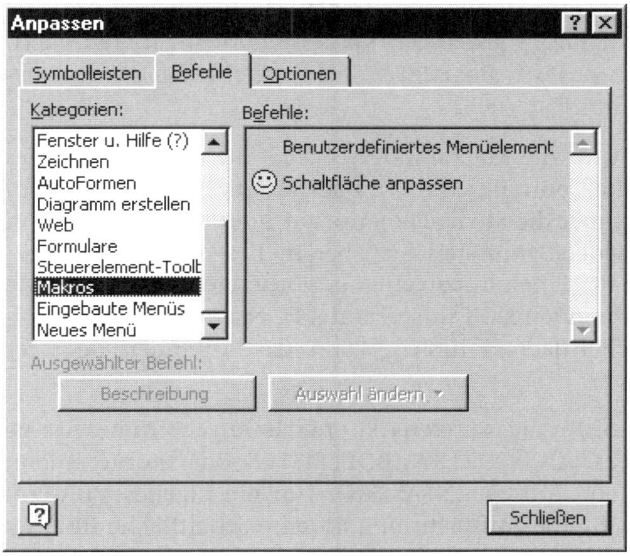

Abbildung 7.10: Der Inhalt des Eintrages „Makros" im Fenster ANPASSEN *in Excel*

Welche Programme können verwendet werden

Nicht alle VBA-Programme können problemlos mit Schaltflächen von Symbolleisten verknüpft werden. Nur *Sub*-Prozeduren, die sich in allgemeinen Modulen einer Mappe befinden, können an Schaltflächen angebunden werden. *Nicht angebunden* werden benutzerdefinierte Funktionen (sie erscheinen aber automatisch im Funktions-Assistenten, s. dazu Kap. 3) und alle Prozeduren, egal ob *Sub* oder *Function*, die sich in Klassenmodulen befinden, z.B. von *UserForms* oder Tabellenblättern. Diese Einschränkung ist aber nicht weiter schlimm: Man muß schließlich nur eine *Sub*-Prozedur schreiben, die eine andere, nicht erlaubte Prozedur oder Funktion aufruft.

Im vorherigen Kapitel wurden Dialogfelder für jedes Steuerelement der Werkzeugsammlung erstellt. Keine der dort geschriebenen Programme kann an eine Schaltfläche angebunden werden. Um das dennoch zu erreichen, fügen wir ein neues allgemeines Modul ein, in das nur *Sub*-Prozeduren geschrieben werden, die benutzerdefinierte Dialogfelder aufrufen. Es folgt ein Listing einer solchen Prozedur für das Steuerelement *Anzeige*:

```
Sub AnzeigeZeigen()
AnzeigeDialog.Show
End Sub
```

Die Methode *Show* wurde schon im Kapitel 6 für die Anzeige von Dialogfeldern am Bildschirm vorgestellt. Vor dem Schlüsselwort *Show* ist der Name des *UserForm*-Moduls einzutragen. Die Beispiele aus Kapitel 6 wurden innerhalb des jeweiligen Klassenmodulen programmiert, so daß eine Prozedur wie die obige völlig ausreicht, um das entsprechende Programm zu starten.

Wir wollen jetzt für die Mappe KAPITEL6.XLS, die alle Beispiele des vorherigen Kapitels enthält, eine Symbolleiste erstellen, aus der sich alle Programme über die Steuerelemente aufrufen lassen. Nach dem Erstellen einer neuen Symbolleiste (s. oben in diesem Abschnitt) werden so viele Schaltflächen hinzugefügt (s. vorherigen Abschnitt), wie Dialogfelder vorhanden sind (insgesamt 14). Nachdem die Symbolleiste genug Schaltflächen besitzt, kann das Anbinden der Programme beginnen.

Makro verbinden

Die Voraussetzung für die weiteren Aktionen ist ein geöffnetes ANPASSEN-Fenster (Menü ANSICHT\SYMBOLLEISTEN oder Kontextmenü der Symbolleisten, Eintrag ANPASSEN). Um ein eigenes VBA-Programm oder auch eine Aufzeichnung an eine Schaltfläche in einer Symbolleiste anzubinden, wollen wir folgendermaßen vorgehen:

1. Nachdem die neuen Schaltflächen in der Symbolleiste eingefügt sind, kann die Verbindung zu dem Makro erstellt werden. Wenn dies nicht gemacht wird, behält die Schaltfläche ihre ursprüngliche Funktionalität. Wenn man z.B. die Schaltfläche neben dem Eintrag NEU gewählt hat, öffnet sie immer noch eine neue Mappe, auch aus einer benutzerdefinierten Symbolleiste. Das Makro kann zugewiesen werden, wenn man die Schaltfläche AUSWAHL ÄNDERN (s. Abbildung 7.4) im Fenster ANPASSEN wählt. Wenn die Befehlsschaltfläche nicht aktiv ist, reicht es, auf die neu eingefügte Schaltfläche zu klicken, um sie zu aktivieren.
2. Die Schaltfläche AUSWAHL ÄNDERN öffnet ein Menü, dessen letzter Eintrag MAKRO ZUWEISEN heißt, wie in Abbildung 7.6 zu sehen ist. Ein Klick auf den Eintrag öffnet ein Fenster mit der Liste der momentan zur Verfügung stehenden Makros. Das Fenster ist in Abbildung 7.11 zu sehen. Man muß nur den Namen des Makros wählen und OK klicken. Somit ist die Verbindung zwischen

Schaltfläche und Makro erstellt, d.h. ab sofort führt ein Klick auf die Schaltfläche die angegebene Prozedur aus.

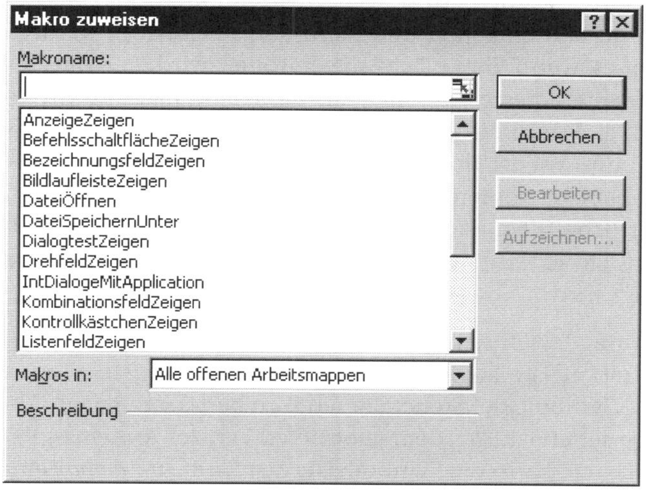

Abbildung 7.11: Die Liste der verfügbaren Prozeduren

Das Auswählen einer Prozedur reicht aber nicht aus: Die Schaltfläche hat noch ihr ursprüngliches Aussehen und ursprüngliche Beschriftung. Die Beschriftung kann wieder aus dem Menü der Schaltfläche AUSWAHL ÄNDERN, Eintrag NAME geändert werden.

Man kann auch hier einen Buchstaben des Namens zur Zugriffstaste machen: Ein vorangestelltes &-Zeichen erklärt den folgenden Buchstaben im Namen zur Zugriffstaste (zusammen mit der `Alt`-Taste).

Das Editieren des Layouts von Schaltflächen wird im folgenden Abschnitt vorgestellt.

7.1.3 Editieren der Schaltflächen einer Symbolleiste

Das Editieren einer Schaltfläche setzt wieder ein geöffnetes Fenster ANPASSEN (Menü ANSICHT\SYMBOLLEISTEN oder Kontextmenü der Symbolleisten, Eintrag ANPASSEN) voraus. Alle für das Editieren relevanten Einträge sind dann im Registerreiter SYMBOLLEISTEN, Schaltfläche AUSWAHL ÄNDERN zu finden. Die Schaltfläche öffnet ein Menü (s. Abbildung 7.6), in dem alle notwendigen Befehle zugänglich sind. Was die einzelnen Einträge im Menü bedeuten, wird nun erklärt:

Schaltflächensymbol kopieren

Das Bild aus der markierten Schaltfläche wird in die Zwischenablage kopiert. Sie kann dann in ein (pixelorientiertes) Grafikprogramm eingefügt werden, wie z.B. das Programm *Paint* aus der Gruppe *Zubehör* von Windows. Nachdem die Schaltfläche kopiert ist, muß das Grafikprogramm gestartet werden. Dort wird über BEARBEITEN\EINFÜGEN das kopierte Bild eingefügt und kann dann bearbeitet werden. Am besten geht es, wenn die Ansicht so vergrößert wird, daß die einzelnen Pixel in einem Raster zu sehen sind. Das Bild hat eine Größe von 15 x 16 Pixel. Wenn die Bearbeitung beendet ist, muß man das Bild markieren und wieder über das Menü BEARBEITEN\KOPIEREN in die Zwischenablage kopieren. Excel verfügt aber über einen eigenen Editor für Schaltflächen (s. etwas weiter unter in diesem Abschnitt), so daß ein externes Grafikprogramm nur für sehr spezielle Zwecke benötigt wird.

Mit diesem Eintrag lassen sich auch vorhandene Symbole von Symbolleiste zu Symbolleiste kopieren. Für unsere Symbolleiste wäre es von Vorteil, die Symbole der Steuerelemente zu benutzen, wie in Abbildung 7.12 zu sehen ist. Aus dem geöffneten Fenster ANPASSEN, Register SYMBOLLEISTEN, kann die Symbolleiste *Steuerlement-Toolbox* eingefügt werden. Während das Fenster ANPASSEN immer noch geöffnet ist, lassen sich die Symbole aus *Steuerelement-Toolbox* kopieren und in unsere Schaltflächen einfügen. Leider besitzt die Leiste *Steuerelement-Toolbox* nicht alle notwendigen Symbole. Die anderen Symbole (Referenzfeld, Multiseiten etc.) müssen aus der Entwicklungsumgebung in ein fremdes Grafikprogramm kopiert werden, und von dort aus wieder in Excel eingefügt werden. Diese Symbole werden auf der Begleitdiskette zur Verfügung gestellt.

Abbildung 7.12: Die benutzerdefinierte Symbolleiste zum Ausführen der Beispiele aus Kap. 5

Schaltflächensymbol einfügen

Dieser Eintrag kann nur verwendet werden, wenn man vorher eine Schaltfläche in die Zwischenablagen kopiert hat. Gleichzeitig muß in Excel das Fenster ANPASSEN geöffnet und die Ziel-Schaltfläche markiert sein. Das Bild aus der Zwischenablage überschreibt dann das aktuelle, markierte Bild einer Schaltfläche in Excel.

Schaltflächensymbol zurücksetzen

Der Eintrag hat nur eine Wirkung, wenn man vorher eine Schaltfläche bearbeitet hat. Er versetzt die Schaltfläche in ihren ursprünglichen Zustand zurück.

Schaltflächensymbol bearbeiten

Excel stellt selber einen Schaltflächen-Editor zur Verfügung. Der Editor zeigt das Symbol der Schaltfläche in einem Raster und bietet 16 Farben für die Bearbeitung an, wie in Abbildung 7.13 zu sehen ist. Die Verwendung des Editors ist sehr einfach: Man muß nur auf eine der Farben zu klicken, um sie auszuwählen. Dann kann man die einzelnen Pixel im Bild anklicken, um sie mit der gewählten Farbe einzufärben. Wenn ein schon gefärbtes Pixel noch mal angeklickt wird, bekommt es eine graue, schattierte Hintergrundfarbe. Die Schaltfläche OK schließt den Editor und weist der Schaltfläche die Änderungen zu.

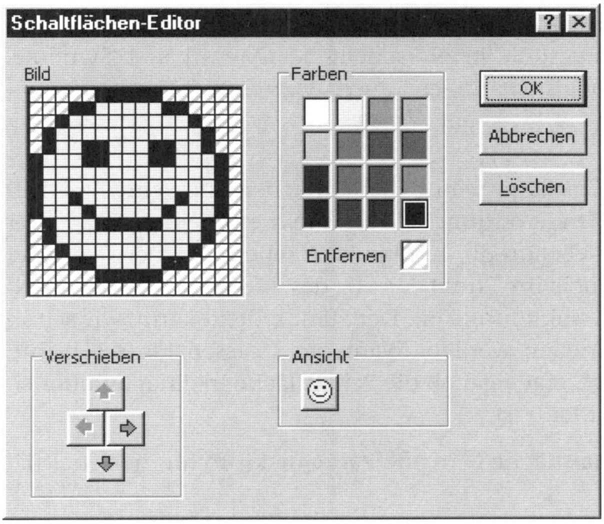

Abbildung 7.13: Der Schaltflächen-Editor

Schaltflächensymbol ändern

Dieser Eintrag öffnet eine Liste neuer Schaltflächen, die in Excel dem Programmierer für eigene Anwendungen zur Verfügung stehen. Man kann sich eine Schaltfläche durch Anklicken auswählen. Sie kann danach auch manuell mit dem Schaltflächen-Editor editiert werden. Die Liste der Schaltflächen ist in Abbildung 7.14 zu sehen.

Abbildung 7.14: Die Liste der zusätzlichen Schaltflächen

Standard

Dieser Eintrag bestimmt, ob die Schaltfläche nur mit einem Symbol, also ohne Text, angezeigt wird. Seit Office 97 ist die strikte Trennung zwischen Schaltflächen und Menüs aufgehoben. Vorher waren die Menüeinträge nur als Text und die Schaltfläche der Symbolleisten nur als Symbol dargestellt. Jetzt erscheinen in Menüs auch Symbole. Und in der Symbolleiste kann jetzt auch Text erscheinen.

Nur Text (immer)

Statt eines Bildchens kann man in Schaltflächen auch eine Beschriftung verwenden. Dieser Eintrag läßt den Text erscheinen, der in der vorherigen Office-Version nur in Menüs zu sehen war. Der Text jeder Schaltfläche ist auch im Punkt NAME des Menüs AUSWAHL ÄNDERN zu sehen (s. Abbildung 7.6). Der Standardtext kann, wie schon erwähnt, überschrieben werden. Wenn man diesen Eintrag wählt, wird kein Bild angezeigt, egal ob die Schaltfläche in einer Symbolleiste oder in einem Menü ist.

Der Text einer Schaltfläche wird auch als QuickInfo für die Schaltfläche angezeigt.

Nur Text (in Menüs)

Der Effekt dieses Eintrags ist identisch mit dem Effekt des vorherigen Eintrags mit dem Unterschied, daß nur Schaltflächen in Menüs davon betroffen sind.

Schaltflächensymbol und Text

Hier kann man alles haben: das Bild der Schaltfläche und den Text, genauso wie in den neuen Menüs, wie z.B. DATEI\NEU in Excel: links erscheint das Symbol, rechts der Text.

7.1.4 Entfernen der Schaltfläche oder Symbolleiste

Schaltflächen

Benutzerdefinierte Schaltflächen oder Symbolleisten können nur von dem Fenster ANPASSEN aus wieder entfernt werden. Nach dem Öffnen des Fensters (Menü ANSICHT\SYMBOLLEISTEN oder Kontextmenü der Symbolleisten, dann den Punkt ANPASSEN), wird die Schaltfläche, die entfernt werden soll, mit der Maus von den Symbolleisten weg auf das Fenster ANPASSEN gezogen. Und schon ist sie verschwunden.

Symbolleisten

Benutzerdefinierte Symbolleisten werden im Fenster ANPASSEN markiert und mit der Befehlsschaltfläche LÖSCHEN vollständig gelöscht (s. dazu auch nächsten Abschnitt).

7.1.5 Symbolleisten mit einer Mappe weitergeben

Symbolleisten werden in einer speziellen Datei gespeichert

Die benutzerdefinierten Symbolleisten werden von Excel in einer speziellen Datei vermerkt. Diese Datei befindet sich im Verzeichnis WINDOWS\ANWENDUNGSDATEN\MICROSOFT\EXCEL und heißt EXCEL.XLB. Die Datei kann aber über ihre Erweiterung *.XLB von Excel aus geöffnet werden: Alle in ihr gespeicherten Symbolleisten werden dann am Bildschirm ausgegeben, wenn sie nicht ausgeblendet waren. Wenn die Symbolleisten dagegen ausgeblendet waren, erscheinen nur ihre Namen in der Liste der Symbolleisten (Menü ANSICHT\SYMBOLLEISTEN oder Kontextmenü der Symbolleisten).

Wenn man in einer Mappe benutzerdefinierte Symbolleisten erstellt hat, müssen diese Symbolleisten mit der Mappe so verknüpft werden, daß sie bei einer Weitergabe der Mappe auch weitergegeben werden. Die Symbolleisten bleiben sonst auf dem Computer, auf dem sie erstellt worden sind. Symbolleisten gehören nämlich zum lokalen Umfang der Installation und nicht zur Mappe, die zum Zeitpunkt der Erstellung geöffnet war.

Symbolleiste anfügen

Die Verknüpfung zwischen benutzerdefinierten Symbolleisten und einer Mappe erfolgt, wie zu erwarten war, auch aus dem Fenster ANPASSEN: Im Registerreiter SYMBOLLEISTEN befindet sich die Schaltfläche ANFÜGEN (s. Abbildung 7.3). Diese Schaltfläche ruft das Fenster SYMBOLLEISTEN ANFÜGEN aus Abbildung 7.15 auf. Die Mappe, in der die Symbolleiste angefügt werden soll, muß geöffnet und aktiv sein.

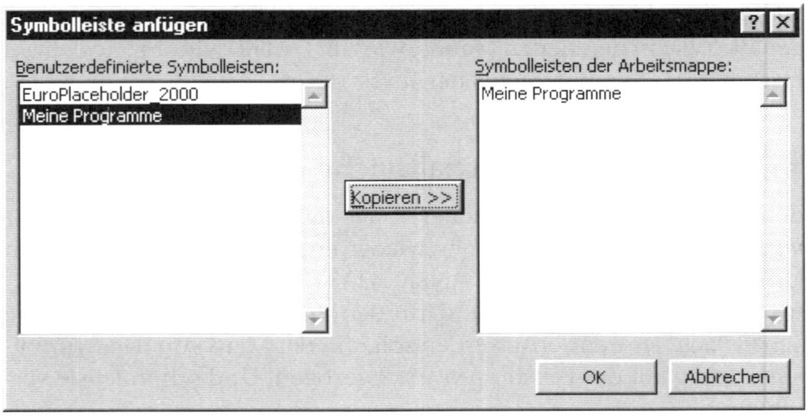

Abbildung 7.15: Das Fenster zum Anbinden von Symbolleisten an eine Mappe

Im linkem Feld des Fensters sind die benutzerdefinierten Symbolleisten aufgelistet. Die anzubindende Symbolleiste wird markiert und, nach einem Klick auf die Schaltfläche KOPIEREN, in die Liste der Symbolleisten der aktuellen Mappe kopiert. Nach der Speicherung der Mappe ist die benutzerdefinierte Symbolleiste ein Bestandteil der Mappe geworden.

Das Anfügen übersteht das Löschen einer Symbolleiste

Nach dem Anfügen einer benutzerdefinierten Symbolleiste an eine Mappe, kann die Symbolleiste über die Schaltfläche LÖSCHEN des Fensters ANPASSEN sogar in Excel gelöscht werden. Die angefügte Symbolleiste in der Mappe wird nicht davon berührt: Bei jedem Öffnen der Mappe steht sie weiter zur Verfügung. Das bedeutet aber auch, daß, die Symbolleiste, wenn sie geändert wird, wieder an die Mappe angefügt werden muß, denn sonst ist die Änderung nicht wirksam.

Eingebundene Symbolleisten wieder entfernen

Wenn man irgendwann die angefügte, benutzerdefinierte Symbolleiste wieder los werden will, nutzt, wie bereits erwähnt, das Löschen aus dem Fenster ANPASSEN nichts. Angefügte Symbolleisten können nur aus dem Fenster gelöscht werden, von dem aus sie eingebunden wurden. Ein erneuter Aufruf des Fensters SYMBOLLEISTE ANFÜGEN aus der Schaltfläche ANFÜGEN im Fenster ANPASSEN ist notwendig: Diesmal wird im rechten Feld des Fensters der Name der zu löschenden Symbolleiste markiert, wie in Abbildung 7.16 zu sehen ist. Die Schaltfläche zwischen den zwei Feldern ändert sich dann von KOPIEREN zu LÖSCHEN. Ein Klick auf diese Schaltfläche entfernt kommentarlos die benutzerdefinierte Symbolleiste aus der Mappe. Wenn man die Symbolleiste auch aus Excel heraus schon gelöscht hat (oder löschen wird), ist die benutzerdefinierte Symbolleiste *unwiderruflich und vollständig* gelöscht!

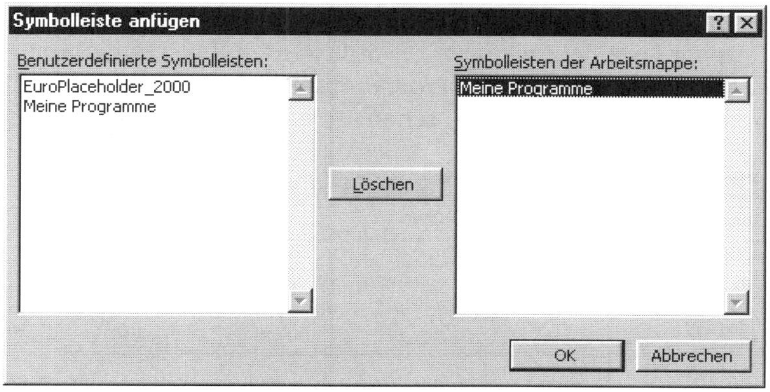

Abbildung 7.16: Das Löschen einer eingebundenen Symbolleiste

Besonderheit einer angefügten Symbolleiste

Wenn eine Symbolleiste an eine Mappe angefügt wurde, zeigt Excel 2000 automatisch die Symbolleisten an, wenn die Mappe geöffnet wird. Das ist eine der Neuheiten von Excel 2000: In allen vorherigen Versionen war ein Programm notwendig, das beim Öffnen der Mappe die Symbolleiste eingeblendet hat. Dies entfällt in dieser Version vollständig. Solche Programme sind aber weiterhin notwendig, wenn die Symbolleisten nicht an die Mappe angefügt werden. Ebenso notwendig ist ein Programm, das beim Schließen einer Mappe die dazugehörige Symbolleiste entfernt. Das Erstellen solcher Programme wird im nächsten Abschnitt vorgestellt.

7.1.6 Benutzerdefinierte Symbolleiste mit einer Mappe öffnen und schließen

Symbolleisten können aktiv und eingeblendet sein, oder auch aktiv und nicht eingeblendet. Im letzteren Fall werden sie nicht am Bildschirm gezeigt. Man kann sie natürlich über das Menü ANSICHT\SYMBOLLEISTEN oder über das Kontextmenü der Symbolleisten immer wieder aktivieren oder einblenden. Manchmal möchte man aber, daß eine Symbolleiste immer erscheint, wenn eine bestimmte Mappe geöffnet wird. Wenn eine Symbolleiste an eine Mappe angefügt wurde, sorgt Excel 2000 beim Öffnen der Mappe selbst für die automatische Anzeige der Leiste.

Beim Öffnen Anzeigen

Das automatische Anzeigen einer Symbolleiste kann über ein kleines VBA-Programm erzwungen werden. Das Programm besteht nur aus einer Zeile und muß in die Ereignisprozedur des Ereignisses *Open* der Arbeitsmappe geschrieben werden. Am schnellsten geht es, wenn im Projekt-Explorer das Objekt *Diese Arbeitsmappe* doppelt angeklickt wird. Dies öffnet das Code-Fenster: Das linke Feld (mit der Beschriftung *Allgemein*) wird geöffnet und der Eintrag *Workbook* wird gewählt. Dann muß im rechten Feld des Code-Fensters das Ereignis *Open* aus der Liste der Ereignisse gewählt werden. Im schon vorhandenen Prozedurkopf wird eine Programmzeile geschrieben. Das Programm ist in Abbildung 7.17 zu sehen.

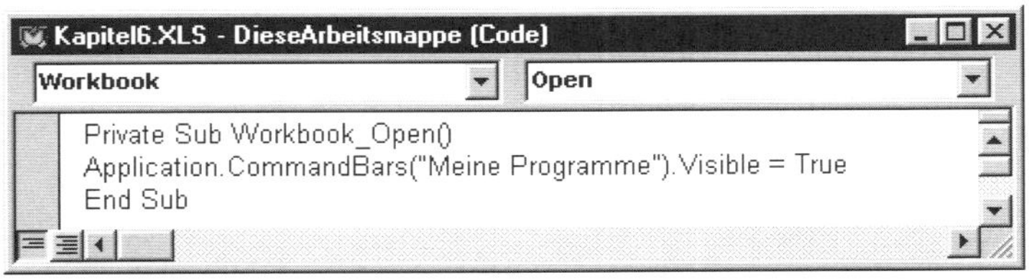

Abbildung 7.17: Das Programm zum automatischen Anzeigen einer Symbolleisten beim Öffnen einer Mappe

Beim Schließen entfernen

Wenn eine Symbolleiste nur für eine bestimmte Mappe geöffnet sein soll, muß sie beim Schließen der Mappe auch von der Excel-Umgebung entfernt werden. Dies läßt sich auch mit einem Programm realisieren. Das Programm setzt nur die Eigenschaft *Visible* der Symbolleiste auf *False* und muß in das Ereignis *BeforeClose* der Mappe geschrieben werden. Ein solches Programm für die Symbolleiste *Meine Programme* ist in Abbildung 7.18 zu sehen. Die Prozedur *Workbook_BeforeClose* erwartet einen Parameter mit den Namen *Cancel*. Dieser Parameter kann das Schließen der Mappe abbrechen, wenn er auf den Wert *True* gesetzt wird. Das Abbrechen des Schließvorgang kann z.B. nach einer Rückfrage des Anwenders erfolgen. Der Standardwert des Parameters ist *False*. Da in unserem Fall nur beim Schließen der Mappe auch die Symbolliste ausgeblendet werden soll, kümmern wir uns um diesen Parameter nicht.

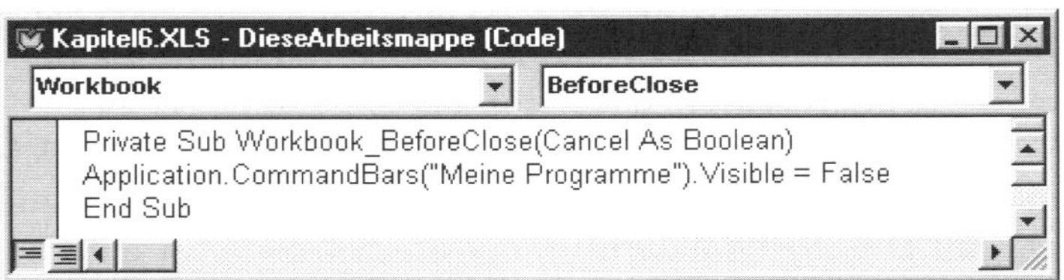

Abbildung 7.18: Das Programm zum automatischen Entfernen einer Symbolleiste beim Schließen einer Mappe

Bis inklusive Excel 7 wurden die sog. Auto-Makros verwendet. Diese Programme hatten einen speziellen Name (*Auto_Öffnen* bzw. *Auto_Schließen* in Excel 5, *Auto_open* bzw. *Auto_Close* in Excel 7). Allein die Verwendung des Namens erlaubte die automatische Ausführung des Programms beim Öffnen bzw. Schließen der Mappe. Die Auto-Prozeduren können auch in Excel 2000 verwendet werden, weil die Ausführung dieser Prozeduren aus Kompatibilitätsgründen weiter unterstützt wird. Man sollte aber vermeiden, neue Makros als Auto-Prozedur zu schreiben. Die Programmierung des Ereignisses *Open* bzw. *BeforeClose* der Mappe ist in Excel 2000 vorzuziehen.

Alternative

Die Ereignisse *Open* und *BeforeClose* sind an das Öffnen und Schließen einer Mappe gekoppelt. Man kann aber auch die automatische Ausführung von Prozeduren bei einer Aktivierung oder Deaktivierung einer Mappe (oder Blatt einer Mappe) erzwingen. Die entsprechenden Ereignisse sind dann *Activate* und *Deactivate* für die Mappe oder für ein Blatt der Mappe.

Ausführung über eine Schaltfläche in einer Symbolleiste

Wenn mach dem Schließen einer Mappe, die Programme beinhaltet, die dazugehörige Symbolleiste nicht ausgeblendet wird, bleibt diese ganz einfach in Excel stehen. Dann reicht ein Klick auf eine der Schaltflächen, um das dazugehörige Programm auszuführen. Excel öffnet nämlich automatisch die Mappe, in der das Programm gespeichert ist. Dieses automatische Vorgehen von Excel erspart das Schreiben der Programme in der Mappe PERSONL.XLS (s. dazu Kapitel 5).

Mappe ausblenden

Wenn man ein Programm über eine Schaltfläche in einer Symbolleiste ausführen möchte, sollte man am besten die dazugehörige Mappe ausblenden: Excel öffnet die Mappe, wenn man über die Schaltfläche das entsprechende Programm startet, sie ist aber am Bildschirm nicht sichtbar. Eine Mappe kann über das Menü FENSTER\AUSBLENDEN ausgeblendet werden, wenn es sich um die aktuelle Mappe in Excel handelt. Wenn man möchte, kann man zusätzlich zu dem Ausblenden der Mappe das Quellcode vor Änderungen oder sogar vor der Anzeige mit einem Paßwort schützen. Das Schützen von Quellcode wird im Kapitel 8, Add-Ins, vorgestellt. Wenn man vor hat, aus einer Mappe ein Add-In zu erstellen, ist es nicht nötig, die Mappe auszublenden. Wenn eine Mappe in ein Add-In umgewandelt wird, sorgt Excel selbst für das Ausblenden der Tabellenblättern.

7.1.7 Schaltfläche im Arbeitsblatt

Wenn ein Makro nur in der Mappe, in der es gespeichert ist, verwendet werden soll, kann es an eine Schaltfläche im Tabellenblatt eingebunden werden. Dieses Verfahren wurde schon in Kapitel 5 vorgestellt, wird aber hier kurz wiederholt, da es thematisch für dieses Kapitel wichtig ist.

Symbolleiste Steuerelement-Toolbox

Der erste Schritt, um eine Schaltfläche für das Tabellenblatt zu bekommen, ist, die Symbolleiste mit den Steuerelementen einzufügen. Zur Erinnerung: In der Entwicklungsumgebung heißt diese Symbolleiste *Werkzeugsammlung*; in der normalen Excel-Umgebung dagegen *Steuerelement-Toolbox* und sieht auch etwas anders aus, wie man aus Abbildung 7.19 entnehmen kann. Sie kann aus dem Menü ANSICHT\SYMBOLLEISTEN oder aus dem Kontextmenü der Symbolleisten aufgerufen werden.

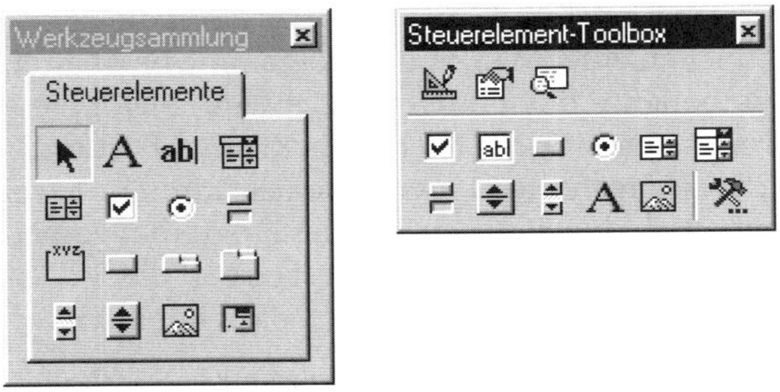

Abbildung 7.19: Links die Werkzeugsammlung von VBA, rechts die Steuerelement-Toolbox in Excel

Das Element *Befehlsschaltfläche* erlaubt das Einfügen von Schaltflächen sowohl in Dialogfelder (s. auch Kap. 6), als auch in ein Tabellenblatt.

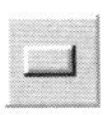

Nach einem Klick auf das Element *Befehlsschaltfläche* nimmt der Cursor die Form eines schwarzen, dünnen Fadenkreuzes an. Ab diesem Moment ist man im Zeichnenmodus, und man kann den Umriß einer Schaltfläche zeichnen, wie in Abbildung 7.20 gezeigt wird.

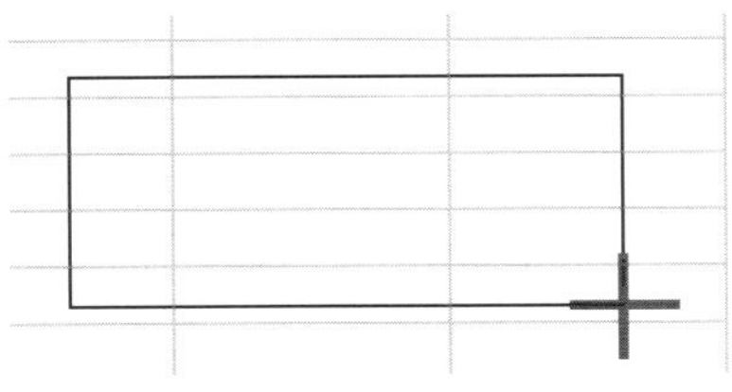

Abbildung 7.20: Das Zeichnen eines Umrisses für die Schaltfläche

Das Zeichnen klappt am besten, wenn man die Maus links oben positioniert und sie dann bei gedrückter linker Taste nach rechts unten zieht.

Schaltfläche editieren

Nach dem Zeichnen erscheint eine Schaltfläche mit der Standardbeschriftung *CommandButton1*. Auch diese Schaltfläche kann nachträglich editiert werden (z.B. durch eine neue Beschriftung, Schriftart etc.). Mit einem Klick auf die Schaltfläche *Eigenschaften* in der Leiste *Steuerelement-Toolbox* oder aus dem entsprechenden Kontextmenü wird das Eigenschaftenfenster der Befehlsschaltfläche geöffnet, das in Abbildung 7.21 zu sehen ist.

Die Beschriftung der Befehlsschaltfläche wird von der Eigenschaft *Caption* geändert. Die Eigenschaften *BackColor* und *ForeColor* ändern jeweils die Hintergrund- und Vordergrundfarbe, wobei unter Vordergrundfarbe die Schriftfarbe zu verstehen ist. Im Fenster stehen auch andere Möglichkeiten für das Editieren zur Verfügung, wie z.B. die Schriftart, Schriftgröße (alles unter der Eigenschaft *Font*) etc.

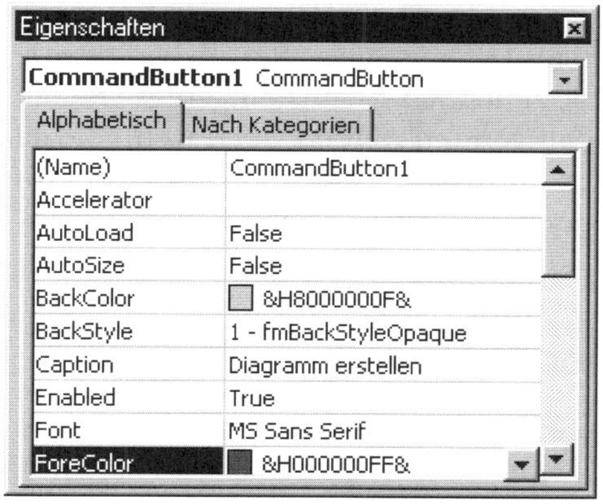

Abbildung 7.21: Das Eigenschaftenfenster der neuen Befehlsschaltfläche

Makro anbinden

Es fehlt noch die Verbindung zum Makro. Die Schaltfläche soll beim Klicken das aufgezeichnete Makro ausführen. Bei markierter Befehlsschaltfläche kann das Code-Fenster der Entwicklungsumgebung geöffnet werden, entweder über einen Klick auf die Schaltfläche **Code Anzeigen** der Symbolleiste STEUERELEMENT-TOOLBOX oder aus dem Kontextmenü (rechte Maustaste auf die Befehlsschaltfläche klicken).

Nach dem Aufruf wird die VBA-Entwicklungsumgebung geöffnet. Im Code-Fenster sind die Anfangs- und Endzeile einer Prozedur zu sehen. Man muß jetzt nur den Namen des Programms eintippen. Bei eventuellen Namenskonflikten (also wenn mehr als ein Programm in mehreren Modulen den gleichen Namen trägt), sollte vor dem Namen des Programms noch der Name des Moduls angegeben werden, getrennt durch einen Punkt. Die Syntax ist dann folgende:

```
Modulname.Prozedurname
```

Damit ist die Verbindung zwischen Makro und Schaltfläche im Tabellenblatt erstellt. Man wechselt danach wieder in Excel. Die Schaltfläche ist noch nicht aktiv, weil Excel sich noch im Entwurfmodus befindet.

Schaltfläche aktivieren

Die Schaltfläche **Entwurfmodus** in der Leiste STEUERELEMENT-TOOLBOX ist gedrückt. Sie muß einmal angeklickt werden, um den Entwurfsmodus zu beenden. Erst dann kann ein Klick auf die benutzerdefinierte Befehlsschaltfläche das Makro ausführen.

7.2 Menüs

Bis inklusive Excel 7 konnte ein Anwender seine Makros als Menüpunkt nur im Menü EXTRAS einbinden lassen. Die Wirkung der Makros war dann auf die Mappe beschränkt, in der sie gespeichert waren. Die Einschränkung besteht seit Excel 97 nicht mehr: Durch die Integration von Symbolleisten und Menüs kann jetzt ein benutzerdefiniertes Makro in jedes der bestehenden Menüs eingefügt werden. Das Makro kann dann immer aufgerufen werden, auch wenn die dazugehörige Mappe geschlossen ist. Excel öffnet sie automatisch im Hintergrund. Nach wie vor besteht natürlich die Möglichkeit, benutzerdefinierte Menüs zu erstellen.

7.3 Bestehende Menüs erweitern

Die Excel-Menüs lassen sich genau wie die Excel-Symbolleisten um weitere Einträge erweitern. Die Menüs können mit Excel-Elementen erweitert werden, also mit Befehlen, die zum Excel-Umfang gehören, jedoch nicht aktiv sind; oder mit neuen Einträgen, die benutzerdefinierte Programme ausführen. Die Vorgehensweise ist die gleiche wie bei den Symbolleisten (s. dazu auch 7.1, „Schaltflächen und Symbolleisten“): Alles wird vom Fenster ANPASSEN aus erledigt.

Die Einbindung eines Makros oder VBA-Programms in ein beliebiges Menü wird auch aus dem Fenster ANPASSEN heraus realisiert. Das Fenster wurde in diesem Kapitel schon im Zusammenhang mit den Symbolleisten vorgestellt.

Eintrag einfügen

Der erste Schritt ist also das Öffnen des Fensters ANPASSEN. Dies kann entweder aus dem Kontextmenü der Symbolleisten oder aus dem Menü ANSICHT\SYMBOLLEISTEN, jeweils aus dem Punkt ANPAS-

SEN erreicht werden. Sobald das Fenster geöffnet ist, werden die folgenden Operationen ausgeführt:

1. Bei geöffnetem Fenster ANPASSEN lassen sich auch die Menüs ansprechen und öffnen. Man öffnet dann das Menü, in dem der neuen Eintrag erscheinen soll.
2. Eine beliebige Funktionalität aus dem Fenster ANPASSEN, Register BEFEHLE wird auf das Menü gezogen. Für eigene Programme kann man aus dem Register BEFEHLE die Kategorie „Makros“ auswählen. Dort befindet sich der Eintrag „Benutzerdefiniertes Menüelement“ (s. auch Abbildung 7.10 dazu). In dem Zielmenü erscheint eine dickere Linie: Sie markiert die Einfügestelle des neuen Eintrags. Sobald man die Maus losläßt, wird der gewählte Eintrag eingefügt. Wenn man nichts weiter an dem neuen Menüeintrag ändert, hat man ein bestehendes Menü mit einem Excel-Befehl erweitert. Wenn man aber den neuen Eintrag mit der Ausführung eines eigenen Programms verbinden möchte, muß Schritt 3 ausgeführt werden.
3. Nach dem Einfügen (der neue Eintrag muß markiert sein!) kann man aus dem Fenster ANPASSEN über die Schaltfläche AUSWAHL ÄNDERN alle weiteren Einstellungen vornehmen: das Makro zuweisen, den Text des Eintrags bestimmen (in der Zeile „Name“), das Symbol ändern oder gar kein Symbol benutzen etc. (zum Menü der Schaltfläche AUSWAHL ÄNDERN s. auch 7.1.3, „Editieren der Schaltflächen einer Symbolleiste“). Das Editieren eines neuen Menüeintrags unterscheidet sich nicht vom Editieren einer neuer Schaltfläche einer Symbolleiste.

In Abbildung 7.22 ist ein benutzerdefinierter Menüpunkt in dem Menü EXTRAS zu sehen.

Neues Menü einfügen

Bestehende Menüs können nicht nur durch zusätzliche Einträge erweitert werden, sondern auch durch zusätzliche Menüs, die in Excel schon enthalten, aber nicht aktiv sind. Menüs sind in Excel, genau wie Symbolleisten, reichlich vorhanden. Man kann sehr leicht auf diese Menüs zugreifen und sie aktivieren. Alle aktiven und inaktiven Menüs können, wie zu erwarten, auch im Fenster ANPASSEN gefunden werden. Im Registerreiter BEFEHLE des Fensters ANPASSEN kann man vorhandene, nicht aktive Menüs finden. Die Kategorie „Eingebaute Menüs“, die in Abbildung 7.23 gerade markiert ist, ist eine wahre Fundgrube. Alle ihre Einträge sind Menüs mit sämtlichen Unterpunkten: einige von ihnen sind schon aktiv, wie z.B. das Menü DATEI oder BEARBEITEN, andere dagegen nicht.

Abbildung 7.22: Das Makro zum Erstellen eines Diagramms aus Kap. 5 eingebunden im Menü EXTRAS

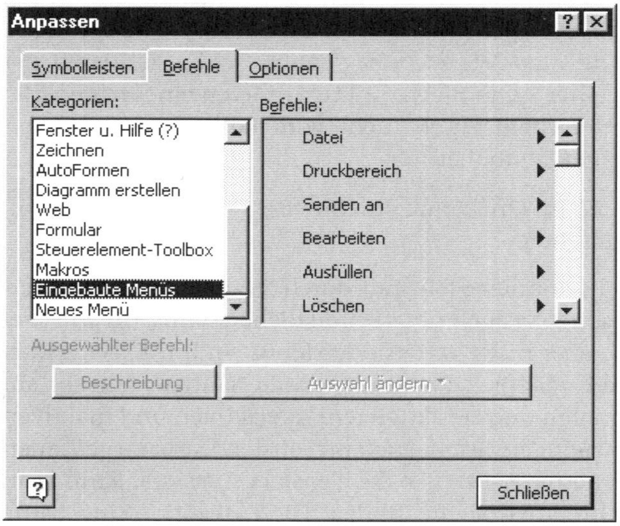

Abbildung 7.23: Menüs aktivieren

Mit der Maus ziehen

Ganz gleich, welches Menü man wählt, das Einfügen in die bestehende Menüleiste wird ganz einfach durch Klicken mit der linken Maustaste auf den Befehl und Ziehen auf eine Stelle in der Menüleiste realisiert: Das komplette Menü mit sämtlichen Einträgen und eventuellen Untermenüs wird eingefügt und steht, nach Schließung des Fensters ANPASSEN, sofort zur Verfügung. In Abbildung 7.24 ist eines der vorhandenen Menüs nach seinem Einfügen in die Menüleiste zu sehen.

Abbildung 7.24: Das Menü AUSFÜLLEN wurde aktiviert

7.3.1 Benutzerdefinierte Menüs

Im Abschnitt „Benutzerdefinierte Symbolleisten in Excel“ wurde die Möglichkeit vorgestellt, ganz neue Symbolleisten zu erstellen und mit eigenen Schaltflächen auszustatten. Diese Möglichkeit besteht auch für Menüs. Das Erstellen von benutzerdefinierten Menüs ist genauso leicht wie das erstellen von benutzerdefinierten Symbolleisten.

Einfügen

Der Schlüssel zu allem ist wie so oft in diesem Kapitel das Fenster ANPASSEN. Nach seinem Öffnen (Menü ANSICHT\SYMBOLLEISTEN oder Kontextmenü der Symbolleisten, Eintrag ANPASSEN) muß der Registerreiter BEFEHLE aktiviert werden. Aus der Liste der vorhandenen Kategorien (s. dazu Abbildung 7.23) wird die letzte Kategorie „Neues Menü“ gewählt. Diese Kategorie verfügt über einen gleichnamigen Befehl NEUES MENÜ. Um ein benutzerdefiniertes Menü einzufügen, reicht es, die Kategorie „Neues Menü“ im linken Teil des Fensters ANPASSEN zu markieren, und den Befehl „Neues Menü“ vom rechten Teil des Fensters aus auf die bestehende Menüleiste zu ziehen.

Bearbeiten

Nach dem Einfügen (bei immer noch geöffnetem Fenster ANPASSEN) läßt sich das neue, benutzerdefinierte Menü durch einen Klick öffnen, wie in Abbildung 7.25 zu sehen ist.

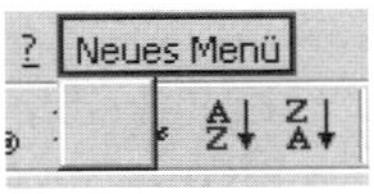

Abbildung 7.25: Ein neues, noch leeres benutzerdefiniertes Menü

Jetzt können beliebige Befehle (oder Schaltflächen) aus dem Vorrat des Fensters ANPASSEN durch Ziehen mit der Maus in das neue Menü eingefügt werden. Bei der Bearbeitung der eingefügten Befehle und Anbinden von eigenen Programmen verfährt man genauso wie bei den neuen Schaltflächen in einer benutzerdefinierten Symbolleiste, da Schaltflächen und Menüeinträge seit Office 97 gleich gesetzt sind (s. dazu 7.1.2, „Benutzerdefinierte Symbolleisten in Excel" und 7.1.3, „Editieren der Schaltflächen einer Symbolleiste"). Das Menü selbst wird dem Menüeintrag NAME aus der Schaltfläche AUSWAHL ÄNDERN des Fensters ANPASSEN, Registerreiter BEFEHLE, unbenannt. In Abbildung 7.26 ist ein benutzerdefiniertes Menü nach seiner Bearbeitung zu sehen.

Abbildung 7.26: Ein benutzerdefiniertes Menü

7.3.2 Entfernen von Menüs oder Menüeinträgen

Egal, ob man ganze aktivierte Menüs aus dem Excel-Bestand, ganze benutzerdefinierte Menüs oder auch nur einzelne Einträge aus beiden entfernen will, der Weg ist für alle gleich: Bei geöffnetem Fenster ANPASSEN (Menü ANSICHT\SYMBOLLEISTEN oder Kontextmenü der Symbolleiste, Eintrag ANPASSEN) wird das Menü oder der Eintrag des Menüs mit der Maus auf das Fenster ANPASSEN gezogen. Das reicht, um das Menü oder den Eintrag zu entfernen. Eine Alternative ist bei geöffnetem Fenster ANPASSEN das zu löschende Menü zu markieren und den Eintrag LÖSCHEN aus dem Kontextmenü des Menüs oder aus dem Menü der Schaltfläche AUSWAHL ÄNDERN im Fenster ANPASSEN auszuwählen.

Benutzerdefinierte Menüs können nicht wie benutzerdefinierte Symbolleisten an eine Mappe angefügt werden (s. 7.1.5, „Symbolleisten mit einer Mappe weitergeben“). Zur Erinnerung: angebundene Symbolleisten werden zum Bestandteil einer Mappe, so daß die Symbolleiste selbst in Excel sogar gelöscht werden kann. Dies ist bei Menüs nicht möglich: Ein benutzerdefiniertes Menü wird von Excel beim Starten immer angezeigt, auch wenn die Mappe, in der die zum Menü gehörigen VBA-Programme gespeichert sind, geschlossen ist. Sobald man einen der Einträge des Menüs verwendet, öffnet Excel die dazugehörige Mappe. Mit anderen Worten: ein benutzerdefiniertes Menü ist Bestandteil der Excel-Umgebung und nicht der Mappe, aus der die Programme aufgerufen werden. Dieses System hat allerdings den Nachteil, daß, wenn man ein benutzerdefiniertes Menü löscht, das Menü endgültig weg ist. Die Operation RÜCKGÄNGIG aus dem Menü BEARBEITEN steht in diesem Fall nicht zur Verfügung.

7.3.3 Benutzerdefinierte Menüs mit einer Mappe öffnen und schließen

Menüs können nicht wie Symbolleisten aktiviert oder deaktiviert werden. Aus diesem Grund bleiben benutzerdefinierte Menüs in Excel immer sichtbar, auch wenn die Mappe mit den dazugehörigen Programmen, die beim Wählen eines Menüeintrages ausgeführt werden, geschlossen ist. Nichtsdestotrotz kann man Menüs per Programm ein- und ausblenden, so daß sie immer nur mit bestimmten Mappen sichtbar sind. Das funktioniert aber nur bei den Menüs, die man an seinem Computer-Arbeitsplatz definiert hat: Menüs sind, genau wie Symbolleisten, eine lokale Angelegenheit der Installation. Wenn man Menüs mit einer Mappe weitergeben will, muß man sie beim Öffnen einer Mappe dynamisch erzeugen (s. dazu 7.3.4, „Menüs dynamisch erzeugen“).

Beim Öffnen anzeigen

Ähnlich wie bei den Symbolleisten (s. 7.1.6, „Benutzerdefinierte Symbolleiste mit einer Mappe öffnen und schließen“) kann ein Menü beim Öffnen einer Datei eingeblendet werden. Das entsprechende Programm ist in die Prozedur des Ereignisses *Open* der Arbeitsmappe zu schreiben. Im folgenden Listing ist das Programm zu sehen. Der Name des benutzerdefinierten Menüs ist „Meine Programme“.

Beispiel 7.1: Menü beim Öffnen einer Mappe anzeigen

```
Private Sub Workbook_Open()
Application.CommandBars.ActiveMenuBar._
    Controls("Meine Programme").Visible = True
End Sub
```

Beim Schließen ausblenden

Das Menü kann natürlich beim Schließen der Mappe wieder ausgeblendet werden. Das entsprechende Programm wird in das Ereignis *BeforeClose* der Mappe geschrieben und ist im folgenden Listing wiedergegeben.

Beispiel 7.2: Menü beim Schließen einer Mappe entfernen

```
Private Sub Workbook_BeforeClose(Cancel As Boolean
Application.CommandBars.ActiveMenuBar._
      Controls("Meine Programme").Visible = False
End Sub
```

Alternative

Auch Menüs können wie die Symbolleisten schon bei Aktivierung bzw. Deaktivierung einer Mappe ein- und ausgeblendet werden. In diesem Fall müssen die obigen Programmzeilen in die Prozeduren der Ereignisse *Activate* bzw. *Deactivate* der Mappe oder sogar der einzelnen Tabellenblättern einer Mappe eingefügt werden.

7.3.4 Menüs dynamisch erzeugen

Lokalität

Menüs können nur für einen bestimmten Computer-Arbeitsplatz (bzw. Installation) verwendet werden: der Computer, auf dem sie definiert worden sind. Wenn man eine Mappe an jemand anderen weitergibt, bleiben die Menüs auf dem ursprünglichen Computer. Bei Symbolleisten wird dieses Problem durch Anfügen der Symbolleiste an eine Mappe gelöst.

Menüs können leider nicht angefügt werden, aber auch für sie gibt es eine Möglichkeit, mit einer Mappe weitergegeben zu werden. Die Menüs können dann nicht per Hand erzeugt werden, wie wir es in diesem Kapitel schon kennengelernt haben, sondern sie müssen mit einem Programm beim Öffnen einer Mappe dynamisch generiert werden. Wenn dann das Programm z.B. als Ereignisprozedur des Ereignisses *Open* einer Mappe ausgeführt wird, ist es gewährleistet, daß die Menüs mit der Mappe weitergegeben werden.

Wir wollen anhand eines Beispiels ein Menü mit einem Eintrag per Programm generieren. Der Eintrag soll eines unserer Beispielen ausführen. Wir wählen das Beispiel für das Drehfeld aus Kapitel 6. Zuerst müssen einige Vorbereitungen getroffen werden. Wir gehen so vor:

1. Die Mappe mit den Beispielen aus Kapitel 6, also KAPITEL6.XLS, wird geöffnet. Danach öffnen wir auch eine neue, leere Mappe. Wir möchten das Dialogfeld für das Beispiel aus KAPITEL6.XLS in die neue Mappe kopieren. Die neue Mappe soll nur dieses Beispiel enthalten.

2. Nachdem beide Mappen geöffnet sind, wechseln wir in die Entwicklungsumgebung. Dort klicken wir im Projekt-Explorer auf das Formular mit dem Namen „DrehfeldDialog“ (s. Abbildung 7.27), halten die linke Maustaste gedrückt und ziehen das Formular auf die andere Mappe. So wird das Formular in die neue Mappe kopiert. Das Klassenmodul des Formulars enthält den kompletten Quellcode des Beispiels.

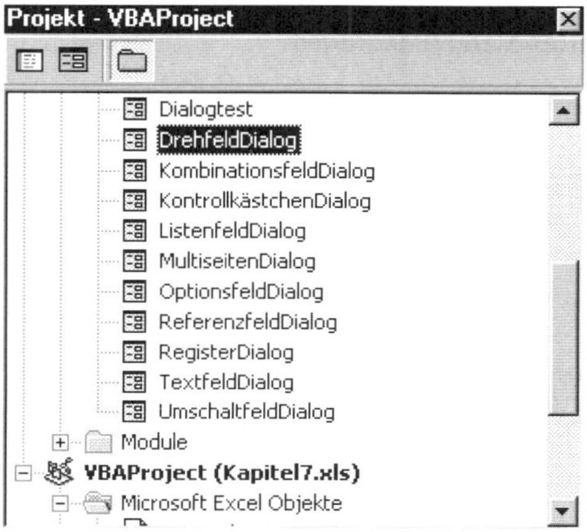

Abbildung 7.27: Der Projekt-Explorer

Die Mappe KAPITEL6.XLS kann jetzt geschlossen werden. Die neue Mappe bekommt ein neues, allgemeines Modul. In diesem Modul werden wir einige kleine Programme schreiben.

Als erstes brauchen wir eine Prozedur für die Anzeige des Dialogs. Diese Prozedur besteht aus einer Zeile und wird im folgenden angegeben (s. dazu auch Kapitel 6).

Beispiel 7.3: Das Dialogfeld anzeigen

```
Public Sub DialogStarten()
DrehfeldDialog.Show
End Sub
```

Nachdem sicher ist, daß das Dialogfeld starten kann, wenden wir jetzt unsere Aufmerksamkeit dem Erstellen von dynamischen Menüs zu.

Benutzerdefiniertes Menü hinzufügen

Wir wollen ein Menüpunkt der Menüleiste von Excel hinzufügen. Der neue Menüpunkt soll „Meine Programme“ heißen und nur einen Eintrag besitzen, den Eintrag „Kalender“, wie auch Abbildung 7.28 zu sehen ist.

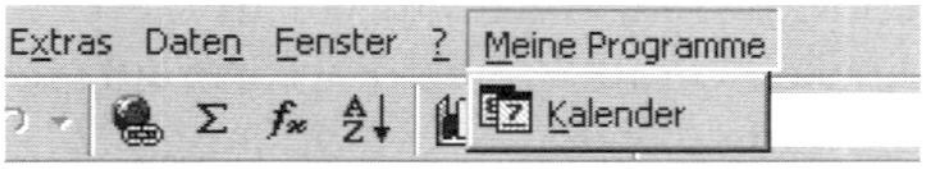

Abbildung 7.28: Das neue, benutzerdefinierte Menü

Wir werden zwei Prozeduren benötigen: Eine Prozedur erstellt das neue Menü, die andere den Eintrag. Fangen wir mit der ersten an.

Beispiel 7.4: Ein benutzerdefiniertes Menü hinzufügen

```
1   Public Sub CreateNewMenu(ByVal strTag As String, _
2                                       ByVal strCaption As String)
3   Dim mnuNew As CommandBarControl
4   Set mnuNew = Application.CommandBars("Worksheet menu bar"). _
5                    FindControl(Type:=msoControlPopup, Tag:=strTag)
6   If Not mnuNew Is Nothing Then Exit Sub
7   Set mnuNew = Application.CommandBars("Worksheet menu bar"). _
8            Controls.Add(Type:=msoControlPopup, temporary:=True)
9   mnuNew.Caption = strCaption
10  mnuNew.Tag = strTag
11  End Sub
```

- **Zeile 1, 2:** Die Prozedur benötigt die Parameter `strTag` und `strCaption`. Ein *Tag* ist eine Eigenschaft eines Elementes, die für das Speichern von gewissen Informationen verwendet werden kann (wir haben die Eigenschaft *Tag* schon bei Dialogfelder im Kapitel 6 kennengelernt). Der Wert der Eigenschaft *Tag* wird hier in Zusammenhang mit der Methode *FindControl* (s. Zeile 5) verwendet. Der Parameter `strCaption` stellt nur die Beschriftung des Menüs, hier also „Meine Programme" dar.
- **Zeile 4, 5:** Hier wird versucht, eine Objektvariable mit dem Menü zu initialisieren. Wenn das Menü schon existiert, hat die Variable einen anderen Wert als *Nothing*. In diesem Fall muß das Menü nicht neu erstellt werden (Zeile 6). Das Menü wird über die Methode *FindControl* gesucht. Um das Menü zu finden, wird nach seinem *Tag* gesucht. Eine alternative Methode ist über das Auflistungsobjekt *CommandBars* („Worksheet menu bar"), das die Menüleiste von Excel darstellt, und das Auflistungsobjekt der einzelnen Einträgen *Controls*, nach dem gegebenen Eintrag zu suchen (Eine solche Prozedur ist auf der Begleit-CD enthalten, s. Prozedur „`Menulist`").
- **Zeile 7, 8:** Wenn die Ausführung diese Zeile erreicht hat, existiert das Menü noch nicht. Es wird mit dieser Anweisung erstellt. Der Parameter *Type* beschreibt den Typ des zu erstellenden Menüs, der

Parameter *Temporary* auf *True* bedeutet daß, wenn Excel geschlossen wird, das Menü gelöscht wird.

- **Zeile 9, 10:** Hier werden dem neuen Menü die Beschriftung und ein Wert für die Eigenschaft *Tag* zugewiesen.

Diese Prozedur wird mit der Zeile

```
CreateNewMenu "myMenu", "&Meine Programme"
```

in der Ereignisprozedur des Ereignisses *Open* des Objekts *Workbook* aufgerufen.

Einem Menü einen Eintrag hinzufügen

Jetzt haben wir ein noch leeres Menü: Wir benötigen noch mindestens einen Eintrag. Das nächste Listing zeigt eine Prozedur, mit der man dem benutzerdefinierten Menü einen Eintrag hinzuzufügen kann. Sie wird sofort nach der vorherigen aufgerufen. Wenn man mehr als einen Eintrag generieren möchte, kann die Prozedur dann so oft wie nötig aufgerufen werden: Jeder Aufruf erstellt einen neuen Eintrag. Diese Prozedur ist hier im folgenden angegeben.

Beispiel 7.5: Ein Eintrag einem Menü hinzufügen

```
1   Public Sub CreateNewControlOnMenu(_
2   ByVal strMenuCaption As String, ByVal strCaption As String, _
3   ByVal lngFaceID As Long, ByVal strOnAction As String)
4   Dim mnuEintrag As CommandBarControl
5   Set mnuEintrag = Application.CommandBars("Worksheet menu bar"). _
6                               Controls(strMenuCaption)
7   With mnuEintrag.Controls.Add(Type:=msoControlButton, _
8                                                temporary:=True)
9       .Caption = strCaption
10      .FaceId = lngFaceID
11      .OnAction = strOnAction
12  End With
13  End Sub
```

- **Zeile 1 bis 3:** Diese Prozedur benötigt einen Text mit der Beschriftung des Menüs (`strMenuCaption`), einen Text für den Eintrag selbst (`strCaption`), eine Zahl für das gewünschte Symbol des Menüeintrags und den Namen des Programms, der ausgeführt werden soll, wenn der Eintrag gewählt wird.
- **Zeile 7 bis 12:** Hier wird der neue Eintrag über die Methode *Add* hinzugefügt. Die Eigenschaft *Caption* stellt die Beschriftung des neuen Eintrags dar. Die Eigenschaft *FaceID* dagegen die Zahl, die einem bestimmten Symbol entspricht. Das Symbol unseres Eintrags aus Abbildung 7.28 hat z.B. den Wert 125 (s. dazu hier weiter unten). Die Eigenschaft *OnAction* legt nur den Namen der Proze-

dur fest, die ausgeführt werden soll, wenn der Eintrag vom Anwender gewählt wird.

Diese Prozedur wird unmittelbar nach der vorherigen in der Ereignisprozedur des Ereignisses Open der Mappe mit der folgenden Zeile aufgerufen:

```
CreateNewControlOnMenu "Meine Programme", "&Kalender", 125, "DialogStarten"
```

Symbole für Schaltflächen oder Menüs in Office finden

Office stellt einige Tausenden Icons oder Symbole für eigene Schaltflächen oder Menüs zur Verfügung. Diese Symbole können, genau wie in unserem Fall, in einem Programm über ihren numerischen Wert benutzt werden. Die Bilder können mittels eines Programms auch nur angesehen werden. In der Mappe dieses Kapitels befindet sich die Prozedur `ShowFaceIDs`, die eine Symbolleiste mit den gewünschten Icons erstellt. Alle Icons zeigen als QuickInfo ihre Zahl an. In Abbildung 7.29 ist das Ergebnis des Aufrufs mit dem Bereich 110 - 140 zu sehen. Der gesamte Bereich für die Icons erstreckt sich von 0 bis ca. 3400.

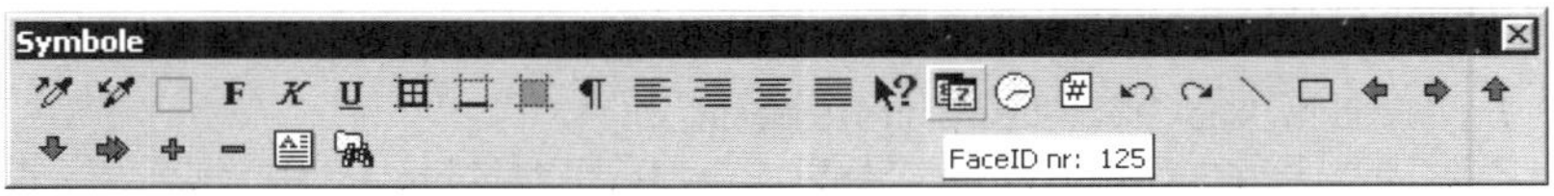

Abbildung 7.29: Die Symbolleiste mit einigen der Icons von Office

Benutzerdefiniertes Menü löschen

Wenn man beim Öffnen einer Mappe ein Menü erstellt, sollte man beim Schließen der Mappe das Menü wieder entfernen. Das kann manuell über das Fenster ANPASSEN (man zieht das Menü auf das Fenster ANPASSEN), oder per Programm erfolgen. Es folgt das Listing zum Löschen eines Menüs:

Beispiel 7.6: Ein benutzerdefiniertes Menü löschen

```
Public Sub DeleteMenu(ByVal strTag As String)
Dim mnuMenu As CommandBarControl
Set mnuMenu = Application.CommandBars("Worksheet menu bar"). _
      FindControl(Type:=msoControlPopup, Tag:=strTag)
If Not mnuMenu Is Nothing Then mnuMenu.Delete
End Sub
```

Auch hier wird über die *FindControl*-Methode zuerst nach dem Menü gesucht. Wenn das Menü gefunden wurde, wird es einfach gelöscht. Als Parameter wird auch hier einen Wert für die Eigenschaft *Tag* übergeben.

Die obige Prozedur wird aus der Ereignisprozedur des Ereignisses *BeforeClose* der Mappe mit der folgenden Zeile aufgerufen:

```
DeleteMenu "myMenu"
```

Dynamische Menüs eignen sich sehr gut für Add-Ins, um die eigene Programme auszuführen. Add-Ins werden im nächsten Kapitel ausführlich vorgestellt.

Online-Hilfe

- CommandBars-Auflistung, CommandBarButton-Objekt
- Eigenschaften: Tag, FaceID, OnAction
- Methoden: FindControl, Add, Delete

KAPITEL7.XLS, Module „mdlMenu“, „mdlFaceID“, „mdlDialogZeigen“

7.4 Tastenkombinationen

Eine weitere Möglichkeit für die Ausführung eines VBA-Programms ist die Vergabe einer Tastenkombination, auch Shortcut genannt. Wenn ein Makro aufgezeichnet wird, kann schon bei der Aufzeichnung eine Tastenkombination bestimmt werden. Diese Operation kann aber jederzeit nachgeholt werden, falls man es bei der Aufzeichnung versäumt hat, oder für Makros, die nicht aufgenommen sondern programmiert worden sind.

Eine Tastenkombination wird, folgendermaßen definiert:

1. Aus dem Menü EXTRAS\MAKRO den Punkt MAKROS wählen. Dies öffnet das Fenster MAKRO, in dem die Liste der zur Verfügung stehenden Makros erscheint.
2. Der Name des Makros, das eine Tastenkombination erhalten soll, muß in der Liste markiert werden.
3. Nach der Markierung des Namens genügt es, auf die Schaltfläche OPTIONEN zu klicken, um das Fenster MAKROOPTIONEN zu öffnen. Das Fenster MAKROOPTIONEN ist in Abbildung 7.30 zu sehen. Dort kann eine Tastenkombination gewählt werden.

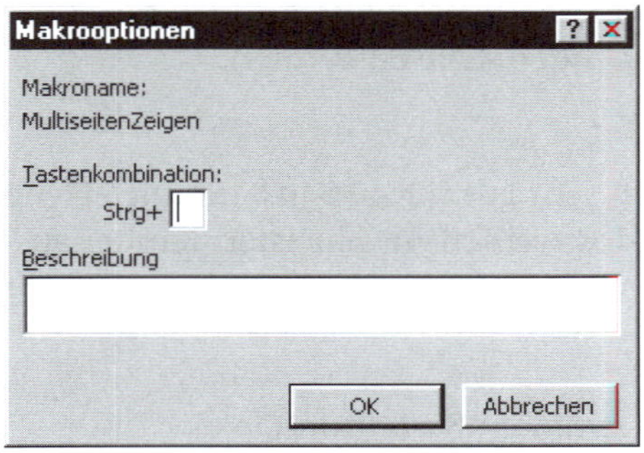

Abbildung 7.30: Das Fenster MAKROOPTIONEN

Bei der Vergabe einer Tastenkombination muß nur darauf geachtet werden, keine in Excel schon vorhandene Tastenkombination zu vergeben. Die von Excel belegten Tastenkombinationen sind in den Excel-Menüs sichtbar (Menü DATEI und BEARBEITEN). Darüber hinaus gibt es eine Reihe weiterer, vordefinierter Tastenkombinationen. Wenn man aus Versehen eine schon vorgegebenen Tastenkombination wählt, führt Excel seine Funktion aus, und nicht das benutzerdefinierte Programm. Die gesamte Liste der Tastenkombinationen von Excel kann der Online-Hilfe entnommen werden (s. dazu den Hinweis am Ende des Abschnittes).

Hinzu kommt, daß die Möglichkeiten für die Wahl einer eigener Tastenkombination leider nur auf die Taste `Strg` mit einem Buchstaben begrenzt sind, wie auch aus Abbildung 7.30 ersichtlich ist. Ein weiteres Handicap solcher Tastenkombinationen ist, daß sie nur verwendet werden können, wenn die Mappe mit den jeweiligen Programmen bereits geöffnet ist.

Online-Hilfe

Tastenkombinationen: Man bekommt die gesamte Liste der schon vorgegebenen Tastenkombinationen in Excel, nach Aufgabenbereichen geordnet.

8 Add-Ins in Excel

In allen vorherigen Kapiteln dieses Buches wurde erklärt, wie man selbst Programme schreiben und ausführen kann. Die Programme können sogar mit eigenen Menü- und Symbolleisten ausgestattet werden. Die Ausführung der Programme kann aus der Entwicklungsumgebung heraus, über eine Schaltfläche der Symbolleiste, einen Menüeintrag oder eine Tastenkombination erfolgen. Der Programmcode kann in einer bestimmten Mappe gespeichert werden, oder in der Mappe PERSONL.XLS, die immer beim Starten von Excel geöffnet wird.

Die Add-Ins stellen eine Alternative für die Ausführung eines Programms dar, die über alle bis jetzt vorgestellten Möglichkeiten hinaus geht. Ein benutzerdefiniertes Programm kann als Add-In in Excel eingebunden werden. Ein Add-In ist ein kompiliertes Programm, das durch entsprechende Maßnahmen vor Änderungen oder sogar vor der Ansicht von Unbefugten geschützt ist. Add-Ins stellen die letzte Stufe der Excel-Programmierung dar: Die eigenen Programme können als kommerzielle Anwendungen sogar verkauft werden. Auch wenn das Ziel nicht die kommerzielle Verbreitung der eigenen Programme ist, sind Add-Ins dennoch eine sinnvolle Möglichkeit, Excel zu erweitern.

Excel wird schon mit einer Menge von Add-Ins ausgeliefert: Diese zusätzlichen Programme können bei Bedarf aktiviert werden. Aber auch eigene Programme können in Add-Ins transformiert werden. Auf beide Themen wird in den folgenden Abschnitten eingegangen.

8.1 Integrierte Add-Ins

Nachträgliche Installation

Bei der Erstellung von Excel hat man beschlossen, manche Funktionalitäten nicht als Standardmöglichkeit einzubinden, sondern sie als Zusatzpaket mit Excel mitzuliefern. Diese Zusätze sind die Add-Ins und sie stellen Erweiterungen der Möglichkeiten von Excel dar. Je nach Art der Installation, verfügt Excel über eine größere oder kleinere Anzahl solcher Erweiterungen. In der Standard-Installation werden nicht alle Add-Ins automatisch installiert. Wenn man einige Add-Ins vermißt, kann man sie über eine erneute Ausführung des Setup-Programms von Excel hinzufügen.

Das Besonderes an Add-Ins ist, daß sie, auch wenn sie schon installiert sind, meistens nicht aktiviert sind. Add-Ins müssen explizit aktiviert werden: Erst dann kann man in den Genuß dieser zusätzlichen Möglichkeiten kommen. Die explizite Aktivierung der Add-Ins wird mit Hilfe des Add-Ins-Managers vorgenommen, der im folgenden Abschnitt vorgestellt wird.

8.1.1 Der Add-Ins-Manager

Die Aufgabe des Add-Ins-Managers ist die Aktivierung und Deaktivierung von Add-Ins-Programmen. Der Manager ist unter dem Menüpunkt EXTRAS\ADD-INS-MANAGER zu finden. Nach seinem Aufruf erscheint das Fenster, das in Abbildung 8.1 zu sehen ist. Im Feld „Verfügbare Add-Ins" ist die Liste aller (installierten) Add-Ins von Excel zu sehen.

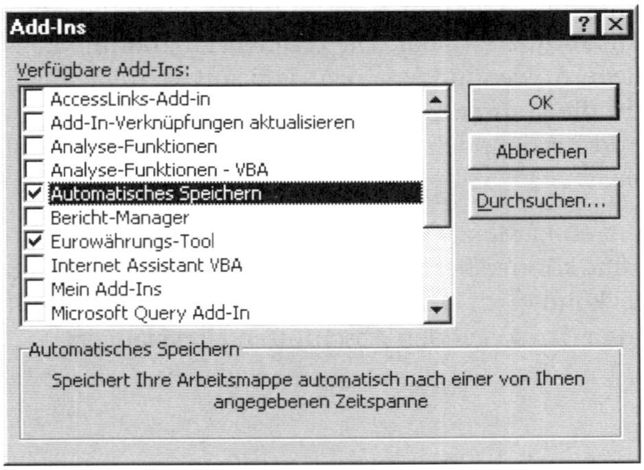

Abbildung 8.1: Das Fenster des Add-Ins-Managers

Add-Ins aktivieren

Die Einträge der Liste werden über ihre Kontrollkästchen ausgewählt. Für jeden markierten Eintrag wird im unteren Teil des Fensters ein Erläuterungstext eingeblendet. In „Das Fenster des Add-Ins-Managers" ist der Eintrag „Automatisches Speichern" markiert. Dieses Add-In bewirkt, daß eine Datei automatisch nach einer bestimmten Zeitspanne gespeichert wird. Nach dem das Kontrollkästchen für den Eintrag gesetzt worden ist, reicht ein Klick auf die Schaltfläche OK, um dieses Zusatzprogramm zu laden. Ab jetzt steht das automatische Speichern zur Verfügung. Ein Blick in das Menü EXTRAS zeigt, daß dort jetzt ein neuer Eintrag vorhanden ist, wie in Abbildung 8.2 zu sehen ist.

Abbildung 8.2: Ein Add-In wurde in das Menü EXTRAS eingefügt

Ein Klick auf diesen neuen Eintrag öffnet einen kleinen Dialog, in dem die Zeit für die automatische Speicherung und einige weitere Optionen eingestellt werden können. Der Dialog ist in Abbildung 8.3 zu sehen.

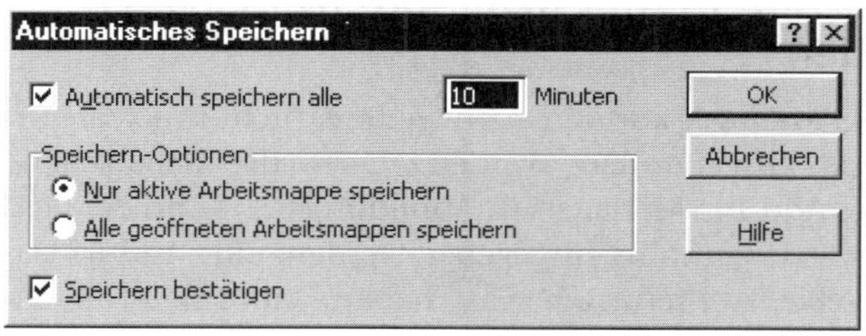

Abbildung 8.3: Der Dialog des Add-Ins Automatisches Speichern

Nach dem ein Add-In aktiviert ist, wird seine Datei (eine Excel-Mappe mit der Erweiterung *.XLA) automatisch geöffnet, jedesmal wenn Excel gestartet wird. Dies erlaubt die ständige Verfügbarkeit der Programme. Auf der anderen Seite kann das Starten von Excel durch zu vielen Add-Ins verlangsamt werden, so daß man sich immer überlegen sollte, ob das Aktivieren eines Add-Ins wirklich sinnvoll ist.

In Kapitel 4 wurde schon auf die Gefährlichkeit von Add-Ins in Bezug auf Viren eingegangen. Add-Ins genießen eine Sonderbehandlung: Sie werden von Excel immer als vertrauenswürdig angesehen. Wenn man eine Mappe mit Programmen öffnet (und den Virus-Schutz nicht ausgeschaltet hat), bekommt man eine Warnmeldung, wenn in der Mappe Makros enthalten sind. Beim Öffnen eines Add-Ins, egal ob dies von Excel beim Starten oder manuell von Anwender geschieht, wird keine Warnmeldung mehr eingeblendet. Es sind schon einige Makro-Viren aufgetaucht, die als Add-Ins „verkleidet" wurden. Als weiteres Erschwernis kommt hinzu, daß das Drücken der [⇧]-Taste bei Add-Ins wirkungslos ist. In der Regel kann eine gedrückt gehaltene [⇧] - Taste beim Öffnen einer Mappe die Ausführung der Ereignisprozedur *Open* des Objekts *Workbook* unterbinden. Gegen Viren über Add-Ins gibt es nur einen Schutz: Man sollte nie Programme verwenden, von denen weder die Aufgabe noch der Erstellter bekannt ist. Auch Virenscanner können Makro-Viren nicht immer entdecken.

Add-Ins deaktivieren

Nach der Aktivierung eines Add-Ins bleiben die zusätzlichen Einträge im Menü EXTRAS so lange erhalten, bis man über den Add-Ins-Manager die entsprechenden Add-Ins in der Liste deaktiviert. Dann verschwinden die Einträge aus dem Menü EXTRAS und die Erweiterungen stehen nicht mehr zur Verfügung.

Nicht alle Add-Ins müssen als Eintrag des Menüs EXTRAS in Excel eingebunden werden, wie wir auf den folgenden Seiten sehen werden.

8.1.2 Weitere Add-Ins mit dem Add-Ins-Manager einbinden

*Datei-Erweiterung *.XLA*

Über den Add-Ins-Manager können auch weitere, nicht in Excel vorhandene Add-Ins eingebunden werden. Über die Schaltfläche DURCHSUCHEN des Add-Ins-Managers (s. Abbildung 8.1) kann der Pfad und der Dateiname des Add-Ins eingegeben werden. Eine Add-In-Datei muß die spezielle Erweiterung „*.XLA" haben, damit sie problemlos in Excel eingebunden werden kann. Nachdem Pfad und Name eingegeben worden sind, erscheint der Name der neuen Add-In-Datei in der Liste des Add-Ins-Managers und kann dort, genau wie die schon vorhandenen Einträge, aktiviert bzw. deaktiviert werden.

Quelle für Add-Ins

Zusätzliche Add-Ins für Excel bekommt man überall: In fast allen Excel-Büchern und Computerfachzeitschriften liegen Disketten oder meistens CD-ROMS mit vielen verschiedenen, zusätzlichen Programmen. Die angebotene Palette reicht von der Verwaltung von Datenbanken unter Excel bis zu Herstellung von Horoskopen oder Diätplanung. Man sollte sich dabei aber nur auf das Nötigste beschränken: Die Add-Ins werden bei jedem Start von Excel in den Speicher geladen und dies kann, wie schon erwähnt, zu längeren Antwortzeiten führen. Außerdem sollte man sicher sein, daß man sich keine Viren auf diesem Weg ins Haus holt.

Namen von Add-Ins entfernen

Nach der Deaktivierung eines nicht in Excel integrierten Add-Ins bleibt sein Name in der Liste des Add-Ins-Managers bestehen. Dies kann mit der Zeit zu Unübersichtlichkeit führen. Die Namen können mit einem einfachen Trick von Excel selbst entfernt werden. Manche Anwender bearbeiten zu diesem Zweck die Registry von Windows manuell, aber diese Methode bedeutet mit Kanonen auf Spatzen zu schießen.

Um den Namen des Add-Ins aus der Liste zu entfernen, muß zuerst das Add-In über den Add-Ins-Manager deaktiviert werden, dann die entsprechende XLA-Datei aus dem Verzeichnis entfernt werden (egal ob sie gelöscht, unbenannt oder nur verschoben wird). Danach muß der Eintrag im Add-Ins-Manager markiert werden, als ob das Add-In wieder aktiviert werden sollte. Erst dann merkt Excel, daß die Datei nicht mehr an der bekannten Stelle ist, und entfernt nach einer Rückfrage, wie in Abbildung 8.4 zu sehen ist, den Eintrag aus der Liste.

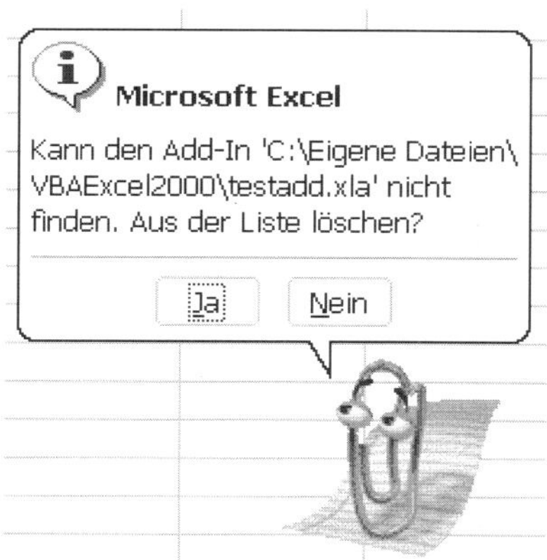

Abbildung 8.4: Rückfrage vor dem Entfernen eines Add-In-Namens aus der Liste

Natürlich können auch eigene Programme, die in das Add-In-Format umgewandelt worden sind, auf demselben Weg wie oben beschrieben, als Add-In hinzugefügt werden.

Online-Hilfe

Add-Ins, dann „Add-In-Programme für Microsoft Excel“ für die Erläuterung der vorhandenen Add-Ins

8.2 Eigene Add-Ins erstellen

Welches Programm eignet sich am besten?

Die Ausgangsbasis für ein Add-In ist eine Mappe, in der sich ein oder mehrere Programme befinden. Theoretisch können alle Programme in ein Add-In übersetzt werden. Praktisch gibt es aber Probleme: Programme, die nur mit bestimmten Blättern einer Mappe arbeiten (z.B. schreibt das Programm ein Ergebnis zurück in eine Zelle eines bestimmten Blattes einer Mappe), müssen modifiziert werden: Tabellen einer Add-In-Mappe sind nämlich nicht sichtbar. Das Programm muß dann so modifiziert werden, daß es z.B. beim Start nach dem Namen eines Blattes verlangt, oder es muß eine neue Mappe erstellen oder kopieren etc. Die Lösung hängt von den Gegebenheiten des Programms ab. Am einfachsten sind Programme, die nur Berechnungen ausführen, also eher Sammlungen von Funktionen, oder Programme, die mit einem Dialog und Zellenbezügen, die vom Anwender zur Laufzeit angegeben werden, arbeiten.

Fehlerfreies Programm

Das Programm sollte bereits fehlerfrei und oft genug getestet sein. Der Versuch, ein Programm aus einer anderen Mappe heraus zu starten, sollte auch Bestandteil dieser Testphase sein. Sehr oft werden dabei Fehler entdeckt, die eine Ausführung aus einer Mappe heraus nicht stören. Der Programmierer selbst ist als Tester seines eigenen Programms nicht geeignet: Er weiß nämlich, wie das Programm funktioniert und was es leisten soll, und wird unbewußt immer das Richtige tun, um das Programm nicht zum Absturz zu bringen. Als Programmtester eignen sich dagegen sehr gut Personen, die das Programm nicht kennen: Sie finden alle möglichen Fehler oder Schwachstellen im Programm, wenn sie versuchen, das Programm intuitiv zu bedienen. Bevor ein Programm in ein Add-In umgewandelt wird, sollte es eine solche Testphase durchlaufen haben.

Wie soll das Programm soll gestartet werden?

Eine besondere Frage bei einem Add-In ist, wie das Programm gestartet werden soll. Programme aus XLA-Dateien werden nicht in der Liste der Makros aus dem Menü EXTRAS\MAKRO\MAKROS angezeigt. Somit scheitert dieser Weg. Schaltflächen in einem Tabellenblatt scheitern genauso: Die Blätter einer Add-In-Mappe werden nach der Aktivierung des Add-Ins nicht angezeigt. Die Blätter einer solche Mappe können höchstens für die Speicherung von Werten verwendet werden, die vom Programm benötigt werden. Man kann z.B. die Liste der Einträge für ein Listenfeld in einem Tabellenblatt eintragen.

Tastenkombinationen scheiden aus praktischen Gründen auch aus: denn sie sind erstens schwer zu merken und zweitens ist die Auswahlmöglichkeit solcher Tastenkombinationen für eigene Programme sehr begrenzt, wie wir schon im vorherigen Kapitel gesehen haben.

Die einzige vernünftige Möglichkeit, Add-Ins auszuführen, sind Schaltflächen in Symbolleisten, oder sogar eigene Symbolleisten oder Menüs. Eigene Symbolleisten sind sehr einfach zu definieren: Sie müssen dann nur an die Mappe angefügt werden. Menüs sind in ihrer Handhabung etwas komplexer als Symbolleisten, da sie beim Öffnen der Add-In-Mappe dynamisch erzeugt werden müssen. Beide Methoden eignen sich sehr gut für Add-Ins.

Eigene Symbolleiste und dynamische Menüs wurden im Kapitel 7 dieses Buches behandelt.

Problem: nachträgliche Korrektur eines Add-Ins

Wenn trotz der Testphase nach der Aktivierung eines Add-Ins immer noch Fehler auftreten, oder wenn man ganz einfach das Programm ändern möchte, muß zuerst das Add-In im Fenster EXTRAS\ADD-INS-MANAGER deaktiviert werden. Erst dann kann die Änderung des Quellcodes durch eine Speicherung und neue Aktivierung wirksam werden. In früheren Excel-Versionen (bis einschließlich Version 7) war es nicht möglich, eine XLA-Datei zu editieren: In der XLA-Datei lag der Quellcode in rein ausführbaren Form vor. Der Programmierer mußte immer eine Kopie der originalen Mappe, also der XLS-Datei haben: Die Änderungen oder Korrekturen des Programms erfolgten dann in der XLS-Datei, die dann wieder in eine XLA-Datei gespeichert wurde. Dieses Handicap ist seit Office 97 entfallen: XLA-Dateien enthalten neben der kompilierten Form des Programms weiterhin auch den Quellcode. Die einzige Voraussetzung für die Wirksamkeit der Änderung ist eben die temporäre Deaktivierung des Add-Ins: Wenn das Programm von Excel schon geladen wurde, kann es nicht „überschrieben" werden.

Beispiel für eigene Add-Ins

Damit alle Phasen der Entstehung eines Add-Ins richtig klar werden, werden wir im folgenden die Erstellung eines Add-Ins anhand eines Beispiels exemplarisch durchlaufen. Wir werden als Basis für ein Add-In drei der Beispiele aus Kapitel 6 (Beispiel für das Optionsfeld, die Multiseiten und die Bildlaufleiste) und die komplette Mappe von Kapitel 7 verwenden. Die Beispiele aus Kapitel 6 verwenden eine eigene Symbolleiste, die Mappe aus Kapitel 7 ein dynamisches Menü. Im folgenden wird der gesamte Weg der Erstellung eines Add-Ins gezeigt.

8.2.1 Eine Mappe für die Erstellung eines Add-Ins vorbereiten

Wenn von Anfang an klar ist, daß ein Programm als Add-In benutzt werden soll, wird es am besten in einer getrennten Mappe gespeichert. Wenn das Programm sich dagegen in einer Sammelmappe befindet (z.B. der Mappe PERSONL.XLS), und man nicht die gesamte Mappe in ein Add-In umwandeln möchte, müssen die Modul- und die eventuellen Dialogfelder in eine andere Mappe kopiert werden. Für unsere Programme aus dem Kapitel 6 gehen wir wie folgendermaßen vor:

Die Mappe KAPITEL6.XLS muß geöffnet werden.

Eine neue, leere Mappe wird geöffnet.

Über Alt+F11 wird die Entwicklungsumgebung aufgerufen.

Der Projekt-Explorer wird geöffnet (Menü ANSICHT\PROJEKT-EXPLORER oder Strg+R).

Im Projekt-Explorer werden die drei Dialogblätter *OptionsfeldDialog*, *BildlaufleisteDialog* und *MultiseitenDialog* nacheinander aus der Mappe KAPITEL6.XLS in die neue Mappe gezogen (Dialog mit linker Maustaste anklicken und Taste bei gleichzeitigem Ziehen gedrückt halten). Die Dialoge werden somit von einer Mappe in die andere kopiert. Danach wird auch das allgemeine Modul *mdlSetBereich* in die neue Mappe kopiert: Es enthält eine Funktion für die Referenzfelder der Dialoge (s. dazu Kapitel 6, Das Referenzfeld).

In die Mappe wird noch ein allgemeines Modul eingefügt, in das drei kleine Prozeduren für die Anzeige der Dialoge geschrieben werden.

Für jedes Dialogfeld muß zuerst eine Prozedur für die Anzeige des Dialogfeldes geschrieben werden. Das folgende Listing zeigt die Prozedur für das Anzeigen des Dialogfelds der Bildlaufleiste.

Beispiel 8.1: Dialogfeld anzeigen

```
Sub BildlaufleisteZeigen()
BildlaufleisteDialog.Show
End Sub
```

Um den Aufruf der Programme zu ermöglichen, können für die drei Prozeduren entweder Tastenkombinationen, Symbolleisten oder Menüs definiert werden (s. dazu auch Kapitel 6). In diesem Fall wurde der Weg einer eigenen Symbolleiste gewählt: Sie ist in Abbildung 8.5 zu sehen.

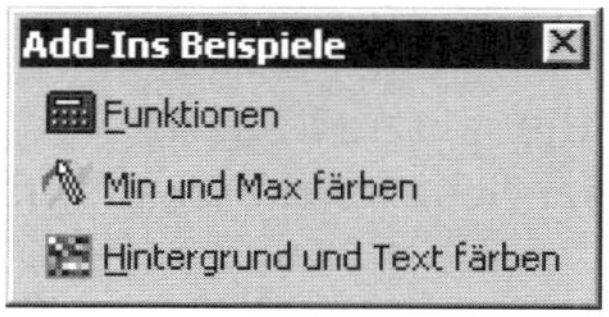

Abbildung 8.5: Die Symbolleiste für das eigene Add-In

Symbolleiste anfügen!

Wenn man eine Symbolleiste für das Add-In vorgesehen hat, sollte man nicht vergessen, die Symbolleiste an die Mappe anzufügen. Eine Symbolleiste wird aus dem Fenster ANPASSEN (Menü ANSICHT\SYMBOLLEISTEN oder dem Kontextmenü der Symbolleisten, Eintrag ANPASSEN), Registerreiter SYMBOLLEISTEN, Schaltfläche ANFÜGEN angebunden (s. auch Kap. 6 dazu). Danach sollte die Symbolleiste aus Excel gelöscht werden: Nur die Kopie, die an der Mappe angefügt worden ist, soll weiter existieren. Eine Symbolleiste wird aus dem Fenster ANPASSEN gelöscht. Das Löschen der lokalen Symbolleiste ist notwendig, damit Excel die an das Add-In angefügte Symbolleiste anzeigt, und nicht seine lokale Symbolleiste. Diese startet nämlich nach wie vor die Programme aus der XLS-Mappe und nicht die Programme aus dem Add-In. Da Excel für die Programme, die an einer Symbolleiste angebunden sind, den kompletten Pfad der XLS-Mappe speichert, können Probleme entstehen. Diese unangenehmen Nebenerscheinungen entfallen bei einer an das Add-In angefügten Symbolleiste.

Symbolleisten aktivieren und deaktivieren

Wenn die eigene Symbolleiste an die Mappe angebunden ist, wird sie beim Öffnen der Mappe automatisch aktiviert, so daß eine Prozedur für das Aktivieren der Symbolleiste beim Öffnen der Mappe überflüssig ist. Nach dem Öffnen des Add-Ins wird dann aber die Symbolleiste von Excel auch in die Liste der lokalen Symbolleisten eingetragen. Aus diesem Grund wäre es angebracht, speziell für das Add-In die Symbolleiste beim Schließen der Mappe aus Excel zu löschen. Ein Add-In wird erst geschlossen, wenn es mit dem Add-Ins-Manager deaktiviert wird. Das Löschen der Symbolleiste wird in dem Ereignis *BeforeClose* der Mappe mit der folgenden Anweisung programmiert:

```
Application.CommandBars("Add-Ins Beispiele").Delete
```

Die Mappe aus Kapitel 7 bedarf keine besondere Vorbereitung: Dort wird das einzig vorhandene Programm mittels eines Menüs gestartet, und das Menü wird per Programm beim Öffnen der Mappe erzeugt (s. dazu Kapitel 7, Menü dynamisch erzeugen).

Die Mappe mit den Beispielen aus Kapitel 6 heißt auf die CD KAPITEL8A.XLS. Die Mappe aus Kapitel 7 heißt dagegen KAPITEL8B.XLS.

KAPITEL8A.XLS, KAPITEL8B.XLS

8.2.2 Eine Mappe ins Add-Ins umwandeln

Nach dem die Vorbereitung der Mappe für die spätere Rolle als Add-In beendet ist, können jetzt die letzten vier Schritte durchgeführt werden.

1. Name und Beschreibung für das Add-In festlegen
2. Eigenschaften des Projekts setzen und Quellcode durch Paßwort schützen
3. Projekt kompilieren
4. Mappe als Add-In speichern

Im folgenden werden diese vier Schritte im einzelnen erläutert.

Schritt 1:

Name und Beschreibung festlegen

Sehr nützlich für das spätere Add-In ist die Bestimmung eines Namens und eines Erläuterungstexts, die im Fenster des Add-Ins-Managers als Name und Beschreibung des eigenen Add-Ins angezeigt werden können (s. Abbildung 8.6). Die Texte werden *vor* der Erstellung des Add-Ins aus Excel bei geöffneter Mappe im Menü DATEI\EIGENSCHAFTEN eingegeben.

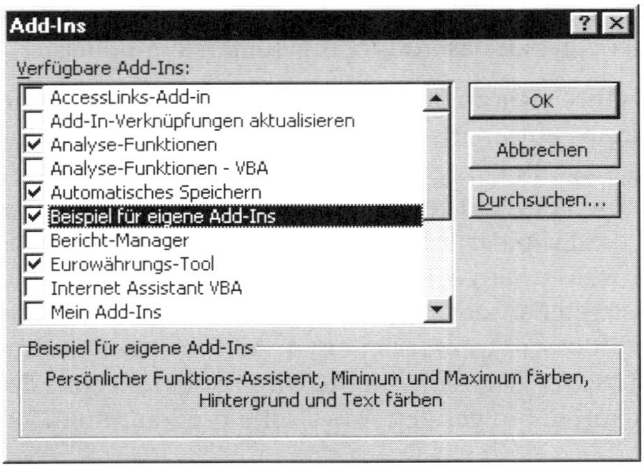

Abbildung 8.6: Der Add-In Manager zeigt Name und Beschreibung des eigenen Add-Ins.

Das Fenster aus DATEI\EIGENSCHAFTEN mit den eingegebenen Texten für die Mappe KAPITEL8A.XLS ist in Abbildung 8.7 zu sehen. Im Feld „Titel" des Fensters wird der Name für das spätere Add-In eingegeben, im Feld „Kommentar" die Beschreibung des Add-Ins.

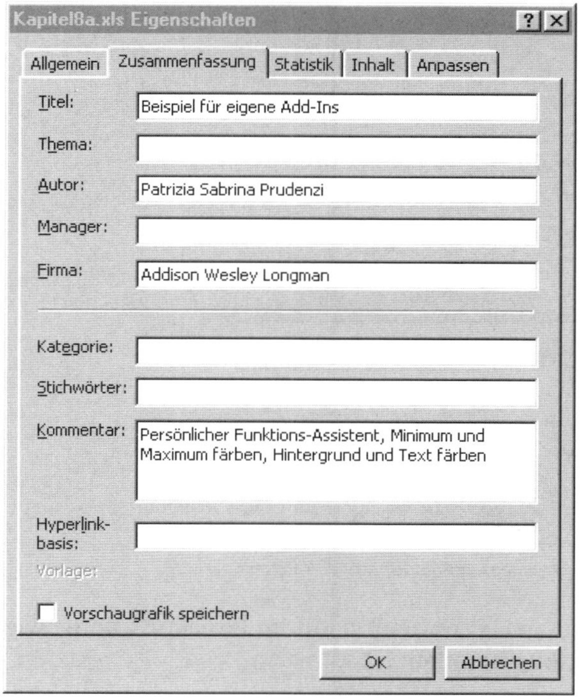

Abbildung 8.7: Das Fenster aus dem Menü DATEI\EIGENSCHAFTEN

Das gleiche Verfahren wird auch für die Mappe Kapitel8b.XLS angewandt.

Schritt 2:

Eigenschaften des Projekts setzen und Quellcode durch Paßwort schützen

Nach der Vergabe eines Namens und einer Beschreibung können wir in die Entwicklungsumgebung wechseln und das Fenster für die Eigenschaften des Projektes aufrufen: Dort werden die Eigenschaften des Projekts gesetzt und der Quellcode durch ein Paßwort geschützt. Dieses Fenster kann auf zwei Arten aufgerufen werden:

- Über das Menü EXTRAS\EIGENSCHAFTEN VON VBAPROJEKT
- Aus dem Kontextmenü des Projekts im Projekt-Explorer den Eintrag EIGENSCHAFTEN VON VBAPROJEKT wählen.
- Das Fenster verfügt über zwei Register. Das erste Register heißt ALLGEMEIN und ist in Abbildung 8.8 zu sehen: Hier werden ein Name für das Projekt und eine eventuelle Beschreibung vergeben.

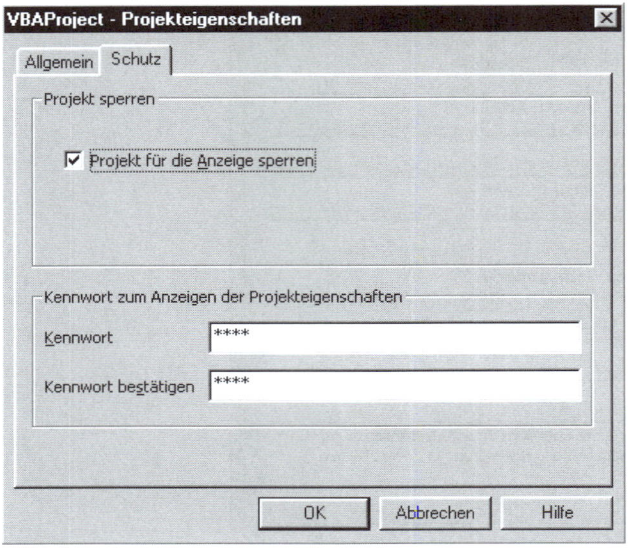

Abbildung 8.8: Definition der Eigenschaften für das VBA-Projekt

Der Name des VBA-Projekts erscheint dann im Projekt-Explorer, wie auch aus Abbildung 8.9 ersichtlich ist.

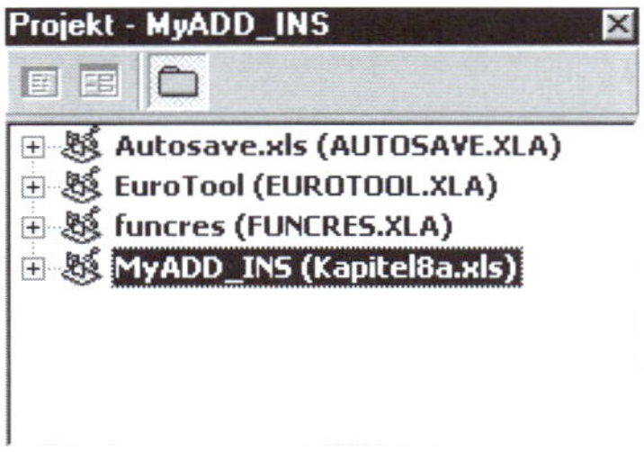

Abbildung 8.9: Das Projekt im Projekt-Explorer

Das Setzen der restliche Möglichkeiten des Registers ALLGEMEIN ist nicht erforderlich, um aus der Mappe ein Add-In zu machen, so daß wir sie vernachlässigen können.

Der Schutz des Quellcodes dagegen ist eine wichtige Angelegenheit: In Office 2000, so wie schon in Office 97, ist es möglich, den Quelltext eines Add-Ins anzusehen oder sogar zu verändern, wenn man nichts dagegen unternimmt. Dies geschieht im Register SCHUTZ des Fensters, wie in Abbildung 8.10 zu sehen ist.

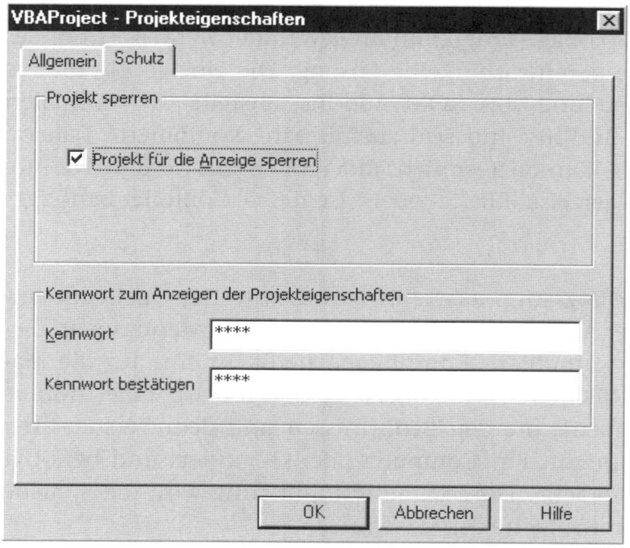

Abbildung 8.10: Den Quellcode eines Add-Ins schützen

Projekt für die Anzeige sperren

Wenn man nur ein Paßwort für die Anzeige der Projekteigenschaften vergibt und das Kontrollkästchen „Projekt für die Anzeige sperren" nicht setzt, ist der Quellcode nicht geschützt! Lediglich die Anzeige des Fensters VBAPROJECT-PROJEKTEIGENSCHAFTEN wird nur gegen Eingabe des Paßworts realisiert. Der Quellcode kann angesehen und beliebig verändert werden. Meistens möchte man aber seine Programme nicht preisgeben und sie gegen Änderungen schützen, so daß es durchaus sinnvoll ist, das Kontrollkästchen anzuklicken.

Während es bis zu Version 7 von Excel Add-Ins nur in rein ausführbarer Form gab (der Quellcode wurde automatisch aus der Mappe bei der Umwandlung in ein Add-In entfernt), stellt das Beibehalten des Quellcodes eine Schwachstelle dar. Das Schutzkonzept für Add-Ins ist nicht so besonders gut: Paßworte können geknackt werden. Es gibt schon eine Menge Programme, von Hacker-Tools bis hin zu kommerziellen Anwendungen, die nur für das Knacken von Paßworten von Add-Ins oder VBA-Projekten konzipiert sind. Mit ein paar Hundert Dollars kann man aus dem Internet Profi-Programme kaufen, die ein Paßwort innerhalb weniger Sekunden aus dem Projekt „ablesen" können. Die sog. *Brute-Force*-Methode, also das Ausprobieren aller möglichen Buchstabenkombinationen, ist nicht mal erforderlich! Das hat zwei schwere Folgen: Erstens kann ein Programmierer sein Werk nicht mehr adäquat schützen, da jeder leicht den Quellcode einsehen kann. Zweitens, da Add-Ins von Excel immer für vertrauenswürdig gehalten werden, ist das ein sehr großes Sicherheitsrisiko:

Nach dem Knacken des Paßworts kann ein Add-In zu einem Virus oder zu einem Spionage-Programm umgewandelt werden. Für dieses Problem gibt es gegenwärtig keine Lösung. Die einzige Alternative wäre die Verwendung von COM Add-Ins, anstelle von normalen Add-Ins. COM Add-Ins sind rein ausführbare, kompilierte Dateien (z.B. als DLL). Sie können aber nicht mit VBA erstellt werden: Für ihre Erstellung wird der Visual Basic- oder Visual C++ Compiler benötigt.

Schritt 3:

Projekt kompilieren

Wenn ein VBA-Programm ausgeführt wird, wird der Quellcode unmittelbar vor der Ausführung von der jeweiligen Anwendung, in diesem Fall Excel, kompiliert. Kompilieren heißt, in eine für die Maschine verständlichen Form übersetzen. VBA ist eine höhere Programmiersprache, die den Bedürfnissen und dem Verstand der Menschen entspricht. Ein Computer „denkt" anders und benötigt eine genauere Sprache. Durch eine Kompilierung wird die Sprache der Menschen zur Sprache der Maschine.

Wenn man das Projekt nicht kompiliert, wird dies von Excel beim ersten Aufruf automatisch gemacht. Das kann aber bei größeren Programmen Zeit kosten: zuerst kompilieren, dann ausführen. Deswegen wäre es angebracht, den Quellcode selbst zu kompilieren. Das geht nur von der Entwicklungsumgebung aus, unter dem Menü DEBUGGEN\KOMPILIEREN VON *Projektname*.

Schritt 4:

Mappe als Add-In speichern

Das Speichern einer Mappe als Add-In muß wirklich wortwörtlich verstanden werden: Man wählt in Excel den Menüpunkt DATEI\SPEICHERN UNTER, und, wie in Abbildung 8.11 gezeigt wird, als Dateityp wird der Typ „Microsoft Excel Add-In (*.XLA)" aus der vorhanden Liste der Typen ausgewählt.

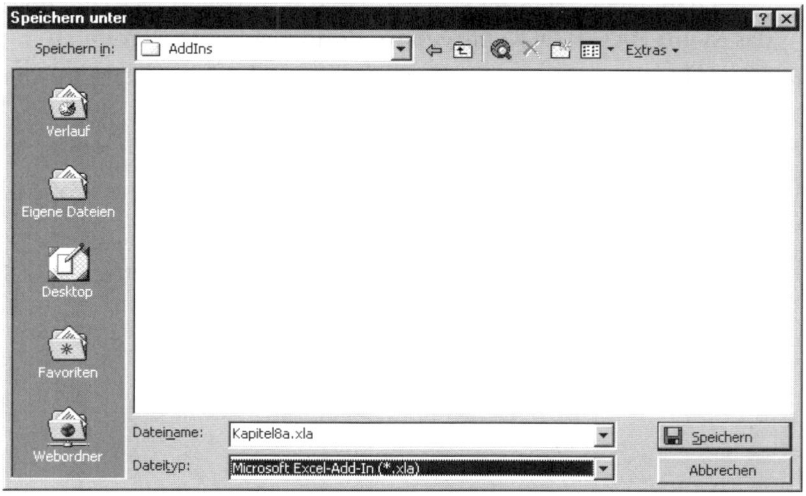

Abbildung 8.11: Die Erstellung eines Add-Ins

Die Datei bekommt die Standarderweiterung „*.XLA". Für eigene Add-Ins können beliebige Verzeichnisse angegeben werden. Excel springt zwar in das Unterverzeichnis WINDOWS\ANWENDUNGS-DATEN\MICROSOFT\ADDINS, aber die Angabe anderer Verzeichnisse ist auch erlaubt. Wenn ein anderes Verzeichnis als das typische genommen wird, muß dies bei der Aktivierung des Add-Ins berücksichtigt werden (s. 8.1.2, „Weitere Add-Ins mit dem Add-Ins-Manager einbinden").

Nach dem Anklicken der Schaltfläche OK wandelt Excel die aktuelle Mappe in ein Add-In um. Danach können die entsprechenden XLS-Mappen geschlossen werden. Das Add-In muß danach über den Add-Ins-Manager aktiviert werden.

Wenn nach der Einbindung des Programms als Add-In Fehler auftreten oder wenn man das Programm ändern möchte, muß so wie im folgenden beschrieben, vorgegangen werden:

1. Das Add-In muß zuerst im Add-Ins-Manager deaktiviert werden. Das bedeutet, beim nächsten Start von Excel wird das Add-In nicht geladen.
2. Das Add-In wird aber durch die Deaktivierung nicht geschlossen: Wenn man in die Entwicklungsumgebung wechselt, wird man das Add-In im Projekt-Explorer finden. Um das Add-In bearbeiten zu können, muß es zuerst geschlossen werden. Dies läßt sich nur durch Beenden und Neustart von Excel realisieren.

3. Nach dem Neustart von Excel kann das Add-In als XLA-Datei über das Menü DATEI\ÖFFNEN geöffnet und bearbeitet werden.
4. Nach der Bearbeitung und Speicherung der XLA-Datei wird die Datei selbst geschlossen.
5. Das Add-In wird wieder mit dem Add-Ins-Manager aktiviert.

In den Mappen dieses Kapitels wurde ein Paßwort für die Projekte vergeben. Das Paßwort ist das Wort „test“.

KAPITEL8A.XLS, KAPITEL8B.XLS, KAPITEL8A.XLA, KAPITEL8B.XLS

9 Excel und das World Wide Web

Die Wichtigkeit und die Funktionalitäten des World Wide Web scheinen seit Jahren ein ununterbrochenens Wachstum zu genießen. Wenn am Anfang dieser explosionsartigen Entwicklung Microsoft den Zeitgeist nicht richtig erkannt hatte und sich für eine Weile nicht mit Internet-Anwendungen beschäftigt hat, so scheint jetzt eine regelrechte Jagd um das Einholen der Konkurrenz ausgebrochen zu sein. In Office 2000 wurde die Internet-Tauglichkeit der Programme noch weiter erhöht, gegenüber der vorherigen 97er Version. Schon in der 97er Version war es möglich, aus allen Anwendungen heraus die jeweiligen Dokumente als Internet-Dokument zu speichern In der aktuellen Version sind sogar Objekte dafür vorgesehen. Dank dieser neuen Objekte ist heute möglich, nicht nur HTM- oder HTML-Seiten zu erstellen, sondern bereits publizierte Seiten zu ergänzen. Aus Excel und Access können sogar „aktive" Seiten erstellt werden. Aktive Seiten können aus einem Internet-Browser, der diese Funktion unterstützt, bearbeitet werden. In diesem Kapitel wird ein Überblick über die neueen Funktionalitäten und Objekte sowie ihre Programmierung in VBA angeboten.

9.1 Die neuen Möglichkeiten in Excel 2000 in Bezug auf das WWW

Wenn man in der Online-Hilfe von Excel 2000 unter den richtigen Stichworten nachschlägt (s. Online-Hilfe-Hinweis am Ende dieses Abschnittes), erhält man eine sehr lange Liste mit den neue Möglichkeiten, die in Excel integriert wurden. Die Palette der Möglichkeiten geht von der Speicherung einer Mappe (oder Teilen davon) als Internet-Seite, über Abfragen von Daten von Webseiten zu interaktiven Dokumenten, die sowohl in Excel als auch in dem Internet-Explorer 4.0 oder höher bearbeitet werden können. Auch Automatisierung der anderen Anwendungen, wie z.B. Outlook, ist möglich.

Die Automatisierung der anderen Anwendungen wird in Kapitel 10 behandelt. Dort werden auch die Möglichkeiten erklärt, die anderen Office-Anwendungen und Outlook aus Excel heraus zu steuern. Die Theorie wird wie üblich mit Hilfe von Beispielen in die Praxis umgesetzt.

Manche der neuen Features von Office 2000 stehen nur zur Verfügung, wenn man sie während der Installation explizit hinzugefügt hat. Das Benutzen von interaktiven Seiten ist z.B. nur möglich, wenn man die Microsoft Office Web Components installiert hat. Diese Komponenten sind während der benutzerdefinierten Installation unter dem Eintrag „Office Tools" zu finden, wie man in Abbildung 9.1 sehen kann. Außerdem können manche Funktionalitäten, wie z.B. die interaktiven Seiten, nur verwendet werden, wenn man den Internet Explorer 4.0 oder höher installiert hat. Sogar manche normalen HTML-Dokumente, die im Office erstellt worden sind, werden von anderen Browsern, wie z.B. Netscape, verzerrt dargestellt. Microsoft scheint wirklich das Ziel zu haben, den Internet Explorer auf jedem Fall auf durchsetzen zu wollen.

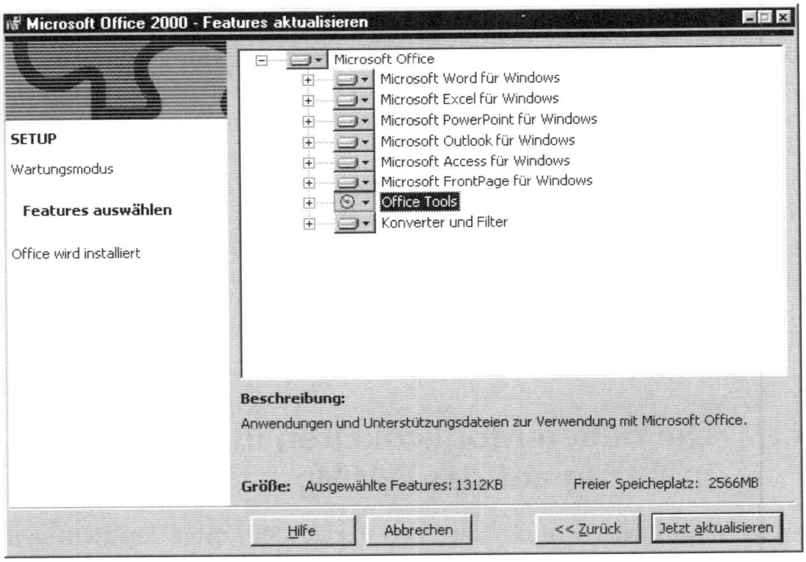

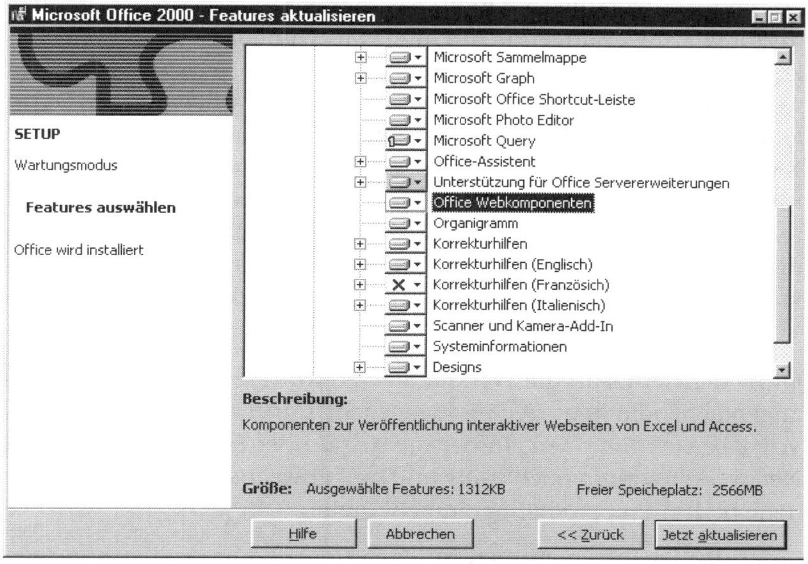

Abbildung 9.1: Die Installation der Microsoft Office Web Components

Bemerkung zur Sicherheit

Die neuen Möglichkeiten, die angeboten werden, sind zweifellos verlockend und lassen auf eine noch bessere Integration der Anwendungen untereinander und mit dem Internet hoffen. Ob wirklich alles so schön sein wird, wird sich erst nach einer bestimmten Zeit zeigen: erst wenn diese Möglichkeiten sich in der Praxis bewährt, wird man wissen, ob alles Gold war, was so geglänzt hat.

Was die Autorin etwas beunruhigt, ist, daß nirgendwo Fragen oder gar Lösungen über die Sicherheit solcher Praktiken, wie z.B. die interaktiven Seiten, auftauchen. Nachdem die erste Euphorie über das World Wide Web sich etwas gelegt hatte, wurde vielen klar, daß es, dort, wo es eine Öffnung nach außen gibt, auch für Unbefugte die Möglichkeit geben wird, nach Innen zu kommen. In den Diskussionsforen im Internet, die sich mit dem Thema Sicherheit beschäftigen, tauchen fast tagtäglich Meldungen über Einbrüche in Netzwerken auf, die über Internet-Browser oder sogar Internet-Server realisiert werden. Dies betrifft die Programme aller Hersteller, d.h. sowohl Microsoft als auch Netscape oder Apache oder sonstige. Deswegen kann man heutzutage keinem einen leichtfertigen Umgang mit dem Internet empfehlen. Im folgenden werden deshalb auch nur die Möglichkeiten dargestellt, die das Publizieren von Seiten im Internet betreffen: Eine HTML-Seite zu erstellen und anzeigen zu lassen, ist noch nicht gefährlich, wenn der Internet-Server und das Netz gut abgesichert sind. Alles weitere sollte nur in Zusammenarbeit mit Sicherheitsexperten und Systemadministratoren erfolgen. Internet-Seiten können aktive Komponenten wie ActiveX, *Javascript*-Programme und XML-Anweisungen beinhalten. Mit Hilfe dieser Komponenten können Anweisungen abgesetzt werden, deren Wirkungsgrad vom Ausspionieren bis hin zum Löschen von Daten variieren kann. Die in Office 2000 erstellten HTM-Dokumente beinhalten *Javascript* und XML. Solche Dokumente sind auf Betriebssystemebene gegen Änderungen von Unbefugten auf jeden Fall zu schützen. Das kann bei aktiven Seiten etwas problematisch werden: Für aktive Seiten müßten die Lese- und Schreibrechte für mindestens einen gewissen Personenkreis geöffnet werden. Das impliziert mindestens einen erhöhteen Verwaltungsaufwand für diese Seiten.

Ohne den Teufel an die Wand malen zu wollen, ist es auf jeden Fall angebracht, die neue Technologie nicht unbedacht zu verwenden. Wir leben in einer Zeit, in der die Anzahl der Sicherheitsunfälle in Netzwerken immer noch stetig und steil anwächst. Die neue Technologie besitzt aber zweifellos einige Vorteile.

Einsatzbereiche

Wenn früher Informationen im Papierformat mit der hausinternen Post ausgetauscht wurden, später dann als Diskette oder Bänder im Umlauf waren, so ist es heute schon einfacher, ein Dokument per E-Mail an andere Mitarbeiter zu versenden oder es als Internet-Seite zur Verfügung zu stellen. Viele Firmen verfügen schon in ihrem lokalen Netz über einen internen Web-Bereich, um den Zugang der Mitarbeiter zu bestimmten Informationen zu erleichtern. Genau für diesen Einsatz sind die neuen Möglichkeiten von Excel und Office 2000 geeignet. Es ist sehr viel einfacher z. B. für eine Abteilung, eigene Excel-Berichte den anderen Abteilungen über das interne Web zur Verfügung zu stellen, als jedem einzelnen die Excel-Dateien als E-Mail zu senden.

In den folgenden zwei Abschnitten werden zuerst die Möglichkeiten von Excel vorgestellt, HTML-Dokumente zu erstellen, mit und ohne Einsatz von VBA.

Online-Hilfe

Neues in Microsoft Excel 2000, dann „Microsoft Excel und das Web“

9.1.1 HTML-Dokumente aus Excel erstellen

In allen Office-Programmen stecken sehr viele Möglichkeiten mehr drin, als auf den ersten Blick scheint. Das war schon immer so und ist in dieser Version 2000 weiterhin der Fall. Das Erstellen von HTML-Seiten, sogar von interaktiven Seiten, kann ganz einfach über das Menü DATEI\SPEICHERN UNTER... erfolgen. Im Fenster SPEICHERN

UNTER, das in Abbildung 9.2 zu sehen ist, kann beim Speichern einer Mappe als Dateityp der Typ HTM oder HTML angegeben werden. Sofort nach der Auswahl des Dateityps ändert sich das Fenster, wie aus dem Bild ersichtlich ist.

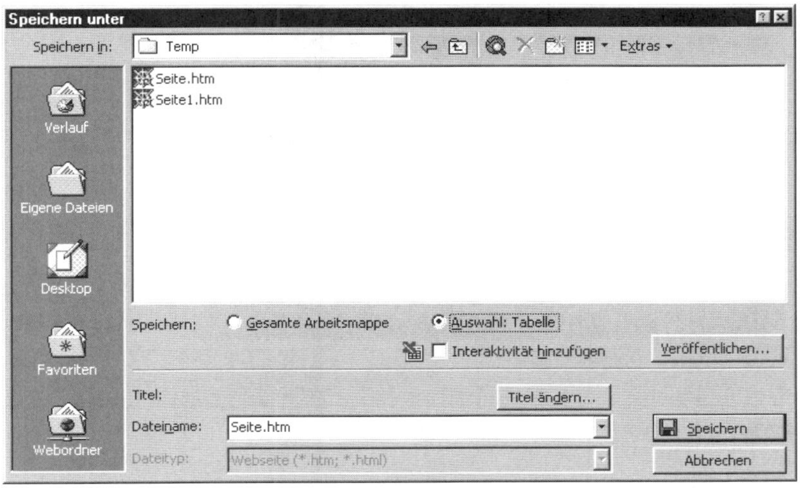

Abbildung 9.2: Excel-Mappen als Internet-Dokumente speichern

Jetzt kann man wählen, ob man die gesamte Arbeitsmappe oder nur einen Teil davon (Tabelle oder Bereich einer Tabelle) als Internet-Dokument haben will. Im folgenden wird auf diese Unterschiede eingegangen.

Gesamte Arbeitsmappe speichern

Wenn man die standardmäßige Option GESAMTE ARBEITSMAPPE beibehält, speichert Excel alle Tabellenblätter der Mappe in einer HTM-Datei ab. Ein Blick auf die Mappe aus einem Browser zeigt das, was in Abbildung 9.3 zu sehen ist: Alle Tabellenblätter sind, genau wie in Excel, mittels Register erreichbar. Man kann von einer Tabelle in die nächsten durch Klicken auf das Register wechseln. Sogar mit Netscape als Browser werden gute Ergebnisse erreicht. Dies, weil die Mappe mit Hilfe von *JavaScript* umgewandelt wird, wie ein Blick in den Quellentext der Seite sofort bestätigt. Außerdem werden XML-Elemente verwendet. Leider hält sich Microsoft nicht an die Standards, so daß die HTM-Seiten nicht von allen Anwendungen akzeptiert werden, die HTM-Format bearbeiten.

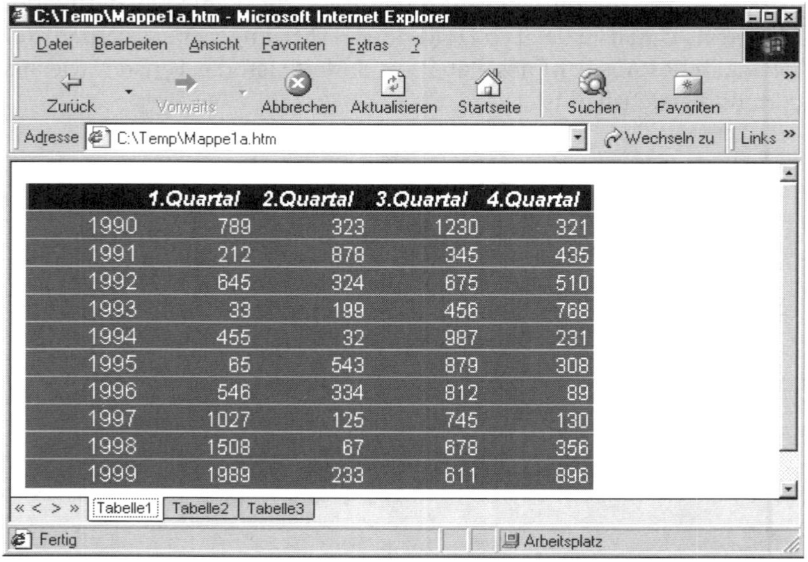

Abbildung 9.3: Eine Excel-Mappe in HTM-Format

Excel erstellt in diesem Fall eine Datei und ein Verzeichnis, in dem alle Einzelblätter und sonstige Elemente Platz finden. Wenn z.B. die Mappe MAPPE1A.XLS heißt, gibt es nach der Speicherung im Zielverzeichnis eine Datei MAPPE1A.HTM und ein Verzeichnis MAPPE1A-DATEIEN. Dort finden die einzelnen Blätter (HTM-Format) und eventuelle Grafiken (GIF-Format) Platz.

Aufzeichnen

Wenn man beim Speicherungsvorgang den Makro-Recorder mitlaufen läßt, wird man danach folgende Anweisungen finden:

Beispiel 9.1: Mappe als HTM-Dokument speichern (Aufzeichnung)

```
1   Sub MappeAlsHTM_Aufzeichnung()
2   ActiveWorkbook.SaveAs _
3           Filename:="C:\Temp\Kapitel9.htm", _
4           FileFormat:=xlHtml, _
5           ReadOnlyRecommended:=False, CreateBackup:=False
6   End Sub
```

Wie man aus der Anweisung in **Zeile 2** entnehmen kann, wird hier nur die *SaveAs*-Methode des *Workbook*-Objekts verwendet. Mit dieser Methode wird immer die Speicherung einer Mappe vorgenommen. Lediglich die Eigenschaft *FileFormat* bestimmt den Dateityp. In der Online-Hilfe ist für diese Eigenschaft eine Liste der möglichen Werte zu finden, so kann man z.B. durch die Angabe der Konstante *xlExcel9795* eine Excel-Mappe in 97er- bzw. 95er-Format speichern.

Die Eigenschaft *ReadOnlyRecommended* in **Zeile 5** bestimmt, ob eine Mappe mit der Empfehlung schreibgeschützt (*True*) oder nicht (*False*) gespeichert wird. Wenn eine Mappe mit der Empfehlung schreibgeschützt gespeichert wird, zeigt Excel beim Öffnen eine Meldung, in der empfohlen wird, die Mappe schreibgeschützt zu öffnen. Die Eigenschaft *CreateBackup* in **Zeile 5** sorgt nur dafür, daß eine Sicherungskopie der Mappe beim Speichern erstellt wird, wenn sie auf *True* gesetzt wird. Die Methode *SaveAs* hat mehr Parameter als die oben verwendete, so ist es z.B. möglich, für die Mappe ein Paßwort zu vergeben etc. Dem Leser wird das Nachschlagen in der Online-Hilfe empfohlen.

Umprogrammieren der Aufzeichnung

Die obige Aufzeichnung läßt sich ganz einfach umprogrammieren. Die problematische Anweisung ist in diesem Fall in **Zeile 3** des obigen Listings zu finden: Dort werden der Pfad und der Name der Datei fest vermerkt. Aus diesem Grund läßt sich das obige Makro nicht mit jeder beliebigen Mappe ausführen. Außerdem wäre es sehr nützlich, wenn man das Makro in einem größeren Programm integrieren könnte. Um dies zu ermöglichen, wird das Makro etwas geändert, wie man aus dem nächsten Listing entnehmen kann.

Beispiel 9.2: Mappe als HTM-Dokument speichern

```
Sub MappeAlsHTM()
Dim strMappe As String
Dim npos As Byte
Dim msg As String
On Error GoTo MappeAlsHTM_error
strMappe = ActiveWorkbook.Name
npos = InStr(1, strMappe, ".")
strMappe = Left$(strMappe, npos - 1)
strMappe = ActiveWorkbook.Path & "\" & strMappe & ".htm"
ActiveWorkbook.SaveAs Filename:=strMappe, _
     FileFormat:=xlHtml, _
     ReadOnlyRecommended:=False, CreateBackup:=False
Exit Sub
MappeAlsHTM_error:
If Err.Number <> 1004 Then
    msg = "Ein Fehler mit der Nummer " & Err.Number & vbNewLine _
    & "und der Beschreibung " & Err.Description & vbNewLine _
    & "ist aufgetreten!"
    MsgBox msg, vbCritical, "Fehler beim Speichern"
End If
Err.Clear
End Sub
```

Die neue Prozedur benötigt eine Fehlerbehandlung: Wenn die Mappe schon als HTM-Dokument gespeichert wurde, fragt Excel von selbst aus, ob die Datei ersetzt werden soll, wie in Abbildung 9.4 zu sehen ist. Wenn man JA wählt, wird die Datei ersetzt. Wenn man NEIN wählt, wird die Ausführung der Methode *SaveAs* im Programm unterbrochen, da keine neue Speicherung erfolgt. Dies verursacht einen Fehler mit der Nummer 1004.

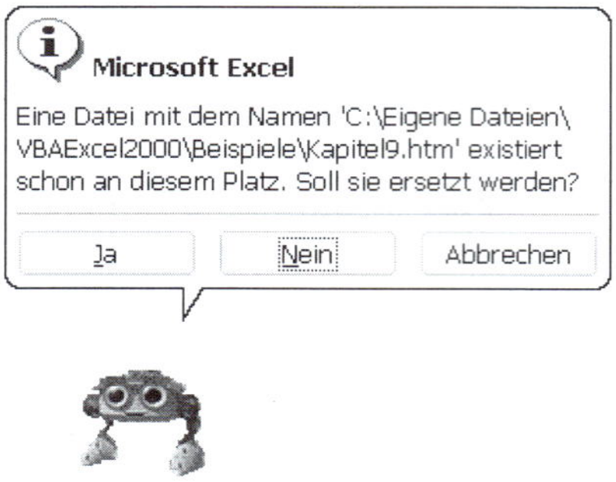

Abbildung 9.4: Excel merkt von selbst, wenn eine Datei schon existiert

Im Programm wurde aber die Fehlerbehandlung so programmiert, daß sie eine allgemeine Gültigkeit besitzt. Falls andere Fehler als der Fehler 1004 auftreten, wird der Anwender entsprechend benachrichtigt. Man kann ja nie wissen!

Die wichtigeren Anweisungen i einzelnen:

- **Zeile 6 bis 8:** Mit diesen Anweisungen wird das Programm verallgemeinert. Es geht im Prinzip darum, den Namen und dem Pfad der aktuellen Mappe über das Objekt *ActiveWorkbook* zu ermitteln, um die Ausführung mit beliebigen Mappen zu ermöglichen. Über die Eigenschaft *Name* wird der Name der schon gespeicherten Mappe ermittelt, z.B. WOCHENBERICHT.XLS. In dem Namen ist aber schon die Dateierweiterung „XLS" enthalten. Sie muß aus dem String `strName` entfernt werden. **In Zeile 7** wird die Position des Punktes im String über die Funktion *Instr* ermittelt. Dann wird in **Zeile 8** die Zeichenkette um `strMappe` um den Punkt und die Erweiterung „XLS" gekürzt. Dies wird mit der schon bekannten Funktion *Left$* realisiert. Nach dieser Anweisung enthält die Variable `strMappe` den Wert „Wochenbericht".
- **Zeile 9:** Eine neue Zeichenkette für den Pfad und den Namen der HTM-Datei wird zusammengesetzt. Die Eigenschaft *Path* liefert den aktuellen Pfad der Datei, z.B. „C:\Eigene Dateien\Excel". Man braucht danach nur noch einen „\", die Variable `strMappe` und die Dateierweiterung „.HTM" anzuhängen.

Die weiteren Möglichkeiten, HTM-Dokumente aus einer Tabelle oder einem Bereich zu erstellen, werden im nächsten Abschnitt diskutiert, weil dafür neue Excel-Objekte zum Einsatz kommen.

Online-Hilfe

- SaveAs-Methode, FileFormat-Eigenschaft, Path-Eigenschaft
- Instr-Funktion, Left$-Funktion

KAPITEL9.XLS, Modul „mdlSaveAs"

9.1.2 Die neuen Objekte PublishObjects bzw. PublishObject

Im vorherigen Abschnitt haben wir erfahren, daß die Methode *SaveAs* des Objektes *Workbooks* verwendet wird, wenn man eine gesamte Mappe als HTM-Datei speichert. Jetzt wollen wir erforschen, was passiert, wenn man nicht die gesamte Mappe, sondern nur eine Tabelle oder einen (markierten) Bereich einer Tabelle auswählt. In Abbildung 9.5 ist das Fenster SPEICHERN UNTER mit der Option AUSWAHL TABELLE zu sehen.

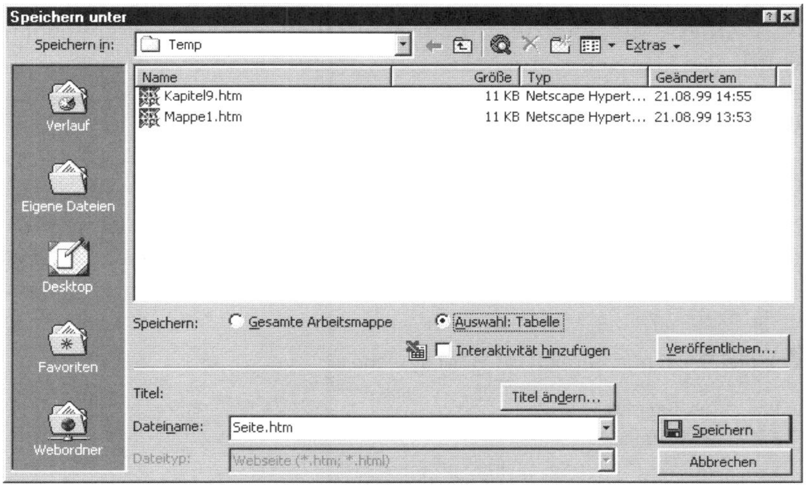

Abbildung 9.5: Eine Tabelle in HTM-Format speichern

In Abbildung 9.6 das gleiche Fenster, aber diesmal für einen Bereich. Der Bereich muß schon markiert sein, wenn man den Befehl SPEICHERN UNTER oder ALS WEB-SEITE SPEICHERN aus dem Menü DATEI wählt.

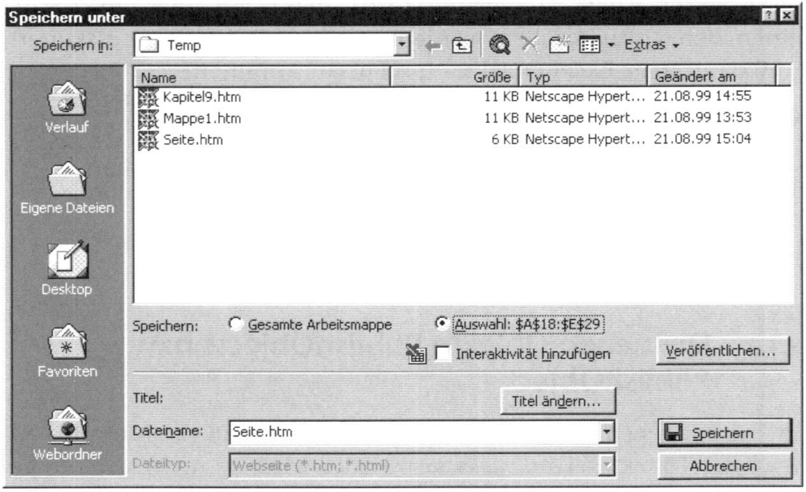

Abbildung 9.6: Einen Bereich im HTM-Format speichern

Egal ob man eine Tabelle oder nur einen Bereich wählt, sobald man die Option GESAMTE ARBEITSMAPPE abwählt, verwendet Excel nicht mehr die Methode *SaveAs*, sondern ein spezielles, neues Objekt, das den Namen *PublishObject* trägt. Die nächsten zwei Listings beweisen es: Während der Speicherung für eine Tabelle und für einen Bereich wurde der Makro-Recorder aktiviert.

Beispiel 9.3: Eine Tabelle als HTM speichern

```
Sub TabelleAlsHTM()
ActiveWorkbook.PublishObjects.Add(xlSourceSheet, _
     "C:\Temp\Seite.htm", "Tabelle1", "", _
     xlHtmlStatic, "Kapitel9_14134", "").Publish (True)
End Sub
```

Beispiel 9.4: Einen Bereich als HTM speichern

```
Sub BereichAlsHTM()
ActiveWorkbook.PublishObjects.Add(xlSourceRange, _
     "C:\Temp\Seite.htm", "Tabelle1", "$A$1:$E$12", _
      xlHtmlStatic, "Kapitel9_7102", "").Publish (True)
End Sub
```

Die zwei Makros sind bis auf ein paar Parameter identisch. In beiden wird die Methode *Add* des Auflistungsobjekts *PublishObjects* eingesetzt.

PublishObject

Dieses neues Objekt stellt ein Element einer Excel-Mappe dar, das in einer HTM-Datei gespeichert wird. Nach der Erstellung der HTM-Seite existiert für die Mappe eine Auflistung von *PublishObject*-Objekten.

Unterschied zu SaveAs

Während die Speicherung über die Methode *SaveAs* ganz einfach eine Kopie der Mappe im HTM-Format darstellt, wird hier die HTM-Datei als Objekt in der Mappe aufgenommen. Der Vorteil dieses Systems ist, daß man später auf die Objekte zurückgreifen und sie eventuell erweitern kann. Für dieses Objekt können zusätzliche Parameter angegeben werden.

Wenn man bei der Speicherung im Fenster SPEICHERN UNTER die Schaltfläche VERÖFFENTLICHEN anklickt (vgl. mit Abbildung 9.6), erscheint das Fenster von Abbildung 9.7. Dort kann man alles weiteres bestimmen.

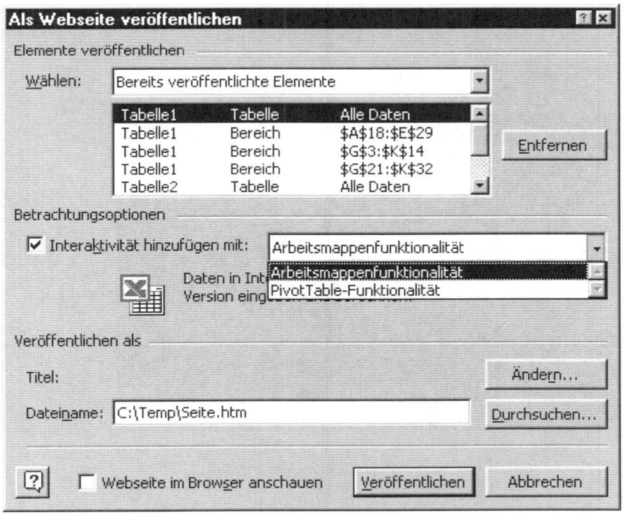

Abbildung 9.7: Weitere Optionen für das Objekt PublishObject

Im Feld WÄHLEN können die Elemente der Auflistung *PublishObjects* gewählt werden, wenn für diese Mappe schon einige Elemente publiziert wurden. Eine Mehrfachmarkierung ist durch Drücken der STRG-Taste beim Klicken möglich. Wenn dagegen für die Mappe noch kein Element publiziert wurde, kann man im Listenfeld die einzelnen Blätter der Mappe auswählen. Also muß man nicht immer nur das aktuelle Blatt verwenden.

Wenn man im Fenster SPEICHERN UNTER das Kontrollkästchen INTERAKTIVITÄT HINZUFÜGEN (vgl. mit Abbildung 9.6) gewählt hatte, kann man im Fenster ALS WEBSEITE VERÖFFENTLICHEN zwischen der Funktionalität als Arbeitsmappe oder als Pivot-Tabelle wählen. Das heißt die Daten werden in der HTM-Datei als Excel-Tabelle oder als Pivot-Tabelle dargestellt. Wenn eine HTM-Seite interaktiv ist, kann sie auch mit dem Internet-Browser bearbeitet werden. Eine interaktive Seite ist in Abbildung 9.8 zu sehen.

Die Interaktivität funktioniert nur mit dem Internet Explorer 4.0 oder höher. Solche Seiten können von anderen Browsern gar nicht angezeigt werden. Hier setzt Microsoft *Javascript*- und XML-Anweisungen ein, die nicht dem allgemeinen Standard entsprechen.

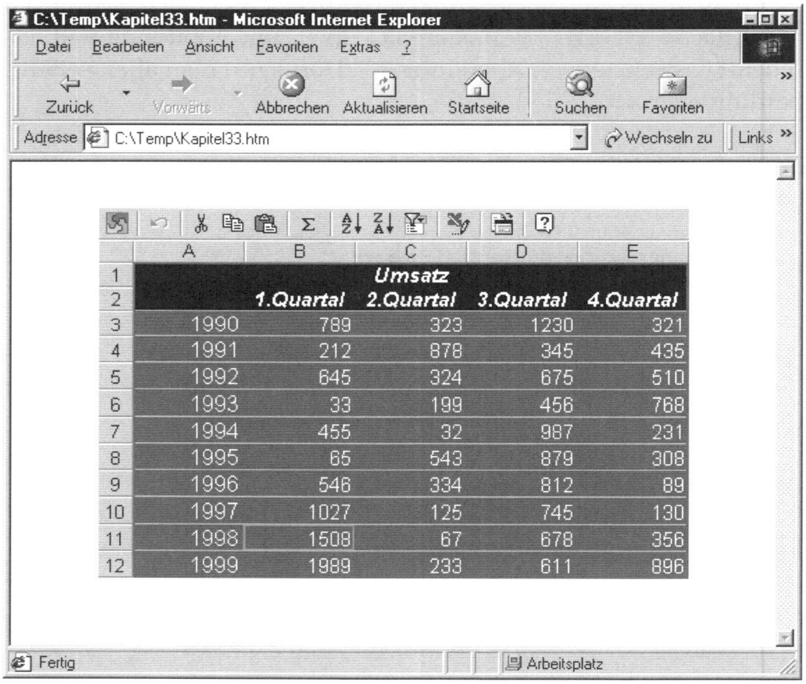

	A	B	C	D	E
1			Umsatz		
2		1.Quartal	2.Quartal	3.Quartal	4.Quartal
3	1990	789	323	1230	321
4	1991	212	878	345	435
5	1992	645	324	675	510
6	1993	33	199	456	768
7	1994	455	32	987	231
8	1995	65	543	879	308
9	1996	546	334	812	89
10	1997	1027	125	745	130
11	1998	1508	67	678	356
12	1999	1989	233	611	896

Abbildung 9.8: Eine interaktive Seite

Die Interaktivität und ihre Art (Excel-Tabelle oder Pivot-Tabelle) sind für das *PublishObject* nur Konstantenwerte, wie man leicht selbst durch eine Aufzeichnung sehen kann. Diese Konstanten sind in der folgenden Tabelle auch zu finden.

Methode Add

Das Auflistungsobjekt *PublishObjects* verfügt über eine Methode *Add*, wie man aus den obigen Aufzeichnungen entnehmen kann. Um die Aufzeichnungen umprogrammieren zu können, muß man etwas mehr über diese Methode wissen.

Die Syntax für die *Add*-Methode ist:

```
Objektvariable.Add(SourceType, Filename, [Sheet], [Source], _
                              [HtmlType], [DivID], [Title])
```

Die Objektvariable dieser Anweisung muß den Typ *PublishObject* haben. Die folgende Tabelle gibt einen Überblick über die Parameter.

Parameter	Beschreibung
SourceType	Erforderlich. Gibt die Quelle für das HTM-Dokument an. Die Werte werden in Form von Konstanten übergeben: **xlSourceAutoFilter** (AutoFilter-Bereich) **xlSourceChart** (Diagramm) **xlSourcePivotTable** (Pivot-Tabelle) **xlSourcePrintArea** (Markierter Druckbereich) **xlSourceQuery** (Externer Datenbereich) **xlSourceRange** (Zellenbereich) **xlSourceSheet** (Ganze Tabelle)
FileName	Erforderlich. Stellt den Namen und den Pfad der zu speichernden HTM-Datei dar. Man kann auch direkt den Pfad zu einem Server angeben, wenn man die folgende Syntax verwendet: \\Servername\weiterer Pfad\Dateiname.HTM
Sheet	Optional. Name der Tabelle, wenn man nur eine Tabelle publizieren will.
Source	Optional. Name der Quelle. Für Bereiche z.B. „$A$1:$G$7" etc.
HtmlType	Optional. Bestimmt die Art des HTM-Dokuments: **xlHTMLCalc** für interaktive Tabellen **xlHTMLChart** für Diagramme **xlHTMLList** für Pivot-Tabellen **xlHTMLStatic** für nicht interaktive Seiten
DivID	Optional. Bezeichner für den DIV-Tag in HTML.
Title	Optional. Bezeichner für den TITLE-Tag in HTML.

Wenn für die optionalen Parameter keine Werte übergeben werden, dann müssen zwischen den Kommata leere Strings "" übergeben werden, oder man verwendet die Namen der Parameter, wie unten gezeigt:

```
OVarName.Add(xlSourceSheet, "C:\Temp\Test.htm", _
                                       "Tabelle1", "", "", "", "")
```

oder

```
oVarName.Add(SourceType:=xlSourceSheet, _
                        FileName:="C:\Temp\Test.HTM", Sheet:="Tabelle1")
```

Methode Publish

In den zwei Aufzeichnungen dieses Abschnittes wird nicht nur die Methode *Add*, sondern auch die Methode *Publish* verwendet (s. Beispiel 9.3 und Beispiel 9.4). Die Methode *Add* instanziert ein neues Objekt vom Typ *PublishObject*. Damit aber eine HTM-Datei daraus entsteht, muß die Methode *Publish* auf das *PublishObject* angewendet werden. Die Methode *Publish* ist vom Typ *Boolean* und kann also nur zwei Werte annehmen:

True: Wenn im angegebenen Pfad schon eine HTM-Datei mit dem gleichen Namen existiert, wird diese Datei ersetzt bzw. überschrieben.

False: Wenn im angegebenen Pfad schon eine HTM-Datei mit dem gleichen Namen existiert, wird diese nicht ersetzt, sondern sequentiell erweitert. Das heißt der alte Inhalt bleibt auf die HTM-Seite stehen; darunter wird der neue Inhalt hinzugefügt.

Dank dieser neuen Objekte und Methoden ist die Erstellung von HTM-Seiten vielseitiger und flexibel geworden.

Mit Hilfe dieser neuen Kenntnisse können wird jetzt die Aufzeichnungen umprogrammieren, um daraus ein Programm zu machen, das eine allgemeine Verwendbarkeit hat.

Beispiel 9.5: Ein neues HTM-Objekt generieren bzw. erweitern

```
1   Sub CreatePublishObject()
2   Dim strDatei As String
3   Dim npos As Byte
4   Dim strBlatt As String
5   Dim strRange As String
6   ActiveWorkbook.Sheets("tabelle1").Select
7   ActiveSheet.Range("a1:e12").Select
8   strDatei = ActiveWorkbook.Name
9   npos = InStr(1, strDatei, ".")
10  strBlatt = ActiveSheet.Name
11  strDatei = Left$(strDatei, npos - 1) & "_" & strBlatt
12  strDatei = ActiveWorkbook.Path & "\" & strDatei & ".htm"
13  strRange = ActiveWindow.RangeSelection.Address
14  ActiveWorkbook.PublishObjects.Add(xlSourceRange, strDatei, _
15            strBlatt, strRange, xlHtmlStatic, "", "").Publish (True)
16  End Sub
```

- **Zeile 6 und 7:** Hier werden in der aktiven Mappe explizit eine Tabelle mit dem Namen „Tabelle1“ und ein darin enthaltener Bereich „a1:e12“ aktiviert. Wenn man das Programm wirklich einsetzt, werden natürlich diese Anweisungen anders aussehen.

Wichtig ist nur: Bevor die Anweisungen ab **Zeile 8** ausgeführt werden, müssen die relevante Mappe, Tabelle und eventuell der Bereich die aktiven Objekte sein. Die Anweisungen ab **Zeile 8** greifen nämlich nur auf bereits aktive Objekte zurück.

- **Zeile 8 bis 12:** In **Zeile 8** wird der Name der aktiven Mappe in `strDatei` gelesen, z.B. WOCHENBERICHT.XLS. Wir wollen aber für die neue HTM-Datei einen Namen generieren, der sich aus dem Namen der Mappe und dem Tabellenblatt zusammensetzt, z.B. WOCHENBERICHT_TABELLE1.HTM. Die Erweiterung XLS gehört zu dem Namen der Mappe. Sie muß entfernt werden, da sie nicht in den Namen der HTM-Datei übernommen wird. Für diesen Zweck wird zuerst die Position des Punktes in dem Namen ermittelt (**Zeile 9**). In **Zeile 10** wird nur der Name des aktiven Blattes in der Mappe abgelesen. In **Zeile 11** wird mit Hilfe der Funktion *Left$* die linke Seite des Namens der Mappe nur bis vor den Punkt übernommen, also z.B. „Wochenbericht". An diese Zeichenkette werden ein Unterstrich und der Name des aktiven Blattes angehängt. In **Zeile 12** wird über die Eigenschaft *Path* der aktuelle Pfad der Mappe ermittelt. Dieser Pfad und der neue Name für die HTM-Datei werden dann als Wert für den Parameter *FileName* bei der Erzeugung des *PublishObject* übergeben.
- **Zeile 14, 15:** Hier werden durch eine verschachtelte Anweisung die Methoden *Add* und *Publish* aufgerufen.

Die Anweisung für die Generierung des *PublishObject*-Objekts läßt sich jetzt leicht ändern. Wenn man z.B. keine Bereiche verwenden will, sondern die HTM-Datei aus der gesamten Tabelle generieren möchte, wird anstatt des Parameters `strRange` ein leerer String "" übergeben, und anstatt der Konstante *xlSouceRange* wird *xlSourceSheet* verwendet. Will man dagegen eine interaktive Seite erstellen, dann wird *xlHtmlStatic* zu *xlHtmlList geändert.* Die wichtigen Parameter *FileName* und *Sheet* werden für alle Varianten sowieso benötigt. Sie sind auch die einzigen Werte, die von der jeweils aktuellen Mappe und dem Blatt abhängig sind.

Online-Hilfe

- PublishObject-Auflistungsobjekt, PublishObject-Objekt
- Add-Methode, Publish-Methode

KAPITEL9.XLS, Modul „mdlPublishObject"

10 Automatisierung

Automatisierung ist die Möglichkeit, aus einer Anwendung heraus eine weitere Anwendung zu starten und zu kontrollieren, um Daten zu senden oder zu empfangen oder um die Funktionalität der anderen Anwendung zu benutzen. Dies geschieht allein über VBA-Anweisungen. Diese Möglichkeit wird von allen Anwendungen von Office 2000, inklusive Outlook und Frontpage, besonders gut unterstützt. Im allgemeinen wird dieses Thema eher als Bereich für „Profis" behandelt. In Office 2000, wie schon in Office 97, kann aber die Automatisierung auf eine ziemlich einfache Art und Weise realisiert werden, so daß auch ein Einsteiger sich daranwagen kann. In diesem Abschnitt werden die Mittel der Automatisierung auf eine einfache Art erklärt, um solide ausbaufähiges Wissen zu vermitteln. Nichtsdestoweniger sind die Ergebnisse verblüffend: Mit wenigen Programmzeilen lassen sich Daten zwischen Excel und den anderen Programmen des Office-Pakets austauschen.

10.1 Anwendungen, die Automatisierung unterstützen

Die Automatisierung ist schon aus den früheren Versionen des Office-Pakets bekannt. In den vergangenen Versionen war die Automatisierung über die OLE-Technik (*Object Linking and Embedding*) realisiert. In der aktuellen Version kommt die COM-Technologie (*Component Object Model*) zum Einsatz.

COM

Die COM-Technologie ist eine als Industriestandard anerkannte Technologie. Die Anwendungen, die COM unterstützen, öffnen ihre Objekte für Entwicklungsprogramme, Makrosprachen und andere Anwendungen, die ihrerseits Automatisierung unterstützen. Aus Excel heraus kann z.B. auf das Objektmodell von Access und umgekehrt zugegriffen werden. Wenn eine Anwendung die Automatisierung unterstützt, kann man mit Visual Basic auf die offengelegten Objekte zugreifen. Man kann z.B. aus Excel auf das `Documents`-Object von WinWord zugreifen und die Werte seiner Eigenschaften setzen oder seine Methoden verwenden.

Die Automatisierung stützt sich auf die sog. COM-Komponenten. Diese Komponenten sind eigentlich kompilierte Dateien, die eine oder mehrere Definitionen von Klassen enthalten. Die Klassen sind Beschreibungen von Objekten, mit sämtlichen Definitionen von Eigenschaften und Methoden. Die COM-Komponenten unterscheiden sich in prozessinterne und prozessexterne Komponenten. Die prozessinternen Komponenten sind DLL-Dateien oder ActiveX-Steuerelmente und können nur mit einer Anwendung arbeiten, die sie unterstützt. Die prozessexternen Komponenten sind dagegen EXE-Dateien, also kompilierte Anwendungen, die selbständig ausgeführt werden können. In Zusammenhang mit der COM-Technologie spricht man auch von:

- Automatisierungs-Server: wenn eine COM-Anwendung ihre Objekte mit anderen Anwendungen teilt
- Automatisierungs-Client: wenn eine COM-Anwendung die Objekte anderer Anwendungen verwendet

Eine Anwendung unterstützt die Automatisierung, wenn sie entweder als Anwendungs-Server oder -client oder beides fungieren kann. Die Office-Anwendungen unterstützen beide Methoden. Die Automatisierung kan auch mit anderen Programmiersprachen als VBA realisiert werden.

Die folgende Tabelle bietet einen Überblick über die Office-Anwendungen und die Objekte, die Automatisierung unterstützen. Alle Anwendungen des Office-Pakets sind hierbei vertreten. Es gibt aber auch andere Anwendungen, die Automatisierung unterstützen. Zwei dieser Anwendungen sind die Grafikprogramme VISIO und AutoCAD. Es ist zu hoffen, daß weitere Hersteller von Software bei ihren Produkten die Unterstützung von Automatisierung einbauen.

Objekt	Klasse
Access Application	Access.Application
Excel Application	Excel.Application
Excel.Workbook	Excel.Sheet, Excel.Chart
FrontPage Application	FrontPage.Application
Office.Binder	OfficeBinder.Binder
Outlook Application	Outlook.Application

Objekt	Klasse
PowerPoint Application	PowerPoint.Application
Word Application	Word.Application
Word Document	Word.Document

Wie man der Tabelle entnehmen kann, bieten Excel und WinWord mehr als nur eine Möglichkeit. Alle anderen Anwendungen lassen den Einstieg in ihrem Objektmodell nur über das oberste Objekt ihrer Hierarchie zu. Das heißt, um ein Objekt zu refenzieren, muß die komplette Hierarchie bis zu der Ebene des Objektes durchlaufen werden. Das läßt sich aber durch den Einsatz von Objektvariablen vermeiden. Nur Excel und WinWord dagegen erlauben den Zugriff auf die Ebene der Mappe (*Workbook*) und des Dokuments (*Document*).

In Kapitel 4 wurden Objekte, Auflistungen und Objekt-Hierarchien und -modelle vorgestellt. Insbesondere wurde dort auch erklärt, welche Nachteile und Vorteile aus den verschiedenen Arten der Deklarationen von Objektvariablen entstehen können.

Unter den Office-Anwendungen gibt es noch einen weiteren Unterschied:

- *SingleUse*-Anwendungen: Jedesmal, wenn per Programm eine Objektvariable mit der Anwendung instanziert wird, wird eine neue Instanz der Klasse erzeugt. Eine neue Kopie der Anwendung wird also gestartet, egal wie viele Kopien der Anwendung schon auf dem Host existieren.
- *MultiUse*-Anwendungen: Bei der Instanzierung einer Objektvariable wird keine neue Kopie erzeugt, wenn schon eine existiert, sondern die neue Variable zeigt dann auf die schon existierende Kopie.

Die folgende Tabelle zeigt das Verhalten der Office-Anwendungen.

Anwendung	Verhalten
Access	SingleUse
Excel	SingleUse
FrontPage	SingleUse
Outlook	MultiUse
PowerPoint	MultiUse
Sammelmappe	SingleUse
Word	SingleUse

10.2 Zugriff auf die fremden Anwendungen

Klassenbibliotheken

Der Kern der COM-Technologie besteht darin, daß die Anwendungen, die diese Technologie unterstützen, ihre Objekte für die anderen Anwendungen offen legen. Das Öffnen der Objekte geschieht in Form von Klassenbibliotheken. Schon an anderen Stellen dieses Buches wurde erwähnt, daß eine Klassenbibliothek die *Beschreibungen* von Objekten sowie von ihren Eigenschaften und Methoden enthält. Man darf hier nicht die Beschreibung oder Definition eines Objektes mit dem Objekt selbst verwechseln. Eine Klassenbibliothek speichert keine Objekte, sondern nur die Informationen, um ein Objekt des gegebenen Typs zu instanzieren. Die Objekte selbst werden mit speziellen Anweisungen der jeweiligen Programmiersprache erzeugt. Nach deren Erzeugung „weiß" die Anwendung, welche Eigenschaften und Methoden das Objekt besitzt, wenn sie in der Klassenbibliothek „nachliest".

Verweise auf Klassenbibliotheken

Lange Rede, kurzer Sinn: Um in den Genuß der Automatisierung zu kommen, werden die Beschreibungen der Objekte der anderen Anwendungen benötigt. Ihre Klassenbibliotheken müssen also angebunden werden. Das Anbinden reduziert sich auf das Erstellen eines Verweises auf eine Klassenbibliothek.

Ein Verweis kann in Excel (sowie in den anderen Office-Anwendungen) aus der Entwicklungsumgebung heraus erstellt werden. Unter dem Menü EXTRAS\VERWEISE kann das Fenster Verweise-VBAProject aufgerufen werden, das in Abbildung 10.1 zu sehen ist.

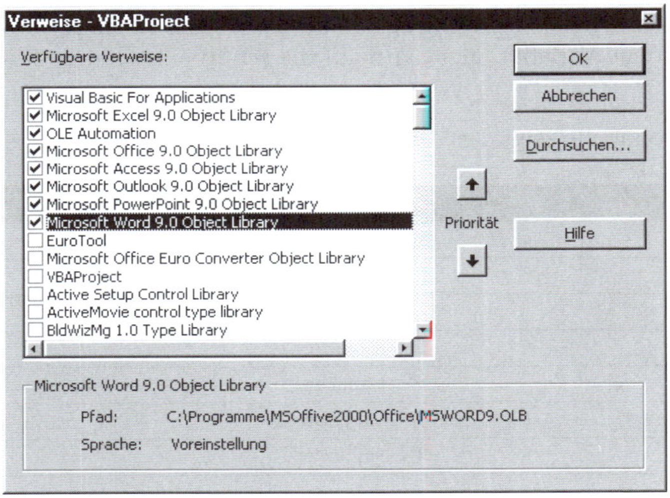

Abbildung 10.1: Verweise auf Objektbibliotheken erstellen

Nur die ersten vier Klassenbibliotheken

- „Visual Basic for Applications“
- „Microsoft Excel 9.0 Object Library“
- „OLE Automation“
- „Microsoft Office 9.0 Object Library“

sind standardmäßig angebunden. Die anderen Bibliotheken (für Access, Outlook, PowerPoint und WinWord) wurden explizit hinzugefügt. In der Bibliothek „Microsoft Office 9.0 Object Library“ ist z.B. die Definition des Office-Assistenten enthalten (s. dazu Kapitel 4).

Priorität

Im Fenster VERWEISE-VBAPROJECT sind rechts neben der Liste der Klassenbibliotheken zwei Pfeile mit der Beschriftung PRIORITÄT zu sehen. Die Reihenfolge der Liste ist gleichzeitig die Priorität der Bibliothek. Wenn in einem Programm auf ein Objekt zugegriffen wird, wird die Definition des Objektes in den Klassenbibliotheken gesucht. Die Reihenfolge der Klassenbibliotheken im Fenster bestimmt auch die Suchreihenfolge. Die erste Bibliothek wird durchsucht, wenn die Definition des Objekts nicht gefunden wird, dann die zweite, die dritte etc. Der Entwickler kann mit Hilfe der Pfeile die Reihenfolge der Klassenbibliotheken ändern.

Mögliche Probleme

Die Reihenfolge ist aus zwei Gründen wichtig. Zum einen wegen der Geschwindigkeit der Ausführung: je länger durchsucht wird, desto länger verzögert sich die Ausführung. Das kann aber durch die Art der Bindung beeinflußt werden (s. dazu 10.2.1, „Späte Bindung (Late Binding)“ und 10.2.2, „Frühe Bindung (Early Binding)“). Zum anderen wegen möglicher Namenskonflikte unter den Objekten. Manche Objekte tragen in verschiedenen Objektmodellen den gleichen Namen. Es gibt z.B. in Excel das Objekt *ActiveWindow*, das wir schon in diesem Buch verwendet haben. Auch PowerPoint verfügt über ein Objekt mit diesem Namen, das aber andere Eigenschaften und Methoden als das gleichnamige Objekt von Excel besitzt. Wenn man in einem Programm z.B. einen Datenaustausch mit PowerPoint machen will und auf das Objekt *ActiveWindow* zugreift, wird die Liste der Klassenbibliotheken von oben nach unten durchsucht. Unglücklicherweise wird zuerst die Definition des Objektes in der Excel-Bibliothek gefunden. Bei der Prüfung der Eigenschaften oder Methoden wird dann wahrscheinlich nicht die passende gefunden. Das Programm wird dann mit einer Fehlermeldung abgebrochen. Bei solchen Problemen reicht es nicht, die Reihenfolge zu ändern, sondern man muß die Objekte etwas anders referenzieren. Mit diesem Problem beschäftigt sich Abschnitt 10.4 „Mögliche Namenskonflikte in den Bibliotheken“.

Syntaxprüfung

Nach dem Erstellen des Verweises auf eine Objektbibliothek stehen alle Objekte der Anwendung zur Verfügung. Je nach Art der Bindung (s. 10.2.1, „Späte Bindung (Late Binding)“ und 10.2.2, „Frühe Bindung (Early Binding)“) wird beim Start des Programms oder während der Laufzeit eine Syntaxprüfung gestartet. Excel muß, bevor es die Objekte einsetzen kann, ihre Definition prüfen. Dabei werden eventuelle Fehler des Programmieres entdeckt.

Kontextsensitive Hilfe

Ein weiterer Effekt nach einer Anbindung einer Bibliothek ist, daß Excel dann die kontextsensitive Hilfe auch für die Objekte anderer Anwendungen anbieten kann. Wenn man z.B. aus Excel auf das Objekt *Documents* (ein Word-Objekt) zugreift, wird für dieses Objekt die Liste der Eigenschaften und Methoden während des Schreibens angeboten, wie in Abbildung 10.2 zu sehen ist.

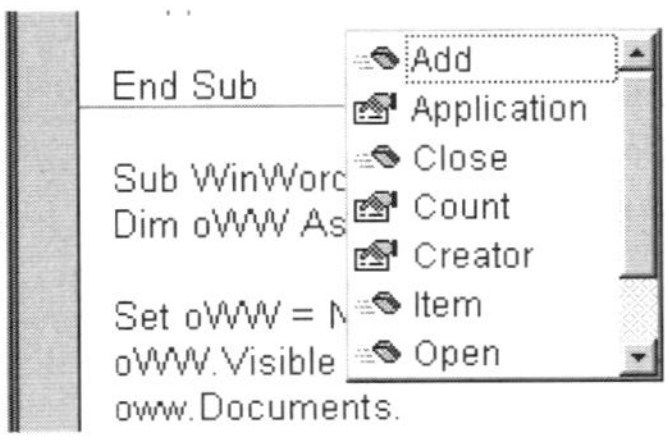

Abbildung 10.2: Die kontextsensitive Hilfe funktioniert auch mit fremden Objekten

Objektkatalog

Ein weiterer positiver Effekt der Erstellung eines Verweises ist, daß alle Objekte der fremden Bibliothek über den Objektkatalog angesehen werden können. In Abbildung 10.3 ist der Objektkatalog von Excel zu sehen, als Bibliothek wurde WORD gewählt, dann wurde als Stichwort „documents“ angegeben. Rechts im Fenster sind dann die Methoden und Eigenschaften des Objektes zu sehen.

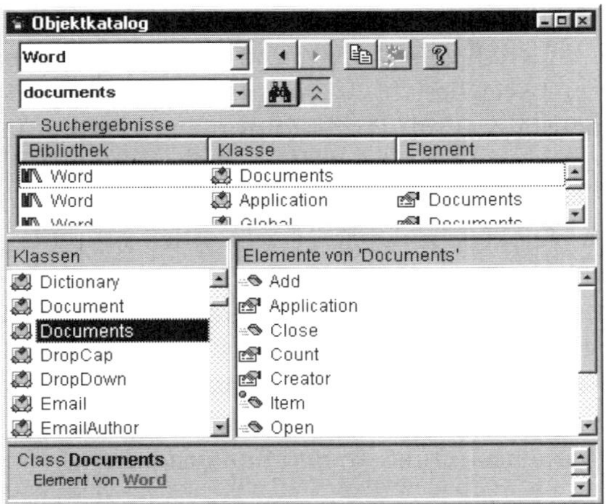

Abbildung 10.3: Der Objektkatalog in Excel zeigt die Word-Objekte an

Wenn man eines der Elemente der Liste markiert und auf die Schaltfläche mit dem Fragezeichen klickt, wird dann die entsprechende Seite der Online-Hilfe der fremden Anwendung geöffnet. Man hat also alle Informationen zur Verfügung, ohne die andere Anwendung starten zu müssen.

Bindung

Die Verweise auf die Bibliotheken sind unverzichtbar, wenn man fremde Anwendungen verwenden möchte. Die Verweise allein reichen aber nicht aus, in dem VBA-Programm müssen die Objekte auch deklariert bzw. angebunden werden. Für die Bindung der Objekte in einem Programm gibt es zwei Varianten, die unterschiedliche Nachteile und Vorteile aufweisen und die in den nächsten zwei Abschnitten erläutert werden.

Bemerkung

Alle hier im folgenden aufgeführten Beispiele beziehen sich auf WinWord, PowerPoint und Outlook. Für Access wird nur ein Beispiel auf dem Begleitmedium angegeben, um zu zeigen, wie man die Anwendung mit einer bestimmten Datenbank starten kann. Access unterstützt keine Makro-Aufzeichnung, die hilfreiche Hinweise auf die Manipulation der Access-Objekte geben würde. Außerdem erfordert der Umgang mit Access nicht nur Kenntnisse über das Objektmodell von Access, sondern auch ausreichende Kenntnisse über relationale Strukturen. Dies würde den Rahmen dieses Excel-Buches sprengen. Für Leser, die sich auch in dieses Gebiet einarbeiten möchten, verweist die Autorin auf ihr Buch „VBA lernen mit Access 2000", von Prudenzi, Walter, auch bei Addison Wesley Verlag. Der Datenaustausch zwischen Access und Excel sollte außerdem grundsätzlich aus Access heraus erfolgen. Die Oberfläche von Access unterstützt den Import/Export von und nach Excel eigentlich so gut, daß man nicht unbedingt ein eigenes Programm dazu braucht.

10.2.1 Späte Bindung (Late Binding)

Späte Bindung ist gegeben, wenn die fremde Anwendung mit dem generischen Datentyp *Object* oder sogar *Variant* deklariert wird. Erst wenn man mit Anweisungen auf konkrete Objekte der anderen Anwendung zugreift, prüft Excel in der entsprechenden Klassenbibliothek nach, ob die Objekte, Eigenschaften oder Methoden definiert sind. Diese Prüfung erfolgt dann zur Laufzeit des Programms.

Das folgende Listing zeigt diese Möglichkeit mit WinWord.

Beispiel 10.1: WinWord mit später Bindung starten

```
1   Sub WinWordStarten()
2   Dim oApp As Object
3   Set oApp = CreateObject("Word.application")
4   oApp.Visible = True
5   Stop
6   oApp.Quit
7   Set oApp = Nothing
8   End Sub
```

In **Zeile 2** wird eine Variable mit dem Typ *Object* deklariert. In **Zeile 3** wird mit Hilfe der Funktion *CreateObject* eine Instanz der WinWord-Applikation generiert, damit wird die Anwendung automatisch im Hintergrund gestartet. Die Anweisung in **Zeile 4** dient nur dem Anzeigen am Bildschirm der Anwendung. Dies wäre nicht unbedingt notwendig, man kann auch mit einer Anwendung kommunizieren, ohne sie sichtbar zu machen. In **Zeile 5** ist eine *Stop*-Anweisung zu sehen, diese Anweisung hält nur die Ausführung des Programms an. Sonst würde in unserem Beispiel Excel WinWord starten und dann mit der Methode *Quit* sofort beenden. Man würde die gestartete Anwendung nicht sehen. Wenn die Ausführung die *Stop*-Anweisung erreicht, kann danach im Schrittmodus (Taste [F8]) oder ganz normal (Taste [F5]) weitergemacht werden. Mit *Nothing* in Zeile 7 wird die Objektvariable freigegeben. Es ist empfehlenswert, Objekte nach der Beendigung ihrer Aufgaben, immer mit *Nothing* freizugeben.

CreateObject

Die Funktion *CreateObject* startet beim Aufruf eine neue Sitzung der Anwendung, die als erster Parameter übergeben wird (für die Liste der Anwendungen s. Abschnitt 10.1, „Anwendungen, die Automatisierung unterstützen"). Die komplette Syntax dieser Funktion ist unten gegeben:

```
CreateObject(Anwendungsname,[Servername])
```

Der erste Parameter ist zwingend notwendig, und übergibt den Namen der gewünschten Anwendung. Der zweite wird nur benötigt, wenn die Anwendung auf einem anderen Host, der über das Netzwerk erreichbar ist, gestartet werden soll. Wenn der zweite Parameter nicht angegeben wird, wird die Anwendung immer lokal gestartet. Die Schreibweise für den zweiten Parameter ist dann:

```
\\Servername\Name der Anwendung auf dem fremden Host
```

Wenn man keine neue Sitzung der Anwendung starten möchte, sondern auf eine bereits geöffnete zugreifen will, kann man die Funktion *GetObject* anstatt *CreateObject* verwenden. Die Verwendung dieser Funktion kann aber zu einem Fehler führen, wenn zu dem Zeitpunkt der Ausführung noch keine Instanz der Anwendung ausgeführt wird. Aus diesem Grund ist es empfehlenswert, diese Funktion nur Zusammen mit einer Fehlerbehandlung zu verwenden.

Beispiel 10.2: Auf WinWord mit später Bindung zugreifen

```
1   Sub AufWinwordZugreifen()
2   Dim oApp As Object
3   On Error GoTo AufWinwordZugreifen_error
4   Set oApp = GetObject(, "Word.application")
5   oApp.Quit
6   Set oApp = Nothing
7   Exit Sub
8   AufWinwordZugreifen_error:
9   Err.Clear
10  Set oApp = CreateObject("Word.application")
11  oApp.Visible = True
12  End Sub
```

In diesem Beispiel wird zuerst versucht, auf eine laufende Instanz der Anwendung WinWord mit der Funktion *GetObject* in **Zeile 4** zuzugreifen. Falls dies nicht funktioniert, wird in der Fehlerbehandlung WinWord über *CreateObject* gestartet.

In Abschnitt „Zugriff auf eine bereits laufende Anwendung mit einer API-Funktion“ wird eine weitere Methode vorgestellt, um auf eine bereits laufende Anwendung zugreifen zu können, die ohne Fehlerbehandlung auskommt. Es ist nämlich möglich, über eine API-Funktion zuerst zu prüfen, ob die Anwendung schon gestartet ist.

GetObject

Die Funktion *GetObject* greift auf eine bereits laufende Anwendung des angegebenen Typs zurück. Wenn mehrere Kopien schon gestartet sind, ist das Ergebnis ungewiß: man kann nicht voraussagen, welche Kopie genommen wird. Die Syntax der Funktion ist die folgende:

```
GetObject({[Pfad einer Anwendungsdatei] | [, Anwendungsname]})
```

Die Parameter der Funktion sind nicht beide optional, sondern einer davon muß vorhanden sein. Für den ersten Parameter kann der komplette Pfad einer Datei angegeben werden. Dann wird automatisch die dazugehörige Anwendung gestartet, auch wenn sie vorher nicht ausgeführt wurde. Dieser Fall wird im nächsten Beispiel gezeigt. Für den zweiten Parameter wird der Name einer Anwendung übergeben, wie schon in Abbildung 10.2 gezeigt wurde.

Beispiel 10.3: Eine Datei der Anwendung mit später Bindung öffnen

```
1    Sub AufWinwordDateiZugreifen()
2    Dim oapp As Object
3    Set oapp = GetObject("c:\temp\hallo.doc")
4    oapp.Application.Visible = True
5    End Sub
```

Damit das obige Beispiel ohne Fehler ausführbar ist, müssen ein Verzeichnis mit dem Namen *Temp* im Laufwerk C: sowie eine WinWord-Datei mit dem Namen HALLO.DOC existieren!

Wenn man die *GetObject*-Funktion wie in Beispiel 10.3 verwendet, wird die Anwendung gestartet und die gewünschte Datei geöffnet und angezeigt. Der Sinn der Anweisung in **Zeile 4** wird erst in Abschnitt „Mögliche Namenskonflikte in den Bibliotheken" klar sein.

Vorteil der späten Bindung

Der Vorteil der späten Bindung ist die Möglichkeit, allgemeine Anweisungen schreiben zu können, die nicht von den Eigenheiten der jeweiligen Anwendungen abhängig sind. Außerdem gibt es einige Anwendungen, die Automatisierung nur mit später Bindung unterstützen. Es sind aber meistens ältere Anwendungen. Alle Programme von Office 2000 unterstützen beide Arten von Bindung.

Nachteil

Die Bindung der Objektbibliothek an das Programm und die Prüfung der Objekte erfolgt hier während der Ausführung. Dies verlangsamt die Ausführungszeiten. Außerdem bekommt man bei der Programmierung keine Unterstützung der Entwicklungsumgebung von Excel, in Form der kontextsensitiven Hilfe bei der Eingabe, da die fremden Objekte erst zur Laufzeit „bekannt" sind.

Dieser Nachteil wurde schon in Zusammenhang mit der Deklaration von Objektvariablen mit dem Typ *Object* oder *Variant* in Kapitel 4 erläutert.

In dem Modul dieses Abschnittes sind auch Beispiele für PowerPoint und Access enthalten, die hier nicht als Listing gezeigt werden.

Online-Hilfe

CreateObject-Funktion, GetObject-Funktion, Quit-Methode

KAPITEL10.XLS, Modul „mdlLateBinding"

10.2.2 Frühe Bindung (Early Binding)

Frühe Bindung ist gegeben, wenn die Objekte mit einem spezifischen Objekttyp und nicht mit dem Typ *Object* oder *Variant* deklariert werden. In diesem Fall kann Excel schon zur Entwurfszeit (und nicht zur Laufzeit, wie bei der späten Bindung) die Prüfung der Objekte in den Objektbibliotheken erledigen.

Das nächste Beispiel zeigt die frühe Bindung mit WinWord.

Beispiel 10.4: WinWord mit früher Bindung starten

```
1   Sub WinWordMitNewStarten()
2   Dim oWW As Word.Application
3   Set oWW = New Word.Application
4   oWW.Visible = True
5   Stop
6   oWW.Quit
7   Set oWW = Nothing
8   End Sub
```

In **Zeile 2** wurde die Variable `oWW` mit dem Typ *Word.Application* deklariert. In der nächsten Zeile wird diese Variable mit dem Schlüsselwort *New* definiert. Eine alternative und noch kürzere Schreibweise wäre

```
Dim oWW As New Word.Application.
```

Die Wirkung ist die gleiche wie mit der Funktion *CreateObject*: WinWord wird gestartet.

Auch mit der frühen Bindung können die Funktionen *CreateObject* und *GetObject* eingesetzt werden. Nicht alle Anwendungen, die Automatisierung unterstützen, akzeptieren das Schlüsselwort *New*. Alle Programme von Office 2000 nehmen aber *New* an.

Vorteil

Dieser Art von Bindung bringt einen Geschwindigkeitsvorteil bei der Ausführung des Programms. Die Bindung der Objektbibliothek der fremden Anwendung wird vor der Ausführung schon zur Entwurfszeit des Programms vorgenommen. Außerdem bekommt man die Unterstützung der Entwicklungsumgebung von Excel in Form von kontextsensitiver Hilfe. Man sollte eigentlich immer die frühe Bindung einsetzen, wenn es möglich ist.

Ein paar sinnvolle Beispiele mit der frühen Bindung werden im nächsten Abschnitt vorgestellt.

Online-Hilfe

New-Anweisung

KAPITEL10.XLS, Modul „mdlEarlyBinding“

10.3 Aufzeichnung von Makros und Automatisierung

Nachdem klar ist, was Verweise auf Objektbibliotheken sind und welche Art der Bindung am sinnvollsten ist, können wir uns etwas mehr mit der Praxis beschäftigen.

Die Sprache VBA ist in jeder der Office-Anwendungen ab der Version 97 enthalten. Jede Anwendung hat ein eigenes Objektmodell, das sich von den anderen stark unterscheidet. Um mittels Automatisierung auf die Anwendung zugreifen zu können, muß man mindestens rudimentäre Kenntnisse des Objektmodells der Anwendung haben. Das muß nicht unbedingt heißen, daß man gezwungen wird, sich zuerst eingehend mit der fremden Anwendung ein paar Wochen lang zu beschäftigen, bevor man z.B. ein paar Daten dorthin schicken kann.

Makro-Recorder

Zum Glück verfügen die meisten Anwendungen des Office-Pakets über einen Makro-Recorder. Wir haben schon (s. Kapitel 5) gesehen, wie nützlich dieses Instrument unter Excel ist. Gleiches gilt in den anderen Anwendungen, die Makro-Aufzeichnungen unterstützen. Leider erlauben weder Access noch Outlook die direkte Aufzeichnung von Makros, so daß man hier nicht an eine Einarbeitung des jeweiligen Objektmodells vorbeikommt.

Für WinWord und PowerPoint ist aber diese Möglichkeit gegeben. Das nächste Beispiel zeigt das Zusammenspiel von Aufzeichnung und Automatisierung mit WinWord.

Man möchte einen markierten Bereich von Excel inklusive eines eingebetteten Diagramms in ein WinWord-Dokument als Kopie einfügen. Dort möchte man dann zum Beispiel damit einen Monatsbericht erstellen, d.h. die eingefügte Kopie mit weiterem Text ergänzen. Wir zeichnen zuerst den Vorgang auf, dann wandeln wir die Aufzeichnung in einem Automatisierungsprogramm um.

Der Ablauf ist der folgende: Man markiert und kopiert die Elemente in Excel, dann startet man WinWord. Dort wird sofort die Aufzeichnung eines Makros (auch unter EXTRAS\MAKRO\AUFZEICHNEN zu finden) gestartet. Während der Aufzeichnung werden zuerst ein neues Dokument, dann die Daten aus der Zwischenablage eingefügt. Danach wird die Aufzeichnung beendet. Das resultierende Programm ist in dem folgenden Listing zu sehen.

Beispiel 10.5: Eine WinWord-Aufzeichnung

```
Sub Makro1()
Documents.Add DocumentType:=wdNewBlankDocument
Selection.TypeParagraph
Selection.Paste
End Sub
```

Die Anweisungen sind eigentlich einfach zu verstehen: Über die Methode *Add* wird aus der Auflistung *Documents* ein neues Blatt vom Typ *wdNewBlankDocument* eingefügt. Dann wird das, was sich in der Zwischenablage befindet, hinein kopiert.

Jetzt wird das obige Makro in Excel eingebettet: Man möchte Elemente in Excel markieren, dann sollen über ein Programm die markierten Elemente in WinWord eingefügt werden.

Beispiel 10.6: Daten von Excel nach WinWord mit Automatisierung austauschen

```
1   Sub WinwordStartenUndDatenKopieren()
2   Dim oApp As Word.Application
3   ActiveSheet.Select
4   Selection.Copy
5   Set oApp = CreateObject("Word.application")
6   oApp.Visible = True
7   With oApp
8       .Documents.Add DocumentType:=wdNewBlankDocument
9       .Selection.TypeParagraph
10      .Selection.Paste
11  End With
12  Application.CutCopyMode = False
13  End Sub
```

- **Zeile 3, 4 und 5:** Wenn man selbst ganz faul ist, kann man diese zwei Anweisungen in Excel mittels Recorder aufzeichnen. Sie aktivieren das sichtbare Blatt und fügen den Inhalt der (schon vorhandenen) Markierung in die Zwischenablage. In Zeile 5 wird eine Instanz von WinWord mit *CreateObject* gestartet.
- **Zeile 7 bis 11:** Hier wird mittels *With*-Anweisung das Word-Makro in dem Excel-Programm eingebettet. Das Makro muß überhaupt nicht geändert werden. Lediglich Punkte werden den Anweisungen vorangestellt.

- **Zeile 12:** Das *Application*-Objekt von Excel, das hier implizit angenommen wird, kann den laufenden Rahmen der kopierten Markierung in Excel beenden.

Diese Art der Bearbeitung funktioniert mit WinWord meistens ausgezeichnet, und dies nicht nur aus Excel heraus, sondern auch aus Access. Auf diese Art und Weise können mächtige Funktionen von WinWord, wie z.B. der Seriendruck, automatisiert werden.

Um die Automatisierung mit WinWord am besten einzusetzen, kann man eine spezielle Vorlage dafür definieren. In der Vorlage können dann unsichtbare Textmarken eingebaut werden, um die Einfügspunkte für die Daten zu bestimmen. Man kann dann in WinWord ein Makro aufzeichnen, in dem ein Dokument aus der Vorlage erstellt wird, und über den Befehl BEARBEITEN\GEHE ZU die gewünschte Textmarke als Ziel angeben. Dies positioniert den Cursor im Dokument an die richtige Stelle. Danach müssen nur die in die Zwischenablage kopierten Daten eingefügt werden.

Der Versuch, auf die gleiche Art und Weise eine Automatisierung mit PowerPoint zu programmieren, scheint auf den ersten Blick nicht zu funktionieren. Das Problem wird aber im nächsten Abschnitt erläutert und gelöst.

In der Mappe KAPITEL10.XLS wurden eine Tabelle mit Daten und ein eingebettetes Diagramm eingefügt, um experimentieren zu können.

Online-Hilfe

Winword-Objekte können aus dem Objektkatalog von Excel angeschaut werden, wenn der Verweis auf die Objektbibliothek von Winword existiert.

KAPITEL10.XLS, Modul „mdlEarlyBinding"

10.4 Mögliche Namenskonflikte in den Bibliotheken

Wir wollen jetzt nicht die kopierten Excel-Daten nach WinWord verschicken, sondern nach PowerPoint, um eine Präsentation daraus zu machen. Das Verfahren ist identisch: Die Excel-Elemente (Tabelle und Diagramm) werden markiert und kopiert. Dann wird PowerPoint und darin eine Makro-Aufzeichnung gestartet. Danach wird eine leere Folie eingefügt, dann die Daten aus der Zwischenablage. Anschließend wird die Aufzeichnung beendet.

Die originale PowerPoint-Aufzeichnung ist im folgenden Listing wiedergegeben.

Beispiel 10.7: Eine PowerPoint-Aufzeichnung

```
1   Sub Makro1()
2   Presentations.Add WithWindow:=msoTrue
3   ActiveWindow.View.GotoSlide _
4       Index:=ActivePresentation.Slides.Add(Index:=1, _
5      Layout:=ppLayoutBlank).SlideIndex
6   ActiveWindow.View.Paste
7   With ActiveWindow.Selection.ShapeRange
8           .Left = 149.625
9           .Top = 65.625
10          .Width = 420.75
11          .Height = 408.75
12  End With
13  End Sub
```

Wenn man jetzt das gleiche Spielchen versucht, also das PowerPoint-Makro in einem Excel-Programm einbetten will, entstehen nur Fehlermeldungen. Die Fehlermeldungen lauten in etwa „Diese Methode ist für das Objekt nicht definiert“ oder ähnlich.

Was ist los?

Namenskonflikte

Ein aufmerksamer Blick auf das obige Listing läßt uns das Objekt *ActiveWindow* (z.B. in Zeile 2) finden. Excel verfügt auch über ein Objekt mit dem gleichen Namen, das aber keine *View* Eigenschaft hat. Da Excel die Anwendung ist, aus der das Programm ausgeführt wird, steht die Objektbibliothek von Excel in der Liste der Verweise ganz einfach vor der Objektbibliothek von PowerPoint (vgl. dazu Abbildung 10.1). Das heißt in der Excel-Bibliothek wird das Objekt mit dem Namen *ActiveWindow* entdeckt, aber nicht die Eigenschaft *View*. Sobald eine Definition gefunden wird, wird nicht weiter gesucht.

Reihenfolge ändern?

Auf die Schnelle könnte man auf die Idee kommen, die Reihenfolge der Bibliotheken im Fenster VERWEIS zu tauschen. Das geht aber nur so lange gut, bis man ein Objekt von Excel verwenden will, das auch in PowerPoint vorhanden ist und so weiter. Das Ändern der Reihenfolge ist nicht die Lösung des Problems.

Lösung: Referenz auf die fremde Application

Die richtige Lösung ist: Bei dem Zugriff auf ein Objekt, dessen Name in mehr als einer Bibliothek vorhanden ist, die Anwendung, die dann gemeint ist, genau zu spezifizieren. Excel muß in diesem Fall nur wissen, daß ActiveWindow nicht sein Objekt ist, sondern das von PowerPoint.

Das komplette Programm ist unten wiedergegeben.

Beispiel 10.8: Daten von Excel nach PowerPoint mit Automatisierung austauschen

```
1    Sub PowerPointStartenUndDatenKopieren()
2    Dim oPP As PowerPoint.Application
3    Dim oPres As Presentation
4    ActiveSheet.Select
5    Selection.Copy
6    Set oPP = New PowerPoint.Application
7    oPP.Visible = True
8    Set oPres = oPP.Presentations.Add(True)
9    oPres.Slides.Add 1, ppLayoutBlank
10   oPres.Application.ActiveWindow.View.Paste
11    With oPres.Application.ActiveWindow.Selection.ShapeRange
12           .Left = 138.625
13           .Top = 59.5
14           .Width = 442.75
15           .Height = 421#
16       End With
17   End Sub
```

Ab der **Zeile** 8 werden die PowerPoint-Objekte verwendet. Hier wurde die Aufzeichnung ein bißchen geändert, ein Blick in die Online-Hilfe von PowerPoint läßt uns eine einfachere Syntax für die Auflistung *Presentations* entdecken.

- **Zeile 8 und 9:** Excel besitzt kein Objekt mit dem Namen *Slides*, daher wird der Aufzeichnungszeile nur der Name der Objektvariable der Anwendung vorgestellt.
- **Zeile 10 und 11:** Mit dieser Schreibweise versteht Excel jetzt, daß *ActiveWindow* ein PowerPoint-Objekt ist und sucht es nicht in seiner eigenen Bibliothek. Der Zusatz *Application* ist eine Spezifikation des Geltungsbereiches, die Objektvariable `oPres` gehört der

PowerPoint-Umgebung. Dort wird auch das, was nach dem Wort Application folgt, gesucht.

Solche Probleme können häufig auftreten. Wenn man die Objekte der fremden Anwendung nicht kennt und nicht erkennen kann, ob ein Fall von Namenskonflikt vorliegt, ist ein sicheres Anzeichen dafür, wenn Fehlermeldungen über unbekannte Methoden oder Eigenschaften erscheinen. Wenn der Quellcode in der fremden Anwendung als Makro aufgezeichnet und ausgeführt wurde, also selbst nicht fehlerhaft ist, dann liegt sicherlich ein Namenskonflikt vor.

Online-Hilfe

PowerPoint-Objekte können aus dem Objektkatalog von Excel angeschaut werden, wenn der Verweis auf die Objektbibliothek von PowerPoint existiert.

KAPITEL10.XLS, Modul „mdlEarlyBinding“

10.5 Zugriff auf eine bereits laufende Anwendung mit einer API-Funktion

Die Funktion *GetObject* erlaubt den Zugriff auf eine bereits laufende Instanz einer Anwendung. In Abschnitt 10.2.1, „Späte Bindung (Late Binding)“ wurde diese Funktion zusammen mit einer Routine für die Fehlerbehandlung verwendet. Wenn man *GetObject* verwendet, und die entsprechende Anwendung nicht gerade ausgeführt wird, entsteht ein Fehler. In der Fehlerbehandlung dann wurde mit *CreateObject* die Anwendung tatsächlich gestartet.

Alternative: API-Funktion

Eine Alternative zu der bewußten Erzeugung eines Fehlers ist das Verwenden einer API-Funktion. API-Funktionen (*Application Programming Interface*) sind eine Menge von Funktionen, die vom Betriebssystem Windows dem Programmierer zur Verfügung gestellt werden. Es sind insgesamt mehr als 600 verschiedene Funktionen, die mit Hilfe einer speziellen Syntax aus den eigenen Programmen aufgerufen werden können. Die Funktionen befinden sich in verschiedenen Bibliotheken. Die bekanntesten Bibliotheken in Windows sind GDI32.DLL (Grafikfunktionen), KERNEL32.DLL (Speicher- und Dateifunktionen) und USER32.DLL (Verschiedenes). Es gibt noch eine Reihe anderer Bibliotheken, die aus den weiteren Windows-Anwendungen stammen (z.B. DAO360.DLL aus Access 2000 etc.).

API-Funktionen werden in der Regel von professionellen Softwareentwicklern eingesetzt. Aus diesem Grund denkt man meistens, daß der Umgang mit Ihnen eine komplexe und unüberschaubare Angelegenheit darstellt. Dies ist nicht der Fall. Das einzige Problem im Umgang mit den API-Funktionen ist, zu erfahren, welche Funktion für welche Aufgabe geeignet ist und welche Parameter erforderlich sind. Dieses Problem läßt sich nicht ohne weiteres lösen: Nur in der *Developer Edition* von Office findet sich ein API-Viewer. Andere Informationsquellen sind oft als Begleitmaterial von Compilern (Visual Basic, Visual C++ etc.) oder direkt aus dem Internet (www.microsoft.com/germany/msdn) zu haben.

API-Funktion FindWindow

Für unsere Zwecke reicht hier eine API-Funktion. Diese Funktion ist imstande, festzustellen, ob eine Anwendung bereits geöffnet ist. Ihr Name ist *FindWindow*, aber bevor sie in einem VBA-Programm verwendet werden darf, muß sie deklariert werden. Nur dann weiß Excel, daß es sich um eine externe Funktion handelt. Die Deklaration einer API-Funktion erfolgt immer auf der *Modulebene eines allgemeinen Moduls* (kein Klassenmodul!). Die Deklaration für unsere Funktion ist im folgenden zu sehen:

Beispiel 10.9: Deklaration einer API-Funktion

```
Declare Function FindWindow Lib „user32" _
Alias „FindWindowA" (ByVal lpClassName As String, _
ByVal lpWindowName As Long) As Long
```

In der Deklaration, die mit dem Schlüsselwort *Declare* anfangen muß, müssen die Namen der Funktion (*FindWindow*) und der Bibliothek (USER32.DLL) explizit angegeben werden. Der erste Parameter *lpClassName* ist der Name der Anwendung, deren Fenster gesucht werden soll. Der zweite Parameter *lpWindowName* ist der Name des Fensters, der vom aktuellen Zustand des Fensters abhängig ist (Vollbild, minimiert etc.).

Nachdem die obige Deklaration in den Deklarationsteil eines allgemeinen Moduls geschrieben ist, kann die Funktion in einem VBA-Programm sofort verwendet werden. Das Listing der Prozedur für die Automatisierung mit WinWord ist hier unten angegeben.

Beispiel 10.10: Prüfen mit einer API, ob eine Anwendung schon aktiv ist

```
Sub WinWordMitAPIStarten()
Dim oWW As Word.Application
If FindWindow("OpusApp", 0) <> 0 Then
    Set oWW = GetObject(, "word.application")
Else
```

```
6        Set oWW = CreateObject("word.application")
7     End If
8     oWW.Visible = True
9     End Sub
```

In **Zeile 3** ist die API-Funktion *FindWindow* zu sehen. Der erste Parameter ist eine Zeichenkette, die der Anwendung WinWord zugeordnet ist. Der zweite Parameter ist eine Attrappe, er soll den aktuellen Zustand des Fensters der Anwendung darstellen, aber da der Zustand nicht bekannt ist, wird ganz einfach der obige Wert eingesetzt. Dies beeinflußt das Suchen nach der Anwendung nicht. Die Funktion gibt einen von 0 verschiedenen Wert zurück, wenn die Anwendung, hier WinWord, schon läuft, sonst 0. Je nach Rückgabewert wird dann die Anwendung gestartet oder aktiviert.

Die folgende Tabelle gibt einen Überblick über die benötigte Zeichenkette für die jeweiligen Anwendungen, die von der Funktion *FindWindow* benötigt werden.

Anwendung	Zeichenkette
Access	Omain
Binder	BinderFrame
Excel	xlMain
PowerPoint	PP2000FrameClass
WinWord	OpusApp

KAPITEL10.XLS, Modul „mdlAPIBeispiel"

10.6 Automatisierung mit Outlook

Outlook ist zu einem beliebten und sehr häufig eingesetzten Programm geworden und unterstützt außerdem die Automatisierung, wie wir sie in diesem Kapitel kennengelernt haben. Der einzige Nachteil ist, daß Outlook nicht über einen Makro-Recorder verfügt. So ist man gezwungen, sich mit seiner Dokumentation oder seiner Online-Hilfe auseinanderzusetzen. Aus diesem Grund wird hier ein Beispiel mit Outlook angeboten: Das Beispiel ist einfach, zeigt aber einen typischen Fall der Automatisierung mit diesem Programm. Im nächsten Abschnitt wird außerdem gezeigt, wie man aus Excel E-Mails ohne ein eigenes Programm verschicken kann.

Mail aus Excel

Man möchte aus einem beliebigen Tabellenblatt heraus eine E-Mail senden können. Nach dem Klicken auf eine Schaltfläche einer Symbolleiste soll ein Fenster geöffnet werden, in dem aus einer Liste von

Adressen der oder die Empfänger gewählt werden können. Auch Felder für die Angabe einer Betreffzeile und für ein Text dürfen nicht fehlen. Als Krönung möchten wir natürlich die aktuelle Mappe als Anlage mit verschicken können. Das Dialogfeld des Beispiels ist in Abbildung 10.4 zu sehen.

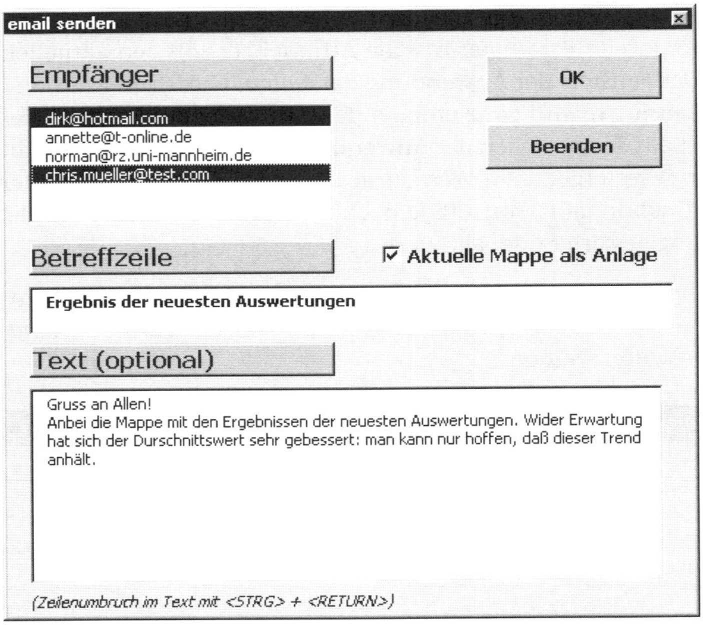

Abbildung 10.4: Das Fenster des Beispiels für die Automatisierung mit Outlook

Das Beispiel hat durchaus reelle Hintergründe: In vielen Abteilungen schicken sich die Mitarbeiter oft Excel-Dokumente untereinander per E-Mail. In der Regel sind es auch immer wieder die gleichen Leute, die per E-Mail in Kontakt stehen, so daß die Beschränkung auf eine kleinere Menge von Adressen nicht so unrealistisch ist.

Die Liste mit den Adressen wurde hier in einem Tabellenblatt der Mappe eingetragen, in der das Programm gespeichert ist. Beim Öffnen der Maske werden die Einträge gelesen und in das Listenfeld übertragen (s. Ereignis *Initialize* des Fensters). Das Aktualisieren der Liste der Adressen geschieht auch (per Hand) über die Tabelle. Nach der Eingabe einer Betreffzeile und eventuell eines Textes kann über ein Kontrollkästchen die aktuelle Mappe als Anlage in die E-Mail kopiert werden. Als Empfänger können mehrere Adressen gewählt werden.

Die Steuerelemente Befehlsschaltfläche, Listenfeld, Textfeld und Kontrollkästchen, die in der Maske verwendet werden, wurden ausführlich in Kapitel 6 behandelt.

Beim Klicken der Schaltfläche OK wird zuerst die Eingabe überprüft. Eine Fehlermeldung wird ausgegeben, wenn Empfänger oder Betreffzeile fehlen. Danach wird die Automatisierung mit Outlook gestartet. Die Angabe einer E-Mail-Adresse und einer Betreffzeile sind zwingend, um ein Mail-Objekt generieren zu können.

Im folgenden wird zuerst die Ereignisprozedur der Schaltfläche OK vorgestellt.

Beispiel 10.11: Eingaben für die Automatisierung mit Outlook prüfen

```
Private Sub cmdOK_Click()
Dim i As Byte
Dim controlMailFields As Byte
Dim controlAttachment As Boolean
Dim strEmails As String, strSubject As String
Dim strAttachment As String, strBody As String
If Me.lstEmails.ListCount > 0 Then
    For i = 0 To Me.lstEmails.ListCount - 1
        If Me.lstEmails.Selected(i) Then
            strEmails = strEmails & Me.lstEmails.List(i) & ";"
            controlMailFields = 1
        End If
    Next i
End If
strSubject = Me.txtSubject
If strSubject <> "" Then controlMailFields = controlMailFields + 2
strBody = Me.txtEmailText
Select Case controlMailFields
    Case 0
        MsgBox "Bitte einen Empfänger und eine Betreffzeile _
                                                    eingeben!"
    Case 1  '*** Nur Empfänger ist vorhanden
         MsgBox "Bitte eine Betreffzeile angeben!"
    Case 2
         MsgBox "Bitte einen Empfänger aus der Liste auswählen!"
    Case 3
        If Me.chkAnlage Then
            strAttachment = ActiveWorkbook.Path & "\" _
                                  & ActiveWorkbook.Name
            controlAttachment = True
```

```
31              End If
32              CreateOutlookMail strEmails, strSubject, strBody, _
33                                          strAttachment, controlAttachment
34          End Select
35      End Sub
```

- **Zeile 7 bis 14:** Hier wird die Liste des Listenfeldes durchlaufen. Wenn die Liste nicht leer ist (*ListCount* >0), werden die selektierten Einträge getrennt durch ein „;" in eine Zeichenkette gespeichert. Outlook trennt nämlich mehrere Adressen für mehrere Empfänger durch ein Semikolon. Die Steuervariable `controlMailFields` wird auf 1 gesetzt, wenn mindestens eine Adresse angegeben wurde.
- **Zeile 15 und 16:** Hier wird die Betreffzeile gelesen und geprüft. Falls ein Text dafür eingegeben wurde, wird zu `controlMailFields` die Zahl 2 addiert. Danach hat `controlMailFields` den Wert 2, wenn nur die Betreffzeile, aber keine Adresse gewählt wurde, oder den Wert 3, wenn sowohl eine Adresse als auch die Betreffzeile vorhanden sind. Wenn dagegen weder Betreffzeile noch Adresse vorhanden sind, hat `controlMailFields` den Wert 0. Dies wird dann über eine *Select*-Anweisung abgefragt.
- **Zeile 18 bis 33:** In der *Select*-Anweisung wird nur der Wert der Variable `controlMailFields` geprüft und gegebenenfalls werden die entsprechenden Fehlermeldungen ausgegeben. Wenn alles in Ordnung ist, wird die Prozedur `CreateOutlookMail` aufgerufen, die im nächsten Listing vorgestellt wird. In der Variable `strAttachment` in **Zeile 28/29** wird die aktuelle Mappe mit dem vollständigen Pfad eingetragen. Die Eigenschaft *Path* einer Mappe liefert die Information über den Pfad, in dem eine Mappe gespeichert ist.

Diese Prozedur zeigt noch keine speziellen Anweisungen für die Automatisierung mit Outlook und dient nur der Vorbereitung dazu. Das Programm des nächsten Listings dagegen steuert die gesamte Interaktion mit Outlook.

Beispiel 10.12: Automatisierung mit Outlook

```
Sub CreateOutlookMail(ByVal mailAddres As String, _
        ByVal mailSubject As St^ing, ByVal mailBody As String, _
        ByVal mailAttach As String, ByVal WithAttach As Boolean)
Dim olApp As Outlook.Application
Dim olMailMsg As Outlook.MailItem
Dim olRecipient As Outlook.Recipient
Dim controlRecipient As Boolean
Set olApp = New Outlook.Application
```

```
9   Set olMailMsg = olApp.CreateItem(olMailItem)
10  With olMailMsg
11     Set olRecipient = .Recipients.Add(mailAddres)
12     controlRecipient = olRecipient.Resolved
13     .Subject = mailSubject
14     .Body = mailBody
15     If WithAttach Then .Attachments.Add mailAttach
16     If controlRecipient = True Then
17         .Send
18     Else
19         .Display
20     End If
21  End With
22  Set olMailMsg = Nothing
23  olApp.Quit
24  Set olApp = Nothing
25  End Sub
```

- **Zeilen 1, 2 und 3:** Die Parameter liefern alle für eine E-Mail notwendige Teile. Der Vorteil dieses Systems ist, daß diese Prozedur auch aus einem anderen Programm oder Anwendung (z.B. in WinWord) aufgerufen werden kann, wenn man die Werte für die Parameter beim Aufruf mitliefert.
- **Zeile 4 bis 7:** Hier werden alle notwendigen Objekte und Variablen deklariert. Ein `Outlook.Application` ist die Anwendung Outlook selbst. Ein *MailItem*-Objekt stellt eine E-Mail in Outlook dar. Ein *Recipient*-Objekt ist die Adresse einer E-Mail. Die Variable `controlRecipient` wird nur eingesetzt, um zu prüfen, ob die als Parameter übergebenen Adressen auch im Outlook-Adressbuch vorhanden sind (s. etwas weiter unten).
- **Zeile 9 bis 14:** Ein neues Mail-Objekt wird generiert, danach wird das Objekt für die Adresse instanziert. In **Zeile 12** wird nur geprüft, ob die Adressen auch im Adreßbuch eingetragen sind, über die Eigenschaft *Resolved* des Mail-Objektes. In den **Zeilen 13 und 14** werden jeweils die Betreffzeile und der Text dem Mail-Objekt zugewiesen.
- **Zeile 15:** Wenn die E-Mail eine Anlage haben soll, dann wird der Inhalt des Parameters *mailAttach* (zur Erinnerung: Dateiname mit komplettem Pfad) über die *Add*-Methode der Auflistung *Attachments* zugewiesen.
- **Zeile 16 bis 20:** Wenn die Adressen in dem Adreßbuch von Outlook existieren, dann wird die E-Mail ganz einfach gesendet, wenn nicht, wird sie am Bildschirm angezeigt.

Bemerkung

Dieses Programm kann auch ohne Fenster laufen, man kann die obige Prozedur mit beliebigen Parametern aufrufen, ohne vorher Werte aus einem Fenster einzulesen. So kann man z.B. eine E-Mail immer an die gleiche Person, aber mit wechselnden Anlagen verschicken. Wer will kann das Beispiel als Add-In speichern und ausführen. Die Änderung der Liste der Adressen darf aber dann nur in der Originalmappe durchgeführt werden. Das heißt, danach muß das Add-In neu kompiliert und installiert werden. Das gesamte Programm wird durch eine an die Mappe eingebundene Symbolleiste gestartet. Die Mappe verfügt außerdem über eine Prozedur für das Ereignis *Open*, die für das Einblenden der Symbolleiste verantwortlich ist. Das Projekt und das Tabellenblatt werden mit dem Paßwort „testpwd" geschützt.

Symbolleisten sind in Kapitel 7 zu finden. Add-Ins werden in diesem Buch in Kapitel 8 behandelt.

Online-Hilfe

- Path-Eigenschaften
- Für Outlook: CreateItem-Eigenschaft, Recipients-Eigenschaft und -Auflistung, Resolved-Eigenschaft, Attachment-Eigenschaft und -Auflistung, Send-Methode, Display-Methode

AUTOMATISIERUNG MIT OUTLOOK.XLS, Modul „mdlStart", Formular „frmEmails"

10.6.1 Automatisierung mit Outlook ohne Programmierung

Nachdem wir uns eingehend mit der Automatisierung von Outlook über ein eigenes Programm beschäftigt haben, beschäftigen wir uns jetzt mit den Standardmöglichkeiten, die in Excel, oder besser in dem gesamten Office-Paket, schon mitgeliefert werden. Die Office 2000-Version bietet nämlich schon knifflige Möglichkeiten, was Automatisierung mit Outlook oder mit dem Internet angeht.

Die Automatisierung mit Internet-Anwendungen wurde schon in Kapitel 9 behandelt.

E-Mails ohne Mühe per Knopfdruck

Der Schlüssel zu allen Dingen ist wie üblich das Fenster ANPASSEN der Symbolleiste. Nach ihrem Aufruf (in Excel und nicht aus der Entwicklungsumgebung, aus dem Menü ANSICHT\SYMBOLLEISTEN oder aus dem Kontextmenü der Symbolleisten) können wir am besten aus dem Register SYMBOLLEISTEN eine neue Symbolleiste für unsere neue Schaltfläche einfügen. Danach wird das Register BEFEHLE gewählt und die Kategorie Datei, wie in Abbildung 10.5 zu sehen ist. Aus der Liste der Befehle rechts im Fenster ziehen wird dann die Einträge MAILEMPFÄNGER und MAILEMPFÄNGER (ALS ANLAGE) auf unsere Symbolleiste.

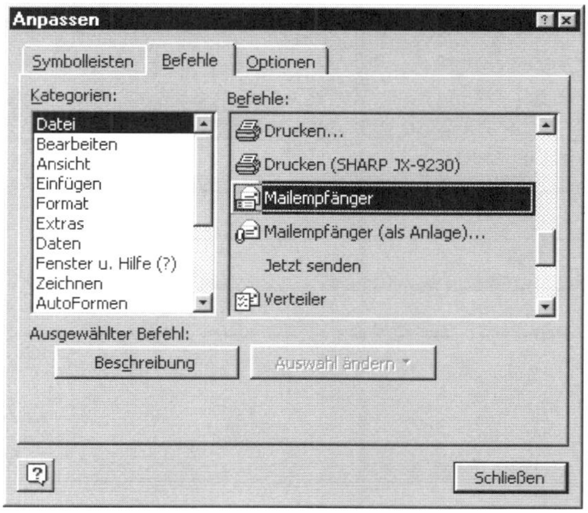

Abbildung 10.5: Excel besitzt schon Elemente für die Automatisierung mit Outlook

Die Schalfläche MAILEMPFÄNGER erlaubt das direkte Einbetten von Outlook in Excel. Die zwei Oberflächen der Programme verschmelzen miteinander, wie man in Abbildung 10.6 sehen kann. Über die Schaltfläche AN steht das Adreßbuch von Outlook zur Verfügung. Auf diese Art und Weise kann man das aktuelle Blatt sehr schnell als E-Mail versenden. Der Inhalt des Blattes wird in die E-Mail kopiert und nicht als Anlage verschickt.

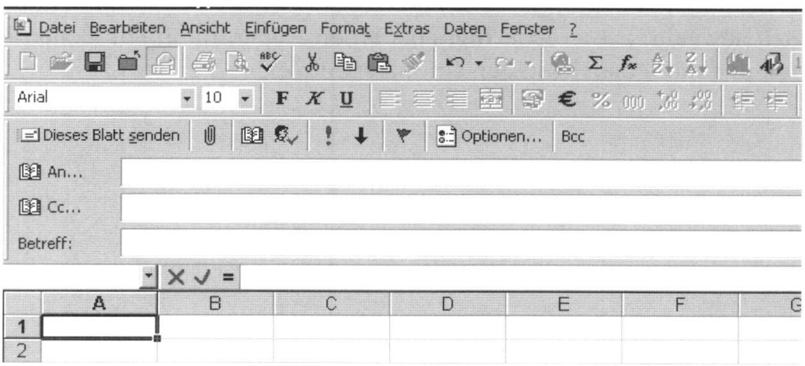

Abbildung 10.6: Outlook wird in Excel eingebettet

Die Schaltfläche MAILEMPFÄNGER (ALS ANLAGE) dagegen verschickt die aktuelle Mappe als Anlage. Nach ihrer Betätigung erscheint das Outlook-Fenster von Abbildung 10.7. Dort geht es weiter, als hätte man die neue E-Mail aus Outlook generiert. Die aktuelle Mappe ist schon als Anlage sichtbar.

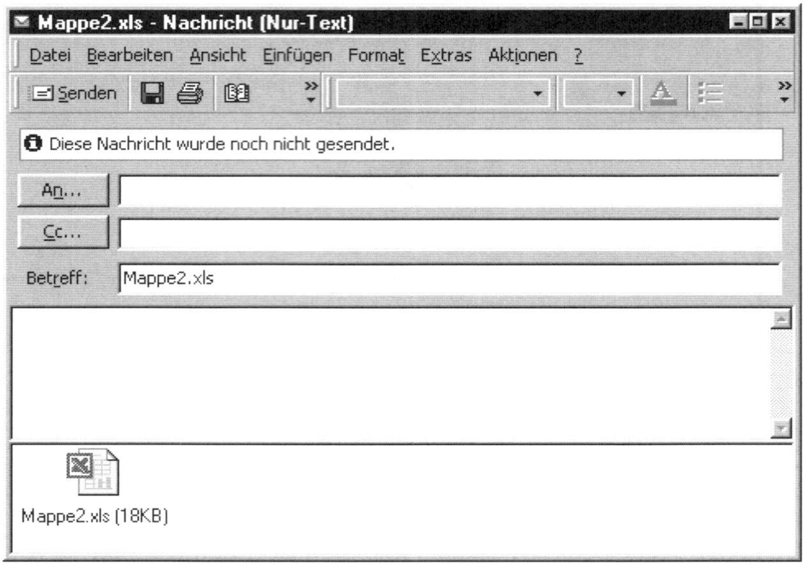

Abbildung 10.7: Outlook wird aus Excel aufgerufen

Eine ähnliche Funktionalität, wie mit unserem Programm aus dem vorherigen Abschnitt, kann man auch mit einem Excel-Befehl erreichen. Wenn man im Fenster ANPASSEN die Kategorie EINFÜGEN wählt, findet man den Befehl HYPERLINK, wie in Abbildung 10.8 sichtbar ist.

In der Standad-Symbolleiste von Excel befindet sich ein Icon mit dem gleichen Bild. Dieses Icon fügt aber einen Hyperlink in ein Element ein, es erlaubt das Herstellen eines Hyperlinks.

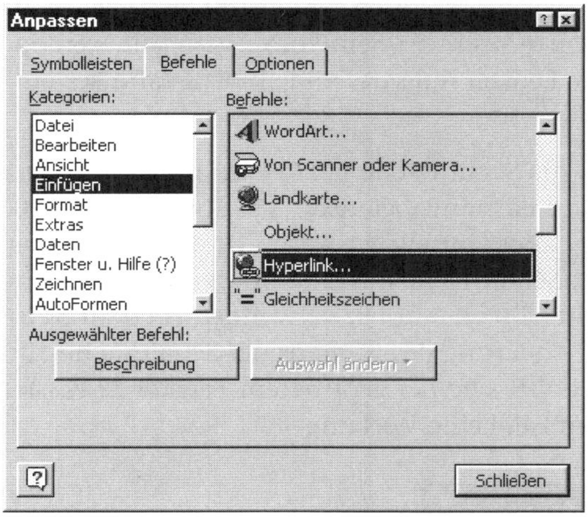

Abbildung 10.8: Weitere Möglichkeiten in der Kategorie Einfügen

Die Schaltfläche HYPERLINK erlaubt die Vordefinition eines Empfänger für eine E-Mail. Nach dem Einfügen der Schaltfläche in einer Symbolleiste muß man die Schaltfläche konfigurieren. Dies geht am besten über das Kontextmenü der Schaltfläche selbst, bei geöffnetem Fenster ANPASSEN: Im Kontextmenü wählt man den Eintrag HYPERLINK ZUWEISEN, der dann das Fenster HYPERLINK EINFÜGEN aus Abbildung 10.9 öffnet.

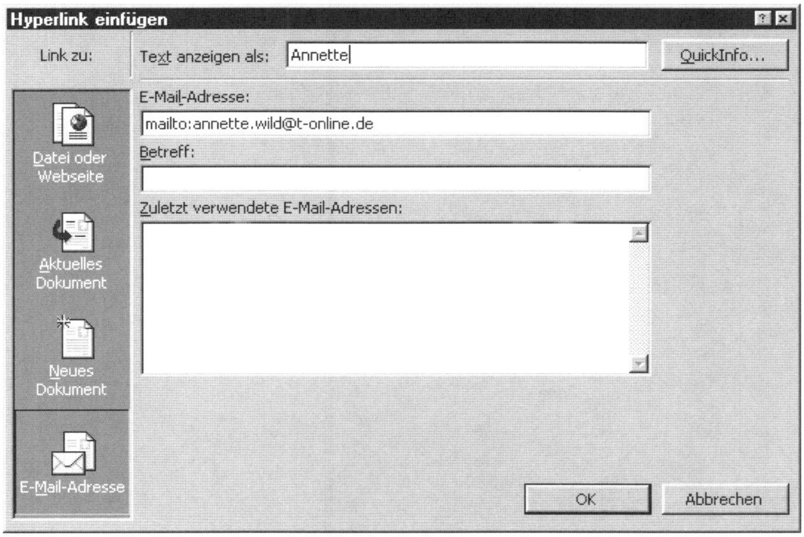

Abbildung 10.9: Hyperlink definieren

Im Fenster werden der oder die Adressaten für die E-Mails angegeben. Mehrere Adressen müssen mit einem Semikolon getrennt werden. Nicht vergessen: Links im Fenster muß das Bild „E-Mail-Adresse" eingerückt sein!

Wer möchte, kann auch die Schaltfläche QUICKINFO im Fenster verwenden, es erscheint dann das Eingabefenster aus Abbildung 10.10. Wie man der Anmerkung aber entnehmen kann, ist der Luxus einer eigenen QuickInfo für die Schaltfläche nur erlaubt, wenn man gleichzeitig den Internet Explorer 4.0 oder höher verwendet. Pech für Netscape-Benutzer! Auch die Änderung des Namens der Schaltfläche, die im Kontextmenü der Schaltfläche bei geöffnetem Fenster ANPASSEN möglich ist, hat in diesem Fall keine Wirkung.

Abbildung 10.10: QuickInfo nur als Belohnung für den Internet Explorer 4.0 oder höher!

A RVBA-Konventionen

RVBA-Namenskonventionen

Die Reddick-VBA-Namenskonventionen sind nach Greg Reddick benannt, der mehrere Jahre im Access-Entwicklungsteam von Microsoft tätig war. Greg Reddick ist heute Präsident der Unternehmensberatung „Gregory Reddick & Associates“, die hauptsächlich auf die Entwicklung von Anwendungen unter Access, Visual Basic und C++ spezialisiert ist. Die hier aufgeführten Informationen stammen vom WWW-Server mit der Adresse *http://www.mcwtech.com*. Sie enthalten die RVBA-Namenskonventionen in der Version 5.0. Eine Aktualisierung auf der Version 6.0 ist zur Zeit (September 1999) noch nicht erschienen: Das ist aber für Excel nicht weiter schlimm. Die Leser werden auf dem angegebenen Server auf zukünftige Veränderungen und Aktualisierungen hingewiesen. Die hier im folgenden präsentierten Regeln wurden an den Bedarf eines Excel-Programmierers angepaßt, d.h. einige der Regeln (z.B. für das Access-Objektmodell) wurden weggelassen. Außerdem ist die hier vorgestellte Version eine freie Übersetzung der originalen Datei. Auf der CD ist unter RVBA5.DOC die Datei im englischen Original enthalten, damit der Leser die komplette und originale Version der Regeln nachschlagen kann. Die RVBA-Namenskonventionen sollten als Vorschlag für eine einheitlichen Benennung verstanden werden: Jedem Programmierer bleibt es überlassen, die Konventionen zu verwenden oder nicht. Abweichende, persönliche Konventionen können problemlos eingesetzt werden, wenn sie entsprechend dokumentiert sind (z.B. als Kommentar in einem Modul).

A.1 Allgemeines

Erhöhung der Lesbarkeit von Programmen

Bei der Programmierung, egal in welcher Sprache, sollte sich ein Programmierer an Konventionen für die Vergabe von Variablen- bzw. Objektnamen halten, damit die Lesbarkeit erhöht wird. Dadurch fallen bei der Programmierung falsche Wertzuweisungen, wie die Zuweisung von Text zu einer Integervariablen, sofort auf. Auch die Deklaration von Variablen und Objekten sollte explizit erfolgen, um durch Schreibfehler nicht neue Variablen zu schaffen und somit Logikfehler im Programm zu vermeiden. Für den Privatprogrammierer zu Hause mag dies lästig erscheinen, für den Programmierer von geschäftlich eingesetzter Software ist dies unerläßlich, insbesondere, wenn er im Team arbeitet.

In den Beispielen des Buches wurden die RVBA-Konventionen nicht immer eingesetzt. Der Grund dafür ist, daß die Beispiele des Buches in ihrem Umfang beschränkt sind, so daß eine gute Übersichtlichkeit und Lesbarkeit immer noch gewährleistet ist. Bei größeren Programmen ist aber die Verwendung der Namenskonventionen auf jedem Fall zu empfehlen.

A.2 Die Ungarische Notation

Der Ausdruck „Objekt"

Die Ungarische Notation ist nach dem Geburtsland ihres Erfinders Charles Simonyi benannt. In der Folge wird in diesem Abschnitt der Ausdruck „Objekt" sowohl für VBA-Objekte als auch für Variablen und Objekte verwendet, die von anderen Programmen zur Verfügung gestellt werden.

Ein Objektname hat in der Ungarischen Notation folgende Form:

```
[Präfixe]Typkürzel[Basisname[Suffixe]]
```

Die Namensteile in den Klammern sind optionale Teile, sie haben folgende Bedeutung:

Namensteil	Bedeutung
Präfixe	Ergänzung des Typs, um zusätzliche Informationen zum Objekt zu geben. Präfixe bestehen aus Kleinbuchstaben, die in der Regel von einer Liste stammen. Die Liste ist unten aufgeführt.
Typkürzel	Der Typ wird durch eine kurze Folge von Kleinbuchstaben angezeigt, die eine sinnvolle Abkürzung der englischen Bezeichnung des Typs darstellen. Auch hierfür gibt es eine Liste.
Basisname	Der Basisname besteht aus einem oder mehreren Wörtern, die ein Objekt möglichst selbsterklärend bezeichnen. Dabei wird der erste Buchstabe eines jeden Worts groß geschrieben.
Suffixe	Sie geben zusätzliche Informationen zum Basisnamen eines Objekts. Der erste Buchstabe eines jeden Worts im Suffix wird groß geschrieben. Sie sind ebenfalls einer Liste entnommen.

Tabelle A.1: Namensteile der Ungarischen Notation und ihre Bedeutung

Angabe des Variablentyps

Sicher sollte eine Variable möglichst immer einen Basisnamen haben, aber wichtiger ist die Typangabe. Man muß wissen, womit man es zu tun hat. Wenn man in einer kleinen Prozedur nur eine Integer-Variable für eine `For...Next`-Schleife braucht, dann spricht nichts dagegen, diese `int` zu nennen.

A.3 Typen bzw. Typkürzel

Man verwendet Typkürzel, um den Datentyp eines Objekts anzuzeigen. Je nach Objekt werden dabei unterschiedliche Listen herangezogen.

A.3.1 Variablentypen

Man verwendet für die VBA-Datentypen folgende Typkürzel:

Typkürzel	Variablentyp
bool oder f	Boolean
byte oder byt	Byte
int	Integer
lng	Long Integer
sng	Single
dbl	Double
cur	Currency
dat oder dtm	Date
obj	Object
str	String
stf	String (feste Länge)
var	Variant

Tabelle A.2: Typkürzel für VBA-Variablen

Hier ein paar Beispiele:

```
lngCount
intValue
strInput
```

Man sollte alle Variablen explizit deklarieren, am besten in eine dafür vorgesehene Zeile. Die alten Typkennzeichen der Sprache Basic, wie %, & und $, sollten nicht mehr verwendet werden. Die Typkennzeichen sind nicht mehr notwendig, wenn man die Namenskonventionen verwendet. Außerdem existieren für einige Datentypen keine Typkennzeichen, wie z.B. für den Datentyp *Boolean*. Man sollte auch

immer alle Variablen vom Typ *Variant* explizit deklarieren.
Ein Beispiel:

```
Dim intTotal As Integer
Dim varField As Variant
Dim strName As String
```

A.3.2 Eigenschaftsnamen

Bei der Konstruktion von Eigenschaftsnamen sollte ebenfalls über die Namenskonventionen ihr Typ angegeben werden. Natürlich kann davon auch abgewichen werden, wenn beispielsweise eine Anwendung an Kunden weitergegeben werden soll, die sich nicht mit den Namenskonventionen auskennen.

A.3.3 Typkürzel von Auflistungen

Auflistungen (*Collections*) bekommen das Typkürzel ihrer einzelnen Objekte mit einem angehängten `s`. Eine Auflistung von *Longs* erhält das Kürzel `lngs`. Sollten in einer Auflistung verschiedene Datentypen vorkommen, was selten der Fall ist, dann verwendet man einfach `objs` als Typkürzel. Hier noch einige Beispiele:

```
intsEntries
frmsCustomerData
objsMisc
```

A.3.4 Konstanten

Konstanten haben in VBA immer einen Datentyp, auch wenn er nicht bei der Deklaration explizit mitangegeben wird. VBA wählt sich dann selbst den entsprechenden Typ. Konstanten erhalten den Typkürzel ihres Datentyps mit einem angehängten `c` für *Constant*. Werden Konstanten im allgemeinen Deklarationsteil eines Moduls definiert, sollte man die Schlüsselwörter *Public* und *Private* verwenden. Bei einer modulweiten Konstanten (*Private*) wird ein `m` als Präfix verwendet, bei einer globalen Konstanten (*Public*) ein `g`.

```
Const intcGray As Integer = 3
Private Const mdblcPi As Double = 3.14159265358979
```

Bei geringer Verwendung von Konstanten ist auch das vereinfachende Typkürzel `con` möglich. Hierbei gehen allerdings Informationen über den Datentyp der Konstanten verloren.

```
Const conPi As Double = 3.14159265358979
```

A.3.5 Menüpunkte

Bei Namen von Menüpunkten sollte ihre Position in der Hierarchie erkennbar sein. Alle Menüpunkte sollten mit dem Kürzel `mnu` beginnen. Der Basisname gibt dann die Hierarchie wieder.

`mnuDatei` (auf der Menüleiste)

`mnuDateiNeu` (auf dem Popup-Menü DATEI)

`mnuDateiNeuFormular` (auf demUntermenü DATEINEU)

`mnuDateiNeuBericht` (auf dem Untermenü DATEINEU)

`mnuDateiSep1` (erste Teilung auf dem Popup-Menü DATEI)

`mnuDateiSichernUnter` (auf dem Popup-Menü DATEI)

`mnuDateiSep2` (zweite Teilung auf dem Popup-Menü DATEI)

`mnuDateiBeenden` (auf dem Popup-Menü DATEI)

`mnuBearbeiten` (auf der Menüleiste)

A.3.6 Erstellen von Datentypen

Falls benutzerdefinierte Datentypen verwendet werden, sollten entsprechend sinnvolle Abkürzungen für das Typkürzel selbst gewählt und dokumentiert werden.

A.3.7 Prozeduren und Funktionen

In Prozeduren und Funktionen existieren verschiedene Elemente, die benannt werden müssen: die Prozeduren und Funktionen selbst, die eventuellen Parameter und Sprungmarken. Die Regeln für diese Objekte werden im folgenden beschrieben.

Namen von Prozeduren und Funktionen

Die Namen von Ereignisprozeduren werden von VBA bestimmt und dürfen nicht geändert werden. Man kann aber hierbei Großbuchstaben einsetzten, um benutzerdefinierte Namen zu kreieren. Zum Beispiel:

```
cmdOK_Click
GetTitleBarString
PerformInitialization
```

Prozeduren und Funktionen sollten immer mit ihrem Gültigkeitsbereich deklariert werden. Zum Beispiel:

```
Public Function GetTitleBarString() As String
Private Sub PerformInitialization
```

Parameter

Parameter sollten immer mit den Schlüsselwörtern *ByVal* oder *ByRef* deklariert werden, auch wenn *ByRef* optional und redundant ist. Grundsätzlich gelten für Parameter die gleichen Regeln wie für einfache Variablen desselben Typs. Lediglich Referenzparameter (*ByRef*) bekommen als Zusatz einen „r". Zum Beispiel:

```
Public Sub TestValue(ByVal intInput As Integer, ByRef rlngOutput As Long)
Private Function GetReturnValue(ByVal strKey As String, _
                                      ByRef rgph As Glyph) As Boolean
```

Sprungmarken

Sprungmarken werden mit Großbuchstaben für jedes verwendete Wort benannt. Zum Beispiel:

```
ErrorHandler:
ExitProcedure:
```

A.4 Präfixe

Präfixe ergänzen das Typkürzel eines Objektes, um zusätzliche Informationen zu geben.

A.4.1 Das Präfix für ein Datenfeld

Für Datenfelder bzw. Arrays wird das Präfix „a" vor dem Typkürzel verwendet. Zum Beispiel:

```
aintFontSize
astrNames
```

A.4.2 Das Präfix für einen Index

Man kennzeichnet einen Index innerhalb eines Datenfeldes durch das Präfix „i". Der Datentyp sollte aus Konsistenzgründen immer vom Typ *Long* sein. Man kann ebenfalls das Indexpräfix für Indizes in anderen aufzählenden Objekten, wie Auflistungen von benutzerdefinierten Klassen, verwenden.

```
iaintFontSizes
iastrNames
igphsGlyphCollection
```

A.4.3 Präfixe für Geltungsbereich und Lebensdauer

Es existieren drei Geltungsbereiche für jede Variable in VBA: *Public*, *Private* und *Local*. Eine Variable hat dementsprechend die Lebensdauer der aktuellen Prozedur oder die Lebensdauer des Objekts, in dem sie definiert ist. Man verwendet die Präfixe der folgende Tabelle, um den Geltungsbereich und die Lebenszeit anzugeben.

Präfix	Objekttyp
(kein)	Lokale Variable, deklariert mit *Dim*. Lebenszeit auf Prozedurebene
s	Lokale (static) Variable, deklariert mit *Static*. Lebenszeit auf Programmebene
m	Private (Modul) Variable, deklariert mit *Private*. Lebenszeit auf Programmebene
g	Public (globale) Variable, deklariert mit *Public*. Lebenszeit auf Proagrammebene

Tabelle A.3: Die Präfixe für Geltungsbereich und Lebensdauer

Die Präfixe „m" und „g" werden auch verwendet, um die Gültigkeit anderer Objekte, z.B. von Konstanten, anzuzeigen. Zum Beispiel:

```
intLocalVariable
mintPrivateVariable
gintPublicVariable
mdblcPi
```

VBA erlaubt aus Gründen der Rückwärtskompatibilität verschiedene Deklarationen des Typs. Das ältere Schlüsselwort „*Global*" sollte immer durch „*Public*" ersetzt werden, und die Schlüsselwörter „*Dim*" und „*Static*" in dem Bereich (*Allgemein*) und (*Deklarationen*) (Anm.: Deklaration auf Modulebene) sollten durch „*Private*" ersetzt werden.

A.4.4 Andere Präfixe

Tabelle A.4 beschreibt andere Präfixe:

Präfix	Objekttyp
c	Zähler (Count) eines Objekttyps
h	Zeiger (Handle) auf ein Windows-Objekt
r	Parameter

Tabelle A.4: Andere allgemein gebräuchliche Präfixe

Hier einige Beispiele:

```
castrArray
hWndForm
```

A.5 Suffixe

Suffixe verändern die Basisnamen eines Objekts. Sie zeigen zusätzliche Informationen über eine Variable an. Man wird sehr wahrscheinlich seine eigene Suffixliste erstellen, die sich nach der jeweiligen Entwicklungsarbeit richtet. Tabelle A.5 listet einige allgemeine VBA-Suffixe auf.

Suffix	Objekttyp
Min	Das erste Element eines Feldes oder einer Liste
First	Das erste Element, das in einem Feld oder einer Liste während der aktuellen Operation verwendet wird.
Last	Das letzte Element, das in einem Feld oder einer Liste während der aktuellen Operation verwendet wird.
Lim	Die obere Grenze von Elementen, die in einem Feld oder einer Liste verwendet werden. Lim ist kein gültiger Index. Normalerweise gilt Lim=Last+1.
Max	Das absolut letzte Element eines Feldes oder einer Liste.
Cnt	Wird mit Datenbankelementen verwendet, um anzuzeigen, daß es sich um einen Zähler handelt. Zähler (in Access: Autowert) werden vom System automatisch hochgezählt, sie sind Zahlen vom Typ Long oder Replications ID.

Tabelle A.5: Allgemein gebräuchliche Suffixe

Hier einige Beispiele:

```
iastrNamesMin
iastrNamesMax
iaintFontSizesFirst
```

```
igphsGlyphCollectionLast
lngCustomerIdCnt
varOrderIdCnt
```

A.6 Host-Anwendungen & Komponentenerweiterungen zu den Konventionen

Jede Host-Anwendung in VBA hat, genauso wie jede Komponente, die installiert werden kann, einen Satz von Objekten, die sie nutzen kann. In diesem Abschnitt werden die Typkürzel für die Objekte in verschiedenen Host-Anwendungen und Komponenten definiert.

A.6.1 Typkürzel von Excel-Objektvariablen

Tabelle A.6 listet die Typkürzel von Excel-Objektvariablen auf. Diese Typkürzel werden im Programmquelltext dazu benutzt, die Objekttypen hervorzuheben. Daneben dienen sie auch dazu, die entsprechenden Objekte in den Entwurfsansichten von Formularen und Berichten zu bezeichnen.

Typkürzel	Objekttyp (deutsch)	Objekttyp (englisch)
app	Applikation	Application
chk	Kontrollkästchen	CheckBox
cbo	Kombinationsfeld	ComboBox
cmd	Befehlsschaltfläche	CommandButton
ctl	Steuerelement	Control
ctls	Steuerelemente	Controls
ocx	Zusatzsteuerelement	CustomControl
frm	Formular	Form
frms	Formulare	Forms
img	Bild	Image
lbl	Bezeichnungsfeld	Label
lin	Linie	Line
lst	Listenfeld	ListBox
bas	Modul	Modul
ole	OLE-Objekt	ObjectFrame
opt	Optionsfeld	OptionButton
fra	Optionsgruppe	OptionGroup (frame)
pal	Farbpalette	PaletteButton
prps	Eigenschaften	Properties

Typkürzel	Objekttyp (deutsch)	Objekttyp (englisch)
shp	Rechteck	Rectangle
rpt	Bericht	Report
rpts	Berichte	Reports
scr	Bildschirm	Screen
sec	Bereich	Section
txt	Textfeld	TextBox
tgl	Umschaltfläche	ToggleButton

Tabelle A.6: Typkürzel von Access-Objektvariablen

Hier einige Beispiele:

```
txtName
lblEingabe
```

Für ActiveX-Steuerelemente kann man das *ocx*-Kürzel aus der Tabelle A.7 verwenden oder eigene Objekttypkürzel, die in Tabelle A.8 und A.9 aufgelistet sind.

A.6.2 Visual Basic 5.0/6.0-Objekte

Tabelle A.7 zeigt die Typkürzel für Visual Basic 5.0/6.0-Objekte.

Typkürzel	Objekttyp
app	App
chk	CheckBox
clp	Clipboard
cbo	ComboBox
cmd	CommandButton
ctl	Control
dat	Data
dir	DirListBox
drv	DriveListBox
fil	FileListBox
frm	Form
fra	Frame
glb	Global
hsb	HScrollBar
img	Image
lbl	Label
lin	Line

Typkürzel	Objekttyp
lst	ListBox
mdi	MDIForm
mnu	Menu
ole	OLE
opt	OptionButton
pic	PictureBox
prt	Printer
prp	PropertyPage
scr	Screen
shp	Shape
txt	TextBox
tmr	Timer
uctl	UserControl
udoc	UserDocument
vsb	VScrollBar

Tabelle A.7: Visual Basic 5.0/6.0-Objektkürzel

A.6.3 Gemeinsame Steuerelemente von Microsoft

Windows 95 und Windows NT besitzen einen Satz gemeinsamer Steuerelemente, die von VBA aus erreichbar sind. Tabelle A.8 gibt die Typkürzel für Objekte an, die mit diesen Steuerelementen erzeugt wurden.

Typkürzel	Objekttyp
ani	Animation
btn	Button (Toolbar)
btns	Buttons (Toolbar)
hdr	ColumnHeader (Listview)
hdrs	ColumnHeaders (Listview)
ctls	Controls
iml	ImageList (ImageList)
lim	ListImage
lims	ListImages
lit	ListItem (Listview)
lits	ListItems (Listview)
lvw	ListView (Listview)
nod	Node (TreeView)
nods	Nodes (TreeViews)

Typkürzel	Objekttyp
pnl	Panel (Status Bar)
pnls	Panels (Status Bar)
prb	ProgressBar (Progress Bar)
sld	Slider (Slider)
sbr	StatusBar (Status Bar)
tab	Tab (Tab Strip)
tabs	Tabs (Tab Strip)
tbs	TabStrip (Tap Strip)
tbr	Toolbar (Toolbar)
tvw	TreeView (TreeView)
und	UpDown (UpDown)

Tabelle A.8: Objektkürzel der Gemeinsamen Steuerelemente von Microsoft (Common Control)

A.6.4 Andere Steuerelemente und Objekte

Zum Abschluß gibt Tabelle A.9 die Typkürzel für weitere, gemeinsam genutzte Steuerelemente und Objekte an.

Typkürzel	Objekttyp
cdl	CommonDialog (Common Dialog)
dbc	DBCombo (Data Bound Combo Box)
dbg	DBList (Data Bound List Box)
gau	Gauge (Gauge)
gph	Graph (Graph)
grd	Grid (Grid)
msg	MAPIMessages (Messaging API Message Control)
ses	MAPISession (Messaging API Session Control)
msk	MaskEdBox (Masked Edit Textbox)
key	MhState (Key State)
mmc	MMControl (Multimedia Control)
com	MSComm (Communication Port)
out	Outline (Outline Control)
pcl	PictureClip (Picture Clip Control)
rtf	RichTextBox (Rich Textbox)
spn	SpinButton (Spin Button)

Tabelle A.9: Typkürzel für gemeinsam genutzte Steuerelemente

A.6.5 Zusammenfassung

Ob man bei der Programmierung Kürzel verwendet oder nicht, zahlt sich erst aus, wenn irgendwann später man selbst oder ein anderer den Code überarbeiten muß. Es ist also eine Arbeit, die eine Investition in die Zukunft darstellt. Auch wenn es am Anfang beschwerlich ist, so gehen einem die gebräuchlichsten Kürzel schnell in Fleisch und Blut über.

Stichwortverzeichnis

B

C

F

G

H

I

M

N

O

P

Q

R

T

W